此书献给我的妻子诸菁
在公司创业、"人天事件"、"7.21"特大水灾等
所有危急时刻
都是她帮我渡过难关

邹 进 / 编著

解读人天档案
中国书刊发行业领军民企的
激荡十八年

社会科学文献出版社
SOCIAL SCIENCES ACADEMIC PRESS(CHINA)

图书在版编目（CIP）数据

解读人天档案：中国书刊发行业领军民企的激荡十八年／邹进编著．－－北京：社会科学文献出版社，2017.1
　ISBN 978－7－5201－0040－3

　Ⅰ.①解… Ⅱ.①邹… Ⅲ.①书店－商业经营－概况－北京　Ⅳ.①G239.23
　中国版本图书馆 CIP 数据核字（2016）第 295211 号

解读人天档案
——中国书刊发行业领军民企的激荡十八年

编　　著／邹　进

出 版 人／谢寿光
项目统筹／蔡继辉
责任编辑／杨　轩　梁祚涛
出　　版／社会科学文献出版社·北京社科智库电子音像出版社（010）59367069
　　　　　地址：北京市北三环中路甲 29 号院华龙大厦　邮编：100029
　　　　　网址：http://www.ssap.com.cn
发　　行／市场营销中心（010）59367081　59367018
印　　装／三河市东方印刷有限公司
规　　格／开本：787mm×1092mm　1/16
　　　　　印张：39.5　字数：720 千字
版　　次／2017 年 1 月第 1 版　2017 年 1 月第 1 次印刷
书　　号／ISBN 978－7－5201－0040－3
定　　价／238.00 元

本书如有印装质量问题，请与读者服务中心（010－59367028）联系

▲ 版权所有 翻印必究

序　言

　　大约两三年前，有一天我整理桌面上的文件，设了许多文件夹，把有用的文件、信息、资料等分类管理，一个奇特的现象出现了。在"历年工作报告"文件夹里，按时间一排序，从2000年到眼前的2016年，每年的中期和年终报告竟然一篇不少！我又关注其他跟公司经营管理相关的文件，有我在各种场合的演讲稿，有关于文献资源建设的论文，有公司员工个人成长的一些记叙文，有专业报刊对我的采访和对人天书店的深入报道，把所有这些文件集中起来，居然有六十万字，是一部完整的公司档案。

　　于是我心里产生了一个想法，能不能把它整理出版呢？据我了解，中央财经大学传媒学院把人天书店的经验收入了案例库，其他一些高校的国书情报学专业也应如此，因为人天书店有两个有价值的经验：一是一个企业由小到大的过程，但这还不是人天特有的；二是人天在图书发行领域创造了一个新的业态，就是图书馆配供，简称馆配。由于人天书店创造性的工作，使得馆配成为与图书批发、门店零售、网上销售并列的第四业态。要是贴标签的话，人天书店就是一个馆配商；还要再标榜一下的话，也可以说，人天书店是中国最大的馆配企业。

　　关于书名，本书的主要内容就是人天18年的全部档案，加了"解读"二字，还是有给人提供案例的想法。还是觉得自己做得不错吧，有点沾沾自喜。如果后来的创业者确实能从中读出一点心得，就有了档案之外的价值。

　　全书内容分成九个栏目，有几点需要说明一下。一是数据的真实性。所有数据都是当时的数据，未做任何改动。有朋友说，不怕泄密吗？我也有这个顾虑，但既然是档案，就不应作假，除非不用这个书名。在18年的经营活动中，有过不少竞争对手，前期是成都世云，现在是湖北三新和浙江新华，还与江苏凤凰发生过冲突，这些都没有删节，也没有用假名替代，如有得罪之处，万望各位大佬海涵。二是涉及"人天事件"的档案，收还是不收？这好像是自揭伤疤，但我以为，经过"人天事件"之后，人天才是一个成熟的企业。尽管人天也是行业潜规则的受害者，但在法律和道德面前，人不是别无选择。《论语》里不是还说"不成功便成仁"嘛。三是专家评述。这个栏目都是我的约稿，我是希望专家解读人天档案的。刘兹恒、徐建华是图书情报学专家，陈源蒸、李雁翎是自动化专家，王瑜、莫林虎是营销学专家，吴之洪是公共关系专家，这四方面的组合是人天成功的基础。因为了解了文献资源建设的规律，利用自动化和互联网的工具，通过渠道建设和市场营销，才使人天书店成为一个成功的馆配企业。

关于体例，我是这本书的编著者，书中凡是未有署名的文章，我就是作者。本来我想从专家评述中选一篇文章作为非作者序，一是推荐这本书，并对人天档案进行实事求是的评价。但几位专家是从各自的视角发现人天的一些成功因子，而且不乏溢美之词，如要完全揭示人天的成长、愿景、价值及危机，还需要一篇综合性的述评。如有机会再版此书，希望有一篇这样的文章。

关于出版，为什么选在今年出版，今年是人天书店创业18年，又不是整数年头。有几个数字巧合，我1958年出生，今年58岁，人天书店18周年，都有一个8，似乎是祥瑞。哈哈，这是玩笑，本来我也不信这个。这有两个原因：一是人天书店今年要突破20亿码洋的整数关口。恕我无知，民营书企似乎还没有达到这一规模的，这本书的出版有纪念的意义。二是根据管理学、经济学中的"S型曲线"理论，一个产品在导入期进步比较缓慢，一旦进入成长期就会出现指数型增长，但进入成熟期就走向曲线顶端，增长放缓，压力增大。而这个时候，会有新的产品在下方出现，形成新的"S型曲线"，最终超越老的产品，企业便继续发展。人天的传统业务已经在曲线的顶端，新的曲线在其下方已经出现，就是畅想之星电子书和其他数字产品，能不能形成"双S曲线"，决定人天是否可以基业长青，这是一个紧要关头。希望这本书是对过去的总结和对未来的昭示。

我希望在社会科学文献出版社出版这本书。2015年，社会科学文献出版社成立30周年致敬活动中，我成为其致敬的三位"学术推广人"之一，这是一项崇高的荣誉。他们坚定地支持馆配商打通学术图书的配供渠道，对人天书店帮助极大，还有他们对蔚蓝公益基金持续不断的慷慨捐赠。我这本书本没有什么学术价值，只是提供了一些案例及其分析。谢寿光社长热情地接纳了这个选题，并指定蔡继辉副总编辑负责落实编辑出版事宜。在此，一并致以谢意！

邹　进

2016年10月

目　录

一　历年工作报告 / 001

人天书店 2000 年年度工作报告 / 003

人天书店 2001 年中期工作报告 / 009

人天书店 2001 年年度工作报告 / 012

人天书店 2002 年中期工作报告 / 016

人天书店 2002 年年度工作报告 / 020

人天书店 2003 年中期工作报告 / 025

人天书店 2003 年年度工作报告 / 033

人天书店 2004 年中期工作报告 / 035

人天书店的 2004 年和 2005 年 / 040

人天书店 2005 年中期工作报告 / 046

风雨过后是彩虹——人天书店 2006 年中期工作报告 / 050

在人天书店机构调整会议上的发言 / 057

我有一个梦想——人天书店 9 周年店庆报告 / 059

人天书店 2008 年年度工作报告 / 065

2009 年在人天书店销售会议上的报告 / 070

信念与信心——人天书店 2009 年中期工作报告 / 077

敬畏之心——人天书店 2009 年年度工作报告 / 082

人天集团 2010 年年度工作报告 / 086

馆配中心 2011 年中期会议报告 / 093

人天书店 2011 年中期会议报告 / 102

馆配中心 2012 年年终总结会报告 / 106

人天书店 2012 年总结大会开场白 / 111

馆配中心 2013 年中期业务会发言 / 112

馆配中心 2013 年年终总结会发言 / 117

人天书店 2013 年总结会发言 / 122

馆配中心 2014 年中期会议发言 / 126

人天书店 2015 年年终总结会发言 / 131

人天书店 2016 年中期业务报告 / 135

二 演讲稿 / 143

2003 年人天书店发展状况分析 / 145

向亿元店迈进 / 149

旅行者，你和我——人天书店 6 周年店庆致辞 / 152

2005 年民营书业的前途 / 153

求胜之心 / 158

在北京地区客户年会上的发言 / 159

在中国可供书目西部展厅揭幕仪式上的发言 / 162

人天书店的"三个代表" / 165

人天书店 10 周年倒计时 / 167

2008 年：困境与出路 / 168

今天我们一起升国旗 / 171

人天书店 12 周年庆典致辞 / 172

数字出版时代，馆配商还是中间商 / 181

一场力量悬殊的较量 / 183

人天书店 15 周年店庆演讲 / 185

在第三届全国馆配商战略合作研讨会
   暨全国馆配商联盟发起大会上的发言 / 190

2014 年全国馆配商联盟理事会开幕词 / 193

正在来临的大馆配时代 / 197

馆配电子书的背景与愿景 / 204

我对阅读推广的看法 / 210

转型、替换、战略规划 / 215

目 录

三 人天事件 / 219

严正声明 / 221
给各地办事处的紧急通知 / 222
专家论证意见书 / 222
迟到的新年致辞——人天书店一个重要的发展年 / 227
代律师准备的申述材料 / 228
关于人天书店接受调查一事的情况通报 / 230
廉洁自律保证书 / 232
人天事件说明 / 233
一个民营书店的呼救 / 234
账本牵出百校购书回扣案 / 236
邹进有话要说 / 244
在中图学会高校分会理事会的谈话 / 248
在黑龙江省图书馆馆长座谈会上的发言 / 249
云游诗篇 / 253

四 媒体报道 / 267

邹进答《出版人》杂志记者问 / 269
人天：中盘商是梦想还是现实 / 272
人天书店带头成立全国馆配商联盟业界各方望关注同行利益、改善市场环境 / 291
邹进说：供到率是馆配商的诚信问题 / 293
馆配商联盟能否再造市场新秩序 / 295
为更好地活下去，馆配商要往何处去 / 300
《出版商务周报》就馆配市场现状采访人天书店集团董事长邹进 / 303
《法制日报》采访人天书店集团总经理施春生 / 305
倡议搭建不设门槛、不问订单去向的馆配共享大平台 / 307
人天书店的"袖珍"帝国梦 / 310
"数字馆配"来了 / 318

从竞争对手到合作伙伴：联盟时代已经到来 / 322

社会科学文献出版社建社 30 周年致敬学术推广人——邹进 / 326

促进资本融合，打造多主题馆配生态圈 / 327

短兵相接开启馆配电子书元年 / 329

畅想之星能否成为电子书馆配的新机遇 / 332

"互联网+"馆配到"风口"了吗？ / 335

邹进：馆配"大鳄"的进击之道 / 340

2006~2015 中国馆配行业"最具影响力人物"授奖词 / 345

馆配商：是联合起来的时候了 / 346

五 馆配文汇 / 355

馆配市场十年回顾 / 357

核心书目的由来 / 364

将可供书目进行到底 / 366

利润＝市场价－成本 / 369

论核心书目 / 375

满足率是图书配供的核心 / 380

商业化运作中国可供书目 / 383

图书馆配供的三个时期 / 386

图书馆为什么要选择人天书店 / 389

五维图书评价体系探索及分析模型的建构 / 394

再议中国可供书目 / 404

以馆配中盘为中心的图书馆供应链 / 408

图书馆现状与馆配市场分析 / 413

如何开展馆配纸质期刊工作 / 418

六 人天驿站 / 427

《坠落在四月的黄昏》背后的故事 / 429

何必着急创业 / 430

记忆中的那些蝌蚪 / 437

建议信 / 439

又到一年送礼时 / 442

开店苦乐 / 443

致国图社区住户 / 445

谈人的心态 / 446

我的人天书店之旅 / 453

为图书奔走的书生们 / 461

我眼中的全民阅读 / 465

要做就做优秀 / 467

郑立民给施春生的回信 / 472

祝寿词 / 476

冠军之心 / 478

七 商业计划书 / 481

关于成立北京人天书店有限公司的可行性报告 / 483

"北京人天书店图书文献机构综合服务网"章程 / 487

北京人天书店全国图书馆图书及数据配送加盟连锁店（草案）/ 491

人天书店商业计划书 / 494

人天书店项目建议书 / 511

"中国可供书目网站"运行方案 / 521

中国可供书目商业计划 / 527

八 蔚蓝图书馆 / 551

蔚蓝公益基金会的理念和未来 / 553

公益，任重而道远 / 557

在云南省公益捐赠座谈会上的发言 / 561

在装甲兵工程学院教练团图书捐赠仪式上的致辞 / 563

助学读书，扶贫济困 / 564

50岁之后，我为"人民"服务 / 567
在"勉学书屋"捐赠仪式上的发言 / 568

九　专家评述 / 571

我与人天书店 / 573
一个企业的数字化生存 / 584
我读"人天档案" / 589
有图书馆的地方就有人天 / 597
浅析人天书店商业模式 / 606
《解读人天档案》的解读 / 611

一　历年工作报告

人天书店 2000 年年度工作报告

李 虹[*]

各位领导、各位老师、各位来宾：

今天，我们聚集一堂，一起沐浴着 21 世纪的阳光。能有机会在国家图书馆的会议厅向各位做人天书店 2000 年的工作报告，心情格外舒畅。

抚今追昔，感慨万千。1999 年全国图书订货会期间，这一月，大概也是这一天，人天书店召开了第一次联采统编工作研讨会，出席会议的有在京的十几家图书馆的馆长、采编人员，还分别邀请了图书馆学和自动化专家辛希孟老师、富平老师，还有王怀义老师和丹诚软件公司的金培华老师。大家都认为，联采统编是新世纪图书馆采编工作社会化的方向，是数字化图书馆的基础，而一个有事业心的、有理想的民营图书公司更有可能擎起这面旗帜。我们永远记住那一年、那一月、那一天，记住那些人。那次研讨会，是人天书店的"遵义会议"，从那天起，人天书店以为图书馆提供专门服务的专业化图书公司的面貌出现了。

整整两年过去了，人天书店已经成长为一个有一定固定用户的较大型的图书公司，在同行业内，位列前三。这一切，有赖于主管部门领导对人天书店经营理念的肯定，有赖于专家顾问对人天书店的指导，更有赖于在座的各位图书馆老师们对我们的信任。人天书店是我们的，但归根结底是大家的。这是一项崇高的事业，朝气蓬勃，正在兴旺时期。我们希望在座各位能一如既往给予我们以支持，希望有更多的图书馆走进这个大家庭，有朋来之，不亦乐乎！

一 人天书店2000年各项统计数字

1. 截止到 2000 年 12 月 31 日，人天书店固定用户有 170 家，这些用户由五部分组成：以国家图书馆、首都图书馆、北京市少年儿童图书馆为代表的公共图书馆；以北京大学图

---

[*] 李虹，时任人天书店总经理。本书文章除署名的以外，作者均为邹进。——编者注

书馆、南京大学图书馆、四川大学图书馆为代表的高校图书馆；以全国人大常委会图书馆、人民日报社图书馆为代表的政府机关及新闻单位的图书馆；以中国科学院图书馆、中国农业科学院图书馆为代表的科研院所图书馆和以香港海燕图书公司、澳门书城公司为代表的海外图书机构。其中，许多用户已经把人天书店作为购买服务的主渠道。

2. 2000年1月1日至12月31日，全年报订码洋13360162元。

3. 采到图书码洋为10697842元，采到率为80.1%。需要说明的是，在全年报订码洋中包括12月25日下达的地方版图书采到率，而且它还较低，后面还将述及。

4. 40家图书馆在人天书店报订2001年的邮发期刊，总额74.4万元，比2000年增加了17家。目前只限于北京地区和与人天书店有图书业务的用户。

5. 2000年，全年收集、加工的采访数据为75017条。

6. 2000年人天书店独立与国家图书馆合作加工的书目数据为50500条；从2000年4月20日到12月31日与北京市少年儿童馆合作加工的少儿图书数据为8712条。人天书店合计加工编目数据59212条。

二 问题及解决方案

在这里，我们主动坦承自身的缺点，并逐一说明，但任何理由都不能成为自己降低服务标准的借口。分析缺点，查找原因，是为了找到解决问题的方案。

（一）关于送书速度问题

自从人天书店采用直接采购的方式后，在市场上异军突起。现在，从南到北，许多图书公司开始学习人天书店的做法，可以说，这是人天书店的一个贡献。上年下半年特别是9月份以后，人天书店新用户和报订码洋急剧增加，现有的工作流程已不适应发展的需要，我们正在改进书店的工作流程。熟悉人天书店工作流程的朋友知道，从用户订单寄达，在20天内形成采购单并下达采购部进行采购，从采购到与用户结算有一定周期，所以在协议中我们都要明确责任范围。快慢是相对的，到目前为止，我们的送书速度仍然是最快的。对于报订码洋剧增的情况，上一年我们是通过加大采购部工作量和与中盘商的合作解决的，但这只是过渡性的办法，不能从根本上解决问题。近期我们准备再购置1~2辆运输车，并增加采购部人员，很快即能见效。

（二）地方版图书采到率不高

前面提到的 80.1% 的采到率是综合的，有几家图书馆专门委托人天书店采购地方版图书，采到率就远不及综合采到率，原因就是我在地方版联合采购倡议书中提到的。在市场经济条件下，需求决定市场，用户的需求就是我们的动力。我们的解决方案是：①我们认为地方版图书采购不仅是单纯的商务活动，而且应该提升到图书馆事业的高度来理解，大家走到一起，走联合采购的道路；②人天书店已尝试在出版大省和高校集中的省会城市设立人天书店工作站，现已建立工作站的城市有南京市、南昌市、长沙市、兰州市、西安市、长春市、哈尔滨市。我们准备在今年上半年将工作站普及到 20 个省份，如此，地方版图书采购难的问题就基本解决了。

（三）进一步提高图书到馆率

我们仍然认为采到率还可以提高，80.1% 不是我们的终极目标。在采购过程中，我们发现这样一个普遍性的问题，即在采访信息中不能区分哪些书是由出版社发行的，哪些是合作出书由投资人包发的，哪些图书是被取消出版计划的。这一问题的解决办法是，人天书店每年 7 月份就开始对上一年报订的未采到的图书进行主动查询，将查询结果报告给用户。查询结果有五种情况：①售缺；②取消出版计划；③合作出版又不能从正常渠道采购到；④未出版还在出版计划中；⑤刚刚出版（在查询期间出版的）。前三种情况，请用户从订购库中删除（下面需要做一下解释）；后两种情况请用户重新确认，如仍需订购请作为新的订购单下达，这样用户前一年的订购库就清理干净了。去年我们对 1999 年报订而未采到的 1240 种图书进行了查询，并将查询结果寄送给各用户，得到了用户的好评。

（四）进一步降低差错率

造成差错的原因有：①员工专业化水平低；②责任心不强；③书库中各单位空间分隔不清晰，造成相互黏连。

解决方案：①加强对员工的培训，每周六下午为固定培训时间（培训的目的和培训内容需作一下解释），还将个别专业岗位的员工送出去培训。②建立严格的奖惩制度，希望用户在退换书时给予配合，以便我们查清原因，落实到人。③人天书店与丹诚软件公司一直有着良好的协作关系，现在我们是在丹诚软件图书馆的管理系统下经过重新配置而进行书店管理的，它已经不能适应现代化书店管理的需要了。我们委托丹诚软件公司开发的书店管理系统经过五个月的工作已几近完成，新系统在工作流程的设置上趋向合理，下一道工序对上一道工序有校验的功能，可以大大降低差错率。

④人天书店目前租用的场地到期后，将寻求更大的办公场所，或租赁，或贷款购置永久场所。

三 人天书店2001年工作目标

1. 人天书店2001年销售额预定为1500万元，争取有所突破，希望各位鼎力相助！1500万元有两个含义，一是在今年的基础上增长50%；二是达到1500万元，我们就与同行拉开了较大的距离，这不论是对人天书店的生存还是对各用户的安全都有了更可靠的保障。

2. 2002年，邮发期刊用户增长了50%，达到60家。

3. 上半年，在20个省份建立人天书店工作站。

4. 准备注册人天书店域名，用租用空间或托管服务器的方式，建立人天书店网站。当我们有了网站后，用户可主动到网站提取数据。目前，大多数用户都使用的免费信箱，由于空间小，当数据形成的文件较大时，接收比较困难。以后我们可以按定题通报的方式，给每个用户设定权限，打好邮包，放到网站上，用户就可以使用了。

5. 将出版计划提上日程。由人天书店组织修订的《中国机读目录格式使用手册》已完成终审终校，即将由科学技术文献出版社出版，人天书店总发行。

由人天书店投资20余万元和中国人民银行图书馆合作编辑的《20世纪中国金融史——全文检索光盘数据库》，历经一年半已完成母盘的制作。该光盘规模达到2000万字，1万余张历史图片，覆盖了整个20世纪现代中国金融发展的历史。这是我们开发馆藏资源的第一个尝试，以后我们希望能与更多的用户开展这种合作。

由人天书店组织撰写的"21世纪图书馆丛书"将在年中出版发行，该丛书由以下八本书构成：《国际图联与中国图书馆事业》《现代图书馆与知识管理》《电子资源的检索与利用》《虚拟图书馆》《源数据的理论与实践》《OCLC与联机联合编目》《互联网数据通信协议（Z39.50）》《国际标准书目注录（ISBD）》。

年底前，人天书店还将编撰出版两本工具书：《中国图书馆大辞典》和《中国图书馆大博览》。

四 人天书店的远景目标

人天书店计划从现在起用三年时间使公司的销售码洋达到每年 5000 万元的规模，再用两年时间，即国家第十个五年计划结束时，达到每年 1 亿元的规模。达到这一目标，人天书店就从一个小型公司踏上了中型企业的台阶。我们自己需要变得强大，只有我们强大了才能抵御外部环境变化带来的风险。只有我们强大了，才能应对加入 WTO 之后国外资本带来的挑战。只有我们强大了，我们才能获得自己的生存权和发展权。希望在座的各位同人们给予我们更多的关注、支持和鞭策！

要达到这一目标，需要满足以下四个必要条件。

（一）建立全面、准确、及时的图书出版预报系统

人天书店在确立自己专业化图书公司的目标之初，就意识到了图书出版信息的先导作用。由于图书出版和发行的多级化，传统的商业性的书目报的导读导购作用被削弱。1999 年 3 月，人天书店开始编制自己的《人天书目月报》。当年，向用户发布的采访数目就达到 7.2 万条，已经远远大于任何一种全国性的或专业性的书目报。2000 年，这一数字增加到 7.5 万条。

2001 年，人天书店和《中国图书在版编目快报》达成协议，即人天书店作为《CIP 快报》的发行人，负责《CIP 快报》的宣传和发行工作。人天书店这一行为的目的，就是为了推动国家图书出版预报系统的建立。我们知道，在《新华书目报》的后面，有新华书店强大的物流系统，我们希望在 CIP 在版编目书目的后面，有人天书店的物流系统。当然，目前的 CIP 数据还有其不完善的地方，我们双方正在对 CIP 数据及《CIP 在版编目快报》进行改造，比如，现在增加了征订号和订单栏，使其变为一份可报订的有订购服务的书目刊，但在其数据的完整性、准确性上还需要改进。我们相信，依靠政府的力量，引进市场的机制，我们的目的一定能够达到。

（二）建立或合作建立图书发行中盘

人天书店现在是一家图书专供商，这是由它的规模和服务性质决定的。一家图书专供商是不应该面对全国六七百家出版社和出版机构的。开始，人天书店与同类书店一样，依靠大型中盘商 book321 进行图书采购，由于众所周知的原因，人天书店很快撤离出来，开始直接采购。这样做大大增加了成本，但也因此在市场上站稳了脚跟，这不是经济行为，

是无奈之举。人天书店呼唤一个或若干个能够适应市场经济需求的中盘商的出现，人天书店自己也在努力。从一些好心的朋友那里得知，某某图书公司、某某书店说人天书店把订单交给某某公司采购了，或说人天书店又要和新华书店合作了，人天书店的优势没有了。我们说，不能犯常识性的错误，中盘的作用书业同人都应知晓。如果是因竞争导致的口误，我们就不说它了。今年，对人天书店来说是关键的一年，如果达到了今年的销售目标，人天书店就会在中盘中崭露头角。它不仅能为自己的终端用户服务，同时可以为其他图书专供商提供服务。

（三）人天书店赞同国家图书馆建立国家书目数据中心

一年来，人天书店与国家图书馆建立了良好的合作关系，在合作过程中，我们学到了很多东西。我们的一些主张，也得到了国家图书馆的肯定。

以前，图书馆都自己制作书目数据，标准不能统一，且造成了重复劳动。有了联采统编，图书馆就可以不做数据了，却又有无数书店在重复这一劳动。比如，去年人天书店加工和委托加工的5万多条数据，与国家图书馆的数万条数据绝大多数是重复的，这不又是浪费吗。国家图书馆有全面收藏的条件，有毋庸置疑的加工能力，有对国家标准的把握，理所当然应成为国家书目数据中心。人天书店有自己的编目部和专业人员，但我们认为，书目数据的产生也应该走社会化大生产的道路。人天书店应该利用自己采访的全面性、采购的及时性为国家书目数据中心的建设尽一份绵薄之力，且人天书店自身的需求也得到了满足。

（四）建立人天网上书店

互联网改变了我们的工作方式，它打破了空间的阻隔，使我们走到一起，"海上生明月，天涯共此时"。去年，我们在10个省份开展了业务，基本上都采取了网上数据传送和网上订购的方式。但因各馆使用的图书馆软件不同，对数据格式有不同要求，导致数据接收和使用遇到困难，这就对我们的工作提出了更高的要求。我们需要提高自动化的程度，一是加强对员工的培训，二是招募专业化人员，同时加强与丹诚软件公司的合作，尽快把人天书店建设成网上书店。

数字化图书馆的建设已经成为大势，但是没有数字化书店的支持，数字图书馆也只是干涸的河床。当上述四个条件同时具备的时候，我们就有勇气说，人天书店已经是一家数字化书店了。这美好的景象展现在我们面前的时候，我们将为之激动和鼓舞。"自信人生二百年，会当击水三千里"，我们需要图书馆，同时我们也会自信地说，中国的图书馆同样需要人天书店。

人天书店2001年中期工作报告

李 虹

全体人天书店的员工们、应邀参加人天书店店庆的朋友们：

在新世纪最明亮的一天，我们会聚一堂，庆祝人天书店开业三周年。

一切如同昨日，往事近在眼前。三年过去，人天书店已经成长为一个业内知名的、规模较大的图书公司，我们每一个员工，都应该为自己的辛勤付出感到欣慰，都应该为自己是人天书店的一员而感到骄傲。

人天书店所从事的工作，已经被我们当作一项事业。作为一项事业，它的理念不能不被我们每一个员工所认识，它的前景不能不使我们投身其中，因为它不仅是我们几个人的，归根结底是我们大家的。在此，公司要求全体员工继续努力，恪尽职守，敢于创新，坚定不移地迈向我们的既定目标。

一 人天书店2001年上半年各项统计数字

1. 截止到2001年7月31日，人天书店固定用户为241家。
2. 2001年1~8月，报订册数53万余册，码洋约1600万元。
3. 2001年1~8月，发货码洋1200万元。
4. 图书出版工作进展顺利，已经出版的图书有《中国机读目录格式使用手册》《中文连续出版物机读目录格式使用手册》《文献机读目录著录图例详解》。"走进二十一世纪图书馆"丛书正在紧张编辑之中，预计10月出版。《20世纪中国金融史——全文检索光盘数据库》正在北京出版社终审终校，预计10月出版。
5. 分别与《求是》杂志社和首都图书馆签订了书目数据回溯建库协议，回溯数据量为45万种，两个回溯建库组已经成立。

二　2001年后四个月工作安排和2002年发展目标

1. 今年完成2000万元码洋的销售指标。2002年的目标暂定为3000万元。

2. 再建立10个工作站，使地方版图书出版信息采集面和图书采购覆盖面达到70%以上。

3. 完成《求是》杂志社和首都图书馆的回溯建库工作。

4. 建立图书发行渠道，为人天书店在图书出版方面的拓展打好基础。

5. 采购部今年达到66%的折扣目标，2002年争取达到65%的折扣目标。

6. 2002年，期刊征订码洋不低于100万元，争取有所突破。

三　问题及解决方案

在这里，我们主动坦承自身的缺点，并逐一说明，但任何理由不能都成为自己降低服务标准的借口。查找原因，是为了找到解决问题的方案。

（一）关于流动资金问题

自从人天书店采用直接采购的方式后，在市场上异军突起。现在，从南到北，许多图书公司开始学习人天书店的做法，可以说，这是人天书店的一个贡献。今年上半年特别是3月份以后，人天书店新用户和报订码洋急剧增加，现有的工作流程显然已不适应发展的需要，我们正在改进书店的工作流程，但困扰我们最大的流动资金问题。对于报订码洋剧增和流动资金不足的情况，去年我们是通过与中盘商的合作解决的，但这只是过渡性的办法，不能从根本上解决问题。公司下决心用半年至一年时间彻底解决资金问题。

1. 公司要求采购部用半年时间使50%的出版社或50%的采购码洋做到两个月账期。

2. 与银行建立良好的信用关系，争取获得银行200万元的信用额度。

3. 谨慎选择新的投资人。

（二）图书采到率不高问题

图书采到率不高除了资金问题之外，另一个重要原因是我们的采访方式尚有缺陷。大家知道，《人天书目报》的编辑出版对人天书店业务的提升起到了举足轻重的作用。人天书目被国内和海外一些重要图书馆评价为中国大陆最具权威性的最大的图书出版信息源。但是，由于合作出书越来越普遍，图书发行渠道越来越多，使用人天书目作为订购目录造成了采到率下降的状况，这已经影响到了人天书店的声誉。因此，人天书目的编辑将有一个较大的改革。公司要求采购部和工作站的同志们要承担起这项光荣的、重要的任务，新的人天书目的出版将使人天书目已经获得的荣誉更名副其实，也将使人天书店立于不败之地。

（三）如何降低差错率问题

造成差错的原因有：①员工专业化水平低；②责任心不强；③工作流程设计不合理。解决方案：①加强对员工的培训，并将个别专业岗位的员工送出去培训。②建立严格的奖惩制度；②现在我们是在丹诚图书馆管理系统下经过重新配置而进行书店管理的，它已经不能适应数字化书店管理的需要了。公司正在加紧新管理程序的开发，目前已经完成了采购单订数合并程序，正在开发和将要开发的是订单管理程序和分拣管理程序。新系统在工作流程设置上趋向合理，下一道工序对上一道工序有校验的功能，可以大大降低差错率。

"不积跬步，无以至千里；不积涓流，无以成江海。"我们每一个人每一天的每项工作，看起来都是琐碎小事；我们的工作按部就班，也不是每时每刻都处在激情之中，但又确实是跟我们的远大前程联系在一起的。也许，在我心中的理想未必存在于每个人的心中，但是它确是存在于我们的团队之中。这就是为什么大家加班加点而心甘情愿，为什么服从命令而没有怨言的原因。不出三五年，我们今天所说的这些，或许就将变成一个有形的存在。人天书店在做什么，我们自己越来越清晰，我们心中的人天书店，将是一座没有大厦的图书大厦。它似有形而无形，无形而有形，我们叫书店，没有一个门店，但有能力向全国的图书馆提供专业化的配供服务。当我们建立起了出版信息的预报系统、书目数据中心、图书的发行中盘和基于互联网的应用流程后，那么，图书馆"联采统编"的理论将会在更大范围内得到实践，非常有可能在图书发行领域形成一个新的业态。这个过程，将会展现人天书店发展的全貌。

人天书店，一直是行业理念的创导者，更是这一理念的践行者，我们会在脱离了日常事务的那一刻，或者说是时时刻刻，去发现新的机会，创造新的需求。我们必须有能力去抢占别人的地盘，但我们还要有能力拓展新的疆界。

人天书店 2001 年年度工作报告

李 虹

各位馆长、各位老师、人天书店的全体员工们：

21 世纪的第一年，是惊心动魄的一年。这一年，既让我们恐惧和紧张，又使我们兴奋和快乐，有奥运会的申办成功，也有"9·11"事件；有中国加入 WTO，也有阿富汗的战争，有纳斯达克指数的狂挫、国内网站的倒闭，也有新经济的成长；印巴、巴以站在了战争的边缘，而欧元却在统一着欧洲；一边是"和平号"轨道站陨落南太平洋，一边是神舟二号无人宇宙飞船升入太空。全球经济普遍衰退，中国经济却保持着强劲的增长。我们一边体验着世界上的风云聚散，一边紧紧地把握着自己的命运，如此，走过了一年。

一　报告的背景

2001 年是我国图书出版业飞速发展的一年。根据国家图书馆中采组非正式数据显示，在编新书已经超过 10 万种，居历年之冠。出版业的发展给图书发行业带来了巨大的商机。随着我国加入 WTO，国内的图书零售业今年即将放开，图书批发业明年也将市场化，图书发行和销售将冲破新华书店一统天下的局面，呈现出多渠道经营和发展的格局。许多大型的网上书店，如当当网上书店；连锁书店，如贝塔斯曼连锁书店和专业服务型的书店，如人天书店在今天的发行和销售领域中，都扮演着更重要的角色。到 2001 年，非新华书店系统图书发行所占份额，已是三分天下而占其一。

一方面，专营出版的企业和图书发行商们纷纷投入大量资金提高企业的管理水平，建立并利用已经建成的企业网站实现企业自身业务的集成。同时平滑地过渡到互联网，实现企业网向互联网的同步发送，并逐步与外部网互联，让分布于各企业网的信息得到最大限度的利用，以实现电子社区的理想。

另一方面，国家"211 工程"的实施使全国的院校图书馆和各级大中型公共图书馆普遍实现了电子化管理和与互联网的连接,进行网上信息检索和采集,并开始进行书目信息和书目数据的数字化管理。

上述现象正好为有潜质的、有市场基础的、专营图书和书目数据的图书公司提供了发展空间和商机,人天书店正是在这一大的背景下走过了它的第三个年头,因为人天书店已经是一家有经验,而又掌握市场脉搏和有固定客户的图书公司。根据各图书馆和各专业团体的需要,人天书店运用计算机和互联网的技术,巧妙地整合出版界已有的电子数据,然后将数据通过有采选功能的软件传送给各潜在客户,促成业务的成交。人天书店为全国的图书馆和团体客户提供了一个享受购书服务的新环境。

二 人天书店2001年各项统计数字

1. 截止到2001年12月31日,人天书店固定用户、图书用户为269家,比去年同期新增99家。由于人天书店已有一定的品牌效应,人天书店去年展业的方式已由原来单一的上门展业转变为现在的客户主动寻求服务,并且人天书店正在由一个地区性的图书公司变为一个全国性的图书公司。在业务结构中,地方用户已经占据人天书店业务总量的半壁江山。

2. 从2001年1月1日到12月31日,全年图书报订册数为818885册,报订码洋约为2293万元。由2000年结转未采到的码洋为266.2万元,两项合计应采码洋约为2559万元。

3. 2001年,全年发出图书码洋为2180万元,增长幅度为104%。

4. 采到图书码洋已发出的部分为2180万元,加工中的为120万元,两项合计2300万元,采到率为89.88%。

5. 期刊用户由2000年的37家增至95家,新增58家。期刊报订码洋为220万元,增幅为193%。期刊用户已经扩展至湖北、上海、天津和河南等省市。

6. 2001年,《人天书目报》从3月起改为半月刊,全年出版22期,共发布新书数据86316条,超出了年初制定的85000条的目标,真正成为国内图书出版的最大信息源。

7. 2001年从国家图书馆购买新书数据94764条,人天书店自编成人数据24600条、少儿数据12700条,能够完全满足用户的需求。

8. 2001年,人天书店承接了《求是》杂志社图书馆12万种图书的回溯建库和首都图书馆一期工程33万种图书的回溯建库。《求是》杂志社图书馆图书的回溯建库预计在今年2月完成,首都图书馆图书的回溯建库工作预计今年年底完成。

9. 人天图书工作室2001年出版图书12种,包括刚刚出版的"21世纪图书馆学丛书"9种,基本完成了全年的出版计划。《中国图书馆大辞典》《中国图书馆大博览》和《20世纪中国金融史数据库》被调整到2002年出版。

三 人天书店的各个部门及其功能

为了让用户了解人天书店,也为了我们能更好地为客户服务,在这里有必要将人天书店的各个部门及其功能向各位老师做一下简单地介绍。

人天书店实行董事会领导下的总经理负责制,总经理下设公司办公会,参加会议的有6人:总经理李虹,负责公司总运营;董事长邹进,主管总体策划、宣传、出版;副总经理施春生,主管业务部;总经理助理邹正,主管采购部;数据部经理邓朝碧,主管采访、编目、网络及回溯建库;办公室秘书朱桂枝,主管各省工作站。

7个工作站的负责人参加了今天的大会,他们分别来自上海工作站、武汉工作站、南昌工作站、南京工作站、天津工作站、长春工作站和长沙工作站。公司下设10个部门:业务部、采购部、数据部、储运部、采访组、汇总组、分拣组、编目组、财务组、回溯建库组和期刊组。

四 人天书店2002年工作目标

2001年是人天书店五年计划的第三年,今年我们完成了预定的目标,为实现五年计划的亿元店的目标开了一个好头。经过认真地分析和测算,人天书店制定了今年的工作计划:

1. 2002年,图书销售码洋3300万元,增长率为50%;

2. 2002年,期刊报订码洋400万元,增长率为80%;

3. 合作出版及包发图书不低于300万元,增长率为80%;

以上三项码洋合计为4000万元。

4. 今年回溯建库的主要任务是按期完成首都图书馆回溯建库的一期工程,使其顺利通过文化部的评估。如有余力,再承接一个至两个图书馆的回溯建库任务。

5. 办好人天书店网站。人天书店网站的实用功能目前主要体现在采访数据的上传和下载上。我们正在加紧编制程序,尽快把编目数据按各单位各批次传输上网,使目前的编目数据交递和传输不通畅的问题得到根本解决。同时，根据市场开发和技术实现，逐步把人天书店网站变为一个商业性网站。

6. 加快书店系统的开发。目前市场上已有的图书馆软件和书店软件均不适合人天书店的工作流程，人天书店必须编制自己的管理专版。随着人天书店业务的迅速增长，我们对技术管理的要求越发迫切，这不仅可以提高工作效率，更可以使差错率大幅下降，用户在这方面的查询错误已日渐减少。但这还远远不够，必须将订单管理、查询、采购、催缺、分拣、出库和数据传输集成为一个完整的系统。

7. 清理不良资产。我们说，人天书店的流程是一个信息流带动物流，物流带动资金流的良性循环。反过来，没有畅通的资金流就不能实现畅通的物流，而信息流也就无所依附。去年（2001年）人天书店资金一度回笼不畅，致使采购速度下降，采购周期加大，使人天书店的传统优势无法发挥。人天书店不得不对用户进行分类，对不良资产进行清理。原则是：对占压资金超过警戒线的用户，对其订单暂缓汇总采购，使公司总体采购流程不受影响。在此，我们要对那些回款及时和给人天书店预付款的用户致以深深的谢意！

8. 加强与出版社的联系，提高人天书店的信用等级。在人天书店资金困难的时候，许许多多出版社都伸出援助之手，给予了人天书店赊销的资格，这也是因为他们看到了人天书店优良的品质。今天，在人天书店用户人会上，我们第一次请来了出版社的代表（由于在订货会期间，只能选择部分出版社），你们、我们和他们——人天书店的广大用户，共同组成了一条服务链。今天，在这里，我们更深切地感受到彼此相互依存的关系。借此机会，我同样要对出版社的朋友表示深深的感谢！

五　人天书店是一家可造就的图书公司

下面，是我的工作报告的结束语。

人天书店已初步具备了向各图书馆和各专业团体提供专业服务，并与竞争者争夺市场的能力。根据人天书店的发展计划，相信用一两年时间，人天书店就将具备争夺全国图书馆市场的基础条件，在我们的第一个五年计划内，使公司的销售码洋达到1亿元的规模。

面对信息社会和开放市场的挑战，人天书店必须加快通过互联网进行图书采选和数据传送的进程，并在此基础上增加人天书店为各图书馆提供各种相关服务的可能性。

目前，国内仍未有一家在规模、服务和数据上都较完善的中盘商为各图书馆提供服务。人天书店必须有计划地部署，掌握为其既有客户定期供应图书的规律，与全国各出版社建立良好的信用关系，并有意利用这种图书进出的规律去实现其图书中盘商的目标。这个构想很实在，也很关键。因为只有这样，才有可能进一步与出版社建立更佳的供需关系，达到出版社愿意配合人天书店的规划，主动、及时地向人天书店配送图书、提供数据的效果。当人天书店成为小型中盘商的时候，必然会出现良性的循环，即人天书店的中盘效应愈来愈大，出版社的发行业务也愈做愈顺畅，从而形成双赢局面。

电子商务引发的"虚拟市场"通过互联网架起了出版社与用户之间的桥梁，将书店这一实体购物空间转换为"虚拟"的信息购物空间，降低了交通成本和费用。这种新型的数字书店开辟出了一个以信息为纽带的市场，信息网络成为最大的中间商。数字书店所依存的网络系统必须有良好的应用软件和运行环境，要能为所有用户提供上网解决方案；系统平台要能支持遍布全国的用户的随机访问，并和用户单位的系统做到无缝连接。这一切无疑都对人天书店提出了更高的要求。但这些要求，也为有远见和有活力的人天书店提供了占领市场的突破口。人天书店一定会抓住这一机遇，认真分析市场趋向，建立自己独特的服务系统和网络平台，迅速占领市场，成为行业先锋。

人天书店正在迈向数字书店。

人天书店将同国内出版社和图书馆一起共同探索和尝试开放市场环境下图书馆采访及数据加工的经济、快捷、科学的运作模式，在实现商业目标的同时，也担负起服务社会的责任。

谢谢各位！

人天书店 2002 年中期工作报告

李 虹

各位员工、各位来宾：

我受董事会委托，做人天书店 2002 年中期工作报告。

今天，天南地北的朋友们走到一起，我们在这里欢聚，庆祝人天书店成立四周年。很多人可能还不相识,很多人甚至未曾谋面,当我们回到了共同的家里,大家彼此称呼一声兄弟姐妹,享受我们的团聚之乐。

下面,我用三个标题概括我报告的内容:一是 2002 年工作目标;二是 2003 年工作目标;三是人天书店中期发展目标。

一 2002年工作目标

人天书店 1 月至 8 月 25 日的报订码洋共计 2680 万元,发出商品共计 2300 万元码洋,已经达到去年全年的销售额,同比增长 92%。人天书店预计全年将完成 3800 万元的销售任务,并可能冲击 4000 万元的新高度,这个成绩是全公司各部门协同作战的结果。在这个数字背后,再来看看我们取得的成绩和不足。

采访部为全年销售任务的完成提供了及时、准确、全面的采访数据,全年预计发布 8.8 万条新书信息,并且各项指标(内容简介在全部数据中所占比例、少儿类图书信息在全部数据中所占比例、差错率等)全部达到公司规定的要求。需要努力的是提高信息的准确性,同时采访工作要走出去。

采购部达到了公司下达的 65% 的折扣目标,为提高人天书店的竞争力打下了坚实的基础。但我们还应看到我们的折扣与新华书店得到的折扣,甚至与中教图公司得到的折扣还有较大差距。在图书出版多元化的未来和中国尚没有可供书目的大背景下,如何提高图书的采到率和采到速度是采购部的新课题。比如,2001 年待催缺的图书码译就达 300 万元之多。

汇总部和财务部在人员调动频繁的情况下基本上完成了本职工作。这两个部门都是公司的核心部门,对工作的保密性和准确性都要求极高。为了提高工作效率,减轻劳动强度,降低差错率,公司购买了用友财务软件,并编制了订单管理程序,希望这两个部门尽快掌握并使用好这两个软件,以免除业务部门的后顾之忧。

编目部今年的大部分时间处在半饥饿状态,新书加工基本没有出现积压,客户投诉也较少,主要问题出现在数据标准上。为了满足高校客户的要求,公司决定在国家图书馆书目数据标准的基础上,再编制一套 CALIS 数据。为此,公司设置了专门的岗位和人员,希望在不久,书目数据的标准不再是影响我们业务开展的障碍。

客户服务部自今年设立以来,承担起了数据发送、订单接收、客户查询、退书、计算机维护等所有没有专职部门管理的事项,特别是在邓朝碧调任人天报刊公司经理之后,工作压力增大。客服部克服了种种困难，较好地完成了工作，但客服部的员工应该明白，你们是公司的窗口，网络是公司的神经，你们的一点刺激，都会使整个公司震颤。你们应该知道自己身上的责任重大，不能有一点疏忽和大意。要提高你们在软件应用、硬件维护上的知识和技能。我们的产品不一定是最好的，我们的价格不一定是最低的，但我们的服务一定要是最好的。这是人天书店最基本的理念，人天书店的发展恰恰证明了这一点。公司正在和天滋同软件公司合作编制网上数据管理程序，届时，人天书店的客户服务将会踏上一个新的台阶。

分拣部和储运部完成了前 8 个月的工作，不断加大的工作量也都被这两个部门所消化，从年初的每周 8 万元增加到目前的每周 14 万元。后几个月将进入全年销售的旺季，每周的工作量可能还会进一步加大，希望这两个部门做好充分的思想准备。同时，希望这两个部门加强协作，理顺互为上下游的关系，保证公司物流畅通。

在人天书店图书销售序列之外，目前有三个独立工作的部门，它们是数据回溯部，图书出版部和人天报刊发行公司。

数据回溯部在与首都图书馆签订补充协议之后，在首图采编部及其质检组的配合下工作进展顺利，并与首图相关部门保持着良好的界面，在第一期工程完成后还有可能承接新的项目。在此，我们要向首图的老师们表达我们的感谢。在人天书店幼小的时候，首图就给予了我们极大的信任；在人天书店成长的时候，首图给予了我们巨大的推动；在人天书店发展的时候，首图又给予了我们想象的空间。以前、现在和未来，首图都是人天书店最重要的用户和最知心的朋友。

人天书店与北京图书馆出版社 2008 年后更名为国家图书馆出版社签订了合作协议，成为北图出版社社外特约编辑室，每年将为其出版图书馆专业图书 20 种。同时，人天书店与北图图新书店开展合作，致力于古籍和珍稀历史资料的搜寻、整理和出版。但我们要看到，我们编辑部的专业水平较低，承担以上的工作勉为其难。目前的状况与人天书店在业界的地位和影响不相匹配。因此，编辑部的员工要加强学习，努力工作，尽早成为合格的专业人员。

人天报刊发行公司是人天书店的第一个全资子公司。成立报刊公司，把期刊业务从人天书店剥离出来的初衷是将期刊从人天书店的一个附属业务提升为主营业务。人天书店董事会意识到：在出版物市场上，下一个竞争的目标就是中文期刊，竞争机制引入邮局系统已成必然之势。目前的市场格局证明我们的判断是正确的，我们加入这个市场也是及时的。经过三个月的工作，期刊的采访、数据、业务各方面都已眉目初现。再过一个月，竞争的大幕即将拉开，是略占上风，还是势均力敌，抑或是处处被动，我们都将拭目以待。我们的目标是明确的，公司修订了年初制定的400万元的计划，重新核定的销售目标为600万元，并争取达到800万元。人天报刊公司争取在三年内成为邮局系统之外的最大的民营报刊发行公司。人天书店业务部及各地工作站的员工要全力支持公司这一大胆构想，用你们每个人的业绩来完成这一宏伟目标。

二 2003年工作目标

2003年处于人天书店五年计划的中间，是非常关健的一年，我们要为这一年制订合理的计划，并为实现这一年的计划提供全面的支持。完成2001年的计划，亿元店的大门将为人天书店敞开。当我提笔写下2003年计划的时候，不禁心潮澎湃。

今年出现的诸多纷乱，2003年都会变得清晰起来。2003年，人天书店将会出现6个独立核算单位，它们分别是人天书店、人天报刊公司、人天广告公司、人天餐饮公司、人天书店出版部和人天少儿书店。

1. 人天书店2003年目标：在2002年3800万元的基础上增加50%～60%，达到6000万元。

2. 人天报刊公司2003年目标：在2002年600万～800万元的基础上增加100%，达到1200万～1500万元。

3. 人天广告公司（中国图书出版信息网），将把中国图书出版信息网建设成一家商业性网站，并发展100家出版社成为该网站的常年用户。

4. 人天书店出版部：2003年计划出版图书馆专业图书20种，影印图书和非图书馆专业图书若干种。

人天餐饮公司和人天少儿书店尚在计划之中，暂不述。

三 人天书店中期发展目标

人天书店正在建一座没有大厦的图书大厦。

人天书店什么时候建成这座没有大厦的图书馆大厦呢？

北京图书大厦 2002 将达到创纪录的 3 亿元销售码洋。

我们呢？

人天书店和北京图书大厦都是在 1998 年开业的。

1999 年，人天书店销售码洋为 400 万元，北京图书大厦销售码洋为 1.6 亿元，人天书店是北京图书馆大厦的 1/40。

2000 年，人天书店销售码洋为 1100 万元，北京图书大厦销售码洋为 2.2 亿元，人天书店是北京图书大厦的 1/20。

2001 年，人天书店销售码洋为 2180 万元，北京图书大厦销售码洋为 2.6 亿元，人天书店是北京图书大厦的 1/12。

2002 年，人天书店销售码洋预计为 4400 万元（含期刊），北京图书大厦预计为 3 亿元，人天书店是北京图书大厦的 1/7。

2003 年，人天书店销售码洋预计为 7200 万元（含期刊），北京图书大厦按近两年的增加额预计销售码洋为 3.4 亿元，人天书店是北京图书大厦的 1/5。

朋友们，大家一起算一算，我们还需要几年才能建成人天书店的图书大厦？

朋友们，我们看到了什么？我们像一群水手，正悄无声息、小心翼翼地接近一片新的大陆，那里有无限的风光。我们似乎看到德沃夏克正在指挥他的乐队奏响那激情的乐章。让我们一起荡桨，齐心协力，向那个方向划去吧！

人天书店 2002 年年度工作报告

李　虹

各位老师，各位来宾：

上午好！

今天，我们在中国科学院文献情报中心新馆迎接大家。首先，我代表人天书店的全体员工向所有来宾表示热烈的欢迎。身处这庄重、堂皇的大厅，我们感觉到了知识的力量。随着一个又一个新馆的落成，一个又一个新馆的开工，我们看到，我们的国家已经不仅仅重视知识，更重视知识的来源。站在大厅的讲坛上，我真正感到了希望。我想明年，我们一定会在另一座落成的新馆里欢迎大家！

不知大家是否注意到，去年有一个词汇被频繁地使用，它可能已成为2002年使用频率最高的词汇。它不仅出现在我们的日常口语中，还出现在党的十六大报告里，出现在中央电视台的《对话》节目中，出现在每一个成长企业的公司办公会上。这个词揭示了大至一个民族，一个社会，一个国家，小至一个图书馆，一个出版社，一个书店之所以生生不息的动力，之所以不断进步的灵魂。大家想一想，这个词是什么呢？

这个词是创新。

农民需要联合收割机，但他们没有足够的钱；市场上有很多联合收割机，但没有有钱的买主。在19世纪初，有一个叫麦克科密特的美国人创造了分期付款制度，这种制度使得农民可以用未来的收入购买联合收割机，而不是用他们过去的微薄的积蓄。于是，一夜之间，农民有了联合收割机。联合收割机大大提高了劳动生产率，农民增加的收入又促进了联合收割机的销售，这是一个典型的制度创新的案例。分期付款制改变了经济，它使经济从供应型转变为需求驱动型。200年后的今天，我们仍然生活在这个制度之下，我们分期付款买房，分期付款购车，分期付款享用那些本该是未来才属于我们的东西，我们的需求变成了现实的购买力。

将卡车车身从轮子上卸下来，放置到货运轮船上的点子并没有多少技术含量，却是它使全世界的运输业发生了巨大的变化，这个从轮子上卸下来的车身就是集装箱。这又是一个典型的概念创新的案例。这个新概念使我们面对的时空发生了新的组合，它意味着船舶在港口停留的时间极大地缩短了。这个貌似平凡的创新却使远洋货运的效率整整提高了4倍，没有它，世界贸易近40年的巨幅增长根本不可能发生。

人天书店4年来创造的业绩，正是由"创新"实现的。在今天这样一个政策宽松、市场开放、知识爆炸的时代，已没有无人涉及的领域，没有无人经营的行业。那么，怎样才能生存、前进呢？只有创新，创新是我们的生命力。

1999年，我们创立了《人天书目报》，在业内得到了好评。

2002年，人天书店又有两项创新成果奉献给大家，第一项是客户管理系统，第二项是全面改版后的人天书店网站。

人天书店客户管理系统于2001年10月立项开发，经过一年的工作，其主干部分完成后将于2002年10月开始试运行。3个月来，它运行状态良好。这个系统不仅提高了书店的工作效率，更重要的是，它使人天书店的管理向着智能化和数字化大大迈进了一步。这个系统，有对出版社、图书馆的管理，有对业务状况的分析，有对采购状态的监控，有各项分类和综合统计，有对客户订单的查重，有与现货库的链接，有对外来数据的处理等功能。后面我们将择其精要给大家演示。

人天书店网站大家已经使用了两年。以前，人天书店网站仅仅是图书馆用户采访数据下载的一个工具，其他内容基本不更新，大家看到的永远是我和北京大学图书馆武馆长、北京少儿图书馆李馆长分别握手的照片。2002年10月，人天书店网站开始全面改版，它由一个简单的内部服务网站转变为一个面向社会的商用网站，目标是建设一个全国性的图书信息网，并在此基础上创建中国可供书目。改版后的网站大家可以看到三个板块，一个是人天书店联采统编中心，一个是全国图书出版信息网，再一个是业界新闻。从元月一日试运行以来，各界反映良好，点击率已由原来的每天百余次上升到目前的每天近千次。随着人天用户的增加和广告的传播，其点击率将会有大幅度的提高。关于网站，下面还有演示。

2003年，人天书店还将有几项创新计划向大家预告，并接受大家的检验。

一是采访工作的深化。体现在三个方面：①《人天书目报》将由半月刊改版为周刊。经过用户调查，这一出版频率比较符合图书馆老师的工作规律。②对在版编目数据按中图法进行二级分类，经过二级分类，可以编制真正意义上的定题通报。老一些的用户可能记得，1999年、2000年人天书店曾经编制过定题通报，但后来放弃了。放弃的原因很简单，在版编目分类分到一级的使用价值不大，再则没有数据库和网络的支持，不能对数据进行检索、编组并通过网络传送，只能复印邮寄，事倍功半。③编制现货书目。为了满足图书馆用户对现货采购的要求，在人天书店尚没有仓储的时候，利用若干大型批销中心提供的数据编制现货书目，即把别人的库当作我们的库来用。我们首先要处理京所、首所和沪所的数据，并逐步扩大到其他省份的批销中心。

二是按CALIS标准编制第二套编目数据。人天书店以往在编目数据标准上是一边倒的，完全遵照国家图书馆的著录和分类标准。众所周知，高校图书馆与公共图书馆在图书著录和分类上有不少差异，这就给我们的高校图书馆用户的使用带来不便。我们对统一的标准期望已久，但遥遥无期。不得已，我们决定按CALIS标准编制第二套编目数据。也就是说，用户可以根据本馆的使用习惯选择其中一种编目数据。在这里，我们要特别感谢首都师范大学和中国政法大学图书馆的老师们，他们给我们提出了很好的建议，促使我们早下了决心。

三是创建连锁书店。人天书店的第一家零售店人天驿站计算机书店很快就要开业了，中午用餐的时候，大家已经可以看到书店的模样。人天书店是从零售店起家的，在没有任何客户基础和市场经验的时候，贸然办大店，结果必然损失惨重。今非昔比，人天书店固定用户已经超过了300家，但我们却想从小店办起，先从时效性、工具性强的计算机和外语类图书入手，再逐渐扩展到其他门类。在人天书店做成亿元店的时候，一定要有，也一定会有自己的仓储中心和现货中心。

我们今年的目标是建成有10个零售店的连锁书店。我们希望把书店办到大学校园里，更希望把书店办到图书馆里。在此，我向在座的所有的图书馆用户、各位老师发出一个信息，有条件和有意愿办书店的图书馆请和我们联系，大家互惠互利，把人天书店办成你们的书店。

四是关于"非主渠道"（也就是我们通常所说的"二渠道"）供应市场的开发。过去，我们一提到"二渠道"，经常会把它与"盗版"联系起来。大家怕，因为我们都很清楚，图书馆采到盗版书意味着什么；我们更怕，因为我们的客户都是图书馆。如果我们采购到盗版书，则意味着在拿人天书店的声誉开玩笑，我们会失去你们的信任，这对我们来说意味着死亡。因此，我们一直给采购部制定了一条铁的原则：不允许到西直门、金台路这样的图书市场去采购。采到率与采购速度是衡量图书馆供应商的两个极为重要的指标。为此，首先我们投入了很多精力研究如何从采访做起，以提高采访信息的及时性与准确性。另外，我们调整了采购周期，加快了采购频率。接着，我们又出台了一系列激励采购人员积极性的政策，以提高采到率。一年下来，统计结果表明：尽管我们投入了比往年更多的精力去研究如何提高采到率，也想了许多办法，可采到率却没有明显的提高。原因在哪里，通过2002年下半年的观察、总结，我们发现随着《人天书目报》采访范围的不断扩大，采访信息总量也在加大，而采到率没有明显地提高，这是因为我们忽视了一个新的形势与趋势。那就是出版环境与出版政策在不断地改善与放宽，非主流渠道出版商的市场份额也在不断地增加。据非官方统计，北京有5000多家非主渠道出版公司、图书工作室等。通过合作出版的政策许可，他们已逐渐从地下转入地上。在日常采购过程中，我们也明显地感觉到，越来越多的书在出版社发行部根本采不到。我们甚至采取了到责任编辑手里直接采购的方法，但收效甚微。编辑手中复本不够或根本无书，以及不能开具发票等诸多因素使我们无法根本解决问题。非主渠道已形成了他们自己的发行体系，如果我们至今仍抱着原有的观念，无视非主渠道的存在，甚至仍把他们与盗版画等号，那么最终失去市场的将是我们。为此，我们改变了原有的观念，并于今年首次参加了非主渠道的出版商订货会。在那里，我们发现今天的非主渠道出版发行已形成一股不可忽视的力量。许多我们一直在出版社采不到的书，在那里找到了。因此，在 2003 年，我们将在开发非主渠道出版商上下功夫，以提高采到率。当然，任何一个新生事物的出现，在初期都会有良莠不齐的现象，非主渠道出版业也会有盗版现象的发生。但我们认为，躲避不是积极的态度，我们应该做的是，加强自身修养，提高辨别盗版书的能力，从而进入非主渠道，提高采到率。在此，我也希望各位老师给我们一定的理解与支持。在开发非主渠道供应市场的过程中，我们不敢保证能识别出所有的盗版书，但我们敢承诺，一旦发现问题我们绝不推责，无条件退书，并接受处罚。我们相信，随着出版政策的不断放宽，非主渠道出版商市场的不断扩大，国家一定会出台相应的管理法规，非主渠道出版商市场会越来越健康，盗版书会越来越少，我们的采到率会越来越高。

说到这里，我还没有向大家汇报人天书店 2002 年计划的完成情况，大家一定会问，年初你们制定的计划完成了吗？最后，我就把 2002 年人天书店的各项统计数据和 2003 年工作目标向各位老师做一个报告。

一 2002年统计数据

1. 图书报订册数及码洋：1487072 册，4079 万元码洋。
2. 图书销售码洋：3819 万元。与 2001 年相比，增长了 75%。
3. 期刊报订码洋：636 万元。与 2001 年相比，增长了 183%。
4. 采访数据发布种数：88706 条。
5. 图书馆用户总数：341 家图书馆，增加了 72 家图书馆。
6. 期刊用户总数：180 家图书馆，增加了 85 家图书馆。

二 2003年工作目标

1. 图书销售码洋：在 2002 年 3800 万元的基础上增长 50%，即达到 5700 万元。
2. 期刊销售码洋：在 2002 年 630 万元的基础上增长 100%，即达到 1300 万元。

书刊合计总码洋 7000 万元。

参照人天书店的中期发展规划,争取提前一年,即在 2004 年成为亿元店。

孟子说:"生于忧患,死于安乐。"这一句话多少年来一直在鞭策和激励我们,我们不敢掉以轻心。我们深知,市场不是一块铁,而是一块冰,你要随时注意温度的变化,否则它会在你不经意间融化和蒸发。尽管我们已是朋友,尽管我们已经有了较好的基础,但每当我们做出一个新的决定时,仍然战战兢兢;每向前迈出一步时,仍然如履薄冰。各位老师,创业艰难,我们非常珍惜与您充满友情和理解的合作,也请您在今后的日子里继续支持和鞭策我们。而我们,将永远怀着一颗感恩的心去做事,我们能把你们交办的每一件事情做好。

在此预祝各位来宾春节快乐!

人天书店 2003 年中期工作报告

李 虹

大家好,今天的工作报告主要包括四部分内容:一是人天书店五年来的发展概况;二是人天书店 2003 年 1~7 月的任务完成情况;三是我们下半年的工作安排;四是 2004 年的基本工作指标。

一 人天书店五年发展概况

今天,是人天书店开业五周年的纪念日,我怀着十分激动的心情,做这个特殊的工作报告。由于人天书店五年来的快速发展,我们的员工队伍也变得庞大起来。在座的许多朋友都是后来加入人天的,你们对人天书店是怎么发展到今天这个样子的不甚了解,所以在这里我想简要回顾一下人天书店的历史。

人天书店于 1998 年 3 月登记注册,于当年的 9 月 10 日开业,当时对它的定位是一家零售店。

办一家书店，是许多文化人的理想。书店是读书人的向往之地、流连之所。在没有自己的书店之前，我们不也是经常往来于国林风、风入松、万圣书园和韬奋中心之间吗？但是，要想把梦想变成现实，不是一件容易的事。热情我们有，干劲我们有，每天工作十几个小时，我们没有怨言；没有一辆运输车，没有一台电脑，我们借车拉书，我们手工抄单，我们不发愁；每月600元的工资，我们不抱怨。一个月之后，一个700平方米的拥有6万册图书的书店出现了。"一天两班倒，周末满城跑"，在店内没有人流的时候，我们就流动售书。辛苦我们是真的付出了，可理想不是仅靠热情和辛苦就能实现的，商业运作是有它自身的规律的。每天空守大堂，客流零落，心里慌慌。半年之后，背负着60万元的债务，我们从这里撤离了。尽管我们很痛苦，但是我们没有灰心。

1998年10月间，我们在地质部食堂有一次很重要的聚会。我想称这次会议为人天书店的"遵义会议"。

参加这次聚会的有两位很重要的朋友，一位是现任首都图书馆馆长的倪晓健，一位是中央编译局图书馆的馆长魏海生。就在我们不知道下一步该往哪里走的时候，是他们的点拨和指导给我们打开了希望之窗。人天书店可以把自己的生存寄托在图书馆数字化、网络化和社会化的进程之上。人天书店应该断臂求生，放弃零售，全面转向为图书馆提供专业化服务。就在那次会议之后，人天书店建立起了业务部。在这里请大家允许我多说几句，施春生、邓建成、张立新是我们业务部的第一批员工。当时，他们拿的是200元的公交、通信费加销售提成，且人天书店的客户名单还只是一张白纸。他们的第一项销售任务是怀抱一本足有两斤重的《医疗护理手册》，到处上门推销，一周下来，四处碰壁，收效甚微。我知道他们吃了多少苦，受了多少委屈。因为一个客户朋友后来告诉我，他拒绝了施春生无数次，还是施春生的执着感动了他。邓建成、张立新，还有其他几位现在已经离开人天书店的员工又何尝不是这样呢。现在大家都知道业务部员工的工资在人天是相对比较高的，可新来的员工你知道吗，他们当初每月只能拿到200元，却坚持了大半年。凡是在20世纪60年代以前出生的人都听说过这样一句口号叫"人有多大胆，地有多大产"，这句话后来被批判为"冒进"。但有些事情却又告诉我们，人有时是要有些"冒进"的劲头的。不怕大家笑话，1999年1月，就在我们还不知道编目数据到底有多少个字段的情况下，人天书店召开了第一次联采统编工作会议。之后，我们迎来了第一个团体用户：华北矿业高等专科学校图书馆，也就是现在的华北科技学院图书馆。

1999年3月迁址时，人天书店已经有了40个图书馆用户。

1999年3月，人天书店迁入紫竹院公园内，在一间新中国成立初期就有的破旧的小礼堂内度过了近两年的时间。

在这里，我们得到了喘息；在这里，我们学会了编目；在这里，我们创立了《人天书目报》。同时也是在这里，人天书店得到了快速发展。那个时候，人天书店的每位员工，一人从事多工种，人人都是多面手。大家可以问问，我们的老员工，哪一个不会分拣、打包，哪一个不天天搬书、运书。从我们的董事长、总经理，到我们的老大姐李会计等，每个员工都把人天的事情都当作分内的事。不是我们不懂得分工，是因为那时的人天书店还很弱小，我们不计较分工。在这个只有200平方米的空间里，我们度过了两年艰苦的日月，同样我们也享受了两年幸福的时光。用现在一句时髦的话来说，那时的我们辛苦并快乐着。

人天书店发展了，小阁楼装不下了。于是，2001年6月，人天书店再次搬迁，迁入了现在的办公地址，即国家图书馆社区。这次的搬迁，不是失败大逃亡，而是发展大转移。

迁入国家图书馆办公地点的两年来，人天书店业务快速发展。下面我用图表（如图1－1、图1－2、图1－3、图1－4和图1－5所示）来展示人天书店5年来各项业务的发展情况。

二 2003年1~7月任务完成情况

今年年初，公司制定的全年工作目标是图书销售码洋确保达到6000万元，到了3月份调整到7000万元；2004年期刊征订确保达到1200万元，6月份期刊公司经理被撤换后，调整到1500万元；建立全国图书出版信息网，发展50家具有代表性的出版社入网；完成首都图书馆的回溯建库工作，开展北京市少儿图书馆和北京市委图书馆的回溯建库工作；完善人天书店客户管理系统和网上办公系统；出版方面仍然坚持稳步发展的方针，预计将出版10种新书；人天驿站达到全年保平目标；成立人天书店物流部。具体完成情况如下。

1. 图书方面。1~7月图书报订码洋为54374601元，发出商品为33201416.47元。

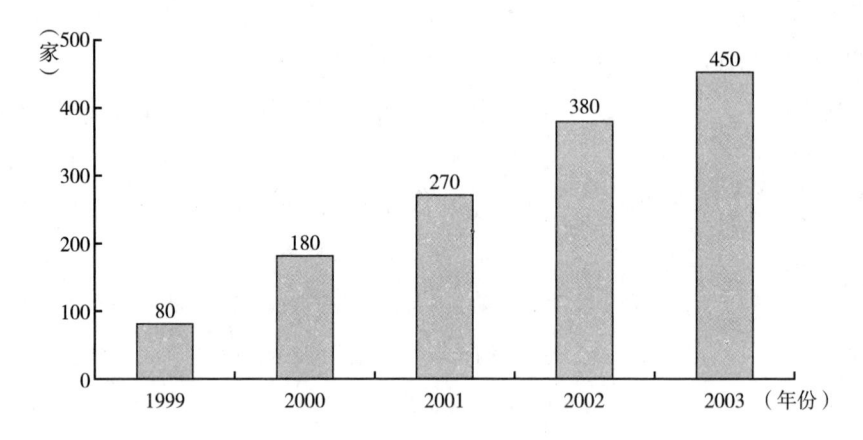

图 1-1　用户发展情况

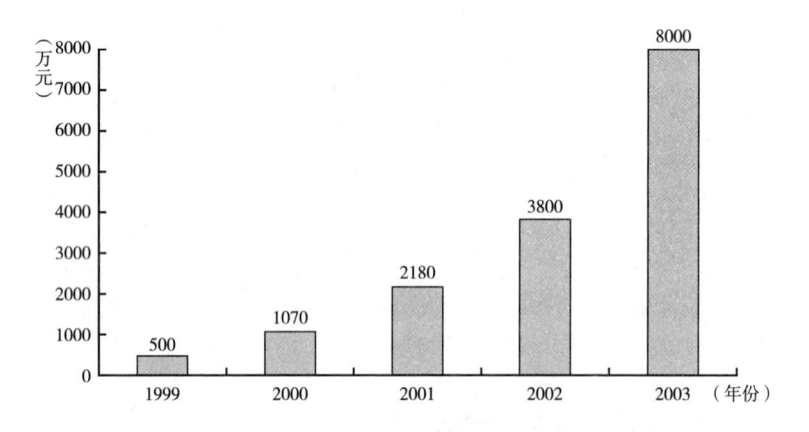

图 1-2　图书码洋增长情况

2. 期刊方面。上半年期刊公司管理出现诸多问题，客户投诉居高不下。公司办公会经过慎重考虑，果断决定由王妙丽出任期刊公司经理。经过两个月的工作，期刊公司已经面貌一新，各方面工作都已按部就班进行，客户和工作站的投诉基本没有了，缺刊率已经大大降低，采访工作也跟上了进度。

3. 全国图书出版信息网。全国图书出版信息网是以中国可供书目、中国可供刊目作为内容的，是支持统一检索、网上报订和物流配送的信息平台。人天书店近年来的业绩增长，不仅提高了人天书店在业内的形象，也使出版社对我们的依存度大大提高。特别是 4 月以来的"非典"事件，在零售业遭受沉重打击的时候，人天书店"一枝独秀"，网上报

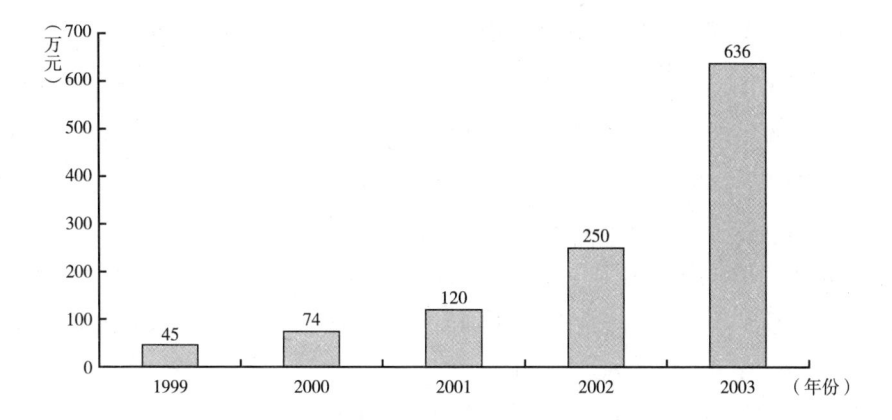

图1-3 期刊码洋增长情况

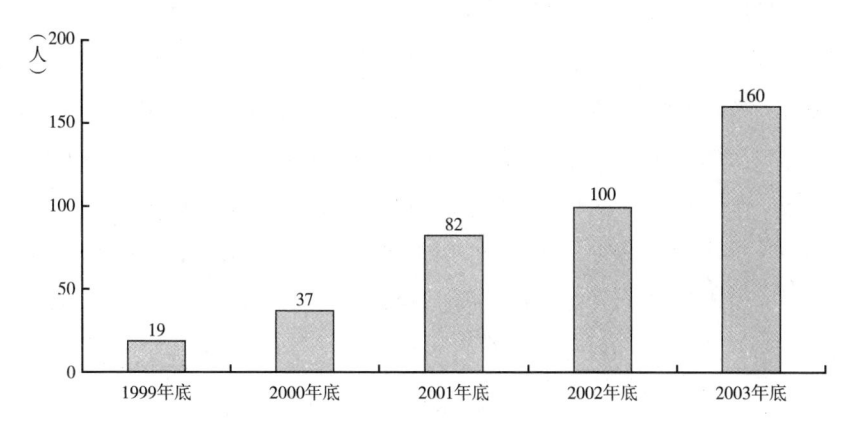

图1-4 人天书店职工人数增长情况

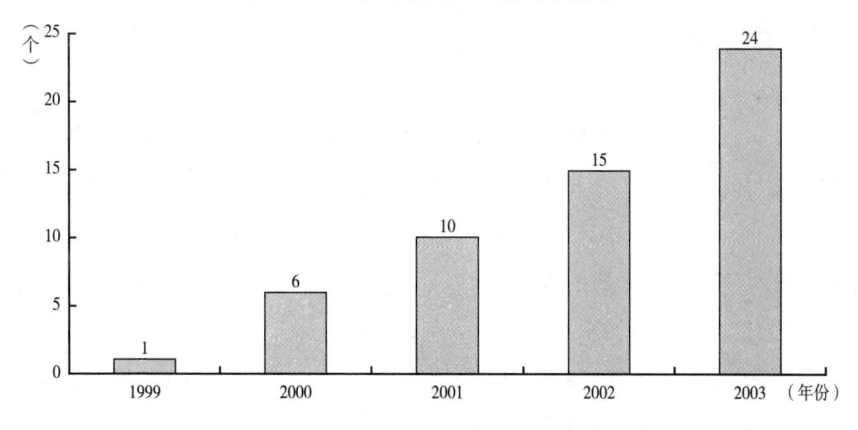

图1-5 人天书店工作站发展情况

订功能的优势凸显。人天书店之所以发展迅速，是因为从一开始就把出版信息提高到最重要的位置上。我们打的不是一场用枪炮的战争，而是一场信息化的战争。7个月来的工作，已经让我们看到这个市场的存在。到目前为止，加入全国图书出版信息网的出版社为28家，人天网站已经盈利。

4. 回溯建库方面。到2003年3月底，首都图书馆一期回溯建库工作结束，共回溯图书279760种，304087册；二期工作已经开始，预计回溯图书120000种，约170000册。"非典"之后的7月份，人天回溯部分别进驻北京少儿图书馆和北京市委图书馆，回溯建库工作已经正式展开。

5. 抗击"非典"。2003年，对于全世界来说都是不平静的一年，尤其是对北京人来说，就更不平静。一场被称为灾难的"非典"肆虐北京。4～6月，整个北京几乎陷于瘫痪。机关放假，学校停课，酒店歇业，商店关门，大街上车辆稀少，行人寥寥无几。世界上称北京为灾区，外地人把北京人看成瘟疫，北京人惶惶不可终日。那些日子里，大家除了谈论"非典"，没有别的话题。可是在这种情况下，人天书店没有关门，我们的员工没有耽误一天工作。在那两个月里，我们的订单码洋超过了历史最高水平，达到了每月800万元。白衣天使被称为"英雄"，我们人天书店的员工不也应该被称为"英雄"吗？你们是勇敢的，你们是无畏的，我被你们所感动，我被你们所鼓舞。人天书店的6000万元是你们改写的，人天书店的7000万元是你们实现的。现在，你们又要改写这个历史数字了。为此，我代表公司感谢大家。我为有你们这样的员工而欣慰，而自豪。

三　下半年工作安排

下半年还有4个多月的时间，后4个月是图书、期刊的销售旺季，也是发展新用户的大好时机。大家应齐心协力，冲向终点。下半年的工作要点是要紧紧围绕图书销售和期刊报订这两个中心。本来，我们的主干业务就是图书和期刊。我在这里强调它是因为我们又要调整我们今年的计划了，我们所有的人力、场地、设备和管理都要根据这一变化进行调整。按照目前的图书报订情况和我们的采编、分拣、加工能力，我们完全有可能完成8000万元的销售码洋，再加上期刊1500万元的预定指标，我们已经隐隐地看到了前面的一片风景，那不是海市蜃楼，而是一片真实的风景。

我们在2001年制定的在5年内达到亿元店的目标，有可能提前两年实现。为了达到这一目标，需要全公司前后一致，上下配合，从采编一直到客户服务，环环相扣，认真地做好以下工作。

1. 采编。在完成全年 9 万条采编数据同时，提高数据的准确性、对象的明确性。采编工作要走出办公室，建立与出版社的信息交换关系。

2. 业务。报订码洋力争突破 1 亿元，以保证 8000 万元采购目标的实现。同时应在年底前基本完成省级工作站的铺点工作，以保证 2004 年的可持续增长。

3. 汇总。在完成日常汇总工作同时，完善客户管理系统，协同相关部门开发客户管理系统的网络版。

4. 采购。提高采到率，降低采错率，在资金、账期有保证的情况下，再进行一次全面提速，使采购成为我们竞争的优势，成为一只打得出去的拳头。同时，还要拓展合作出版供货渠道，建立人天书店独有的供货体系。

5. 储运。由于场地限制，今年以来储运部承担了大量的重复运输工作，是全公司流汗最多的一个部门，但他们保证了分拣部工作量的供应。下半年储运部门和分拣部门有可能要一分为二，两地办公。场地虽然可以得到缓解，但管理和运输压力都会加大，这是对他们的又一次考验。

6. 分拣。分拣部目前是公司最大的一个部门，并且，这个部门会越来越大。分拣部门的工作看起来简单，实际上是问题集中出现的地方。分拣部门要加强培训，不仅要提高工作技能，还要提高每一个员工的图书知识水平。只有这样，面对疑难问题，才能有独立、快速解决的能力。

7. 编目。编目经常会成为销售的瓶颈，比如今年国家图书馆更换系统期间和暑期几个用户同时直采期间，都造成了大量图书积压，高峰时积压图书的市值近 500 万元。这不仅占压了大量的资金，还没有让用户体验到我们快速采购的优势，非常可惜。这种局面今后还可能出现，需要我们认真商量对策。同时，在条件成熟时，CALIS 标准数据还需要全面上马，真正形成两套完整的数据。这个问题解决好，我们的竞争力还会大大提高。

8. 物流。由于各地工作站的建立和码洋重心向地方倾斜，对物流的要求也提上了日程。今天大家看到，我们第一部大型运输车辆已经购进，8 月下旬就要启程。第一步，我们设计了两条路线，即京广线和京福线，明年争取再增加一部车，在这两条线上同时并行，从此开创人天的物流时代。

9. 客户服务。文章讲转合，书法讲收笔。我们的客户服务就是整个流程的收笔，收得好坏体现出了我们的服务水平的高低。自客服部建立以来，通过售后服务、电话追踪等方式使公司长上了眼睛，也使一些用户吃回头草。希望客服部为公司收好最后这一笔。

10. 期刊公司。2004年期刊报订工作即将开始，期刊公司全体员工和人天书店业务部要做好充分的准备。大家要充分认识到，期刊市场仍然不是一个开放的市场，我们的正常工作仍会受到传统势力的限制，但巨石不压春笋，人天期刊公司已经找到一条适合自身发展的道路。今年，品种自采率要求在去年自采1600种刊的基础上增加到3200种，占邮发期刊的50%，码洋自采率在去年42%的基础上提高到70%以上，平均折扣在去年7.4折的基础上下降到7折以下。达到以上指标，人天期刊公司就初步具备了进入期刊市场的条件，在这一领域我们已经先行一步，同时也将证明公司董事会决策的正确和决心的坚定。

11. 中国可供书目。9月1日至30日，由人天网站策划的人天网上图书订货会即将拉开序幕，这是人天书店跻身信息市场的一次演练。订货会之后，可供书目的建设将继续下去。在这一领域，即将成立的中版通公司将是我们最强劲的对手，但只要我们遵循市场的规律，把握用户的要求，跟随技术的发展，加之人天书店用不断增长的码洋做后盾，相信，中国可供书目一定会出自人天书店之手。

四 2004年基本工作指标

我在这里提出的2004年的工作指标，不知是不是一个冒进的指标，这要在下半年及全年工作计划完成情况的基础上分析制订。今天算是吹风，但是注意，公司董事会有决心保持连续5年100%的增长比率，即：

1. 图书：销售码洋达到1.5亿元。
2. 期刊：报订码洋达到3000万元。

这样的指标，相当于新华书店总店北京发行所批销中心的规模，相当于北京市新华书店首都发行所批销中心的规模，相当于王府井新华书店的规模。达到这一规模，人天书店就进入了北京市图书发行的第一集团。

同时，我们将整合采编、编目、可供书目，在Z39.50协议之下，创建人天书店数据交换平台，即联机图书馆中心。

明年，人天书店全国连锁店和网上书店的建立，都将成为工作的重心。

要做到这一切，我们从现在起要做到：

1. 认真总结经验，建立人天书店标准化的服务内容。
2. 加大技术投入，开发和完善我们的客户管理系统和网上办公、网上报订系统。
3. 加强部门之间的协作，提高独立解决问题的能力。
4. 建立员工培训制度，完善激励和岗位责任制度。

人天书店 2003 年年度工作报告

李 虹

首先，我代表公司全体员工向外地工作站的业务人员表示热烈的欢迎！欢迎你们回家，欢迎你们回来过年！你们是人天的精英，是人天的支柱，也是人天的饭碗，你们的到来给我们带来了收获。我们年年都盼着你们回来，这不仅仅是盼着你们带来好的业绩，而且是人天这个大家庭对每一位成员的思念之情。

2003 年是人天辉煌的一年，发书码洋由 2002 年的 3800 万元上升到 8300 万元，数字是可观的，成绩是可喜的，但是我们的心里并不轻松。因为我们这次回家是过一个工作年，我们的不轻松来自于竞争的压力。虽然我们可以自豪地说我们只用了 5 年的时间做成了亿元店，纵向比我们发展快，但是横向比我们差距还很大，还有很大的压力，不能掉以轻心。我们的同行有 10 多家，其中有竞争力的有 4 家，有种说法叫"南有学苑，北有人天，西有世云，东有儒林"，另外还有"中教图"也是我们强有力的竞争对手。他们有的还是后起之秀，码洋比我们还要大。往年我们制定目标很有信心，从 2200 万元到 3800 万元，再到今年的 8000 万元，我和施总都很有信心，唯独今年没有信心，一是竞争对手多了，二是客户的要求越来越高了，这就要求我们的服务要上一个台阶。今年以来，我们的后勤保障出现了一些问题，也造成了一定的损失。

首先我讲市场情况，向大家公布一下 2003 年的各项指标。报订系统：总报订码洋 10016 万元（其中含客户撤订的 134 万元，不含查重系统截住重复报订的 66 万元），其中北京为 1777.5 万元，占 18%，外地占 82%。详细情况见《2003 年报订表》。发书码洋为 8340 万元，收回货款码洋 6542 万元，新增在途码洋 1798 万元。2003 年，图书增长了

119%。到 2003 年年底，我们共有客户 515 个，其中新增客户 216 个，累计有 3364 万码洋来自于新增客户。但不幸的是，我们也丢失了 104 个客户，476 万码洋是因为丢失客户而减少的。我们在做业务工作时，在对客户的拜访和维护过程中，要根据码洋数区分层次，有重点地做工作。从去年的报订情况来看，我们的几个主要高端客户为首都图书馆、深圳大学、山东石油大学、郑州工业学院、南昌水利水电图书馆等。

编目情况。年初计划为 45000 条，实际完成 55366 条，其中自编 35985 条。我们自编的数据量在上升，下载并修改深图数据 15871 条，上图数据 3510 条，自编少儿数据 12200 条。

采访数据今年突破了 9 万条。

采购。通过一年的努力，平均折扣没有落实到 6.4 折，而是 6.406 折，去年是 6.5 折，而我们让给市场的折扣却是近 3 个百分点，也就是说毛利空间在缩小，只有 10 个百分点了，但是由于客户的服务要求在增加，使我们的服务成本也在增加。

物流。由于人员问题，我们的物流计划没有实现，服务到门的要求没有达到。但年底我们接到了一个为期三年的送书下乡任务，今年 2800 万元码洋，只用一个月就完成了。2003 年因为交通限制，汽车、火车都不顺利，但我们克服了种种困难，顺利地完成了任务。

网站。网站建设逐步完善，下一步要重新改版，3~4 月我们将会拥有一个全新的网站，届时我们可供书目的利用率将达到 100%。

新书展示厅。由网站展示各出版社的新书，做到一出书就有数据，满足用户看书订货的要求。目前情况是，大社配合较好，北京的中小社和地方的出版社意愿不强。

零售店计划。2003 年建立的计算机书店没有成功，我们已经转租，虽然失败了，但这是一个尝试。但我们的物流和零售店不能不说是一个失误。

其次我讲一点体会。今年我去海南参加出版社召开的会议，通过听课，得到了很多体会。专家给我们推销了两本书，其中一本是《如何发挥自己的销售优势》，从书中得到了很多成功的理论，虽然不是说读过此书就一定能成功，因为我们性格、悟性、能力会影响我们的成功程度，但是我们可以从中悟出很多道理。以前我们没有市场，只靠折扣；招聘人员，也没有培训，可是随着市场的发展，专业化水平的提高，草莽精神不再适合市场。如果你什么都不懂，用户就不会信任你。有的业务员电脑水平很高，能够帮助用户解决很多技术问题，用户就对他们形成了依赖。因为图书馆管理也处在一个向自动化转型的时期，用户也在学习，也有难题，所以我们自身技术水平和综合素质的提高，就能成为占领市场的重要手段，越是老业务员，越要提高自己的专业水平，以适应市场的需要。

有人把商业分为三个层次：一是靠蒙，二是靠请，三是靠引。引领行业潮流，才能稳操胜券，但这要看技术、方法、思想是否领先。有业内人士认为我们人天还停留在第二个层次上，这说明我们宣传得还不够，他们不知道人天在干什么。当我把人天在做什么和怎么做报告之后，所有馆长都说他们太不了解人天了。不过，这也给我们敲响了警钟，他们认为我们有时尚处在第二层次，偶尔才能上升到第三层次，这说明我们的业务水平还有待提高。

最后我讲一下如何研究市场。根据去年和今年的市场情况，明年的市场会不会有大的机遇，如果有，我们应如何根据市场变化和服务要求制定相应的市场策略。比如，许多大学图书馆磁条换贴的业务我们就可以做下来，这也是一个增长点。研究每个客户的需求，了解他的个人爱好及兴趣，要各个击破，不能用同一种方法面对全部的客户，我们应该发挥每个人的潜在优势。"只要功夫深，铁杵磨成针"，这句话还有另一种解释，即你本来就是一根针，并不需要磨砺，只是没有挖掘你的能力罢了。所以我们要多思考，多研究，找到方法，万事不难，不能只是"上班瞎跑，下班睡觉"。

总之，2003 年在大家的努力下取得了可喜的业绩，踏上亿元店的台阶，这说明我们的市场战略是正确的，业务员队伍是强大的，也为今后的发展储备了坚实的力量。但是我们也应当看到，形势是严峻的，我们面临的市场挑战越来越大，虽然我们业务员队伍的整体素质相比较还可以，但也是参差不齐，有些地区市场还是空白，派不出人去那里。另外，我们后方的力量还有些薄弱，不能及时地根据市场需求提高服务能力，所以现在不是我们抱着这点成绩沾沾自喜的时候，2004 年的业务目标及人天总体目标的实现还需要各部门持久的奋斗。

人天书店 2004 年中期工作报告

李 虹

各位来宾和人天书店的 254 名员工：

大家好。经过全体员工 6 年的艰苦奋斗，我们今天终于坐在了自己的大楼里。我们今天在这里举行店庆，大家的感觉一定与以往不一样。我相信每位员工都会发自内心地感到高兴和自豪，因为这是用我们的智慧和汗水换来的。六年一栋大楼，也算是一个小小的奇迹吧！

尽管今天这个店庆会场与往年我们在外租用的会场相比差距很大，没有舞台，没有灯光，没有完美的音响，但我们却比以前感到踏实。因为我们建了业，我们有了根，我们的脚今天落在了自己的地上。

我不知是不是有人会有这样的疑问：既然人天壮大了，能买楼了，为什么反而不到外面去租用豪华会场搞店庆，好好地庆祝一番，而要在我们这个还没有做任何装修的二楼进行？毫无疑问，从效果上来讲，在这里开会搞店庆，肯定比在首都图书馆、中科院图书馆差。有两个用意：一是我们刚刚搬进新家，想借店庆之际共贺乔迁之喜；但更重要的是我们想向全体员工传达一种信息，即我们的家是比以前大了，但还不够大，我们的业也是比以前大了，但还远远没有安稳。人们不是常说，家大业大，但不能手大脚大；打江山容易，守江山难。更何况，就我们公司现在的规模而言，还没有资格用"家大业大"来形容我们自己，更谈不上到了守江山的时候。因此，我们必须继续保持艰苦奋斗、勤俭节约的作风，决不允许铺张浪费。胡锦涛主席重新倡导"抗大精神"，我们今天的会场布置，就是本着这样的精神布置的。我们今天坐的是打好的"包"，相当于当年抗大学生坐的"凳"。更重要的是，我们要让大家领会到的是抗大的"精神"。"艰苦奋斗，勤俭节约"是我们人天今后要发扬的传统；"团结紧张，严肃活泼"是我们人天今后要培养的工作作风。讲到这里，是不是有人会想，李经理今天是不是在给我们上党课，净讲些"革命道理"。"革命"也好，"道理"也罢，总之，在今天这个物质极大丰富的商品社会里，我认为，我们仍需要一种精神上的追求。人天书店的业务发展令人欣喜，但员工队伍中一些人的素质状况却令人担忧。这就使我们更强烈地感觉到人天公司急需一种"企业精神"，故而我们在此重温"抗大精神"。从今天的会场布置开始，先从貌似做起，直至达到神似。

好，请大家继续坐在不太舒服的"抗大凳"上，听我开始做人天书店一年一度的中期报告。报告仍然不脱俗套地分为两大部分：一是上半年完成的工作任务；二是存在的问题和下半年的努力目标。

一 上半年任务完成情况

上半年我们共做了10件可以写进报告中的事。

1. 人天书店2004年的计划指标是图书销售达到1.5亿元码洋，2005年期刊报订最低达到2000万元码洋。截止到8月14日，共收到图书订单7788.70万元，直采码洋2264.50万元；实现图书发出码洋7481万元，回款码洋5252万元，回款率达到了70.2%。按照这样势头，到2004年底，人天书店图书销售码洋将有望突破1.5亿。

2. 购置人天大楼。

为给人天书店第二个五年计划的实施提供空间保障，公司于今年3月15日与北京宛平房地产开发公司正式签订了购买这所大楼的协议，并于6月30日按期全额交纳了首期房款650万元。

2004年是人天成立以来最为忙碌的一年。教育部下发的高校评估标准文件使全国大部分高校图书馆的购书经费猛增，甚至可以用"井喷"一词来形容。虽然这对整个书业来说是一个千载难逢的好机会，但由于高校评估要求的时间紧，补书任务量大，客户提出的加工要求多，这使得上半年我们各个部门一直处于高度紧张状态。搬家之前，上百号人连同上百台电脑拥挤在地下室里，上班做本职工作，下班当搬运工。几个月来，流了多少汗，湿透了多少身衣服，我想你们谁也记不得了。没有加班费，没有物质刺激，就是凭着全体员工的一种奉献精神，我们硬是完成了今年上半年的任务，还搬了这么大个家。我觉得你们真是挺了不起的。

3. 建立了中国可供书目和新书展示厅。

经过近半年的精心策划，人天书店于6月10日和6月25日分别举行了中国可供书目新闻发布会和新书展示厅揭牌仪式。文化部社会文化司，部分图书出版、发行及图书馆界的专家出席了仪式。新书展示厅设在首都师范大学图书馆的二楼大厅，面积约为500平方米。新书展示厅的建立满足了客户对看样订购这种采购方式的需求，最大限度地避免了因图书信息不准确而造成的误订、重订、漏订，提高了订购准确率，减少了许多无效劳动和退书损失，使得出版社、供应商、图书馆三方都受益匪浅。自新书展示厅建立到8月16日为止，已有107家出版社加入，入展图书种数达到46725种。同时，我们现场接待客户33家，实现报订码洋374.53万元。

4. 创办了人天自己的报纸《人天通讯》。

2004年6月20日，人天书店创办了一份面向图书馆及出版领域的报纸《人天通讯》。自此，人天有了自己的纸质媒体。在此我也倡导一下，每位人天的员工应该积极关心它、扶持它，多多投稿，让它越办越好。

5. 举办了首届京、津、冀地区图书馆馆长论坛。

2004年6月10日举办了首届京、津、冀地区图书馆馆长论坛。以往每年我们都在北京召开北京地区的图书馆年会。今年我们把北京地区的图书馆馆长会扩大成京、津、冀地区的图书馆馆长会，把内容也改成了图书馆学术论坛。我们抓住了目前图书馆最关切的主题，请了几位图书馆界和出版界的专家在会上做了关于"数字时代的图书馆"的演讲。这次会议开得有新意，很受图书馆老师的欢迎。常说在商就要言商，而此次人天书店恰恰就没有言商，当然，商已在其中矣。

6. 人天书店网站全面改版升级。

去年"非典"期间，人天书店网站起到了举足轻重的作用，在它的帮助下，我们第一次突破了月报订码洋1000万元。人天业务范围的不断扩大和客户对服务需求的不断增加，网站原有的功能已不能满足我们的要求了。为此，今年上半年，我们对人天书店的网站进行了改版升级。升级后的网站除了保留了以前有效功能外，还完善了出版信息的管理功能，给予了出版社一个管理页面，使出版社可以对本社的图书信息进行添加和修改，可以上传、卸载，从而保证数据的实时性和准确性。另外，新网站还增加了专家推荐、订购参考、查重、在线报订、订单查询、送书统计等一系列服务功能。

7. 新建立了三个外省区工作站。

为了扩大我们的市场份额，充分抓住今年图书经费增加这样一个大好机会，公司从今年6月开始在沈阳、哈尔滨、内蒙古又建立了工作站。一切进展顺利，沈阳、内蒙古的工作站已经接下订单。

8. 开办了首图书店。

2004年3月，我们在首都图书馆开办了首图书店。尽管到目前为止还没盈利，但已摸索出了一些经验。

9. 出版了《图书馆采访工作手册》。

2004年4月底，由人天图书工作室策划，图书馆资深学者陈源蒸主编，北京图书馆出版社出版的"图书馆采访工作手册丛书"问市。该丛书分别涵盖了中文图书、中文连续出版物、外文文献和非书资料四种类型文献的采访工作内容。

10. 成功组团参加了桂林全国书市。

2004年5月12日，人天书店组织了一个150人参加的大型采购团赴桂林全国书市。据说人天书店此行创造了几个第一：一是组团人数第一，二是团购码洋第一，三是被当地媒体采访报道的次数第一。

二 存在的问题和下半年的任务

按照以往的经验，下半年的任务将会更大。全体员工必须继续保持旺盛的工作热情才有可能完成全年的任务指标。

1.2004 的期刊业务，在前期市场开发上还是取得了很大的成绩的，报订码洋从 2003 年的 600 万元增加到 2004 年的 1800 万元。但在后来的汇总报订上，由于种种原因出现了很大的问题，致使一些客户对人天的服务质量产生了一定的怀疑。从某种意义上来讲，今年的期刊业务拉了图书业务的后腿。因此，后 4 个月，我们还有一项更艰巨的工作，就是要狠抓期刊的到刊率，尽力清除不良影响，确保 2005 年的期刊报订再有一个明显的增长。要想做这一点，难度确实较大，因此要求期刊部门的各位员工一定要加倍努力。从近期的情况看，有些岗位人员的工作劲头有所下降，出现了消极怠工的苗头，希望这样的员工要赶紧调整状态，否则你会被淘汰。

2. 在尽快做好新办公楼的装修收尾工作后，我们要针对客户提出的新服务标准和新要求，并结合现在新楼的格局，对原有的工作流程、操作规程、岗位质量要求和公司管理制度进行一次调整和修订，使其更合理、更适用、更高效。我想这是今年后 4 个月要做的工作中相当重要的一项。

3. 继续做好新书展示厅的建设工作，扩大入网出版社的数量，增加新书入网种数。

4. 根据公司发展的需要，对现有一些部门进行合并和调整。

5. 完善企业员工培训制度，使其长期化、固定化。

人天书店成立 6 年了，在今年 4 月份，我们才对全体员工进行了第一次系统的关于企业文化、规章制度的培训。一个企业是否能够有长足的发展，最重要的是取决于其是否有一支优秀的员工队伍。人天书店在员工培训方面一直处于弱势，因此，我们今后要在这方面下大力气。在此，我也要向我们的部门经理和老员工们呼吁一下，要做好传、帮、带。这个口号是我这个年龄的人都非常熟悉的，你们可能认为它早过时了。今天之所以要重新提起它，是因为我们需要它。我不知大家有没有注意到，就人天书店现在的工作条件、工资、福利与几年前相比提高了许多，今年又给大家上了社会统筹保险。可是今年我们的员工离开的最多，甚至有些部门的老员工走得一个不剩，有些部门新招来的员工总是留不住。这是为什么？我们的干部有没有思考过？当然，在当今，人员流动是件很正常的事情，甚至我们还曾提倡过人才流动。但我们是不是也应该反思一下，是不是所有的员工都走得应该，都有理由，我认为不是。有些部门的老员工不愿意带徒弟，不肯多问一句，也不愿意教，让其自生自灭。新员工来了以后感受不到人天这个家庭的温暖。我们不能只把新员工当成干活的工具，我们也有责任培养他们。

6. 继续扩大外地工作站的建站工作。在前面我已提到过，今年遇到了一个千载难逢的好机会，但总的来看，我们对这样一个市场机会反应还是慢了，今年新建工作站的启动时间还是晚了。对这个问题，我这个总经理要负主要责任。后4个月，我们将加快速度布点，同时尽快补上几个老工作站人员的空缺。这样的机会不会持续很久，没有时间等了。

7. 公司的快速发展需要大量的人才，而培养、储备后备力量一直是我们公司的软肋。下半年，我们将在这方面下功夫，建立人才培养、储备机制，以满足公司发展的需求。

8. 公司近几年来陆续制定了一些规章制度，但在执行上力度不够，规章制度经常成为摆设。规章制度是我们做好一切工作的标准和保障，不可不执行，否则，高质量的服务就不可能实现。我们必须高度重视这个问题，加大监督执行力度，使其真正成为我们的行为准则。

花了这么多的篇幅做这个总结报告，大家可能已经坐累了。最后我要求，人天书店的全体员工要在后4个月的时间里，恪尽职守，切切实实地把以上8件事情做好。我将以身作则，带领大家给我们2004年的工作画上一个圆满的句号。希望大家支持我，配合我。

谢谢！

人天书店的2004年和2005年

李 虹

各位馆长、各位老师：

大家上午好！在匆忙与浑然不觉中，我们又一起跨入了一个新的年度。人天书店也告别了它的6岁，进入了第7年头。回过头去看一下，人天书店2004年的工作，可以用一个字来概括，那就是"忙"。由于人天书店前5年快速、稳步的发展打下了一个良好的基础，更加上 2004 年教育部颁布的高校评估标准，图书馆大量地补充馆藏，给人天书店乃至整个书业带来了一个百年一遇的大好机会，使得我们的业绩 2004 年又一次实现了翻番。全年发书码洋达到 1.73 亿元，期刊报订达到 2933 万元，书刊合计码洋达到两个亿。这已经连续 5 年保持了 100% 的年增长率。人天书店 2004 年共计收到客户订单码洋 20828 万元，配供品种达 21.7 万余种。这是 2004 年人天书店的第一个"忙"。

第二个"忙"是忙服务。

服务树立人天品牌，服务提升公司形象。码洋是硬道理，服务更是硬道理。人天书店不是产品型企业，也不是技术型企业，而是通路型企业，我们和同行卖的都是同一本书，我们都没有自己的产品。那么，作为商业企业的人天书店在卖什么呢？在经营什么呢？我们是在卖我们的服务，是在卖我们的服务理念。我们力求达到在与同行卖同样一种书的时候，让客户感到我们与他们卖的不一样。因此，在 2004 年，人天书店在以往提供采访数据、编目数据的基础上，又全面推出了图书深加工服务。同时，人天书店也开通了客户访问、采书信息反馈等多项服务。2005 年，我们将对客户实行一站式服务。也就是说，无论客户有什么样的问题，只要拨打我们的客户服务电话，我们都将对用户的问题给予全面的解答。

人天书店的每一位员工都将懂得：服务树立品牌，品牌提升竞争力，竞争力获得经营规模，规模产生经济效益，经济效益再次投入更新的服务中去，产生更大的市场竞争力。周而复始，从而实现良性循环。

第三个"忙"是忙网站升级。

新升级的人天网站，在座的老师都已用过，它比 2003 年的网站，无论是在功能上，还是在使用上都有了很大的扩展和改进。对于使用的效果，我想大家都深有体会，我就不一一赘述了。

第四个"忙"是忙新书展示厅和中国可供书目的建设。

记得在 2003 年人天书店召开的用户年会上，我提出，针对目前中国出版发行市场的现状，为了提高采到率，人天书店将在 2004 年开拓我们所说的"二渠道"。经过一年的努力，我们已与 300 多家文化公司建立了合作关系。2004 年，人天书店的订单采到率为 87%。87%，在座的各位老师，我想问一下，你们对这个数字满意吗？可能有的老师认为还可以，但一定会有许多老师不满意。是啊，既然你们下了这个订单，就意味着你们对这种书有需求，可是还有 13% 的订单是无效的。不但你们不满意，我们也不满意。就因为这 13%，你们得不到需要的书，我们也失去了应得的商业利润。那么，为什么我们竭尽所能，可采到率的提高幅度仍没有的明显增长呢？根据这几年的观察、分析，我们认为最重要的原因是书目信息的准确性不够高，可供性不够大。我们得不到关于售缺、未出版、包销等方面的信息。多年来，我们一直期待着可供书目的出现，可迟迟没有等来。凭着提高采到率、满足客户需求的强烈愿望，人天书店于 2004 年 4 月与首都师范大学图书馆共同创建了新书展示厅，并于 2004 年 6 月举起了建立"中国可供书目"的大旗。经过半年的努力，人天书店网站上已经发布了 117638 种可供书目信息，新书展示厅的实物图书品种也已达 7 万多种。这一举措，不仅使人天书店获利，而且使出版社和发行领域受益。2004 年下半年，已有 244 家出版社加入了中国可供书目网站，比 2003 年增加了 206 家。客户通过可供书目报订的订单码洋已达 355 万元，通过新书展示厅报订的订单码洋达 637.7 万元，两项合计报订码洋约为 993 万元。据统计，通过新书展示厅和可供书目报订的订单，采到率有明显的提高。在这里，我要向大家报告几组数字，通过这些数字可以看出中国可供书目的作用。

第一组数字是 2004 年加入中国可供书目网站，并提供样书品种位列前 10 名的出版社：

第一名：科学出版社，提供样书 4044 种

第二名：人民邮电出版社，提供样书 2244 种

第三名：复旦大学出版社，提供样书 1448 种

第四名：电子工业出版社，提供样书 1111 种

第五名：上海人民出版社，提供样书 1355 种

第六名：清华大学出版社，提供样书 1153 种

第七名：化学工业出版社，提供样书 940 种

第八名：北京大学出版社，提供样书 901 种

第九名：上海译文出版社，提供样书 787 种

第十名：中国法制出版社，提供样书 819 种

第二组数字是 2004 年人天客户通过新书展示厅看样订购，订购码洋居前 10 的出版社：

第一名：人民邮电出版社，客户订购码洋 80.5 万元

第二名：科学出版社，客户订购码洋 64.8 万元

第三名：上海世纪出版集团，客户订购码洋 47 万元

第四名：清华大学出版社，客户订购码洋 42.5 万元

第五名：电子工业出版社，客户订购码洋 36.4 万元

第六名：北京大学出版社，客户订购码洋 27.4 万元

第七名：化学工业出版社，客户订购码洋 29.3 万元

第八名：中信出版社，客户订购码洋 25.8 万元

第九名：水利水电出版社，客户订购码洋 24.8 万元

第十名：天津大学出版社，客户订购码洋 18 万元

第三组数字是加入了中国可供书目网站后，使得人天书店在该出版社采购订单大幅增长的前 10 出版社（见表 1-1）。

表 1-1　加入中国可供书目网站后，人天书店在该社采购订单增长情况（2003~2004）

名次	出版社	2003 年采购码洋	2004 年采购码洋	增长百分比
1	山东画报出版社	49790.10	388914.10	681.11%
2	科学普及出版社	46545.40	190974.40	310.30%
3	武汉理工大学出版社	75836.40	290485.60	283.04%
4	中国医药科技出版社	55016.00	208003.70	278.08%
5	西南交通大学出版社	41970.70	155206.70	269.80%
6	中国方正出版社	53104.50	167324.60	215.09%
7	电子科技大学出版社	47936.00	149946.76	212.81%
8	中山大学出版社	97219.50	282351.40	190.43%
9	人民军医出版社	105455.20	291590.11	176.51%
10	立信会计出版社	101664.10	274838.09	170.34%

第五个"忙"是忙搬家。

由于人天书店 6 年来一直都是快步行走的，因此几乎每两年都会陷入一次场地危机。2004 年前半年，我们的场地可用"见缝插书"来形容。大家都说，在人天书店是"书要码到顶，人要侧身行"。在这样的场所里，不要说提供深层次的加工服务了，就连码放书的地方都没有了。那些日子里，国家图书馆社区的通道，经常被出版社送书的车辆堵塞。2004 年 7 月底，我们进行了彻底的大搬迁。我们在丰台区晓月苑购买了一栋近 8000 平方米的办公楼，结束了人天书店 6 年的漂泊生涯，终于有了属于自己的家。人天书店办公楼一共 5 层，地上 4 层，地下 1 层。选址、装修、搬家，都是在不影响正常业务的情况下，利用业余时间完成的。那个时候我们也真是忙，但我们忙得充实、忙得快乐。

第六个"忙"是忙《人天通讯》。

2004年6月创办的《人天通讯》，至今已出版了7期。从名称上看，尽管这份通讯是一份企业报，但我们办报的宗旨却是要把它办成一份面向图书出版商、发行商和图书馆的专业报纸。我们是想通过这个小小的媒体，把出版商、发行商以及最终的消费者联成一体。

2004年，人天书店除了开展正常的业务外，值得一提的就是忙以上的这6件事。

那么在新的一年里，我们的状态仍然是个"忙"，那我们又要忙什么呢？

第一，继续忙市场开发，坚定不移地打造公司品牌与扩大公司规模，扩大市场占有率。

2005年，是人天书店发展的关键年。为什么这么说呢？在这一年，人天书店将要踏上中国大书店的台阶。在此之前，人天书店一直把北京图书大厦、上海书城等大型书店作为我们的追赶目标。这些大书店的年销售码洋都在3亿元以上。经过6年的努力，在2005年，人天书店终于踏上了3亿元这个台阶，可以加入大书店的行列了。2005年，我们的中文图书销售码洋是确保3.2亿元，力争3.6亿元；中文期刊订购码洋力争达到4000万元。

第二，继续忙《中国可供书目》的建设。

进入2005年，我们做的第一件事就是在这里召开"中国可供书目建设报告会"。可见中国可供书目对我们人天，对中国图书流通领域有多重要。21世纪是信息的世纪，"信息"是我们每天都挂在嘴边的词。用句夸张的话来讲，21世纪人们对于信息的依赖不亚于对空气、对阳光的依赖。从事图书出版发行工作的人，不论是出书者、卖书者还是买书者，对于图书信息的依赖，如同大海航行依赖导航系统一样。市场需要什么样的书，客户在哪里能买到好书，这都需要《中国可供书目》的支持。因此，在2005年，要力劝400家出版社加入《中国可供书目》出版网，新书展示品种达到7万种，可供书目20万种，以此满足图书馆馆藏建设的需求。人天书店决心将中国可供书目建设进行到底。

第三，继续忙建立全国性销售网络。

人天书店不是产品型企业，而是通路型企业。在商业领域，渠道是最重要的。到2004年底，人天书店已在全国建立了33个工作站。在2004年，人天书店将投资300万元，将这33个工作站正式升级为办事处。同时，将33个办事处的功能扩大，从以往的单一市场，扩展到图书、期刊的信息采集和图书、期刊的采购，从另一个方面促进了采到率和采到速度的提高。

我们的目标是有图书馆的地方，就有人天书店。

第四，忙筹建新书仓储基地。

在今天的报告中，我多次提到采到率和采到速度。因为这两项是图书馆选择和考核供应商的两大要素，也是评判图书馆专供商竞争力的两大要素。因此，人天书店近3年来，每年确定要做的几件大事，都是紧紧围绕这两大要素进行的。2005年，我们还有一个较大的设想，就是筹建人天书店全品种新书仓储基地。根据6年来的经验，要想提高采到率、采到速度，单靠缩短采购周期是不能从根本解决问题的。建立可供书目是一个好办法，另一个好办法便是建立新书仓储基地。近年来，图书馆现场采购图书的趋势已经显现出来，建立全品种新书展示基地已经十分必要，十分迫切。

新书仓储基地的建立，不仅能使采到率提高，而且也能使图书馆快采书，采好书。我们力争通过多种方式使我们的采到率突破90%。

第五，忙开展西文图书配供服务。

人天书店在过去的6年里已开展了中文图书、中文期刊的配供，以及回溯建库、图书出版等业务。在2005年，我们将把触角伸到西文图书配供中去。人天书店的第一期西文书目将在本月底送达你们手中。

人天书店快步走过了6年的历程。它从艰难地迈出每一步到终将踏上大书店的台阶，每一步都来自于你们的支持和帮助。1998年经历人天书店亏损、撤离，1999年经历步履艰难的转型，不论人天书店怎样，你们对它都不弃不舍。人天书店能发展到今天这样一个规模，有你们莫大的功劳。你们是人天大厦的支撑者和见证人，是你们，让我们知道应该做什么，教会了我们应该怎样做。在此，我代表人天书店的全体员工，再次向你们表达我们的感激之情。另外，我也想借此机会特别向在座的出版社的各位老师表示感谢，因为出版社不仅在供书折扣上给予了人天支持，而且在资金周转上也给予人天以信任。2004年，出版社给予人天书店的信用额度最高时已达3000万元。对于出版社的这份信任，我们深受感动。在此，我也代表人天书店向出版社表个态：人天书店决不会辜负你们的这份信任。人天书店6年来的资金运作一直处于良性状态，截止到2004年底，人天书店的应付账款为2000多万元，而应收账款为4000多万元，债权远远大于债务，有良好的偿债能力。希望出版社在2005年能一如既往地支持、信任人天书店，我们回报你们的将是销售额的持续增长。好，我的报告结束了。中国的新年快要到了，在此我代表人天书店全体员工给在座的各位拜个早年，祝大家春节快乐！

谢谢大家！

人天书店 2005 年中期工作报告

李 虹

各位来宾及人天书店的 420 名员工：

大家好！

人天书店一年一度的店庆使我们又在北京相会了。首先，我代表在总部工作的全体员工向来自前方的勇士们表示热烈的欢迎！

我想大家还记得，去年我们的店庆是坐在打好的书包上举行的，那是为了体现和传达一种信息和理念，即艰苦奋斗的"抗大"精神。今年，我们坐在了中国人民抗日战争胜利纪念雕塑园，那么我们想转达的又是一种什么信息呢？那就是"爱和平，爱祖国，爱企业"。

不知今天大家坐在这里有什么感受？我是第二次来到这里，每一次来我都感到震撼。庄严的广场，肃穆的雕塑，记录了中国人民一段屈辱的历史，也记载着中国人民奋勇抗争的伟大民族精神。它让我们每一位中国人永远铭记：只有祖国强大，我们才能挺直腰杆做人，我们才能烛光美酒，共享喜悦。就让日本军国主义像这扭曲变形的坦克一样，永远被压在中华民族自强不息、永不屈服的伟大精神之下！

让我在这高呼一次："祖国万岁！"

下面我开始做一年一度的人天书店中期报告，主题是在竞争中求发展。

人天书店 2005 年的计划指标是图书销售码洋达到 3.2 亿元，2006 年期刊报订码洋达到 6000 万元。

一 竞争

竞争是一个永恒的主题。动物界的弱肉强食，物种间的倾轧与变异都是竞争。人类更是这样，原始社会部落间的争斗，封建社会的诸侯混战，直至现代社会的世界大战都是因为竞争。竞争的目的又是什么？打败对手，保存自己。竞争既是过程，也是目的。因此，我们要生存，我们想发展，就避免不了竞争，更无法逃避竞争。今天，从世界到中国，到我们，面临着的竞争可以说到了白热化的程度。多么热闹，多么刺激，如果我们在这场竞争中胜利了，那又将是多么辉煌！这就是我为什么今天要讲这个主题的原因。从我们上半年完成的指标来看，人天书店仍然在发展，但在这个发展过程中我们深切地体会到了发展的艰难。在去年的报告中我提到了 2004 年教育部下发的高校评估标准文件，它使全国大部分高校图书馆购书经费猛增，这给我们带来了百年一遇的好机会，但同时也给一些基础条件和核心竞争力都不如我们的中小书商提供了一个进入图书馆供书的"准入证"，大小书商一同涌入，都来切图书馆购书这块蛋糕。今年上半年教育部一纸文件，不再强行推行图书馆评估指标，又使图书馆购书的势头减弱，这是我们感到艰难的第一个方面。第二个方面是以往略处下风的同行对手，今年发展的速度很快，使我们感到了较大的竞争压力。第三个方面是我们公司的运营成本较高，与竞争对手相比，有较高的工资福利、完备的社会保障以及固定资产投资，同时我们的技术手段、质量管理和工作效率普遍偏低。第四个方面，我们的图书采购成本较高。多年来，我们一直在公司里提倡节约精神，节约每一张纸，每一度电，每一支笔，但一个这样规模的企业，仅靠这方面的节约那是杯水车薪。运营成本和采购成本过高，必然导致价格优势的丧失。今年我们有很多标没中，有许多是折扣不具有竞争力的。就我们目前的技术水平而言，我们还处在弱势，尤其是分拣加工流程上技术程序的落后，已不能适应客户对我们服务质量的要求。过多的人为干预，过高的出错率，过大的材料浪费，使得业务人员的公关成本大大增加。上半年，我们有一些业务经理，他们的大部分时间不是在开拓市场，而是在收拾"残局"。时至今日，尽管我们天天把质量挂在嘴边，但还是没有一套完整、科学、实用的质量管理体系。

二　效率

决定企业成本高的最重要的方面是人力成本的"偏高"。我这里所说的人力成本偏高，并不是指现在我们的干部、员工的工资高了。高工资、高福利是任何一个成熟社会，任何一个优秀企业追求的目标。我指的是我们现在还没能够做到人尽其用，让合适的人做合适的事；还没能做到人尽其力，也就是没有找到能激发员工最大积极性和创造性的方法。有些部门已经出现官僚化倾向，用规定、制度当理由，搪塞他人正当、合理的要求。

许多时间和精力在相互推诿、相互扯皮中浪费了，这样的浪费是最大的浪费。我们在第一线的市场人员早已体会和领教了竞争的残酷性，而我们后方的人员是否也真正产生了这种忧患意识呢？企业弱小的时候，大家容易产生忧患意识，因为天天都面对着生存问题，企业做到一定规模，各方面条件的改善却往往使人容易产生自满情绪。有人说："贫穷的危机过去了，饥饿感消失了，人的生理动力也就完结了。"相比从前，我们的办公条件及各方面的条件都大大改善了，可我们过去那种团结奋斗的集体主义精神，一方有难、八方支援的协作精神，有条件上、没有条件创造条件也要上的牺牲精神哪里去了？古人云："逸豫亡身。"这是人的本性。一个成功的企业和个人，都面临着这种本性的挑战。中国民营企业的创业精神就是贫穷的精神。可当资本积累时期完成，企业规模扩大，创业者突破物质生活限制的时候，就会立即感觉到创业精神的丧失。处在这样的状态下的企业是非常危险的，因此我们要破釜沉舟，把危机意识从我们传递给每一个员工，通过无依赖的市场压力传递，使内部机制永远处于激活状态。

三 人天的优势

要想在竞争中处于不败，首先要知道我们自己的实力。

第一，从市场的广度与深度来讲，就像我们董事长所说的那样，我们比各地的新华书店强，我们没有省界、市界、区界的限制。相对而言，我们的市场是无限的。第二，民营企业没有"婆婆"，自由度高。只要市场有需求，我们有能力，我们就可以把想法立即变成战略方案，在对市场需求的快速反应和快速供给上我们有优势。第三，从人天领导层的性情上看，我们敢想敢为，从不优柔寡断，我们勤于思考，勇于创新，我们有思想，并付诸行动，在抢占市场先机上有一定的优势。第四，最重要的是，经过多年的历练，造就出了一支优秀的市场营销队伍和一批爱岗敬业的优秀干部和优秀员工。这是我们人天的最大财富。有了你们，我们就不怕竞争，不怕失败；我们就敢于竞争，敢于胜利。

四 下半年的任务

1. 比上半年要更加努力，不遗余力地完成我们今年的任务指标。从目前的情况来看，完成图书发书码洋 3.2 亿元的目标还有相当的难度。市场人员要拼命拿订单；采购人员要尽力降折扣，提高采到率；分拣、加工人员要严格抓质量；服务部门要尽快上星级。

2. 后 4 个月，我们除了要组织客户参加两个书市外，最紧张艰巨的任务还是 2006 年的期刊报订。在图书市场"万人分羹"的情况下，人天要想有更大的发展，就要快速开发期刊市场。从目前来看，在经营全品种期刊上，在全国民营企业中人天还是最大的，但后来者已出现，并在奋力追赶我们。我们一定要在明年的期刊报订上来个大突破，确保达到 6000 万元。若是我们做到了，人天在期刊市场上就暂时处于龙头地位。

3. 抓紧应用程序的开发，减少人为因素的影响，提高工作效率，降低差错率。从今年 7 月初开始，我们已委托一家公司给我们开发公司生产流程控制软件，现已完成打包环节。这一软件一旦整体完成，可将我公司的结算、分拣、采购、成本计算等都集成到一起，并可大大减少差错率，提高各部门效率。

4. 建立天津高校管理中心图书版本库。一个企业怎样才能长治久安，这是古今中外，古往今来任何一个企业都必须面对的问题，人天也不例外。"红旗到底打得多久？"就像哈姆雷特在自问："生存，还是死亡？"对每一个企业家和管理者来说，这已经是一个哲学问题。在竞争激烈的市场环境下，人天怎样才能长久地生存，这是我们必须思考的问题。我们不是产品生产企业，我们的竞争力不在生产技术的提高、生产设备的更新上，不在产品的花样翻新上，我们的产品如同我们董事长所说的是"服务"。对于经营同一类商品的企业来说，客户和市场选择的不是产品，他们选择的是公司。商品也一样，哪家服务好，就选哪家。服务质量取决于企业内部的管理，我们公司这几年发展较快，管理却相对跟不上，问题很多。一个企业在小的时候，抓市场是第一位的，因为首先要保证生存，市场决定着企业的生死。随着企业的不断扩大，管理就上升到了主要地位。这时，企业管理水平的高低、好坏决定着企业的生命。那么什么是企业管理呢？我理解的企业管理的内涵是人的管理，管理水平取决于人的素质的高低。因为，任何企业管理都是通过人去实现的。人天公司长久的工作是做人的工作，是抓优秀队伍的建设，尤为重要的是抓干部队伍的建设，即"赢在中层"。一个企业从小到大，管理难度会不断增加。企业从小到大的过程，就是管理者和他的员工逐渐分离的过程，同时也是企业家诞生和成长的过程。企业家和员工分离了，那靠什么来有效地指挥他的员工呢？那就是靠管理制度，靠中层管理干部。上半年，我们对中层干部进行了一系列的培训，这项工作还要继续坚持下去。人天小的时候，是以领导者的个人魅力来产生企业凝聚力的，而人天发展到今天这样的规模，再想通过领导者的个人能力与魅力就很难创造更大的辉煌了。我们要做的是培养一批优秀的职业经理人，建立相对完整的管理制度和工作流程。只有职业化、流程化才能提高一个大公司的运作效率，降低管理内耗。淡化英雄色彩，特别是淡化领导人、创业者的色彩，是实现职业化的必由之路。

人天是我们成长的沃土，

人天是我们共同的财富！

风雨过后是彩虹——人天书店2006年中期工作报告

李 虹

不经历风雨，怎么见彩虹。

人天书店2005年店庆的场景我想大家还都记忆犹新，中国人民抗日战争胜利纪念雕塑园是我们的舞台。那时正值中国人民抗日战争胜利60周年，人天书店的全体员工，被中国人民奋勇抗战的伟大精神所震撼、所鼓舞、所激励。这一年，也是人天书店7年中发展最快、最辉煌的一年。人天书店自1998年成立以来，一路高歌猛进，连续7年保持着年100%的增长率。7年，使一个名不见经传的民营企业发展成了业内的领先者。7周年店庆那天，人天书店全体员工沉浸在无比的喜悦和自豪之中，很多人都醉了，醉在中国人民伟大的民族精神中，醉在人天书店的辉煌发展中。我想那一刻，每一位人天的员工都会从心里产生一种自豪感，为祖国自豪，为人天骄傲，为自己是个中国人自豪，为自己能成为人天的一员而骄傲。

7周年店庆之后，一场尽人皆知的暴风骤雨使人天书店经历了一次历练和洗礼。我们中间的许多人，都经受了一生中从未承受过的牢狱之灾。这场风暴的起因、过程，我想每位员工都已清楚，尤其是在《新京报》的记者7月19日的文章发表后，董事长邹进为了澄清事实，写了《邹进有话要说》一文，使此次"人天事件"的真实情况公诸于世。因此，我在本报告中不再赘述"事件"的来龙去脉。我想要说的是面对这样一场到目前为止仍尚未结束的风雨，我们应有的态度和反思。

对于"事件"本身的性质，目前为止我们还没有得到结论，但"事件"所涉及的内容以及产生的社会、政策背景已比较清楚了。就"码洋开票，折让现金返还"的折让方式而言，确实不是我们人天书店的发明，由人天书店为此承担责任确实不公平。但通过此事的发生，我们换个角度审视一下公司内部的组织、管理构架，以及一些政策的制定却也会发现诸多的问题：一是公司的组织构架、运营机制的抗风险能力太弱，牵一发就会触及全身。二是对财务知识、做账方法的理解、掌握和运用出现了一些问题，致使本可以合理做账的一些方法未能采用，合理票据未能入账，相反却采取了一些不合规定的方法。三是公司的管理制度、业务政策的制定本身有许多不完善的地方，出现了一些制度漏洞和盲区，再加上监督、执行力度不够，使得公司的个别员工做了一些不应该做的事情。对此，公司尤其是我和邹总有不可推卸的领导和管理责任。在此，借8周年店庆之日，我代表公司及董事长，向全体员工尤其是各办事处涉案的员工表示深深的歉意。在狱中的那些日子以及这半年以来，我，我想董事长也一样，最大的感受是自责，最多的时间是反思，最重要的工作是学习。反思过后，我们开始研究并建立了新的公司组织构架，制定了更安全可行的管理政策和业务政策。

人天经历了一场风雨，并且到目前为止这场风雨还没有过去。处在这样的形势下，人天人应该如何想，应该怎样做？这是今天我代表公司给每一位员工出的思考题。这道题的答案就预示着人天的明天与未来，而且答案就掌握在每一位人天人的心中。记得在今年年初公司召开的供应商大会上，大连理工大学出版社发行部邓主任说："一个企业出现危机，就如同正常人患感冒一样并不可怕，世界上没有一个企业在它的成长过程中一帆风顺，从不出现危机。问题的关键在于当企业出现危机时，这个企业所采取的态度和处理危机的方法。"人要生过几次病才会产生抗体，企业也一样。

尽管人天"捅"了个世人皆知的大"娄子"，今年上半年的业务量与去年同期相比下降了三分之一，但不是还有那么多我们的上游——出版社，我们的下游——图书馆一如既往地相信并支持着我们吗？今年参加人天供应商年会的人员比往年都多，参加人的职务比往年都高，多数出版社都派来了社长和发行部主任。这不就是对人天最大的信任、重视与支持吗！科学出版社的代表说得好："我们都希望并且坚信人天不会愧对你们的名字，人天人一定会顶天立地！"

自去年的"事件"发生以来，我们的大多数客户都受到了检察机关的调查，但绝大多数客户仍然信任我们,并一直与我们保持着良好的合作关系。2006年的期刊报订量比2005年增长了近2000万元。

2005年10月31日的那场疾风以及2006年2月22日的那场暴雨,降临到一个尚未长成的企业和平均年龄只有二十几岁的企业员工头上。这种冲击,这种震动,这种痛苦,每位员工都感受到了,可大家都挺住了,而且还那么沉稳,那么团结,那么敬业!

我们感动!我们的客户让我们感动,我们的供应商让我们感动,我们的员工让我们感动,也让我们的客户和我们的供应商感动!

正视人天的处境,认识到今后图书馆配供的竞争力体现在哪儿,上半年,公司首先对公司组织结构进行了如下调整:一是成立数据中心,将数据编制、数据加工等相关部门统一划归数据中心管理,这样可保证数据标准的格式统一,管理统一,防止了数据的重复编制,并可以根据需要,对数据加工人员进行协调使用。二是业务管理部与客户服务部合并,对市场进行分片,由专人进行一条龙服务。三是采访部和汇总部合并,使采访数据与订单数据的互动修正更加快捷。四是将在首师大图书馆的可供书目展厅移回到公司并加以扩大,在总部的一楼建立新书展示厅,这样既节省了租金又可增加了样书品种。

机构调整后,公司要求各部门对以前的工作流程、岗位责任制进行了修订,以使企业管理制度更合理,更完善。

上半年,公司除了对原有的应用软件进行了功能性扩展开发外,另外还新开发了两个程序软件,一是分拣流程软件,二是结算应用软件。这两个软件的开发与使用,不仅提高了工作效率,更重要的是减少了人工操作、计算环节,使工作质量有了保障。

在市场开发方面,针对高校第一阶段的评估工作接近尾声,今后高校购书将趋于理性与平稳的形势,公司认真分析了图书团购业务的未来走向,确定了企业新的市场主攻方向。在去年年底小试图书批销业务的基础上,从今年4月份起全面启动了图书批销业务,成立了批销部。下半年我们还会有新的业务启动。为配合这些新业务的开展,公司已与一家较有实力的公司建立了战略合作关系,让他们的图书采配基地成为我们的现采场所,也就是我们俗称的"大库"。截止到8月10日,大库库存图书品种已超过8万种,公司目标是常年保持1.2万个图书品种。

还有一点特别要提及的是,在人天书店最危难的时候,我们的回溯建库业务却有了快速的发展。今年上半年共签订了 12 份回溯建库协议，该项业务正在稳步、顺利地进行。

期刊的批销业务也在开展之中。对于我们这样处于发展中的企业，多元化可能不是我们可取的策略，但在同一行业内进行多元化发展，即同心多元化对我们是有利的。总之，我们不会离开图书。

人们常说："不经历风雨，怎么见彩虹？"今天，我要说："只有经风雨，方能见彩虹。"邹总已经说："人天的涅槃就在眼前，所有人都在注视着人天的新生。"我想，你们一定想说，也一定敢说："相信我们吧，我们已经经历了风雨，人天的涅槃就在我们手中。"

2006 年，不论是对公司，还是对每位员工，尤其是对办事处的同志们来说都是非同一般的一年。现在离年底还有 4 个多月的时间，人天书店是否能够真正地走出低谷，重整旗鼓，除了更理性的思考、更发奋的斗志以外，还有一个最重要的实质性指标就是看能否在 2007 年的期刊报订上保持或者超过今年的指标。2007 年的期刊报订量与往年不同，它不只是个反映业务量的指标。自公司摈弃码洋开票的折让方式后，市场与客户能否接受人天的倡议，能否真正相信人天已度过危机，2007 年的期刊报订量就是个试金石。如果我们能够通过原有的期刊客户保持住 2006 年的报订量，通过新开发的客户来增加报订量，那就意味着，人天因此次"事件"造成的市场危机、信誉危机已经过去，2007 年的图书市场将会很快恢复。否则，人天将会经历一个很长的阵痛期。

因此，后 4 个月，后方的员工应该努力做好 2007 年期刊报订的各项准备工作，前方的业务员要赶快兴奋起来，积极投入到客户的开发和维护上，想尽一切办法确保 2007 年期刊报订指标的完成。

由于没有估计到这场风暴的影响，所以公司年初制定的 2006 年图书销售指标仍是 3 个亿，与 2005 年持平。但从前 8 个月的实际完成情况来看，完成这个指标已不现实。这是人天自成立以来第一次没有增长，第一次往下调整指标。这不怪大家，大家已经尽力了，甚至可以说比以前更尽力。尤其是办事处的经理和业务员们，他们上半年经历了太多太多，受了不少苦和不小的惊吓。在他们失去自由的那些日子里，想得最多的不是自己的委屈，而是担心市场是否受到了损失，公司是否还好。4 月份，我和董事长到一些办事处走了一圈，目的是想慰问和看望一下刚从看守所中走出的同事们。我们担心他们的身体，担心他们的精神状态，因为我们体会过看守所的日子。我们想给他们诉苦的机会，想承受他们的抱怨和发泄，这是应该的，毕竟他们都很年轻，心理承受能力不会太强。可我们错了，错想了他们，低估了他们。可以说，我们所到的每一个办事处，每一位经理和业务员，他们的精神状态让我们感动，让我们惊喜，更让我们放心。没有一个人诉说，没有一句抱怨。在叙述这次经历的时候，他们面带微笑，语气轻松，好像这些经历是发生在别人身上一样。谈起工作、谈到市场时，他们都眉头紧锁，表情严肃。他们在评估这次事件的影响，他们打算采取应对措施，为了能使公司保住市场，他们甚至愿意辞职让位，无条件地服从公司换防的安排。一切为了公司，一切为了市场。因为他们热爱公司，热爱人天。我们福建省办事处经理张梅珍的来信这样说："自从西安回来我已彻底调整了心态，开始以很诚恳的态度——拜访了福州的客户，我什么都不怕了。请领导放心，我会尽力将福建市场挽救回来。我想经过这一场风雨，会留下来的都是一些舍不得离开公司的人，也是愿意与公司荣辱与共的人。"而只有当夜深人静的时候，他们才会独自品味一下自己的苦痛。这是什么精神？这是大公无私的精神，这是勇敢无畏的精神，这是理想主义的精神，总之，这就是人天人的精神！

"遥知兄弟登高处，遍插茱萸少一人。"在我们庆祝人天书店创建8周年的日子里，我们发现在我们中间少了一个可爱的兄弟，他就是河南办事处的经理李现臣，我们想念他。在他刚刚上任河南—山西大区经理的时候，就因为"人天事件"而身陷囹圄。我们还记得去年，他站在报告厅的演讲台上向我们演讲时的情景，他赢得了一阵阵热烈的掌声，他也在掌声中陶醉。那是展现在所有年轻人眼前的一幅美丽画卷，那是蘸着海水就要喷薄欲出的一轮红日。今天，他正在接受人生的一次考验，这考验是身体上的，更是思想和意志上的。让我们相信他，并为他祈祷。

第二个要提的是采购部。处在这样一场危机之中，公司的信誉受到怀疑是很自然的。一个企业发生信誉危机是最可怕的一件事，在去年年底的那个紧急关头，采购部的全体员工与公司同心协力，充分发挥了他们的智慧，稳住了供应商，避免了公司财政危机，保证了公司资金链的安全。今年上半年，在回款出现问题的那段时间，仍然保证了采购的连续性。

任何企业都不想出现危机，但这次危机却给了我们一个机会，使我们检验了人天的干部队伍，验证了人天人的品质。一个企业硬指标的暂时下滑并不可怕，只要企业的发展战略不发生大的偏差，企业的管理团队稳定坚持，企业的管理制度严谨有序，这个企业就能长治久安。

尽管从外面看人天，都觉得人天井然有序，可我们身在其中的人心里最清楚，体会也最深刻。推诿扯皮的现象每天都在发生，每个部门都有发生，工作效率就这样在推诿扯皮中降低了，团结协作的精神被破坏了，人们的精力被耗尽了。我作为总经理，每天听到的、遇到的，不都是团结合作的愉快声音，也不都是你追我赶的竞赛场面，我想大家会比我更深有体会吧。我认为这才是最可怕的事情，对于一个企业，它要比业务量暂时下降的危害性更大。因此，我要求每一位干部，每一位员工要认识到它的严重性，要主动克服这种现象。在这里，我要特别向大家推荐我们的期刊部，他们是一个团结协作的集体，他们认真执行公司交办的每一项任务，在与其他部门的合作上，处处为他人着想，像对待客户一样对待兄弟部门的同事。期刊部的两位经理杜文武和周芳，值得大家学习。

还要再谈执行力的问题。在报告的前部，我提到了上半年公司根据新的组织构架，重新修订了管理制度、岗位责任制。可制度再好，再完善，不执行或执行不到位，也还是一纸空文。这个问题，我多年以来一直在强调。但请大家仔细想想，检查一下，有多少人把这些制度当作我们日常工作遵照的准则了？有多少干部是每天都在用这些制度要求、约束、检查你们部门的员工了？我每天接到的投诉都很多，几乎都是对非本部门的投诉。人都有一个共同的特点，就是对他人的问题看得最清，要求他人比自己严格。这是为什么？这是因为人们往往只用眼睛看人，每个人的眼睛只能看到别人，是看不到自己的。我们都缺少一样东西，那就是镜子，有了镜子，才能看到自己。因此我希望，今后我们每个人都在心里给自己准备一面镜子，多照照自己，那我们的工作就好做多了。

我们的企业不是生产型企业，它既不可能以产品优先占领市场，也不可能以技术优先稳固市场，我们要做的和只能做的就是在每天、每月、每年的重复工作中，保持工作标准的一致性，服务质量的一致性。"整齐划一"是我们追求的质量目标。我们的工作没有太大的技术难度，只要用心、认真，严格按标准去做，就能做到，就能做好。我们绝大多数部门无须花多大精力去研究技术问题，只要持续抓好管理培训、操作流程培训，严格按标准要求员工、检查员工就能做好。可在培训方面，我们一直做得被动，做得不好，培训工作在我们公司一直没能形成习惯，一直没有被重视。这也是我们人员素质提高不快，工作质量达不到"整齐划一"的重要原因。因此，公司要求各部门要在今后的工作中要重视并加强培训工作，制定有序的培训计划，使其制度化，这是对一个以"服务"为"商品"的企业必不可缺的、十分重要的工作。

说了这么多，最终还是要落实到具体的硬指标上，一切的一切，调整、改进和提高，也都是为了我们目标的完成。因此，今年的后 4 个月，全体员工都要围绕下列指标而努力工作。

一 图书业务方面

1. 确保全年发书码洋 2 亿元。前 8 个月我们已经实现发书码洋 1.2 亿元，如果后 4 个月我们实现发书码洋 8000 万元，则可以完成调整后的全年指标。

2. 结算中心要配合业务部在 9 月份把所有客户在 2006 年以前的欠款清理干净，在 10 月份尽量把上半年的图书欠款全部清理干净。

3. 做好市场恢复工作。今年的市场损失不小，一些办事处可能上半年完成了回款指标，但这都是在吃去年订单的老本，如果没有订单量的持续增长，在明年的一季度就会出现很大的问题。

4. 加大图书批销市场开发的力度。

二 期刊业务方面

1. 牢牢保住期刊原有客户，确保老客户的期刊报订量。

2. 积极与各地邮局商谈非邮发期刊的合作事宜。

3. 积极与外文书店商谈中文期刊的合作事宜。2006 年已经与四川外文书店、广西外文书店、山西外文书店有合作，目前合作最好的是四川外文书店。

4. 安排和组织好公司 9 月中旬至 10 月中旬在各地的期刊推广会议。

三 回溯建库方面

加快回溯建库的工作，其中包括中文图书、中文期刊、光盘、磁带、录像带、电子出版物、西文图书、西文期刊等。

这是自人天书店成立以来，我做的最长的一个中期的报告。

不经历风雨，怎么见彩虹？人天的彩虹正在升起，让我们为它的出现欢欣鼓舞。

在人天书店机构调整会议上的发言

（2007 年 3 月 29 日）

一　宣布人天书店人事变动

邹进、李虹、施春生、张学琛分别辞去现任职务。
张学琛任法人代表、董事长，施春生任总经理。
董事会成员：邹进、李虹、施春生、张学琛。
监事：邹正。
办公会成员：邹进、李虹、施春生、张学琛、王杜丽。
公司实行董事会领导下的总经理负责制。

二　成立人天集团

成立人天集团，作为内部管理机构。
邹进任总裁，李虹任副总裁。

三　变动原因

1. 案件原因

由于商业贿赂案件尚未结案，为了人天业务的正常开展，不影响招投标的资质，所以在律师的建议下，我暂时辞去董事长的职务，由张学琛担任法人代表并出任董事长；李虹辞去总经理职务，由施春生担任总经理。

2. 发展需要

案发前已有成立集团的动机，大楼外墙上已标识了"人天集团"。现在人天的发展方向逐渐明确，在用户对象上形成了以图书馆、经销商和读者为主的完整的用户群，经销方式形成了以批销、团购和网上订购（BTOC）的梯级渠道，销售分别通过人天书店、天下好图书公司和读买天下信息技术有限公司实现。在产品上，我们已经有了层次分明的产品序列，分别是图书、期刊、回溯建库、可供书目。我们的任务是短时间内在以上各项产品及服务上建立我们的优势：一是规模优势，二是服务等级优势，三是品牌优势。

3. 人选合适

张学琛进入人天的时候，很大程度上是来帮忙的，基本上是个消防队员，装修、购房、催款、救人，在帮忙过程中与人天的员工们建立起了深厚的感情，从不懂业务到熟悉业务，从外行到内行，从管理到开发，从政策执行到公司战略规划制订，一步步加入了市场战争。他自己也从局外走到局内，成为人天人。在人天困难的时候，他勇挑重担，对他我表示由衷的钦佩和感谢。

施春生的成长经历更是全体人天员工的榜样。他从业务员到业务部经理、副总经理、常务副总经理，今天终于修成正果，成为人天书店第三任总经理。他是中国书业的施瓦辛格。我建议大家读一读《人天通讯》第 26 期上施春生的《全国书市琐忆》一文，我给它起了一个副标题——"民营书业如何走上了红地毯"，这可以从一个侧面看到施春生成长的轨迹。从今天起，人天书店有了一位更年轻的、更富有挑战精神的总经理，一位新的掌门人，我们希望他带领大家把人天的事业推向一个新的高度。

4. 我和李虹

李虹在公司最困难的时候由副总经理出任公司总经理，跟施春生一样，都是临危受命。他最重要的特点是认真、执着，还有坚持，正是这种精神，给人天书店打下了坚实的基础。这种精神也逐渐渗透到我们工作的方方面面，形成了人天员工的工作作风，成为人天书店的精神特质。从品质上讲，李总是一个意志坚定的人，而有坚定意志的人也是乐观的人，所谓山不过来我过去，这样的人能够正视挫折、困难和失败，也能够在坎坷中找到自己的立足之地，发现转折和契机。所以，尽管在李总任上，我们遇到了两次挫折，而这两次我们都是在李总的带领下勇闯过关的。在此，我要向李总表示我的敬意，也希望我们要永远保持这样的作风。

最后说说我自己。孔子说，君子不器。我是不是君子姑且不论，虽然浑浑然已经50岁，但我却不能被某种器物所定型，就像孙子说的"兵无常式，水无常形"。在做事上，我有很多的想象，也有很多的冲动，有条件的上了，没有条件的有的也上了；有成功的，也有以失败告终的。我始终生活在这想象和冲动之中，也享受在其中。但我也越来越意识到，我可以永远不成熟，永远不定型，但企业一定要成熟，一定要有规矩。我们不仅要做大做强，更要把企业的发展建立在制度文化的基石之上。

我有一个梦想——人天书店9周年店庆报告

施春生[*]

尊敬的邹总、李总、张董事长，各位大区经理、区域经理，各位部门经理，各位同人

今天我受公司董事会的委托来做人天书店9周年店庆的报告，自然是心潮澎湃、万分激动。同时又感到身上有一种巨大的压力，这种无形的、时刻围绕在身边的东西使我每天如履薄冰、战战兢兢。

我的工作报告大致分为三个部分：第一部分是人天书店的定义；第二部分是人天书店上半年的总结和下半年工作的安排；第三部分是我的一个梦想。

一 人天书店的定义

人天书店是一家图书馆馆藏图书配供商，还是一家其他类型的公司呢？我认为人天书店应该被定义为为图书馆提供文献资源的综合性平台。目前，我们在从事中文图书、中文期刊的配供，中文图书、外文图书、光盘、磁带等所有馆藏资源的回溯加工。曾经，我们开展过外文图书的配供，由于种种原因暂时停下来了，我想将来应该有机会再次进入这个领域。将来是否可以开展中文期刊的电子化？中文期刊每年的装订工作是否可以为图书馆

---

[*] 施春生，时任人天书店总经理。

开展光盘、数据库等非书资料的销售或代理工作呢？未来我们在适当的时候要全面进入教材市场，因为我们有前端的图书馆客户、招标办的合作关系，后方有出版社的紧密合作关系。可谓万事俱备，我们只要搭好公司内部的操作平台就可以了。总之，人天集团已经成立，我们必须对人天书店有一个准确的定位。

二　人天书店上半年的情况总结和下半年的安排

（一）上半年的业务开展

在2006年12月16~18日，召开冬季区域经理会议，安排和布置2007年的任务，明确指出2007年的工作方向和工作目标。

2007年1月10~13日，参加在北京国际展览中心举办的北京图书订货会，我们组织的客户达到180多人，基本达到了预期目的。

2007年2月25~28日在黄山召开第二次大区经理会议，会议上认真听取了大区经理的意见，贯彻邹总的讲话精神。

2007年4月20~25日，参加了第十七届全国书市，组织客户300多人，此次参展展示了人天的实力，提升了人天在书业的形象。

在参加重庆书市期间与中国图书馆学会高校分会、重庆新华书店集团公司成功召开了"图书馆资源建设及招投标工作报告会"。会议取得了良好的效果，也为公司以后组织类似的研讨会积累了经验。

2007年4月28~29日，在武汉召开了第三次大区经理会议，对一季度的工作进行了总结，并对今年如何开展工作进行了讨论，提出公司要统一采购渠道，直接对接出版社，中止在京所、首所、辽批、沪批、苏批的集团采购。

2007年6月16~17日，在北京召开了部分区域经理会议，重点听取了部分区域经理对市场开拓情况的介绍。

（二）上半年图书馆的业绩总结（截止到2007年8月1日）

上半年发书码洋9467万元，在途码洋7024万元，回款码洋10060万元，回款金额为7281万元，完成了回款任务的36.4%。回款跟年初比有所进步，比年初的在途码洋减少了700万元。平均回款折扣为72.4%，其中包含部分特价书，新书折扣应该在73.5%左右。以上数据说明，我们面临的形势还非常严峻，订单码洋只有1.14亿元，比去年同期只是略有增加。另外，与客户结算的平均折扣在明显下降，进销差在明显缩小，公司的经营压力增大。

上半年业务部的毛利润总和为398万元，其中招待费为185万元，固定成本为213万元，毛利率为3.93%。如果是真实的毛利率，应该来说利润差还算正常。

由于回款而导致的罚款利息为101万元，这说明我们在回款的控制上还有待提高。平均回款时间为160天，也就是5个半月的时间，争取下半年的平均回款时间控制在4个月内。

由于发票过期回款而导致的罚款为22万元，发票过期罚款是业务人员的过失。目前的情况是平均超期11天，说明存在发票开出控制不严的现象。下半年要做到发票开出之后的平均回款时间不超过5天。

已经结算部分和已经开出发票部分的退书码洋达到133万元，不包含西安办事处三个展厅的退书，退书平均比例达到了1.30%，严重地超出了图书馆配供领域在低利润情况下的退书要求，下半年争取退书比例控制在0.3%以内。

招待费上半年实际支出152.2万元，不包含期刊招待费的支出部分，占总回款码洋的1.5%，总体情况来看招待费支出过高。但由于参加1月份的北京书市花费了15万元，参加重庆书市花费了55万元，两次书市费用的支出占整个费用支出的46%。下半年招待费争取控制在1%以内。

目前，整个市场的盈利为44万元，业务部基金盈利35万元，补亏去年的30万元，总盈利为109万元，总的盈利比例为1%。争取下半年总盈利比例提高到2%。

上半年公司参加的投标为276次，其中中标125次，未中标147次，还有4个标到目前为止还没有开标，中标率为45.3%，总体中标率偏低。还有很多标我们没有参加或者客户拒绝我们参加。2005年，我们的中标率为60%左右，希望大家共同努力以提高下半年的中标率。

上半年北京大学图书馆的中文图书招标，我们中标，这给予了公司和北京业务部以极大的信心，标志着人天书店在高端客户业务上的重新开始。广西大学图书馆、广西壮族自治区图书馆的竞标在7月份被我们双双得中，人天在广西的市场也彻底打开了。一直以来人天在广西的竞标都处于边缘位置，在很多地区中标率低下的时候，广西给我们大家带来了希望，带来了曙光。

浙江省图书馆中文期刊中标，一直以来浙江省图书馆跟人天合作的只是少量的非邮发期刊，对于人天的期刊服务带有一定的排斥，而本次中标，标志人天的期刊服务得到更多大客户的认可，代表了服务是可以战胜一切流言的。

（三）办事处情况介绍

目前，公司在全国各地建立了 32 个办事处和工作站，分布在全国各地的业务人员有 80 多人。

经营情况好有北京、广州、广东、太原、上海、福州、贵阳、南宁、天津的办事处，经营情况比较好有南京、杭州、大连、济南、石家庄、乌鲁木齐、海口、南昌、合肥等地的办事处，其他地区的总体发展情况趋向好转，现在不管是公司还是办事处，都还需要一些时间。

目前，一半的办事处处于盈利经营状态，另外 30% 的办事处处于良性运转状态，10% 的办事处处于可控状态，只有 10% 的办事处遇到困难，我想通过办事处人员自身的努力和公司的支持，下半年一定可以反转。

（四）公司的优势分析

公司的注册资金从年初的 200 万元增资为 500 万元，最近又增资到 1000 万元，为招标提供了特别好的硬件条件。以往我们的劣势，现在一下变成了优势。

"人天"事件已经结束，客户也会慢慢地忘记，就如同浙江大学图书馆馆长 8 月 1 日在浙江省图书馆的期刊招标时所说："人天曾经给我们带来了一点点麻烦，但那已经是过去的事情，我们应该把它忘记。"这样一来，我们又可以回到 2004 年、2005 年的状态中来。

我们的期刊竞争对手每年都在变化，而唯独我们还在增长，与我们图书一起竞争的同行目前还没有成气候，所以期刊方面我们还有很大的优势，也是我们业务的重要增长点。

我们的业务队伍应该来说是历年最强的，现在的大区经理、部分区域经理前几年都是该市场的垄断者、主导者。由于去年的事件，大家的信心受到了一定程度的压制。经过近一年时间的恢复，现在应该调整到位了。另外，我们又有王彦宏这样的人才加盟，使我们更加强大。

业务队伍经过半年的调整，利润意识、回款意识、风险意识和把握市场的能力明显加强，这是我们上半年最大的成果和收获。

（五）下半年图书馆业务工作的安排

1. 大力开展期刊业务。

期刊市场的前景非常广阔，从美国的情况来看，每年购买期刊的经费是图书的一倍，而我国一些大的高校每年的期刊经费也是非常可观的。当然，目前因为中文学术期刊的定价过低，中文期刊的整体质量还有待提高，导致国内对学术期刊没有给予足够的重视。我想不久，中文学术期刊在图书馆的价值会得到体现。我们始终走在同行的前面，中文期刊是我们眼前的一片蓝海。

特别是对于市场容量比较小的市场，我们更加应该把期刊工作开展好，使办事处正常运转，这是人天的综合优势。对于专门的期刊公司，当业务量下降时，就只有通过撤销办事处来降低成本，有些公司现在已经撤出贵阳、云南等市场，就是很好的说明。

期刊也是公司融资的手段，可以补充图书资金短缺的问题，既可以搞好公司与出版社的关系，又促进了公司图书业务的良性循环。

大区经理、区域经理必须全力以赴地和当地最有影响力的客户，如最大的大学、省图书馆开展合作，不管报订量多少都要进入，这是市场的象征。

作为业务人员，必须完成公司下达的期刊任务指标，只有这样，公司和办事处的利益才能被保证和满足。今年的目标，争取完成报订码洋5500万元，相信大家可以做到。

2. 图书工作方面，加大图书订单的突破，尽量引导图书馆用户使用公司大库的现货数据，以提高采到率和到馆速度。

下半年是回款高峰期，要求大家无论如何要把2005年、2006年的所有在途资金收回，要想尽一切办法去完成。如果需要公司配合，公司将全力支持大家。尽量争取收回2007年上半年的全部发书回款，养成客户按时回款、按合同回款的良好习惯，使办事处良性运转。

加大投标力度，要敢于去投标，敢于中标，只有中标才有生存的机会。

力争完成全年2.5亿元的任务，我们可以改变手段，但不能修改目标。虽然目前遇到很大的困境，但这不是不可逾越的。

三　我有一个梦想

我想用最短的时间，将人天书店的内部管理平台设计完成，使每一位人天员工都具有成本意识、利润意识。具体想法如下。

首先对《人天书目报》进行改造，每周发布大库新进新书的品种，制作《人天现货新书报》，每期须达到 1000 种，大库的新书最多保留 1 年半的时间。

汇总部订单在公司的处理时间为 1 天。

大库每天更新库存信息（北配每两小时更新一次）。

分拣要求所有上架的图书在公司最长停留时间不能超过 1 个月，超过 1 万码洋的单位最长不能超过 2 天，超过 5000 元码洋的单位最长半个月，后必须打包。寒暑假期前 2000 元码洋的单位必须发出。

加工图书的时间一般为 2 天，全加工不超 1 周。

储运在货场的货物滞留时间最长不超过 2 天，公司要外发的图书，停留时间不超过 2 天。

发票必须在当天全部开完并寄出。

如果可以做到以上要求，我们的竞争力无疑会大大加强，我们的成本会大量降低，和出版社的关系会更加融洽。

我是 1998 年 10 月份来到人天书店的，今年是人天的 9 周年，也是我来到人天书店的 9 周年。感谢领导对我的栽培，感谢各位同事对我的帮助和支持。我们当时在国家图书馆宿舍地下室的时候，就一直梦想着有自己的"人天大厦"，今天我们实现了。1999 年，我到大连参加中国图书馆学会年会，参会人数达到 1000 多人，是中国图书馆学会历史上规模最大的一次，当时的国家图书馆馆长是现在的文化部副部长周和平。当时我就在想，什么时候人天书店也可以组织 1000 多人的客户召开订货会或联谊会。现在，我们的客户群已经达到 1000 多人，这个梦想要实现起来已并不遥远。最近几年我一直在关注中央电视台每年的"CCTV 年度经济人物"评选活动，我在想，什么时候人天的邹总可以走上这个舞台，真正让我们的书业可以成为中国经济的重要舞台，让人天书店可以在经济圈中拥有自己的一席之地，那是一个大的梦想。我不知道可不可以实现？何时能够实现？我在问自己，也在问大家。

最后，我们想一定要有一个准确的目标，现在谈利润、谈赢利、谈码洋，都是对准着这个目标。人天书店的终极价值是我们在整个图书馆事业和整个文化产业中扮演了什么样的角色，处在什么样的地位，是在市场不断变化中边缘化或被淘汰，还是成为这个市场的引领者、改革者和推动者。

这才是人天人应该永远追求的！

人天书店 2008 年年度工作报告

今年的 9 月 10 日，是人天书店创业 10 周年店庆，很多朋友都知道人天是怎样从一个不起眼的小书店发展到今天这样一个有规模、有知名度的图书公司的。人天的模式已经成为图书发行特别是图书馆配供方面的一个范例。如果要研究图书馆配供的发生、发展过程而不把人天当作研究对象，那么将无从得出结论。

一　人天的意义

人天的意义就在于它把最初形态的联采统编，一个图书馆采访工作的方式发展成为一个商业模式，把图书馆配供从一般的图书发行中独立出来，形成了一个几乎有了行业标准的独立业态。

在这 10 年中，多少馆配企业如过眼烟云、流水不复，而人天书店不仅生存下来，而且发展得很好。原因在于，不管潮起潮落、风来雨去，价格战也好，高校评估也好，或今后还有什么情况，人天书店都不违背图书馆文献资源建设的规律，所以才获得了图书馆用户的信赖。我们知道，要想把事情做好，就要把商业当作事业来做。

一两年来，馆配市场发生了很多事情，随着经济形势的逆转，已经波及馆配市场。几乎所有公司都增长乏力，业绩下滑，经营困难，我们已经看到一些馆配商退出了馆配市场。聪明的是那些急流勇退的企业，固执的是人天。为什么人天可以坚持下来，并不是人天人真的固执，而是我们设计了一条同心多元化的道路。这是我们用了几年的时间，制定的公司发展战略。几年走下来，在这条路上，我们走得很好。在人天高速发展若干年后，馆配市场的空间已经大大缩小，而竞争的加剧，又使利润空间一步步紧缩。两下一紧，一些公司自然就出局了。有人说，现在是馆配市场的冬天。就在图书馆业务几乎不盈利的情况下，人天公司的其他业务却如雨后春笋，节节上升。馆配业务之外的业务，已经能够给公司创造一半以上的利润。因此，在一些公司退出的情况下，人天牢牢守住了馆配这个阵地，等待馆配市场的下一个机会出现。

人天从把期刊当作一项普通业务来做到将其转变为一项创新产业。创新有多种方式，如产品创新，技术创新，商业模式创新，操作流程创新等。人天在不知不觉中又开辟了国内的一个期刊发行渠道，打破了几十年来邮局垄断期刊发行的局面。很多业内人都从这个高度认识人天期刊发行的意义，因为它不仅仅是普通的期刊配供。第一个做某件事的人，常常会在这个领域带来一场革命，就像马胜利第一个承包造纸厂一样，并由此走出了一个市场经济。是不是也可以这样理解，由于人天书店10年来在期刊市场上的努力，将为邮政市场化、民营化提供一个契机。人天对这个渠道的建设是纯市场行为，没有任何政策扶持，比如税收。如果杂志社按7折给我们供刊，又不能提供增值税发票的话，对于这一种期刊来说，我们是直接亏损的，而邮局不存在这种情况。同样是期刊销售，国家给邮局的政策是服务贸易，而给其他销售商的政策则是货物贸易，两者税率相差10%。

客观地说，这个渠道建设起来难度很大。与出版社相比，杂志社个数多、分布广，经营性质多样，有企业，也有事业单位，有自负盈亏的，也有财政补贴的。它们对待经销商的态度都会因为其经营性质不同而不同，每一个采访员遇到的问题是多种多样的。从一般情况下说，要按商业化的模式建成这样一个供货渠道几乎是不可能的。在我们经营期刊的前几年，几次都想放弃了。在人天书店之后，确实有许多公司也想尝试中文期刊配供，但差不多都半途而废了，这也说明了渠道建设的难度。人天书店却以极大的毅力，近乎固执的态度把这个渠道建立起来了。在达到既定目标这点上，人天人确实有一种清教徒般的精神，不如此也不会成功。具体说来，人天书店能够做到全品种供货，不仅如此，更重要的是它有极高的自采率，这样我们就完全自立了，在非邮发期刊方面，我们反而可以给邮局供货。人天已经是一个彻彻底底的期刊发行公司了。品种自采率是要花大成本的，因为订数3份以下的期刊还有3000多种，这是一个计较利润的公司不会去做的。但人天在做，而且做成了。只要市场经济的方向不变，改革开放的方向不变，人天期刊就必然要发展下去。

正因为如此，人天得到了全国图书馆用户的普遍认可，人天期刊配供的优势在扩大，用户在增加，码洋也在增加。2006年和2007年，人天书店连续获得"优秀馆配商"和"年度最佳馆配商"的称号，2008年人天书店进入全国书店50强。

二　人天大事记

1. 1998年9月10日，人天书店在中国地质博物馆开业，是人天集团的创业之始。
2. 1999年1月，召开第一次图书馆联采统编会议，正式转型，开展图书馆配供业务。
3. 1999年3月，创办《人天书报》。至今，人天已经成为国内最具权威的出版信息提供商。
4. 1999年9月，开展中文期刊配供业务，发展至今，它已经成为公司的主营业务。
5. 2003年，跨入亿元店行列。
6. 2004年8月，人天第三次搬迁，迁入人天办公大楼，从此有了自己的事业根据地。
7. 2004年，创建中国可供书目，建立出版信息交换平台，开始参与图书馆文献资源建设和发行标准化建设。
8. 2005~2006年，涉嫌商业贿赂被立案侦查，由此拉开人天书店制度建设的序幕。
9. 2006年，成立批销部，开始实施同心多元化发展战略。
10. 2006年3月，仓储基地建成投入使用，人天跻身图书中盘商行列。
11. 2007年1月，被中发协非工委、出版商务周报共同授予"2007年度最佳馆配商"称号。
12. 2008年1月，中发协非工委、出版商务周报再次授予人天书店"最佳馆配商"称号。
13. 2008年9月10日，读买网上线。
14. 2008年，捐赠100万元现金，在中国红十字基金会设立"人天图书基金"。

三　我和人天

（一）人天的创业史是每个人的创业史

人天的创业史不仅仅是我个人的创业史，非常多的人在这个创业过程中都倾注了心血和智慧。他们的第一份工作在人天，他们最好的青春年华在人天度过，他们伴随人天一起成长。我们希望把每一个人的追求都融入人天的长远发展之中，把人天的发展也融入员工的不断成长之中。

（二）人天是一个创业平台

大家都知道，人天是一个业务平台，但我们是不是都知道，人天对我们来说它还是一个创业平台，人天给每一个有理想的人提供了一个创业机会。不是每一个人都有机会独立创业，创业成功的机会也不是每个人都能遇到，有资金问题，有准入门槛，有市场环境，还有个人的综合能力等，都会把我们挡在创业的大门之外。很多人都有创业的冲动和激情，人天正好给你们提供了这样一个平台，这样的一个机会，让你们释放冲动，展现才华。这里有现成的商业模式，有资金，有培训，有"合伙人"，有公司替你们把握风险，你们成功的概率比任何时候都大。在你们当中，就有几位是独立做过公司的，应该深有体会。现在你们来到人天，希望你们仍然保持创业的激情，也祝愿你们在人天创业成功。

（三）人天是一所学校

10年来，进出人天的员工已经成百上千，他们和我们一起建构了人天的文化，如今人天的文化和精神已被带到了业内业外，圈内圈外。人天虽然还没有建立起系统完整的培训体系，但我们知道培训是给员工的最大的福利，更是公司最重要的战略储备。公司今后将致力于对员工的培训和再教育，使每个员工在这里不仅获得金钱，还将获得更重要的东西，那就是能力。

（四）人天是一个符号

人天已不仅仅是我们公司的字号、商号，而且它已经有了符号的意义。

人天，它代表的是奋斗，代表的是创新，代表的是成功。某个人在某个时候站在局外的时候，会更清楚地看到这一点。人天是有灵魂的，人天人也是有一点精神的。在此，我们有必要重复一下我们的店训，人天人是有理想并且有献身精神的人；有思想并且在行动的人；有责任心并且敢于承担责任的人；有吃苦精神并且坚持不懈的人。人天也是一个社会，也有三教九流，也有"三八"干部，经营上也会出现方向错误，法律上也曾发生原则问题，但人天是一个生命，是一个机体，它有能力克服自身的弱点，提高免疫力，使自己变得强壮。

（五）人天是一个制度化的公司

人天是人性化的组织，但它不以亲情为纽带，而是一个管理制度化、流程标准化的公司。企业做大做强尤其需要管理的制度化、流程的标准化。这些年来，我们一直在朝这个方向努力，下一步人天将要通过ISO9000质量管理体系认证。人天正致力于建立一支职业经理人的队伍。职业即专业,制度化与标准化不是外在的东西,要成为内在的自觉,唯有如此,职业经理人队伍的建设才有可能完成。

今天的世界越变越小,有比较才能有进步。我们的管理还有缺陷,我们可以做到的还有很多,我们要让公司成为全行业的标杆。

(六)人天的目标

说到人天的目标,我要表达一下我们的不安和惭愧。2003 年,我在 5 周年店庆的报告上,提出了人天 10 周年的发展远景。我们提出了在人天 10 年的时候,要使人天的销售码洋达到 10 亿元的规模。当我们跨过 10 周年门槛的时候,发现那个目标离我们还十分遥远。我们还没有带领这支队伍达到理想的制高点,因此,人天公司还不能留住那些我们认为优秀的人才。请大家相信,我们不是那种夸夸其谈的空想主义者,我们初始为自己制定的目标并没有改变。环境发生变化,对象发生变化,我们必须因势利导,制定新的公司战略和实施办法。我们不相信这样一个小小的目标我们会达不到,只是我们的一个梦想。全国 50 强,一个省级新华书店的规模,我们有能力做得更好。

以目前的馆配市场规模,做到 10 个亿可谓是三分天下而有其一。但是,当我们做到 10 个亿的时候,市场规模肯定比现在更大,也许还是现在诸侯争霸的局面,所以 10 个亿也不是终极目标。

有这么好的平台,我们为什么不能做得更好!

四 结语

我们都是平凡的人,无意中却做了一点点不平凡的事。对于物质生活,我们并无奢求,简单一点就好。就目前而言,想要得到的我们都有了,这是否意味着我们失去目标了呢?当然不是,我们现在是欲罢不能。人天就像我们的孩子,不管发生什么,我们将一如既往地关心他,爱护他,这是一种责任。从人天创办的那一天之后,我慢慢地体会到我存在的新的意义,我不仅仅属于我的家庭,同时也属于人天,属于这个社会。古人说:"家事国事天下事,事事关心。"说的就是我的感受。我们既为奥运欢欣鼓舞,我们也要为汶川地震心手相连。作为一个负责任的企业,我们要做的有很多,比如增加就业机会,扶贫济弱等。

路漫漫其修远兮,吾将上下而求索。我们都是践行者,我们将踏实地走好每一步。珠峰虽高犹可攀,大海虽深亦可潜。几天前,神七承载着国人的梦想而起飞,今天,我们也将怀揣着我们的理想而踏上新的征程。

　　谢谢这个时代,谢谢我的家人和朋友,谢谢我自己,更要谢谢大家。因为你们,使我们的生活更有意义。今天我讲话的结束,同时也就是朝目标行动的开始。

2009 年在人天书店销售会议上的报告

　　在美索不达米亚,古埃及人认为一年是 360 天,而不是 365 天;作为文明古国的埃及,已经有了完备的历法,他们不会不知道一年有 365 天,但他们心照不宣地隐瞒了 5 天。他们认为这是上帝恩赐给他们的 5 天时间,在这 5 天时间里,他们都不工作,饮酒作乐,彻夜狂欢,就像他们在歌里唱的:"忘记你的忧愁和悲伤,唱起美好的希望,让一天的劳累和辛苦,随那歌声飘荡。"今天,我们来到了海南岛,中国的后花园,从 25 号到 29 号,这 5 天也是上帝馈赠给我们的 5 天时间,让我们也忘掉一年的忧愁和烦恼,一起享受这一年中最美好的时光。在轻松的环境里,好好总结,好好交流,好好喝酒,好好游玩,清理掉心里的垃圾,装满美好的希望,提前跨入 2010 年!

　　在我报告之前,我想给这次会议定一个色调,这个色调就是红。为什么会是红色呢?因为 2009 年是人天书店辉煌的一年,我们重新站在了事业的制高点,不仅是我们完成了今年几乎所有的指标,更重要的是信心和理想又回到了我们心中。我们全身焕发的热情如火焰,我们竭力压制内心的冲动,让它有一个理性的导引。当一年临近结束的时候,我们感觉到我们的热情还没有得到释放,在我们面前展现的前景已经豁然开朗。

　　下面我就用一首诗来诠释红。

红

我的名字叫红　　　　　　　　　　就把我们都叫作红
可能有几百万人叫这个名字
父母起不出名字的时候　　　　　　每当这个时刻

红就在他们眼前一闪
像一颗流星划过天空
把我们的命运注定

为什么他们都想到红
为什么他们会不约而同
我在姓名学里找不到解释
字典里只说它像鲜血和石榴花的颜色

但是红让敌人惧怕
让野兽退缩，画地为牢
而且红所向披靡
摧枯拉朽，不可阻挡

在炉膛里燃烧的是红
在血管里流淌的是红
无数双眼睛企盼的是红
无数张嘴呼喊的是红

没有红还有生命吗
没有红还有希望吗
红是创造一切的原始
红是宇宙的核心

太阳系的心是红
地球的心是红
人的心是红
证明这一切的是一颗红的章

桃红、枣红不是红
鲜红、粉红不是红
红不需要装饰
红就是红的本色

红是思想，红更是行动
红是存储，红更需要使用
红永远不孤独
红是我们永远的领袖

我们跟随红
我们依恋红
站在红身旁，我们也闪光
跟着红升起，我们也飘扬

我们的名字叫红
要感谢我们的父母
当所有的红联系在一起
就是我们的血脉

今年我们完成了指标，这些指标体现在数字上。数字是美妙的，一组美妙的数字会让我们心旷神怡，那么我就念一组数字给大家，给我们以宽慰和享受。

馆配图书 28000 万元

期刊（馆配和批销）8760万元

批销图书2800万元

首图书店120万元

蔚蓝网（12月份）200万元

合计40000万元

样书征集420万元

回溯建库250万元

库房出库20000万元，周转率达到2.0。库存图书品种19万种，其中特价书超过4万种，为国内所独有，明年的目标是6万种。

其他一些重大事项：

1. 并购蔚蓝网，系公司首次尝试用资本运作方式获得一个业务板块。

2. 在馆配中心增设中小学部，以独立的采访、采购和业务开展模式，进军中低端图书馆市场。

3. 成立图书总发部，与出版社合作，获取上游资源，实行产品垄断。

4. 成立图书出口部，尝试进入美国图书馆市场。

5. 成立出版部，开展网络和玄幻小说的出版和租型出版业务，同时也给总发部提供产品。

6. 与商务印书馆合资成立商印文津公司，从事学术著作出版，预计明年将出版新书50~80种。

尽管图书和期刊的中标折扣都在下降，但经过采购中心和期刊中心的努力，我们的图书和期刊的采购折扣分别下降了1.5%和2%，使我们在销售市场上仍然保持着强大的竞争力。

今年，我们拥有了几个规模市场，其中北京书刊合计6000万元，杭州4000万，广东、广州3000万元，武汉2000万元，这四个市场的码洋合计超过了15000万元，占全公司馆配份额的41%。公司希望出现10个以上的在2000万元以上的规模市场，如此，公司将在全国的主要市场占据控制地位，也更有利于公司的资源配置。

如果我们周围没有参照物，我们会感觉自己已经站在一座高峰之上，但在我们经历短暂的快乐眩晕之后，我们发现，透过山峦之间的迷雾，高大的参照物清晰可见。从远处观望我们自己，其实我们仅仅是站在一座山丘之上，对我们四周的高大山峰，我们需要翘首仰望，并让我们感觉到肩颈酸痛。相对批发，在我们面前有双百亿元的江苏省店、50亿元的四川文轩，就连北京市店我们也只能望其项背。相对网店，排在我们前面的是卓越和当当，不可与之同日而语。相对期刊，人天仅仅是敲下了冰山的一角，邮局的影响仍然坚如磐石。我们只是在馆配方面占得一点先机，而仅有的这一点优势也让我们战战兢兢、如履薄冰，稍有不慎，就会攻守易位，尽管成果在手，也会转瞬即逝。何况还有中教图、三新跟我们旗鼓相当，还有博库、文轩希望卷土重来。

既然大家想跟我一样，要做一家长久的公司，那我们就不能画地为牢，不能满足于既得。满足，可能是生活的佳酿，但肯定是事业的病菌。如果我们有满足的一天，那就是人天发展停止的一天。我作为公司的领导，虽然年龄比你们略长，但我会用锻炼提高我的体能，用事业坚固我的理想。我会跟大家一样，顺时而动，"日出而作，日落而息"，兢兢业业地耕作人天这片良田。

常说："风起于青萍之末。"在激烈的市场竞争环境中，如何把握动向、占领先机，仅有愿望是不够的。一个良好的愿望轻易地丧失，对一个缺乏理念和意志的人来说，不啻为一种毁灭。所以我们已经不再需要幼稚型的理想主义和冲动型的奋斗精神，我们需要的是文韬武略，"蒹葭苍苍，白露为霜，所谓伊人，在水一方。溯洄从之，道阻且长，溯游从之，宛在水中央"。我们每个人都要找到自己的"所谓伊人"，但她"在水一方""道阻且长"，所以信念和意志是我们的宝剑和金盾。尽管我们已经度过了最困难的一段时间，我们又进入了一个上升的通道，我们眼前又出现了一个成长的空间，但困难会如影随形，每时每刻围绕着我们，如同我们的影子。如果我们懂得这一点，也就不足为惧，尽管往前走就是。

2010年，公司制定了新的销售目标。在这一年结束的时候，我们将站在一个新的平台之上，这个平台不会低于50000万元！

下面我来分解一下这个数字，这又将是一组美妙的数字！

馆配中心图书30000万元（其中中小学3000万元）

馆配中心期刊10000万元（含批销部期刊订数）

批销部图书4000万元

总发部图书4000万元

蔚蓝网（加读买网）4000万元

首图书店500万元

当我们做到了，业界又会对我们刮目相看。自从我们确定了10个亿的目标，我们就从未放弃过，尽管这目标一度离我们有些遥远。我们要让对方跟不上我们的变化，让他们试图追赶我们的努力变得徒劳无益，而让我们的朋友为人天的发展击掌、惊叹。

既然说了就要做，做了就要做到。怎么做得到呢？在此，我给大家提一些要求，这些要求不是很具体，不是拿来用的，而是需要体会，从而获得力量和信心。

第一，不惧怕打价格战，敢于挑起价格战。在任何一个地方，我们也不会说我们在打价格战，但我们从容地制定自己的价格，依据就是中标。我们的价格不跟任何公司的价格挂钩，就像温家宝总理在哥本哈根气候大会上发言所说，中国自己制定减排目标，不与任何一国的减排目标挂钩，别人爱说什么就说什么，但我依然我行我素。综观世界，除了垄断性企业，哪家大公司不是打价格战打出来的，如沃尔玛、家乐福、苏宁、国美、卓越、当当，哪个不打价格战，哪个不是价格战的高手，影响形象吗？损失信用吗？鲁迅说："不是在烈火中新生，就是在烈火中死亡。"价格战如同烈火，同样可以烧死对手。不经过价格战的洗礼，人天也不可能成为一个成熟的大企业，永远也摆脱不掉对手。经过几年的准备，公司已经为你们准备好了产品和政策，你们可以放手一搏，必将大获全胜。

第二，在气势上压倒你的对手。商场如战场，两军对垒勇者胜，这是常理。可能你的对手比你强大，但你要紧紧地盯着它，一刻也不放弃。任何放弃追赶目标的想法和行为，都与人天的精神格格不入。我们还经常能听到这样的话，认为中教图比我们强，当地某个书店比我们强，或者新华书店比我们强，于是我们就甘当第二，甚至第三、第四了。公司派你去那里，是让你去打败那里的敌人，打败中教图，打败当地的书店，不是让你去跟它们和平共处的。你想赢得对手的尊重，就要打败对手，超越对手。明年 1 月的北京订货会，总署发行司召开筹备会，邀请 4 家馆配商共商"国"是，施总去参加，备受尊重和礼遇，这是因为人天强大。"2009 年最佳馆配商"的荣誉又被人天摘下，也是因为人天的强大。在馆配市场，人天已有话语权，业界不得不听听人天怎么说，人天不说，别人说了也是白说。我们的蔚蓝网制定的明年翻番的目标，但蔚蓝的真实目标是想进入以卓越、当当为代表的第一集团，这听起来有点像天方夜谭，卓越、当当会一笑置之。试想，当当 16 亿元，蔚蓝 2000 万元，80 倍的差距，就比如人天对待一个只有 500 万元规模的馆配商，一样也会不以为然。只要有精神在，蔚蓝只要是蔚蓝的，不是死灰，终究会让卓越、当当对我们刮目相看。如果蔚蓝明年达到 4000 万，就会变成 40 倍的差距；后年蔚蓝上亿，就会是 20 倍的差距，就像当年人天超越北京图书大厦一样。让我们一起再回顾一下这个过程。

  1999 年：400 万元 vs 16000 万元　　（40 倍）

  2000 年：1000 万元 vs 20000 万元　　（20 倍）

  2001 年：2000 万元 vs 24000 万元　　（12 倍）

  2002 年：4400 万元 vs 28000 万元　　（6.5 倍）

  2003 年：10000 万元 vs 32000 万元　　（3.2 倍）

  2004 年：20000 万元 vs 36000 万元　　（1.8 倍）

  2005 年：35000 万元 vs 40000 万元　　（1.1 倍）

  明年我们追赶的目标是谁？馆配商不再是我们的目标，能否是北京市店？每年我们都要追上其中的一个。每一个业务部门是否也要选定自己的追赶目标？

  人天需要做市场的领袖。领袖是那些有理念的人，而不仅仅是有寄托的人，领袖有的时候需要把自己的意志强加到别人头上。领袖不是一个自己傻奔的人，是带领大家前进的人，甚至是要让别人牺牲在自己前面的人。我们不仅要带领自己的员工，还要带着用户，带着供货商向前走，把他们绑在人天的战车上。领袖外圆内方，意志坚定，目标既定，一往无前。不能当、不想当领袖的人，要把位置让出来，让给那些想当领袖的人。只有少数人有理念，给多数人以寄托，不想当领袖的人一样能在人天找到寄托。

  第三，勇于制定大目标。2005 年之前暴发式增长的情景恐怕不会重现了，但人天的中期目标完全可以实现，因为市场已经扩容了，比我们进入市场之初扩大了 10 倍以上。竞争导致了馆配市场在事实上趋于垄断。这都是对我们极其有利的情况，就看我们能不能把握这个时机，在这个宝贵的时间点上向前进击，一举占据制高点。今年，我们有的市场是不是做到了或接近做到了，如北京、杭州、武汉。制定大目标，不是说有了显性的市场，然后你去分一杯羹，而是去做一个可能的市场，去开发那些可能的用户，最终把一个可能的目标变成现实。世界上有两种事，一种是可为之事，一种是不可为之事。人有两种对待，一种是可为而为之，一种是不可为而为之。大多数人是可为而为之，做的是显性的事，我们更需要的是第二种对待，要不可为而为之，这就需要开发我们的潜能，提高我们的勇气。每个人都需要站在自己的对面，重新观照自己，发现自己完全是另一个人，完全能够做出一番更大的事业，甚至连自己都觉得不可思议。这里我举一个例子，中国出口信用保险公司去年保额为 400 多亿美元，新老总上任后要求今年任务翻番，达到 800 亿美元，公司上下没有一个人认为可以做到，都说王毅只唯上不唯实，只会讨好保监会领导和国务院领导。话音未落，金融危机的影响波及中国，进出口大幅下滑，出现两位数的负增长。国务院要求政策性的保险公司要全力支持企业出口，王毅再一次调整今年的任务，不是往下调，而是又上调了 400 亿美元，分别制定了"840"计划和"421"计划，保额达到了 1261 亿美元，那已经是今年三四月份了。王毅是不是疯了？都说他疯了，在赌他的政治生命。按照正常思维他是不可能做到的，但他做到了，在 11 月份就完成了全年的计划！全公司每个员工都拿到了超额奖，放了超常的假，每个部门都发了一笔钱，说是开会，实际上是大吃一顿。这都是诸菁告诉我的，当时我就说，你们不要叽叽喳喳的，我也想看看王毅是怎么做到的，能不能给我一点启发。钱拿到了，饭吃好了，明年的计划也下达了，2000 亿美元！什么概念？全年出口额为 10000 亿美元，有 20% 经过他们保险。我们是不是也需要一点超常的思维，需要一点鸿鹄之志！

　　第四，坚决维护好我们的资金链。我们要认识到，资金的回笼与业务的增长同等重要。我们的资金一直处于紧平衡状态。目前，我们的馆配业务是微利业务，部分业务还会发生亏损，但这对资金回笼的速度要求更高。我们有太多花钱的地方，今年我们改造了大楼，并购了蔚蓝网，参股了商印文津公司；明年我们还要投资租型出版业务，公司一直还想在北戴河为客户和员工建一个休假基地，还想为办事处购置办公用房，明年公司将向馆配市场投入 400 万元，这都需要用钱。所以我们必须按期把应收的账款收回来。对应公司这样的要求，明年会在政策上更加鲜明地体现，将把费用分为刚性和弹性两部分，对刚性成本部分，如工资、提成、房租、加工费等做绝对的保证；而对招待费、差旅费、办公费等，一定与回款挂钩。逾期罚息将适当放松，但仍将实行。明年一季度将重点清理应收账款，做到每一笔有着落，有协议和签字，对保证金的使用也将更加严格，如有逾期未退还的，申请新的保证金将不会顺利。

　　这一部分本来不想纳入我的报告中的，下面张总、陈总会有详细的分析和要求，因为至关重要，所以在我报告的最后开个头，以期引起共同的注意。

　　各位同人，2010 年的大幕正在徐徐拉开，蔚蓝的天空、湛蓝的海水、青蓝的山峰已经出现在我们眼前。刚才我在报告中说，蔚蓝只要是蔚蓝的，我们的成功也就在眼前。

信念与信心——人天书店 2009 年中期工作报告

一　2009年前7个月各项工作的基本情况

1. 销售中心：时间过半，任务过半，已确保 2.3 亿元，争取 2.4 亿元。

2. 期刊征订即将开始，杭州办事处为全公司拉开了 2010 年期刊征订的序幕，今年确保 9000 万元，瞄准 1 个亿。

3. 期刊管理程序开发完成。

4. 回溯建库业务在复旦大学和国家图书馆项目中中标，争取北京大学的日文项目中标。公司将把 RFAD 电子标签的开发和相关业务交给数据中心。

5. 首图书店继续保持较高的赢利水平，前 7 个月已实现盈利 42 万元。

6. 招待所也进入了赢利时代，同时提高了服务质量，增加了服务项目。给库房送饭，给大楼送冷饮，以后大楼改造后，还要承担起给大楼送午餐的任务。

7. 批销部在开局不得的情况下急起直追，已经和去年同期持平。

8. 样书合作单位和缴送码洋都在增加，今年有望在去年高增长的基础上再有较大比例的增长。

9. 开始进入教材和中小学、农家书屋的配供领域。

10. 读买网上线 10 个月，在全国网上书店的排名中名列第 20 位。

11. 人天基金募集到 186 万码洋的图书，宁夏书市也将捐出 150 万元。

除读买网，公司已经没有亏损的经营项目。

不太理想的是，总发权没有获批，准备再报。数据平台的开发没有启动。

下半年要做的是大楼的改造。

二 信念

今天我报告的主要内容是要说一说信念。

所谓信念，简单一点说就是用一种精神把要做的事做好。"因为不是第一，所以更加努力"是不是信念？"有图书馆的地方，就有人天书店"是不是信念？"做最好的分销商"是不是信念？2005年之前，我们意气风发，业绩每年翻番地增长，太顺了！真正考验我们的时候是2005年之后，谁走了，谁走过来了；谁走过来了，但又走了。我不责备任何一个人，在这件事上，公司主要是我，对每一个受到伤害的人都应有道义上的责任。我发现我有信念，这个信念就是带领弟兄们东山再起，而且今天我们可以说，我们重新崛起了！稍微遗憾了一点，比我对倪馆长保证的晚了一年，但我也满意了。感谢你们所有人，特别是跟我受苦的那些人和在那一段艰难时期跟我们一起苦苦跋涉的人。

信念不是要让大家当苦行僧，我们不是苦行僧，我们是要享受生活的。刘林根办公室那么热，居然不装空调，我都觉得过意不去。做1000万业务，怎么空调都装不起呢！我们要想一想，销售中心的领导也要想一想。我们要享受自己的成功，当你做成一件事的时候，中了一个标的时候，暂时停顿一下，给自己斟上一杯酒，品味一下幸福的感觉。过后，我们还要往前走，因为我们目标远大，我们不可小富即安。在某个特殊阶段，可以让一部分人先富起来，从我们的目标上说，最终还是要共同富裕。要生存，还要求发展。公司在为一些干部、经理做职业规划，你每个经理是也要为愿意长期在人天服务的员工做好职业规划。员工离开人天有两种情况，一种是做得不好的，一种是做得好的。做得好的为什么会离开呢？因为他失去了方向。有的人他想发展，你要给他发展的空间和机会。人天现在最缺的不是项目，也不是资金，缺的是经理人。作为干部，害怕别人成长是不行的，更不是好干部。你要把这种害怕变成动力，你只要保持你自己的领先位置，还有什么可怕的，你自己也要发展。

有信念的人不会放任自己，最多放任几天。检查一下我们自己，会发现身上有很多没有信念的行为。上半年我走了9个办事处，这9个办事处都是好的和比较好的办事处，都是公司业务的支撑，但有没有问题？问题是共同的，就是如何设立自己的目标，怎样才能有更大的野心，更广阔的胸怀。我们对"更高、更快、更强"的解释是更高的目标，更快的速度，更强的实力。我们都年轻，还不能图安逸。辩证地看，想安逸的结果连安定都没有了。有朋友劝我别再玩命干了，我说最累的是在生存线上挣扎。我所到的几个办事处，都鼓动他们要有创新思维，要根据本地的情况找出一条迅速占有市场份额的道路来。做市场也像骑自行车一样，慢骑就会摔倒，快骑才能平衡。我鼓动敬小芹把期刊做到 1000 万元。我鼓动郑委，北京要做到 5000 万元。看似做不到，如果我们换了思路，难道真就做不到吗？

把公司做大做强，应该是公司上下的共识，然后这个共识就会成为一个信念。一个集体的信念就是集体无意识。就像日本人一样，日本人讲一个忠字，忠君，忠于企业，忠于国家。中国人讲孝，孝靠的是亲情，不是义务。所以中国自古以来孝子多，忠烈少，好像只有关羽、文天祥就那么几个。一部春秋战国史，合纵连横，讲的都是谋略，就像我们现在讲的职业经理人，这误导了我们这个大民族的精神体现。我们之间相处久了，当然会有感情，但根本上我们之间的关系还是合同关系，不是亲情。在这一点上，我们要向日本人学习，不需要你们忠于我，但要忠于企业，忠于国家。否则就会应了王朔那句话，为什么抗战打了八年？汉奸太多。没有让它人忠于国家，朝秦暮楚。如果我们没有形成共识，没有让它变成我们的信念会怎么样呢？就有点像现在的情况，好的愈好，差的愈差。好的也只管自己好，差的也不觉得自己拖了公司的后腿。反过来，这给我们造成一种印象，就是认可那些市场的现状。我坚决不同意这种认识。不仅我这么想，陈继绍要这么想，办事处每一个经理都要这么想，要想你们在本省本地区的地位和位置。我说了，人天发展，是要全面发展，而不是重点发展。重点发展在特殊时期起了作用，但那个时期已经过去了。每一个人都不要拖公司的后腿。对一直处于中下游的办事处，销售中心一定要好好分析，一时的下滑可以理解，长时期的落后则不能被接受。在一个市场上，长期没有作为，看似在坚持，不客气地说这是变相吃劳保。销售中心与办事处签订承诺书时应该加上这项考核，一年垫底可以保留，如果两年甚至三年都处于倒数几位，就要自动终止合作关系，起码可以让他到人力资源部接受新的适合他的工作。

信念不仅仅是坚持，更主要的是行动。

我们应该成为一个有信念的集体，享受这个集体，这个集体给你生存、安全、荣誉和个人的实现，但这种感受是经过前面的人的努力形成的。贵族养成要三代以上。一个员工最近要离职，他来就是因为人天的名字响亮，他在京所的一个空地上看到堆满了给人天配的书，但他走的时候已经没有这样的感觉了，习以为常了。他在人天没有找到自己的位置，我说很可惜，你在人天待了 4 年，如果觉得不合适，早应该离开，或早应该调动工作。我给他的临别忠告是永远不要沾业务。如果我们每个人都出把力，做点贡献，我们就可以给后来的人更新的感受。如果他也能做到这一点的话，也会给新来的人或想来人天的人以新的体验，就像他曾经体验到的一样。最近，我在跟商务印书馆谈出版合作，我的一个在清华大学中文系的朋友，把他写的关于商务印书馆发展史的论文发给我看。商务印书馆不是一个普通的出版社，它代表了一种文化，它是中国知识分子共同的家园。商务印书馆是一代代商务人的传承，所以说商务有了自己的血脉。人天也11年了，我们在人天这个机体上也灌注了一点精神，一点信念，这些东西曾经在最困难的时候帮助过我们。信念就是应该被激励，因此要善于学习和创新。信念就是不承认失败，不把原因放到别人身上；信念就是要不停地说服自己。跟伟大的人在一起，不觉得他伟大，这是我们大多数人的误区。还说那个离职的员工，恰恰他所在的这个部门，就有一个优秀的业务经理，今年一个人就能完成1500万码洋，全部回了款，没有在途资金。这还不够他学习的吗？还不够他追赶的吗？还不够他效仿吗？对他来说，什么都不缺，缺的只是信念。

人天是一口井，我们都要汲取它，但同时我们每个人都要补充它，给它源泉。我偶尔会有一种幸福的感觉，我创建的这个企业，我们所成就的，也满足了不少人的自尊心和虚荣心，包括我的父母，我没给他们丢脸。更多的时候是不安，觉得太小了，太弱了，太单薄了。我们必须做大，应当留下一份像样的基业。那个离职员工说得对，我们讲营销，看到的都是成功的人，一将成名万骨枯；对那些离职的人，不要说名字，甚至我们已经记不得他的长相。一句随意的再见，可能就是永不再见。我们在座的大多是成功者，或即将成功的人。我们首先需要有一个信念，给自己一个使命。

对人天，我们似乎已习以为常，如同跟伟大的人在一起一样；但对于外面的人、陌生的人，它却是高不可及的。人天已经是最好的平台了，除了你不干馆配，要干就不要离开人天。很多人离开人天到别的公司，就不适应，因为什么，因为人天有自己的文化。到别的公司你就要排异，排异是个很痛苦的过程，而且结果难料。当然，没有最好，只有更好。我们可能离最好永远都差那么一点，无限趋近而无法达到，这就是我们的宿命。我们再坚持一下，再努力一下，图书业、馆配市场的版图就会重新划分了。市场正在发生变化，我们要捕捉这一变化，抓住这一变化。人天只要再努力，我们又会像是回到2005年那样，占据市场的主导地位。具体怎么做，一会儿施总会说。我预计三家大的馆配商还会死掉一家，不会是我们，也不应该是我们，不是湖北三新就是中教图（中国教育图书进出口有限公司，简称"中教图"）。剩下的两家会形成两雄格局，就像当当和卓越，苏宁和国美。

三 信心

信心比起信念它更具体一点。

信心首先来自于信念。做一件事，短期的、小的目标，有信心就可以，比如你们马上参加中级出版物发行员资格考试，抓紧看看书，突击一下，就过了。但要支撑你长期的工作，就需要信念的支撑。红军上井冈山之前被打得七零八落，那时信心有什么用，那是信念在起作用。林彪已经没有信心了，毛泽东写了《星星之火，可以燎原》给他，这是一篇最优秀的励志书，每个做业务的都应该读。

信心来自于人生规划。你准备长期在人天工作，扎根人天了，准备从事图书业了，你就不会浪费自己。所以说，信心还是来源你自己，即所谓的"境由心生"。你如何说这辈子就干这个了，是不是你自己也踏实了，你所有的投资都会变成积累，包括你的成功，你的痛苦，你的委屈，都是财富。"人不堪其忧，回也不改其乐"。

信心来自于对事物规律性的把握。为什么人天能把馆配做成？并不仅仅是我们努力，如果你没有找到方法，就可能事倍功半。还是因为我们找到了一些规律性的东西，看似很简单，却不容易被模仿。我们最困难的时候，有人幸灾乐祸，以为人天不行了；可当我们爬起来的时候，发现也没有谁能超过我们。为什么？因为他们还没有找到事物的规律，他们还在黑暗中摸索，天没亮就已经死掉了。我有两件事没有做成，很不甘心，一个是零售，一个是股票，这两样我还都想做。但我知道，想做成一定要先找它的规律，否则仍然会一败涂地。现在困扰我的是读买网，尽管有了一些长进，但我们并没有找到网络营销的规律。

信心来自于专业化的训练。专业化训练的结果，经过长期的训练，形成的一种个人习惯，就像打高尔夫球，打台球一样，形成一种叫作肌肉的记忆。郑梅打羽毛球，一看就是训练过的。看一个熟练的人工作，不管是打包，还是打球，都会给人一种享受。我以前到京所、首所，看工人打包，我能看好长时间，很舒服。再比如，我的文字是被训练过的，我写出来的东西就比较规范，不会有语病。可我们很多经理，一篇工作汇报或营销方案都写不利索，真让人着急，我们需要加强培训。今年我们组织了两期中级发行员资格证考试培训班，出版发行专业的本科学历班也结束了。

但结果怎么样？可想而知，很多人没有认真对待，旷课的、逃课的、考试作弊的很普遍，大家都不觉得害羞。这是你的看家本领啊，你都这么对待！成绩出来后有人向我报喜，说邹总我过了，我说行啊，抄抄就及格了。他说我没有抄。我说没抄你能过，那大学都不用办了，都是大学生了还办什么大学。你对自己专业的这些基本知识都采取这样无所谓的态度，我怎么想象你能把工作做好，能让客户满意。办事处经理也有这种现象，在客户面前都大言不惭地说，技术问题我不懂，问我们文员吧，老总来了问我们老总吧！你真正专业化了，你才会有信心，所谓艺高人胆大，才能庖丁解牛游刃有余。天天都有人被撞死，但没有司机害怕，因为他有信心，他不相信自己会被撞死，他会开车啊。我问过不少飞行员怕不怕坠机，没有一个说害怕的。他会说，操纵杆在我手里啊，怎么可能呢！因为他有驾驶技术，因为他有自信。

敬畏之心——人天书店2009年年度工作报告

一　简单总结2009年的业绩

1. 销售码洋首破4亿元。
2. 并购蔚蓝网。
3. 运行了人天基金。
4. 组织了宛平影像节。
5. 总部大楼改造。
6. 参股了商印文津公司。
7. 成立了总发部、出版部和出口部。

二 获奖情况

1. 获颁《出版商务周报》和中发协非工委（中国书刊发行业协会非国有书业工作委员会的简称）"2009最佳馆配商"称号。

2. 获颁《新华书目报》"实力奖"。

3. 获颁新闻出版总署、中国出版协会、中国书刊发行业协会和新华书店协会"诚信经营奖"。

三 2010年任务

销售码洋5亿元（现在看这个数字保守了，应该定为6亿元），其中：

1. 馆配中心4.5亿元（图书3.5亿元，期刊1亿元）。
2. 出口部、批销部、蔚蓝网、总发部、首图书店1.5亿元。

四 判定6亿元销售目标的依据

单从业务增长上看，要增长50%，依据明显是不足的。在这么大的基数上增长，困难非常大。

我们的依据是生存，如果说不增长两个亿人天就要死，那我们就别无选择。不是危言耸听，四川世云、席殊书屋、福建邦德、广东学苑、第三极、安徽儒林、朗润都离开了馆配市场。除了教辅，大的民营零售书店只剩下昆明新知、大众书局、嘉汇汉唐，馆配商只剩下人天和三新。

许多民营出版商也进入国营渠道，如金黎组合、共和联动，国进民退似乎势不可挡。

凤凰集团兼并了海南省新华书店，中国出版集团控股宁夏人民出版社，这使我们的包社总发计划泡汤。

北配与内蒙古自治区新华书店实施了战略合作。

文轩企图控股新华书店总店，但实际上它已达到了自己的目的，这两届北京订货会它都是主办方，高调进入了馆配市场。

新华书店在挤占民营书店的市场空间，那么，人天书店生存之地在哪里？生存之本是什么？每一个人天人是否感觉到了市场上袭来的凉风？

可能没有，这也难怪。大家甚至还感到公司不是挺好吗？业绩在增长，并且还要增长；工资也增长了，有双休了。

今天把大家召集起来，除了听大家的工作汇报，主要是给大家灌注这个危机意识。你没有可以，但我要告诉你，告诉你公司为什么要加快增长，怎样才能达到看似不合理的指标，高压的政策为什么必须执行，这都源于我们对生存的渴望。

这才是我们这个会议的主题。在会议结束时，希望大家能够统一认识；认识不统一也没关系，不理解也要执行。

从两方面说公司目前的处境，一是公司还没有带领市场前进的强大引擎，比如最初的联采统编、人天书目报等，现在人天还有什么优势。尽管我们的市场很强大，但根扎在哪里。别人有的我们似乎都有，但所有的这些东西都已不是最好的，比如采编、网络支持、库房配到率、分拣加工的差错率、分散的储运、客服的短板、新业务无法规模化等。公司对馆配业务过于依赖。

客户也好，我们自己也好，感觉不到人天是一个整体、是一个综合的平台。公司已经出现了官僚化的倾向。

为什么说民营企业是生生死死。如果你不把公司当企业做，终究也是一死。最典型的就是餐饮，它的生死我们已经熟视无睹，但麦当劳为什么不死。

企业的核心是什么？

战略、人才和文化。

企业的战略又是什么？

分析市场的背景，创造核心竞争力，要求企业的员工有共同的使命感。

市场已经分析了，虽说不大，做10个亿没有问题，但我们何时才能做到？这就是我们曾经制定的十年规划的内容。

关键是我们没有核心竞争力了，我们的数据平台在哪里？我们把压力都压在了市场上，似乎降价是我们唯一的手段，市场是一降再降，采购也是降降降。哪天不让你降价了怎么办？发行公约已经出来了，或是出版社那里降到底了怎么办？

五　人天的核心竞争力

人天的核心竞争力应由两方面组成，一是先进技术，二是优质服务。

要做到这两点，需要有对事业的使命感，有对领导（老板）的敬畏感。

敬——感恩之心，得到一份合适的工作。

畏——战战兢兢、如履薄冰。你的位置不是铁定的，你是可以被替换的，有人比你做得更好。

人天愿意给每一个人一个稳定的工作和岗位，但这需要每一个人自己来把握。说到底，公司和你，你和公司都是一种对待。你对公司合适吗？公司对你合适吗？

你和你的员工一天能有多少时间用在工作上，公司为什么要封掉 QQ？涉外的业务人员，工作时间你是不是在工作，还是在家睡觉，或干自己的事？

尽管你的时间都在工作上，为什么公司领导对你还是不满意？你是不是只是个事务主义者，而当不好这个干部？因为凭你这样的工作，达不到公司的指标。

我们最大的问题还是出在内部营销上。对客户起码表面上不敢犯颜，但对其他部门，全靠亲疏远近给予服务。这方面的投诉越来越多，而且投诉的人还要叮嘱领导不要暴露自己，否则以后他就更不配合了。所以，问题不能在基层解决，非要高层干预才能解决。

业务部门跟库房有矛盾，生产部门跟网络部有矛盾，办事处跟财务部门有矛盾。每当我接到这类投诉，心里就不痛快，但我又不想马上就指责谁。因为我不想当家长，不想告诉你应该怎么做。我只想告诉你不论做什么，我只想做你们的合作者，只是分工不同而已。

今天在这里，我要告诉你们也是要求你们要做到的是，问题到你这里，就在你这里解决。只要是市场需要、工作需要，你都要想办法解决，一站式解决。

动力最好是来自于你的内心，如果你做不到这一点，那就来自于外部的压力。这就是我的要求，公司的要求，以后这就是我对你评价的一个标准。

你要让人满意，当然有惊喜更好。

我希望在下面的述职中，要依据这样一种精神贯穿始终。我们都看了报告，我们不仅要看那些数字，即使都已经过去了，更要看到你们的思考，事业需要有思想的人。

今天也请来了业务部门的经理，看你们的汇报是否让他们满意。

人天集团 2010 年年度工作报告

一 2010 年指标完成情况

（一）完成的部分

1. 馆配：2.8 亿 ~ 3.36 亿元，增长了 120%。

2. 中盘：3000 万 ~ 6200 万元，增长了 206%。

3. 期刊：8800 万 ~ 9700 万元，增长了 110%。

4. 样书：400 万 ~ 500 万元，增长了 125%。

5. 出版：新书 15 种，租型 1 套 12 种，图书馆学文库 12 种，论文集 1 种，诗文集 1 种，商印文津公司（参股公司）78 种，总计 119 种。

6. 招待所：全年盈利 41.6 万元。

7. 图书采购：折扣下降了 2.78%。

（二）未完成的部分

1. 回溯建库：收入和利润均下降。

2. 首图书店：销售和利润均下降。

3. 蔚蓝网：销售下降，亏损。

4. 期刊采购：折扣指标未达到，只下降了 0.35%。

（三）未进入考核的部分

1. 总发部。

2. 出口部。

3. 教材部。

4. RFID 自助图书馆项目。

5. 图书馆设备经营部。

人天书店的三个五年计划：

第一个五年达到了 1 亿元。

第二个五年，在 2005 年达到 3.5 亿元后出现了调整。

第三个五年开局非常好，2009 年起急速抬升，2010 年又是继续上升，应该一直拉到 10 亿元的平台上再做调整，或在高位盘整。

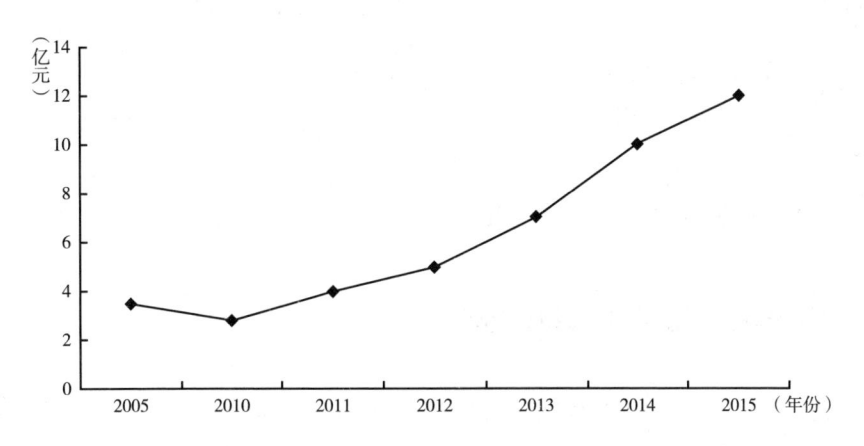

图 1-6　人天书店 2005~2010 年销售码洋及 2010~2015 年销售计划

二　2011年及今后三年的任务

2011 年，各部门的任务和指标都在各自的汇报里，需要公司核定，我仅从宏观上说。

我认为，人天书店作为集团的初始规模应该不低于 10 亿元的销售码洋，税前利润不低于 5000 万元。这个目标在人天的第三个五年计划中可以实现，也必须实现。人天的长远发展必须建立在这个基础之上。

这个目标的实现依赖两条平行线的延伸和交互作用。一条是产品线：图书、出版、特价书、期刊、教材、数据服务、图书馆设备、数字产品等。一条是渠道线：馆配、中盘、总发、网店、批发等。

渠道即是我们选择的经营模式。现在我们选取的这几种方式，都应该成为人天的主营业务。所谓主营业务，就必须有一定量的保证，能使我们的总量达到 10 亿元的规模。具体分配是：

馆配：6 个亿。中盘：2 个亿。总发：1 个亿。教材：1 个亿。网店：1 个亿。

特价书批发：1个亿至2个亿。

目前，只有馆配和中盘有基础，有明确的任务和渠道建设方案。其他部门尚不明确，不能保证在计划的两年至三年内达到公司的指标，有很大的不确定性，需要加紧制订计划。计划的制订需要各部门的配合，这次会议就是一个协作的场所。

总发，暂时靠我们自己的产品还来不及，需要包一两个小社来总发，这需要采购中心配合。

网店，要走团购的路，开始也需要馆配中心的配合。

特价书批发是交给采购中心还是中盘，抑或分拣部自己做，都需要确定。

教材最终采取什么样的形式，如何建立数据、目录、采购、配送的全套流程。

图书馆设备也需要馆配中心和中盘配合。

三　为整体业务服务的各职能部门

人天书店正在向大的书业企业迈进，大企业应该有大企业的素质，专业化是其中最重要的指标。技能专业化、管理专业化涉及每一个部门，每一个人，不要说跟自己没关系。

对业务来说，需要公司提供的只有两样东西，一是价格，二是服务。

这几年，采购部门特别是采购中心把价格降下来了，并且还在下降的通道上，加上了公司产品的组合，总体价格上人天已经具有较大的竞争优势。今年报刊采访部也要下决心把期刊的折扣降下来。但说到服务，评价就非常复杂，既不能用好也不能用不好来下结论。

1. 好的部门：

采访数据，馆配中心客服部，打包质量，物流内运，报刊分拣。

2. 不好的部门：

物流外运，期刊到刊率和补缺，采购中心采到率和配到速度，编目质量，分拣中心账实和配到率，人力资源，财务。

这看起来都是孤立的事情，从根本上说还是两个大的问题没有很好解决，一是服务理念，二是服务手段。我们把客户当上帝，因为他手里拿着钱，就是上帝。我们没有把自己的同事当客户，因此也就从没有把他们当上帝。同事中间生出很多怨气，自然也影响了工作效率。很多问题不是原则问题，本来协商就可以解决，非弄到上一级经理，甚至我这里才能解决。

人力资源部需要有一个部门经理之间的互评机制，也是对干部考核的一个内容。如果我们把内部协作、互相服务的机制建立起来，满意度提高了，对客户的服务质量也会上升一大块。

永远不要说："我不知道，不归我管。"其实，他未必不知道，只是因为不归他管，知道也说不知道。

我们应该在人天书店创造一种氛围，以助人为乐。每个人都是善意的源头，让所有的友善汇成河流，循环往复而永不枯竭。我们要厌恶那些八卦的人，厌恶那些三八嘴。

近年来，公司致力于结算程序的开发，使之既成为公司管理的手段，又是为业务部门服务的工具。结算部既是所有业务的汇集点，又是全公司的成本控制平台。今年我们利用结算程序，进一步细化办事处的费用管理，使之傻瓜化、透明化，做到有制度，可核查，实时更新。但我们还有不少职能部门的管理手段比较原始，这成为业务发展的瓶颈。

进销存管理自始至终都是人天的一个弱项，换了程序还是不行，看来是人的问题。就算再换一个管理程序，管理意识不建立，仍然搞不好。数据平台建设遥遥无期。

从一个专业的馆配商来看，有这两个系统也就足够了，一个管数据，一个管实物。在这两个大的系统下面，各职能部门可根据业务需要，开发自己的管理系统。举例说，采访部的数据分析，学习开卷公司，做图书馆馆藏数据分析。与三新的做法不同，卷藏是以图书馆馆藏为主导，我们是以核心书目为主导。

四 今后3年馆配中心的任务

（一）在绝大多数市场上占据绝对统治地位

就像资本的原始积累一样，客户资源也是一种原始积累。有的人永远过不了原始积累这一关，他注定是永远受穷，注定是永远的劳碌命。

客户是有渠道依赖的，就像上网有路径依赖一样。期刊客户对渠道尤其依赖，因此在我们最困难的2005年、2006年，期刊业绩还是上升的。

可是我们很多经理就是听不进去，或是听了也不做。有个别经理，我给他发了短信也不回复。所有办事处我都发过短信的，而且不止一次，谁没给我回复自己心里清楚。请大家记住我的手机号，谁换了手机号也要告诉我，免得我冤枉你。

我们过于依赖大客户，不论图书和期刊都是如此。我们自己想想，在我们手中到底有几个客户？你早上出了门，到底是往左走还是往右走？

所谓统治地位，起码应该有两个指标，一是码洋，一是客户数量。有时单纯提码洋，会掩盖真实情况。一个市场偶尔有一两个图书馆评估，突击采购，码洋上去了，第二年就会掉下来。

对这次述职，我提出不要做千篇一律的汇报，那些已经在你们的总结里了。我要的是你们完成任务的决心和能够完成任务的保证。并且，你们还需要有放眼今后3年的长远目光。

可以明确地说，每年的任务都会上涨，不管你完成任务与否，我们都是根据这个市场的容量来设定一个市场任务的，你做不到可能就需要换一个人来做了。

举例说江苏、上海、浙江任务的确定。江苏、上海都有比我们大得多的馆配商，超不过他们，谈何统治地位。浙江占有率比较高，但也还有空间，或有新的业务领域。在浙江，我们坐上头把交椅了吗？凭敬小芹的个性，她也不会愿意把这个位子让出去的。

（二）办事处应如何利用公司的资源

公司下面的工作重点是加快平台的建设，李总要求网络部把结算要求程序化，减少人为因素的参与。施总还要在流程服务方面给大家做介绍，并做出承诺。但这只是一个方面。如果我们都等着一切做好了，再去做业务，再承诺完成那些指标，那还要你干嘛用？人天就不是这么发展起来的。人天的经验除了我们的韧性外，还需要什么？需要聪明，有方法就没有难事。

你必须在有限的，或诸多条件中筛选出适合你的那部分条件，我们成功的业务员都是这么做的。谁会有意暴露自己的弱点呢？希腊神话中的阿格琉斯由于暴露了自己足部的弱点，所以被太阳神阿波罗打败了。没有最好，只有更好。10年之后的公司也会有缺点的，或者别人做得比我们更好，难道这就是我们业务做不好的理由吗？我们比的是综合实力，这一点，公司毫不含糊。

（三）客服部职能发生变化

公司要求所有客服人员都要转换职能，由文员变为业务助理。就是说，她们除了为分区办事处提供服务外，还要对办事处的业务实行全程监管。尽管现在我们的文员还难以一下子达到这个要求，但馆配中心要按这个要求对她们进行培训，合格的留下来，不合格的转岗。客服部也就成为公司业务政策的执行部门了。

其工作重点在以下三个方面。

1. 业务进度监控。

按照公司每月的任务完成比例，监控每一个办事处当月和累计月份的任务完成情况。

按照一般规律，上半年完成45%，下半年55%，任务尽量往前压。

比如2月份虽然只安排了3%，但春节和寒假都在这个月，所以能在1月份完成最好，后面就会比较轻松，也能过个好节。如果转到3月份，要达到11%，就增加了这个月的负担，何况3月份还不是旺季。

不要想当然以为下半年可以完成，可以找补。做业务又不是草船借箭，锣鼓一响，10万支箭就飞般而来。上半年完成任务量低的办事处，大都完不成全年任务。

2. 在途资金和应收账款监控。

今年回款明显不好，所以公司紧急取消了丽江会议。何以见得不好，我们馆配中心可能还会认为正常，业务增加了，占压资金是合理的。这只说了一部分情况。要从下面几点看就不合理了：

（1）流动资金的周转次数是多少？

（2）一年以上未回款，甚至两年以上未回款的有多少？我们什么业务能够同意一年甚至两年不回款？

（3）利用期刊款打时间差，然后迅速在1月份补上缺口，而今年这个缺口根本就补不上。

（4）三新回款一定比我们好，它没有做期刊，也没听说人家资金链有问题。如果我们不做期刊，早完蛋了，想想都不寒而栗！

所以，今年我们在程序上加上了监控功能，重点监控应收和超期的在途资金。应收账款不管过不过期，都必须收回来，否则把票退回来，付款时重开，财务不怕麻烦。超期在途资金在程序上会显示出来。我们要求每一个客户必须有回款期限，一个客户最好只有一种回款期限，程序好默认。

在馆配中心，这个工作就落实在客服部身上，你们必须理解和配合，这是公司赋予她们的权力。在你们执行不力或不作为的时候，她们会越过你们直接与图书馆主办方或馆长沟通，必要时也会跟学校财务处联系，核实情况并催款。

保证金的使用也是一样的。公司监控的是过期的那部分；不过期的，合同约定的，不论是在途资金还是保证金，都可以敞开使用，合理使用都不受限。小公司压不起那么多钱和书，所以做不大，这是资金的门槛，人天已经跨过了这个门槛，但我们强调的是风险。有70万元逾期保证金没有返回，这中间已经有呆账了。保证公司资金安全是每一个业务员的天职！地方文武，守土有责；人天之土，就是资金。

3. 办事处利润监控。

今年馆配中心最大的变化是由利润中心变为业务中心了，办事处变为真正的利润中心了。

馆配中心现在是权力小了，责任大了，它既要帮助每一个办事处完成任务，又要创造利润。以前公司只考核中心利润，中心权力大，转圜余地大，可以拆东墙补西墙。现在虽然也有周转金和业务基金，但余地已经小多了，地区的差异已经体现在业务政策和折扣上了。

从办事处制到大区制，再到中心制，又到办事处制，好像又转回来了。此一时彼一时，此时非彼时。

现在我们已经有了健全的业务政策体系，有了较强的中心管理班子。经过了两年的调整，各办事处队伍较为整齐，所以每个办事处都赢利是有现实基础的。这项工作我们也让客服部介入，特别是当招标折扣和服务条件异常时，就更需要全程监控。我们要牢记巴菲特传授给经理人经商的三条秘诀：一定要做赚钱的事；不赚钱的事一定不要做；一定要记住前面两句话。

（四）廉洁自律是人天长久的保证

"人天事件"已经过去5年，但给我们留下的记忆是长久的。它延缓了人天的发展，否则我们两个五年规划就可以达到10个亿的规模，也就是说被整整耽误了5年！

如果有一天，人天成为一家真正的大公司、规范的公司、受人尊敬的公司，这就是我们成长的代价。

但是我们要时刻警醒自己不再重蹈覆辙。记住孔子的那句话，即不二过。会不会二过，我不敢为每一人打保票。在这里，我要重申，为了你的安全，家人的幸福；为了人天的安全，企业的发展，我们只做规矩的生意。

"人天事件"发生后，公司制定了一系列的制度性文件，其中一份是"廉洁自律保证书"，那不是应景之作，今天仍然有效。我在这里念一遍，请大家牢记：

廉洁自律保证书

为良好的商业行为提供一个框架，同时为反商业贿赂、反职务侵占提供有效的风险管理机制，公司认为有必要与全体员工一起制定一个明确的、可执行的反贿赂、反侵占方案。这一方案的建立，不仅规范公司和员工的商业行为，同时体现公司的内部文化和价值观。

这一方案清楚而且详细地表明了公司为了在其有效控制的所有活动中防范贿赂、侵占而采用的方法和措施，公司通过与员工的沟通，确保自己了解所有对于有效开展反贿赂、反侵占方案至关重要的事宜，也确保每一个相关利益群体和个体了解经营所在地的与反贿赂、反侵占相关的法律，特别是与图书、期刊销售、数据加工有关的法律。

公司在制定这一方案时，已经分析了在图书、期刊销售过程中的具有最多风险的商业贿赂和职务侵占的各个方面，以及最常见的贿赂和侵占形式。公司致力于创造并维护一种基于信任的、包容的和不容忍腐败的企业文化。

这一方案的实施，将帮助公司和全体员工一起达到以下目的：

1. 消除商业贿赂、职务侵占行为；
2. 表明公司在反贿赂、反侵占方面的决心；
3. 为提高廉洁自律、透明可问责的商业行为标准做出贡献。

为此，公司在经营之先，与每一名业务人员、采购人员以及与业务相关人员签订"廉洁自律保证书"，以资监督。

以后再发生违规的事情，不是公司的责任，你要自己负全责。你不是小孩，你是有正常行为能力的人。但你是人天人，大家兄弟一场，你进去了邹哥肯定还会捞你，也会舍得为你花钱。把你捞出来后，你就要走人，人天不留你了。

馆配中心 2011 年中期会议报告

一　滦平会议以来的情况

（一）馆配中心

打包 2.1 亿元码洋，尚欠 300 多万元码洋。发书已经跟上进度，多发出 100 多万元码洋，因为有去年结转过来的 400 多万元码洋。

有14个办事处完成进度指标，其中3个办事处（"贵阳1""广东1""广东3"）已完成全年任务；有15个办事处完成进度在80%以上；但还有10个办事处在80%以下。

下半年的任务还是艰巨的，但是充满了机会。按进度安排，后5个月应完成全年任务的49%，意味着还有一半的工作要做。期刊仍是投诉重点，抱怨声不绝于耳。其实指标并不差，1~6月到刊率99.5%，1~7月份为97%，折扣下降了0.94%。这里要感谢参与提刊的办事处。2010年的退刊也顺利在3月底做完，交给馆配中心和结算部，还会有点遗留问题，比如还要补刊的情况，应该不是大事，该截止的一定要截止。

周芳辞职，与压力也有关。如有哪位员工愿意来当经理的，公司虚位以待。

对于三新公司做期刊的事，一定要以平常心对待，战略上藐视，战术上要重视，坚决予以狙击，但决不被它拉下水。期刊的成本账，75%是平衡点，低于75%的一定要赔钱。直接费用10个百分点，采访1个百分点，提刊0.5个百分点（外地3个），分拣1个百分点，税费3个百分点，运费（包括当地运费）3个百分点，提成0.5个百分点，加工2个百分点，加起来是11个百分点。期刊跟书不同，没有腾挪空间。所以，我们判断，三新公司用此价格做全品种，一定赔本，做就是死，如果做成也需要时间，再则它可以不做全品种，就可以不亏，但注定它就做不大。在操作上，我们仍按自己的路线走，保持必要的进销差，遇到真刀实枪的时候，该出手时就出手，只要向中心申报，批准就做。

（二）馆配中盘

已打包6000万元。

全年任务是1.15亿元，与进度一致。

今年目标是馆配的三分之一。

（三）总发（批发）

进展顺利，已成为当当、卓越、苏宁的战略伙伴，争取再攻克京东。目前已经发书2700万元，待发300万元，全年发书可以达到6000万元。

任务是回款3000万元码洋，有一定难度。今年目标是中盘的三分之一。中盘加总发争取在2013年等于馆配的量，相当于再造一个馆配。

（四）蔚蓝网

订单仍在下滑，有淘宝的弥补，订单总量应与去年持平或略有增长，财务已平衡并略有盈余。发展方向是加强与馆配业务的结合，一是开展馆配业务，程序应该没有大的问题了，政策尚需要明确；二是作为采购中心的补充采购渠道，以提高馆配订单的采到率。

（五）特价书分销

小库功能设置为大库服务，同时包销出版社、出版公司的特价书。上半年已购进5100万元码洋，到7月底分销了1100万元码洋。仍需加大销售力度，如此才能包销更多的特价书。因为是加价分销，所以这部分销售码洋是可以计算到总销售码洋里的。

（六）出口业务

已经发展了5个用户，分别是伯克利大学、康奈尔大学、华盛顿大学、匹兹堡大学和哥伦比亚大学。已发书16万元码洋。

目标：第一步做到200万元码洋，取得初步的市场认同，第二步做到500万元码洋，三分天下而有其一。

以上六块业务相加，今年非常可能达到6个亿，加期刊1个亿，共7个亿，直接跳过了6亿元的门槛，这将又是一个里程碑。

（七）其他业务情况

设备分公司：注册完毕，资金已注入，目前签约46万元。

图书馆软件部：已有部分图书馆试用。

数字资源部：手机阅读已落实1100多种图书版权，正加紧制作，争取9月上线。

自助图书馆部：开发不太顺利，已撤销建制，并入数据中心，在寻找新的合作模式。

回溯建库业务非常顺利，客户已认可人天的高端品牌，报价全面回升，低价坚决谢绝。目前客户有中国科学院研究院、国家图书馆、国家版本图书馆、国家博物馆、北京大学医学部，外地客户有中国科技大学、复旦大学、华东师范大学、浙江大学。

样书组已完成全年任务90%。

二 各办事处总结中反映的问题和建议汇总

常态性的问题有期刊的到刊速度慢、到刊率低，图书的到书率低，分拣和加工的出错率高等。

1. 反映中教图的客户调查表很好，定期寄送。
2. 新书展厅应按类摆放，同时反映自科类图书少，农、医、艺类图书在展厅如大海捞针；在展厅采集的数据，常有配不到的，应该下架。
3. 查询分拣库，数据应准确，不要据此信息告诉客户了，结果书又没送。

4. 小客户定期送货应重视，打了包却在成品库找不到。

5. 报纸做得太差了。

6. 当地加工队伍建设问题，据称已经出现专门的加工公司，我们是自建还是外包。

7. 仍有反映说报销不及时，招待费不能及时提取。

8. 上一年期刊补缺和决算太慢，影响保证金退还。

9. 公司应提供统一的营销培训。

10. 公司和中心领导要定期访问客户。

11. 一个省份的供货折扣，特别是特价书的折扣要大致相同，否则客户会有看法，认为公司定价随意，老实人吃亏。

12. 三新公司和邮局期刊报价会在 7.5 折，我们有何应对方法。

13. 由于三新进入期刊市场，公司今年要在重点地区组织期刊推介会。

14. 希望有纸质的停休刊通知和信息变动通知。

15. 普遍反映到书率低，特别是国库拨款的，影响回款。

16. 客户分级要明显，VIP 客户要专人负责，跟踪服务。

17. 要注意订单的异常情况，如大码洋、大复本，要层层把关，层层核实，错误务必在加工之前发现。

18. 高物价地区，制定政策不要一刀切。

19. 开展新业务，开发新客户，是否应有额外的费用。

20. 公司应设标书制作部，由专人制作标书。

21. 反映物流承包给个人，服务质量下降。

22. 客服部做的定题，到汇总部就会有许多不符合要求的数据。定题到底依据的是什么数据，采访和汇总使用的是不是同一个数据源。

23. 文员素质要提高，相应地位也要提高，应成为强有力的执行者、监督者，而不是传声筒。

24. 面对物价上涨，公司应考虑涨薪或提高补助。

25. 2010 年采书 2011 年回款的，按今年的政策结算，办事处有损失。

26. 要申请总发资质，提高招投标门槛。

27. 订单要实现过程的自动查询，而不是电话问询。

28. 远程加工系统安装问题，建议不要用完就卸载删除，而是应保存在公司的硬盘中，随时启用。

29. 尾单核查，要定期对客户订单的尾单进行核查，合同码洋是否完成，继续配或是不配，客户主动撤销的订单不要影响对公司的到货周期考评。

30. 清单与实物不符的情况图书、期刊都有，比较普遍。

31. 民族类图书馆和民族文字图书采购速度太慢，采到率很低，不盯着采购部就没人管了。

32. 采购中心、馆配中心应像期刊采访部那样，按月度、季度出自查报告并发给办事处和客户，及时发现问题。

33. 统一制作带公司标志的礼品。

34. 客户反映大库采书环境不好，图书摆放随意、混乱，采书很累，很辛苦。

35. 采访数据的采到率低，如何提高到书率。

36. 期刊退款不灵活，不能直接退现金，客户意见较大。

37. 远程加工衔接不好，不同人员频繁电话咨询，客户很反感。一个客户一批活应由一个加工人员负责，应建立完整的加工资料档案。

38. 建议物流有到货通知，让办事处和客户知道哪批货何时到。

39. 有办事处提出添置或更新电脑和办公设备。

40. 建议客服部将电话、QQ及其职能广而告之，统一发送至客户邮箱。

41. 教育类、青少年类、少儿类图书少，不能满足公共图书馆的现采要求。

42. 将已合作的当地馆配商告知办事处，招标时可以围标。

43. 在数据系统上设立学科和图书分类的对应关系表，可自动统计出某图书馆应入藏图书和缺藏情况。

44. 现采下架图书客户未返单，数据未返回汇总部，书还在等待加工，客户再采书时有可能采重。

45. 招标需要20个编目员证和20个中级发行员证，同时准备高级发行员培训。

46. 送书时又发现编目数据或多或少，或有不对应的情况。

47. 期刊目录仍需按采购折扣做成A单、B单、C单。

48. 期刊复印本注意清洁，保持开本与原刊的开本大小一致。

49. 中标服务费应通过发书自动计算出来，显示应发码洋、尚缺码洋，并统计中标折扣和与中标服务费加权后的实际折扣。

三 公司馆配中心图书周转率和在途率分析

表1-2 2009~2011年馆配中心统计数据

日期段	总发书码洋	在途码洋	周转率	在途率
20090126~20100125	280396283.1	102925097.9	2.72	0.37
20090226~20100225	278852763.5	106172878.6	2.63	0.38
20090326~20100325	289710138.9	127349570.8	2.27	0.44
20090426~20100425	295780566.5	143326452.1	2.06	0.48
20090526~20100525	300885511.6	145658544.7	2.07	0.48
20090626~20100625	310139976.4	155923757	1.99	0.5
20090726~20100725	311761148.1	145767543.5	2.14	0.47
20090826~20100825	320289102.8	158244787	2.02	0.49
20090926~20100925	322406751.2	182366369.5	1.77	0.57
20091026~20101025	326766844.8	176230275.6	1.85	0.54
20091126~20101125	324709971.6	175875359.5	1.85	0.54
20091226~20101225	333894840.8	144881919.5	2.3	0.43
20100126~20110125	333483420.4	125324346.3	2.66	0.38
20100226~20110225	341578070.5	133601704.1	2.56	0.39
20100326~20110325	341101783.7	150373838.2	2.27	0.44
20100426~20110425	340190104.7	162578849.9	2.09	0.48
20100526~20110525	349291667.5	173930988.5	2.01	0.5
20100626~20110625	346675912.1	176284776.5	1.97	0.51
20100726~20110725	355429457.1	164805813.1	2.16	0.46
20100826~20110825	354585179.4	184834456.8	1.92	0.52
20100926~20110925	368411344.5	223929086.4	1.65	0.61
20101026~20111025	375843878	218396751.5	1.72	0.58
20101126~20111125	389900573.8	214406304.6	1.82	0.55
20101226~20111225	402950357.3	173374458.7	2.32	0.43

四　人天书店成功的经验

（一）公司整体战略正确

我的预言果然应验了，馆配市场只会留下两家，中教图退出了，这是我们面对的新的形势。

像陈总说的，中教图在一片赞扬声中退出了，不禁使我们有点惺惺相惜。但这几年我们也承受了太大的压力，我们终于顶住了，挺住了。

根本原因其实就是一点，我们比竞争对手更好地控制住了成本。这也是人天企业文化中最重要的一条，企业文化要反映企业的生存和发展，所以首先是一个生存的文化。人天遵从了市场规律，顺势而为，化解了看似不可克服的矛盾，比如招投标价格战，我们打得得心应手。

这个结果我们是通过两个途径达到的，在这里，我们确实要表彰在施总带领下的采购中心，他们通过一切手段降低了采购折扣，为我们出击市场准备了充足的"炮弹"；要表彰在陈总带领下的馆配中心，把这些"炮弹"打了出去，与此同时，馆配中心也完成了一次痛苦的蜕变，从码洋管理到成本（利润）管理。正是因为大家坚决执行了公司年初制定的业务政策，才使我们没有再背着亏损的包袱行进。还要感谢李总带领的结算部和网络部，他们在程序上一丝不苟，严格审核，为我们在制度下生活工作提供了一个清明的环境。当然我也需要自我表扬一下，3年以前，我就提出建设资源库的设想，要储备别人没有的东西，或者比别人更便宜的东西，如果资金允许，就是卖不掉我也要把它囤积进来，也不让对手占有。这个想法也越来越被管理层所接受，所以才可能花80万元配套了一个7000平方米的库房，专门用来包销和处理特价书。

（二）竞争说到底是实力的竞争

苏联的垮台就是被里根的星球大战拖垮的，实力不济就打不起持久战。当然我们的实力还是不如一些省店，比如台湖、浙批、凤凰、文轩、北配等，但我们可以集中力量打歼灭战，可以毕其功于一役。特别是有些省店上市了，对我们反倒是好事，因为上市公司的审计是严格的，不允许有亏损。所以长期亏损的业务他们是不能做的，中教图退出中文馆配市场也许与此有关，因为中国教育出版集团要上市。

一旦中教图退出，再出现一个中教图是非常困难的，跟若干年前不一样，馆配的门槛已经很高了，看起来利润又这么低（实际不是这样），所以有钱的不来当"搬运工"，没钱的连这道门槛也捐不起。

施总提出的馆配中盘的概念也是具有前瞻性的，各地中小馆配商跟我们不是绝对的竞争关系。它们是我们的战略缓冲区，它们虽然会影响我们一些馆配订单，但它们阻止了订单流入我们的竞争对手那里，何况部分订单又回流到我们这里。更重要的是，我们控制了它们的成本，决定了他们不会超过我们。

（三）始终坚持渠道建设

我在新业务员培训会上说，人天在全国应该有100个办事处，有图书馆的地方就应该有人天书店，这是我们的使命。什么叫使命？就是你到那个市场上去，不是陈总派你去的，也不是我派你去的，是上帝派你到那里去的，让你去开疆拓土，去把对手打败。眼下，我们在国内有39个办事处，加上美国费城的一个办事处，一共才40个，远远不够。所以我对他们说，你们现在是业务员，是助理，但你们应该有当经理的欲望和冲动，人天这样的空间足够你们发挥。

在这点上，陈总是看得很清楚的，他当中心总经理的这两年，一直在抓队伍建设。我们也看到，人天的队伍在质量上的确走上了一个台阶，在市场竞争中我们的经理明显占据了能力和心理上的优势。馆配中心从市场分布上和客户的聚集性考虑，分拆了一些办事处，从半年多的运行情况看，设计的目标大多都达到了，这为公司下一步选点设立办事处提供了依据和信心。

中教图变故，我说可以收留一些他们的业务员和区域经理，而陈总很肯定地说，我们只要一些他们的后台人员，如数据、分拣、加工和流程管理人员，业务员可以不要，他们的业务员从来都不如我们，这是一份自信。

（四）最后说文化

其实我不认为企业有什么文化，那都是企业家给自己脸上贴金。世界上最好的企业，你能记住它有什么文化吗？但它会创立一种模式。儒商不是商，白马非马。做儒就好好做学问，经商就好好做买卖。企业一定要有作风，就像军队，它是国家机器，它需要什么文化，军队能受文化驱使吗？但军队必须有作风，解放军的作风是什么？是三八作风，就是三句话八个字：坚定正确的政治方向，艰苦朴素的工作作风，灵活机动的战略战术，团结紧张、严肃活泼。人天的使命是什么？我们的使命是有图书馆的地方就有人天书店。我们的方法是比对手更好地控制成本。我们的精神是再坚持一下，然后还需要再坚持一下。艰难困苦，玉汝于成。这三点就是我们的作风，就是人天的文化。

先不用标榜我们优秀还是卓越，我们首先要做一个成熟的企业，即一个在制度下存活的企业，一切都有章可循，不以个人的好恶为取舍。同时在这个制度下，又充分保存着我们创新的活力。中央财经大学要以人天为研究对象，做一个课题，把人天作为一个营销案例，进入他们的案例库，这应该是当之无愧的。我跟这位专家说，有没有可能，人天成为一种经营模式。当然我们还有差距，但我们看得到前景。

我和个别经理谈到过，现在公司有一些不好的气氛，总觉得公司这也不行那也不行。我说这不行那不行人天怎么做这么大了？他就说，那是你要求不高，本来还可以做得更大，我无言以对。以前看杨朔的散文，说厨师与食客的关系，食客给厨师提意见，厨师不高兴，就说不好吃你来做，食客就没话说了。我总不能说这话吧，说你来做。

但我要说，我们既然做了，就要有自信，要相信我们是最好的，尽管不一定是最好的。以前我们许多经理都有这份自信，其实那时我们的平台比现在差得多，要什么没什么，可我们有自信，可以把一说成二，说成十，同时也感染了我们的客户，他以为你就是这么厉害。我们在紫竹院公园那个颤颤巍巍的阁楼上，拿下了首图和北大，你们能想得出来吗，那是什么样的场景！我们去首图签约，激动得不行，我专门去买了一套西装，花了五百多块钱。现在我们平台这么高，这么广阔，但反而自信缺失，把二说成一，甚至把十说成一，看不到人天巨大的优势，却放大我们的缺点。

前面我汇总的那些问题，有什么不得了的？哪个是不能解决的？就算暂时不能解决，又有哪一个是置我们于死地的？这种负面的情绪有传染性，会影响其他地区的经理，特别是新业务员。新员工最需要的恰恰是自信，所以我很赞同陈总的择人标准，比如离开公司的人又想回来，那一定要看他带回来的是积极的精神还是消极的情绪。如果阴气太重，宁愿跟他做个酒肉朋友，还是不要再进人天的大门为好。

解读人天档案

人天书店 2011 年中期会议报告

李 虹[*]

各位同事：

今天我们在这里庆祝人天书店成立 13 周年。

每到这个日子，我们都会情不自禁地去回想 13 年前的这一天。经常说做生意永远是急两头，一头是急没订单，看着房租、工资、管理费用，一张张钞票往水里扔；一头是急订单多得做不过来，看着一张张钞票在地上飘，就是捡不起来。13 年前我们是急的那一头，偌大一个书店门可罗雀；13 年后的今天，我们急的是这一头，2000 万元码洋的书出了库加工不出来。这既是我们遇到的新情况、新问题，也是一个大好形势。

我报告的主题是提高企业管理水平，提高企业劳动生产率，提高全体员工的工资水平。

今年人天书店已经实现了第三个年头的高速增长，如果我们再努力一下，很可能跨越 6 亿这个数字，直达 7 个亿。大家听到这个数字一定会非常的高兴，因为 7 个亿，离我们多年来追求的 10 个亿的目标越来越靠近了。这两年来人天书店遇到了难得的发展机遇，一些以前与我们同属一个级别的馆配商相继出现问题。今年中国教育图书进出口公司又决定逐步退出中文图书馆配市场。当然今天这个局面的形成，不是偶然的。馆配市场这些年来竞争是惨烈的：招标折扣越来越低，入围门槛越来越高，加工要求越来越复杂，客户接待成本越来越大，而企业的利润空间越来越小。像中教图这样有实力的公司多年来在中文馆配业务上几乎不挣钱，甚至是亏损的。原来做得很大的公司也熬不住了，销售额下滑，市场萎缩。人天书店在若干年前就已有前瞻性地看到了馆配市场可能的走向，相信顺势而为，乱世必能出英雄。从 2006 年起，人天书店一面强化办事处的建设，仍然走一条扩张的路线；一面加强后台建设，通过建库进行资源组合。现在的局面证明，若干年前我们制

---

[*] 李虹，时任人天集团副总裁。

定的一系列政策正在发生长效作用。

正确的战略制定后,如何使目标得以实现,战术的选择就显得尤为重要。公司在制定2011年做馆配中心、馆配中盘的考核政策时就进行了多方面的考量,对以往的政策进行了大胆的改变和调整。从上半年业务市场的运行结果来看,无论是在费用控制还是业务发展上都呈现出良好的态势。今年上半年来采书的客户络绎不绝,人天的书库真正成了365天长开不闭的书市。馆配中心的客服组和接待组一直处于高工作量压力之下。

但是,我们业务量增加了,工作量增加了,我们的工资增加了吗?我们的工资是增加了,但相比高涨的房价、高涨的物价,我们的工资是不是涨得太少了?我们的员工倒是增加了不少,但因为我们人均工作量不够,单位码洋产生的利润不够,致使业务量增加后只能大量增加人员,而不能增加工资。邹总有一个企业的"三个代表"理论,企业首先要代表员工的利益,其次才是代表用户和股东的利益。如何代表员工的利益呢?最基本的就是我们的收入能不能满足生活和发展的需要。我们不能满足于本市最低工资标准和全市平均工资标准,我们要使人天的人过得上更好的生活,更体面,更自豪。这既是公司董事会的一个承诺,也是我们全体员工共同的目标,为自己,为大家,为企业。我让人力资源部做了一个统计,把我们公司各工种和北京市相应工种的平均工资做了比较,对78个工种比较结果是,低位数有1个负数,到中位数就有37个负数,如果比较高位数和平均数就会非常不好看了。我们要争取做到在中位数上没有负数。再说得直观一点,就是需要在现在收入的基础上增加20%以上。但是,如果按照我们现在的劳动生产率,我们的利润率水平,这个看似不高的目标也难以企及。

业务的快速发展给后台服务提出了更高的要求。如何及时调整后台的管理,跟上市场发展的步伐,就成为我们上半年和今后的工作重点。尽管各部门都在努力工作,但还是表现出了面对业务量的快速增长和新业务出现时的力不从心。具体从市场上反映出来的各种问题,邹总已经在馆配中心中期工作会议发言中已做了总结。

客观的因素上,有两个大方面的变化,一是现在的劳务市场形势的变化。随着国家对农村政策的改变,现在的农村生活条件有了很大的改善,一部分原来在外打工的人开始回流了。二是中国一线城市的房价、物价持续高涨,造成生活成本太高,很多劳动力都转向了二、三线城市,所以现在北京的劳动力市场急遽萎缩。招工难,人员流失速度快,员工在岗时间太短,岗位技能培养不出来。公司的各个部门,尤其生产部门,工作难度和复杂性比以前要大多了。以前图书分拣部和加工部的工作属于简单劳动,只要按照客户的订单数量将书分下去，盖上章，贴上磁条就行了。可现在客户的要求已经非常复杂，对员工素质和技能的要求相应提高了。

主观原因，面对日益复杂的客户需求，我们的企业从某种角度上来讲，它已不再是过去的简单劳动的工种了，它带有了一定的技术含量。而且企业已做到快7个亿的规模，员工人数也600多人了。这就给每位经理，包括我自己提出了一个课题：如何从提升个人岗位操作能力转变到提高个人的管理能力、带队能力和执行能力上来了。尤其是那些已有10人以上的部门，经理们的日常工作角色就应该从过去自己背着工作量当"操作员"转变成调动、指挥团队并发现问题、协调关系、制定流程、解决问题的"指挥员"了。公司高层管理者的职责是把握宏观，而基层管理者的主要职责就是管理细节。现在的工作变得复杂了，不可能再向人天初期阶段那样一目了然，这就更需要我们通过流程、程序和制度进行细节的管理与控制。用流程把工作的每个环节串起来，用程序对每个点进行控制，形成一个完整的流水线，而你们则是流水线的监控者和管理者。从"操作员"到"指挥员"，角色的转变就要求干部必须提升自己，提升自己的执行力，提升对问题的判断力和解决能力，提升对制度的敬畏感。只有干部本身提升了这些能力，才有可能带好你的团队。今年上半年，公司把周四的生产例会时间都让出来了，让人力资源部安排对干部的培训，目的就是帮助大家提升。可是，从参加培训课的情况来看，似乎我们对参加培训的积极性不太高。以前是用强迫的方式要求大家参加，不能参加的必须跟我请假，为什么？就是因为觉得咱们需要提高，不要因一点小事就请假，不要拿工作当借口。可还是有人经常不来，也不请假，后来改成自愿参加了，结果参加培训的人就更少了。我觉得我们的干部不太爱学习，是不是大家都觉得自己的能力很好了，都会当干部了，不需要培训了？可能在座的很多人都对"九段秘书"的理论印象深刻。我想请大家扪心自问，你们够几段？另外，我也利用今天这个机会通知一下，今后周四的培训课再改回到强制性，确实不能参加的必须请假。请大家理解公司的意图，也请相信：坚持数年，必有好处，这也是心理学上"暗示"的作用。

有句讽刺山西人的老话，是说山西人很抠门的："省下的就是挣下的。"省，讲的就是企业通过提升内部管理水平，提高劳产率。提高效率，提高工作一次成功率；减少返工，减少损耗，这样的省是很有必要的。这个"省"的过程就是打造企业核心竞争力的过程。企业的核心竞争力是什么？表现在什么方面？那就是一个企业严格的内部管理流程，和生产流程的强制性，最终养成一种习惯。这是内功，我认为企业的内功才是企业真正的核心竞争力。

  我在前面讲到了,现在的劳动力市场有了很大的变化,招工难成了企业普遍的现象。怎么办?在这里我们不用讲什么大道理。人人都想过好日子,只有我们通过提升水平、优化流程、狠抓执行、换取效益,我们才能提高人均产值,才能让员工的口袋鼓起来。这半年来,我们一直在考虑如何普遍给员工涨工资,让员工在物价飞涨的北京,仍然能够生活得好一些,让大家住上单元房,房间里还要有空调。这样的企业对员工才有吸引力,员工才能踏踏实实地跟着你干。可是,涨工资的钱不能凭空从天下掉下来呀!现在大家都知道招标折扣越来越低,免费附加服务越来越多,服务成本越来越高,企业利润越来越少。那么是不是就没办法了呢?不是,出路有两条:一是迅速把销售额做上去,薄利就要多销;第二个就是内部挖潜,也就是山西人眼中的那个"省"。提升技术手段,优化流程,严抓执行,杜绝扯皮,减少差错,提高人均产值。我们把因内耗和错误造成的损失"省"下来变成我们的福利或工资。大家不要小看它,我们在提高人均产值上是大有文章可做的。我粗略地统计了一下人天书店的人均产值是 120 万元打包码洋。大家再把这个数据除以 12 个月,再除以 22 天,那么我们每天的人均产值只有 4545 元。不算不知道,一算我们就看出来了,现在的人员配置与产值的不合理了。也就是说,人天书店的劳产率是相当低的。所以,我们要重新审核我们的各项指标,公司要制定总体指标,各部门要制定分项指标,比如馆配中心提出过每个业务员必须完成 500 万元码洋的发书任务。那么,其他业务部门呢,馆配中盘人均多少万码洋,总发部人均多少万码洋,蔚蓝网人均多少万码洋。生产部门呢,人均多少万码洋。管理部门呢,如果不能用码洋管理,是不是可以采用工资总额包干。

  如果我们通过流程合理化的改造,通过各部门的良好配合,通过人员合理化配置,提高每个人的工作效率,这样我们就有可能将人员数量减下来,或者说是在销售达到 7 个亿至 8 个亿的时候,我们仍不需增加人员数量,这个不是没有可能的。一旦销售额上去了,而我们的人员数量不增甚至还减下来了,那我们涨工资的可能性就出现了,而且涨得幅度还会很大,员工队伍也会非常稳定。所以我前面说的客观情况中招工难的问题其实不是问题,关键看我们如何对待。我们没有听说过国家公务员招聘难,没有听说过中石油、中石化招工难,也没有听说过联想、海尔招工难。如果我们能让每一个人的所得超过他的预期,大家对人天就会口口相传,趋之若鹜。我们有责任让你们在座的每一个人的钱袋子鼓起来,同样你们在座的每一位经理,也都有责任让你们部门员工的钱袋子鼓起来。

我的这个报告看起来没有什么宏伟的目标，但是，如果我们每一个人的目标都在人天实现了，那才证明它是一个伟大的目标，比我们几个股东个人目标的实现会更加令人激动、欢欣鼓舞！大家记住一句话：看着，遥不可及；走着，无所不及。我们要行动，在这里，我希望每一个人都行动起来，为了我们共同的目标，创新加努力！

馆配中心 2012 年年终总结会报告

哈尔滨最冷的一天，却是人天书店最温暖的一天，也是最激动人心的一天。我们要在这里吹响向 10 个亿进军的冲锋号！

到了东北这疙瘩，这疙瘩叫哈尔滨，这疙瘩老毛子多，二毛子多，街上走的好些不像俺中国人，而且"贼多"。怎么说？有个南方人下了火车问路："老哥，这边有旅店不？"答："贼多。""贼多"不能去，那边有旅店不？答："也'贼多'。"结果南方人在火车站椅子上睡了一宿。俺们住的是哈工大招待所，没有"贼"。

所以，要了解东北方言和发音。东北人讲的是普通话，所谓普通话，是以北方方言为基础，以北京话为标准发音的。东北也属于北方方言区，跟四川一样，只是音调有区别。比如东北人念英文字母"ABCDEFG HIJKLMN"那样，我给你们学（xiao）。

今天，俺们在这疙瘩开会，开会就是大伙儿合在一起唠嗑，那我就先唠，然后大伙儿再接着唠，然后把事情办了。

一　2012年各项销售数据

（一）书刊销售

1. 馆配：48964 万元（加中小学、设备部），增长比例为 26%。

2. 中盘：18148 万元，增长比例为 55%。

3. 期刊：12683 万元，增长比例为 14%。

4. 中小学：2058 万元。

5. 总发：1664 万元，增长比例为 -55%。

6. 蔚蓝网：2756 万元，增长比例为 65%。

7. 小库分销：1250 万元，增长比例为 -50%。

8. 设备部：143 万元。

9. 出版部：165 万元（出版码洋 980 万元）。

以上 9 项销售码洋合计 87831 万元。

10. 总发二次销售：1664 万元。

11. 蔚蓝网二次销售：1505 万元。

二次销售码洋合计 3169 万元。

总销售码洋 91002 万元。

（二）其他业务部门销售数据

1. 样书：860 万元，展架费 58 万元。

2. 回溯：294 万元，今年适当缩小规模，抽出人力投入数字资源建设。

3. 出版：980 万元码洋。

4. 四合院：销售 181 万元，利润 28 万元。

5. 且停：销售 86 万元。

6. 畅想之星：收入 300 万元。补偿畅想之星 120 万元，这是唯一亏损的部门。

7. 蔚蓝基金：募集码洋 1440 万元。

8. 设备部：预计可以达到 20% 的收益率，准备适当扩股，可分配利润 53 万元。

从以上数字看，其他业务的收入太小，过于依赖馆配业务。

出版和畅想之星要成为人天的主营业务，不能有低于 3000 万元的销售码洋和 3000 万元的销售收入。

基金也要募捐 3000 万码洋，保证每年可以装备 300 个图书馆。

二 公司平台建设情况

（一）物流平台

指从信息采集、数据发布、订单回馈、采购实施到仓储、分拣、加工、出库、发运，在我们书目信息平台和进销存程序的支持下连为一体，成为一个完整的 ERP 系统。我们的生产能力已经在10亿码洋以上，单月生产能力达到1亿元码洋，而且我们数据收集的速度和质量都是业内一流的。今年，我们向CALIS中心提供了52000条编目数据，也就是说，CALIS中心至少40%的数据是人天数据。所以，当我们听客户说人天的数据不行，只用CALIS数据云云，大家就知道是怎么回事了。

（二）采购及其订到率

采购成本继续大幅下降，给我们提供了竞争的利器，也是各办事处的利润来源。今年，又有几个库调低了结算折扣。现在几大网店对我们的网上定价非常畏惧，我们采购部经常接到出版社投诉，说我们又卖低了。段姊妲就不停地到我办公室说，不行了不行了，出版社不干了，赶快上调吧。然后张工就说，网店别干了，总发别干了，影响主业了。我跟段姊妲说，出版社可以给我们一个最低限价，但不能让我们跟着当当走，我宁愿不卖他的书，也不接受不平等条款。当然，网上定价还要通过技术来实现，手工操作固然不行。

订到率整体上还是在88%~89%，可能就是一个现实的情况。VIP客户通过蔚蓝虚拟库，这缓解了客户方面的压力，最终的解决方案还是要通过可供书目。

（三）数据平台和可供书目

数据平台已经试用，现正在加紧编制Z39.50。至此，人天的两大系统，数据平台和进销存管理程序都是自主开发的，拥有自主知识产权。Z39.50上线后，人天也将成为与国家图书馆和CALIS中心并行的第三个联合编目中心，可称作是第三极，可成为馆配商的中轴。

以后可以授权客户从系统上下载数据，可大大提高分拣打包速度。

进销存系统已经开发了报订功能，本是给联盟用的，以后办事处或客服做现货订单，可在这个功能上做，订到率会大大提高。数据平台的可供书目是个浩大的工程，公司正在论证其可行性，程序已经编好。我是主张要上的，也可能是为他人做嫁衣，但做成了，在行业中就遥遥领先了。比如开卷，就是现在三新的卷藏馆配分析系统，我早就想到了，眼看着三新做出来了，后悔不及。可供书目做成后，也可以成为像开卷一样的商品。

（四）数字资源平台

畅想之星的主要产品：

随书光盘

中国基本古籍库

读报机

数字图书馆门户

（五）20世纪图书馆学经典丛书

在中国图书馆学百年发展历程中，涌现出很多创造性的著作，随着时间的流逝，这些经典著作中的很大一部分都难以见到了。人天书店将动员全国的图书馆学专家，组织编委会，预计投资 300 万元以上，用 3 年时间从几千种图书馆学专著中，甄选出 100 种优秀著作，汇集为文库，以资学人利用。

三 公司长期发展寄希望于全体经理高度认可企业目标

1. 去年会上，我提出的公司中期目标是什么？

第一步，达到 10 亿元码洋；第二步，达到 10 亿元销售收入；第三步，每年不低于 5000 万元纯利。

有人会说，5000 万元不是给你们几个老板挣的吗？是，也不是。公司是重资产化的，所有钱都做了基本建设，做了配套。只要人天一天不变卖，它们就是生产资料，而不是生活资料。资产的高度集中是有利于公司发展的，不要老拿老板的股份说事儿，事实上 2004 年之前股东从未分过红，后来的分红也是象征性的。不像设备公司，当年入了股，当年就分红。我也跟你们一样，主要是拿工资。施总买房也要借款，按他的身家，本来是不用借款买房的。

2. 没有天花板。

汪峰说得好，没有天花板，我要到二楼去。

毛主席的军事思想，一条就是外线作战，打到敌人的后方去。这个外线和后方，我们可以无限想象。比如钓鱼岛，完全不用这么被动，可以拿他的冲绳—琉球群岛说事，不予承认。比如公共馆、中小学馆数字资源、产品方面，比如港台书，古籍等。

3. 我们的事业能不能拓展，要看三个方面。

一是行业背景，这就是我们为什么要做市场普查的原因。都说期刊经费下降了，要被电子期刊取代了，恰恰我们今年增长了 1500 多万，是历年最高的。但图书的市场占有率还很低，至多是 50%、50%、30%，怎么说？投标 50%，中标 50%，中标部分做了 30%。占有率是多少？7.5%。市场是多大？93 亿，而我们只做了其中的 5 个亿。

我们有了连续 4 年的高速增长，希望 2013 年继续这一势头。应该把我们的增长率定在 20%，也就是说要净增 1 个亿。

2012：48964 + 2058 = 51022（万元）

2013：51022×1.2=61226.4（万元）

2013 年的任务，江苏 4200 万元，广东 4400 万元，北京 4900 万元，都应该上 5000 万元，只要是独立办事处，尽管没有给你定 1000 万元，你心里应该有 1000 万元的目标。2012 年，我们还有 18 个办事处没有达到 1000 万元。

二是核心竞争力，这主要靠公司，前面已经说了，还有一点，人也是。核心竞争力的地位，施总报告里要说，这里不说了。

三是使命感，这一点尤其重要。20 世纪 80 年代初，中国社科院政治学青年学者访美，开场白中中方说，今天，我们中美两国最优秀的人才坐在一起……美方说，不是，你们中国可能是这样，我们美国最优秀的人才在商界。

我打算写一本书叫《我为什么做公司》，我在其中所获得的自由，对人生的设计，快乐无比。治大国如烹小鲜，我烹小鲜如治大国。

参加婚礼让我觉得可笑，介绍的都是官员。对权势的崇拜已经成为习惯，这是对自己的不自信。诺贝尔颁奖典礼，都是国王先入场，迎候获奖嘉宾，起身鼓掌。中国可能是这样，都要先考公务员，再到事业单位，再到国企，最后到民企。但是，情况在发生变化，一些优秀的人才在向民企汇集，在座的你们都是！

2003 年江西会议后，上井冈山。下山时我在车上总结了三条，说明共产党为什么成功。2010 年参加新余书市后，重上井冈山。参加过 2003 年江西会议的还有几个？我、李虹、施春生、周丽芬、樊淑艳、刘林根。

我们一起回顾一下这三条：

强大的组织。三湾改编把党支部建在了连上，我们的分支也必须是令行禁止。能战斗的团队，对组织建设，还要大刀阔斧。

牢固的根据地。三湾改编后，毛泽东就把队伍拉上了井冈山，建立了第一个根据地。我们坚守的图书馆和文献资源两个中心，就是我们的根据地。我们时时要抵御外界的诱惑，特别是在我们有了规模，做出影响的时候，会不断有人来找我们。但我们在心里默念，离开了这两个中心，我们将滑向深渊。

优秀的人才，一要专业，二要敬业。不专业可以学习，而不敬业就不知其可了。

我的发言肯定又超时了，到此为止，回到我报告的题目上，向 10 个亿进军。这 10 个亿不仅是码洋，而且是把人天做成一个大企业的决心。10 个亿仅仅是我们的中期目标，需要我们全体努力，春种而秋收，收获这个硕大的果实。

2002 年，我们在蟹岛（有谁在请举手），施总激动地喊出了 3800 万的口号；终于，10 年之后，今天我们要在这里，在新年的第一天，我们第三个五年计划的最后一年，喊出向 10 亿进军的口号！

今非昔比，天若有情天亦老，人间（天）正道是沧桑。

请大家起立，跟我一起喊口号：

"向 10 亿进军！"（三遍）

人天书店 2012 年总结大会开场白

人天已经坐稳了馆配商的头把交椅，从发行规模上，已经达到了大企业的标准。表面上谁也不跟人天争了，作为行业老大，人天的联盟盟主是众望所归。

看起来，前面的道路是越来越清晰。其实，我们对自己还要有一个再认识。我们仍然不会去做不是我们分内的事的，不超出自己的能力去做公益和公共事情，但我们又确实要高瞻远瞩，高屋建瓴。

今年是人天创业 15 周年，今年我们也将踏上 10 亿元码洋的平台。通过 15 年的努力，人天作为一个发行公司，原始积累即将完成，但我们距离一个真正的大企业，还差得很远。所以给别人的指标，其实是给自己的指标，给自己的压力。

因为人天有了规模，开始在我们身上显示出马太效应。比如订货会期间，我们没花一分钱宣传费，都是别人在为我们主动做宣传，话筒最终都要递到我们手里，大家都想听听人天怎么说。

今后，我们更要着力提升人天的品牌。我们有了一座有形的楼，还要建一座无形的楼，它不是钢筋水泥砖瓦结构，而是人天人的文化、品质、核心竞争力、ERP 流程和 ISO9000 质量保证的结构，我们要有有形的大楼，也要有无形的大楼，有形的大楼是形式，无形的大楼是内容。只有有形的楼没有无形的楼，是座空楼；而有了无形的楼，有形的楼里才会装满财富。所以，无形的楼比有形的楼更重要。

那么，这座无形的楼怎么建呢？作为大企业标志的，从以下几个方面，看看我们具备了多少。

1. 基于 Z39.50 协议的联合编目系统。
2. 包含可供书目和核心书目的数据交换平台。
3. 用数字图书馆门户技术，建立馆藏信息分析。
4. 创建全国馆配商联盟。
5. 建立图书中盘。

每个部门都有专业化问题，每一个人都要思考，你的部门是不是一个专业化的部门。下面只是举例。

1. 图书采访员能不能背下出版社代码。
2. 期刊采访员能不能背出邮发代号。
3. 编目员能否背下各个字段及其内容。
4. 汇总员能否背下客户代码。
5. 加工人员能否随口说出客户的加工要求。
6. 编辑是否把标点符号用准确。
7. 库管能否说出每个出版社每种书所在的架位。
8. 财务人员能否说出每个客户的应收账款。
9. 人力资源经理能不能叫出每个员工的姓名。

所以，大话少说，决心少下，就从这一点一滴的小事做起。

馆配中心 2013 年中期业务会发言

一　增长的压力增大

上半年增长平缓，发书增长 15%，应该也是不错的成绩，但离公司设定的指标还差 4000 多万。这样差下去，全年要差 7000 万，相比去年就没有多少增长了。

目前能跟上进度的只有 13 个办事处,比去年同期大为减少。去年 19 个办事处完成了任务,完成任务率是 45%;而今年到目前为止,完成率只有 30%。这是我们必须注意的,剩下的时间已不多,没有机会再追赶。

去年一次性销售码洋,各部门相加是 8.7 亿元,加二次销售突破了 9 亿元。今年我们希望一次销售码洋突破 10 个亿,我们要一个不含水分的 10 亿元。对出版社、杂志社,它们只能感受到一次销售,你搞两次、三次,就算你真的实现了两次销售,甚至两次以上的销售,他们也感受不到,也不会为此给我们降折扣,或给新的政策。

相比馆配中心,馆配中盘增长依然延续了前 3 年的增长势头,上半年发书已实现了 45% 的增长,预计他们会超额完成全年任务。这可以弥补一下你们留下的空缺,保证公司今年,也是人天书店 15 周年登上 10 亿元码洋的平台。

除了增长率的比较,这里还有一个比较,就是比谁更努力。我相信大家也很努力,但我希望大家向馆配中盘学习,他们对目标无比执着。中盘有 5 个大区,李总退休后,出口部也划到了他们名下。好比一架六弦琴,6 根弦没有一根是软的。我们中心有 42 根弦,能不能保证一根不软,发现哪根弦松了,是不是马上把它绷紧了。

法乎其上取其中,法乎其中只能取其下,设定目标时应该遵循这种法则。去年公司给中盘下的任务是 1.8 亿元,他们自己下了 1.93 亿元,结果 1.8 亿元完成了。今年公司给中盘下的指标,书刊合计 2.4 亿元,他们给自己图书就下了 2.41 亿元的目标。

去年任务完成不好的几个办事处,今年都有了进步,尤其是桂林办事处,已经完成了进度的 124%,广东 1 和徐州都有了较大增长,再努力一下,就有可能完成任务。去年完成任务的 19 个办事处,目前还有 6 个留在这个名单里,它们是大连、天津、哈尔滨、成都 1、北京 1 和贵阳 1。我是把未发书也计算在内的,希望你们保持到底。

5 月份我去参加海南全国书市,汪锋说他今年完不成任务了。去年三亚学院评估,一个馆给他贡献了 430 万元码洋。海南大学 270 万元码洋,湛江师范大学 250 万元码洋,三个馆相加近 1000 万元码洋,今年这三个馆加起来还没有 100 万元码洋。5 月份他的进度还不到 50%,看起来是悬了。我说先不要给自己判死刑,才过了 5 个月,有充分的时间调整思路,去发现新的市场。那么我看他现在的进度指标,已经上升到了 75%。只要努力,还有希望。不放弃,就有希望。

60% 的时间已经过去了,任务只完成一半,需要大家奋起直追了。现在只能用追这个词,按部就班已经不可能完成全年的任务了。下半年有上海书展、秋季订货会,可能还会在合肥举办一个小型的区域性的订货会，还有年底的突击采购。总之，还有机会，但不能再错过机会。

二　馆配中心和馆配中盘的关系

今年人天书店发起成立全国馆配商联盟，6月下旬在郑州召开了第一届理事会，目前已有成员公司70多家，几乎覆盖了全国所有省份。没有馆配商的省份，近期也要培养出来。联盟秘书处设在人天书店，执行部门是馆配中盘。

另外，还与时代出版集团的发行公司联营，以时代出版集团的名义经营馆配业务。今后还会与更多的国营图书公司、新华书店开展此类合作。

这是基于以下分析的。

1. 人天希望在馆配市场高度占有，形成"一大数小"的局面，这是历史给我们的机会。这种机会的出现是难得的，是在30年时间里大浪淘沙、优胜劣汰，出现的一个短暂的窗口。没有抓住这个机会，一定会给我们的人生留下遗憾，而抓住这个机会，扩大人天的优势，也就是为百年老店栽下了柱基石。

2. 在政府招标的背景下，要做到区域市场的垄断也是难以实现的，这就需要我们开放思维，拓展外延，从合作中获益。分析哪些是伙伴，哪些是对手。在伙伴中哪些是一般合作，哪些是战略合作；在对手中，哪些要打击，哪些只是限制。

3. 与各地馆配商的合作不会影响我们的直营业务，这也是政府招标的形式所决定的。如果对公司的战略意图认识不清，操作手法运用不好，也会造成被动的局面。

客观上，在我们的身边已经出现了一支友军，两军联合，实现我们的战略目标，重要的一点就是协同作战。

什么叫战略协作伙伴关系？战略协作是出于共赢考虑，建立在共同利益基础上的深度合作，是指长远的、全局性的、稳定的合作关系。伙伴关系要求互不对立、求同存异。所以，今后在公司层面上，馆配中心和馆配中盘要加强沟通，处理好协同中的问题。各个办事处要与联盟成员、当地馆配商加强沟通，特别是在招投标上展开协作，比如门槛的设定、折扣的协商，以期屏蔽对手。

三　公司上半年的主要工作

在资金安排上，今年休养生息，没有大的投资。去年投资了且停酒店，所以今年的采购付款和费用报销都比较及时。

主要工程是对四合院的改造，可惜没能赶在店庆时使用。与且停酒店不同，四合院太个性化，所以耗用时间。

数据平台是上半年最主要的工作。大家听得也久了，似乎也麻木了。但我要跟大家说，数据平台真是个好东西，这是人天的一个创造。以人天的规模，客户多样化的需求，没有数据平台的支撑，人天发展难以为继。在老的程序上打的补丁太多，前后矛盾，造成了大量无效劳动。各部门都有自己的信息表，互不相关，期刊在途就是一个典型例子。

李总退休后，我在办公会上提议，业务部门我都交出去，我做好三项工作，一是财务；二是资源性产品，比如出版、数字资源；三是平台。我和李永松、陈敏作为一个三人小组，对公司的所有管理程序进行评估。能合并的合并，不能用的重写，需要升级的升级完善。

在数据平台上，第一，可以实现二码合一，甚至多码合一；第二，以订单汇总为节点，一个 ID 贯穿始终，降低采购、分拣差错率，提高分拣效率；第三，实现联合编目，我们宣称这是全国第三个联合编目中心，对馆配商联盟有实质性好处，已经对联盟成员进行了培训；第四，建立核心书目体系；第五，建立中国可供书目体系。对于后两项，我们将投资 100 万元，与东北师范大学成立一个叫作"图书物联网研究所"的机构，进行专项研究。

目前的进展情况：

1. 二码合一已经完成，已脱离丹诚、冠景编目系统。

2. 改造进销存系统和分拣系统，已脱离益华系统和冠景系统。由于接口问题，不得不改造分拣系统，否则无法与我们的数据平台连接。这一项占用了很多时间，由李总主持程序重写，现在终于完成。没有这两个平台的支持，数据平台只能用于采编，跟我们的流程关系不大。现在各个管理平台都已调到一个平面上了，已经是一个平台了，大家都很兴奋，下面就要实现它的实用功能了。

3. 正在改造订单汇总系统。汇总系统是重写过的，主要是建立销售数据的基本数据库。什么意思呢？我们现在的汇总并不知道有没有这本书，只要数据大致合格就入库了。下面发生的情况就可想而知，有些书并不存在，有些书数据与实物不符，有些书早已售缺，而这些数据常年就这么空转，到了合同期现做退单处理。

以后不是这么做了，订单到了汇总，首先匹配销售数据库，有这条数据方可入库。如没有数据，就会连接数据平台，把这条数据抓进销售数据库，方可入库。如果数据平台上也没有这条数据，采访部就会根据这条订单信息，编制一条采访数据，同时复制到数据平台和销售数据库中，方可入库。

在入库前，还要做两道拦截。拦截掉不符合采访要求的数据，而不是现在这样，在分拣阶段才拦截；拦截掉不符合出版年份的数据，现货除外。所有不合格的数据都会及时返还客户，同时让你们知晓，以便去换回有效数据。如此，采到率和到书率都会大幅度的提高，客户体验也会大幅提升，各项指标统计都将领先竞争对手。

4. 还有最后一步，实现可供书目。我给上海书展报的演讲题目是"通过物联网实现中国可供书目"，但这个题目太大了，我自己还没搞透，所以我还是讲核心书目。核心书目跟订单、汇总、采购、分拣、配送没有关系，它附着在数据平台上，运用计算机技术对数据进行多维度扫描，分析出它的好书因子，以此确定哪些书是好书，最后形成核心书目。其目的是替代专家选书，提高采访的准确性。这是一个很大的课题，应该说是一个国家级课题，独立研究都很有意思，更有意义，用它做博士论文都不为过。这里不说了，上海书展之后，有兴趣的可以看我的稿子。

四　提几点要求

1. 努力完成今年任务，不要找理由。理由都是两方面的，我这里的理由是纸质图书规模仍然在扩大，这一点，从出版社的增长就能看出，一点假都没有。只是，要看这些书到哪里去了。开卷报告说文化部制定了公共图书馆规划，图书经费5年翻一番。国家新闻出版广电总局正在拟定全民阅读计划，今年要交到国务院立法，这又将是一轮图书购销狂潮。问题是我们不能临时抱佛脚，现在就要做好准备。

2. 报销产品、数字产品的销售仍然没有起色。"二十世纪图书馆学文库"报订了多少套？《儒藏》公司包销了100多套，才卖了几套？真要让它成为我们的镇店之宝吗？读报机卖了几台？大家都是这种态度，公司的战略规划何以实现？人天的华丽转身何以成功？公司办公会已经责成馆配中心拿出方案，不仅从政策上，还要从组织上解决问题。

3. 期刊报订很快就要开始了，我们不要把学校的假期当作自己的假期，人天书店是没有寒暑假的。放松一点节奏可以，但不是放假。这次任务下达之后，回去要立即组织实施，不是等到开学之后。公共馆可以做，不放假的单位图书馆、资料室都可以做，还是要强调小客户，莫以事小而不为，今年要求小客户在总码洋中要有一定的比例。

馆配中心 2013 年年终总结会发言

一　2013 年的几个没想到

1. 没想到销售码洋完成了 11.2 亿元，超过目标额 1.2 亿元。
2. 没想到东三省 4 个办事处都超额完成了任务，其中 3 个办事处名列前五。
3. 没想到期刊完成了 1.57 亿元，超额完成 1700 万元，超过任务的 11.5%。
4. 没有一个办事处超过 5000 万元，也是没有想到的。广东 4432 万元，北京 4506 万元，杭州 4355 万元。
5. 一直说消灭 1000 万元，仍然有 14 个办事处没有达到 1000 万元。不过，也看到一些好的势头，像桂林，离 1000 万元咫尺之遥，石家庄、贵阳 1、呼和浩特、广东 1 都完成了任务。以后我们一定不要再说，我们的市场没有量，我们的市场不好做。我们这里有两面镜子，一个是海南，虽然没有完成任务，发书也在 2000 万元以上；一个是大连，一个城市发书 1300 多万元。对照他们，还有哪个地方没有量呢？至于好做还是难做，这是个方法论的问题，怎么做的问题。最好做的地方可能做死了，最难做的地方居然做起来了。公司是在宏观面上，通过平台对你们提供帮助。通过流程改造，数据平台的作用发挥出来了。举一例说，困扰我们多年的采到率去年终于有了突破，之前一直在88%左右徘徊，上不去下不来，去年连破三关，89%、90%、91%，如果按种册数统计，已经达到了92%。等可供书目运行起来，订到率还会提升。

我们需要领军人物，什么是领军人物？就是具有崇高的价值追求、出类拔萃的素养、卓越的领导才能、能在复杂的环境中取得巨大的成就的人。

领军人物是团队形成和发展的关键，他能激励队友的士气，传授经验，让有能力有意愿的人死心塌地地跟着公司走；激励那些有能力没意愿的成员，给他们精神；提升那些有意愿没能力的成员，提高他们的素质。领军人物是一个团队的精神标杆，在我们的43个办事处里，恰恰需要一个或多个这样的人。他能为我们打开两个空间，一个是市场的空间，市场之大其实比我们看到的要大；一个是个人潜力的空间，我们自己的能力其实也比我们自知的要强。

我希望再出现几面镜子，比如像徐州、厦门、银川这样的办事处，做到一个正常办事处的销售量，有没有量的议论甚至抱怨自然就销声匿迹了。

二 五年规划和2014年任务

今年进入了人天书店第四个五年，这一个五年我们要做什么？我们的两个任务是：在纸质书刊销售规模上至少要达到20亿元码洋，同时完成向数字资源的转型。

基本上是用5年时间完成了过去15年所完成的销售量。5年时间并不短，要完成的任务也不是特别的重，因为我们所处行业的背景已经发生了变化，就像演话剧，在之前的15年是第一幕，一幕中分为几个小段落，每一个小段落为一场，各场之间是不落幕的。

在人天的第一幕中，每一个5年基本是一场，第一个5年是到2003年，是生存阶段。从零售到馆配，完成了一个转型，并达到了1亿元的销售规模。这个1亿元不要小看，按今天图书的可比价格，估计是2.5倍，就是2.5亿元。更主要的是我们在很小的市场容量中获得了1个亿，占有率比之今天也不会小。

第二场是第二个5年，高速发展，重大挫折，重新起步。这一个5年的内容很多，大起大落，命悬一线，好像开手动挡的车，踩、摘、轰、踩、挂。这5年对我们历练最深，坚实了我们的法律基础和道德底线。

第三场是第三个 5 年，起飞，拉升，一发而不可收，但也出现了新的情况，就是文献资源数字化的快速发展，并渐成趋势。天下大事，浩浩荡荡，顺之者昌，逆之者亡。如果我们不能顺应形势，其亡也忽焉，就像柯达胶卷、诺基亚手机一样。

在这个时间节点上，我们开启了人天的第二幕。2014 年，不仅仅是因为时间的原因，15 周年，时间只是一个巧合。幕与幕之间是要落幕的。落幕，再开启，场景发生了变化。这场景是什么？雾霾，是统一的基调。这让人生理上有点窒息，心理上有点压抑；但在雾霾中，我们要看清方向，敢于前行。

今天是元旦，我们在这里开启人天正剧的第二幕，现在是第一场，我作为主要人物出场。在你们中间，一定会出现一些主要人物，不在于你的地位和职务，而在于你的贡献，你的创造。我们要有愿望，做主要人物，做主角，推动剧情的发展，而不是做陪衬，像剧中的群众甲、群众乙、匪兵甲、匪兵乙，连个名字都留不下来。

跟第一幕一样，第二幕的第一场差不多也要用 5 年时间。我们要用 5 年时间完成一次转型，如果成功了，人天就基本上解决了发展问题。

为了保证向数字资源顺利转型，我们需要时间和金钱，所以在这 5 年中，我们仍要扩大纸质书的销售规模，为公司赢得时间，增加人天在内容商方面的话语权和定价权。所以，最保守的目标也必须是 20 个亿。

还是像邓小平说的，胆子再大一点，步子再快一点。不是公司拉着你们走，而是你们拉着公司走。公司几个人拉你们这么多人，走得一定很慢，你们这么多人拉我们几个人，一定会飞起来。

我们再从数字上和同行情况上分析一下，20 亿元不是做不到，而是必须做到。

前几年业内说双百亿，即资产百亿，销售百亿，当时只有凤凰集团能做到，现在博库、文轩一批新华书店都做到了，凤凰已经做到了两个两百亿。

民营方面，去年我参加广电总局全国出版局发行处长和总发企业负责人调训班，总发企业 120 家，民营、国营各占一半，哪一个拎出来都不低于 10 亿元，金星教育集团 2012 年就接近 15 亿元。我们还有什么优势可言？不要说他们是做教辅的，做教材的，跟我们不相干。都是书，都是码洋，有什么不同，不比怎么行。人天要做行业老大，没有 20 个亿免谈。再说，5 年后的 20 亿元，别人也在发展呐，我们还是寄希望于别人发展慢一点。

补充一点，我们特别不能忽略我们主要的竞争对手，我们希望市场反馈给我的信息——

定是准确的、可靠的。不要像袁克定，只印一张报纸给他老爸袁世凯看。天下都造反了，他还以为太平无事，最后给气死了。

排名前 10 的出版社中，有七家三新公司采购量比我们多，化学工业出版社更是高出我们 50%。

湖北佬，九头鸟，我们只看到它的一个头。如果我们认为打不败三新也就算了，划江而治，就像麦当劳和肯德基，可口可乐和百事可乐；可是你们给我的信息都是湖北三新快不行了，没几个客户了，要不就是你们忽悠我，要不就是客户逗你玩，吃了甲方吃乙方。

从数据分析看，做到 20 个亿也不是太难。我让于灵芝给我做了两组数据统计；2013 年全部销售码洋除以总册数，比 2012 年增长了 9.1%；2013 年出版图书总码洋除以总册数，比 2012 年增长 9.3%，两组数字基本吻合。图书馆购书有平均册数需求，如果平均册数不变，5 年后 11 亿元已经变成了 17 亿元多了，需要新开发的量只有 15%。

对馆配中心来说，以 6 个亿做基数，每年增长 9%，5 年后就是 10 亿元，所以公司任务下得保守了。按照这个分析，如果我们守住现在的客户，同时守住每个客户所占的比例，靠自然增长就能达到 10 亿元，不需要再开发新客户。那么到那时，我们的市场地位跟今天也一样，没有变化，没有绝对的优势，博库还是博库，三新还是三新，人天还是北京人天，不是中国人天。

所以我认为，馆配中心的图书任务一定要调整，在未来 5 年里，至少要做到 10 亿元，每年至少要净增 8000 万元，期刊要做到两亿元。

刚才说到领军人物，在数量上达不到一个高度，谁会认你是老大？谁会跟你走？还谈什么制订市场规则？

我自己盘算，在我们的办事处里，按区域划分，应该出现一批 5000 万元的省份，第一批是北京、广东、浙江、江苏，第二批是山东、河南、湖北、上海、四川、陕西，还有第三批，是山西、辽宁、河北、安徽、天津、江西、云南中的若干个。5 年后，应该出现亿元省。

我将在各个方面给你们提供支持。今后，施总、陈总主要负责市场，我和王总、苏总主要负责后台，这次四位新任总监也到齐了，公司会在网络、数据、资金、人力资源、硬件设施、形象宣传等有形无形的各方面满足市场需求。

本来我还想从这几个方面再跟大家细说，想想又是老生常谈，就不说了，要不你们会嫌我唠叨。一般当妈的唠叨，孩子跟妈在一起亲切，无话不说，但孩子大了就会嫌妈唠叨，跟爸在一起就清净多了。说当妈的比当爸的更爱孩子吗，在座的有爸爸身份的一定不会同意，那是为什么呢？我终于发现了个中原因：母亲怀胎十月，胎儿从一条虫变成一个人，母亲每天、每时、每刻都在跟自己的孩子说话，等孩子生下来了，她也习惯养成了，所以当妈的是要唠叨一辈子的。我就不唠叨了。

最后，我用一首诗结束我的报告。还要唠叨两句，是我这首诗的由来。去年，我和施总参与了国务院侨办的一个招标，标的额 2000 万元码洋，人天还没有中过 2000 万元的标。我们经过精心策划，从资质、标书、评委各方面做足工作，前后几个月，我们也想搞个大标给你们看看，证明自己宝刀不老，结果功亏一篑，青岛市店中了。小施告诉我结果的时候，我轻描淡写地说，算了算了，保持联系吧，明年还招呢。其实我心里很沮丧，我想小施也如此，因为大量的工作是他做的，所以我就写了这首诗给他。去年还丢了一个大标，北京文化局的 200 台读报机。这也做了大量的工作，诸菁都亲自出马了，但我们的价格太没有竞争力了，每台比方正高出一万多元。尽管如此，最后只剩下我们和方正两家，把差距从几十分收缩到几分，结果还是没中。如果这两个标中了，2013 年也太完美了，而且，我们在数字化转型上就迈出了坚实的一步。所以，这首诗也是写给我自己的，题目叫《冠军之心》。

冠军之心
——写给 S·C·S

只要踏上它　　　　　　　　　　君君臣臣，都在等待
就是一条冠军路　　　　　　　　享受一个人的劳动成果
此行我为胜利而来　　　　　　　而

从来没有离胜利如此之近　　　　胜利转瞬即逝
只需扣动扳机　　　　　　　　　如同灾星陨落
胜利如同猎物　　　　　　　　　胜利是我一生宿命

跟韩非子调侃一下守株待兔　　　将星云集

我并不出众
但我苦苦寻觅取胜之道
肃肃宵征，夙夜在公

胜利是一种习惯
只藏在我的内心
每一次夺冠积蓄的能量
高高悬于头顶
把所有对手打回原形
只有我人神兼具

没有一片树叶相同
胜利一样不可复制
把每一个灵感
都锻炼成利剑
惋惜别人的牺牲

欣赏自己的伤口

绝不把自己当作祭品
牺牲只是一种偶然

胜利是我快乐的使命
胜利不是我的墓志铭

我渴望胜利
如同渴望美酒和女人
胜利者眼中，每一面旗帜，每一扇窗
都会创造不同

拥有一颗冠军之心
我将有如神助
我的胜利不在眼前
而是永无休止

人天书店 2013 年总结会发言

去年我们尽管做得很好，超过了 11 亿元，但我去年参加总局全国出版局发行处长和总发企业负责人调训班，会上发现 10 亿元的企业遍地都是。通过采购中心的调查，证明确实如此，所以不能再有侥幸，要丢掉幻想，准备战斗。第一是保不住的，就像在战场上，防守一方看似有利，其实心理上已经输了一大截。我们要不停地进攻，攻击前进，占领阵地。之前，我们都以为是独孤求败了，以为把第二名已经落下一倍以上的距离了，突然发现对手就在身后，只有一步之遥。

现在，我们终于清醒了，不要盲目地陶醉在自己的良好感觉里。我们重新找到了目标。

这次公司确定了5年发展目标，根据5年计划，再分解成每一年的任务。具体地说，用5年的时间，第一，纸本书刊翻一番，达到20个亿。如果按去年11个亿的基数，就应该是22亿元，即图书20亿元，期刊2亿元，确保人天书店在民营书业中的老大地位。要确认我们对第二位的企业的差距在一倍以上，而不是感觉。第二，完成向数字资源的转型，只有当我们成为图书馆的数字资源中心后，才能确保基业长青。

我把人天的事业比作一场大戏，又是一部正剧。

如果人天是一部四幕剧，前面15年只是第一幕，每5年是一场。第一场到2003年，我们转型为馆配商，并达到1个亿的销售码洋，这在10年前已经是一个了不起的业绩了。第二场到2008年，经过高速发展的两年和三年的恢复期，通过"人天事件"奠定了我们的法律基础，划设了道德底线。第三场到2013年，又开始了新一轮的高速发展，并成功地站在了10亿码洋的平台上。但我们也遇到了新的挑战，就是图书馆文献资源结构的变化，以前我们以为图书馆的转型仅仅是自动化的过程，数字化只是工具和手段，用信息技术改变图书馆的管理，提高对读者的服务；现在看，远不是这么简单，现代图书馆是快速、急速地向数字图书馆转型。数字不仅是工具，更是内容，是因为内容的改变引发的对管理的要求。跟15年前一样，人天再一次站在了十字路口，要求我们选准方向，如果方向错了，势必南辕而北辙，缘木而求鱼。

正是在这个背景下，我们拉开了人天的第二幕，我们是带着忧喜参半的心情进入角色的，更多的是忧虑。我们要在两条线上作战。第二幕的第一场，也要用5年时间，我们要把纸本业务翻一番，用空间换时间，保证我们的数字资源开发有足够的时间。同时，数字资源开发不能有须臾怠慢，不能永远在蓝图上，变成人天的一个宏大叙事。如果这次转型不成功，人天的发展也就到了尽头，也许还能苟活，但不可能再有声有色。

这就是我为什么说人天是一部正剧。正剧是按照历史进程发展的，它不像悲剧，空怀理想而不能实现；也不像喜剧，对制定的目标不切实际。把一个念头转变为思想，把思想转化为战略，再把战略落实到执行层面。在正剧里，理想是可以实现的，不像悲剧里的人物那么悲壮，也不像喜剧人物那么滑稽可笑。正剧人物既有悲剧人物严肃的旨意、远大的目标，又有喜剧人物的那种自信和快乐的心情，把崎岖的道路视作坦途，把胜利视作囊中物。

以上就是公司的战略，下面说一说执行层面。没有执行的战略就如同悲剧，空有鸿鹄志，没有翅膀飞；不能执行的战略如同喜剧，自己编故事给自己听，最终成为旁人的笑柄。

前几天，一个同事发给我一条微信，非常长的一条微信，是劲霸男装董事长写给员工的一封信。劲霸去年遭遇了严重的市场下滑，这个老板没有把原因归于市场。他认为，外部环境只是诱因，内部管理才是病灶。我对照一看，它跟我们的问题简直如出一辙。找借口而不是找方法，推脱责任而不是勇于承担，希望每一份劳动都是对等薪酬而不是奉献，是得过且过而不是胸怀使命，低效、推迟、议而不决，甚至用手中的权力做利益输送。他提到德鲁克的著名观点，企业存在的理由是什么？一是创造绩效，二是员工成长，三是担负社会责任。以前我没有看过德鲁克的书，但我天生感觉一个好企业就是要做到这三点，你们看一看，是不是都挂在我们楼道的墙上？"把个人的追求融入到人天的长远发展之中，把人天的发展融入员工的不断成长之中。""我们的理想是事业和文明，我们的追求是绩效和安全"。这三点是有先有后的，首先要有绩效，企业才能发展，才能设计员工的职业规划。孔子说："行有余力，则以学文。"我们有多余的能力和资源了，再为社会做一些事情，如我们的蔚蓝基金。

我很担心，这会不会变成只是给客户看的标语。很多客户看到这些标语跟我说，人天真是一个有文化、有理想、有人性的企业，说到底就是有自己的价值观。我不知道我们自己天天从那里走，还看不看，是不是视同无物，以为是装修的一部分。

我想知道的是，我们的干部还有没有奉献精神、敬业精神、责任感。

又到了年底，各部门都要发奖金，奖金是什么，是对你的褒奖，你做得比别人好，比别人付出得多，而且领导看到了；奖金不是固定的收益。现在变味了，人人都要有一份，还要跟别人比，跟别的部门比，少了就不高兴，今年还不能比去年少。我看今年要改变了，到年底可能没有奖金，你的收益就在当下，你的工资已经是对你劳动的回报。年底有没有奖金要看公司有没有利润，有利润还要看公司想不想分配。企业关注员工的福利，但人天现在还不是福利企业，还有很多基本建设要做。我们的原始积累即将完成但还没有完成，我们至少还缺一个属于自己的大型的现代化的物流基地，建成后才能最后建成我们的袖珍帝国。到那时，我们的老员工、有贡献的员工才能从积累中，或通过投资，或以期权的方式获得一份固定的收益。在这一点上，公司领导带头，从今年开始，取消用车、租房补贴，全部在工资里体现。财务总监记住，从这个月起，公司经理车辆的所有费用（保险、保养、修理、汽油）一律不予报销，全部由个人支付。

年底业务部门的旅游也成了惯例，今后，除了馆配中心业务会、馆配中盘的联盟会外，不再列为固定的活动，如果是福利，就要考虑普及，体现到每一个员工身上。

我一再强调扁平化管理，推行起来总不顺畅，要考虑人情因素。公司考虑减少层级，用系统和流程控制，但人员就是减不下来。在生产部门，脱产人员越来越多，一个办公室甚至七八个人，每个人还都有一份自己的工作，合并不起来，互相还不能替代。其实他们在干吗呢，在网上聊天。

对管理和程序漏洞视而不见，对发现问题的员工冷眼相看，说人打小报告。我想调一些数据看，发现已经做了手脚，告诉我不好查，查不出来了，只能以后注意。

还有人慷部门之慨，个人的宴请、娱乐都记在部门账上。部门的经费是为了开展业务用的，就算有结余，结余再多，也不能变相地成为个人福利。

对公司固定费用的增长漠不关心，特别是电费，增长迅猛，但长明灯照样点着。据说物流接货口还发了一台电暖气，下班后还通着电。谁让楼里用电暖气的？丽江四方城大火，就是电暖气引起的。四合院值班室明明有暖气，空调照开，说也没有用，是管不住吗？其实只要一个小措施就能管住。5楼活动室是为员工设置的，经常看到有外人进入，门卫、办公室为什么不管，是不敢管吗？5楼活动室用电到现在还没有拿出管理办法来。

效率低下，议而不决。数据平台好不容易上线，延展项目一点进展也没有，感觉搞了一个自己玩的东西。新的人天官网，新的蔚蓝网拖延至今。三新的卷藏做得风生水起，被行业认知；浙江新华书店数据交换平台，几乎成为行业的标准，我们的中国可供书目在干什么呢！

更严重的是内耗，部门之间不协助、不沟通，只看自己的时间表。两个技术部互不买账，你做你的，我做我的，还把个人情绪带给员工。因为业务需要相应部门加班，部门之间协调不了，非我出面不可！对公司要求的流程管控，不是想办法开发、流程再造，而是怕出错，怕担责，不敢上新程序，甚至私自留下后门还不想让我知道。

还有一些不良的风气，不议论别人的私事心里就难受，津津乐道地好像吃了什么美味佳肴。还特别喜欢议论老板，以为跟我关系好，关系近怎么的，无所顾忌。老板嘛，在公司就是公众人物，言论自由，随便议论，我绝不会拿这些事处理你，但你也不能不让我对你有看法，不能不让我讨厌你。有些部门安排了独立的办公室，那是为了工作方便，不是吸烟、嗑瓜子的地方。

以上种种，不放在一起说，大家都视而不见；堆在一起触目惊心，它们都在腐蚀企业的肌体。大家想想看，我们带着这样一个身体，如何走得动、跑得快。

我很感谢给我发微信的这位同事，这对我也不啻是一记棒喝，否则我也会熟视无睹、麻木不仁。现在我们还可以靠码洋增长，靠降低采购折扣来维持，某一天，这一增一减到了极限，所有矛盾都势将暴露无遗。说到底，我们现在还是一个业务型企业，远不是一个管理型企业。一个优秀的、长久的企业，其核心一定是它高效、精确的管理，一切都在制度之中。我们往前往后看一看，那些消失的书业企业，曾经很多都是我们的竞争对手，业务能力不比我们差，但都是在管理上出了问题；而现在还坚挺的，不管国营民营，都有较好的管理。

人天的管理是一个大平台，要给业务发展充足的理由，要给客户签约充足的理由。买同样的东西，愿意到人天来；花同样的钱，愿意花到人天来。这个平台就像一艘航空母舰，硬件是飞行甲板、机库、油料、导弹，软件是指挥系统、相控阵雷达、数据链，它能保证我们业务部门像舰载机一样，放得出去，收得回来。要让我们的业务员感到，他们飞在外面，不是放单飞，而是有一个可靠的、强固的平台在后方，在你们这里。

馆配中心2014年中期会议发言

一　2014年1~7月业务情况

1~7月，公司安排的任务是全年任务的50%，以此为参照，做中期业务分析。

已发书30160万元，同比增长18.5%；打包34750万元，同比增长23.5%。

1~7月应完成33050万元，发书30160万元，完成91.3%；打包34750万元，完成

105.2%。

24 个办事处和工作站在进度范围之内，其中 4 个办事处和工作站达到了进度的 200%，31 个办事处和工作站的进度在 85% 以上，都是历年来最好的。有 12 个办事处和工作站的进度在 80% 以下，其中两个办事处和工作站的进度不到 50%，需要给予帮助。在这次会议中间，是否可以召集他们，让他们单独汇报一下情况，有什么困难和要求，能满足的尽量满足，让他们回到进度中来。

感觉马尔代夫是非去不可了。

二 人天要体现大公司的面貌

今年人天书店出任的两个单位职务一个是中国书刊发行业协会馆配工作委员会副主任，一是中国期刊协会期刊民营（营销）分会副会长。

这是市场、管理部门对人天书店的认可和尊重，同时也给人天书店附加了社会责任。人天书店用 16 年做一件事，做到今天这样的规模和影响力，把自己的事做好了，一方面变成了对手的靶子，一方面，成为同行效仿的对象。所以，人天的一举一动都受到了业内、同行的关注。就是说，人天书店现在不能只顾自己的发展了，要兼顾到行业的发展。我们既然发起成立了全国馆配商联盟，我们就要起到行业领军的作用，我们对自己的行为就应该有所规范、有所约束。今年的馆配商联盟理事会上，很多理事单位已经对人天书店发出这样的呼吁，希望人天书店领头，发起一场行业自律行动。

我们向同行解释，到目前为止，人天书店还是一个馆配商，还不是中盘商。人天书店的中盘业务是基于馆配业务发展起来的，因为有了人天馆配业务 10 多年的发展，建立了自己的平台和资源，加之人天书店有自己的抱负，希望建立馆配统一的市场，由此衍生出馆配中盘业务，继而建立起"资源共享、联合采购"的联盟体系。所以联盟成员也应理解，人天不会放弃自营业务，又因为馆配业务是政府采购，采用招投标方式，对当地馆配商没有大的影响，大家平分秋色，亦无不可。他们对人天的报价多有微词，都认为我们和三新引导了价格战，甚至认为三新这么做也是因人天而为之。这样就对我们的市场身份就产生了怀疑，即是我们一面推动联合、统一、规范，一面又我行我素，不愿制定规则，更不想遵守规则。

当然，这是目前的状况，在到目前为止的发展过程来看都是合理的。但现在，到了调整我们战略的时刻了，这并不是因为我们背负了一些虚名。对企业来说，我们只追求利润、员工福利、企业发展规模，其他都是浮云。现在我们调整策略，也是为了上述目的。调整策略，还缘于下面的理由：

1. 出版社对人天有了新的要求，特别是对联盟心存疑虑。他们虽然理解馆配市场的困境，但也不认为他们应是最终买单的人，不认可把成本都转嫁到他们身上。那么，他们希望业内有影响的馆配商承担起稳定和规范市场的责任，这一责任当然就应落在人天书店身上。但人天书店迟迟没有响应，故而三新公司替补上场，与核心出版社构建战略协作关系，这不是我们愿意看到的。我们虽然建立了通达的渠道，但出版社还是上流的来水。完全不顾出版社的诉求，议价的能力就会降低，主动权也会易手。

2. 各地的馆配商和新华书店都有很好的人脉和行政关系，他们可以把折扣维持在一个水平上，因为人天和三新的低价冲击，迫使他们跟着降价，丧失了原有的利益，所以对我们有不好的印象，进而制定相应的策略对付我们。这次联盟理事会透露的情况是，有的地区采取的策略是对低价进行屏蔽，比如湖南省内 7 折以下的不予入围，有的地区采取的是为本地企业加分，天津甚至加到 5 分。

3. 以上还是外部的因素，根本上还是我们怎么看自己。现在，我们在出版社、杂志社有很强的议价能力；但在图书馆，我们议价的能力还不高。但随着人天的发展和在业内地位的提升，时间变化越来越呈现出负面的作用，所以公司有必要对政策进行调整。在一些稳定、规范的市场，不再强调低价策略，但也不是把自己放在一个不适当的高度。馆配中心可根据不同市场制定不同的价格策略。对招标书，不应被动地响应，而应加以影响，让客户认为什么样的价格是合理的价格。再则，应与当地馆配商加强协作，特别是联盟理事单位的当地企业，更要保持沟通，共同制定策略，共同遵守。有些经理认为，这样我们不是吃亏了吗？其实不然，一是你对自己要有信心。相同价格，客户也会选择你，你有更好的人脉和服务，你还掌握着更多的资源；二是你对人天要有信心。相同的价格，客户也会选择人天，上了人天的平台，客户的需求会得到最大的满足。三是你对客户要有信心。他们花相同的钱，以后甚至花更多的钱，也要购买更好的产品、更好的服务。

总之，人天要有大公司的面貌，要显露它的斗柄相。斗柄，就是北斗星，夜路上的指南。人天的所作所为要成为馆配商的标准和指南。

三 规范和标准是大公司标志

规范和标准不是为了做了好看的,当然也好看。最主要是管理的要求,没有规范和标准,就达不到管理的目标。

人天书店做到现在这样的规模,以后还要做到更大的规模,开发更多的经营模式,这都要基于一个统一的管理后台,现在我们已经感到有点力不从心。去年我们采取了总监制,目的也是为了打通环节,消除信息孤岛,且有了一定的成效。网络和大数据时代,提供给我们很多工具和方法,我们要会使用它们,要对它们有热情。

前年,我们对采购结算流程进行了清理。在这之前,采购、库房、结算、财务各管各的,应付账款6万多张清单,一年丢100多张是正常的,而且不知道丢在哪个环节上。现在全部闭合了,出了问题马上可以找到责任部门和责任人。

去年,通过数据平台上线,对书目数据进行了规范,订购数据全部经过数据平台过滤,只留存合格的订单数据,不合格的数据也及时地反馈给办事处和客户,订到率有了一个质的提升。

今年,我们又开始对客户代码进行规范。从系统中统计分析,馆配中心一共有1250个客户,这是最大数,中间还有终止合作的,居然出现1万个客户代码,有的客户居然有几十个代码的。这造成了很大的混乱,在一些代码下,小批量的书永远也发不出去,勉强发的小包极易丢失,单位运费奇高。现在已经着手制定新的规范,在规范我们自己的同时,也规范客户的行为。这项工作由各业务部门落实,馆配中心由客服部落实,大家要配合。

公司的目标是所有的流程都要闭合,不能开口。何谓闭合,就是起点与终点重合,首尾相连,等式的左边等于等式的右边。

一批书进来,有若干客户购买,他们各自购买的数量相加等于这批书的数量,这是闭合。这听起来很简单,但操作起来不简单。客户购买的数量相加不等于这批书的数量,大部门情况是少了,到哪里去了不知道。

一个批次的书发给你们,结算时不是这个数量,是验收时就少了还是客户退书了,退了多少,在系统里统计,很少有准确的时候,这也是造成呆坏账的一个原因。

因为自己说不清,就造成一种现象,就看谁求谁,谁怕谁:你怕我,我说了算;我怕你，你说了算。民营的小公司给我们供货，我们就说以验收为准，验了多少算多少。到客户那里我们就牛不起来了，客户说了算，他收了多少算多少。新星出版社给了我们一批特价书，验收完居然少了100多万！以后人家再也不给我们特价书了，不知道恢复没有。我也不说都是我们的错，但没有一个核查机制。

我们的目标就是要监控到每一本书，它从哪里来，它到哪里去。活要见人，死要见尸。不是让数据附着在书上，这还是传统物流的概念；而是让书附着在数据上，这是物联网的概念。有数据必有书，数据到哪儿，书就到哪儿。

同样，数据在哪儿，资金就在哪儿，只要数据在，资金就不得消失。今年上半年一直在做图书、期刊的在途资金清理，大家配合得也很好。尽管有的不太情愿，因为留存的时间太长了，有些已经无法说清是不是这任经理经手的，对其都做了强制清理。目的是让数据更准确、实时。有问题和争议要及时处理，不搁置，不推诿。

馆配中心客服部，对客户是服务部门；对各办事处和工作站，把你们也当客户，这是客气，但同时兼有管理职责。公司和中心也会赋予他们更多的权力。

四　数字资源的进展

按照公司的既定目标，在第四个五年计划中，仍然要保持纸本图书、期刊的快速增长，要在2013年11亿元的基础上翻一番。如果按照今年的增长情况看，是可以做到的。同时，我们已经不能忽视数字资源的发展趋势。公司早已意识到，并已组织开发，用一年不到的时间将电子书平台开发出来了，现已开始测试运行。

那么，需要你们做什么呢？需要你们尽快具有数字资源的意识，关注行业发展，树立学习的精神，准备二次创业。

根据一项统计，图书馆纸本图书每年正以7%到8%的速度递减，本科院校复本数已经小于二，但图书经费并未减少，必然要流向数字资源。

由于没有合适的电子图书产品，除了超星外，这些资金基本都流向了数据库。这对我们来说是一个巨大的商机，抓住这次机会，人天书店将经历又一次大发展，关键还在于它将从此立于不败之地。

我们曾说过，人的一生有很多机会，小机会遍地都是，中等机会有若干次，大机会可能只有一两次，也可能一次都没有出现。我们很幸运，让我们撞上了两次，一次是图书馆的评估，从高校到公共图书馆；方兴未艾之时，又出现了一次机会。但机会对很多人不是机会，他没有看到，没有抓住，现在这个机会就在我们面前。

我做了一个统计。2013 年，馆配中心 6.1 亿元的销售码洋中，剔除教材、中小学订单，订单的条数是 530 万条。这个数字乘上复本数再乘上平均定价，就是销售码洋。对电子书来说，530 万条就相当于种册数，如果我们把电子书的定价定在纸本书的三分之一，每册 12 元左右，不打折，收入是 6000 多万元，与出版社五五分，是 3000 多万元。没有库房，没有资金占压，再考虑到电子书没有复本，又是纸本书价格的三分之一，按实洋算是二分之一，客户订购品种会大幅增加。如果品种数提高一倍，收入就是近 1.3 亿元，也仅仅是纸本书的三分之一，而我们的毛利基本就与纸本书相当了。

大家可以看到，我们的前景是非常美好的，甚至是不可限量的。我们每一个人，都要振作精神，不抓住这次机会，是我们的一大损失。

人天书店 2015 年年终总结会发言

从中国馆配行业最具影响力人物评选说起。图书馆报主编给我打电话，说我有可能当选"2006~2015 年馆配行业最具影响力人物"，让我代他们写一个授奖词，这就等于是我给自己写了一篇授奖词，然后把奖颁给了自己。这倒也迫使我回头看了一下自己的过去，难道我还真的有一点贡献不成？我还成了人物了？人要不老有三个标志：一是想干事，二是不怀旧，三是对爱情话题感兴趣。所以我拒绝怀旧，不看以往。要说贡献，有经济学和社会学两个含义，经济学的贡献是指决策引起的增量利润，这一点我们是做到的。我们的销售额、销售码洋、利润连年增长，员工收入也在增长。由于人天的发展，使每一个员工的社会地位和收入都在提高。社会学的贡献是指有助于某事的行为或做有利于社会、国家的事情。在 2006 年以前，是没有馆配这个词的。由于我们的工作，馆配成为图书发行领域一个独立的业态，馆配有了自己的数据标准和业务规范，使其更有利于图书馆的文献资源建设，这就是人天书店对社会、对图书事业的贡献。我给自己的溢美之词是这样写的：

17年前,他在北京的一个地下室里说:"有图书馆的地方就有人天书店。"这无异于痴人说梦。而17年后,他的队伍金戈铁马,气吞万里如虎。人天书店已成为中国最大的馆配商,占有最大的图书馆市场份额,没有之一。做到这些的原因,是他看到了图书馆事业的发展前景,掌握了专业服务的核心竞争力,并使他的每一个经理都负有使命感。他的企业永远围绕着两个中心:一个是图书馆,另一个是文献资源。作为一个全国性的馆配商,努力去掌握文献资源建设的规律,使其成长始终沿着一条优良的路径。

"有钱的图书馆,我们把书卖给它;没钱的图书馆,我们把书送给它。"贫困,不是那些孩子造成的,知识可以改变他们的命运。人天书店出资成立的北京蔚蓝公益基金会为全行业的怜心善行搭建起一个捐助平台。仅仅四年时间里,蔚蓝基金已经在边远贫困地区捐建了1500多所"蔚蓝图书馆"。知识之光,正在照亮那些孩子的前程。

2015年,人天书店又推出了"畅想之星电子书平台",以全新的方式诠释电子书营销模式,为图书馆用户和广大读者带来值得期待的希望。"居高常虑缺,持满每忧盈。"人天书店在纸质书刊馆配事业如日中天的时候,他又以极大的勇气带领队伍进军电子书馆配市场,形成双引擎保前行的战略态势,体现了其一贯的居安思危、未雨绸缪的企业理念。希望他的又一个口号成为现实:"畅想之星,照耀中国。"

够煽情的吧!张工看了以后说有一点不足,没有突出人天团队。我深知,人天最宝贵的不是这几幢大楼、账上的现金,而是人天的团队,人天这个名字带来的无形资产。尽管这是一个个人奖项,但我清楚我是替人天去领奖的。所有员工拼命为我拉票,实际都是在抬高人天的高度,长人天的士气,灭对手的威风,所以后来我也开始给自己拉票。

这句话的前后两段说的是人天的传统业务和发展方向,即互联网+馆配;中间一段说的是社会责任及个人实现的终极目标。前面的工作主观上是为了我们自己,因为我们把商业当事业做,客观上促进了图书馆事业的发展。蔚蓝基金会在主观上就是为了别人,我们不是在发善心,如果在社会结构的平衡上,公益基金能起到一点平衡作用,那才是我们的目标。所以,我们把事业当作商业来做,在一开始我们就定下的远大目标,即有规模、有标准、可核查。因为谁都知道蔚蓝基金是人天书店所为,这就在客观上提高了人天书店的层次,使人天书店有别于一般的商业企业。

一 2015年馆配中心及公司的销售业绩

1. 馆配中心：图书发书码洋 89711 万元，增长了 28.20%；期刊：订单码洋 17633 万元，增长了 11.8%。

总码洋增长 25.17%。

2. 馆配中盘：图书发书码洋 44313 万元，增长了 17.23%；期刊订单码洋 2737 万元，下降了 22.36%。总码洋增长 13.85%。

3. 蔚蓝网：发书码洋 7733 万元，增长了 54.66%。

4. 出版：造货码洋 4682 万元，持平。

这些数据有两个热点。

一是馆配中心今年超常增长，增加额为 2.15 亿码洋。如果不是这样，我们今年的销售总额将在 16 亿码洋上下浮动。各项指标也是历年最好的，图书，完成任务的有 32 个办事处；期刊，完成任务的有 31 个办事处。两项均未完成的办事处降到 5 个，图书不过 1000 万元码洋的办事处只剩下 3 个，唯一没有达标的是教材。

所以，在离 12 月 25 日还有 15 天的时候，我提议请大家乘坐一次邮轮，做一次海外之旅。这个动议得到施总、陈总的一致赞同。就像奖不避亲一样，我们也不怕重复奖励。人天书店永远奖励最优秀的团队和员工。这次的奖励一紧一松，所谓紧，没有完成任务总量的办事处不参加活动；所谓松，只要完成任务，办事处全体业务人员都将被邀请参加活动，而不仅限于经理。

二是网店增长比例最高。如果说现在我们不得不做网上销售的话，那么我当初选择并购蔚蓝网而放弃淘宝、天猫就是决策失误。在 2010 年前后，我们跟天猫 TOP 的前三名都在同一起跑线上，而五六年后，它们已经把我套了好几圈了。"往事不可谏，来者犹可追。"毕竟在天猫上我们和领跑的网店差距没有大到蔚蓝网与当当、京东、亚马逊中国那样的距离。今年我们网上销售的增长超过了 50%。我们猎取了其他优秀网店的几位店长，陈敏也当选天猫图书板块商家联盟的理事，天猫已经开始注意和重视我们了。

去年不理想的情况是，没有像 2014 年，几大业务板块同步增长。2015 年，馆配中盘增长未如预期，中盘期刊还出现了大比例的下降，期刊的增长率 16 年来首次降为个位数，出版业务也仅仅持平。这给 2016 年全年任务的制订带来了困难。鞭打快牛,增长的希望还是在馆配这里。

二　2016 年任务指标

销售码洋 20 亿元。馆配 12.5 亿元,增长率为 16.5%;中盘 6 亿元,增长率为 28%;网店 1.5 亿元,增长率为 100%。

这是 2014 年底就定下的发展规划。2015 年虽然离 17 亿元差了 3200 万元,但是今年 20 亿的任务仍然不变。

为什么非做到 20 亿不可呢?去年我当选中发协副理事长,10 月 26 日在重庆召开非工委换届会议,20 多个副会长中,做中小学教材教辅的公司占到一半以上;施总当选非工委副主任,是唯一一个馆配企业的代表,其实,三新的宋旅黄也是够资格的。那些做教材教辅的公司有多大呢?都在 15 亿码洋上下,据说山东金榜已经有 20 个亿的规模。我们要有决心做中国最大的非国有书店(新华书店有许多禁入条款,我们还要等待机会,还有三大网店和天猫),我们不能画地为牢,把自己划定在馆配这个细分领域里。

三　馆配电子书进入销售阶段

2016 年,公司给电子书下达的任务指标,馆配中心的销售任务是 1600 万元,这里没有码洋了,是销售金额。如果按办事处平均分摊,一个办事处大概是 40 万元,相当于两个本科院校的基本定额。当然这要视办事处的大小分配,不是平均分配的。

具体的内容明天再讲。

我们制定的馆配电子书计划是三步走,第一年是 2014 年的平台开发,第二年是 2015 年的平台推广,前头连着开发,后面连着销售。去年我们已经签下 10 多个图书馆 100 多万元的合同金额,特别是与国家图书馆签约,是对我们的极大鼓励,让我们信心暴增。李龙浩去年丢了国家图书馆的图书标,中了电子书,有了一点补偿,否则要受到更严厉的批评。因为浙江省店,三新借机进来了,此消彼长,损失巨大。今年是第三年,就是电子书进入销售阶段,前头连着开发和推广。我们只领先三新半步,阿帕比在重组,超星也在学我们的版权控制模式,直接签约出版社和作者。不可疏忽,不能放松,再也不要出现国图的情况。

我统计了一下，2014~2015年全部的开发、推广、员工薪酬、网络和硬件、预付出版社书款超过了700万元，今年投入不会低于500万元，总计1200万元。如果我们的销售金额达到2000万元，理论上说有1000万元要付给出版社，但有些图书已经预付，我们甚至可以做到紧平衡。那我们也太不得了了！在没有政府资助，在没有外来技术支持的情况下，我们居然把馆配电子书这样的事做成了，我太崇拜自己了！

今年一共举行了46场报告，我做了44场，只有长春的两场不是我，今年补上。为什么？因为这跟1999年人天做馆配一样，这是我们的生命线，我们只能做成。我们不做，就有人做，我们就会被边缘化甚至被淘汰。如果你们要在人天立业，在人天退休，你们就没有选择。就像印度首任首相尼赫鲁所说的，要不就有声有色，要不就销声匿迹。

人天书店2016年中期业务报告

一 1~7月完成全年任务百分比情况

馆配中心46%；馆配中盘43.3%；蔚蓝网50%。

今年人天集团的总目标是20亿码洋，恕我孤陋寡闻，民营书业企业还没有达到这一规模的，如果做到了，人天就是第一家。

2006年，世纪天鸿是第一个达到10亿码洋的书业企业，那时我就暗下决心也要做到10个亿。那3年恰恰是人天的黑暗时期，2006年销售掉到了谷底，只有2.5亿码洋。2013年做到10亿码洋时，我是一点没有兴奋呢，还是没有一点兴奋，已经搞不清了，因为世纪天鸿已经做到过了，这就像嚼别人嚼过的馍馍。从10亿到20亿，用了整整10年时间，民营企业发展真的不算快，这使我们有机会赶超，好也让我们体验一下坐头把交椅的感觉。

二 市场规模和占有率

馆配市场规模 100 亿码洋左右，人天书店今年目标为 18 亿元，占有率 18%。强势公司的市场占有率不低于 30%，也就是说，人天书店应该做到 30 亿元。

30 亿之后是不是不能再增长了？不是。因为图书馆经费还在增长，图书定价也会提高，市场规模还会扩大，如果人天仍然保持 30% 的市场占有率，人天书店的规模还会扩大。如果市场规模达到 150 亿元，那我们是不是可以做到 45 亿元？市场规模达到 200 亿元，我们是不是可以做到 60 亿元？

看一个公司是不是强势公司，另一个指标是看它与第二名的关系，如果它是第二名两倍以上的话，那就可以说是强势公司。我们看人天书店，综合方面是湖北三新的两倍；期刊方面接近海天华教的 3 倍。但人天书店还有一项指标没有达到，即 30% 的市场占有率。

我们评价一个办事处或一个省区所依据的三个指标：

1. 你是不是最大的？
2. 你的占有率是否达到了这个市场的 30%？
3. 你把竞争对手落下一倍以上的距离了吗？

只要还有一项指标你还没有做到，就不要说你已经做得很好了，何况有的市场我们一项指标都没达到呢！

三 创新精神

按照我上面的分析，人天书店是不是一定会持续增长？这里有个逻辑前提，即这个市场的发展是持续的。如果这个前提不存在，人天的发展还能持续吗？

我们知道现在纸本书刊在高校图书馆采购经费中的占比已经下降，甚至降到文献资源经费的 20%。如果所有图书馆的情况都是这样，甚至绝对数额也在下降，就像现在的期刊这样，我们的增长还能持续吗？

我再说点危言耸听的话。美国学者《数字化生存》的作者尼葛洛庞帝在 2010 年时预言，纸本将在 5 年内消亡，当然他的预言落空了。有道是，落空的是仅仅是时间，并不是预言本身。

按需印刷技术已经成熟，成本一定会降下来，它影响的是什么？一是不需要复本了，二是不需要及时购买了，要用的时候再买。这还不是要我们命的，真正要命的，要我老命要你们小命的是出版去平台化和数字化相结合，不需要编辑了，不需要所谓的"版"了。在互联网和用数据进行远程制造的 3D 打印时代，权力在个人手里，不在出版社，也不在平台，每一个图书馆都是一个印刷厂，都有一台印装一体机，印刷机就像复印机一样，还要出版干吗？还要发行干吗？如果我们还要增长，靠的是什么？靠的是创新。

创新是企业家活动最重要的特征，因为企业家最大的忧患是不能增长。经济学有一个名词叫滞胀，当增长停滞的时候，成本仍在提高，效益和利润都在下降，一旦出现衰退，面临的是所有人力资源都将报废。

一个企业的最大隐患就是创新精神的消亡。不创新行不行？农耕时代甚至工业化时代都可以，但现在不行。以前时代的发展都是循环往复的，农耕时代的需求是粮食和肉，春耕夏耘秋收冬藏，需求是固定的，变化是缓慢的；工业时代需求的是钢铁、水泥、煤炭、石油，从简单生产到扩大再生产，蒸汽机和石油能源提高了生产率，物质数量极大丰富；而互联网时代的需求是变化的，产品是迭代的，发展是螺旋式的。同样再转到这个点上，是在另一个高度，不在一个平面上，就是说平面上的那个点不存在了，那你的位置在哪里？

我们每天都在被腐蚀，被良好的感觉甚至幻觉所腐蚀，人天是最大的啊，把第二名套了圈。不怕幼小和无知，怕的是傲慢和自大。俗话说，瘦死的骆驼比马大；俗话又说，拔了毛的凤凰不如鸡。

我们没有身边的危机吗？互联网时代，打败你的，可能都不是你的竞争对手，是一个新的生活方式，一个新的生产方式。中国移动是谁打败的？不是电信和联通，而是腾讯，是微信。我们有多长时间不发短信了？甚至多长时间不打电话了？因为用的是微信通话。期刊发行是谁打败的，不是另一个邮局或人天书店，而是万方和 CNKI。打败人天的，一定不会是三新，更不会是浙江新华，是我们不知道的一个公司，它更不知道我们，但它可能取代我们。

创新不是灵光一现，是企业家艰苦工作的全部过程及其结果。创新精神的实质是做不同的事，而不是将做过的事做得更好一些。

可能大家知道我要说什么了，不是畅想之星吗？是，也不是。畅想之星是人天的一个创新产品，它是人天创新精神的体现。

最重要的是每个人的创新意识，如果产品不变，我们可以做市场创新和组织形式的创新，如果组织形式很完善，我们可以做产品创新。

沃尔玛的能力在于它能够以最出色的方式把零售要领转变为行动，变成销售行为，卖什么无关紧要。人天的能力在哪里？应该是以最出色的方式把集团采购要领转变为行动，变成销售行为，是不是畅想之星不紧要。

谁都知道要创新，否定创新就像打脸一样，好像是一句大白话了。

四　S形曲线

其实创新的内涵是一条经济学的规律，就是S形曲线。每一种技术或产品都有一条独立的S形曲线，一个技术或产品在导入期进步缓慢，一旦进入成长期就呈指数级增长，而进入成熟期就会走向曲线的顶端，出现增长率放缓、动力缺乏问题。（如图1-7所示）

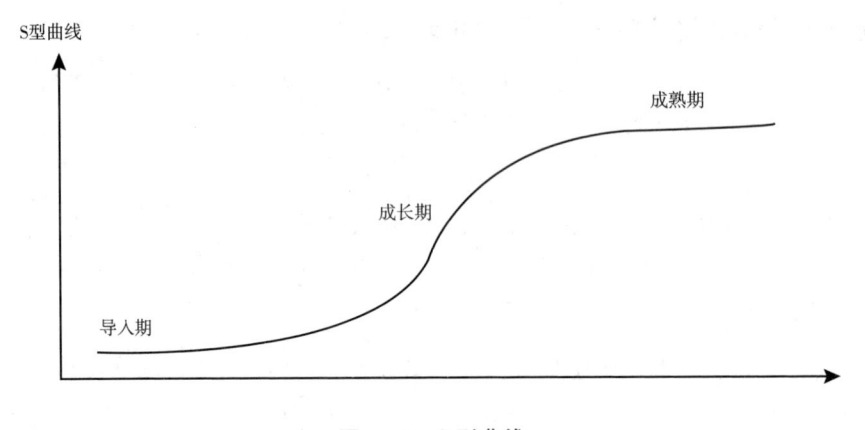

图1-7　S形曲线

这个时候，就需要有新的技术或产品在它的下方出现，形成新的S形曲线，最终超越原有技术，或替代传统产品，这就形成了双S曲线。这是新旧经济或新旧产品动能转换的理论。（如图1-8所示）

人天书店的发展轨迹是不是印证过这个规律？人天有过三条S形曲线：馆配、中盘、网店。（如图1-9所示）

这三条曲线合并起来是一条S形曲线，因为它们都是纸本。如同中国经济增长，传统

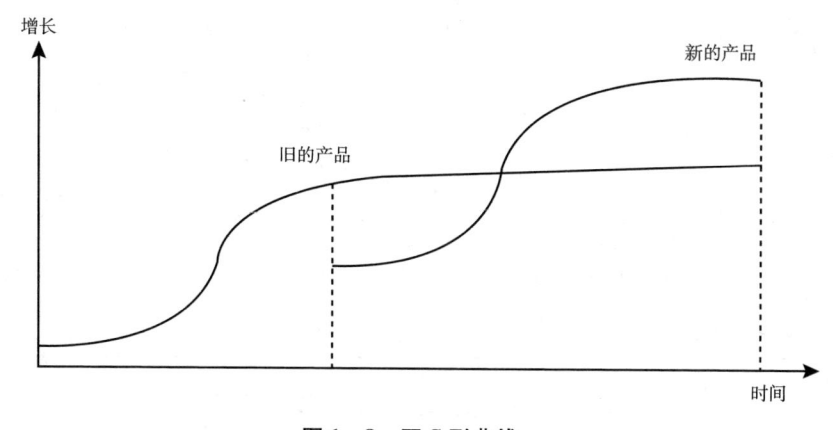

图 1-8 双 S 形曲线

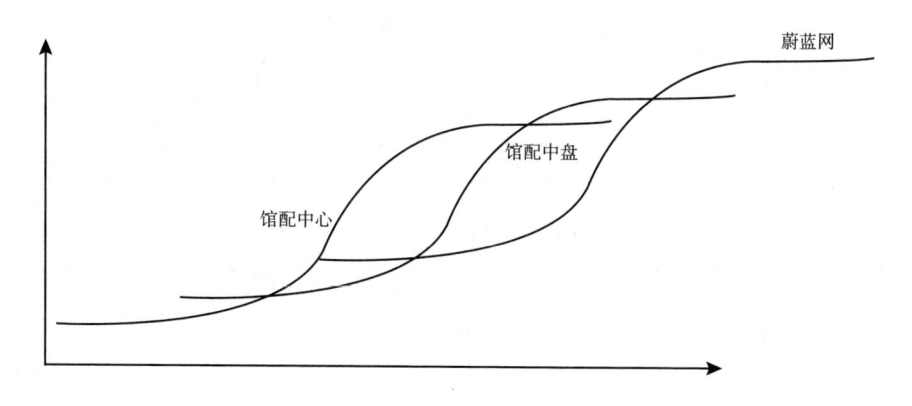

图 1-9 人天有过的三条 S 形曲线

动能已经到达 S 形曲线的顶端。人天书店持续增长的传统动能是不是也到达了这条曲线的顶端了？所以我们需要畅想之星，畅想之星就是另一条 S 形曲线。它自身也可以生成新的 S 形曲线，即在馆配电子书的基础上，再做个人书房。就像我们现在的网店，它就是在我们的馆配和中盘业务衍生出来的。（如图 1-10 所示）

前面说了，纸本业务还有增长的空间，但不能等到了这条曲线的顶端再去创造一条新的曲线，那就晚了。没有远虑，必有近忧。

东北三省的现状就是如此，还想振兴老旧工业，依靠强刺激维持过去的发展，只能导致投资收益递减，造成更多的僵尸企业、产能过剩、技术退步。美国的匹兹堡就是一个转型成功的城市，而底特律就是一个失败的城市。

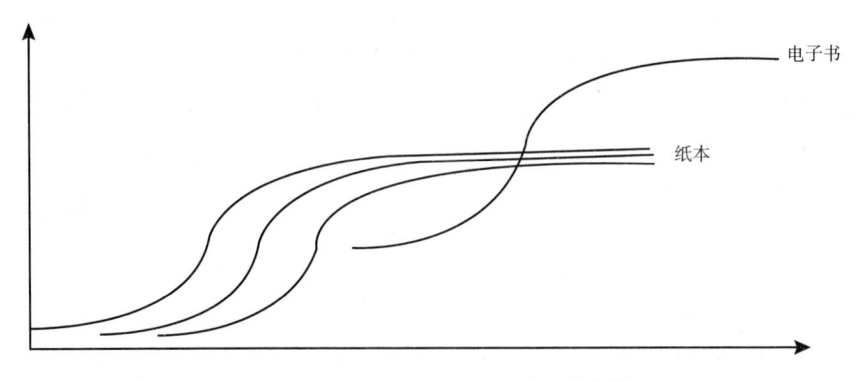

图 1-10　畅想之星：另一条 S 形曲线

新旧动能的转换就像 100 米接力，不是等前一棒动能耗尽时下一棒才起步，而是在前一棒接近最高速度时起跑，在相对的最高速度时交接棒，从而保持全程高速。

还有大量的案例可以佐证。

IBM，1984 年纯利为 65 亿美元，个人电脑收入 40 亿美元，相对于大型机微不足道，但它在个人电脑领域却占有 80% 的市场份额，处于极其有利的位置。20 世纪 80 年代正是 PC 机高速发展时期。大型机收入很高，但发展停滞，个人机虽然收入还很小，但发展速度极高。在两条曲线交接处，他们坚持大型机战略，不认为市场会发生任何变化。资金和技术继续倾斜，而且不允许个人机使用大型机最好的技术。到了 1991 年，IBM 公司亏损 28 亿美元，1992 年更是巨亏 50 亿美元。

ITEL，同样在 1984 年，它的业务下滑了 40%，壮士断腕，ITEL 放弃了存储器业务，这就等于中移动放弃了通话业务一样，开始做微处理器，这才使他们躲过了一劫。

不同的是，1984 年的 IBM 如日中天，ITEL 已经出现了危机，恰恰是在危机中的企业更容易思变，而一个在顶峰的企业可能看不到隐藏的危机。但 ITEL 没有完成下一个转型，它没有完成从 PC 芯片到移动芯片的转型，最近它在全球裁员几万人，一个大企业轰然倒塌。

NOKIA 在功能机往智能机变化的过程中，本来占据极好的位置。2007 年，智能机只占手机市场的 11%，但 NOKIA 已经占据了智能机市场的 50%，跟 IBM 情况一模一样，本来已经在新的曲线中占有领先的位置，但愣是没有完成转型，把机会给了苹果和三星。

联想是全球 PC 的王者，但在移动终端上它几乎没有作为，尽管它收购了摩托罗拉，但现在谁还用摩托罗拉呢？

苏宁是线下门店电器的王者，前几年跟京东打嘴仗，说干不过京东，就把苏宁送给京东。现在它已经不说这个话了，它没能完成从线下门店到网上销售的转变。

成功的案例也有很多。

阿里巴巴在 TOB 业务上市后，紧接着做了淘宝，从淘宝到天猫，第二条曲线又出来了。TOC 业务使它成为线上的沃尔玛，做电商需要支付，又做了支付宝，从支付宝又做了蚂蚁金服业务，连续跨越了几个 S 形曲线，所以说马云是伟大的战略家。

腾讯基于 PC 的核心产品是 QQ，而到了移动互联网时代它还靠 QQ 吗？不是，它靠的是微信。马化腾说，如果微信不是出现在腾讯，这对腾讯来说将是灭顶之灾，我们根本顶不住，这叫后怕。

华为也是一样。我们记得，华为的基本法里明确写着，华为永远不进入终端业务，但是华为否定了自己。去年开始，其智能手机业务突飞猛进，挤掉了三星，从 TOB 的对运营商为主营的业务向 TOC 的对消费者为主营的业务转变。

把畅想之星放在这个大背景下，它对人天书店意味着什么？一个人终究是要老死的，延续你的基因的是新的生命，畅想之星就是这个新的生命。

如果仅仅是一个产品，可卖可不卖，但是畅想之星不同，它是人天下一个方向性的选择，它的成功与否关系人天还有没有下一个 10 年。

我不干也就算了，但你们呢？重新择业，还是自己当老板？老板真不是所有人都能干的。

从经济学上看，它是一条新的 S 形曲线的肇始，期望它能够帮助我们跨过所有成熟企业都会遇到的发展窘境。我们希望在人天的发展坐标上，也出现这样一个双 S 图形。

五　三个关键词

北京大学图书馆馆长朱强用三个关键词陈述电子书对未来图书馆的意义：转型、替换、战略规划。

图书馆转型是必然趋势，图书馆是一个器物，它的价值就是被读者使用。图书馆最主要的功能是收藏，而下一代图书馆收藏的对象已经发生改变，用数字资源替换纸本，以存储的方式进行收藏。对图书馆来说，不是仅仅买一点电子书以应付读者需求，而是把它作

解读人天档案

为一个资源体系，建立未来发展的战略规划。

这三个关键词同样适用于我们。转型就是要创造第二条 S 形曲线。新的动能就是畅想之星电子书和其他数字产品、自动化工具等。最重要的是，把它纳入人天书店的战略规划，公司已经这样做了。这是公司的战略规划，也是每一个人的职业规划。

公司要求所有开发人员，每一个业务人员，接受使命，快速打开局面，与公司目标保持一致，不找任何理由，必须完成任务。尽管资源在替换，我们希望人天不要被替换。

我们在创造一个新的人天书店。

二　演讲稿

二 演讲稿

2003年人天书店发展状况分析

一 人天的定位

人天书店是为图书馆提供专业化服务的专业化书店，建立以数据技术、网络技术为核心，以检索为引导，以销售为目标，以加工和物流相配套的业务流程。人天书店应当越来越明确自身的专业化方向，不能受市场影响，也许有些项目不是很专业化，但初衷是好的，是想搞配套服务，但不能转移目标，偏离方向。我们的总体销售目标是10亿码洋，亿元店只是一个小小的台阶，我们还要上10个这样的台阶，还有很长的路要走。以往的目标我们都实现了，希望以后的目标也都能顺利实现。

那么目前人天所处的位置是什么呢？在北京，我们只能排在第8位，前面分别有中图、中教图、国图、京所、首所、北京图书大厦和王府井书店，然后才是我们。我们有决心每年将自己的排位提高一位，到2008年名列前茅。从形势上看，我们的地位是在提高，但有些地方在负增长，我们在前期发展阶段不应该有负增长。10个亿虽然还包括许多其他业务，但图书业务就应该有3亿至5亿的市场，所以每个市场都应该在500万元至1000万元码洋之间，不能没有增长。2004年，我们将图书目标定为1.5个亿，期刊不低于3000万。按9~12月份的报订数据来算，每月报订码洋已经超过1000万元。按90%的采到率计算，今年我们报订不会低于1.65亿码洋，那么缺口就是4500万码洋的报订量。

所以我们形势很严峻，我们每年必须对每一个客户的报订进行分析，一个客户一个客户的进行落实。我们现在的客户在增多，不可能对每一个客户都做到非常了解，但作为经理，我们应该有一个整体地把握。

为配合销售，我们有可供书目和新书展示厅，去年可供书目入网近40家出版社，今年可供书目要做到400家以上。人天网站正在做大的功能性改版，在线报订和在线查询等功能明显增强，大家也可以根据需要给网站提出新的建设性意见。另外，管理系统的升级也在进行。我们的加工服务在进一步规范，以前是被动地响应，现在已经可以主动提供这项服务了。物流上积累了一些经验，这项服务还未到位，需要通过提高业务量来解决，我们会在物流配送上下大力气的。送刊的第一个月就接到投诉，我们会及时解决问题的。

二 人天的优势、劣势及解决方案

市场竞争很激烈，但我们还有一定的优势，一是我们采访数据，但这个优势在不断减弱，通过新书展示厅可以得到巩固。二是我们有较大的客户群体，2003年我们有515家，不过其中有104家合作不稳定，期刊客户有430家，总体上还是有优势的。三是我们地处北京，地理位置和交通都有优势，而且我们与各大出版社都建立了良好的合作关系，尽管资金一直处于紧平衡状态，还是从出版社那里获得了较好的信誉。总体来说，人天已经出现了品牌效益，至少在市场上不会被忽略，这一点是最珍贵的。今年我们外出开会就深有感触，走到哪里都听到有人提及人天，问人天来没来。这种受欢迎、受重视的感觉有助于我们开展业务。

我们也存在一些劣势，一是我们编目数据的引导作用在被逐步淡化，因为目前数据共享条件太方便，数据很便宜。去年采访数据时我们发展了10个客户，今年是否还会续签不得而知，现在许多书店都有数据了，尤其是CIP在版编目数据，可能是最全面的，我们这方面的优势已经不存在了。二是地处北京有许多优势，但也是劣势，因为运营成本太高。人力、水电、交通、房租等都要比外地贵，其中房租比有的省会要高出数倍之多，而且我们还是"地下工作者"。我们目前的办公条件已经在一定程度上限制了我们的发展，影响了某些客户对我们的看法，但这些问题的解决需要一个的过程。三是我们的人员素质整体上偏低，部门经理一级的员工技术水平比较薄弱。面对同业竞争环境，以前没有太大的难题，看不出差距，但随着公司的发展，竞争已经是在另一个层面展开，竞争对手甚至高出我们数个等级，我们的人员素质已经不能适应新的情况。以前我们的竞争对手能数得上的也只有图联，可现在有很多，除了省级的新华书店，许多后起的专业公司可以直接学习我们现成的经验，安徽儒林就是一个典型的例子。他们可以同我们站在同一条起跑线上，而且我们在明处，他们却在暗处，他们的力量和发展不可小觑，我们势必要采取一定的策略和战术。我们不能以一个大公司自居，图书馆的要求越来越高，并非只是贴贴磁条而已，还有许多新的服务项目，成本就会越来越高，附加条款也越来越多。同时，折扣还在不断下降，一年来销售降了将近3个百分点，而我们采购却只降了1个点。

三　面对新形势所采取的策略

（一）正确面对价格战

在市场未被整合之前，我们只能打价格战，要以平常心态面对价格战。一定程度上说价格战是我们首先打响的，我们最先降到8.5折，但目前广州招标降到7.3折，天津整体招标的折扣也很低，价格形势是很严峻的。

从公司来看，我们只能降低成本，一是降低采购成本，二是降低运营成本。我们要减少消耗，减少浪费。出版社也有压力，出版社的毛利空间也很小，所以我们想降低采购成本也不容易。

（二）提高服务水平

力争推出我们的品牌，如果我们成为品牌公司，提供服务，我们的价格就不必无限制地降低了。最近，我们一直在探讨人天的宗旨和目标，以前说我们的服务、管理是手段；现在应该说策略、技术是手段，服务、管理是宗旨。当我们的服务达到一定水平时，我们会受到一定的赞扬，我们会感到愉悦。目前，我们公司只能算是不太专业化的专业公司，今年我们的工作已逐步程序化，领导在与不在基本上都能放心，人天就像一台机器在正常地运转。是否有建立行业联盟的需求，行业间不能只靠打价格战，竞争也应约定在一定的范围内。人天书店是否应该先走一步，出版社对我们寄予希望，但目前我们只能把自己的事做好。

人天书店在以往是很成功的，但横向看还比较弱小。我们以前的成功靠价格、服务（态度）、数据；以后的成功不能只靠这些，不能靠单一的优势，要做到人有我有，人无我有，人有我优，要靠整体的优势来增强竞争力，要有整体的解决方案。具体地说，一是客户需求的响应。怎么能够迅速响应客户的需求，解决客户的难题，这需要建立培训机制，提高专业技术水平。二是要有创新意识。有的客户需求我们做不到，而且是合理的，所以需要有技术创新。目前，图书馆使用的系统多种多样，比如很多系统不支持批处理，我们就有必要开发一个独立的系统为各馆提供数据查询。加工方面，以前只是在公司加工，现在需要进馆加工，管理问题就显得突出了，这里面有人员管理，有成本管理，还有关系管理。我们也在考虑业务外包，既可以主动接受外包，也可以外包给别的公司。所以各地区要主动搜集信息，及时反馈，我们会综合处理，并提出解决方案。这些服务做到了，就增加了各馆对我们的依赖。我们不能只是被动地响应，要主动创造需求，我们的加工服务比世云公司晚了一步，就是一个很大的教训。近几年来，我们有很好的发展机遇，各校教育经费都在增加，看发展不是看规模，而是看抵抗风险的能力，看管理水平。

四 给大家提几点具体的要求

（一）明确职责

区域经理要对所辖区域有总体的规划和把握，知道服务对象有多少，包括潜在的对象，比如济南工作站做得就比较好，负责人把山东各个点的工作都做到了。部门经理掌握的资料是第一手的，公司要根据你们所提供的信息做出计划，制定方案。西安工作站从有到无是有教训的，人员离职后公司没有及时进行安排。市场没有真空，你出去了别人就进去了，一旦失去，二次开发的难度就会更大。

（二）要有策略

各种各样的对手都不能轻视，要迅速地发现对手，迅速地削弱、打击直至消灭对手。作为业务员，要时刻保持进攻的姿势，要有敏锐性，江苏商业管理干部学院被华茂拿走的例子就是很好的教训。业务员就是和平年代商业战场上的战士，经理就是指挥官，我们可以跟对手同坐一席，但我们要维护自身的利益，所以业务员的态度是很重要的。怎样战胜对手，对客户的响应是很重要的，反应速度一定要快。有的经理做得很好，在第一时间解决问题，不能等问题反映到公司来，那就晚了，就算解决了，客户对你已经产生了成见，再要消除就很费劲。我不希望看到客户对你们的投诉，要想到客户的反映会对我们有什么样的影响，同时也要想到对手的每一个举措会给我们带来什么样的后果。

（三）客户基本信息

业务经理对本地区的客户信息要全面了解，及时上报，具体到某个地区，有多少院校，多少本科院校，多少专科院校，哪些院校在专升本，各馆经费情况，经费增加的情况等。能不能做业务再说，但信息首先要把握，要提供给公司，在这一点上邓建成、陆宏做得很好。

（四）普通客户与重要客户相结合的原则

哪些是重要客户？大馆是重要客户，你们在市场的前沿要敢于做主，馆长是重要客户，业务经理要代表公司与馆长建立起密切友好的关系，对馆长不要有畏惧感。不建立起良好的对话机制，业务就不好做，不仅仅要做下层的工作，更重要的是要做上层的工作。怎样去见馆长这样的关键人物呢？首先要给自己定位，要把推销加请客变为营销加咨询；要有规划设计，找到实际问题的切入点，分析其弱点，让其认识你的重要性，对你不可忽视。对馆长，我们不仅要做业务，还要善于做朋友。

（五）要有信念，更要坚持

为了事业的发展，为了销售的成功，我们就得放下架子，为了说服对方我们要俯下身子，降低身段。比如，同样是出差，有的人到车上就能买到卧铺，有的人就不能，一直站到目的地。你要不停地跟着列车长，想方设法说服他，你不能因此感到丢面子，这些付出与所得到的收获相比是微不足道的。我们做业务也是如此，我们前期的投入必定会产生后期效应的，不要轻易放弃每一个可能的机会。

（六）给定的任务（指标）必须完成

指标确定的合理性可能不是十分恰当，也许有不可预见性的后果发生，但是有条件我们要执行，没有条件要创造条件执行，不能讲理由，也没有理由好讲。有时我不敢想新的项目，因为没有很好的经理去主持，这样做反而成了负担，影响了其他部门的发展。

（七）要有责任感和事业心

危机感和成就感并存，理想主义和现实主义并存，个人主义和献身精神并存，崇高理想和庸俗行为并存。

总的来看，我们的形势是好的。我的发展势头是好的。大家一定要有信心，但也不能掉以轻心，要有如临深渊，如履薄冰的心情，也要有乘风破浪的勇气，人天和大家一起前进。

向亿元店迈进[*]

各位老师、各位同人、各位朋友：

首先感谢北京市新华书店，给人天书店提供了一次向大家学习的机会，在此我也

---

[*] 此文为2004年在北京市新华书店科技图书发行工作研讨会上的发言。

不可避免地要为人天书店做一点宣传。汤经理给我一个发言的题目，即出版社、中盘商、书店、图书馆专供商与终端用户的关系。我不敢做这么大的一个题目，但我十分愿意用人天书店3年来的实践给大家提供一个经营案例，同时向大家展现一种崭新的作业方式。

人天书店是一家为图书馆提供服务的专业图书公司。作为专业性的图书馆经销公司和图书出版信息提供商，在成立3年之后的今天，人天书店已经成为中国大陆著名的和最大的民营图书发行公司之一。2001年度，人天书店实现图书销售码洋2180万元，保持了连续3年100%以上的稳定的年均增长率。2002年第一季度结束时，人天书店已经实现销售码洋800万元，按与2001年同比计算，今年人天书店销售码洋将达到3500万元。有了这样的把握，我的关注重点已经从今年转移到明年。2003年是人天书店5年计划的第三年，2003年人天书店的销售码洋将达到5000万元。如果一切都能有计划的安排，到2005年，人天书店将实现亿元店的既定目标。

在图书经销服务的客户对象方面，经过长期的渠道建设，人天书店已经形成了以公共图书馆、高校图书馆、科研院所图书馆、政府机关图书馆和海外图书馆为主的稳定客户群体，并依靠长期合作形成了稳定的销售渠道和销售模式。

根据人天书店的现状，其客户主要集中于300多家图书馆，对单一客户的依赖性不大，风险较小，而每家客户的采购量却相对集中，有利于公司使用较小的关注成本办理相对集中的业务量。因此，人天书店的客户集中模式比较理想。

另外，作为赢得集团客户的重要手段之一，人天书店编辑出版的《人天书目报》，已成为国内图书出版信息的第一大报，覆盖了全国90%以上的新书出版信息。同时，人天书店已能采用机读目录格式通过互联网将出版信息分类并提供给客户检索查询，人天书店在计算机软件应用系统方面也获得了某些技术优势。

最后，也是最重要的，在这一领域中，规模往往意味着客户和出版社、中盘商更高的信任度和更便宜的采购成本，从而易于通过放大效应迅速形成更大的业务规模。

应该说，以上三方面都是通过投入大量人力物力长期积累形成的，短期内被其他机构替代的可能性不大。同时，专业化的经营手段所形成的门槛效应使得同业竞争难以轻易形成。

回到我的发言题目，我理解的这个题目的内涵是，在社会分工的前提下，如何维系从图书出版、图书中盘、图书分销和最终用户的一条供应链。市场最终需求和高质量供给的共同增长，促进了作为必不可少的中间环节的发行和经销行业的持续繁荣。同时，基于市场经济的发展和深化，由新华书店系统一统天下的图书发行和销售渠道发生了悄然和显著的变化，多渠道经营和发展的格局已经形成。人天书店便是在这一大的背景下走出来的，并且，不知不觉中，走在了这支队伍的最前面。人天书店是一家民营书店，它的生存完全由它的经营所决定。正因为如此，人天书店更能体会到客户的阴晴冷暖，更需把握政策条件和行业准入许可。比如，伴随着中国经济持续高速发展，作为社会科技和文化水平代表之一的各类公共图书馆和科研图书馆获得了先导性发展，一方面反映在馆藏图书的种类、数量和更新率的迅速提高上，对图书供给的持续需求大幅增加；另一方面，伴随中国"211工程"的实施，各类图书馆普遍实现了电子化管理和与互联网的连接，进行了网上信息检索和利用，从而使得网上订购成为现实的可能。这一基本的判断和具体项目的实施，使人天书店获得了发展的机会。

但我们深知，在这条供应链上，人天书店仅仅是其中一环，而且从图书出版到发行的过程看，人天书店处在它的末端。因此，它完全依赖出版社和图书中盘的支持，就是说，人天书店和你们有着极高的依存度。当然，由于稳定增长的销售态势和卓越的支付信誉，人天书店已经与首所、京所、辽批、沪批、苏批和500多家出版社建立了长期互信的供货渠道，在采购成本和头寸融通方面获得了一定的支持和信用帮助。在这里，我要特别感谢首都发行所给予人天书店的信任和帮助，在人天书店还不够大的时候，它就给予了人天书店一级店的资格和两个月的账期，使人天书店在资金周转困难时，仍能保持业务的正常开展。由于公司执行"信息提供——需求反馈——需求满足"的客户服务规程，采购实施是以订单确认为前提的，图书一经购得，经过MARC数据编制后即予配送，实现了无店铺、无仓储经营，并且客户支付信誉良好，从经营历史来看，还未出现过采购产品未获回款的情况。由于经营惯例，客户都是验收后付款，所以账期对人天书店尤为重要。折扣是矛盾的另一方面，由于人天书店处在图书出版发行的末端，获取的也是最末端的利润，所以对折扣是寸土必争。在此，我也希望出版社给我们一个任务书，我们深知码洋是硬道理。

近20年来，在中国图书发行和供应领域，还未出现过一个大型民营图书公司，而伴随着入世，以及经济体制和政策的变革，培育和发展大型民营公司的政策土壤已经出现。人天书店走向亿元店的道路已经打通，对人天书店来说，在这一领域争取第一的决心已经下定。希望大家和人天书店一起，建设一座没有大厦的图书大厦。

解读人天档案

旅行者，你和我

——人天书店6周年店庆致辞

小时候，我花一分钱从书铺里租一本小人书看，我有一个梦想，如果我有两块钱，就能把铺子里的书都看上一遍。还是很久以前，我和中学的同学们偷偷传看着一本本字体各异的手抄本的小说和诗歌，却不能理解，在一个创造了印刷术的国度，这些美丽和令人惊奇的文字，为什么不能变成精美的图书？20年前，中国开放了，我们上了大学。在东北的一个寒冷的冬日，我排了一个小时的队，用冻僵的手从新华书店的柜台上买到了一本巴尔扎克的小说，从那以后，知识便像潮水一样向我涌来了。今天，我和我的同事们，经营着有这样规模的一个书店，我们进出着出版社的大门，所有的图书馆都为我们敞开，处处都是财富，我有一种从未有过的满足。寂静之时，我常常想，这难道不是前缘，不是对匮乏年代饥饿精神的补偿吗？

于是，40岁那年，我踏上了一条路，我在这条路上走了整整6年。回头看，这条路细细长长有点弯，影影绰绰有几个晃动的人影。后来，这条路慢慢变得宽阔起来，路边的景色也越来越鲜明，那些人影在路上急速地移动，渐渐有了眉目。接着，又有一些人走进了他们的队伍，和他们一起向前奔走。人越来越多，以至于占满了一条道路。在这些人中间，有一个人是我，在我前后左右的是你们。

6年过去了，我们一起在这条路上洒下了汗水，甚至留下了血迹。烈日暴晒着我们，雨水洗刷着我们，土坑颠覆着我们，石头磕绊着我们。灰心像一张网覆盖着我们的身体，失意像一层雾遮拦我们的眼睛。一路上，我们倾听着呼喊与细雨；一路上，伴随着内心的喧哗和骚动，我们还在往前走。我们的目标，在这条路的尽头。

我和我们的总经理都是部队大院长大的。我们的父亲，参加过解放战争和朝鲜战争。他们在战场上、训练场上实现了人生，他们为流血、负伤以至牺牲而感到光荣。时势不同，战场变成了商场，战争变成了竞争，但这斗争的精神已经变成基因而存在于我们体内。我们不怕输,想求胜。今天,我们也带领着一支队伍,我们也在有计划地部署,合纵连横,化敌为友,韬光养晦,一招制胜。战争年代怕怯懦,和平年代怕平庸。我们从事着商业活动,就在这求生存的活动中,我们仍要融入个人的理想和人类的精神,要体现个性的发展和社会的责任。这就是和平年代我们实现人生的计划。

我们早已下定决心,我们已经义无反顾。我们的目标,除了更大,已经不会改换;我们的理想,只有更美才会让我们变心。动摇,它要拖往我们的腿脚;怀疑,它会侵蚀我们的身心。那么,让他们留下吧,让这些人留下,让指手画脚的人留下,让怨声载道的人留下,让腰酸腿疼的人留下,让哭哭啼啼的人留下。

让青山绿水疗治他们的创伤,让和风细雨抚慰他们的心灵;而我们,不停留,时间正紧,我们还要向前走。

现在,我们已经意见一致,我们更加坚定了信心。当这条路在我们的脚下走完,我们事业的道路就将铺成。诗人说:"汝啊,美丽而忧伤的星辰,如今她变作一颗红星,在上苍照耀着我们。"当我们再回首,那些纷繁往事,痛苦经历,都如过眼烟云随风飘散。

2005年民营书业的前途*

2005年8月5日,上海书市期间,文新报业集团和中国媒体出版社集团主办了"第二届民营书业精英论坛",人天书店被邀请参加了这次论坛。与第一届不同,去年我参加首届论坛时,看到的大都是全国知名零售店的老板们,如上海的季风、思考乐,北京的国林风、万圣,贵州的西西弗等。这说明主办方对民营书业的整体情况还不甚了解,没有发现民营书业的主力阵容。今年可谓群英荟萃,除了著名的零售店,被邀请的有全国连锁店,如大众书局、席殊书屋,总发企业英特颂,图书馆供应商人天、三新、儒林,网上书店卓越,书友会贝塔斯曼等,后两家是外资,就是说该来的都来了。

---

* 2005年在"第二届民营书业精英论坛"上的发言。

主办方给了我一个题目是"民营书业的前途"。我感觉这个题目太大了，似乎是总署某某领导该讲的。但这个题目对我也有刺激，我讲这个题目，调子肯定不同。我也口无遮拦，在座的听得也有味道，下面就是我的发言。

一 民营书业有无前途

当我拿到这个题目时，我会觉得民营书业没有前途，因为发问者的角度是站在国有书业的立场上的。国有书业有可调用的资金如贷款、拨款，有增值税甚至所得税的免税政策，有固定资产如门店，有固有的渠道，有教材垄断发行，还有品牌，这些都是民营书业不具备的。总署署长、副署长在不同场合多次表示，要在5年内培养出发行行业的大型市场主体。具体步骤是，第一步，整合一省发行渠道，建立省级新华书店集团，在此基础上运作上市。第一步是走得通的，利益在省内，许多省店集团已经成立了。第二步，相邻省份资源共享，优化配置，实现联合。走到这一步，就需要打破区域界限，走向市场，大鱼吃小鱼，吃了以后不得后悔。第三步，实现跨省兼并，成立跨省公司乃至跨国公司，最终形成五六个大区集团，垄断中国图书市场。如果第二步做到了，这一步当然可以做到，这是国家为新华书店做的制度安排。

我们看到民营书业的影子了吗？没有。国家为什么没有想到民营书业也能成为一个或几个市场主体，民营书业为什么不能加入这场博弈，为什么不给它们创造政策空间。说到底，是骨子里的问题。

民营书业有没有前途，一是看它能做多大，二是看管理者和研究者们希望它做多大，对民营书业有多高的期待。多大规模算是有前途，4个亿算大算小，10个亿叫有前途吗？

2004年，国内图书销售码洋超过1100亿元，剔除中小学教材，还有600多亿元。大的省店如江苏省店、山东省店、四川省店有10多亿，占其比例不过2%左右，人天今年3个多亿，只占其比例5‰。日本的日贩、东贩相加，占该国图书销售的近70%，台湾一家农学社，占岛内图书销售的70%以上。从金额上看，我们一个省店一年的图书销售额仅仅是亚马逊公司24小时的流水。从这些数字看，在中国，图书发行垄断远未形成，尚处于自由竞争的初期。因此，尽管民营书业没有被安排在中国书业发展的框架中，但实际上，我们和国营书业都处在一个起跑线上。其差别仅仅在于它们占据着第三、四、五、六道，我们在第一道或第九道。

民营书业的前途不是就在这里吗。当然决定民营书业命运的有两点，一是政策环境，第二是我们自己的选择。

二 政策环境的根本改变

一方面，民营书业开始享受国民待遇。首先，主渠道和二渠道的界限开始模糊。以前，"二渠道"和"二渠道订货会"是带有明显歧视性的称谓。尽管现在还有这样的称谓，但贬义的内涵已经淡化，只是习惯而已。从桂林全国书市开始，政府开始出面组织民营书业订货会。这次上海书展，也专门为民营书业开辟了展区。诸多民营企业获得了总发行权、全国连锁经营权和特许经营权，如世纪天鸿、英特颂首批获得了总发行权，大众书局、席殊书屋获得了全国连锁经营权。这些权利以前都是国有书店独有的。

在某些领域，民营书业已经成为市场主导。事实上，在图书馆配供方面，民营书业已经成为主渠道，这是让国有书店心服口服的事。以前还有人会这样想，民营书业靠低价，靠回扣取胜，现在没有人这么看了。廉政风暴和政府招标规范了所有企业的市场行为，而竞争是公开和有序的，只有人天和少数几个书业企业还在守护着价格的底线。民营书业的高中标率说明，它们靠的是服务和技术，靠的是品牌和诚信。

与此同时，民营书业的社会地位在不断提高。席殊当选为第十届全国政协委员，民营书业有了自己的代言人。李国庆被邀请参加了带有浓厚官方色彩的 2005 财富论坛。媒体更加重视民营书业的发展趋向，成语说"风起于青萍之末"，新闻是最敏感的神经。文新集团连年组织"中国民营书业精英论坛"，是否也感觉到了风雨前的气息。

人天书店在韬光养晦若干年后，也开始走进了公众的目光。人天加入了全国出版物发行标准化技术委员会，参与了出版物发行标准的制定。人天被总署信息中心列为二维条码的试点单位，特别是积极倡导和独立创立的"中国可供书目"体系，使人天成为图书出版发行业舆论的焦点。

另一方面，民营书业仍然受到诸多政策限制。书刊的进出口权还是掌握在国有独资企业手中。总署 27 号令明确规定，进出口权和代理销售权的审批权限设在总署。可想而知，民营企业要获准进口书刊会有多难。上海"红宝事件"让人心有余悸，它告诉你以身试法的后果。

民营书业获得出版权仍是遥遥无期。连管理者都知道，民营书业已经进入出版领域。

每年由图书工作室策划、合作出版的图书不会低于一万种，有的说甚至有两万种，占全国出版品种的十分之一强，若按销售码洋计算，比例还更大。目前的书号审批制度，把民营出版置于一个灰色地带上，虽说这条灰色地带越来越宽，但法律风险也是极大的。从经济上讲，由于书号成本高，民营书业只能做畅销书、大码洋书、一号多书，学术类图书由于发行量小，基本不能做。再则，没有自己的出版公司，做得再好也是为他人做嫁衣，不能创立自己的品牌。这都决定了民营出版多是短期行为、经济行为，不能奢望他们去考虑社会效益。

虽说中小学教材要实行招投标制，但目前经营权仍垄断在新华书店手中。新华书店自己都知道，如果没有中小学教材，它们还有多少个门店能够存活下来。政府要给它们一个转型期，它们当然希望这个时间越长越好。

书业是个文化产业，经济效益重要，社会效益更重要。因此，国家应该给它一个鼓励和扶持的政策。我国书业目前实行的税率是13%的增值税，是非常高的，不利于民营资本进入，更不利于大的书业企业的规范经营。国外发达国家通常的税率是6%。

三　民营书业的自我选择

尽管民营书业还受到诸多政策限制，但不可否认，政策环境已经发生了根本的改变，民营书业做大做强的条件已经具备。民营书业如果把握好机会，有可能异军突起。

新华书店虽然仍占据着主导地位，但它是一个产权和知识产权不明晰的经济主体。全国大约有近3000家书店顶着新华书店的牌子，但从地缘经济角度讲，它们相互之间的利益是冲突的。当它们跨区域经营时，这一矛盾会突出和暴露。

中国不是日本，国土面积大，物流不发达，短期内不可能形成大中盘，如日本的日贩和东贩。5年内培养出大型市场主体，只是管理者的一厢情愿而已。如果按照市场规律整合，首先要确定利益主体，然后经过充分的自由竞争，才能形成相对的行业集中度。管理者希望用政策加快这一过程，以尽快形成几个大区集团，可能事与愿违，适得其反。

经过市场的洗礼，民营书业已经出现了若干大公司的雏形。不论在规模上，品牌上，资金运用上，技术力量上，它们都接近了省店的规模和影响。而且，由于规模的扩大，采购成本降低，与供货商信用关系的建立，使我们与中盘商的差距越来越小，互补性也越来越差，所以民营书业要做大就要突破现有的思维。

第一，要建立自己的信息平台，通过建立信息中盘掌握上游出版资源。人天书店的发展证明了这是完全必要的，并不是做无用功。现在，人天书店又在搭建"中国可供书目"的平台，继续走在了信息建设的前面。

第二，坚定不移地进行固定资产投资，购建自己的办公中心和物流中心，彻底改变民营书业无固定资产，永远是皮包公司的形象。而且，固定资产本身就是企业资产增值、保值的重要手段，同时带来企业的资信。

第三，民营书业也要进行资本运作。民营书业不缺技术，不缺人才，也不缺管理，起码不比国有书店管得差，缺的是资金。国有书业已经开始资本运作了，总店改制，上海市店招股，四川文轩进入上市辅导期，图书发行体制从单一股份转向多元股份，引进了资金和管理。民营书业中，当当是成功的，但卓越很可惜，卖得干干净净，现在已经是亚马逊公司的一个全资子公司了。

第四，创立民营书业的品牌。民营书业走过了价格竞争和服务竞争的道路，下一步就要进行品牌竞争。我们能不能也能建立一个"新华书店"的品牌呢。品牌的表象是信誉，是服务，它的内涵是文化，是标准。

第五，建立自己的根据地，否则，不管你有多大规模，占多大比例，也是散兵游勇，将来要被别人整合。现在经常说，民营书业已经占了半壁江山，有57%的图书销售是民营书业实现的。但是另一面，这57%是分散在全国几万家中小型书店里的，完全是自由经济的产物。它们自生自灭，是管理者都不屑一"管"的。要不这么大的比例，管理者为什么不从中选拔，培养一两个大型市场主体呢。所以，你还是不重要；所以，民营书业的前途要我们自己安排。你要有规模，你还要说得出来哪一块是你的，是别人拿不走的。就像新华书店那样，它可以说教材是我的，某某省是我的。大众书局已经开了19个书城，它就可以说那19个城市是它的。人天书店占有图书馆配供的百分之十，它也可以说那是我的，谁也轻易拿不走。当然，我们现在规模都很小，占的比例也很小；但只要我们这样想了，这样做了，总有一天，我们会成为一个"大型市场主体"，占据"六方会谈"的一方，可以和那些"市场主体"们坐下来谈，有我们的话语权。要说民营书业的前途，那才叫前途。

解读人天档案

求胜之心*

  李总的报告向我们传达了两个内容，第一，人天书店反对图书领域里的贿赂行为。所以说，李总的报告就是人天书店反商业贿赂的"北京宣言"。我们把反贿赂、反腐败当作了人天书店最高的道德准则，不要认为这仅仅是业务部的事情，这是全公司的共同意识和一致行动。这样做，表现出公司对员工的一种承诺，也表现出公司对长远发展的一种信心。从此，人天书店建立在一个基于信任、透明和不容忍贿赂、不容忍腐败的基础之上。我们在行为当中，内心不再发生冲突，四周充满了和谐的气氛，而这就是人天书店的内部文化。

  第二，人天书店仍然要做行业的领导者。正因为人天书店的远大抱负，才使一批商界精英聚集到人天的旗帜之下，甚至在人天最困难的时候他们仍然义无反顾。即将赴任东北地区大区经理的杨慧萍就在我们中间，她昨天跟我说，我是在人天的高峰时认识人天的，却在人天的低谷期进入了人天。这是为什么？就因为人天不仅仅是一个买卖，更是一个事业。就像20世纪30年代大批知识分子奔赴延安一样，我曾经的领导，中国文学杂志主编丁玲同志就是其中的一个。《新京报》在报道中给人天书店扣了一顶"大帽子"："中国内地最大的民营图书中转商"。我看了以后心里暗暗高兴，或者叫"窃喜"。因为我知道这个称谓会对每一个人天员工的心理产生无形的影响。你们会认为人天书店是最大的、最好的，或者应该成为最大的、最好的。舆论要求我们做成最大的、最好的，这样一来，就把我和公司几个领导人的个人意愿变成了集体意识，甚至变成了社会意愿。

  但是，要当行业的领导者却不是那么容易的。第一，你要是市场规模的占有者；第二，市场规则的制定者；第三，市场价格的制定者。第一点尤为重要。只有成为市场规模的占有者，才有可能成为市场规则和市场价格的制定者。昨天晚上，《出版人》杂志的首席记者韦英平电话采访我，问图书馆市场到底有多大？我说没有官方统计，有说30个亿

---

  * 2006年在人天书店8周年庆祝大会上的发言。

的，有说 50 个亿的，也有说 80 个亿的。这几年正值评估，更说不清了，但 30 亿、50 亿、80 亿都有依据。如果按 2500 万高等院校在校生计算，生均 4 册新书，就是 1 亿册，按每册 30 元计算，不就是 30 亿吗。加上公共馆，差不多就是 50 亿。再把所有的 5 万家图书馆、图书室、资料室都加上，差不多就是 80 个亿。我们人天呢？去年 3.5 个亿，今年 2.5 个亿，用人天这个量除以上面哪个数字都不怎么好看。我们心里有数，起码现在我们还不是行业的领导者。然而社会舆论对我们充满了期待，我们自己内心的愿望也在一点点地膨胀。因为我们知道，只有人天这群人才能给这个行业灌注思想，但我们还差一点码洋来增加我们说话的分量！

所以，尽管我们遭受了不小的打击，我们仍然不改变初衷，我们仍然向前走。人天人，本来就有不少理想主义的精神，在磨难中，又有了一点英雄主义的气质。我希望每一个人天人都应有一颗求胜之心。求胜之心，胜在何处？我们的目标非常明确，非常具体，就是要在各主要市场的客户群和每一个重要客户中占据首要位置，让人天成为首选。这就要求我们全国各地的机构和业务人员在组织、思想上有高度一致性，在能力和管理上高人一筹，要求公司各部门统一和规范服务标准。我们已经容不得行动的迟缓者，更容不得思想的怠惰者，因为有人已经走到了我们的前边。

孔子说："见义不为，无勇也。"什么是义？规范图书市场就是义，坚守民族企业阵地就是义，建立一个企业文化的典范就是义。勇气、求胜之心，应该成为我们人天人的精神气质，溶化在血液中，落实在行动上。对于我们每一个业务员，每一位中层干部，这是一个最起码的、最基本的任职要求。人天书店就是要用你们的勇气和求胜的信念，启动一个市场，带动一个团队，克服眼前的困难，续写人天的辉煌。

在北京地区客户年会上的发言[*]

2005 年、2006 年是人天书店的多事之秋。

---

[*] 2006 年在北京地区客户年会上的发言。

人天书店7年来走了一条坦途，太顺了，顺到遭人眼热。自1998年经历了一个小小的挫折之后，人天书店成功转型，之后一路走高。为我们做商业计划书的专家都说，人天增长的曲线是风险投资人最喜欢看的图形，从500万元到1000万元、2000万元、4000万元、1个亿、2个亿。去年在遭受打击之后，仍然达到了3.5亿元码洋，已经和北京图书大厦站在了一个平台上。在北京，人天书店已经排在了中国图书进出口公司、新华书店总店等4家国有书业公司之后，居第5位，在全国民营书业中名列前茅。去年，我们北京业务部的业绩达到了创纪录的4600万元，如果未遭此事，将历史性地突破5000万元大关。2005年，人天书店纳税1000万元，为当地财政做出了重要贡献。

这样高速的增长，以及所带来的广泛赞誉，使我们滋生了骄傲的情绪，具体表现在我们忽略了对风险的控制。

风险一，业务过于单一，只经营图书和期刊两种业务。

风险二，政策和法律的风险，即我们在经营之初就遵循着业内的一个"惯例"，就是绝大部分用户要求码洋开票，优惠部分再行返还。我们也认为这是一种购书的优惠方式，尽管不合规，但并不构成回扣和商业贿赂。我们以为，只要优惠款不是个人所得，是单位支配就可视为合理。我们遵循这样的"惯例"，并没有想谋取，事实上也没有谋取不正当的利益。我们只是由此获得市场准入，获得谈判的资格，从而获得交易的机会，仅此而已。虽然有些购书单位通过这样的方式改变了专项资金的用途，不能视为合法，但图书馆长期以来事业经费不足，通过这种办法补充一定经费的做法也情有可原。这就是在繁荣下面隐藏着的一个巨大隐患。

去年对图书政府采购的专项整治已经开始，政府对此说"不"了。今年已经被确定为打击商业贿赂年。检查的对象是国有企事业单位的公职人员，重点是图书政府采购、金融服务和医药领域。所谓"人天事件"的大背景就是这样。

前犬吠影，后犬吠声。"人天事件"之所以被广泛关注，并不是因为人天的规模大，涉及面广，而是它代表了图书领域一个基本面的情况。有人认为人天是罪有应得，有人认为人天是代人受过，但我们更多的是得到理解和安慰。在这段艰难的时期，全国各地许多图书馆的馆长多次专程来京看望李总和我。北配、沪批、京所主动延长了账期。人邮社、科学社、电子社、清华社、北大社和水利水电社对这次年会的赞助也说明了供货商对人天的信任。

二 演讲稿

人天生在北京，长在北京，北京的老师看着我们成长起来，确切地说是培育了我们。我们也在用真诚和服务回报你们，我们正在酝酿一个更大的项目以期与你们合作。由于我们的原因给各位带来的麻烦，在此我向大家表示由衷的歉意。同时，也希望各位老师给我们的业务员多一些理解和同情。他们都很年轻，他们承受了巨大的压力，有来自外界的，更沉重的是来自他们内心的歉疚。他们刚刚被解除强制措施，就聚在一起讨论北京市场如何恢复，"待从头，收拾旧山河"，没有人离开公司。

人天通过这次事件成熟起来了，我们已经是成熟的企业。比如在这次危机中，人天的机制发生了良好的作用，所有业务人员和管理人员都坚守岗位、临危不乱，业务和结算照常进行，说明人天已经从人治阶段进入到了制度运行的阶段。以后如果说我们把股权和经营权分离了，我、李总不想上班了，只想当股东了，太阳照常升起，人天所有的员工照样会带着微笑为你们服务，可能还会比我们做得更好。

这几个月会是人天最艰难的时期，希望各位施以援手。孔子说公冶长："可妻也，虽在缧绁之中，非其罪也。以其子妻之。"公冶长以擅学鸟语而获罪，后又以会鸟语而获释。孔子说他本质是好的，才把自己的女儿嫁给他。我们人天也是这样，动机是纯正的，利益是正当的，希望大家信任我们，继续与我们合作。

北京是人天的根，虽然人天折了一些枝杈甚至树干，但根还扎在这里，扎在你们中间。说得不好听点，就是赖上你们了，谁叫人天书店是北京人天书店呢！大伙也不希望我们垮掉吧！我们自己是有信心的，是不屈不挠的。事实上，北京的业务已经开始恢复了。就像一位老师所说的，你们人天是有一点野心的。我在不自由的日子里，写了许多的诗，其中有两句是这样的："在凋谢的鲜花下面，有一颗雄心还在默默地膨胀"，"风雨过后君不见，最美还是银杏树下一地金黄"。人天用7年的时间发展成一个全国性公司，只要雄心在，客户信任在，管理团队在，哪怕从头再来，仍然能够达到我们曾经达到的高度。尽管有人幸灾乐祸，有人落井下石，毛主席说"天要下雨，娘要嫁人"，随她去吧。我要引用一句列宁的话："鹰有时比燕子飞得低，但燕子永远飞不到鹰的高度。"

对你们的到来，对你们在困难时刻给我们的帮助和友谊，首先是我，并代表李总、施总和人天全体员工再次表示我们诚挚的谢意。

解读人天档案

在中国可供书目西部展厅揭幕仪式上的发言*

各位馆长、各位老师、各位来宾：

大家上午好！今天我们会聚在西安电子科技大学图书馆为"中国可供书目"西安电子科技大学新书展厅、西北农林科技大学新书展厅、延安大学新书展厅的开业举行揭幕仪式。我代表北京人天书店有限公司向各位来宾表示热烈的欢迎和感谢！

西安电子科技大学、西北农林科技大学和延安大学新书展厅是继中国可供书目首都师范大学新书展厅、天津高校数字图书馆管理中心版本图书展厅之后，北京人天书店有限公司在高校图书馆开办的第三个、第四个和第五个新书展厅。

自2004年人天书店首都师范大学新书展厅开业以来，受到了图书馆界、出版界的一致好评，并且已为多家图书经销商效仿。新书展厅办在大学图书馆，这给本校图书馆和周边地区的高校图书馆提供了看样订书的便利，加快了新书到馆的速度，大大提高了采书质量。不出远门，就能在第一时间看到新书，看样订购，这减少了采访人员远途奔波的辛苦，为学校节省了差旅费，为老师们节省了时间，同时也给展厅所在学校的师生提供了一个好的阅书所。通过对首都师范大学新书展厅看样订书的统计，2005年一年报订码洋超过2000万元，达到了一举三赢。

人天书店5个新书展厅的顺利开办，得益于各学校图书馆领导以及全国出版社的大力支持。在此，我代表人天书店向西安电子科技大学图书馆、西北农林科技大学图书馆、延安大学图书馆的领导、老师们表示衷心的感谢！向全国的出版社，特别要向不远千里来参加我们今天揭幕仪式的出版社同行表示衷心的感谢！同时，也欢迎大家对新书展厅多提建议，多出主意，使我们的展厅越来越贴近用户的需求。

今天，我还想利用这样一个难得的机会，向大家简单介绍一下人天书店2005年以及2006年上半年的经营状况。

---

* 2006年在中国可供书目西部展厅揭幕仪式上的发言。

二 演讲稿

2005 年，北京人天书店销售码洋突破 3 个亿，年底实现期刊报订码洋 4800 万元。分别获得了清华大学出版社 A 级经销商，中国人民大学出版社综合销售 10 强，国防工业出版社金牌经销商，社会科学文献出版社 2005 年增长排名第一，北京大学出版社销售 50 强、机械工业出版社、科学出版社、人民出版社、化学工业出版社优秀经销商等诸多称号。人天书店多年来秉承信誉第一、客户至上的原则，不仅业务量以连年 100% 的比例增长，而且在结算方面也一直受到出版社的赞誉。在《出版人》杂志对全国大型书店的调查中，人天书店综合排名在北京图书大厦、江苏新华发行集团之后列第十位，在民营图书公司中列第一位。

2006 年上半年，人天书店销售码洋与去年同期相比有所下降。下降的原因有两个：一是随着高校图书馆评估工作接近尾声，学校突击购书的势头已明显下降，今后高校购书将更趋于平稳理性；二是众所周知的原因，关于图书馆采购按码洋开票结算，折让金额再行返还的合法性问题。今年作为反商业贿赂的重点年，全国图书馆、有团供业务的出版社、图书馆供应商，无论是国有企业还是民营企业均受到调查。大家都知道，图书馆采购图书，20 多年来一直采用的是码洋开票、折让返还的结算形式。这种形式早已成为一种行规，在业内被普遍采用。并且，它作为谈判的条件和结果，都写在了招标书和采购协议上。人天书店于 1999 年开始图书馆供书业务，也不无例外地遵循了这一行规。这一行规已存在 20 多年，并不是人天书店的创造。同时，我们也认为若干年来，作为图书馆经费的补充，这种结算方式的产生有着它一定的客观背景。

这次全国调查，给我们人天书店和全国同行上了一次严肃的法律课。严格地按照《中华人民共和国刑法》和《反不正当竞争法》来衡量，多年来馆配企业和图书馆遵循的这种行规确实违反了国家的法律。这次调查，人天书店确实受到了一定的冲击，竞争对手也借机散布了一些传言。但人天书店面对这一切采取的态度是：认真学法，努力做事，对于传言不加理睬。一个企业和一个人一样，不可能一辈子万无一失，重要的是一旦出现问题我们应该采取的态度和解决的方法。曾子说"吾日三省吾身"，人天书店面对现实，自查、自省、自纠，按照法律而不再按照行规制定企业的各项制度，把 2006 年当作人天的一个新的起始年。正因为如此，在短时间内，全国客户对人天的信心得以全面恢复。2006 年上半年，人天书店业务也在稳步恢复和发展。截止到 6 月 30 日，上半年销售码洋已经超过一亿元，人天书店依然稳稳地处在图书馆配供企业的前列。

人天书店进入图书馆团供行业较晚，不到8年时间，但自创业之日起，我们就有一种责任感，我们不仅是在做商业，更是在做事业，把商业当作事业来做。我们把图书馆的需求当作自己的需求，我们把图书馆的发展当作我们发展的基础。1999年《人天书目报》的创刊，2004年《中国可供书目》的出版，图书馆专业图书的编辑出版，全国图书馆采配基地的建立，首师大新书展厅和天津工业大学新书展厅的建立，还有就是今天揭幕的"中国可供书目"西安电子科技大学、西北农林科技大学、延安大学3个新书展厅等，都引领了行业的发展。人天书店有着强烈的理想化色彩，除非不做，做就做好，要做就做优秀。今天，我们在这里揭开的一幕，或许可以让我们看到图书馆采访工作的明天。

今天，面对国家整顿图书市场的决心，人天书店再次发起倡议：坚决实行实洋开票、实洋付款的结算方式。人天书店的口号是：推行实洋，拒绝码洋。从今天开始，对码洋开票的要求，人天书店一律不予响应。按照社会主义的荣辱观对照图书馆配供工作，我们以实洋开票为荣，以码洋开票为耻，这就是我们新的荣辱观。

我们知道，这样做我们会损失一定的客户和市场份额，但为了客户的安全，为了企业长久的发展，我们决心这样做。我们搭建了一个良好、坚实、安全的平台，同时，我们也希望合作伙伴与人天书店一起建立我们共同的目标，发出一致的承诺。人天书店要把这个企业办成一个遵纪守法的企业，办成一个勇于创新的企业，办成一个健康向上的企业，不仅让自己放心，更让客户放心。从此，我们在工作中，内心不再发生冲突，四周笼罩着和谐的气氛。

有许多出版社的朋友参加了今天的揭幕仪式，我们也应该对你们有一个承诺。人天书店认真分析了图书团购业务的未来走向，确定了企业新的市场主攻方向，下半年我们会有新的业务启动。我们正在开发新的产品，开辟新的渠道。总之，我们不会离开图书，不会离开你们。暂时的下降是为了持续的增长，退一步是为了进两步。到时我们会以更好的成绩回报你们。

感谢大家给我这样一个机会，再次感谢西安电子科技大学、西北农林科技大学、延安大学的领导、图书馆馆长，以及各出版社为新书展厅的开业给予的极大支持。人天书店会一如既往地向前进取，为图书馆事业尽我们的责任。

谢谢大家！

人天书店的"三个代表"*

今天,我们在这里成立了人天书店企业工会。首先我代表公司董事会表示祝贺,对我们丰台区总工会、宛平地区工委、宛平地区办事处、宛平地区工会表示感谢。

在企业内部设立工会组织不是企业文化的要求,不是一个企业领导人想做或是不想做的事情,而是一个制度安排,是我们国家的社会制度在企业中的体现和反映。那么这个制度安排要达什么目的呢?就是在资本和知识资本占据强势地位的条件下,同时要肯定工人们的劳动和他们对企业的贡献,要给予他们话语权,通过某种途径参与企业的生产管理和制度建设,在他们的权益受到损害的时候,有维护自己权利的手段和法律依据。在分配过程中,他们除了获得薪酬,还应该合理地获得诸如奖金、福利、培训、休假等现金、期权、实物或非实物利益。在这些过程中,工会都能够发挥积极的作用。

对这一点,公司领导层的认识是统一的、一致的、认真的,一点也不含糊。因为我们建立的不仅是一个挣钱的企业,更重要的是建立一个制度化的,进而有企业文化的、有价值观的企业,并能对社会发展有自己的贡献。利润只能表示增长,并不能代表发展,发展应该涵盖利润、制度、文化、战略和人才诸多方面。只有如此,企业才能长久,才能经历从生存到发展,从优秀到卓越的过程。

回顾历史,可以证明我们选择的必要和正确。从1978年改革开放至今,已有30年时间,我们在座的许多人都见证了这一发展历程。中国几千年都有"均贫富"的思想,从均田分田地,到新中国成立后的"合作社、人民公社",延续着一条"原始共产主义"的脉络。但是从18世纪现代资本主义出现,强调人的个性伸张,承认人的能力差异;在资本的原始积累完成之后,强调了资本的作用,到现代信息社会,更强调知识产

---
* 2007年在人天书店工会成立大会上的发言。

权。人、知识、资本构成了社会发展的动力,而中国近代以来没有重视这些基本要素,在竞争中被西方资本主义抛在了后面。于是在1978年,邓小平在改革开放之初就提出要"让一部分人先富起来",如果他们敢于冒险,敢于创新,又愿意比别人付出更多的辛劳,他们就有理由比别人得到更多。这是对几千年传统思想的颠覆,为中国历史翻开了崭新的一页。从那时起,中国从东到西,从沿海到内地,从一部分人到另一部分人,经济的发展、财富的增长如星星之火,已成燎原之势。30年后,中国按当前汇率换算的GDP(国内生产总值)今年将超过德国,位居世界第三;按购买力平价换算的GDP总值在2004年就超过了日本,位居世界第二。国家外汇储备居世界第一。但是,在这些增长的指标后面,我们也付出了巨大的代价。长期以来,我国的发展是以农民、工人、农民工的廉价劳动力为代价的,借此维持竞争的优势。这些群体为中国的工业化、现代化做出了贡献,这贡献甚至难以补偿。但是,这不是改革开放的最终目的。邓小平说,一部分先富起来之后,还是要走共同富裕的道路。不走共同富裕道路只有死路一条,历朝历代不胜枚举。中国的秦朝、隋朝、明朝都是在最富裕的时候灭亡的,因为分配不合理,财富过度集中在少数人和统治者手里,贫富两极分化,最终引发农民起义,江山颠覆。今天,中国又遇到了这样的问题,要公平还是要效率?中国再不会为了简单的公平回到30年前蓝色中山装的时代,但也不能容忍由于分配不公造成两极分化,造成社会动荡,让改革开放的成果一朝消失殆尽。这就是这一代国家领导人提出的"建立和谐社会,全面建设小康社会"的历史背景。由此,我们也认识到了在企业内部成立工会的社会意义。

"三个代表"重要思想指出,中国共产党始终代表先进生产力的发展要求,代表先进文化的前进方向,代表最广大人民的根本利益。在人天书店,这最广大的人民就是我们的员工。作为企业领导人,我们会把制度要求变成自觉的行为,自觉地为广大员工谋利益。我们的希望是:公司员工为人天书店打工,而我们这些所谓老板为公司员工打工。人天书店也有自己的"三个代表",它首先代表员工的利益,其次代表客户的利益,最后才代表股东的利益。任何一个次序的颠倒都不符合我们的理想。今后,我们愿与人天书店工会一起,制订企业长远发展的规划,把个人的追求融入到人天的长远发展之中,把人天的发展融入员工的不断成长之中,共同创建我们的和谐企业。

二 演讲稿

人天书店 10 周年倒计时*

8月8日，是北京奥运会一周年倒计时的日子，每一个中国人和所有有中华民族血脉的人，在一天天企盼这一天的到来。所有中华儿女对中华民族历史上曾经辉煌的怀念，对民族中兴、重新崛起的期待都将在这一天凝聚。为了这一天的到来，中国奥组委、北京市政府以至于中国政府都在积极筹备，并且制订了自己的金牌计划。尽管国家体育总局非常低调地把自己排在了第二集团靠前的位置，其实每一个中国人，每一位政府官员内心中都有一种冲动，起码在北京的这届奥运会，去冲击一下美国、俄罗斯的体坛霸主地位。

9月10日，是人天书店10周年倒计时的日子，我们也可以就把今天当作10周年倒计时的开始。我们为自己的第一个10年大庆准备一份什么样的礼物呢？我们是不是也要制订一个金牌计划？

5周年店庆的时候，我们曾经制订过人天的发展计划：我们要发展成为10亿元码洋规模的大型书业公司。本来，我们在人天10周年的时候，有可能达到这个目标。去年以来，周围的环境发生了变化，公司适时调整了业务结构，开始实施同心多元化的发展战略；

我们要发展成为至少有1亿元规模的期刊公司。

我们要在图书馆配供领域，永远成为客户的首选。

我们要成为中国最优秀的书业企业。

今天，我们建立了人天的事业理论，我们分析了所处的包括政策环境在内的外部环境，认为我们所选择的事业仍然处在一个大的增长过程之中，这是我们企业和每一个人的历史机遇。因此，我们曾经制定的发展目标没有任何改变。在人天的发展战略中，我们要时时牢记我们的社会责任，在做图书配供的同时，积极参与图书馆的文献资源建设，把商业当作事业做。被这一使命所指引，在有图书馆的地方，就一定会有我们的人天书店；在

---

* 2007年在人天书店9周年店庆大会上的致辞。

有图书馆的地方，就一定会有我们人天人的身影！

为了最终完成我们的使命，达到我们的战略目标，我们必须顺应市场的需求，建立和巩固人天的领先地位，我们需要建立和牢牢把握企业的核心竞争力，建立人天的平台优势：

一个基于 CNMARC 的数据平台；

一个基于内部结算和资本配置的业务平台；

一个基于进销存管理系统的物流平台；

一个基于多途径融资的资金平台；

一个基于产品组合的资源平台。

当人天的平台优势建立起来的时候，人天的事业将会上升到一个全新的高度。

各位同事，在我们建立了人天的事业理论的同时，我们不要忘记和丢弃我们的价值观。我们既承认商业规律的强大，但绝不放弃理想，绝不跨越道德底线，我们拒绝所有涉及侵占、贿赂和不负责任的行为；既注重成本意识和创新观念，更强调奋斗精神，奋斗是我们内心的冲动，奋斗才能改变现状；既要为企业创造利润，为个人增加收入，又时时牢记社会责任，我们把创建人天的 CIP、中国可供书目和参与图书馆文献资源建设当作自己的使命。我们要把人天的企业文化建立在价值观和事业理论之上。

各位同事，北京奥运会倒计时开始了，人天书店 10 周年倒计时也开始了，这是一个时间的巧合，更是一个历史的机缘。人天书店同样秉承"更快、更高、更强"和重在参与的奥运精神，以更快的速度，更高的目标，更强的实力去实现我们的光荣和梦想。人天的运动会马上就要开始了，首先，我们每一个人都要参与，在今天这场角逐和今后旷日持久的竞争中，没有一个旁观者。在这里，我把一位同事的话语当作一句人天书店的格言：再坚持一下，你将彻底改变自己。当我们改变了自己的时候，我们发现，我们也改变了社会。

2008 年：困境与出路

人天自从 2005 年创造了 3 个亿的销售规模以后，遇到了自身发展的问题，人天有没有可能、什么时候能够达到 10 个亿元的销售规模？民营书业有没有可能，什么时候能够建立图书中盘？

我先说结论，人天没有达到这个目标，仍然是3个亿的规模，但也稳居在3亿元的平台之上。这样的规模称之为中盘显然是不够的。

发展的问题有哪些？

第一，馆配市场规模不够大。特别是在高校评估结束之后，图书经费都缩减了，难以支撑大型的馆配企业，所以像人天这样的书业企业已是凤毛麟角了，想超过人天也是非常困难的一件事。人天在书业里，作为一个渠道的代表，它的经营模式还是有典型意义的。

第二，招投标使馆配企业经营成本加大。投标有投标保证金，中标有履约保证金，还有中标服务费（1%至1.5%），保证金大量占用着企业流动资金。人天还算挺得住，四面出击，逢标必投，中小书商只能放弃。门槛高了，对人天是好事，不好的一面也突出了，民营企业融资本来就难，流动资金又长期被占用，资金周转更加困难。

第三，招投标没有统一标准，也就是说文献资源建设和采购原则没有统一标准。谁来制订这个标准？是国家主管部门呢还是行业协会呢？所以在招投标中出现各种奇怪的现象，同样的标的，供货商报价竟然能相差20个百分点。从中标折扣上看，已呈逐年下降趋势。看起来用户得到了好处，其实不然。用户得到的折扣是以降低文献资源品质为代价的。书业企业的利润空间没有了，无法响应文献资源建设的要求了。昆明新华书店经理撰文说为什么退出馆配市场，分析得很好。当销售获得的毛利不足以支付税费和运营成本时，或者选择退出，或者以次充好。当然我们的成本控制会比他们好一些。

我们经常看到中标折扣在7折以下的情况。这就迫使一些有规模、有服务的企业退出中低端市场，使本来就很小的馆配市场变得更小了。这是与招投标的初衷不相符的。

第四，民营书业企业缺乏行政资源和税收优惠。馆配企业不可能像新华书店那样发展，新华书店可以用行政手段进行整合，我们想想多省新华书店集团是怎么形成的就知道了。新华书店总店之所以不行了，就是因为管理部门把它的特权剥夺了，交给了省店，结果总店被省店吃掉了。人天的期刊业务最能说明问题，邮局是代理制的，缴纳地税；而我们是按增值税缴纳国税，如果不能抵扣，就需要缴纳13%的增值税。

综上所述，我认为在主流业务上，很难出现大的民营书业企业。比较大的书业企业都在边缘地带生存，都在做教辅，闷声挣大钱。人天书店做馆配，只是挣了个名而已。大型的馆配企业也是很难出现的。我说大型是指销售码洋在10亿元以上的企业。像人天这类企业，为图书馆做的工作和服务已经够多了，从采访、采购、编目、加工、网络服务、社会活动，应有尽有。可是哪个企业能做大呢，想通过市场做大，市场没那么大，想通过垄断做大，门槛太低又集中不了。所以，现在馆配商要坐下来算算成本了，要敢于对图书馆说"不"了。如果图书馆不参与，不重视图书发行的规律和发行标准化的建设，不仅损害了优秀的书业企业的发展和信心，同时也损害了图书馆自身的建设。图书馆的建设是连续性的，一旦受到损害将是不可逆的。

这只是我们的担心，但选择不在我们，也不需要我们杞人忧天。我们需要选择我们自己的发展道路。

第一，我们继续做好馆配的平台建设，包括数据平台，物流平台。尽管我上面提出了很多难点，但人天仍然有能力投资建设，巩固我们的传统优势和地位，然后依靠这个平台延展新的业务。

第二，改变我们的增长模式。以往我们追求的是码洋，而今我们追求利润。对那些不能带回利润的码洋，对那些会占压我们资金的码洋，我们一概谢绝；对那些会给我们带有法律风险的码洋，我们更要拒绝。对那些吃喝玩乐的客户，对那些在标书上写明还款半年甚至一年以上的客户，对个别仍然采用码洋结算的用户，我们就不伺候了。

同时，我们也把成本压力向出版社传导，我们必须保证一定的毛利空间，我们毕竟是中间商。对不能把更多优惠给我们的出版社，我们只能少买它的书，我们要去寻找替代产品。折扣降不下来的出版社，它们的书目可能就不能在我们的书目中出现了。

第三，多元化的选择。这是在馆配业务出现拐点以后，公司领导层考虑最多的事情。为了把人天书店做成有规模的书业企业，一个长久的企业，仅仅靠馆配业务是不行的。特别是近几年，馆配业务的利润已经大幅下滑，甚至到了没有利润的地步，结算风险也开始出现了，我们必须重新考虑业务构成。人天书店今后的业务将不再是单一的，我们制定了一条同心多元化的发展道路。这也是经验所得，实践结果还是比较理想的。公司利润来源的大部分已经不是直接的馆配图书业务所得，因此也在面对馆配业务折扣降低、账期拉长、风险加大的情势，希望人天还能保有一席之地。目前，人天已经形成以图书为主，同时经营期刊和提供数据服务的产品线；形成以馆配业务为主，同时开展批销和网上销售的营销方式；形成了以图书馆为主，同时面对经销商和读者的销售渠道。人天正在申请图书业务的总发行权。下个月10号，是人天书店创立10周年的日子，在那一天，人天的网上书店"读买网"即将上线，将给人天的第二个10年注入新鲜血液。

今天我们一起升国旗[*]

今天,我们在这里举行第一次升国旗仪式。我们共同宣誓以表达对祖国的热爱,和对国家的认同。祖国连系着我们的亲情和血脉,国家则用制度规定我们的权利,保护我们的财产。这一切认知,都在五星红旗之上得到彰显。

祖国和国家也是一团血肉,需要每一个人的爱护和牵挂。我们爱她,她才能像母亲一样美丽和丰满;我们爱他,他才能像父亲一样伟岸和坚强;我们都爱他,他才会像儿女一样生气蓬勃,天天向上。

从今天开始,我们将把升国旗仪式作为人天公司的典章制度,由公司办公室负责安排,公司各部门轮换执行。希望各部门让你们最优秀的员工担任升旗手和护旗手,以体现责任和荣誉。

升国旗是一项庄严的活动,在升国旗时要求做到:

穿戴整洁,穿工作服和休闲正装均可;

升国旗过程中庄重、严肃、噤声;

国旗升起时,行注目礼或举手礼;

升旗开始时,升旗现场人员停止行走,车辆停止行驶,升旗结束即行恢复。

每周一8点之前升旗,她将血液和激情灌注到我们的身体里,鼓励我们努力工作,创造业绩;每周五下午5点之后降旗,她把温柔和安定覆盖在我们身上,让我们得到恢复和休息。

今天,由公司经理室和办公室主持第一次升旗仪式,现在升旗仪式开始。

下面我们举行第二个仪式,给大象揭彩。

到今天为止,人天书店总部办公楼的改造和装修在历时9个月后,终于大功告成了。从此,人天书店有了一个新的发展平台。伴随着这项巨大工程的进行,人天书店的各项业务都在快速发展,我们有理由说,人天书店进入到了第二个快速成长期。这是一个狂飙突

---

[*] 2010年在人天书店升国旗仪式上的发言。

进的年代，我们每踏出的一步，都可能是人天的新的高峰。

在这些现象的背后，我们感到似有天助，似有神佑。尽管我们是无神论者，我们相信一切都出自内心，一切成功都源于我们的智慧、勤奋和对风险的把控；但冥冥之中，我们和天意之间仍有着一条不为人知的、被神灵点亮的弯曲小道。

这两个大象，在 2004 年我们就和它们相遇。辗转 6 年之后，今天我们终于把他们迎请到家。

大象在印度、泰国，在我国的南方一些地区被视为神物，它有着吉祥如意、心想事成的含义。也有传说，大象是观音的坐骑，和观音随身随行，它走到哪里，哪里就会逢凶化吉、遇难呈祥。在这里，我们要把平安、固本和对美好未来的期待寄托在这两头大象身上，愿他保佑人天书店和我们每一个员工吉祥如意、心想事成。

下面我们为大象揭彩。

人天书店 12 周年庆典致辞

今天，我们聚在一起，以歌咏表演的形式来庆祝公司成立 12 周年。从 1998 年的 9 月到 2010 年的 8 月，12 年，一个完整的年轮，我们靠 30 万元起家，我们拼搏奋斗，经过了风风雨雨、坎坎坷坷，从一个只有十几个员工的无名小公司发展成为一家员工近 600 人、业务范围覆盖海内外的知名书业企业。我们的努力取得了丰硕的成果，为此，今天，我们一起歌之咏之。

今天是我们大家的日子，欢乐的时间应该留给大家，但今天我想借用这个我们大家都能聚在一起的机会，多占用一些时间，把我们总经理室对这 12 年发展的思考及今后公司的发展方向向大家做一个阐述，使我们更有方向，更有信心。

一　依靠我们共同的努力，人天发展到了今天

2009 年全年完成销售码洋 4 亿元，创造了人天书店的最高业绩。应该说人天书店自

从成立以来，我们的发展是稳步的，也是跨越式的，我们每年的业绩都超过前一年，这些发展是我们大家的努力、大家的创造。2010年，公司的计划销售码洋是5亿元。现在还有4个月，按照时间进度来看，我们已经完成了全年计划的三分之二，后几个月还是我们的业务旺季。因此，可以预计，今年公司的目标计划不仅可以顺利完成，而且会超额完成。

可以这样说，我们现在每发出一包书，都在创造人天的纪录，每踏出的一步，都是我们不曾触摸到的一个新的高度。

截止到2010年8月，人天书店的业务种类已经扩展至12个领域，这些领域是馆配、馆配中盘、网络书店、出版、图书出口、回溯建库、可供书目、零售、总发和批发、招待所、自助图书馆系统和图书馆设备等。其中，馆配业务包括图书和期刊。这些领域，除了自助图书馆系统和图书馆设备是公司新开拓的业务领域外，其他均为公司创造了利润。有一些领域是公司的主要利润来源，有一些虽然利润有限，但作为公司业务的配套，也为公司主营业务的盈利创造了条件。

公司的客户群已经遍布除台港澳外的全国各个省、市、自治区。今年我们的业务终于进入到了西藏自治区，大陆地区最后一个也是最远的一个省区，西藏自治区图书馆成为人天的用户。特别值得一提的是，今年公司着手拓展海外市场，已经小有收获。也就是在这个月，美国著名的伯克利分校开始了与公司的合作，我们还接待了多家美国大学图书馆的负责人，未来的合作是可以期待的。

近年来，公司获得诸多奖项，2006年和2008年获得《出版商务周报》评选的"年度最佳馆配商"称号，只要再获得一次，将会成为终身荣誉。2009年，人天书店被评为丰台区和谐劳动关系先进单位，获评中版协、中发协"诚信经营、优质服务"奖，获评《新华书目报》全国优秀馆配商"服务创新奖"。

值得一提的是，今年人天基金的工作也进行得比较顺利。人天基金是公司于2008年与中国红十字基金会合作成立的公益项目基金。为什么成立基金会？是因为我们认为公司发展到了一定阶段，应该承担一定的社会责任。这些年，公司向宁夏、内蒙古、江西等70余家乡镇和中小学校捐赠图书达300万元，这仅仅是开始。公司已经和中国红十字基金会达成协议，将以红十字人天基金的名义发起"千家乡镇图书馆赠书工程"，将惠及全国2000家乡镇图书馆，最终的捐赠额将达到两个亿的码洋，这是史无前例的！

解读人天档案

我想大家都能够有感觉，今年公司为员工提供了更好的福利和工作条件。因为公司奉行的原则也是"三个代表"，首先代表员工的利益，其次代表客户的利益，最后才是股东利益。这不是虚伪，孔子说："禄在其中矣。"这是我们坚定的信念，一致的认同。即使我们以后也会引进战略投资，但这都会是我们的基本条件，只要我们掌控人天，这个原则就颠扑不破！

目前，公司所有的正式员工都参加了社会保险，我们的员工没有了生活和工作的后顾之忧。此外，今年对公司的办公大楼进行了整体改造和装修，大家的工作环境有了很大的改善，公司还为大家建设了羽毛球场和健身房，增加了伙食补助，一线的工作人员已经可以享受到公司提供的免费午餐。我们认为，公司不仅是股东个人的，也是我们每一个人天员工的。我们希望大家知道，公司发展了，每个人都能从中分享到公司的发展红利。今后，公司还将随着自身的发展壮大逐步提高员工的各项福利。

有一句知名的电影台词：21世纪什么最重要，人才最重要。虽然这句话的出处有些诙谐，但我们认为这句话是至理名言。英语中也有一句名言：最后的，也是最重要的。因此，我把公司员工的发展情况放到第一部分的最后来说，因为它在最后，也是最重要的。

人天公司这几年的发展离不开公司的员工，但我们常常感觉到人才的不足。我们是理想主义者，有很多想法，虽然充满理想色彩，但也很现实。我们确实缺少有理想、能坚持、有想法、有办法的人，所以人才短缺限制了公司的发展。后面我还会重点说公司对人才的要求。

公司发展这12年来，我们也发现和培养了很多人才。有些人从打包干起，从数据做起，从司机干起，经过数年的历练和自身的勤勉，现在已经成为独当一面的干才，有些成为部门经理。现在的部门经理和业务骨干，大部分都是从基层干出来的。人天书店是一个民营企业，但在人才培养和使用上，我们超越了很多民营企业的人才培养方式。我们举贤不避亲，用人不拘格，不惟经历，不惟背景，只要能干、肯干、想干，想干好，那么，这公司就跟你的一样。

下面还有一句话是你们要记住的，这是某保险公司早间课的一句口号："这个世界谁最棒？""我最棒！"你不想成为最棒的吗？你不是最棒的吗？可能你已经是最棒的，你还不知道，你完全有可能成为最棒的，但你有没有这个想法？今天，在这里，你们就记住这个口号。人天的事业需要每一个人，更需要才能，需要大部队，更需要突击队。

二 经历了无数的挫折，我们靠的是坚持

每年的店庆活动我几乎都会向大家重复公司的发展历程，今天我还在重复，因为公司的发展经历也是每一个人的发展经历，既可以鼓励新员工，也可以激励老员工。人天的理念是：将个人的追求融入人天的长远发展之中，将人天的发展融入员工的不断成长之中。

12年前的9月，北京人天书店在位于西四的地质博物馆开张营业。庆典过后，我们面临的是冷清的售书大厅，门可罗雀，一点不夸张，读者比营业员还要少。那时，我们面临两个选择：一个是关门，另一个还是关门。不同的是第一个关门是停业，第二个关门是另择出路。

既然都是关门，停业就证明我们彻底失败了，另择出路说明我们在努力，可能还会有机会。6个月后，我们唱着歌清空了卖场，搬到紫竹院公园的一座破旧的小楼里，当时整个公司只有160多平方米，条件跟今天有如天壤之别。但那时我们依然有信心，我们每天依然快乐，依然努力。那时，已经没有什么前景，只有眼前的目标。谁也没有想到公司会有什么样的未来，只是我们觉得不能就此失败，否则会在我们心中留下一种知觉叫疼痛，留下一种感受叫遗憾，伴随终生。那时，几个股东和几个业务员，每天坐公交车去一家家图书馆展业，获得订单，然后我和李总开车取书、送书。一小群人，躲在紫竹院公园的一个角落，如在桃花源里，"不知有汉，无论魏晋"，如此日复一日，感觉眼前慢慢变得明亮起来，终于有一天，"豁然开朗"了。

就是凭着这种不服输、不想输的精神，我们逐步发展，后来搬到国图宿舍的地下室，条件好了一点，面积也扩大了不少，但是当了3年的"地下工作者"，再后来又搬到了这里，工作条件逐步改善。这些人天的历史，很多人都清楚，特别是一些老员工，如李燕琨、张立新、宋霞、邓建成、刘卫东等，他们都是跟着我一路走过来的。

今天我们还在回顾这段历史，希望告诉在座的每一个人，你们在自己的生活中、工作中，可能会遇到挫折、遇到困难，有时候甚至会觉得无法跨越。但是，只要坚持，只要再坚持，我们就有获得成功的机会。不要说我能力有限，我得不到帮助，只要我们能够长时

间地专注于一项工作，一件事情，一个人的力量也会变得无比强大。但如果我们放弃了，一切都将戛然而止。

　　我常想，我们今天小有所成，仅仅是因为我们的坚持和再坚持吗？坚持固然很重要，是不可缺少的，但绝不是成功的全部。

三　在坚持之后，成功还需要很多条件

　　公司经过 12 年的发展，取得了一定的成绩，但距离我们的期望和目标还有很大的差距。公司要取得长足的进步和持续的增长，我们还有很多工作要做。我们要制定长远的宏观发展目标，还需要制定和实施切实可行的微观管理制度。

　　公司败走地质博物馆之后，我们认真分析了市场需求、市场发展的前景，以及我们的能力。当时，我们做出了从事馆配业务的战略决定，从那一天开始，公司业务的中心开始从零售向馆配转移。需要检讨的是，我们从事零售业务没有经过认真的市场调研，所以失败是必然的。因此，我们今天强调，做什么要像什么，要成为行家，要能把握真正的市场规律。孔子表扬颜回，说他"不二过，不迁怒"，意思是自己的失当不迁怒别人，但也不会再犯同样的错误。所以，我们开展馆配业务首先就去寻找它的规律，请教那些知道这些规律的人。

　　于是，1999 年 1 月，我们在北京西四一家叫女儿红的酒家，召开了第一次联采统编研讨会。"女儿红"有一个寓意，说是家里生了女儿，父亲就要把一坛黄酒埋在树底下，等到 18 岁的女儿出嫁时，父亲把酒从地下起出来，和前来贺喜的宾客一起宴饮。今年李总的女儿出嫁了，我们起出了第一坛酒，是今天我们看到的人天，有 5 个亿了。等我们家女儿出嫁的时候，再起出第二坛酒，会是怎样的一个人天，至少 10 个亿吧！等施总、陈总的女儿，张工、王老师的孙女儿出嫁的时候，人天将会有什么样的辉煌啊！为了人天，我们都要女儿吧，我们一起喝女儿红！今天中午我们为大家准备了女儿红。

　　战略对于一个公司而言，是最最重要的事情。战略需要高瞻远瞩、未雨绸缪，不这样，我们最多只能做到一个优秀的公司，永远都不能成为一个卓越的公司。这有什么区别吗？我告诉大家，优秀会有一批，但卓越只有一个。

　　一个公司向哪里发展，发展的核心是什么，公司的布局如何，都是一个公司能否生存、能否发展、能否壮大的关键。就人天书店来讲，图书是我们的核心产品，出版社、图

书馆是我们的上下游，上下游决定我们公司的规模和定位。

一般情况下，对于公司而言，市场有三种情况，首先是现有成型市场。这个市场需要我们去开发、去覆盖，用我们的服务去占领。我们已经是最大的馆配商，这个市场已经存在和发展了很多年了，我们要占有这个市场尽可能大的份额。市场占有率很重要，如果在一个省，我们的占有率能够达到30%，后面的70%就有了良好的基础，因为用户相信人天的服务会比其他公司好，其他公司就成了我们的陪衬。如果只有10%，示范效应和口碑效应就会失效，我们就做了别人的陪衬。所以，我们反复强调市场占有率。

其次是延伸市场。这个市场是现有成型市场的延伸，是常规需求之外的特殊需求，需要我们用增值服务去满足。例如，期刊业务、回溯建库业务、基金会等，还包括正在开发的自助图书馆业务和图书馆设备业务。试想，如果没有我们常规的馆配业务，怎么能顺利地获得期刊业务、回溯建库业务呢？如果没有公司大量的采购业务，我们怎么能够得到出版社对公益活动的支持，基金会又到哪里去募集图书呢？这部分业务，要求我们的业务员深入到你的客户中去，深入了解他们的特殊需求、额外需求。这样我们通过增值服务，既可以增加客户的忠诚度，也可以获得高于平均利润率的增值利润。

最后是潜在市场。这个市场需要我们用更大的智慧去开拓和发掘。营销史上有一些很有名的案例。20世纪初期，美国经历了经济大萧条，那时，农业机械卖不掉，可农民又没有钱买，一个叫亨利·史密斯的农业机械推销员，他找到银行，让他们为农民提供购买机械的贷款；他又找到农民，说可以让他们提前免费使用机械，但要用未来的收成作为担保。这样，亨利的机械都卖掉了，农民有了机械扩大了生产，减少了雇员，收益增加了，银行也获得了利息收入。这样一个三利的办法形成了现代金融产品的雏形。这样的例子很多，如集装箱的使用极大地提高了运输能力，形成了当代发达的运输业。这些举措，应该都不是什么高科技，只要用一些思考、一些创新就创造出了市场。

我们说的潜在市场，既包括我们上面说的通过一种革新和措施扩大销售，提高生产力，还包括人们还没有形成的需求。对我们而言，就是要去发现图书馆、出版社还没有形成的市场需求，但这些需求是什么，我们现在也不清楚，需要我们共同去向市场、向客户找答案。如果我们能够发掘出新的需求，我们就可以站在市场的最前沿，立于不败之地。

知道了什么是市场，我们就知道如何制定公司的发展战略了。我们常说，有图书馆的地方就有人天书店。今天我们是卖纸媒图书的，图书馆是我们的客户。我们都知道，微软、苹果、百度、盛大等国内外知名的电脑IT公司都在做阅读物的载体和内容，现在美国很多大学的教科书、考试题、作业都在网上完成，已经无纸化了。前两天新闻还报道说美国很多大学现在使用 iPad 授课。就在上个月，亚马逊网站电子图书的销售额首次超过了纸质图书。那我们怎么办，如果我们还只盯着纸媒图书，不做任何前瞻性的准备，到时候我们必定被淘汰，就应了那句古话："其兴也勃焉，其亡也忽焉。"而且这个日子不会很久。

那么，什么是公司的战略？简单一句话就是"同心多元化"。刚才我说，公司的各项业务要围绕着图书进行，不管是什么媒介的图书，都是我们公司的发展战略。目前，公司的战略就是以纸媒图书的馆配业务为主，发展图书相关产业业务，筹划其他媒介图书的规划和开发。

展开来阐述就是，公司以馆配业务为主，以纸媒图书为主要业务，同时密切关注电子图书市场和技术的发展，适时介入电子图书内容生产和销售。公司的其他业务都将围绕着这两项业务进行，或作为增值服务，或作为延伸服务。

有了前瞻的战略，有了庞大的现有市场和潜在市场，还不能保证我们公司从优秀走向卓越，因为公司的管理也很重要。

去年有一本书卖得很火，书名是《细节决定成败》。对于这个说法，我不太赞同，我觉得它说得太绝对，我们不是事务主义者。细节加在战略上，才能决定成败。战略的问题我刚才已经讲过了，现在说说细节。

什么是细节？对于一个公司来讲，细节就是完整的公司管理制度。管理制度包括的内容很多，就我们公司而言，我们要做好市场营销管理，做好采购管理、库存进出管理、财务管理、公共关系管理、后勤管理，还有最重要的人力资源管理。

公司的整体管理制度涉及很多，今天我就不多讲了，但着重讲三点。

1. 首先是公司的规范化、专业化的管理。一个公司要发展，要成为大公司，就必须有规范化、专业化的管理。2005 年，公司出现了严重的危机，但公司在危机期间顺利过渡了，是什么原因？就是公司是制度化公司，不会因为一些突发事件而失去控制。公司今后还要长期地进行制度建设。2008 年，公司完成了 ISO9000 认证，各项业务在按照制度标准进行。我们绝不能把 ISO9000 认证仅仅放在投标书里，而要牢记在脑子里，融化在血液中，落实在行动上。

2. 在管理方面，公司下一步将推进成本控制管理。通过制度和技术加强应收应付工作的协调和管理，加强市场营销成本和办公管理成本的管理。关于营销成本管理，我希望大家严格按照公司的制度执行，办公成本要进一步控制。我们控制办公成本的主旨是避免浪费，推进绿色办公，提高公司总体效益；反过来，通过提升效益，提高市场竞争力，提高员工的福利水平。

3. 公司将进一步监督各部门和各位员工的执行力水平，避免内耗。我们的效率更多地是在内部耗损掉的，部门之间的协调往往比跟用户交流更费劲。一是不同部门我不受你管；二是同一部门我资格比你老，曾经我还是你的上级，经常是不找到上面不能解决。公司每一项制度的出台，都是站在宏观和公司整体利益上制定的，有时可能会对局部利益造成损失。公司虽然会尽量做到公平，但公平不是绝对的，个人必须服从组织，局部必须服从全体。我们不允许因为个人利益损害公司和全体员工的利益。说到执行力，必须令行禁止，我们可以听取大家的意见，照顾广大员工的利益；但是，一旦公司做出了决定，就必须执行，有问题在执行中逐步调整，但是不允许出现不协调的声音和动作。

四 公司的长久发展，我们靠的是创新

一个公司怎么才能从优秀到卓越？怎么才能人才辈出？怎么才能成为一棵常青树？我一直在思考这几个问题。这个世界上长盛不衰的公司不多，世界500强大多是不足100年的企业，只有美国杜邦坚持了260年，至今仍然名列世界500强。摆在我们面前的是，能不能发展得足够大，能不能生存得足够长久。今天，我们是创始人，我们要为公司的长远发展奠定良好的基础，更长远的事情要靠你们。

最近看了一些公司的材料，如杜邦、微软、苹果公司等，我得出一个结论：一个公司能够长远发展的主要因素有两个，一个是求新求变，一个是人才。

我们身处一个飞速变化的时代，如果我们不能求新求变，我们就会被淘汰。怎么求变？苹果公司的总裁乔布斯，他推出的苹果产品成为很多人的挚爱，他不懂电脑、不懂设计、不懂程序，但他了解市场。他站在一个市场消费者的角度敏锐地发现什么是市场需要的，市场未来的需要将会是什么样子的。所以，他总能从众多的设计中挑出最能为消费者接受的产品，总是能够引领消费和市场的潮流。甚至在金融危机的时期，他仍然让苹果在高速增长。苹果公司为我们树立了一个榜样，我们也要发现我们的创新道路。

创新要靠大家。因此，最后，我谈谈最重要的，就是人才。

一个好的公司会为员工提供发展的平台，但无论这个平台如何好，重要的还是我们对自己发展的认识。我一直认为人天是块有利于人才生长的土壤，我们也一直给这块土壤保

摘，绝不过度开发、过度使用。"桃李不言，下自成蹊"，因此，有一些离开公司的人又回到了公司，说明人天可以为大家提供一个发展的平台和空间，至少我们希望大家都能有所发展，在人天实现自己的事业目标和生活目标。

当然，也有一些人离开了，这也是让我感到遗憾的地方。但客观地说，这里有公司的原因，也有个人的原因。我们希望这个状况能有所改善，这要靠公司和个人的双重努力。一方面，公司要给大家制定良好的个人发展规划、建设建言献策的平台，鼓励员工的个人发展，表彰业绩和行为突出的员工；另一方面，每个人天员工也要注重自己的发展。有一些人很有想法，很有创意，很有市场开拓能力，但我希望他们能够大胆说出来，做出来。你必须让我看到你，我们才能够发现你的才能，所以我们鼓励大家要自信，要勇于表现，勇于实现。

我们要求人天的员工要多学习，要成为所在岗位的专家和骨干。公司有很多发展设想，但我们苦于没有人才，我们希望能从每个部门发掘出人才。举几个例子吧，陈先保原来负责公司的接待业务，这项工作只要态度好，把客户服务好，时间安排好就可以了。但陈先保把接待工作安排得有条不紊，得到了业务部门和客户的一致好评。公司感觉是不是大材小用了，那好，去当仓储部经理吧，现在是分拣中心的副总经理。还有戚剑，编目员；张建飞，回溯数据员；覃小虎，打包工；吕魁，库管，每个人都能把本职工作做好，然后更上一层楼，现在都是办事处的经理一方诸侯，这样的例子还有很多。

对每一个员工而言，做好本职是第一位的。如果本职工作做不好，特别是你做不好工作还在别人身上找原因，我怎么相信你还能做好别的工作，我怎么相信你有承担。如果你做好了本职工作，我希望你能通过技术革新、管理创新把自己的本职工作推向一个高度，让大家看到你的才能，你也可以毛遂自荐。如果这样，公司一定会为你提供一个发展的平台，给你一个机会。我们现在有很多计划和设想，我们实在是太需要人才了。有些人会觉得我就是个打包的，就是个贴磁条的，做好本职就可以了。是的，人天也需要这样踏实肯干的人，但公司更需要那些能和公司共同发展、进步的人。

今天我说了这么多关于人才的话，一方面公司缺少人才，另一方面我们也希望每一个有志向的员工能够在人天这个平台上获得发展，在这里也要拜托人力资源部多为公司发现人才，培养人才。

今天说了很多，相信大家能够重新为自己定位。公司的一个年轮已经成为一个聚合的圆，接下来我们进入公司的第二个年轮。一个年轮12年，一个甲子60年，我40岁那年创立人天书店，到人天一个甲子的时候我多少岁？正好100岁。所以，我至少要活到100

岁。但有了前面 12 年的良好基础，我相信，在公司董事会、总经理室的带领下，有全体员工的共同奋斗，我们的目标一定能够达到。

数字出版时代，馆配商还是中间商[*]

一 馆配商是中间商

（一）商的概念

广义上说经商可以指生产、加工、服务、销售，所有与商品相关的经营活动。

狭义上是指贩卖商品，从中牟利——牟取差价的商业活动。没有差价不成商。

馆配商是狭义上所说的商业行为，它是出版到使用的一个中间环节——一个重要的中间环节，现在越来越重要。它的内涵有所外延，即在销售的过程中增加了一些生产行为，比如说物理加工，比如商业性的数据服务等，但没有离开"商"的根本性质。所有这些附加行为，都是为了促进"商"，即卖书的行为。

因此，不管在什么出版时代，只要图书是作为商品形态出现，馆配商仍然是中间商。

（二）馆配商为什么不参与数字出版物的经营活动

参与有两种方式，一是生产，二是销售。

根据上面说的理由，生产这个因素排除了。另外，数字出版物的生产是一个巨人的游戏，从内容的制作、平台的搭建、载体的选择甚至生产，这些企业都是垂直整合的，需要高科技和大量资金投入，不是某几个馆配商和中小出版社玩得起的。

馆配商可以从销售领域参与数字出版物的经营活动，但至少到目前为止，数字出版物的中间市场还没有形成，大多数数字出版物的生产企业，就是自己产品的销售公司。比

---

[*] 2011 年在《新华书目报》馆配论坛上的发言。

如，同方、万方、超星、阿帕比，还有那些游戏产品的生产企业，他们自己既是运动员，又是裁判，别人是没法跟他们玩的。

但如此现状也是合情理的。生产阅读机器的厂家，如果不生产内容，阅读器就卖不出去，比如汉王，但联想总不会去生产电视节目吧。生产内容的公司怕权益得不到保障，所以就自己搭建平台，自己销售。在美国，内容的生产者都愿意把产品交给亚马逊去卖。

如果有一天真的到了数字出版和数字销售时代，不需要中间商掺和，馆配商干什么去呢？人天书店是这样做的。我们把自己定位于渠道商，我们的渠道就是全国的图书馆，以后或许还会拓展。成语说"水到渠成"，反过来也可以说"渠成水到"。在这个渠道里，可以流各种各样的水，可以是图书、期刊，也可以是图书馆设备、RFID自助图书馆系统，还可以是教材，当然也可以是数字出版物。

也许，在今后较长的一段时间，馆配商仍然会以卖纸质出版物为主，理由如下。

1. 我们处在纸质出版和数字出版并存的时代。数字出版时代，定性不准确。一个时代的开启，意味着一个时代的结束。纸质出版时代结束了吗？我想谁也不敢下这个结论。尽管数字出版日新月异，最大胆的预言家也预测不出它的结果。

一方面，新产品创新需求；另一方面，需求也在决定产品的存在和灭失。欧洲早已进入汽车时代，但欧洲的人均自行车拥有量并不比中国低。只要有需求，纸质图书会永远保留下去的。

日本围棋在"吴清源时代"之后有一个"竹林时代"，出版业也是一样，将会是一个纸质出版和数字出版并存的时代。

2. 数字图书馆不是图书馆。数字图书馆是以海量数据为基础的分布式的网络环境。物理状态的图书馆是干什么用的？如果今后的出版物都数字化了，图书馆还有什么用？仍在进行的大规模的图书馆建设高潮还不叫停？决策者的脑子是不是都进水了？

显然，图书馆不是用来装载数字出版物的空间。

3. 对绿色阅读、环保阅读不能失之偏颇。绿要绿到源头才是真绿，就像发展电动汽车一样，它是不是真环保要看它的电从哪里来。如果它来自于水电、风力，那么它是环保的。如果它来自于火电、煤电，还能说它环保吗？最多只能说是污染的转移。绿色阅读也是如此，你要看它阅读器的成本，不要是省下灯油买眼镜，省下买书的钱买阅读器。书还没有读完，阅读器报废了，还有电池的污染问题。

4. 还是要说一说，哪些书更适合纸质出版。数字出版当然有它的优势，除了环保，姑且说它是环保的，它最大的优势是便于检索。所以，我们发现期刊是最先被数字化的。尽管如此，期刊也不可能完全被数字化。学术类的期刊应该数字化，不仅便于查找使用，还可以延长引用和被引用的半衰期，延缓文献的老化。许多文献不是没有用了，而是找不到了。但休闲、保健、娱乐的期刊就无须数字化，读者还是习惯于随手翻阅和丢弃。

计算机图书已经风光不再，在图书馆的利用率也很低，一些大的计算机图书出版社都在转型。有几个出版社的社长问我，哪些书好卖，他们也很困惑。我给他们支招，看哪些内容是网上找不到的、搜不到的。比如，定义性的东西很好搜索，像百度百科，还有知识片段；但叙述性的、描述性的内容，就适合纸质出版。

那么，在纸质出版和数字出版并存的时代，图书馆也会有新的功能。再说了，只要有条件有空间，哪个文人不想在家里建一个书房？图书馆或许会回归到藏书楼的时代，它会以精品和低复本的形态呈现。从出版来说，也将会从大规模的复制向小批量的生产和定制转变，印制企业也会相应地出现按需印刷。

5. 最后一点，我还需要说，纸质图书在中国还是一个刚性需求。还有大量的人群没有真正读过书，他们最多只读了一些课本和教辅读物，不会一步就跨越到数字阅读时代。今年1月4日，人天书店向河北滦平县一中捐赠了2万册50万元定价码洋的图书。我们知道，哪里的一中都是当地最好的学校，最有钱的学校，可是它们的图书馆里几乎没有几本能看的书。在捐赠仪式上，看到那些学生饥渴的眼睛，我感受到，我们馆配商有的是事情要做，千万不要用一句数字出版抹杀了他们的需求。

人天书店有一句口号：有图书馆的地方就有人天书店。有钱的图书馆，我们把书卖给它；没钱的图书馆，我们把书送给它。如果这句话变为"有图书馆的地方，就有馆配商"，那就更好。

一场力量悬殊的较量

——致全国出版社的一封公开信

一个是自称"中国出版业乃至文化产业唯一资产和销售收入超过百亿元，中国规模最大、实力最强的国有出版发行集团",江苏凤凰出版传媒集团(以下简称"江苏凤凰"),一个是公司整体资产不足3亿元,年销售收入不足6亿元的民营企业,人天书店有限公司,近日爆发了一场力量悬殊的较量,而挑起这场风波的就是江苏凤凰,他们声称,要将进入他们地盘的同行赶出去。

这是一场早就注定了结果的较量。人天书店主动退出,不是因为害怕,不是因为自己弱小,是因为人天书店必须保护我们的客户,包括出版社和图书馆,不让他们受到任何不必要的伤害。

2010年,人天书店有限公司和南京森林公安学院计划于9月13日在南京联合举办图书看样订货会议,接受邀请并参加订货会的有全国200多家出版社和200多家高校、公共图书馆。这本来是企业内部的一个看样订货会,只邀请自己的用户参加,不是什么公众活动。这是再平常不过的一种经营方式,人天每年都会应时应地举办,每次都受到举办地同行的欢迎和接待。2009年,人天书店接受宁夏回族自治区政府文化厅的邀请,与自治区图书馆联合承办了宁夏文博会的图书展会,获得了文博会组委会颁发的"优秀组织奖""优秀展览展示奖"和"最佳创意设计奖"。但这一次不同,所有参加订货会的出版社均收到了来自江苏凤凰貌似平和实则强硬的信函。信函称:由于人天书店与凤凰集团订货会的活动内容近似,因此,江苏凤凰将不再邀请参加人天公司订货会的出版社参加江苏凤凰集团即将举办的订货会。

人天公司的董事长、总经理在获悉情况后,第一时间赶到了南京,希望能够与江苏凤凰加深彼此理解,甚至提出了合作开展活动的方案,但却受到了江苏凤凰集团的拒绝。他们表示,所有合作方式都不予考虑,人天书店必须取消在南京的订货会。江苏凤凰集团的行为引起了业内同人的不满,他们纷纷发短信给人天公司的领导,建议我们改变方式开展活动,劝说我们放弃。

江苏凤凰出版传媒集团,一个国有企业,一个行业的龙头老大,占尽了国家给予的天时地利,却不愿意给予同行一条可以正常行走的便道。

近年来,国家相继出台了《中华人民共和国反不正当竞争法》《关于禁止在市场经济活动中实行地区封锁的规定》(国务院令第303号)等法律法规,还下发了《文化产业振兴规划》和《关于进一步推进新闻出版体制改革的指导意见》等一系列文件,旨在推进文化产业的体制改革,打破传统的资源分配和封锁、垄断的格局,最终加快文化市场的发展和壮大。

试问江苏凤凰集团，胡锦涛总书记提出的"科学发展观"和"和谐社会"的伟大理念，温家宝总理提出的"让人民更幸福更有尊严，构建更公平、更合理的经济制度"的执政理念，在你的眼里是什么？

试问江苏凤凰集团，尊重并遵守《中华人民共和国宪法》赋予所有个人和企业的一切平等自由之权利，包括创业权、经营权和财产权的权利，在你的眼里是什么？在你眼里，江苏是属于中华人民共和国的领土还是凤凰集团的"治外法权"？

北京人天书店有限公司

2010 年 9 月 20 日

人天书店 15 周年店庆演讲

今天是人天书店创业 15 周年店庆，人天书店全体员工聚集在这里。我们要纪念这个日子。不仅如此，我们还邀请了老员工的父母、部分图书馆的代表、出版社的代表、专业媒体的朋友，一起分享这一时刻。

很多人会想，15 周年代表什么，说明什么，为什么要庆祝它。

在中国，民营企业的平均寿命只有 8 年。而人天书店 15 年了，没有任何衰退的迹象，仍然处在生命最活跃的时期，处在一个人的少年时期。未来对我们，对我来说，都是朦胧美好的，还在让我产生很多幻想，很多期盼，我相信人天书店 5 年后，或 10 年、15 年后会更好，但怎么个好法，好到什么程度，竟然连我也不知晓，有许多的不确定性、更多的可能性。但为什么说我相信，因为命运掌握在我们自己手中。对一个企业来说，有抱负的员工最怕什么？最怕老板没有进取心，立志不高远，小富即安。而人天书店的老板，就是站在你们面前的这个人，不是这样，他的内心每时每刻都存在着冲动。他不仅是一个理想主义者，还是一个唯美主义者。他设定目标，在达到目标的过程中，使一切尽可能的完美。

年长者经常告诫年轻人不要冲动，等年轻人年长后又去劝导年轻人要稳妥行事。今天的人天书店，就源于我15年前的一次冲动。那时我，就想办一家像风入松那样的书店。就像《圣经》上说，上帝说要有光，于是就有了光，于是就有了人天书店。往事不能回首看，在15年里，我们发现，许多书店变成了记忆。就在北京，二酉堂书店没有了，国林风和第三极书店没有了，风入松、光和作用、广告人书店相继消失了。

在全国，当年风起云涌的一批馆配商，现在已经寥若晨星，四川的世云、广东的学苑、福建的邦德、辽宁的华储和东宇、北京的朗润、中教图的中文联采部、国图的国际书店，先后退出江湖，尚且存活的馆配商也都磨尽锋芒，偏安一隅。

人天书店存活下来，并不是一个概率事件。我们无须去回忆所经历的艰难困苦，那只会让人感到矫情。人道"玉汝于成"，那是成功者的必经之路。要说成功之处，是因为人天书店聚合了一群有理想，并且意志坚定的人。

在我遇到第一个困难的时候，我有幸偶遇我的小学同学李虹，她辞掉了一份稳定的工作，和我一起经历了书店的筹备、开业、艰难维持、业务部筹建（就是现在的馆配中心）、整体撤离，直到转型馆配业务。我们都是军人子弟，在军营里长大。艰难的创业，检测到在我们体内确有战斗的基因。

在我遇到第二个困难的时候，我又有幸结识了施春生。我经常想，这是不是我的运气。由此，我们组成了新的公司核心，一直稳固至今。"恰同学少年，风华正茂"，我们就把业务部交给了他。他没有辜负我们的期望，就像他的名字一样，人天的用户像春天一样生长。

1999年，人天名不见经传，跟人天合作的只是蜻蜓点水，尝试一下。这一年，我们签下了三个重要协议，以至于影响到了人天书店发展的方向，你们终于知道，人天书店为什么始终居于图书馆配供的高端。一个是首都图书馆，一个是北京大学图书馆，一个是北京市少年儿童图书馆，今天它们的馆长都来到现场，我们用掌声感谢他们，感谢他们对人天的信任！

在人天书店工作过的老员工，见到我们，还会叫邹经理、李经理。我和李虹叫施总还是叫小施，那是我们创业时的称谓。现在都是总了，不是总的也叫这总那总。我希望永远叫我邹经理，因为不是第一，所以还要努力。

这里要提到一个叫邹正的人，很多人知道她是我妹妹。她离开人天书店已经10年了。在人天书店非常弱小的时候，用自己的家人成本是最低的。正是我这个妹妹，指哪儿打哪儿，无往不胜。她创立了第一个未命名的办事处，是第一任严格意义上的采购部经理，第一任样书部经理，第一任网络部经理，第一任财务总监，开辟了人天书店第一个网站，编制了第一个网上报订系统。我总觉得我妹妹是长了三头六臂的，要不怎么干出这么多个第一呢。现在她生活在法国的一个乡间，我在此要向她表示感谢，遥祝她身体健康，早日回国省亲。她的女儿在人天书店工作，希望她能继承母亲身上的精神，敢于独闯天下，相信爱拼才会赢。

2004 年，我带领全体业务经理朝拜了革命圣地井冈山。这让我认识到，一支队伍需要有一个根据地，没有根据地的队伍永远是一群散兵游勇。从那时起，公司开始固定资产投资，相继购置了办公大楼、四合院、且停酒店，并建立了庞大的物流基地。此举一石数鸟，化解了市场风险，降低了运行成本，公司资产保值增值。我的老伙伴张工给了我极大的勇气，关键时刻帮我下过若干次决心，不是他，人天不会像今天这样稳如磐石。

包括我在内，有 40 名员工在人天书店工作超过了 10 年。这是一个不小的数字了，10 年之前，人天书店之小之弱，你们都见证了。你们并没有嫌弃那点微薄的工资，不足挂齿的福利，不仅每周要工作 6 天，还经常加班。可以说，人天书店是用你们的血汗养大的，正是你们的不离不弃，才有人天书店今天的模样。我在这里，还要感谢你们的父母，把优秀的儿女交给人天书店。同时也要告诉你们，公司不会忘记你们所做的贡献，在制定新的激励计划时，一定不会忽略这一点，不论你现在是哪一级经理，还是普通一员。

作为人天书店的法人代表，我首先代表全体员工的利益，其次代表客户的利益，最后代表股东的利益，这是我的"三个代表"。跟中国社会当前的情况一样，我们这里也有公平和效率的问题，为了公平就会牺牲效率，阻碍人天的快速增长；但一味追逐效率，也会造成收入上的差距。公司希望通过规模经营降低运营成本，增加公共积累，通过向数字化、资源性产品转型，创造新的利润增长点，以此获得长效解决方案。只要在人天工作，不论贡献大小，都能获得一份固定的福利。

在 15 周年的时候，请大家记住人天书店几个重要的时间节点。

1998 年 3 月 15 日，人天书店注册成立。

1998 年 9 月 10 日，人天书店开业。

1998 年 10 月，组建人天书店业务部。

1999 年 1 月，召开第一次馆配研讨会。

1999 年 3 月，关闭零售书店，转型馆配业务。

2003 年，销售码洋上亿元。

2005 年至 2006 年，遭遇商业贿赂刑事调查，以最沉痛的代价上了一堂法律课。

2006年至2008年，3年恢复期。

2010年，销售码洋过5亿元。

2011年，期刊、中盘业务上亿元。

2013年3月，发起成立全国馆配商联盟。

2013年，销售码洋10亿元。

15年经商给我的体会是，做企业，尤其是做一个成功的企业，让我感到人性的伸展。人生来是自由的，又无处不在枷锁之中，这是名哲卢梭的话；但另一方面，人的一生，都在挣脱枷锁，方式各有不同，我选择的是经商。我们需要自信和骄傲。我时常感到，我有一对隐形的翅膀，我的全部身心都在飞翔。我要把飞的感觉带给你们，就是那种从心所欲、不逾矩、自由的境界。我们每一天都有成功的可能，都有幸福伴随，这是常人享受不到、体验不到的。

每一份收入都与权力无关，都来自于满足客户的需求，每一个荣誉都是通过工作获得，都让我们得到现实的和象征的乐趣。收入可以预期，生活可以提前规划，只要有愿望，马上就可以开始。很简单，因为决定权在我们自己手里。每天的工作，都在改变我们的生活，就像坐在火车上，看着窗外的景色，没有一幅相同。

幼年时候，我们与恐惧相伴，我们克服恐惧；成人后我们与失败相伴，我们战胜失败；一生我们都与枷锁相伴，我们打破枷锁，获得自由。经商让我们看清人情世故，让我们性格鲜明。君子坦荡荡，小人长戚戚。经商不仅仅是挣钱，这是常人不能理解的，经商不就是为了挣钱吗？经商改变了我们的人生，发现我们自己，原来我们不是平庸之辈。我父母这次专程来参加我们的店庆，他们在台下看我在这里发言，一定感到自豪；同样，你们的成功也会让你们的父母感到骄傲。

希望更多的人加入到销售队伍中来，来体验一下失败，如果你还想体验胜利的话。失败就像美人嘴唇上的毒药，明明知道，你也要去尝试，如果你爱美人，就会奋不顾身。

如果你有抱负，就把人天书店当作你的创业基地，没有理想，就把人天当作一个长久的职业。在人天，每个人都在为自己工作，没有人为了老板工作。我也不需要你们为我工作，但我乐意为你们工作。在人天，没有打工这个词，每个人都因工作而美丽。如果你们中间还有多少人没有这个体验，那就是我未来的目标。人天不需要太多的思想家，它需要实践者，因为还有太多的思想方案没有付诸实践。人天从来都拒绝指手画脚、品头论足，

二 演讲稿

更不需要无聊八卦、是是非非，人天需要有思想，并且在行动的人。

人天15年，有了一定的规模，获得了一些荣誉，但我们不能想着守业，人天没有到守业的时候。孔子说："吾十五而志于学，三十而立。"15岁，正是我们学习的年龄。偶尔我也会有点自满，但经常自责，不能把大家带到更高的山顶。我在一首诗里写道：我身下的马为何如此滞重，我想象中的马为何轻灵。许多目标近在咫尺，可望而不可即。许多事情想到，却做不到。

世界是简单的，只有两件事，一个是想，一个是做。成功的流程也简单至极，开始做起来，坚持做下去。而让我们产生困惑的，恰恰就在于此，为什么一件简单的事就做不好呢？

我们还有没有学习的欲望？

我们还有没有创业的冲动？

还有没有断臂求生、挥泪一呼的精神？

还有没有疾水漂石、一泻千里的豪情？

再过15年，人天才到而立之年，还有漫漫长路。请大家不要懈怠，特别是我们这样的纸本书店，危机近在眼前。

我们的老员工，你们为人天付出了很多，但这不是躺下休息的理由。虽然你们年龄长，但都依然年轻，新员工会模仿你们的行为，更会受你们思想的影响，要让他们像你们当年那样，把个人的成长融入到人天的长远发展之中。

你们是人天的渠道，公司所有产品都要放到里面去。不要让公司感到水流不畅，看着投入其中的宝贝漂流不动。经过10多年的努力，你们虎踞龙盘，雄视各个区域市场，本地公司做到的，你们有过之而无不及。但你们会不会安于现状，不思进取？你们还能不能跟过去一样，积极地、无条件地配合公司的发展战略，42条缰绳拉着公司这架战车向前飞奔？

下属的全资公司和控股公司，在同心多元化发展战略中，你们要有效分散市场风险，增加发展机遇。你们可以依靠公司平台，但不要依赖，独立创业，自主经营，尽早形成规模，使人天成为名副其实的集团公司，而不是空有架构。

后台的各个部门和非营利性机构，向业务部门提供服务和技术支持是你们的天职。过去的日子里，你们夜以继日、任劳任怨，用大量的时间和精力满足客户和全国分支机构的各种需求。你们是最值得尊敬的人，最可爱的人。但我们也应该看到，各个部门的协同能力并不高，信息没有共享，数据不能交换，有大量的冗余人员，而不以为然。我们必须建立共识，没有数据平台，人天的发展就难以为继。必须把管理人员减下来，把机构数量减下来，把人均码洋提上去，把员工工资提上去。

我的报告结束了，谢谢各位认真听取。今天，我们在人生跑道上，画出一道新的起点线。重要的是，获得了一种心情，让我们快乐地工作；确立了一种态度，就是把一件事情做好。

我和你们在一起。

谢谢你们！

在第三届全国馆配商战略合作研讨会暨全国馆配商联盟发起大会上的发言[*]

时隔一年，我们又见面了。与前两届不同，前两届我们是务"虚"，这一次，我们要务点"实"了。

这个"实"是什么？就是我们共同期待发起的全国馆配商联盟。

意义就不多说了，合作共赢也好，抱团取暖也好，降低成本也好，资源共享也好，各有各的诉求，但相同的有一点，就是生存—发展—实现。各个公司，每个人情况不同，会处于不同的阶段上，好一点的在发展阶段，差一些的在存亡线上，基本上都很难达到个人实现，很难把个人的理想、抱负植于平常的事务之中。

我们都是优秀的人，所以我们才选择了经商。举个例子，20世纪80年代中国社会科学院的青年政治家访美，发现美国人认为他们国家最优秀的人才都去了商界，而我们商界最优秀的人处境却很尴尬。

我们倡议并准备发起的馆配商联盟，能担负起这样一个重任吗？下面我向各位介绍一下人天书店为这个联盟做了哪些准备。

人天2012年的销售码洋突破了9亿元，其中有1.2亿元的期刊，这也是我们合作的内容。

---

[*] 2013年的发言。

2013年，人天还将实现两位数，并且是超过20%的增长。书刊合计将突破10亿元码洋大关，其中图书要达到9亿元码洋。

10亿元码洋，人天用了15年时间，公司已经设定了下一个10亿元码洋目标，并且最多只需要5年的时间，也就是到2018年，那年我正好60岁。正如毛主席说的，"一万年太久，只争朝夕"。

人天书店为什么能坚守岗位，并且生存得这么好，一是靠规模，二是利用已形成的规模与出版社进行博弈，大幅度地降低了采购成本。我们大家都知道，运营成本总额是降不下来的，房租在大幅度提高，北京西南物流的房租每平方米已经涨到0.70元了，人力成本在提高，物流成本在提高。我们一方面靠规模摊薄运营成本，另一方面降低折扣，扩大进销差。但我们提高进销差，绝不是以次充好，不是以图书馆的资源建设为代价，更不以人天的品牌为代价。看看人天的书就知道，我们把特价书当新书管理，特别推荐的出版社，大多数是大社、专业社、优秀出版社。上周我接待了一位北京著名的馆配商老总，我带他看了库房，他们在别处6折以上进的书，我们给他5.6折；他们5折进的书，我们给他4.6折，最少相差5~6个百分点，最多相差10个百分点以上。他当场就说了，要拿出2000万元码洋来合作。另一个新华系统的老总，要把特价书的基地建在人天。还有一个老总，准备放弃采购权，交由人天书店统一进货。那么，人天就有责任降低他的综合折扣。这当然需要透明，虽说不用像并购过程中采取尽职调查，但至少需要数据绝对真实。

这就是我们提出的采购集中化、服务本地化的概念。我们有信心为各位持续的提供优质低价的产品。

只有产品还不够，我们还只是供销关系。作为联盟，还需要为其成员提供平台服务，到一定阶段，还需要订立行业准则。

这里，我介绍一下平台服务的内容，这就是我们在过去一年为了这个联盟的诞生做的一些基本准备，很多都只是开始，需要一边运行，一边完善，一边修正。

有一些属于基本服务，如订货会、培训、研讨会，都会面对所有成员。作为平台支撑的是以下几个方面。

一 是基于Z39.50协议的联合编目系统

建立全国馆配商联合编目中心，成为与国家馆和CALIS中心并列的第三个全国联合编目中心。

2012年，人天向CALIS中心提交了5200条数据。也就是说，CALIS中心50%左右的编目数据是从人天获得的。我们下载一条需1.50元，联盟成员下载只收象征性的0.20元。我们的编目成本每一条在10元左右。

二 是基于中国可供书目，建立发行中盘

我们用利益和服务把成员联合起来，包括数字资源，相对单一免维护的产品也会放到联盟中来，如古籍库、读报机。

准备选址重建物流基地，5万平方米以上，扩大现货品种数量。

三 是基于馆配商联盟分销体系的联合出版部

适当的时候，用出版公司的形式体现大家的股权，争取上市。这个股权不取决于投资，因为是以销定产，不需要太多资金，完全取决于贡献大小。所以需要做一个数学模型，以此确定每一个公司的综合贡献率。股权是变动的，比如选取近5年的发行量、分销量，测定一个系数，与股权挂钩。

四 蔚蓝公益基金

也可以使其成为联盟的共同基金，由你们进行遴选、申报、维护和监督，你们的资源也可以放到基金中来。

最后，我想给我们的联盟提几点希望。

第一，目前我们这个联盟还是一个松散的联盟，但毕竟是一个组织，发展得好，以后也可能注册为一个民间团体，现在需要大家一起照顾。当联盟有了一定实力的时候，也会帮助有困难的成员，设立救助机制。

我们的关系要发展成为：战略合作伙伴关系——全面战略合作伙伴关系——战略协作伙伴关系——同盟关系。

相对于北京八社联盟、社科十联等，我们不是相对紧密的关系，我们有利益的设定。

"亲兄弟，明算账，遇到问题好商量"。

第二，联盟需要一定的规模。人天馆配中盘目前的规模只有1.9亿元，应该迅速提升到5亿元码洋以上，起码达到跟人天馆配中心一样的规模，并且应该超过它。

现在网店对我们的投诉还是很多，不允许我们低价销售，说明我们的话语权还不够。

说人天只是做好事，不谋求自身利益是不真实的，但是基于不损害成员利益，并且是在成员获得较大的直接利益前提下，获得一定的边际利益。所以，人天对联盟的政策是倾斜的、宽松的，远远优于对我们自己的馆配中心。

我们也希望成员公司能更多地把订单放到这个篮子里，共同把这个盘子编大。因为我们相信，有了联盟，每个成员公司在现在的基础上都会得到发展，会成为区域的首选。

第三，联盟需要诚信守约。我们是用商业利益联系在一起的，商业的第一原则就是诚信。我们要做出榜样，给出版社看，给图书馆看，诚信是我们的生命。

联合出版的选题不搞一致通过，半数通过即可出版。我们的出版品种每年完全有可能达到500种。

联合出版部能否运行下去，最终成为我们共同的公司，完成依赖我们之间的默契关系。我们设计的初衷，就是分散风险、不退货、视同销售，以保证出版部门快速稳健的发展。现在大家很热情，具体发行的时候，肯定有发不动的情况。尽管我们搞了一个库存图书信息交换程序，但还是要自己解决，以保证出版正常运行。所以，我希望我们在困难面前不能退缩，要坚持做下去，以后成员多了，分销数量就小了。我们编辑能力提高了，选题更加精准了，调货率就低了。只是，不要还没有等到这一天到来，我们就半途而废了。人天不会，我相信在座各位都不会。我们能做到今天，能坐到一起，已经证明我们这次合作一定能成功。

2014年全国馆配商联盟理事会开幕词

为了节省大家的时间，会议只安排了一天，有很多议程。所以，我就不说客套话了，直接说数字。

一　上半年联合采购情况

截至 7 月 8 号，订单码洋 2.0072 亿元，打包码洋 1.5634 亿元，同比增长 36%，正好是人天自营业务的一倍。上半年完成全年任务的 34%，与去年持平。

人天坚持自己的承诺，把馆配商联盟放到更重要的位置上。具体目标是，用 3 年时间，让中盘业务追平人天自营业务。3 年后，人天自营业务规模会达到 8 亿元码洋以上，要使中盘也达到这个规模，是很艰巨的任务，希望得到大家的帮助。如何才能得到大家的帮助，首先人天要给大家提供帮助，提供服务。下面几项，就是人天要为大家提供的服务。

二　订单报订业务

在 2 亿多元订单中，有 2057 万元是订单报订，占到整个订单的 10%。虽然与人天自营业务比，这个比率还不大，但市场需求已经显露，随着订到率和订到速度的提高，订单报订的采购模式会越来越多地被采用。我从联诚公司的数据中看到我们还有很大的提升空间。

人天书目是全品种的（除教材），在统计订到率上，因大家不是基于一个标准书目，因而难以评判其高下。长期以来，这也是困惑我们的一个难题。这就形成了一个悖论，人天提供的书目越全，自己的采到率就越低。但市场、客户，包含在座的各位是不听我解释的，要解开这个悖论，就要拿出新的解决方案。

今天，我们带来了一个解决方案。

三　中国可供书目

道理很简单，知道有这本书，还要知道它在哪里，实际上，这已是图书物联网的概念了。看似简单的问题，业内的理论专家、实务专家、管理者为此伤脑筋已经不止 20 年。

2002 年前后，国家新闻出版总署信息中心提出可供书目，中国出版集团也提出可供书目。

2003 年，人天书店开创了可供书目，2004 年项目停止，原因是没有迫切的市场需要，加之技术手段落后。

2004 年，中国出版集团成立中版通公司，专事中国可供书目，也无疾而终。

浙江省新华书店决心要把在销图书全部收全，号称 70 万种；当当也标榜有 100 万种在销图书，实际数字都大打折扣，因为这种做法不符合市场规律。已经滞销，甚至已经不动销的图书，为什么还要引进它呢？

中国可供书目是一个现货数据交换平台。市场需求越来越迫切，而技术也越来越成熟，不需要把书都存在自己的库里，通过数据交换格式，把出版社、批销中心、文化公司都连在一起，在座各位如有库存，通过商务谈判就可以成为供货商。

目前，可供书目网已经上线，可以使用了，还不完善。一是还有一些出版社没有提供数据，各省批销中心基本没有入网。二是更新还不及时，特别是对批销中心和图书公司，更新尤为重要，因为它们都是量出为入，不会有大的复本数。三是技术，能做 EDI 链接的出版社少之又少，我们准备自己开发软件，去与它们接口。总之，随着它的使用和实效，会得到越来越多的支持，直至成为一份重要的商业数据。

以后，馆配联盟成员可以用可供书目下单，具体做法是：订单导入可供库，导出可供文件，现货库存满足部分生成配书单，按现货折扣；库存不足部分生成期货订单，按期货折扣。

现货必须精确匹配，期货可分精确和模糊两种匹配方式。

四　包销图书的前景

做出版商是每个书商的愿望，做大出版商更是我的梦想。这一年来，普通图书的包销热情在减弱，所以这次我们又带来大码洋图书的包销方案。

在北京，我走访了数字印刷企业，结论是按需印刷不适应普通图书的出版，成本过高，一个印张在 0.80 元以上。其实，出版成败的平衡点就在 1000 册，如果解决了 1000 册的问题，这就成立了。人天每年为出版社制作 200 个品种，大家再从出版社用 5～6 折买回来，为何不用 3 折就自销了呢？对于这个问题，希望大家有更好的办法。

五　电子书平台

经过一年的调研、论证和需求报告的撰写，到原型，到代码，目前电子书平台已经进入测试阶段。与此同时，开始与出版社进行版权谈判，预计年底可以推向市场。

电子书平台，将是馆配商联盟的核心产品，我们也可免除因资源形态的变化而带来的发展忧虑。

六 需要大家共同面对和协调立场

1. 人天分支机构和联盟成员加强协作，互相补台不拆台，互相围标，制定共同的市场策略，友好、公开、有限的竞争，变竞争为合作。有的市场联盟成员和我们办事处已经协作得很好，很愉快。

2. 消除出版社对馆配商联盟的疑虑，要释放善意，特别是我们之间要协调好立场。你们找出版社要折扣天经地义，但不要拿人天给你们的折扣说事。结果会是出版社给你们的折扣并没有降低，那是由采购码洋决定的，但出版社会要求我们提高给你们的供货折扣，一损俱损。

七 馆配商联合的多重考虑

联盟会员在当地都是优秀企业，都有做大、做长、做好的愿望。

我们都是企业，目标都是利润，但我们希望把好书送到图书馆去，我们希望利润来自于这些出版社。我们爱惜自己的羽毛，馆配商联盟给了大家这样做的可能。

馆配市场远比出版社想象的要大得多。《中国出版传媒商报》披露，电子工业社图书馆占有率3.01%，馆配销售码洋1个亿，以此推算市场总量33个亿。人民邮电占有率3.48%，馆配1个亿，推算市场总量28个亿，明显是低估了。如果只有这么点量，我们做得还有什么意思？

人天今年馆配图书销售（不算期刊，不算网店、批销、自出版）或可达到11亿元码洋，难道我们的占有率要达到40%了，显然是不可能的。

2013年，中国在校大学生总数为2536万，研究生乘2，博士生乘3，折合本科生3000万左右，每年生均4册新书，1.2亿册均价40元，总计48亿元，这仅仅是高校，馆配至少要有100个亿吧。那么出版社还有多大的增长空间？我们希望出版社支持馆配商联盟，给予相应的销售政策，通过馆配中盘，把你们的书发到每一个图书馆，每一个角落。这应该是我们共同的目标。

预祝会议成功，大家都有收获！

正在来临的大馆配时代*

我先用一句话来描述2014年馆配商的工作，2014年馆配商从两条战线上同时向前推进，一是纸质图书期刊的销售持续增长，二是电子图书的平台设计和资源整合。三是有迹象表明一个大馆配时代正在到来，这就是我报告的主题。

一 馆配商联盟顺势而为

首先，馆配商联盟是顺势而为。2014年，纸本图书销售增长在25%以上，期刊销售增长相对缓慢，主要是图书馆削减期刊的影响，但也有15%的增长业绩。这反映的不仅仅是人天书店一家的情况，从全国馆配商联盟的发展来看，由于有了联盟的平台支持，各地馆配商都有了不同程度的增长。联盟内联合采购的增长率达到40%，远远高于平均的增长率。一些学术类、科技类的出版社曾担心，馆配商联盟联合采购，只是采购单的转移，而不是增量，是各地馆配商的订单从出版社转移到人天书店的馆配中盘。那么，从馆配联盟的数据统计得出，加入联盟进行联合采购的中小馆配商，绝大多数没有与核心出版社建立直接的采购关系。已经与出版社建立过业务关系的馆配商，通过馆配联盟联合采购，核心出版社的品种和数量都有明显提升。这也证明，有了平台的支持，降低了门槛，提升了服务，馆配商有办法把图书馆凝聚在自己周围，有能力把自己做大。所有馆配商都爱惜自己的羽毛，希望买好书，卖好书。这些都是有了平台的支持，自身业务增长的情况，由于这些良好局面的出现，我们有理由说馆配商联盟达到了我们最初设计的目标，就是让更多的书商愿意做馆配，而不是在图书馆的门槛前退缩。人天书店于3年前发起成立全国馆配商联盟，3年以来，再没有听说哪一家馆配商退出这个行业，劣币驱逐良币的情

---

* 2014年在教育部高校图工委"十三五"规划会上的发言。

况得到初步的扭转。

这仅仅是一种开始,要真正把图书馆配供做成一个既能满足图书馆资源建设的需求,又能给馆配商带来利润的规范市场,就需要出版社和中间商的共识。馆配已经不是低端产业,虽然它的规模不是很大,但它也必然是基于图书馆的资源建设标准、数据规范和网络平台支持的一种保障体系。在传统业务上,人天书店正在向馆配的中盘商转型,希望出版商和馆配商都能看到这一点。馆配中盘的出现是馆配市场的需求,人天书店只是暂时出任这一角色,如果有更好的馆配中盘商也可以与我们并存,如果我们做得不好还可以取而代之。全国馆配商联盟成立至今已有3年,目前有70%以上的民营馆配商和部分省市的新华书店加入这一行列,成员数还在不断增加。该联盟从成立之初就获得了业界的极大关注,一直以来,认同之声和疑虑之音就没有少过,但是无论如何,馆配商联盟从某种层面改变了馆配生态,打破了原有的竞争格局,未来还将影响深远。联盟旨在代表馆配商成员的利益获得更多的话语权,引导建立新的符合资源建设的规则,在联盟内采取统一的数据交换标准;并旨在打造中国可供书目数据库和核心书目评价体系,建立现货数据交换平台,将出版社、批销中心、文化公司的数据放在一个统一的平台上,实现图书发行行业的互联互通。全国馆配商联盟,已经成为行业内的一支重要力量,也证明了竞争关系有可能在条件成熟的情况下变成一个长远的合作关系。联盟时代已经到来。

二 馆配电子图书呼之欲出

如果说纸本图书是大龙在天的话,2014年的电子图书可谓是潜龙在渊。图书馆在数字资源建设上经历了几个阶段,首先是数据库的采购和电子期刊的采购,但这些钱大部分花在国外,好在 CNKI 把学术期刊做好了。从目前图书馆的资源类型来看,我征求了很多馆长的意见,现在只缺与新书同步的电子书这一大项。但今后电子书采购终将告别地摊式的打包方式,而是与纸本书一样,由用户自主选购。我在这里有个建议,电子书不要再搞评估了,图书馆被指标逼迫,一定会不顾内容质量,而供应商为了利益驱动会一哄而上,一定会导致盗版猖獗,再次打击出版商和著作权人的信心。

在电子出版发行领域,馆社之间依然存在供求不够对接的情况,那么作为中间商,搭建电子出版物平台顺理成章,与纸质出版物的中盘商性质应该是大同小异的。目前电子出版物发行,对大众零售市场的依赖比较强,还没有注意到图书馆渠道。然而我们应该清醒地认识到，图书馆才是电子图书发行的主渠道。一是图书馆采购经费的持续增长，二是，电子资源在高校文献资源经费中的占比已经呈现反转的趋势。以三大运营商为主的面向零售的电子图书，几乎都是大众读物，学术类、科技类图书即使有，也是沉底的，不会形成销售。这就是我提出的零售电子图书的1∶99律，只有1%的品种可以给出版商带来利润。

相较于出版方盈利难的问题，馆配领域却出现了采购方数字资源经费持续攀升的局面。2013年高校图书馆经费排行榜显示，复旦大学电子资源经费达到了总经费的40%，清华大学达到60%，其他本科院校大体上都在40%～60%之间。清华大学纸质图书馆藏书量是450万册（件），电子资源馆藏已经达到800万种，并且拥有千万级的使用量。电子资源的快速发展对应的是纸质资源下降的趋势，高校图书馆图书借阅率下降似乎已是不可遏止，每年都以5%到6%的速度递减。清华大学近3年的数据，借阅总数从180万人次降到120万人次，相应的，纸本图书的采购复本也下降了，图书采购逐渐期刊化。2013年，数字出版收入是2540亿元，当然，所包括的游戏广告，不是传统意义上的出版。2013年，移动阅读基地的总收入将近50亿，而图书出版全国营收才776亿。1990年，图书出版8万种，56亿册；2013年，出版44万种，80亿册。品种增长了5.5倍，年均增长3%，而册数，在近四分之一世纪里，只增长了可怜的42%，都增长在图书定价上了。2013年，人均纸质书阅读量是4.77本，全民阅读从何谈起？一个新的现象是，电子书阅读量已经达到2.48本。按照数字出版每年30%的增长速度和纸质图书册数几乎不增长的情况，那么只需要3年的时间，这个数字就会反转过来。由此可以看出，纸质图书已经难以承担全民阅读的重任，所以这个担子要换个肩膀由电子图书来挑。

三 畅想之星照耀中国

电子图书的发展大概经过了三个阶段，2009年，中国移动手机阅读平台上线之后，畅销书的出版机构，从此获得了很大的收益。2013年，亚马逊的kindle上市，是数字出版的又一个里程碑。亚马逊的CEO贝索斯说：电子图书业务已经形成了数十亿美元的市场，亚马逊通过kindle占领了美国电子图书市场。在中国，形成一个数十亿人民币的市场也是毫不夸张的。但我们还是很遗憾，一个面向图书馆的电子图书销售平台始终没有出现。目前来看，出版社的主要渠道是三大运营商和电商平台，前者是中国移动、中国联通和中国电信，后者主要是当当、亚马逊、掌阅，都是面向个人用户。互联网巨头 BAT 也有迹象进入数字出版领域。腾讯收购盛大文学是一个重要事件。BAT 并不是把数字出版当作主营业务和利润来源，只是当作引流的工具。它们断不会去收购任何一家严肃的学术出版机构。

方正阿帕比公司 2001 年起就进入数字出版领域，它有方正传统出版印刷技术的优势，数字出版技术想当然也会处于行业的领先地位，由此制定出图书馆电子图书的整体解决方案，似乎非它莫属。Apabi 分别代表着作者、出版社、流通渠道、读者（即购买者和网络），已经面面俱到。但最终它没有成为图书馆的主流采购渠道，原因可能出在流通渠道和购买服务这两个方面，在超星这样强势的公司面前无所适从。在这期间应运而生了书生、超星这类公司。

但非常明确的一点是，在 2014 年，所有经营、使用电子书的相关利益方，不管它是出版方、中间商，还是终端用户，一致的意见是，我们需要重新开辟一条道路。那就是我们都要遵循伯尔尼公约的精神，按照《中华人民共和国著作权法》从事电子图书的生产和销售。出版方不再漠视对自己知识产权的侵害，图书馆也不再因为自己是非营利组织而任意利用未经授权的产品和服务，作为中间商，更不能因为权利方的放弃和购买者的需求而进行非法集成和销售。由于数字出版一直未建立起合法的版权转让机制，违法成本低，甚至根本没有违法成本，作为版权一方的出版人和著作权人，其权益已被侵害日久，他们一方面对此深恶痛绝，另一方面又束手无策。所以，当一个新的平台运营商出现的时候，他们都避之不及。我们与出版社谈判的过程是非常艰难的，首先不是技术问题，而是诚信缺失。今年 10 月份以后，我访问了多家出版集团，每到一地，都是由集团召集所属出版社社长参加，接待规格之高，关注程度之切，都让我吃惊，但还是不能掩饰他们的疑虑。由我亲自推广和释疑，其中一层含义，就是用我的名誉做质押。所以我要呼吁全国的图书馆，不要购买没有经过授权的数字出版产品，我们保护版权要像保护鲨鱼一样，没有交易就没有杀戮，没有非法交易就没有盗版。我们还要对出版商说，不能因噎废食，对电子图书来说，正版图书不去占领，盗版必然要去占领。我们应该团结起来，就像我们在纸质图书上的合作一样，共同打击盗版，维护市场秩序。仅从这个意义上说，Apabi 尽管不能被确立为是中国数字出版的一个里程碑，但对图书馆电子图书建设来说，仍不失为一块重要的基石。

到了 2014 年，一切都明朗了，目标明确了，路径也有了。大的馆配商在做自己的

APP，就如同亚马逊做 kindle，人天书店做畅想之星一样，同时加紧与出版社及版权方进行授权谈判。人天书店的数字资源平台名称是"畅想之星"，目前已与包括北京大学出版社、中国人民大学出版社、中国出版集团、中国作家出版集团、时代出版集团、青岛出版社、重庆出版集团在内的 100 多家出版社签订了电子图书授权协议。畅想之星能不能成为数字出版的又一个里程碑，还要看它的自我表现，但 2015 年作为馆配电子图书元年则是毫无疑义的。

美国作家斯诺写过一本书叫《红星照耀中国》，我已经把它的名字略做变动改为我们的口号：畅想之星，照耀中国。

四　大馆配时代

一直以来，中国都缺少一个馆配"大中盘"，不过，"大中盘"的格局已经随着馆配商联盟的落地逐渐显山露水。所谓"大中盘商"，首先是能够突破地域的限制，产生在某种意义上的具有垄断地位的影响力，如市场占有率与规模。这样的中盘商具备足够的整合能力，上至各出版社品种数量、分销能力和渠道推广；中至全国各区域性馆配商的数据收集和目录编制能力；下至对图书馆的配供能力、对图书馆需求调整的反应能力、数字资源和管理软件的服务能力，以及足够的销售能力等。具备将整个馆配上、中、下游环节疏通的能力，这样的馆配商才能称为大中盘。

全国性的大中盘商是针对辐射全国范围的服务需求，最终实现联合采购的一个格局。相对于过去所指的联采统编，这里所指的大中盘是"信息大中盘"的概念，即一个由信息系统带动物流系统，从而带动商流的中盘。人天集团志在于此。

以下是大中盘的几个要点。

（一）《人天书目报》

《人天书目报》是由人天书店集团独立完成采集的、除去中小学教材教辅以外的全品种书目。自 1999 年创始至今，按照每周一期的频率已发布了 660 期，是一项业已发展得相当成熟的业务。仅 2014 年 1～11 月，《人天书目报》所收录的馆配新书品种就达到了163802 条。

根据历年同国家图书馆数据进行的比对来看，《人天书目报》可以覆盖当年出版新书的95%以上。人天集团的书目数据对客户开放后台，不仅可以提供全品种书目，还可以根据各图书馆的不同需求制作定题通报。

只要使用《人天书目报》，就完全可以满足所有图书馆用户的采购需求。然而，在统计订到率的问题上，图书馆并没有一个基于标准书目进行评价的体系，因而出自各个图书馆的统计数据，其实并不具有权威性，只是本馆到书率的统计和简单排名，更无法对馆配商进行准确评价。在这种情况下，往往形成一个悖论，《人天书目报》搜集的数据越多，图书馆的采到率就会越低。因此，我们提出了一个新的解决方案。

（二）中国可供书目

如果说《人天书目报》解决的是"出了什么书"的问题，那么中国可供书目解决的是"书在什么地方"的问题，这是一个图书物联网的课题，这不是一个看似简单的问题。

2002年前后，中国出版集团提出打造"可供书目"的想法。2003年，人天开始运作可供书目项目，但由于技术手段落后以及没有迫切的市场需求，两年后项目停止。2004年中国出版集团成立中版通公司，专事可供书目项目，亦无多大进展。

日趋多元化的出版发行模式，却对应相对单一的书号管理体系，使得馆配采到率始终难以突破90%的瓶颈。一直以来使用的传统采购模式，使得图书难以精准定位，供需无法全然对接，往往会出现图书馆无法配到需要的图书，而供货商却形成货物滞压的尴尬局面。

2014年，人天书店集团重新推动"中国可供书目"项目，旨在建立一个权威的现货数据交换平台，一个完备的图书物联网体系。

在市场透明、技术手段日益成熟的今天，供货商不需要再各自为战，而可以通过大中盘将出版社、图书公司、批销中心的数据全部集成到一个统一的平台之上，完成数据交换，从而使得图书能够得到精确定位，大大地缩减采购时间，避免采购的盲目性。这涉及图书从信息产生到实务管理的全部过程，解决因多轮采购而带来的人员与经费的大量消耗。

截止到今天早晨的数据，人天书店集团的中国可供书目已收集了1124877个可供品种。倘若最终能够在技术上顺利解决与所有出版社的EDI（电子数据交换技术）对接，并持续化地运作下去，采到率与采到速度的问题将会大大改善。一旦突破订到率这一瓶颈，现货采购的优势将被削弱，将不再作为图书馆的主要采购方式，图书馆都会回到以目录采购为常态的正轨上来。

（三）核心书目评价体系

大家可能对馆藏文献资源评价体系比较熟悉。目前，各大高校图书馆拥有大量的图书资源，因为近几年的高校图书馆评估工作的开展，高校原有的馆藏建设体系被破坏，特色馆藏被稀释。所以，在高校评估浪潮过后，很多高校图书馆都在重拾文献资源评价体系，根据建馆方针制定相对应的采购原则。问题在于，高校合并和扩招，使原来的单一型、专业型学校，组合成多学科的综合性大学，馆藏需求的多样性对图书采访员的专业要求大大提高了。

同样是采访员，中文期刊不过一万种，期刊采访员有《中文核心期刊要目总览》提供采购参考，图书采访员却要面对超过40万种的图书海洋，而且是每年40万种！

所以，有必要建立图书的核心书目评价体系，要用核心书目来辅助图书采访员，使之更有效、更准确地判断图书的质量和价值。

上海师范大学图书馆的一项研究成果显示，他们所做的工作是把以往某个时段的书目集中起来，再把哲社类学术图书分离出来，对这部图书用引文分析和二八定律进行遴选，最后经相关专家审定，形成哲社类学术图书的核心书目。这个书目可以作为馆藏质量测评的工具，但这样的成果来得有点晚了。如何让图书馆的采访人员在没有看到书的情况下，面对采访数据，就能大致判断出哪些是好书，哪些图书符合自己的馆藏要求，不至于在若干年后，等核心书目编制出来后，与自己的馆藏一对比，覆盖率达不到50%，甚至达不到30%。所以需要在采访数据中产生核心书目。

核心书目的体系主要分两部分：一个是书目的来源，另外一个是对图书的评价体系。

既然要利用核心书目指导采购，这个书目就要建立在采购之前。书目的原始数据来源，就是把出版社最新的目录收集、整理起来。这个工作馆配商都会做。

对书目评价的目的和评价指标确定好了，但靠人工的方法来对如此庞大的数据量进行评价无疑是不现实的。因此我提出了好书因子的概念。好书因子分别从出版社、作者、研究背景、舆情、借阅率几个方面提取。然后在数据仓库、数据挖掘技术支持下，建立对图书多个维度进行评价的工具模型。基于不同的维度，根据不同的因子，采用不同的方法，对一条CIP数据进行评价，可以为一本新书评判一个分数，以决定其是否可以进入核心书目。

为此，我们在东北师大计算机科学和信息技术学院建立了图书物联网研究所，开题研究核心书目。

当核心书目建立起来以后，图书馆采购专业图书，可以不再借用专业院系师生的力量，只需要按照条件筛选即可。采访人员可以用自己擅长的图书情报专业知识和管理经验精准地挑选各种专业书籍。

（四）馆配会公共平台

书业展会的订货功能在不断下降已经成为一个不争的事实，各大展会纷纷面临转型的挑战。例如上海书展自 2004 年转型以来，已经逐渐成为一个以阅读推广为主的大型文化盛会，但几乎每个书业展会都会毫无例外地配有一个馆配分会作为支撑，因为馆配会有着实打实的订货功能。

因此，稍有实力的馆配商都会去办馆配会。2013 年，区域性质和全国性的馆配会大大小小不下 50 场，春秋两季尤盛。根据社会科学文献出版社"2014 年全国馆配会一览表"显示，截止到今年 10 月，该社参加的全国及地方性馆配会的数量就高达 27 个场次，与 2014 年的数据基本持平。发行界有种说法，每天"不是在馆配会，就是在去馆配会的路上"。出版社不堪重负，图书馆疲于奔命。

2014 年 9 月，第二届出版物馆配馆建交易会暨全国馆配商联盟秋季图书订货会在合肥举办，参会人员达 2000 人以上，销售码洋达 1 亿元。

此次交易会是由中国出版协会联合全国馆配商联盟，共同搭建完成的一个行业馆配会公共平台。在保证其行业公信力的同时，又突出了其公益性质。该协会认为，以一个商业性的组织来举办行业交易活动，更能够体现出市场经济的需求。所以，此次中国出版协会将全国出版物馆配馆建交易会与馆配商联盟全国图书订货会两者合二为一。一个全国统一的、信息和资源共享的交易平台就此形成。中国出版协会之所以选择全国馆配商联盟来合作办会，是向业界宣示，中国版协永远支持和鼓励最优秀的企业，这是馆配市场发展的必然结果。变重复建设、恶性竞争为共建共享与合作共存，是馆配行业由混乱无序走向整合规范的开始。

馆配电子书的背景与愿景[*]

亚马逊和中国图书出版信息网所发布的研究报告表明，国内外电子图书的发展走向至

---

[*] 2015 年，在全国各地"畅想之星"推广会上的发言稿。

少出现了三个重要特征：第一，电子书的销售额度已经超过了纸质书的销售额度；第二，图书馆用于数字资源的采购经费已经超过了用于纸质资源的采购经费；第三，读者在网络上阅读的时间已经远远多于在纸质图书上停留的时间。第三点作为一个新的现象尤为重要。

面对这一背景，从图书出版发行，直到终端用户，在这一链条上的所有机构无不提高警觉，跟踪电子图书的发展趋势，准备着随时开始的战略转型。美国亚马逊公司正是通过电子书的销售，改变了传统书店的面貌。在 2010 年 4 月，亚马逊网站电子书的销售额首次超过了纸质书，从而开创了电子书的时代。美国另一家图书机构 OverDrive，中文译名超速公司，正如它的名字一样，迅速发展成为全美最大的电子图书馆配商。它整合了 1000 家学术类出版社，实时提供 100 万种电子书，同时为全球 3 万多家研究类图书馆提供电子书、知识发现和整体技术服务。

可是在中国，一个严谨、合理、高效的电子书生产销售的平台至今没有出现，表现在出版社、馆配商和图书馆用户之间缺乏深度了解。正版图书资源没有正常的渠道能源源不断地向图书馆输送，造成了目前这样的情况。出版社不生产，平台商越俎代庖，用户那里各种平台互不兼容，各种资源鱼龙混杂。

一 为什么说2015年是馆配电子书元年

我们简单回顾一下电子书的发展过程。

2009 年，中国移动电子书上线，加上中国电信和中国联通，三大运营商占了零售电子书 50% 以上的市场份额。

2012 年底，亚马逊中国 kindle 上线，这是亚马逊美国经验在中国的复制。正如它的老板贝索斯所说，电子书已经形成了一个几十亿美元的市场。我们把这句话拿到中国来，有没有一个几十个亿人民币的市场呢？回答是肯定的。前瞻产业研究院发布的《2015～2020 年中国数字出版业商业模式与投资战略规划分析报告》显示，2011 年中国电子书产值为 16.5 亿元，2012 年为 31 亿元，2013 年为 36.5 亿元。网易云阅读的《2014 年移动阅读报告》显示，2014 年中国人电子书总阅读量已经超过 14 亿册，报告没有说明其中有多少是付费阅读。

馆配电子书市场规模有多大？还有一个几十亿人民币的市场吗？回答也是肯定的。我们面对的是 2000 多所大专院校图书馆，加上有经费保证的大中型公共图书馆和科研院所，如果每个图书馆用于购买电子书的采购经费有 100 万元，就是 30 亿元以上了。那有没有这样的资源和服务商呢？

其实中国的电子书还是从馆配做起的。早在 2001 年，方正阿帕比就进入了数字出版领域。我参加过他们的产品发布会，那已经是 15 年前了。阿帕比有着方正传统印刷技术的优势，国内绝大多数的书报刊都是用方正排版系统排印的，所以它可以用复合出版的方式，直接把文本转换成电子书。Apabi 是一个生造词，但它的 5 个字母是有含义的，分别代表 Author（作者）、Publisher（出版社者）、Artery（流通渠道）、Buyer（读者）以及 Internet（网络）。最后一个字母最重要，是用信息技术将版权、出版、发行和采购、流通各个要素整合为一体。早在 15 年前，Apabi 就是一个互联网+。Apabi 以互联网为纽带，将作者、出版社、发行商和读者这些传统出版产业链的核心要素连接起来，实现完全数字化的出版。Apabi 在网络上还原了出版流程。Apabi 技术有着原版式与流式结合的阅读体验，并将数据挖掘和知识标引作为未来的发展储备。如果 Apabi 坚持做下去，我今天没有机会站在这个讲台上，人天书店是没有机会做电子书馆配的，就像因为有 CNKI、万方、维普，我们不去做电子期刊一样，要做也是硬做。

Apabi 退出电子书市场后，还有没有面向图书馆的电子书呢？有，超星和书生。但困扰用户，也困扰他们自己的，是版权问题。没有经过出版社和作者的授权，因此它们不可能及时地获取正版图书资源，并且还隐藏着法律风险。

所以我的结论是：现在没有一个基于出版者和作者授权的、面向图书馆的电子资源平台，而电子书恰恰是图书馆主要文献资源的唯一缺项。

畅想之星不是硬做的，它是应运而生的。

畅想之星电子书是一个集版权管理、新书发布、电子书采购、销售、借阅、知识发现于一体的综合服务平台。对出版社来说，它是新的产品模式；对馆配商来说，它是一个新的营销模式；对图书馆来说，它是新的服务模式。与纸质书不同的是，图书馆不以获取电子书资源为终点，要求平台商长期向图书馆和读者，提供借阅、浏览和升级服务。所以，对图书馆来说，选择一个优秀的平台商尤其重要。

年初我提出，2015 年是馆配电子书的元年，这个观点已经被广为认可。因为这一年，由于人天书店的带动，电子书的生产、销售、使用三方在认识上趋于一致。从电子书与纸质书的同义复合、纸电同步，到电子书的生产、平台的推广和销售，到图书馆付费意愿提高和价格敏感度降低,这都在显示馆配电子书市场正在形成。由于更多的出版社将电子书出版纳入到出版业的常态,可供电子书品种的增加超过了以往任何一年,纯电子书逐步成为出版的新势力。2015 年,一定是馆配电子书产业发展的具有基础性和关键性的一年。

二 为什么馆配是电子书主渠道

我对出版社这样说,馆配才是电子书的主渠道,如果要把他们的电子书变成商品,就必须以馆配为基础。

我提出了 1∶99 律,来说明 BTOC 的销售模式不能吸引出版社积极加入到电子书生产中来。以三大运营商为代表的电子书零售商,在他们的平台上,已经积累了几百万种电子书,但真正活跃的,被下载或阅读的只有 1%,主要都是小说、网络文学、励志类、少儿类、生活类的图书,大都是文化公司制作的。这些书图书馆当然也有需要,但绝不是图书馆采访的主体,特别是高校和研究型图书馆。它采访原则的依据,是该机构所对应的学科设置和研究方向。它们需要的是学术类、专业类、科技类图书和工具书,而这些书恰好都是出版社的本版书,这才是馆配电子书的主体。

我们在说电子书的时候,也不要把纸质书与电子书对立起来。当我们获取知识的时候也在获取体验,在做学术研究同时,也在建立我们的生活方式。书本来就是人类记忆的载体,载体形式的变化,都是在因应记忆的方便、快捷和安全的需要。最早的载体是甲骨,后来发展到竹简、丝帛、纸张,再后来发展到软盘、硬盘、光盘;使用的最早的工具是用锐器,后来有了刀具、笔墨、雕版印刷、活字印刷、激光照排,现在到了存储。有了新的需求,然后发明了新的工具。常说,书是人类进步的阶梯,那电子书就是电梯。6 层的楼可以爬上去,60 层的楼呢,难道还爬上去吗?

如果电子书相当于我们图书馆的电梯的话,它到底带来了哪些变化?

我总结了图书馆存在的四个矛盾:馆舍与膨胀的纸本书的矛盾,借阅率下降与采购复本的矛盾,出版量增长与缺藏的矛盾,采购品种和零借阅的矛盾。

现代管理都是讲解决方案,综合性的解决方案就是顶层设计。电子书可以同时解决这四大矛盾,所以它是一个解决方案。电子书不需要仓储,电子书有并发数,不需要复本,电子书相对于纸质书定价要低,加上并发数,所以同样的品种所需经费大幅下降。如果结合 PDA（读者决策采购计划），又可解决零借阅的问题。由于工具电子化、资源数字化、阅读移动化，下一代图书馆必然是泛在化的。

图书馆的三个要素：资源、人和空间。当资源类型发生变化，服务方式随之发生变化，空间形式也发生了变化。当图书馆不再需要大量纸质书的时候，空间突然间放大了，图书馆可以转变为公共文化活动空间，可以有咖啡屋，各种会议室、讨论室，有创意空间、录音棚、视听室、琴房，举办各种活动，如朗诵会、新书发布会、讲座、室内音乐会，播放实验电影，还可以有亲子活动，让孩子在图书馆长大。图书馆成为知识分子聚会的首选，那时，我们的馆长和馆员们，还会抱怨读者不来图书馆吗？

还有要跟出版社说的是，电子书时代，馆配商仍是中间商。

虽然平台商可以跟著作权人直接签约，但不如跟出版商合作经济。因此，只要出版社愿意合作，我们一定不会绕开出版社。现在很多出版社还在观望，对生产电子书，或向平台商提供电子文本不置可否。可是馆配电子书的需求已经形成，读者需要电子书，正版不去占领，盗版就会去占领。

出版社要保证其产品是经过著作人授权的，平台商在技术上保证其产品不被盗用和复制，图书馆要选择正版产品。反盗版是一项长期、艰巨的任务，"道高一尺，魔高一丈"。我们与出版社、图书馆组成的是一条共同战线，盗版不是损害某一方的利益，不仅损害出版社的利益，同样也损害平台商的利益。从资源建设的意义上说，受害最大的最终是图书馆。

三　人天书店为什么要做电子书

第一，人天书店始终坚持两个中心：以图书馆为中心，以文献资源为中心。因其发展而发展，变化而变化。

电子书是继参考资料库、电子期刊后数字出版的"第三次浪潮"。我们看到的是，很多图书馆已经在减少纸本书订购，加大电子书配比，通过网络利用图书馆渐成趋势。很多高校图书馆，不论是主页登录人次、电子书下载册（章页），还是虚拟参考咨询，都已全面超越读者到馆人数、图书外借册次和咨询台接待读者人次。特别是研究型图书馆，正在进入电子馆藏和电子馆藏借阅的时代。

所谓时代，是以政治、经济、文化为依据而划分出来的历史时期。对于图书馆，资源形态发生了改变，服务方式也发生了改变，以此为依据，图书馆进入了互联网时代。

95%的美国大学图书馆、76.3%的公共馆提供电子书，尤其是高校读者，用于查询和快速参考，使用电子书与使用电子期刊和论文类似，方便、快捷、高效，更加得心应手。

电子书对图书馆来说，已不是需不需要的问题，而是能不能提供，怎么提供，提供什么的问题。

第二，人天不只是为自己做，也在为行业做。在电子书时代，出版社和图书馆更加依赖中间商，就如出版社（除了个别大社）不可能都自己做 APP 一样，中小馆配商也不可能自己做 APP，他们今后对中盘商的依赖会越来越大。人天书店是全国馆配商联盟的发起者，馆配商联盟的成员今后大部分都会成为畅想之星的代理商，所以我们要用 3 年至 5 年的时间，建立起完善、权威的电子书中盘：第一步，建立起电子书的资源体系，第二步，在此基础上建立知识发现平台。

四　图书馆的选择

自从互联网开启了新的阅读方式，人们离开纸张阅读从不习惯到习惯，从不认可到认可。特别是移动便携设备的普及更令电子阅读走进每一个人的日常生活，屏幕成为主要学习介质，数字化学习产生新学习模式，电子书借阅服务应该成为图书馆提供的一项重要服务。因其没有，所以重要，今后它与书、报、刊一样，只是图书馆的日常服务。

高校图书馆文献资源经费的占比已经反转，但数字资源经费大都用到国外的电子期刊、数据库和电子书上了，因为我们没有本土化的数字资源。亚马逊中国已经在做中文电子书，如果人天再不作为，OverDrive 就会来做中文的馆配电子书。只要我们做不好的，国外的公司都会做，包括图书馆的自动化系统。

建立馆配电子书还有三个问题：贵与贱、正版与盗版、经费的有与无。

经常听到说中文电子书太贵，国外的电子书不贵吗？中文电子书为什么会这么便宜？我们需要懂得一本书的成本构成。如果电子书不能反映其商品的价值，人参当作萝卜卖，馆配电子书的产业和市场永远也建立不起来。

还有一个奇怪的现象，为什么图书馆对盗版书零容忍，而对盗版电子书却熟视无睹？

我们呼吁,不能以文献保存和科研需要为名,大量复制和流通未经授权的各种形式的电子文献,这里隐含着巨大的法律风险。目前,出版社只是把电子书当作纸质书的副产品。数字出版,今后一定会成为出版社的主要出版模式,一定会成为它们主要的利润来源。那时,一旦你动了它的奶酪,它们是不会无动于衷的。以人民出版社为首的数字出版联盟已经成立,打击盗版电子书和盗版数字资源将是这个联盟的首要任务。

传统图书馆文献资源的是书、报、刊,互联网时代图书馆的文献资源有了新的三大件,就是参考咨询库、电子期刊、电子书,但中文电子书目前是图书馆文献资源的唯一缺项。它需要有固定的采购经费,而不是东挪西借。有的馆长说,应该让教育部下个文件,把电子书纳入到评估标准里去,这样经费才有保证。我是反对电子书再搞评估的,自2006年以来的高校图书馆纸质图书评估,尽管人天书店也是受益者,现在看来有很多弊病,书是多了,但资源体系被破坏,特色馆藏被稀释,垃圾图书充斥馆藏,图书馆的正常生态若干年都难以恢复。传统图书馆以文献为中心,以管理为导向,人是管理书的;现代图书馆以读者为中心,以服务为导向,人是为读者服务的。既然读者阅读习惯已经发生变化,作为服务者的馆员应该顺应形势,提供相应的电子资源,这跟评估没有关系。

总之,出版社、著作权人、馆配商,都在看着图书馆,对于建立一个规范的馆配电子书市场,图书馆的选择是决定性的。

我对阅读推广的看法[*]

施春生

对于阅读推广,目前有很多种看法,有人觉得阅读没有必要进行推广,就如同人需要吃饭,需要呼吸,是人精神需求的必需品,不必去推广和宣传。有人认为目前读书的人很少,主要是由于我国经济发展水平不高,大家首先要解决的是生存问题,然后才是精神需求。这种观点也不无道理,就像在西方去听歌剧、音乐会的很多,在中国确是"小众"。

[*] 2016年8月5日在首届"阅读推广:社会合作新桥梁"活动上的发言。

但我认为，阅读推广非常有必要。下面，我从软件和硬件两个方面来阐述对阅读推广的看法。

一 软件方面

自古以来，我们对读书最深切的感受主要体现在三个方面。

利：即功利性。宋真宗赵恒在《劝学篇》中这样描述：富家不用买良田，书中自有千钟粟；安房不用架高楼，书中自有黄金屋；娶妻莫恨无良媒，书中自有颜如玉；出门莫恨无人随，书中车马多如簇；男儿欲遂平生志，六经勤向窗前读。自隋朝开始的科举考试，更是开启了读书改变命运的通途，通过读书可以升官发财，光宗耀祖。恢复高考以来，农民学子改变命运的唯一机会也是好好学习，考上大学，我们都是恢复高考的受益者。到了20世纪90年代，很多没有考上大学的人出去闯荡创业，成了第一批创业者中的主力军，于是又产生了"读书无用论"的说法，所有这一切都说明我们对读书的认识过于功利化。

累：东汉时期，孙敬头悬梁；战国时期，苏秦锥刺骨。这样的故事深入人心，说明读书太累了。其实，当人非常困的时候读书效率是非常差的，应该休息一下。平时我们说的"十年寒窗无人问，一举成名天下知"。你可以想一想，要一个几岁或者十几岁的小孩坚持十年如一日的做一件事，多么不容易啊！何况还是寒窗，条件多么艰苦，你说成就感、动力来自哪里呢。

苦：西汉时期，匡衡凿壁偷光，车胤和孙康"囊萤映雪"，还有唐代颜真卿的《劝学》："三更灯火五更鸡，正是男儿读书时。黑发不知勤学早，白首方悔读书迟。"其实，对于年轻人来说，三更是睡觉补充体力最好的时候，你说起来读书是多么痛苦的事情。还有我们目前的高考制度，以分数论英雄，创造出了"衡水中学"的军事化管理模式。从初一开始直到高三，每天的所有时间都已经被设定好了，学生就是机器，就是木偶。你想，一旦离开学校，对图书还有兴趣吗。

因此，我认为我们推广阅读应该把"利""苦""累"改为"趣""悦""玩"，这样的宣传和推广才更有效。

趣：在学生时代，养成阅读的习惯，培养阅读的兴趣是至关重要的。郑也夫说过，读书带来的是乐趣，而非利益。我们为什么不爱读书？郑也夫分析其原因为三点：第一，中学教育是祸根之一,我们的中学教育不但没有激发读书的兴趣,相反反而挫伤了大家读书的兴趣,学的东西太窄,学生没有选择的自由,只有被动地去重复,去记忆;第二,大学教育专业化太早,学的东西狭窄、单调,学生没有太多的选择余地;第三,我们的社会氛围太过功利,不重视开发主体阅读的兴趣,不重视主体自身的乐趣。

悦:读书是一件快乐的事情,而不是痛苦的,不是负担。清朝的张潮在《幽梦影》中说:"有工夫读书,谓之福;有力量济人,谓之福;有学问著述,谓之福。"读书还可以治疗失眠,这是陈平原先生说的。他经常失眠,失眠的时候就背诵英汉词典,很快就能睡着了。这点我非常有同感,我本人每天晚上基本上都要看看书,看自己不喜欢的书,很快就睡着了。

玩:其实读书更应该是一件好玩的事情,具有娱乐性。哈尔滨果戈里书店搞了一个每天30分钟的"朗读者计划",让读者自由、轻松、愉快、随意、个性化的选择朗读。在这种轻松、随意的活动中去学习,阅读当然是一件开心的事情。开发一些带有娱乐性的图书,如动漫图书、游戏图书、带声音、带音乐的图书等,包括连环画等都有好玩的成分在里面。

全社会要养成读书的整体氛围,形成阅读的整体环境,可以从以下几个方面着手。

第一,从社会政策层面。电视台有很多读书频道(如中央台、辽宁卫视、凤凰卫视的读书频道),都是非常好的宣传推广平台,全国各地区开展的书市活动,如全国图书订货会、北京图书订货会、上海书展、广州南国书香节都是非常好的图书推广活动,但其应该更多地面向普通读者和普通百姓。多举办各种读书会、书友会、签售会、读都见面会、朗诵会、诗歌会,形成全方面、立体的好读书、读好书的社会氛围。

第二,从单位层面,鼓励大家学习,甚至是从制度层面规定员工每周、每月、每年的学习、晋升计划。倡导"活到老,学到老,终身学习"的企业文化。人天书店从今年开始,利用寒暑假各一周的时间进行封闭学习。今年在甘肃金昌市,我们请了上海师大吴志荣教授、江苏公共关系学会副会长兼秘书长吴之洪、中商商学院院长易鸣、云南大学李东江教授、云南财经大学赵越教授、太原理工大学图书馆刘永胜教授对我们进行了封闭式专业培训,我非常希望公司每月请一个外来讲师到公司进行培训,同时希望社长和馆长到人天书店来给我们上一课,内容可以涉及国内外政治、宗教、历史、军事、宏观经济、微观经济、国学、出版、图书馆学等各个方面,以提升大学对学习的认识和兴趣。另外,我要求公司员工出差必须至少带一本纸质图书,在飞机场、火车上尽量看书,养成良好的读书习惯。

第三，从家庭层面，从自己的一点一滴做起。在家里有小孩的时候少看手机和电视，让小孩养成阅读习惯，培养阅读兴趣。

二 硬件方面

主要从书店、图书馆、出版社、家庭四个方面着眼。

（一）书店

目前，我国各地的特色书店层出不穷，如哈尔滨的果戈里书店、上海钟书阁、贵州的西西弗书店都非常有特色，非常聚人气。以哈尔滨果戈里书店为例，它的创新方式有：

1. 每天30分钟的"朗读者计划"。读者不仅在这个活动中重燃阅读热情，也重新发现了实体店的价值。

2. 有舒适的沙发、座椅，创造了良好的阅读环境。

3. 有独具特色的西餐、美味可口的咖啡饮料，使读者在阅读之余能品味美食。

4. 有与阅读相关的精致小商品，如书签、笔记本、年历等，提供了延伸产品服务。

5. 可以举行独具书香气息的婚礼活动。这样的只有几百平方米的书店，光黑龙江省省长陆昊光临了就不止5次，谁还敢说书店得不到社会、领导、政府的重视。

上海钟书阁书店的金浩先生非常有创造力，非常有社会责任感。他的钟书阁书店让你感觉就像进入教堂一样，有一种神圣感。上海市的各级领导都光顾过他的书店，各级领导对它的调研考察不计其数！

（二）家庭

如果具备条件，家庭最好有书房，如果没有，必须有一定数量的藏书。前些年为了装饰出现过很多假书，真是让人哭笑不得。所以，家庭图书馆建设、书香家庭、家庭必藏图书计划都是非常值得推荐和推广的。

（三）出版社

出好书，打击盗版图书都应该不遗余力。控制差错率，讲究装帧艺术，做好版式，选好字体，讲究印制纸张，让读者看到图书就觉得这可以收藏和保存。

（四）图书馆

目前，在全民阅读推广方面，图书馆确实可以大有作为，但是我认为，总体来说，图书馆方面落后书店太多，政府只是给了实体书店一点点政策和支持，但产生的社会效益影响力非常大；反观图书馆，本来应该占在前沿，却给人落后的印象。

我认为我们国家的图书馆应该做到方便、舒适、快捷、随机、随意。

1. 建更多的社区图书馆或小型图书馆，而不是流动图书馆、自助图书馆。面积最好在 500~1000 平方米之间，至少每个有 10 万人口的地区应该建一个，北京地区大大小小也就是 300 个图书馆就可以满足了。

2. 图书馆可以像书店一样，可以有朗读会，让读者参与进来，也可以在社区找一些志愿者来管理或者协助管理，寒暑假让学生参与进来。

3. 可以有咖啡、饮料、薯条、牛排、西餐，小孩愿意来，家长也会很高兴在享用美食美味的同时还可以学习，另外也可以增加部分收入，所谓的图书馆免费是指读书和借书，额外服务是可以收费的。

4. 社区图书馆可以让大家避暑、放松，甚至可以供单身汉、双职工家庭的小孩休息，适当地提供睡觉打盹的地方，可以当社会人员的另外一个家。社会科学文献出版社社长谢寿光说，以前北京到处都是教堂，老百姓有地方可以去，可以有信仰，现在没有地方可以去，只能去跳广场舞或者闹事。我们的社区图书馆绝对是另一条出路，可以引导老百姓去学习和消遣。

5. 图书馆应该引进社会资本，或者对民营图书馆国家给予同样的支持和关注，让更多人参与投资到图书馆的建设当中。人天书店就一直想在卢沟桥地区建一个战争图书馆，但很难实现。

6. 目前，图书馆借书的限制特别多，有复本的限制，有时间的限制，时间长了罚款特别重，是否可以考虑解除这些限制。我这次想借 20 本，可以把押金提高，超过图书的定价就可以；超过 3 个月的借书期限，每天交纳一定的滞纳金。当滞纳金超过图书的定价就直接送给读者，而不是罚款。鼓励大家买书、借书、读书，何乐而不为呢？

7. 图书馆可以提供一些私密空间，小微空间，或者创客空间给读者，就像肯德基、麦当劳，随便待多长时间都没人赶你走，可以专门来上洗手间，提供一个公共活动的场所。

8. 图书馆更应该人性化，目前除了大的图书馆外，社区图书馆、中小型图书馆条件都很简陋，设备简单破旧。小型图书馆更应该像教堂的样子，为什么就不能把小型图书馆建成像果戈里书店、钟书阁书店一样有吸引力，比一般家庭的环境更好呢！

9. 图书馆必须杜绝盗版图书、劣质图书、垃圾图书。目前，中小型图书馆的这种现象特别严重。文化部在 2003 年、2004 年推行的送书下乡工程就非常好，由专家选书，统一配送下去。前两年萧山图书馆和南开大学徐建华教授想做一个基藏图书馆目录，这都是非常好的想法和尝试。

10. 在数字化、网络化时代，图书馆应该想办法保证自身不用盗版电子书或者阅读体验不好的 Word 文档电子书。特别是在高校图书馆，购买盗版电子书的现象尤其普遍。为了解决这个问题，人天书店推出了"畅想之星"电子书平台，保证每一本电子书都有出版社、作者的两项授权，并且阅读体验绝大部分都流式阅读，支持全文检索、批注、借阅、还书等功能。同时，为了更好地服务读者，我们还推出了自己的"畅想之星"阅读器。

总之，阅读推广首先要从"利""累""苦"中解放出来，进入"趣""悦""玩"的过程里去。另外，从社会、国家、单位、个人四个方面共同营造"读好书，好读书，读书好"的整体氛围。在这个过程当中，我认为图书馆可以扮演更重要的角色，特别是需要建设好中小型图书馆，让政府、领导看到我们图书馆的实际作为，重视图书馆，走进图书馆，他们自己也是一个普通读者，这样的话，阅读才会像吃饭、睡觉一样，成为我们生活的一部分。

转型、替换、战略规划[*]

上周，我去陕西、辽宁、浙江等地出差，走访了宝鸡文理学院、陕西理工大学等院校的图书馆，了解到一些情况。

宝鸡文理学院在校生 2 万人，去年纸质图书借阅数不到 10 万人次，即人均年借阅量不足 5 本。陕西理工大学的数据也基本相同，在校生 2.2 万人，全年借阅数不到 12 万人次。清华和北大的纸质书借阅情况好一些，但也在逐年下降。但学生对电子资源的使用情

---

[*] 2016 年在全国各地"畅想之星"推介会上的发言。

况则不同，比如清华大学，纸本书借阅不到 100 万人次，而数字资源的借阅、在线阅读和下载量是 2000 万册（页）。

1997 至 2011 年间，美国大学中，纸本书借阅数下降了一半，从每年人均 20 本下降到人均 10 本。由此可见，国外借阅纸质书的趋势与国内是接近的。可以想见，如果电子书在更新速度、授权问题上能够解决的话，电子资源的阅读率会大幅提升。

美国皮尤研究中心是一家独立性民调机构，专注于全球公共意见调查，它对那些影响美国乃至世界的问题、态度与潮流提供信息资料，以此衡量公众的注意力。从它 2016 年发布的报告中可以看出：过去一年，即 2015 年，65% 的美国人至少读过一本纸质书，相较 2011 年的 71%，下降了 6%，而读电子书的人已经上升到 28%；高学历者更能接受电子书，高中以下、高中以上、大专、大专以上读纸本书的人的比例分别是 38%、55%、74%、79%，读电子书的比例是 11%、19%、32%、41%，最高和最低之比，前者是两倍，而后者是 3.7 倍；有 6% 的人只读电子书；从 2011 年到 2016 年，用平板电脑阅读的人增长了近 4 倍，从 4% 到 15%，用手机阅读的人翻了一番还多，从 5% 到 13%，在台式和笔记本电脑上看书的人也有增长，较为缓慢，从 7% 到 11%，而用电子阅读器的人只增长了 1%，从 7% 到 8%，移动阅读增长最快。

可以看到，馆藏文献持续在向数字化转移，处于一个不可逆的趋势中。按照帕累托的二八或三七率来说，可以看到三个 70%：第一个是 70% 的人首先选择数字资源阅读；第二个是数字资源能够满足 70% 的读者的阅读需求；第三个是馆藏资源利用率最高的 70% 是电子资源。第三个 70% 可能还存疑，因为馆藏数字资源的体系在大多数图书馆还没有建立起来，前两个 70% 是确定的。

中国虽然还没有类似的调查报告，但中国在虚拟经济、电子商务等应用领域走在世界前面。比如数字资源的经费在文献资源经费中的占比，甚至比美国都高，许多 211 学校都超过了 70%，甚至有的馆 80% 的经费用在了数字资源的购买上。但细想一下，这些经费都用在哪里了？大多是跟风购买国外的数据库、电子期刊，利用率都不高，而且都没有本地镜像，不连续购买，就什么都没了。为什么不能购买一些中文电子书呢？

为什么国内的企业不做电子资源呢？需求一定是存在的。Apabi 商业策划没有做好，退出了电子书市场，现在人天书店是扛着 Apabi 的大旗来做的，我们不讳言，畅想之星完全继承了 Apabi 的衣钵。如果没有人做，就一定会有外国公司进入，如美国的 OverDrive。

开发畅想之星馆配电子书平台，是因为我们看到了未来图书馆的发展趋势：未来的图书馆将是管理自动化（智能化），文献数字化，阅读移动化，图书馆泛在化，泛在化使图书馆无处不在。畅想之星，平台本身就是一个智能化的系统，可以对接图书馆 OPAC 系统，建立元数据统一检索，有各种推荐和统计功能，可以自我管理，也可以委托管理，做到出版社、馆配商、图书馆三方透明。使用上多媒介，从 PC，到平板，到手机，畅想之星就是一个移动图书馆。最重要的，是版权清晰，在畅想之星平台上的所有电子书都经过出版社和著作权人的双重授权。譬如说，很多图书馆之前购买了不同公司的电子书，有 Apabi，有超星，有书生，用户希望我们把这些电子书都集合到一个平台上来，一是为了读者使用方便，二是为了采访人员查重。但我们只能做元数据的统一检索，不能导入全文，因为出版社和著作权人没有给畅想之星授权。得到信任才能得到支持。畅想之星上线不到两年时间，已经征集到 30 多万种电子书，以后每年都会以 10 万级的数量继续增长，不出数年，畅想之星必将是中国最大的电子资源库。

如果我们做到以上"四化"，图书馆便会转型为公共文化活动空间，这是图书馆当然的职责。从去年开始，很多书店开始转型，例如，哈尔滨的果戈里书店、南京的先锋书店、泉州的风雅颂书店、北京的万圣书园、贵州的西西弗书店，安徽皖新传媒的新华书店等，上海的钟书阁都像教堂一样，进去以后有朝圣的感觉，那是对知识和文化的崇拜，在那里可以读书、买书，组织各种文化活动。我觉得图书馆如果落后了，结果就是被边缘化。传统图书馆是以图书为中心，以管理为导向，只要把书管好就行了。现代图书馆要以读者为中心，以服务为导向，不是把书管好就行了，而是要把读者服务好。

北大图书馆馆长朱强在畅想之星推广会上提出了三个关键词，阐述了电子书对未来图书馆的意义。

第一个关键词是"转型"。孔子说："觚不觚，觚哉，觚哉。"觚是古代盛酒的器具，这次我在宝鸡中国青铜器博物院看到了。觚的形状上圆下方，有棱，容量约有 2 升，但我看到的是上下都圆了，所以孔子说觚已经不像个觚了，这还是觚吗？孔子是以此感叹东周礼崩乐坏，文化符号体系混乱。在我看来，图书馆也是个器物，它的价值就是被使用，它也是一个觚，但它要根据读者需求做适当改变。图书馆最重要的功能是采、藏、阅，如果阅读已经发生了变化，采和藏是不是要跟着改变呢？我们说现代图书馆以读者为中心，以服务为导向，体现在哪里？

第二个关键词是"替换"。下一代图书馆收藏对象已经发生改变，是用数字资源替换纸本，以存储的方式进行收藏，这是大势所趋，不可逆的。那何不顺应形势，应对这种的变化呢？我们都要生活在趋势当中。我们是为读者服务的，为读者服务才会被读者认同。当然，替换也有很多工作要做，新事物更要推广。今天我在这里推广，我们的技术人员还要到馆内向采访人员和技术人员推广，然后我们共同在校园、在读者中推广。今年我们在全国各地，举办了几十场校园推广活动。

  第三个关键词是"战略规划"。电子资源的趋势是不能阻止的，因此，不能仅仅买一点电子书应付读者，而是把它作为一个资源体系，按照建馆原则，学科分布，成体系长期不间断地引进，这就需要建立未来发展的战略规划。今年是"十三五"规划的第一年，各馆应该把电子图书补充进本馆的"十三五"规划中，让图书馆与学校达成共识，在经费上给予保证，或在现有经费篮子里划出一块，或申请一项新的电子书经费，那就更好，而不是有钱买一点，没钱就不买了。今年国际上发生一件大事，国际货币基金组织宣布将人民币纳入特别提款权货币篮子，人民币份额跃居第三位，说明人民币的国际地位大大提高了。同样，如果电子书的作用提高了，当然也要在文献资源经费中占有一定份额。

  今年6月28日在北京的畅想之星推广会上，朱强馆长跟我说，要加快电子书的建设，因为教育部正在研究将电子书纳入馆藏评估标准中，新的规定非常可能明年就颁布。最近我看到了这个评估标准的大概情况，即在中文文献资源经费中，电子资源与传统资源的比例是4∶6，40%的经费要用于电子资源，电子书1种计为1册，电子期刊1种1年计为1册。

  最后小结一下：电子书的发展已经具备了内部有读者需求，外部政策到位的良好条件，平台商技术完备，出版社授权明确，电子书已经进入到文献组织阶段。在策略上，图书馆可以采取以传统纸本资源为主、电子资源为辅的配置方式，逐渐过渡到纸电平衡。

  图书馆在提供数字阅读方面并不擅长，数字阅读在图书馆占有率非常之低，完全无法弥补在纸本阅读上的损失。唯一的对策是，建立新的业务模块和服务标准，内部进行数字资源的架构，外部进行数字阅读推广，把电子书及数字资源固化到图书馆的服务平台中去。

三　人天事件

三 人天事件

严正声明

最近，人天书店全国各地用户同时收到一条不实短信，内容大致为：其一，人天书店的新楼在银行抵押了4次，光欠新华书店总店的货款就是2000多万元。其二，几个副总在抢邹进董事长的权力。对此捏造事实、恶意诽谤和诬陷他人的违法行为，作为人天书店的常年法律顾问，在此郑重声明：

一、由于现金充足，人天书店购置办公大楼未在银行办理任何种类的贷款申请；

二、由于人天书店良好的商业信誉，新华书店总店、北京市店、辽宁北配和全国500多家出版社都给予了人天书店还款账期，充足的现金流使人天书店销售码洋迅速增长，回报了供货商和出版社。人天书店的一切商业行为，都严格在购销合同和协议的框架内执行；

三、人天书店实行董事会领导下的总经理负责制，董事长邹进，总经理李虹，副总经理施春生（常务）、张学琛，总经理助理樊杰。公司领导层团结一致，立场坚定，2005年销售码洋翻番的目标指日可待；

四、人天书店已授权向北京市公安机关报案，申请对此违法行为立案侦查，并请广大同人提供有效线索，协同破案。

正告发此短信的人，立即停止你的违法活动，并承担由此造成的一切后果。

北京世联新纪元律师事务所

韩沐新

2005年8月

解读人天档案

给各地办事处的紧急通知

各地办事处经理：

最近一周，若干省份的人天用户、供货商、出版社收到一条内容相同的短信，全文如下：

高总监，据说人天的新楼在银行抵押了4次，光欠新华总店就是2000多万，几个副总在抢邹进的权力。小樊判断短信发信人，或是竞争对手，不择手段，或是离职员工，心存不良。大家不用理睬，不用惊慌，坚守岗位，恪尽职责。一个发展的人天、胜利的人天是最好的回答。反过来说，人天书店声誉日隆，遭人诬陷，乃是常事，有道是：尔曹身与名俱灭，不废江河万古流。

公司已通过正常渠道解决此事，如用户询问，均按"严正声明"口径回答。

专家论证意见书

2005年11月23日，北京人天书店邀请部分在京的刑法学、刑事诉讼法学专家对其董事长邹进涉嫌对单位行贿罪一案进行了专题论证。与会专家有：

高铭暄　中国人民大学教授、博士生导师、中国法学会刑法学研究会名誉会长、国际刑法学会中国分会主席

王作富　中国人民大学教授、博士生导师、中国法学会刑法学研究会顾问

程荣斌　中国人民大学教授、博士生导师、中国法学会诉讼法学研究会顾问

赵秉志　北京师范大学刑事法律科学研究院院长、教授、博士生导师、中国法学会刑法学研究会会长

郝银钟　中国青年政治学院法律系教授、法学博士后、刑法专业硕士研究生导师

王秀梅　北京师范大学刑事法律科学研究院研究员、法学博士后、中国法学会刑法学研究会副秘书长、硕士研究生导师。

　　王莉君　中国青年政治学院法律系副教授、法学博士、刑法专业硕士研究生导师

　　专家们充分听取了北京人天书店有限公司关于此案的详细介绍，阅读了其提供的《情况反映》和公司业务、财务票据等案件事实情况及有关证据材料说明。通过对上述事实材料的分析和研究，依据我国《刑法》《刑事诉讼法》的有关规定，并结合法学理论和司法实践中的同类案例，专家对犯罪嫌疑人邹进在北京人天书店有限公司开展商业活动中让利给购书单位的行为性质进行了充分的论证，并一致达成如下论证意见：

　　一、犯罪嫌疑人邹进在图书销售活动中让利给购书单位，不存在"为谋取不正当利益"的主观要件，因此其行为不构成对单位行贿罪。我国《刑法》第三百九十一条规定，所谓对单位行贿罪，是指为谋取不正当利益，给予国家机关、国有公司、企业、事业单位、人民团体以财物的，或者在经济往来中，违反国家规定，给予各种名义的回扣、手续费的行为。因此，认定本案犯罪嫌疑人邹进的行为是否构成对单位行贿，首先应当审查行为人主观上是否具有谋取不正当利益的目的。在我国刑法中，行贿类犯罪与受贿类犯罪属于对向犯，即在多数情况下，行贿方与受贿方均构成犯罪。受贿类犯罪在构成要件上要求"为他人谋取利益"，这里的利益是否正当并没有限制，而行贿类犯罪则要求"为谋取不正当利益"，对利益的性质进行了明确的限定，这样规定主要是考虑到行贿行为的社会危害性毕竟远远低于受贿行为的社会危害性，不法程度较低。因此在犯罪成立条件上做出了更严格的限制，这是认定行贿罪、对单位行贿罪时必须特别注意的。

　　有人认为，对于在经济往来中，违反国家规定，给予各种名义的回扣、手续费的行为构成行贿罪，则不要求"为谋取不正当利益"。这个观点还引用了《反不正当竞争法》第八条关于"在账外暗中给予对方单位或个人回扣，以行贿论处"的规定，认为只要具备给予对方回扣而不入账的行为即可构成行贿罪。专家一致认为，这种理解是完全错误的，也是十分有害的。"为谋取不正当利益"作为行贿类犯罪主观上的共同特征，对单位行贿行为的任何一种客观行为方式均必须具备这一主观要件。为此，最高人民法院、最高人民检察院于1999年3月4日联合发布的《关于各地在办理受贿犯罪大要案的同时严肃查处严重行贿犯罪分子的通知》对此进行了特别强调："对于为谋取不正当利益而行贿，构成行贿罪、向单位行贿罪、单位行贿罪的，必须依法追究刑事责任。"可见，司法解释明确规定了构成行贿罪、向单位行贿罪、单位行贿罪均必须具备"为谋取不正当利益"的犯

罪目的，这一点是十分明确的。应当看到，《反不正当竞争法》作为行政法律，其规定只是针对行贿的一般行政违法行为，而并非创设一个新的、独立的罪名，更不可能在《刑法》之外还存在一个行贿罪或对单位行贿罪的构成要件。况且，根据罪刑法定原则的要求，追究任何公民的刑事责任，其依据最终只能是刑法，而不是行政法律法规。因此，对《反不正当竞争法》的有关规定应结合《刑法》的规定进行合理的理解，否则，极有可能歪曲刑法的规定，造成随意出入人罪的严重后果。

本案中，犯罪嫌疑人邹进的行为是否构成对单位行贿罪，关键就是看邹进在其公司图书销售活动中让利给购书单位的行为能否认定其主观上是"为谋取不正当利益"。关于如何认定对单位行贿罪中的"为谋取不正当利益"问题，最高人民法院、最高人民检察院在1999年3月4日联合发布的《关于各地在办理受贿犯罪大要案的同时严肃查处严重行贿犯罪分子的通知》中明确指出，所谓"谋取不正当利益"，是指谋取违反法律、法规、国家政策和国务院各部门规章规定的利益，以及要求国家工作人员或者有关单位提供违反法律、法规、国家政策和国务院各部门规章规定的帮助或者方便条件。不难看出，这里的"不正当利益"是针对利益的性质而言的，即行为人谋取的利益是否为法律法规、国家政策和行政规章的规定所允许，而不是指谋取利益的手段是否正当。有人认为，不论行为人意图获取的利益本事是否为法律法规、国家政策和行政规章的规定所禁止，只要是行为人通过不正当的手段获取的，这种利益就应认定为"不正当利益"。专家们一致认为，这种认识是极端错误的。行为手段不正当与行为目的不正当是两个完全不同的概念，谋取的手段不正当并不意味着谋取的利益本身也是不正当的，行为手段不正当与目的正当这两者可以共存，并不矛盾。例如，在公司注册登记过程中，行为人完全符合公司登记注册的法定条件，为了尽快办理相关手续，给予主管单位财物，这种行为就不能认定为"为谋取不正当利益"，因为其给予相关单位财物的行为虽是不正当的，但其办理公司登记注册的目的利益是正当合法的。由此可见，只有行为手段与行为的主观意图两者均不正当，对单位行贿罪才能成立。换言之，行为人使用不正当手段谋取正当利益的行为不符合对单位行贿罪的构成要件，不构成对单位行贿罪。

本案中，犯罪嫌疑人邹进作为公司法定代表人，在公司图书销售活动中，通过折让的方式给购书单位让利，尽管这种让利的方式存在不规范之处，但这种让利活动并没有超出其正常的经营活动范围。北京人天书店有限公司作为合法登记注册的单位，图书销售属于其正常的经营范围，通过销售图书获取经济利益也是法律法规允许的，不能认为其在销售图书活动中存在不规范之处，就反推其销售行为的主观意图也是违法的。否则，必然混淆了行为手段与行为目的两者之间的界限，从而违背我国刑法对对单位行贿罪等行贿类犯罪的构成要件的内在要求。还应当看到，如果因为行为人在经营活动中使用了违规违法的手段，就推定其主观意图是出于谋取不正当利益，无异于取消了对单位行贿罪中"为谋取不正当利益"这一要件，因为事实上任何给予国家机关、国有公司、企业、事业单位、人民团体以财物的，或者在经济往来中，违反国家规定，给予各种名义的回扣、手续费的行为本身都可能是违规甚至违法的，这一推理方法显然是与立法的精神相悖的，得出的结论也是非法的。

据此，犯罪嫌疑人邹进在公司图书销售活动中让利给购书单位的做法即便存在违规之处，但由于其主观上并不具备"为谋取不正当利益"的目的，不符合对单位行贿罪的构成要件，因而不构成对单位行贿罪。

二、犯罪嫌疑人邹进所实施的给予各购书单位回扣的行为，不符合刑法规定的对单位行贿罪的客观构成要件，不应当追究其刑事责任。我国《刑法》第三百九十一条对"对单位行贿罪"的客观构成要件做了明确规定，即行为人客观上实施了给予国家机关、国有公司、企业、事业单位、人民团体以财物，或者在经济往来中，违反国家规定，给予各种名义的回扣、手续费的行为。本案涉及的主要是后一种行为方式，即犯罪嫌疑人邹进是否违反了国家规定，给予了国有单位回扣和手续费。

在市场经济活动中，市场交易双方作为市场主体，拥有相当程度的自主权。交易双方有权根据市场状况对交易行为进行调整，在双方的合意中实现自身利益的最大化，这是市场经济的应有之义，也是区别于传统计划经济的特征。商品的销售方有权根据商品价值、市场交易状况自主决定商品的市场价格，从而在激烈的市场竞争中实现优胜劣汰。因此，商家在保证商品质量的情况下采取打折销售、降价出售等让利方式进行商品推销是正常的市场行为，法律并不禁止。尽管有关法律法规对商品买卖中给予交易对方回扣、手续费的行为进行了限制性规定，但是，并非所有在市场交易活动中给予对方回扣、手续费的方式法律都是禁止的。例如，根据有关外贸法规，外贸人员在对外贸易中接受外方回扣、手续费，只要将回扣、手续费在单位入账，法律是允许的。《反不正当竞争法》第八条亦明确规定："经营者销售或者购买商品，可以以明示方式给对方折扣，可以给中间人佣金。"由此可见，公开、明示地给予对方回扣的方式是法律允许的，法律所禁止的主要是暗中给予回扣而不入账的做法，例如，《反不正当竞争法》第八条规定："在账外暗中给予对方单位或者个人回扣的，以行贿论处。"据此，《刑法》第三百九十一条对单位行贿罪所规定的"在经济往来中，违反国家规定，给予各种名义的回扣、手续费"的行为应理解为行为人在经济往来中是否采取了暗中给予对方回扣且不入账的方式，这是对单位行贿罪客观行为方式的本质所在。

本案中，犯罪嫌疑人邹进作为北京人天书店有限公司法定代表人，在公司图书销售活动中，通过折让的方式给购书单位让利，购书款在全额结算后，让利部分以现金方式返还给图书馆等购书单位，这种让利方式尽管存在不规范之处，但邹进及其所在公司并没有暗中给予购书单位回扣的行为，事实上均向各购书单位索要了能够入账的收据，这足以证明其主观上有要求入账的愿望，并无给予购书单位回扣而不入账的主观故意，但由于大多数购书单位不能及时提供可入账的收据，再加上北京人天书店有限公司会计人员业务能力有限，法制观念不强，因而未能按规定在财务上直接入账。应当看到，该公司至今还保存着大量购书单位开具的收据，购销行为之所以不能及时入账，购书单位应当负主要责任。在未能查明购书单位图书返还款的去向以及不能按要求及时提供正式票据真实原因的情况下，片面追究图书销售单位的法律责任，确有客观归罪之嫌。作为图书销售行业长期奉行的不成为"行规"，这种售后返利的营销模式几乎都处在公开进行之中，邹进及其所在公司打折返利给购书单位的做法显然不属于"在账外暗中给予对方单位或个人回扣"的情形，其行为不符合《刑法》对对单位行贿罪的客观要求、要件要求，邹进的行为不构成对单位行贿罪，不应当追究其刑事责任。另外，考虑到目前图书销售行业普遍不规范的客观状况，如将所有类似做法均视为行贿行为，并由此将所有接受图书返回款的购书单位，如各大专院校及图书馆等单位均作为单位受贿罪处理，在刑事政策上也是不妥当的。

综上，犯罪嫌疑人邹进的行为不符合《刑法》第三百九十一条对单位行贿罪的主客观构成要件，不构成犯罪，不应当追究其刑事责任。

专家郑重建议：为维护中华人民共和国法律的严肃性，保障社会主义市场经济秩序，保持社会和谐稳定，建议北京市有关部门依法慎重处理此案，积极采取措施，切实维护公民的合法权益和国家法律权威。

专家签名：

王作富　高铭暄　程荣斌　赵秉志　王秀梅　郝银钟　王莉君

二〇〇五年十一月二十三日

三 人天事件

迟到的新年致辞

——人天书店一个重要的发展年

2006年，对人天书店来说，是一个重要的发展年。在图书领域特别是图书馆配供领域反商业贿赂调查中，人天书店首当其冲。在最不明朗的几个月中，人天书店已经站在了悬崖的边缘，命悬一线。调查过程中发现，人天事件反映的是图书发行业，特别是图书馆配供领域的一个基本面情况，事情出现了转机，调查部门和当地政府对人天书店采取了保护性措施。因为在所有人看来，人天书店都是一个优秀的企业，人天书店所倡导的优质高效的经营理念，仍将贯穿图书馆配供工作的始终。现在，我可以说，人天书店存活下来了。在最困难的情况下，我们保存下了自己优秀的业务队伍和管理团队，我们维护住了图书的供应链和资金链，尽管损失了一些重要的客户，但我们保留下了最基本的客户，使人天书店的销售规模仍不失为一个省级新华书店的规模，我们特别要向这些图书馆的馆长和老师们表示感谢。

人天书店2006年的销售码洋下降了一个台阶，为什么还说是一个重要的发展年呢？因为，通过图书馆配供领域反商业贿赂调查，对20多年来存在于这个领域里的潜规则进行了一次彻底的清洗，也解开了商业和道德、法律之间的一个死结。可是，在这之前，当行规成为一个市场的准入，一个图书企业能否生存已经被先天的条件所决定。它可以生存，但随时面临死亡，就像2006年我们所面临的境况。就是今天，这种境况也没有改变多少，以往种种极具风险的交易方式现在已经死灰复燃。教育部有教育部的文件，工商局有工商局的法规，民营书店仍然要在X和Y之间找到自己的坐标位置。

但是，我们还是进行了选择。为了给良好的商业行为提供一个框架，同时为反商业贿赂提供有效的风险管理机制，人天书店认为有必要与所有客户和全体员工一起制定一个明确的、可执行的反商业贿赂方案。这一方案的建立，不仅规范了公司、客户和员工的商业行为，同时体现了公司的内部文化和价值观。我们建议与所有客户都签订《廉政协议书》，我们规定与全体购销人员签订《廉洁自律保证书》。2006年，人天书店谢绝了5000

万元码洋开票的订单，由此表明了公司在反商业贿赂方面的决心。因为我们看到在这些订单下面隐藏的是或多或少的法律风险和这种行为对人天文化的扭曲。在制定这一方案时，我们已经分析了在图书、期刊销售过程中具有最多风险的各个方面，以及最常见的商业贿赂形式。人天书店致力于创造并维护一种基于信任的、包容的和不容忍腐败的企业文化。有理由相信，人天书店一定会对中国图书发行行业的制度化建设做出正面的贡献。

代律师准备的申述材料

人天书店一直认为销售折让不等同于商业回扣，回扣是商业贿赂行为，而销售折让是销售过程式中的促销行为。

他们是基于以下认识的，第一，回扣是暗中的，而销售折让是明示的，人天书店给予用户的销售折让全都是公开的，并有账务记录，这些记录全都提供给了房山区检察院。根据人天书店的记录，调查有业务往来的用户单位，基本上是账账相符的。第二，从目的性上说，回扣是为了得到商业竞争的优势，人天书店给予用户销售折让并没有谋取竞争优势，只是希望获得入场资格。因为从20世纪80年代中期以来，全国图书馆采购业务都是采用码洋开票，即全价开票，折让部分另行返还用户的方式，不这样做就不能得到进场资格，各地新华书店也是这样做的。人天书店1999年才进入图书馆市场，自然也要遵循这一市场"潜规则"，没有认识到这种做法是违法行为。

教育部办公厅1987年002号文件《关于贯彻〈关于高校出版社发行工作的通知〉的实施意见》，也明确规定在图书教材采购中，可以从供货商处收受5%～12%不等的回扣，作为经营费用和给学生的购书优惠。这一规定一直到2006年6月30日才予废止，而且是在2006年全国反商业贿赂运动开始后才废止的。这一规定与国家工商总局《关于禁止商业贿赂行为的暂行规定》中关于不允许在商业活动中给予回扣的规定存在相悖之处。人天书店既是经营单位，但销售对象又大都是教育部下属的大专院校图书馆，因而无所适从。

人天书店对以下两方面是认识不清的，第一，全行业都遵行的"潜规则"是不是合法的，他们认为既然是全行业都遵行的习惯做法应该就是"显规则"了。第二，对于从供货商处返还给用户折让款，有些部分还是用现金返回的，很多情况下供货商不能从用户那里及时得到发票和收款收据，供货商不能决定这部分资金的用途和去向，事实上可能产生贪污、私分和侵占的情况。

就这些法律问题，我们咨询了在京的刑法学、刑事诉讼法学专家高铭暄、王作富、程荣斌、赵秉志、郝银钟、王秀梅、王莉君等。对人天书店原董事长邹进涉嫌对单位行贿一案进行了专题论证。专家认为：

一、行为人在图书销售活动中让利给购书单位，不存在"为谋取不正当利益"的主观要件。行为人在公司图书销售活动中，通过折让的方式给购书单位让利，尽管这种让利的方式存在不规范之处，但这种活动并没有超出其正常的经营活动范围。行为人使用不正当手段谋取正当利益的行为不符合对单位行贿的构成要件，而且这种行为是图书行业内的普遍行为。

二、行为人给予各购书单位折让的行为，不符合刑法规定的对单位行贿罪的客观构成要件。《反不正当竞争法》第八条规定："在账外暗中给予对方单位或者个人回扣的以行贿论处。"《刑法》第三百九十一条对单位行贿罪所规定的"在经济往来中，违反国家规定，给予各种名义的回扣、手续费"的行为应理解为是否采取了暗中给予对方回扣且不入账的方式，这是单位行贿罪客观行为方式的本质所在。行为人及其所在公司并没有暗中给予购书单位回扣的行为，事实上均向各购书单位索要了能够入账的收据，这足以证明其主观上有要求入账的愿望，并无给予购书单位回扣而不入账的主观故意。但由于多数购书单位不能及时或根本不愿提供可入账的收据，造成人天书店对这部分支出不能直接入账。检察机关对用户的查究情况表明，即使购书单位未给予人天书店收款收据，购书单位也是有入账记录的。

人天书店在业界是一个有影响、有规模、有声誉的图书公司，它们通过优质的服务和先进的网络技术为全国 1500 家公共图书馆和大专院校图书馆提供图书、期刊和数据服务。在民营图书公司中，位居全国第一，已成为著名的文化产业品牌。每年上缴国家的税款为 1000 万元，提供 400 多个就业岗位。同时人天书店也是一个有社会责任感的企业。2006 年，由于人天案件，业务急剧下降，经营已十分困难，但人天书店仍然赞助了联合国开发计划署的新丝绸之路活动，为西部 12 所中小学捐赠了 40 万元的图书。2007 年，人天书店向西昌卫星发射基地官兵捐赠了 10 万元图书。2008 年汶川大地震，人天书店向灾区捐赠了 2 万元现金和 50 万元的图书。

2008 年,人天书店业务已开始恢复,人天案件在全国高校的影响逐渐淡化,大多数用户对人天书店表示同情和理解。自人天案件发生后,人天书店加强了自身制度建设,在内部,与所有业务人员签订了《廉洁自律保证书》;在外部,与购书单位签订《廉政协议书》。尽管教育部办公厅 2006 年 11 号文件《关于加强各类高等学校教材和图书采购管理工作的通知》中规定,对供货方以明示方式给予的销售折让款仍然允许收受,但人天书店对凡是要求以码洋开票,将折让款返还的业务无论大小一律予以摒弃,表现了人天书店改正错误、遵纪守法的决心。

关于人天书店接受调查一事的情况通报

安徽省教委招标中心:

关于人天公司接受调查一事的情况特向贵中心通报如下:

2006 年是国家重点开展治理商业贿赂的一年,重点对象是医药领域、公用建筑工程领域、图书教育领域等。因为人天书店是高校图书馆供货商领域做得较大的公司,因此从 2005 年 10 月份开始,人天书店总部和部分驻外办事处接受了当地检察机关的例行调查,至 2006 年 5 月,调查已结束。

根据本次调查的检察机关反馈的信息来看,相比较调查的该行业其他公司,人天书店是比较规范的图书公司,没有偷税漏税行为,同时也尚未发现有其他违法犯罪行为。

此次调查,发现了整个图书供应行业有一个不规范的行业做法,就是码洋开票问题,即按照学校要求,把折扣部分再返给学校。这个问题不仅仅是人天书店的问题,可以说所有的图书供应公司都或多或少的有这种行为,因为学校有这种做法上的要求,希望能够从财务的角度增加图书和其他资产。因此,考虑到这种行为的不规范,人天书店已经在 6 月份发起了一个全行业的倡议,希望整个行业都能够抵制码洋开票,并且已经在整个行业率先采取了实洋开票行动,坚决不进行码洋开票,给整个行业起了一个模范带头作用。这种行为也得到了全国各地高校图书馆的大力支持和配合,树立了良好的行业信誉。现公司业

三 人天事件

务情况良好，经营一切正常。

人天书店是一个规范经营的公司，在高校图书供应领域是一个排头兵，是整个行业大家都非常认可的一个服务规范的公司。无论是经营规模还是人天的图书采购基地建设，以及网上订购系统和编目数据的数量，都是整个行业的佼佼者，为整个高校图书供应行业做出了极大的贡献，也被全国1000余家高校图书馆所认可。

因为人天书店接受调查，在整个行业也引起了较大的震动。有这样和那样的传言，这是正常的社会现象。也因为人天是行业内最大的图书供应公司之一，所以更会有一些同行业公司采取一些不正当的抵制做法，包括在网上和其他途径散布流言蜚语。也正是因为人天书店的经营规范和良好商誉，我们对此才能泰然处之。因为我们相信，一个有着良好商誉、规范经营的公司最终会赢得社会的认可，一定会成为行业中经营最好的公司。这是我们永恒的追求。

人天书店的管理层等一干管理人员均是文化行业的人，他们是有着美好理想但没有什么社会关系的一群人，他们希望能够在高校图书馆领域内做出自己应有的贡献。事实上整个公司也是这么做的，这个行业的很多创意都是由人天公司首先发起并推广的。例如：

1. 我们首先建立了中国图书可供目录，目前图书品种已经达到40万种。

2. 《人天书目报》，全年发布9万多种新书出版信息，占全年出版物的95%以上，是全国最大的新书信息来源。

3. 合作建立高校图书新书展示厅，全年展示当年新书达7万多种。

4. 编目数据库资源达160万条，居全行业第一。

5. 在期刊发行领域，是邮局之外全国最大的期刊发行商。

6. 组织编写了一系列图书馆专业方面的图书，为图书馆的研究和培训贡献了自己的力量。出版了《中国机读目录格式使用手册》图书采访工作手册。"数字时代图书馆建设丛书"即将出版。

7. 推广和第一家使用二维条码，减少录入成本，减少录入差错，提高了效率和规范。

8. 推广复合出版系统，为中国出版资源建设贡献力量。

因此，我们能够走在行业的前列，并得到整个行业的认可，为图书行业做出了重大的贡献。也正是因为如此，我们也受到了许多同业公司的攻击，包括此次中标。

关于人天书店今年在安徽地区大面积中标，我们认为是行业人士在了解了我公司的实际情况后，给予人天书店的一个公平的评价结果，证明我们倡导行业规范的做法是正确的。因此，我们也希望贵中心能够进一步了解和支持我们，为整个行业树立良好的操作行为保驾护航。

特此通报！

北京人天书店有限公司
2006 年 9 月 4 日

廉洁自律保证书

为良好的商业行为提供一个框架，同时为反商业贿赂、反职务侵占提供有效的风险管理机制，公司认为有必要与全体员工一起制定一个明确的、可执行的反贿赂、反侵占方案。这一方案的建立，不仅规范了公司和员工的商业行为，同时体现了公司的内部文化和价值观。

这一方案清楚而且详细地表明了公司为了在其有效控制的所有活动中防范贿赂、侵占而采用的方法和措施。公司通过与员工的沟通，确保自己了解所有对于有效开展反贿赂、反侵占方案至关重要的事宜，也确保每一个相关利益群体和个体了解经营所在地的与反贿赂、反侵占相关的法律，特别是与图书、期刊销售、数据加工有关的法律。

公司在制定这一方案时，已经分析了在图书、期刊销售过程中具有最多风险的商业贿赂和职务侵占的各个方面，以及最常见的贿赂和侵占形式。公司致力于创造并维护一种基于信任的、包容的和不容忍腐败的企业文化。

这一方案的实施，将帮助公司和全体员工一起达到以下目的：

一、消除商业贿赂、职务侵占行为。

二、表明公司在反贿赂、反侵占方面的决心。

三、为提高廉洁自律、透明可问责的商业行为标准做出贡献。

为此，公司在经营之先，与每一名业务人员、采购人员以及与业务相关的人员签订

"廉洁自律保证书"，以资监督。

1. 不得以各种名义给用户、出版社、中间商回扣、红包、提成、现金和贵重物品等，不得报销任何应由合作单位或个人承担的各种费用。

2. 不得以各种名义索要或接受用户、出版社、中间商的回扣、红包、提成、现金和贵重物品等，不得向合作单位要求报销应由己方自己承担的各种费用。

3. 收到合作单位的返利、回扣、现金或礼品等，应在一周内全部上交到公司办公室，不得私自侵占。

4. 不得向客户长期提供通信工具、交通工具等，也不得使用合作单位长期提供的通信工具、交通工具等。

5. 不得以任何形式或巧立名目接受合作单位的其他变相贿赂。

6. 不得以任何形式变相侵吞或占有公司财产、资金等。

7. 不得从事第二职业，不得利用公司资源为其他公司、个人谋取私利，不得做任何损害公司形象、利益、声誉的事情。

8. 不得向跟本职工作无关的人透露公司的任何信息和合作单位信息。

9. 不得报销任何虚假票据并占为己有。

10. 发现公司其他同事有以上 1~9 所列行为的，应及时向公司主管领导反映和举报。

11. 如违反以上规定，公司对其进行批评教育，提出警告，促其改正。公司有权扣除其全年奖励，直至予以除名。触犯刑律的，将移交国家司法机关处理。

保证人：

日　　期：

人天事件说明

从这一事件中我们了解到了图书馆配供领域潜规则形成的历史原因，也了解到了包括新华书店在内的绝大多数图书配供商和图书馆用户都采取的码洋开票、折让款再返还这种结算方式的社会背景。所以，这种做法能否构成对单位行贿和单位受贿的客观要件需要做进一步探讨。人天事件发生在这样的大背景下，并不是孤立的。从过程上看，人天书店给予用户的折让款返还并没有暗中进行，也没有借此获得比其他公司更独特的竞争优势，我们还没有发现在事件之前任何一家图书馆配供商不是这么操作的。人天事件反映出的图书馆配供领域的潜规则，则需要出版、文化、教育和司法部门的综合治理，方能彻底根除这一不合规定甚至是违法的行为。让人天书店一家公司为整个行业的潜规则负责，有失公平。

人天书店已经从这一事件中汲取了深刻教训，公司管理层对此进行了深刻的反省，从认识上到制度上都保证了这种行为不再发生。同时也呼吁管理部门出台互不相悖的政策和法规，以此保证图书馆配供商和图书馆用户的合法交易。

一个民营书店的呼救

北京人天书店有限公司是一家大型民营图书销售公司，主要业务范围是为全国1000多所大专院校图书馆和公共图书馆装备图书。

人天书店总部设于北京，外埠设有28个办事处。公司股东和高级管理层均为出版界和教育界的知识分子。公司现有员工500余人，其中下岗职工占30%。公司成立7年来，营业额由小到大，2005年销售码洋3.5亿元，当年缴纳税款近1000万元。人天书店已发展为一个著名的图书公司，在全国民营书店中位列第一，"人天"已经成为业界的一个知名品牌。

2005年10月31日，北京市房山检察院以涉嫌对单位行贿对公司董事长、总经理及5名业务员进行刑事拘留。11月16日对董事长邹进批准逮捕。之后，总经理及5名业务员陆续被取保候审。2006年1月27日对邹进取保候审。事件发生后，公司一方面积极配合检察院的工作，另一方面进行了充分的反省和整改。

不知为什么，2月22日，各省检察机关突然对我公司各地的办事处进行了搜查，传唤业务人员30余人，截至目前已有12人被刑事拘留和监视居住，在高校图书馆和公共事业单位引起了极大恐慌。

三 人天事件

人天书店是一家年轻的民营公司，公司的业务模式是通过招标、议标的方式取得图书馆的购书合同，之后按照合同约定的返还比例，在收到付款后向图书馆给付折让款。我公司对优惠款项有专门账册如实登记，房山检察院现已提取了以上账册。

我公司在经营之初就遵循着业内的一项"惯例"，就是绝大部分用户要求供书单位全价开票，优惠部分予以返还。我公司要求图书馆在收款后开具收款收据。我们认为这是一种购书的优惠方式，尽管不是很规范，但并不构成回扣或商业贿赂。我们以为，只要优惠款不是个人所得，是单位支配就应视为合理。我们遵循这样的"惯例"，没有谋取不正当利益的动机和行为，我们只是由此获得市场的准入及谈判的资格，从而获得交易的机会。虽然有些购书单位通过这样的方式改变了部分专项资金的用途，不能视为合法，但长期以来图书馆经费不足，欠账过多，通过这种办法补充一定经费的做法，也被视为情有可原。

"人天事件"之所以被广泛关注，并不是因为人天书店规模大，涉及面广，而是它代表了图书领域一个基本面的情况。人天书店成立时间短，仅仅是一个中等规模的民营公司，在图书馆装备市场仅占很小的比例，所有图书馆装备公司以及全国许多新华书店的图书馆装备部均采用了这一业务模式。如果在全国范围内彻查，将人人自危；如果只查人天书店一家，我们感到冤屈和不公。因为这种交易方式不是人天书店首创的，而是 20 多年来图书馆配供，供需双方形成的"惯例"。对这一方式是否违法的界定，应该充分考虑到图书业的发展背景。

通过认真学习《刑法》《反不正当竞争法》，以及高检、高法的"联合通知"，我们认为，第一，人天书店在经营活动中的让利行为不存在"为谋取不正当利益"的主观要件；第二，人天书店对图书馆的折让是通过合同约定的，没有暗中给予购书单位回扣的行为。因此，我们希望检察机关在维护和保障社会主义法制环境的同时，也保护艰难发展中的民营企业，对企业的不合规行为应主要以教育和行政的方式进行治理，不轻易使用刑罚，以保障民营企业的发展和社会的安定。

目前，人天书店已经到了倒闭的边缘。我公司与 1000 多家高校图书馆和公共图书馆的合同已经无法履行，所欠全国 500 多家出版社 1 亿多元货款无法偿还，长辛店经济开发区定向投资 2000 多万元为人天书店建设的仓储项目面临报废，我公司欠卢沟桥抗日战争纪念雕塑园管理处 2000 多万元的购房款将无着落。最令人心焦的是，人天书店 500 多名员工正面临遣散的处境。

解读人天档案

"人天事件"以来,丰台区政法委、抗日战争纪念雕塑园管理处、宛平街道办事处等单位和个人分别向北京市人民检察院、房山区人民检察院等提交了人天书店紧急情况的汇报,恳请执法部门宽大为怀,结合行业的实际情况,给予人天书店一个改正的机会,给予中国民营企业一个生存的空间。

账本牵出百校购书回扣案

新京报记者 孙勇杰

人天书店一个账本,引发了全国范围内一系列高校商业贿赂案件,至少有上百所高校的人员涉案。

■核心提示

近日,北京检方公布一批高校商业贿赂案,其中,一家名叫"人天书店"的图书企业引起关注。

人天书店,中国内地最大的民营图书中转商,经营网络覆盖了全国20多个省、市、自治区。而这家企业的一个账本,引发了全国范围内一系列高校商业贿赂案件,至少有上百所高校的人员涉案。

在北京,人天书店涉及的案件由房山、顺义、海淀等各区检察院联合侦办,最高人民检察院也对此做过批示。

目前,系列案件仍在侦查之中。但是,该案已经撕开了图书行业"潜规则",并揭露了高校商业贿赂的部分内幕。

6月28日,海淀区"惩治与预防职务犯罪、治理商业贿赂"大型图片展上,一家名叫"人天书店"的企业因涉及高校商业贿赂引起关注。

检方公布的案情是,海淀区某学院图书馆采编室主任黄某,从2003年12月以来,利用负责学院订购图书的职务便利,多次非法收受人天书店业务员以折扣形式给付的好处费,共计 22250.16 元。

北京人天书店有限公司(以下简称人天书店),中国内地最大的民营图书中转商,经营网络覆盖了全国 20 多个省、自治区、直辖市。

而这家企业的一个账本,引发了全国范围内一系列的学校图书馆人员受贿案件,至少有上百所高校人员涉案。

在北京,人天书店涉及案件由房山、顺义、海淀等区检察院联合侦查、办案,"最高人民检察院也对本案做过批示。"海淀区检察院宣教处处长许永俊向记者透露。

此案最初由房山区检察院查办。7 月 7 日,该检察院工作人员表示,案件仍在侦查阶段,具体信息尚不方便对外公布。但是,该案已经撕开了图书行业的"潜规则",并揭露了高校商业贿赂的部分内幕,引起了各方高度关注。

一个账本引发串案

"到底涉及多少高校,因为实在是太多了,我们都搞不清楚。"邹进表示。

一个回扣现金账本,是人天书店行贿的关键物证,也由此引出一系列高校图书采购贿赂案件。

海淀区检察院提供的资料显示,在这本现金账里,人天书店总经理李虹详细记录了 2004 年以前的每一笔回扣款,包括具体金额、领取时间、业务员,以及收受单位,总共金额 500 万余元,其中多数涉及高校。

7 月 18 日,人天书店董事长邹进表示,当时该书店每笔业务都是给了回扣的。

人天书店于 1998 年 9 月成立,2004 年的时候已经成为内地最大的民营图书发行公司、专业性的图书经销和出版信息提供商。邹进介绍,在全国所有的省、自治区和直辖市内,均有该公司的办事处。

其中 90% 的业务与高校有关,主要是向高校图书馆供应图书。

2005 年 11 月,这个账本被房山区检察院扣留以后,该检察院将涉及的受贿线索转交到了相关单位所在地的检察院。

接着,一场全国范围的图书回扣检察风暴,迅速展开。

"涉及面很大,当时还在网上公布了一些涉及名单。"7 月 4 日,海淀区检察院许永俊处长在电话中告诉记者。

邹进介绍，案发以后，经常有检察院的人员来人天集团调查情况，"各地的都有"，而包括邹进本人、总经理李虹等人在内，共100多名人天员工接受过各地检察院调查。

半年多之后，"北京各区动手快的检察院，相关案子已经结案了。"顺义检察院反贪局的工作人员张霞说。

"这个案子至少涉及北京十几个高校。"海淀区检察院职务犯罪预防处的徐姓工作人员说。

南昌检察院公布的资料显示，原人天书店南昌办事处经理刘林根以购书回扣款等形式向有关人员行贿200余万元，涉及南昌市的20余所高等院校。7月14日，南昌检察院工作人员表示，此案由于涉案的高校、个人较多，目前仍在侦查中。

"没想到这个违法"

邹进说，这本现金账一直都有，而回扣是图书行业里的"行规"，他们把每一笔回扣都记录在了上面。

"像人天书店这个案子这样能拿到直接物证的，非常少见。"顺义区检察院的一名孙姓检察员说。他已经干了30多年的侦查工作，主要办理经济贿赂案件。

他解释，商业贿赂的案子很难查，行贿受贿现场一般没有第三人在场，又都是现金交易，"没有物证，有一方不承认，你就一点办法没有。"一名图书业界的"老资格"也对人天的回扣账本被检方掌握"很是不解"。他说，像这类账本，一般都是放到主管人家里某个角落里的，有些随身带着，很隐蔽，被查到的可能性很小。

当事人李虹表示，由于一直没有想到这个账本是犯法的，而且经常有客户来查阅相关账目，所以就一直放在办公室里。

"检察院来调查的时候，虽然我们也想过涉及客户的问题，但是我们以为没有什么事，所以很配合地上缴了。""我们根本没有想到这个违法。"邹进说。这本现金账一直都有，而回扣是图书行业里的"行规"，他们一直把它当作正常业务的一部分，把每一笔回扣都记录在了上面。

"其实这类案子，只要受贿的没有在什么相关单据上签字，死咬住自己没有拿那些钱，有两三个证人证明根本没用。"一知情人告诉记者，陕西西安那边也有因为人天的案子受牵连的，死咬住不认，也就没事了。

"书生气太浓，不像个商人。"图书出版业不少人都对邹进有这样的评价，他们认为这是人天"出事"的原因之一。

邹进，20世纪50年代生人，吉林大学中文系毕业。曾先后在《中国文学》《人民文学》等义学刊物做过20多年的编辑。一名职业作家在一篇文章中介绍，20世纪80年代时邹进去了深圳，后来转行经商，并创建人天书店，"最终成为一名中年商人"。

跟邹进相同的是，总经理李虹也出生于军人家庭，业内评价她"有女人少有的决断能力，比较大胆"，在创业之时就成为邹进的合作伙伴。

邹进说，他最初是想办一个文化公司，主要策划图书出版，"前面的店面挣点钱，我跟朋友在后面的小院看看书"。这个很书生气的想法，让邹进领导下的人天在前两年不断亏损。1999年3月，人天书店转型，主做图书馆图书配供。到2004年的时候，在全国各省市建立了完整的网络，公司员工最多的时候达到了500多人。

也就是2004年底，人天书店制度完备，走向正轨的时候，邹进开始准备出本诗集。

"没想到，诗集没出来的时候，诗人进监狱了。"邹进苦笑。

在去年11月接受检察院调查以后，他失去人身自由3个月，李虹失去人身自由15天。

明暗"潜规则"

一般情况下，明扣的金额占到图书码洋的15%～25%，暗扣的数额能占到码洋的20%以上。

李虹表示，没有想到事情会这样，牵连那么多人。"但是这个问题说我们错了，我们也很委屈。"她说，因为是客户向他们要回扣，而且要求开全额发票，没想到现在出事了。现在，有很多高校的图书馆因为这个事件，对人天书店有一些意见。

"现在还是一样，大家都还在按潜规则做，只有我们人天被整顿了。"李虹说。

北京图书市场上，回扣分为"明扣""暗扣"两类。顺义区检察院宣教处章洪介绍，在支付"回扣"中，往往先以一定比例的"明扣"返还给购书单位，其余的作为"暗扣"以现金或储值卡等形式支付给购书单位的经手人、负责人、主管领导。

"基本上是这样"世纪天鸿书业一名辞职的高管说，明扣和暗扣是北京图书市场上基本统一的规则。

多名业内人士证实，一般情况下，明扣的金额占到图书码洋（定价）的 15% ~ 25%，但是暗扣的数额就很不好说了，这个可多可少，进量小的时候就几百块钱，但有些情况下，暗扣的数额能占到码洋的 20% 以上。"这个完全由书商或者直销图书的出版社自己控制。"就暗扣这部分来讲，这跟出版社、文化公司大小有关系，一般规模越小的公司，为了拓展业务，给予客户的暗扣会更多一些。

海淀检方公布的黄某一案中，人天书店给予学院的明扣是码洋（图书标价）的 15%，给予黄某的是 5% ~ 7%。

"从 20 世纪 90 年代图书市场放开，就存在一定的折扣问题，潜规则的出现具体时间也不好说，大约是 2000 年以后的事。"从出版社发行员干到文化公司老总的杨先生说。

"我们以前的折扣一般是在 25%，这也是我们能给予客户的最高限。"邹进说，很难说这个回扣在圈里是高是低，因为都是暗箱操作，没办法界定。

高校"重灾区"

高校教材、相关图书以及图书馆用书，是具有一定规模和实力的民营书店主攻的经营项目。在诸多图书采购回扣案中，高校成为"重灾区"。

在 6 月 28 日海淀区"惩治与预防职务犯罪、治理商业贿赂"大型图片展启动仪式上，海淀检察院职务犯罪预防处处长王燕表示，针对高校商业贿赂案频发的情况，海淀检察院从今年年初开始，对辖区内所有高校逐一排查。结论是高校采购中回扣问题比较普遍，其中就包括图书回扣。

一名业内人士告诉记者，目前，中小学教材、辅导材料基本被新华书店垄断。因此，高校教材、相关图书以及图书馆用书，是具有一定规模和实力的民营书店主攻的经营项目。

"尤其在以前，高校对图书馆一块并不是全额拨款，一些内部运转和一些不在学校编制人员，以及一些在编人员的福利都要图书馆自筹，这也是导致图书馆人员要办'小金库'，收取一定折扣自己创收的原因。"李虹对记者说。

1987 年，国家教委曾发文规定，高校教材允许有 9% ~ 12% 的折扣，其中 5% 要返还给学生，其他作为业务费用。

这条规定在一定程度上也使学校拿回扣有了一定的政策空间。

据图书发行圈内的人士透露，除了潜规则"规定"的15%~25%的回扣以外，进书渠道的不同，回扣的数额也不同，"如果是学校直接从图书馆进书，那么也是按照5折进的，回扣率甚至达到了50%~55%。"

有缺陷的产业链

"其实，啤酒的质地是一样的，这家给你5%的回扣，那家给你8%的回扣，你会选哪个？"

"这样的潜规则出现的原因，主要是因为图书市场还不健全，很多方面都还存在'后遗症'。"水利水电出版社的一名高层人士分析说。

长期在图书出版业的邹进回忆，图书折扣虽然在20世纪80年代就已存在，但当时的折扣率比较低，在5%~10%，而在20世纪90年代中后期，折扣率逐渐提高。

这一时期，正是图书市场刚刚放开，民营资本刚刚涉足图书业的时期。上述出版业人士告诉记者，原先占有绝对垄断地位的新华书店系统，由于受到民营公司的挑战，开始提高折扣率，而在竞争中处于弱势地位的民营公司，在管理上并不规范，也竞相使用各种"盘外招"。有媒体评论说，"正是此种计划经济与市场经济犬牙交错的行业状况，决定了中国图书出版业必然是腐败高发的行业。并决定了中国图书出版业的腐败，必然会呈现出制度性腐败的特点。"而书业市场竞争激烈，出现不正当竞争的一个深层原因，是图书内容的雷同化、品种单一。

"台湾才多大一点地方，光出版社就有3000多家。"这名业界高层人士说，而内地一共才500多家。

内容雷同化的图书，通过各自的渠道，被重复推向市场的时候，就出现了明里竞相压价，暗里图书回扣等问题。

"比如，出了一本好的高校图书，很多文化公司、书店会争夺批发权，然后转卖给学校图书馆。在学校图书馆竞标的时候，这通过不同途径进书的批发商，就有可能搞一些背后动作，或者公开恶意降价，赔本抢客户。"邹进说。

一家大型出版社的发行部人员李瑶（化名）以"啤酒"来比喻图书："其实，啤酒的质地是一样的，这家给你5%的回扣，那家给你8%的回扣，你会选哪个？"

匿名举报谜团

"人天书店的案子是被匿名举报的。"海淀区检察院宣教处处长许永俊向记者透露。

业内多名人士表示,人天书店被举报,也与业内不正当竞争有关。

去年六七月份,李虹收到不少客户和业务员的反馈,说一条关于人天资金链断裂、运转困难的短信在全国业界人士以及高校图书馆采购人员之间流传,"当时没意识到有人故意想败坏我们,这也是这个案子的先兆吧"。案发以后,当地公安机关接到邹进提供的这一线索以后,曾做过相关调查。"是个神州行卡的手机,天天晚上发,地点就在紫竹桥附近。"虽然没有落实到人,但是邹进还是请公司法律顾问韩沐新于 2005 年 11 月 29 日发表了公开声明,对案件以及之前的流言进行了澄清。

"人天那帮人在图书圈里算是努力的,后来者居上,出这事儿也是树大招风吧。"一名圈内资深人士说。

采访中,多名出版社、文化公司高层表示,这几年,图书市场的竞争越来越激烈,盘外招也就越来越多。也正因为这样,人天书店"出事儿"以后,几个传言版本都跟行内不正当竞争有关。

调查中,多名业界人士证实了两个"支持率最高"的案发原因:一是两家在目标客户群方面跟人天书店重合、一直有利益争端的国营图书出版社,私下写了举报信;二是人天一个被辞退的四川籍业务员,心里不服,又与一家跟人天书店竞争激烈的民营书店老板串通好,"出卖"了人天书店。

对于这两个说法,邹进和李虹都表示,自己不愿意攻击别人,但是,"我们后来了解也知道,就是那几个地方的人"。

两难选择

邹进表示,尽管人天目前因此受到影响,但实际上,回扣等方式对整个图书行业来说并无益处。

"出事以后,因为不做回扣,我们的业务量已经减少了 50%。"邹进说,现在人天书店已经是亏本经营。

"我们还算是运营比较规范、有稳定客户群的批发商,也有一些家底儿,所以还撑得住，换了小一些的批发商，早倒闭了。"邹进表示，尽管人天目前因此受到影响，但实际上，回扣等方式对整个图书行业来说并无益处。

今年7月4日，人天书店在西安的一次客户活动上，李虹表示，吸取"码洋风波"（即本次案件）的教训，倡议业内人士革除经营陋习，推动图书行业市场秩序的调整，做遵纪守法的企业。

"出版社、各级批发商、零售商都要利润、要回扣，出版社就努力把图书的定价提高一些，把回扣弄出来。"邹进表示，这样就导致图书定价的虚高，这几年中国图书的发行册数都是下降的。

拥有一定垄断优势的图书行业一直是近两年饱受诟病的暴利行业，然而却未能壮大自身力量，而是走上了越来越脆弱的道路。

新华社报道，一个公认的图书利润分成状况是，印刷费及纸张成本占23%~25%，作者稿酬占8%左右，出版社利润占10%左右。如果由出版社自己总发行，再加5%的发行费，剩下的50%~55%被二级批发商和零售商拿走，而国家规定的批零差价仅仅为15%。从这个体系上看，包括新华书店、民营书商在内的图书批发商和零售商，成为利润的主要获取者，这也是图书行业成为暴利行业的主要理由。

对于这个分成体系，图书发行的圈内人士持有不同的意见。图书从出版社出来，目前的价格一般是5折，看书的情况不同，出版社的利润在10%~20%之间浮动，批发商和零售商拿走的50%~55%是毛利，如果除去损耗、运费、公司运转费用，再除去潜规则的情况下出让的15%~25%的回扣。

"现在，像人天书店这样的图书批发商，毛利应该在8%~15%之间，最高不会超过15%。"那名世纪天鸿书业辞职的高管很肯定地说，而每支出一部分回扣，都是从自己的流程中节省下来的。

"我们通过出版社还有其他书店进书，平均在六折左右，对客户让出25%的折扣，毛利润在10%左右，而我们又要交全价的税金，光这一项一年就是300多万，所以我们的利润空间已经不是太大。"邹进表示，人天书店的发展早就不是靠暴利，而是靠规模，年营业额在1.5亿以上才有盈利的空间。

"现在除了新华系统树大根深，其他书商随时都有资金链断裂的问题，生命力相当脆弱。"有业内人士表示。

整改之后

在海淀、顺义两地检察院采访中，相关领导都告诉记者，针对图书回扣的问题，院方在办理相关案件以后，都写成了相关建议，及时向有关部门反映，要求整顿图书市场秩序，促进图书经销商遵纪守法，同时也对高校商业贿赂的问题提出了自己的整改建议。

海淀检方透露，目前对高校的排查仍在进行中，部分个人已经被检方立案侦查。

针对教育领域的回扣问题，教育部今年的一次会议上，相关领导也提出要求，以后不允许收取回扣，但目前还没有明文规定，"只是依照1996年国家工商总局的相关规定，一切商业回扣都是违规行为。"邹进说。

他表示，在出事以后，人天业务"全线收缩"，把业务限定在了高校图书馆配书上，按客户要求，少数做一些教材的批发。

李虹表示，这样做的主要原因在于：经历风波以后，业务受到重大打击，只能把有限资金放在一个点上，规避投资风险。

邹进表示，自己曾呼吁图书业界建立相关的反商业贿赂联盟，但是一直没有获得大家响应。"毕竟，我们不做了，大家还在做。"他表示，要从体制上改变，教育部、工商局、图书协会这些有关部门提出相关硬性规定，才能从根本上解决图书回扣问题。

"看看吧，不做回扣，实在过不下去，我们就退出，但是我们不服！"谈话中，邹进再三强调。

邹进有话要说

2006年7月19日，《新京报》在头版刊登了《账本牵出百校购书回扣案》一文，副标题为"人天书店商业贿赂案撕开图书业潜规则"。此前一天，该报记者孙勇杰先生对人天书店董事长邹进和总经理李虹进行了采访。在此之前，人天书店为了配合检方调查，对

三 人天事件

此事一直保持沉默。这期间，我们一边进行制度建设，一边进行业务转型。该报记者称："不管是否接受采访，该报已有上面授意，报道马上就要见报，如果你们不说，将对你们不利。"听话听音，这里有威胁的意味，但为了让读者看清事实真相，我们接受了采访。采访后，我们提出，涉及我们陈述的部分，要给我们看一下，怕有与事实不符之处，该记者同意。7月19日一早，文章刊出，但未经我们过目。

总体上说，文章陈述了图书业多年来的一个事实，即一条商业运行的"行规"，还比较客观，我们要向《新京报》和孙勇杰先生表示感谢。但在记录我们的陈述中，有诸多错讹之处，特别是在观点上与我们所说的偏失较大。所以，我有必要通过媒体阐明我们的观点，提供更加准确的背景材料，以供公众判断。

第一，关于回扣。我们从来不认为将图书馆的购书优惠款返还给购书单位是回扣，因此，这种做法也就不构成商业贿赂。在1996年以前，回扣并不是一个贬义词。原国家教委在1987年曾发文规定，高校教材允许有7%~12%的折扣，5%返给学生，其余作为业务费用。说的也是折扣，不是回扣。1996年工商总局发文禁止在商业交易给予回扣，回扣即成为违法行为。人天书店之所以也按行规操作，是基于我们认为这是购书优惠的一种体现方式，是折扣，而不是回扣。按理说，购书折扣应该明折明扣，但在图书馆配供上，却是明折不明扣，这是社会转型中出现的一个怪胎。这个存在了20年的怪现状，在改革开放之前没有，希望在这次整改图书行业后不再有，起码要告知买卖双方这是违法行为，谁再这样做就是以身试法。只要调查就知道，大多数高校图书馆得不到学校的全额拨款，一部分事业经费需要创收或自筹。恰恰图书馆没有创收能力，房子都在校园里，出租也租不出价钱，所以创收的唯一途径就是通过购书和设备优惠款取得。但是购书经费是专项经费，是不能用于其他用途的，所以只能通过供书单位套取，从而改变资金用途。这笔资金返回购书单位，不能进大账，自然就形成了小金库。虽然，从学校领导到图书馆员都知道这是违纪行为，但法不责众，全国都如此，而且由于图书馆长期经费不足，作为必要的事业经费补充，也被认为是情有可原，上下也都心照不宣。久而久之，就在业内形成一条行规叫"码洋开票，优惠返还"。对供书单位来说，这就是一道门槛，不这么做就进入不了这个市场，不要说供书了，标书都不会卖给你。

第二，关于账本。文中反复提到，是一部账本引出了高校购书回扣案。很多人都认为我书生气十足，笨到不能再笨，账本怎能留下呢，这都是好意。该报记者似乎也附和了大众的说法，好像都是账本惹的祸。我们恰恰不这么认为，因为我们认为给图书馆的折让款返还不是回扣，而是如前所述，是根据图书馆的特殊情况所采取的一种特殊的优惠方式。既然如此，我们当然要把资金的往来按事实发生情况记录清楚，以便于用户查对，同时也便于行政管理部门、检察机关核查。对图书馆来说，也是有账可查的。在供需双方，这都是一本财务账。只是因为它的特殊性，我们采取另账管理，专人记录，把它作为财务账的一个必要补充。

第三，关于反商业贿赂。国家下决心整治商业贿赂，人天书店举手赞成。我们的错误在于，在用户改变资金用途的过程中，我们起了帮助的作用。由于一部分购书优惠款是用现金返还的，客观上造成了一个滋生腐败的温床。因为，当购书优惠款返回购书单位后，我们是不知道它的用途和去向的。2006年7月4日，人天书店在西安用户大会上，旗帜鲜明地发出了反商业贿赂的倡议，从此以后，对码洋开票、购书优惠款返还的要求，人天书店一律不予响应。用社会主义的荣辱观对照图书馆配供工作，我们"以实洋开票为荣，以码洋开票为耻"，这就是我们新的荣辱观。

第四，关于民营书业的生存困境。人天书店起步较晚，1999年才进入图书馆配供领域，此后一路高歌猛进。据《新京报》调查，说人天书店已是中国内地最大的民营图书中转商，这可能是溢美之词。但人天书店的发展是不争的事实，也是同行所艳羡的。人天书店的发展得益于它的信用，它的服务，它的技术，更重要的是它的理念，人天书店已经成为行业的品牌和服务标准。尽管还在事件之中，用户仍在说："服务就要做到像人天书店那样。"我们就是要把人天书店办成一个勇于创新的企业，一个遵纪守法的企业，一个健康向上的企业。在外资大举进入之际，我们说人天是民营的，更是民族的。我们虽然没有任何背景，但我们有能力把它做大做强。今天，我们又发出了反商业贿赂的倡议，不料应者寥寥。目前，只有上海和江西的图书供应商响应积极。有两家北京的国营图书公司居然说："人天不敢做了，我们可以做。"我要问，就因为它们是国有企业吗？在这次图书行业整治商业贿赂运动中，人天书店首当其冲，但只要能创造一个清洁的商业环境，我们没有怨言。但如果只是整治了人天书店一家，我们不服。在社会转型过程中留下的诟病，应该由全社会或全行业一起来消除。如果说让人天书店——一家民营企业独自承担，未免太沉重，说不定还会留下一桩公案。在商业经营规范化、法制化的过程中，人天书店必定要留下重重的一笔。人天书店付出了沉重的代价，但我们希望用这个代价换来一个公开的、公平的、规范的、健康的图书市场，即使我们最终退出，也无怨无悔。

第五，关于案发原因。几年前，朋友劝我："千万别做大，民营企业老板没几个有好下场的。"今天，更多的朋友说："果然是树大招风，被恶意的竞争者举报了。"但我一直不相信人心会阴暗到如此。有一点必须更正，文中说，人天书店一个四川籍员工被辞退后举报了人天云云，这可能是记者粘贴来的。据我了解，凡是从人天书店走出去的员工，没有一个说人天不好的，他们都自觉地维护着人天的形象，传播人天的文化。

其实，所有图书馆配供企业的操作手法都是一样的。如果不改，今天查的是我，明天查的会是你或他。人天出"事"后，还真有幸灾乐祸的、落井下石的、收人家麦子的。一家图书公司的老板要他的所有业务人员都买了一张电话卡，告诉所有图书馆馆长说人天出事了，不要跟人天做了。一家国营图书公司把和人天书店合作的一个馆长告到校纪委，说他现在还不跟人天断了，肯定有问题。7月3日教育部召开了"规范高校收费管理、治理商业贿赂工作视频会"，内容涉及教育系统查处商业贿赂问题。还是这家国营图书公司，迫不及待地在"某图书公司"后面加上括号"北京人天书店"，然后传真给全国各高校图书馆馆长。一家老资格，但已经变得很小的公司，在其用户大会上攻击人天书店违法经营，而恰恰这家公司才是这种结算模式的始作俑者。一时间，"收拾金瓯一片，分田分地真忙"。这里，我要提醒他们一下，你们自己是怎么做的，不要掩耳盗铃，更不要把口水吐到自己脸上。

《新京报》介绍我和李虹都是军人子弟。军人的任务就是攻城略地，失而复得。我们当然在乎一城一池的得失，但我们更在乎的是人心的向背。虽然人天书店生产线大幅裁员，但管理团队得以完整地保存。在人天书店最困难的时候，竟有四五位大公司的地区经理和高层管理人员加盟人天书店。所有人都相信，风雨过后，人天看上去会更美。

20年前，《中国》文学月刊被迫停刊，我写了《中国》的终刊词。我用阿垅的一句诗作为结语："要做一朵白色花，我要这样宣告，我们无罪，然后我们凋谢。"整整20年后，我又遇到了一道哈姆雷特式的问题：生存，还是死亡。20年前，我们选择了毁灭，但是今天，生存是一道更严肃的问题。在今天的事件中，我们是有过错的，我们已经不能够像英雄一样倒下，我们只能把误解、责难和屈辱当作食粮。尽管如此，与人天保持合作的图书馆用户仍有1000多家，全国580多家出版社和几百家出版公司仍不间断地向人天供货，保证了人天书店资金链的安全。还有几百名员工正在和我们一起共渡难关，他们默默地工作着，一点一滴地弥补我们的过错。这种信任和依赖对我是无形的压力，背负它既沉重又让我享受。它激发了我的责任感，凝聚了我们从逆境中崛起的意志力。人天是我们的，也是大家的，更是中国的。在纪念《中国》停刊20周年的时候，我们绝不会把人天当作它的祭品。

人天的涅槃就在眼前，所有人都在注视着人天的新生。

在中图学会高校分会理事会的谈话

(2007年3月21日)

感谢北京大学、首都图书馆，把人天书店带入图书馆的高端市场，感谢首都师范大学、北京图书馆出版社，使人天有机会参与图书馆资源建设，也感谢上海师范大学、浙江大学，对人天事件的理解和在困难中对人天的支持。

回顾人天事件，事实已经基本清楚，权力机关对我们采取了急风暴雨式的、非同志式的调查，在全国引起恐慌。人天书店经受住了考验，2006年，我们仍然实现了2.5亿元的销售，并且都是实洋结算，人天仍然牢牢地坐稳了民营书业馆配商的头把交椅。我们谢绝了5000万元码洋订单，如南京图书馆、江西省高校图书馆等。因为我们看到了这里隐藏的风险，如南京图书馆的所谓宣传费、数据加工费等，那在工商局是不被认可的。我们南京办事处今天还要去南京市工商局接受质询，昨天北大方正也被该局传唤，工商税务部门不管你教育部的什么文件。但尽管如此，很多学校和公共图书馆又开始回潮，如徐州的高校、天津部分高校等，对这样的趋势，人天书店是无能为力的。

面对现实，如我不做别人照样做，我们岂不是成了自己的掘墓人了？所以，为了生存，人天的发展方向已经悄然发生变化，人天要活下去的欲望还是有的，做大做强的决心没有变。今年，我们开展了图书的批销业务，并正在研究网上售书业务，希望它们尽早成为人天的主营业务，从而有效控制图书馆业务带来的风险。人天有一句著名的口号，"有图书馆的地方，就有人天书店"，可能现在要加上限制词了，改为"有规范的图书馆工作的地方，才有人天书店"。

我们非常期待和你们的这次见面。一月份，人天书店受北京图书订货会组委会邀请，作为第一协办单位,仍然表现出了在业内的影响力。马上,我们又将协办第十七届全国书市。有人说,没有人天书店参与,就没有一届成功的全国书市,这肯定是夸张了。北京订货会期间,新华书店总店等四家单位发起了全国馆配商联盟的倡议。座谈会邀请了除图书馆以外所有业界的代表,唯独不见图书馆代表的影子,供货商和图书馆的敌意是明显的。会上反映,是用户的不合理要求、所谓行规和潜规则把供货商带入了一个是非之地。我在会上说,没有图书馆参与就不可能规范图书馆市场。前天,新华书店总店来人正式邀请我们,作为联盟的发起单位,承认我们在业内的影响,准备在全国书市期间,召开联盟成立大会。我提议,必须有中国图书馆学会或高校分会参加,行业规则要由各方共同讨论制定,形成一个共同纲领。否则,联盟成立了也起不了什么作用,就像好多行业协会、学会,不知道它们在干什么。

参加人:邹进、李虹、施春生、朱强、胡越、王琼、胡延芳、戴龙基(先离开了)

在黑龙江省图书馆馆长座谈会上的发言

对人天事件,除非别人想跟我说,我从不辩解,辩解是为了表示自己清白,所以辩解就没有意义。在2006年的反商业贿赂运动中,人天书店在用户眼里,确实是一个"麻烦制造者"。尽管各地检察院的查究结果,都证明了在交易过程中的现金往来绝大多数都是公对公的行为,反映的内容都是销售折让的一种不合规的形式,但在这个过程中,给很多用户带来了恐慌,人天书店尤其是我,都难辞其咎。所以这次我和李总专程来哈尔滨,向各位表示我们的歉意。在此,我们还要向黑龙江大学图书馆表示特别的歉意。

从人天案件到今天,已经两年有余,我们今天来,肯定是太晚了。有两个原因,一是出行不方便,还有一点确实跟我的个性和感悟有关。虽然我在商业上还算成功,但我从来就不认为自己是一个商人,在我内心没有任何一点唯利是图、投机取巧、不择手段、哗众取宠的主观动机。我把商业也当作追求个人实现的一种手段和方式。可是，在这一事件中，我个人的尊严、人格、精神理想被贬损到几乎一无是处，在自己认为没错的地方证明有错。人天小小一个公司，居然有19个犯罪嫌疑人，也创了新中国成立以来之前所未有。我们的愤怒如何表达，我的内疚跟谁表达，所以，我们选择不说了。可是这样，用户无法了解事实真相，更无法沟通我们内心。我一直跟周围的人说两句话：一句是"是非功过，任人评说"，另一句是"桃李不言，下自成蹊"。就这样，我们走过了两年，用户一个个又回到我们身边。但是客观上也造成了许多用户对我们的不了解、不理解，以至于不原谅、不合作，使人天这样好的一个品牌及其服务，在我们本来有传统优势的地方不能得到恢复和推广。这是我个人的责任，所以我还要再一次表示我个人的歉意。

今天，这么多馆长、老师愿意和我们坐在一起，我感到受到抬举一般，我向你们表示由衷的感谢。同时，也想利用这个机会，通过人天一案，回溯图书馆配供的过往，看这一事件的必然性有多少，偶然性有多少，使我们永远不再重蹈覆辙。其实，在2004～2005年，我们已经感觉到危险一点点在积累。就像这次汶川大地震，专家说是印度洋地质板块挤压大陆板块，能量逐年聚积，在5月12日这一天突然释放一样。人天书店在2003年就上了亿元店的台阶，2004年2个亿，2005年3.5亿，我们原定的10年计划是10个亿。但是与图书馆的结算方式让我感到越来越可怕，好像头顶上的堰塞湖，能量迅速汇集。最近我跟浙大、吉大、东北师大的馆长都谈到这一点。在事件发生之前，我们都是码洋开票的，有20%～25%的销售折让需要处理，一年就是几千万，增值税不用说，我们一年多缴出去几百万元，后面跟着还有企业所得税。所以各公司对这部分折让款的处理都是用各种票据来冲抵，不能放在其他应付里。因为税务审计时会把这部分调出来作为利润处理，但这部分增加值又确实不是利润。这是我们公司内部的财务成本和法律风险。

那么和用户的关系呢？到现在情况越来越明了了，人天案件不是被人举报的，这是国家对市场规范的一个要求，我们绝不怨天尤人。当然在事发之后，有一些公司对我们落井下石，这就不说了。许多用户责难我们为什么要做账，为什么不保护用户？我们怎么说呢？一个多亿的现金，怎么能不做账？再则，这纯粹是公对公的往来，为什么不能做账？我问一些馆长，我说供货商返给你们的折让款，你们做不做账，他们说当然要做啦。我说这就对了，这就账账相符了。在人天案件之前，2003年以后，我们每年都会接待几起各地检察院的调查，都是用户出了事，顺藤摸瓜摸到我们这儿，我们都做了充分的解释，而且全都对得上账。我们对所有支出都做了登记。如果我们不做账，我们怎么说得清，又如何替用户说得清。

这部分折让款到底是什么性质的。检察院说是对单位行贿，工商局说是不正当竞争。在这点上，我们和用户是一致的。用户不会认为他们受贿，那么我们自然也不会承认是行贿。我们的依据是什么？《刑法》三百九十一条和《反不正当竞争法》第八条说得很清楚，行贿是指以暗中不入账的方式，给予对方钱、物的行为，以此获得在竞争中的优势地位和不正当利益。这里的主观要件是获得不正当利益和竞争中的优势地位，客观要件是暗中不入账的形式。但这部分钱款是我们以明示的方式给予用户的销售折让款，并且在财务上都有记录，我们要得到的只是一个市场准入，因为人天不这样做就没有资格进入馆配市场，这是行业的"潜规则"，其实早已是"显规则"。我们并没有以此获得比其他公司更优越的竞争优势。现在大多实洋结算了，准入资格也变了。

但我们有错没有？肯定是有错误的。从认识方面说，我们把潜规则当作了合法的行为，总有一天会秋后算账的。从操作方面说，这么多现金支出去，公司疏于管理，没有严格的监控，大部分没有可入账的收据返回，公司出于无奈也不了了之。业务员从公司领出去的都是现金，这部分资金的用途和去向我们无法把握。公司明确规定折让款只对单位，不对个人，但事实上有一小部钱款确实进入了个人口袋，我们根本不知道。举例说，北京某图书馆截留了15%折让款中的7%，连我们的业务员都不知道。我们还是用支票支付的，结果他们把这部分钱转到别的账户上去了。这是典型的贪污，但最后给他们定的性却是受贿，难道我们行贿了吗？我们冤不冤呢？

这种做法已经被反复证明，这是一块滋生腐败的土壤。从2006年起，人天书店明确提出提倡实洋，拒绝码洋，以实洋为荣，以码洋为耻。2006年教办11号文件规定，对供货商以明示方式给予的购书优惠仍然可以接受，可以入账，事实上又给码洋开票开了一个后门，但人天书店拒绝了一切码洋开票的要求。2006年，我们至少放弃了5000万码洋开票的订单，并且以后我们也不会再做，宁愿退出这个市场。所以出版人杂志记者问我，没有回扣，民营书店是不是做不下去了，无法跟新华书店竞争了？我问他有这么回事吗？你看看现在的人天怎么样，是不是比以前活得更好，更安全，更踏实。我们仅增值税一项每年就少缴几百万元。

最后，我向各位馆长介绍一下公司目前的情况。

今年一月，中国发行协会非工委授予人天书店"2007年全国最佳馆配商"称号，人

解读人天档案

天书店已经连续两年获此称号。

制度建设方面，公司与所有业务员签订了"廉洁自律保证书"，同时希望与用户签订"廉政协议书"，与供货商签订"无盗版协议书"，规定买卖双方在交易过程中的行为。

市场方面，图书馆业务大部分得到了恢复，特别是2006年，公司遭受如此重大的打击，居然还完成了2.5亿码洋，简直不可思议，我们都为自己感到惊讶。大多数人都认为人天不可能扛得住。在这里，我要真心的感谢我们的图书馆用户，像浙大、厦大、上师大、首师大图书馆，国家图书馆、首都图书馆。特别是浙江大学图书馆，人天在它的图书、期刊、回溯建库各项业务招标中全部中标，不能不说是给予了人天书店莫大的支持。黑龙江的用户也给了我们不同形式的支持，有的保持了和我们的业务，暂时不便于合作的，也与我们保持了沟通。

2007年，在内部管理上，人天成立了集团，我是总裁，李总是副总裁，相当于运营总裁。除图书馆业务外，我们又开发了批销业务，今年规模可以达到3000万码洋以上，目标是1个亿。如果说图书业务还有竞争的话，人天的期刊业务优势明显，几乎没有竞争，我们的用户在1200家以上。这个平台是多年打造而成，任何一家公司想赶超我们，绝不是一朝一夕、三年两年可以达到的。回溯建库业务人天已经做到全国最大，2007年共计回溯图书、期刊600万册。目前我们还承接着浙大的西文、国家图书馆的硕博论文、首都图书馆的电子音像产品和国家博物馆的中文普通图书、报纸和期刊的回溯建库。6月份我们的网上书店即将开通，另外还有正在筹划的图书出版业务。这些新开发的业务都是先付费业务，这些业务所产生的利润已经占到人天集团总利润的60%以上，所以我们有一条非常好的资金链。在图书馆配供业务竞争日趋激烈的情况下，集团能够提供为其强大的资金支持。在许多图书公司，如福建的邦德、广东的学苑、四川的世云、北京的朗润相继退出馆配市场的时候，人天书店还能健康地做下去，能够给市场和用户以信心，就在于人天有着长远的发展战略和分散风险的能力。我在获奖仪式上说，人天书店始终遵循图书馆文献资源建设的原则，从不违背这一原则，所以赢得用户的信赖，成为用户的首选。我对图书馆的管理者也说，馆配商要积极参与图书馆的文献资源建设；反过来，我们也希望图书馆要积极参与发行标准化建设，这才是一个良性互动的过程，有利于建设一个健康的馆配市场。

三 人天事件

云游诗篇

云游诗序

行吟者,名邹进,字退思,号半山居士。五年仲秋,十月之末,云游他乡,数年得归。一路所拾,皆是文章,风情种种,何止万千。无奈地僻纸贵,不敷长论,拾得断章残句,以托鱼腹。唯愿嘈嘈切切,知音者听,秋月春风,与朋友共。但且存之正之,不亦说乎?歌之和之,不亦乐乎?他日结集,名曰"云游诗篇"。

虽然无情

虽然无情
那天地化育、万物生长的
是本性

虽受毁伤
那生生不息、不能停止的
是雄心

虽然烦劳
那不能不做、使人用心的
是人情

虽处困境
那抱守如一、矢志不移的
是坚定

虽如尘土
那纷纷芸芸、熙来攘往的
是功名

虽被压抑
那疾水漂石、一泻千里的
是激情

虽处世俗　　　　　　　　　　虽然难为
那引领向往、使人高贵的　　　那求之不得、受敌无败的
是心灵　　　　　　　　　　　是同心

虽然隐匿　　　　　　　　　　虽说无妄
那涵养人生、由此及彼的　　　那亦悲亦喜、幸而免乎的
是德行　　　　　　　　　　　是梦境

虽然平淡　　　　　　　　　　虽然神秘
那天天守护、浑然不觉的　　　那知所从来、不知所往的
是爱情　　　　　　　　　　　是宿命

二〇〇六年一月

举杯欲饮

曹孟德横槊赋诗：　　　　　　都如愿以偿？
"对酒当歌，人生几何？"
苏东坡酾酒临江：　　　　　　韩信功盖天下
"大江东去，浪淘尽，千古风流人物"　不如郭子仪穷奢极欲
朱仙镇旌旗蔽空　　　　　　　伍子胥裹尸沉江
掩息兀术铁骑　　　　　　　　不如陶朱公携美女乘桴而去
黄龙府漫天飞雪
化作"凭栏处，潇潇雨歇"　　　李太白飘飘洒洒
　　　　　　　　　　　　　　"天子呼来不上船"

举杯欲饮　　　　　　　　　　陶渊明遗世独立
嘴唇与历史轻轻触碰　　　　　"结庐在人境，心远地自偏"
历史怎会让每一个英雄

举杯欲饮
历史如此透明，没有矫情

只在与它接触一瞬
感到如此醇厚

二〇〇六年一月

时 光

一个漂亮男孩迈进童年门槛
一个英俊少年有了写诗的渴望
青春过去，竟是浑然不觉
智慧已同华发一道生长

鲜花闭合变成蓓蕾
青竹收缩变成春笋
学生们倒背如流，不知所云
所有的故事回到"从前……"

智者坐在天地之间
气定神闲犹如圆融境界
身边的河水慢慢静止
时光开始向回折返

智者白发褪去，眉宇舒展
倒退着回到青年、少年、童年
他蹒跚着扑向母亲怀抱
怀着一颗赤子之心

二〇〇六年一月

哪怕只是片刻

你的降临哪怕只是片刻
也在我眼前留下光明
伟大的爱，你高高在上
在你降临的时候
江河湖海要把我沐浴
花草树木都对我钟情

你的降临哪怕只是片刻
也在我胸中注满深情
宽容的爱，你高高在上
在你降临的时候
我在你阶下负荆请罪
我在你脚下俯首听命

你是窗前一片游弋的阳光　　　　　在你降临的时候
你是窗前一块切割的天空　　　　　我怎能不趋趋跪在你的脚下
你是窗前一声轻微的叹息　　　　　我怎能不紧紧捉住你的衣襟
你是窗前一阵透彻的嘶鸣
我知道，这都是你的托付　　　　　你的降临哪怕只是片刻
你高高在上，显示无上神明　　　　就钦定了我一生的使命
　　　　　　　　　　　　　　　　纯粹的爱，即使你稍纵即逝
你的降临哪怕只是片刻　　　　　　仅此一刻，已永驻我心
也足以灌注我全部身心　　　　　　从此以后，我就是你的执鞭之士
热烈的爱，你稍纵即逝　　　　　　从今而后，我就是你的顾命之臣

　　　　　　　　　　　　　　　　　　　　　二〇〇五年十二月

天空中的蜡烛

有一队蜡烛在空中行走　　　　　　那声音来自我的心脏
在黑暗的夜空中闪着光　　　　　　每一次闪烁都有一个熟悉脸庞
好像一座古城寂寥的夜景　　　　　那是五百个活动的人形
又好像水光接天，白露横江　　　　是我的希望，在我温柔梦乡

有一个声音来自无穷之上　　　　　头顶天花板渐渐远去
由远而近像是脚步声响　　　　　　小屋也变得无边空旷
像一堆干柴点燃的声音　　　　　　有一队蜡烛，一队队蜡烛
惊起乌鹊一片，扑打翅膀　　　　　在温暖的夜空行走，闪着光

　　　　　　　　　　　　　　　　　　　　　二〇〇五年十一月

三　人天事件

骑马穿过……

骑马闯过冬天的树林
和我想象中一样
那马喷出雪白的鼻息
身后泥土飞溅，落叶飘扬
背负行囊，坐在马背上的尚义侠士
就和我想象中一样

他振奋缰绳踏上山岗
和我想象中一样
那炊烟袅袅，不绝如缕的
是记忆中的村庄
瓮牖中的大眼睛男孩
就和我想象中一样

他牵马来到林中水源
和我想象中一样
那马低下头的时候
她明澈的目光在水一方
这时候传来洞箫的声音
就和我想象中一样

那马独自向夜色走去
和我想象中一样
当他回首找寻她的踪影
月亮正出于东山之上
而这时满地鲜美的花朵啊
就和我想象中一样

二〇〇五年十二月

过去的日子

只留下一只蜻蜓的标本
是我曾经快乐的日子
从此以后我就心事茫茫
那过去的日子留下什么

时时都有记忆伴随

总有人在路灯下久久等候
有一颗星辰是我的归宿
那过去的日子留下什么

我用粉笔写下的诗句
明天就会从墙上抹去

忧伤只会让我独自享受　　　　　　多年以后还留着芬芳
那过去的日子留下什么　　　　　　我已经没有任何证词
　　　　　　　　　　　　　　　　我的心中都是兰花

让我把它夹在你的书本里

　　　　　　　　　　　　　　　　　　　　　　二〇〇六年一月

是什么让人伤悲

在奔流的大河边上　　　　　　　　是什么让他们伤悲
我们坐下来哭泣　　　　　　　　　因为它如此孤立
是什么让他们伤悲
因为时光不再复回　　　　　　　　在长长的铁轨上
　　　　　　　　　　　　　　　　我们坐下来哭泣

在血色的黄昏下面　　　　　　　　是什么让他们伤悲
我们坐下来哭泣　　　　　　　　　因为亲人注定要远离
是什么让他们伤悲
因为太阳在缓缓消逝　　　　　　　在伤心的故事讲完后
　　　　　　　　　　　　　　　　我们坐下来哭泣
在飘零的树木底下　　　　　　　　是什么让他们伤悲
我们坐下来哭泣　　　　　　　　　因为那故事没有结局

　　　　　　　　　　　　　　　　　　　　　　二〇〇六年一月

心中的月光

今天我的心中没有太阳　　　　　　诗人独自把黑暗歌唱
但我心中有清澈的月光
当光明已随晚霞飘落　　　　　　　一棵大树被缓缓伐倒

三　人天事件

它的呼喊还在林中回荡
在繁茂的草叶下面
掩藏着一个少年的早殇

从此诗人不再浪漫
内心怀着无限感伤
语言已无法把人触动
只在心中留下别样文章

骄傲的骑手终于停下
任凭那白驹信马由缰
雁鹊仰望峭壁之上
向隅而泣述说心中悲怆

喧闹的晚会结束以后
各人心中都有几多惆怅
幕布徐徐降下的时候
还有好戏刚刚开场

离开爱人的岁月
四周仍弥漫着她肌肤清香
不幸的日子总会过去

伤悲过后让人细细品尝

故事讲完以后
给人留下无穷想象
风雨过后君不见
最美还是，银杏树下一地金黄

从茫茫沙漠望见的
是一片开满鲜花的草场
今天被人走断的路
等天明又向何处延长

从滚滚江河回溯而上
是山间泉水流淌
在娇艳的鲜花下面
有一颗雄心还在默默膨胀

浮华过后心中不禁苍凉
海子深处漂浮点点烛光
杯盘狼藉众人尽皆离散
行吟者又要云游他乡

二〇〇六年一月

大赦天下

今天我是皇上　　　　　　　　　在酒面前人人平等
朕要大赦天下酒徒　　　　　　　无论高堂之上，缧绁之中
朕许尔等举杯痛饮　　　　　　　在朕眼中无非酒色之徒
今日不醉该当何罪？　　　　　　朕有恙在身
朕高高在上　　　　　　　　　　一杯清水与尔等共饮
看尔等嘴脸如同腻脂　　　　　　鸣钟——
尔等所有罪孽都记录在案　　　　嗟！来食！
子曰"遂事不问，既往不咎"　　　击鼓——
　　　　　　　　　　　　　　　干！为朕江山！
今日朕昭示天下

　　　　　　　　　　　　　　　　　　　　二〇〇六年一月二十八日

望出去是一片灰白的天空

望出去是一片灰白的天空　　　　这块天空灰白
灰白像一张凸版纸　　　　　　　像灰白的凸版纸没有文字
窗户很小　　　　　　　　　　　如同这一刻我的头脑一片空白
只有四开　　　　　　　　　　　没有铅字

我没有从上面读出东西　　　　　这瞬间有时会连续赶来
我的头脑也像它一样灰白　　　　一扇扇窗户像一帧帧图片
窗户很小　　　　　　　　　　　都是灰白的
只截取了一小块天空　　　　　　我经常如此没有思想

没有思想就如同这张白纸　　　　　　或如同这片天空
或如同这扇窗户　　　　　　　　　　或如同这一刻——的我

我们在等待那个消息

我们在等待那个消息　　　　　　　　它没有朝我这里看
　　　　　　　　　　　　　　　　　没有
从窗口望去
一匹马从树林中穿过　　　　　　　　它知道
不止一次地　　　　　　　　　　　　我们在等待那个消息
看到这匹马
从冬天的雪地上穿过　　　　　　　　所以它不曾靠近我的窗口
从秋天的落叶上穿过　　　　　　　　它似乎怀着巨大的不安
从林间一道道光隙中穿过　　　　　　远远地、偷偷地、久久地
从沟壑上打着趔趄穿过　　　　　　　观望着我们
它就是没有在我的窗口停下　　　　　好像它怕我们突然离去
没有　　　　　　　　　　　　　　　窗口不再有我们的身影
　　　　　　　　　　　　　　　　　再也没有人看到它
我们在等待那个消息　　　　　　　　从树林中穿过

它总是远远地在林中穿行　　　　　　我知道
有时它会停下脚步　　　　　　　　　它一定知道
似乎在想什么　　　　　　　　　　　我们在等待那个消息
似乎想告诉我什么
它低着头，打着鼻息　　　　　　　　因为看得出
在寻找什么　寻找什么重要东西　　　它也在等待那个消息
然后抬起头甩开鬃毛　　　　　　　　它守候的地方
快速地离去　　　　　　　　　　　　就是那消息的方向

它愚钝的脑子里只有一个信念
在第一时间把信息送达
那消息不管是一片朝霞
还是一弯新月或飞逝的流星
会让它掀起前蹄
发出颤抖的嘶鸣

它和我们都在等待那个消息

我们远远听见
有一匹马已经从驿站发出
趟过了河流
越过了山垩

它的汗水飘洒像雨水
它的鬃毛飞舞像红霞
它的鼻息像隐隐的雷声
从山坡上滚滚而来
我们的这匹马听到了，看到了
它开始躁动不安
它朝向我们的窗口
一声声发出嘶叫
此刻乌云翻滚
泪水滂沱

我们等待的那个消息
就要传来

最后一个不眠之夜

最后一个不眠之夜
思索像一根绳子把我放进深渊
明天太阳照常升起
我将焕然一新

我有没有做过坏事
做坏事我有没有动机
我若不是无意间做了坏事
就是每一件坏事都有预谋
这些坏事有没有后果
我有没有受到惩罚
我有没有被发现

我是不是准备全部抵赖
受到惩罚我是不是感到冤屈
还是庆幸逃过一劫

最后一个无眠之夜
面对黑暗我内心纠结
车轮已经越驶越近
天亮后我将现出原形

没有害人是否有人已被伤害
没有说谎是否把人欺骗
机关算尽，看上去忠厚仁义

三　人天事件

同流合污说起来侠义肝胆　　　　　让穷人看出我伪善
如果上帝不曾看见　　　　　　　　让同学看出我矫情
如果根本没有法眼　　　　　　　　让女人知道我心口不一
如果良心不会跳动　　　　　　　　让朋友知道我利欲熏心
如果善良并非就是人性　　　　　　让法官知道我没说真话
忏悔不能让人解脱　　　　　　　　他知道我已设好了底线
牺牲也无法使我高贵　　　　　　　我要告诉他们我做了坏事
　　　　　　　　　　　　　　　　我还要告诉他们这并非不得已
最后一个无眠之夜　　　　　　　　只有上帝信得过我，说
我要把所有事情想清　　　　　　　他，就是这么个人！
我要把所有坏事列出清单
工工整整抄在黑暗的纸上

二〇〇九年二月十八日

二〇〇九年二月十八日　　　　　　从我的身旁驶过
窗外飘起了雪
二月十八日的早晨　　　　　　　　雪开始弥漫
我去接受一个判决　　　　　　　　不知道现在何样心情
　　　　　　　　　　　　　　　　我去接受一个奇怪的判决
妻子的车上盖满了雪　　　　　　　判决我是好人还是坏人
我的车上也盖满了雪
我把妻子车上的雪扫净　　　　　　心也有点迷乱
再把自己车上的雪扫净　　　　　　好人坏人如何区分
　　　　　　　　　　　　　　　　每个人都戴着面具
然后我把车开到路上　　　　　　　谁假装正经谁假装不正经
然后雪又落到我的车上
一辆咸菜色的吉普　　　　　　　　今天我就假装坏人

我要赶在判决之前自首
告诉检察官一条潜规则
每个人都想干坏事

这只是一个大前提
接着我再告诉我自己
我告诉检察官我也想干坏事
而且每天都在做着准备

我想象他在等我说出结论
法律只能追究后果
我想象他一定九分半地失望
我告诉他我什么也没干

我还给他留下半分尊严
我承认他的判决极其准确
那是我想做没做的事
还是我将做未做的事

连同我的未来一起审判了
连同所有的人一起审判了
我出卖了我的未来
我绑架了良心

我是一个告密者
检察官一定会考虑我的自首情节
好像雪慢慢不下了
但天空仍旧灰暗

只需要一个夜晚

只需要一个夜晚
我就能弥合所有的伤口
曾经的痛苦，血和泪水
都在这一夜里吸收

在黑暗的夜里
血是黑的，泪水是黑的
从伤口流出来
痛苦没有颜色

夜的黑色像绸缎

把伤口轻轻包裹
黑的夜色像沥青
把伤口紧紧黏合

在黑暗的夜里
我的眼睛明亮像猫鼬
看着伤口像花一样开放
然后又像花一样闭合

在黑暗的夜里
我的听觉像游隼

三　人天事件

听着血流像草丛中的蝮蛇
然后静静地藏在洞穴里

疤痕也不再显露
只有你自己知晓
曾经的血、泪和伤痛

伤痛如此消失

第八封信

一共有八封信
它们都是在夜间发出
沿着一条陌生的小路
走的时候眼含泪水

或许它到达的时候
收件人已经离开
或许它永远不准备到达
让那个人等到老死

他们中间的七个
陆续到达所去的地方
那信封里携带了微弱的阳光
但每次都叫黑暗的小屋充满光辉

那第八个也是最后一个
前面的七个也在把它等待
它们共同接受了一项使命
如今这使命还没有完成

最后一个出发的
至今杳无音讯
是它擅自离开了队伍
还是在行走途中迷路

那是一个锦囊吧
前面的七个都是为它铺垫
等到它开封的时刻
我的命运就会改变或许

路途并不遥远
从此变成了千山万水
时间并不漫长
似乎变成了古往今来

它就是一封没有地址的邮件
那里面一张白纸不著一字或许
每个人都希望
有一封信永远不曾到达

四　媒体报道

邹进答《出版人》杂志记者问*

2008 年

问：有人说，从 2007 年开始，随着馆配市场的日趋稳定和规范，以前占据馆配市场大部分份额的民营馆配商开始发生分化，不少中小规模的馆配商纷纷退出这块市场，甚至一些曾经红极一时的大牌馆配商也传出消息，退出了这块市场。您怎么看这个趋势？导致这种趋势发生的原因是什么？或者您不认同这种说法，道理何在？

答：馆配市场 2004 年以前是稳定和规范的。因为评估的原因，市场膨胀，游资进入，馆配市场出现泡沫，以为图书馆经费上不封顶。评估结束了，中小规模的馆配商走了一些也是正常的。资本随着利润走，资本不需要有事业心，就像风投一样，上市以后就要退出；但人是有事业心的，我说的是有些人，比如人天人。

问：一般的看法是资金、回扣、到货率等问题搞垮了民营中盘商，您认为这几年民营书店在馆配市场中日趋式微的原因何在？东山再起还有没有机会？

答：民营书业特别是大的馆配商本来就好好的，只是有的从馆配市场隐身了，有的从高端市场退出了，但它们去年从中小学图书馆评估上大大赚了一把。其一是一些馆配商退出馆配领域，有利润方面的考虑，也有制度方面的考虑。馆配市场规模小了，大家还都挤在里面，竞争更加激烈，折扣更低，无利可图。其二是资金风险，以前的主要风险是码洋开票，现在的风险是账期。在我们的应收账款里，甚至还有 2004 年、2005 年的欠款。所以图书馆业务已经是一项高风险的业务。就像鸡肋一样，弃之可惜，食之无味。

资金问题上，民营书店风险最大的方面是主要领导人的决策，如果抽逃注册资本，或是把流动资金挪作他用，那非常危险。业务本身不存在资金问题，商业上的问题大家都是一样的，即使有也跟新华书店一样，新华书店欠款多了，出版社一样不发货。

到货率更不是问题，应该比新华书店更快捷，以前民营书店没有卖场，速度会慢一

---

* 本文根据 2008 年邹进对《出版人》杂志的书面采访所做的回复整理而成。

些，现在大的馆配商都建库了。人天以前采用的是无店铺、无仓储模式，2006年建立了仓储中心，两万平方米，库存图书品种已经超过20万，竞争上已经没有劣势。

回扣问题仍是一个大的认识问题，管理部门怎么看，媒体怎么看。专业媒体更应该有自己的法律和道义立场，不该人云亦云。回扣是个人行为，非制度行为，而售后返还折让款是一种不合法的制度行为。回扣是暗中的，目的是要获得竞争优势，售后返还折让款是明示的，目的是要获得入场资格，两者不可同日而语。说没有回扣民营书店就不能生存，就不能跟新华书店竞争，是这么回事吗？民营书店从来就不怕市场经济，只有国营书店才千方百计寻求保护。没有所谓"回扣"人天不是活得好好的吗，不是比以前活得更好吗？

真正搞垮民营书业的是那些非市场行为，比如上市安排、教材统发、贷款、税收返还，谁能得到这些实惠？非市场化的招投标问题，各地设置了诸多的贸易壁垒。图书馆配供现在大多改为实洋结算了，是不是还有码洋结算的，是哪些公司在做，肯定不是民营书店，那些非民营书店为什么还敢做呢？谁在保护它们？

问： 这几年新华书店集团开始重视馆配市场，有说法是他们要重拾旧山河。您认为新华集团跟民营中盘商在馆配市场中各占多大份额，民营中盘商要发展应该做好哪些事？客观地谈谈新华书店和民营商各自的优劣势。

答： 新华书店重拾馆配市场话题，他们本来就可以不丢嘛，我们从来也没有说要跟新华书店竞争，是客户选择了人天。民营书业最大的优势就是没有优势，所以只有依靠自己，依靠市场。民营书业谁最着急，是老板最着急，是我最着急，我不仅要想生存，400多名员工要发工资，交社保，物价涨了工资也要涨，队伍要稳定，我还要想发展，把大家带向一个更大的目标。员工反而没那么着急，他们都是市场上来的，也习惯了这种供需关系。

按照毛主席的军事战略思想，在实力不如人的时候，不与敌人正面交锋，一种方法是跳出包围圈，去攻击敌人的薄弱环节，另一种方法是居于敌人的接合部上，在三不管的地方发展，比如鄂豫皖、湘鄂赣等，就是毛主席说的"中国的红色政权为什么能够存在"。事实就是这样，新华书店来好了，民营书商撤退了，不跟你玩了，他们去做分销了，去做中小学馆配了，去做网站了。就我所知，西南物流里面藏龙卧虎，去年流水上亿码洋的不下20家。我就要问了，如果除了中小学教材，有几个省店能做出上亿码洋的？还有当当、卓越，它们另建渠道，做网店，新华书店已是望尘莫及。不要指望民营书业做大做强，也不要期待民营书业成为现代企业，它们获得了哪些制度条件，哪些政策条件？它们能够生长成今天这个样子已经不错了。

问：人天书店已经走过了10年，2007年的书刊销售听说超过了3亿码洋。请您回顾一下10年来人天书店在馆配市场走过的历程，介绍一下人天书店在馆配市场成功的经验。

答：人天书店1998年创业，1999年进入馆配市场，已经10个年头。从2005年起，人天书店就站在了3亿码洋的平台之上。这两年没有大的变化，原因有二：一是高校评估已经结束了，经费已经收缩，天上掉馅饼的事儿没有了；二是大家知晓的原因，2005～2006年，人天书店经历了一场腥风血雨，波及面之大，绵延时间之长，影响之深，为中国书业之未有。这中间，幸灾乐祸者有之，落井下石者有之。在那段特殊时期，人天无法辩白自己，只能自己舔舐伤口，养元气。今年初，中发协非工委授予人天书店"最佳馆配商"称号，已经说明了一切问题。我在获奖时说，在做馆配过程中，不管潮起潮落，风来雨去，人天书店始终遵循图书馆文献资源建设的规律，从不违背这一规律，所以获得用户的信赖，成为用户的首选，经验如此。

问：10年来，您认为对人天今天的成就具有重大影响的几件事情或者决策（时间，背景，人物，对现在的影响）。

答：1. 1999年1月，召开第一次图书馆联采统编会议，正式转型，开展图书馆业务。

2. 1999年3月，创办《人天书目报》。至今，它已成为国内最具权威的出版信息提供商。

3. 2003年，跨入亿元店行列。

4. 2004年，创建中国可供书目，建立出版信息交换平台，开始参与图书馆文献资源建设。

5. 2005～2006年，涉嫌商业贿赂被立案侦查，成为行业潜规则的第一个受害者，由此拉开人天书店制度建设的序幕。

6. 2008年1月，被中发协非工委、出版商务周报共同授予"2007年度最佳馆配商"称号。

问：您对馆配市场今后的发展怎么看，人天今年将会做哪些事？除了馆配业务，人天其他方面有什么想法和做法？

答：馆配市场要供需双方共同建设，馆配商要参与文献资源建设，图书馆要参与发行标准化建设，建立馆配共同市场。

今后馆配市场会逐步趋于理性，一是钱少了，机会主义者退场了，图书馆采选工作可以回到正常轨道上来了，但用户心理已经发生了变化，需要有一个调适的过程；二是用户也尝到苦头了，盲目采购，低价招标，使馆藏建设受到实质性的损害。漠视供货商的价格战,甚至参与、怂恿书商的价格战,鼓励低价中标,最后的受害者首先是图书馆,其次是优秀供应商,得利的是一些个人和不规范的供应商。

人天的目标很明确,一直做下去,同时认识到,没有什么比市场和占有率更重要的事情。

我们的批销业务已经有一定规模,今年我们还将推出B2C业务的网站"读买网"。今年,我们还准备申请总发行权和全国连锁经营权,成为"两权"书业企业。

人天:中盘商是梦想还是现实*

《时代财富》杂志记者　叶书利

邂逅图书馆

以书店起家的人天,在寻求生存空间的探索中走进了馆配市场。

书业内提起北京人天书店有限公司(以下简称人天),人们基本上都知道它是一家图书馆配商,但其公司名称中却冠以"书店",而不是"书业公司"、"文化公司"或"图书公司",其实背后隐藏着一段人天人最初的创业故事,令人感动、感慨与感悟。

诗人邹进,又是人天集团总裁的邹进,1958年4月1日出生,毕业于吉林大学汉语言文学专业,曾先后在《中国文学》《人民文学》等文学刊物做过10多年的编辑工作。现有或曾经的同事对其的共同评语为:在思维上,他是一位浪漫主义诗人;但在工作中,他却是一位务实主义践行者。

激情拥抱书店

读书人天生有种"书卷"情怀,公司创始人、人天集团总裁邹进也不例外。

邹进向《时代财富》的记者说,1998年,自己准备开办一家图书公司:前面为书店,

＊ 此文系《时代财富》杂志为封面文章采写,文章尚未发表杂志已于2009年停刊。

挣点小钱；后面是个小院，为自己阅书品茶之地。

正是怀着这种单纯的前店后厂式想法，联合另外两个朋友，邹进于这年年中就将营业执照办了下来，接下来就着手寻找营业场所。开始时，在北京的前门大街老火车站找了一处房子，好是好，实在太贵了，一年租金80万元，公司注册资金才30万元，不得不另觅他处。就在这时，另一个公司创始人李虹进来了。

李虹与邹进是南京时的小学同学，但此后彼此走着自己的路，没有联络。30年后，在北京，通过中间人，他们重新取得了联系。

"小学时年龄太小，心中对邹进没太多印象，但这次碰面交流后，发现邹进身上有股干事的激情。他的这种激情挺感染我，正是这种激情让我当时什么也没想，决定加入。"人天集团副总裁李虹向《时代财富》的记者介绍，当时自己与邹进都没有直接经营过书店。

几经周折后，店面定于北京市西城区西四的地质博物馆一层，位于一个胡同内，从大街处得转几个弯才能进到里面。这原是地质博物馆的展览厅，之所以最终选择这里，因为面积挺大，700平方米左右。除此之外，几乎没有考虑过其他因素。地址选好后，装修、定制书架和进书两件事成了当务之急。

当时，公司只有邹进、李虹，另外两个副总，三个全职员工和一个兼职工人。兵分两路：邹进负责场所装修，现场制作书架等工作；另外一个副总大孙因为原来经营过书店，与一些出版社有过一些合作或联系，于是由他来负责从出版社进书。

因为人手不够，邹进甚至将他的父亲叫到现场来监督书架的加工工作。但此时最困难的事莫过于进书。因为当时公司只是一家注册资金仅30万元的民营书店，却想从出版社赊进几百万元码洋的书。

"首要任务就是如何让出版社信任你，万一公司倒闭，这些码洋对出版社来说可能就是直接损失。何况当时社会还带着很重的有色眼镜看民营书店，"李虹说。

在进书的过程中，碰壁是常事，但成功不会远离勤奋者。书架摆好了，书也进来了，如何将书摆上书架，按类上架还是按出版社上架，大家又傻眼了。最后为了节省开支，借了两台电脑，将她爱人的二姨请来帮忙，二姨是北京大学学计算机的，教他们用Excel做进销存。于是，按照那位开过书店的大孙的意见，大家一边往里搬书，二姨一边将相关信息录入电脑，终于将书上了架。

1998年9月10日教师节之际，公司正式开业。当天，邹进在文化界的一些朋友与亲戚等前来捧场。一些人为了支持人天的工作，自己掏钱买书，极为热闹。一天下来，当天营业额达 5000 元，让大家小兴奋了一下。

当现实撞击梦想

开业后的第二天，即 9 月 11 日开始，店面便冷冷清清，大家大眼瞪小眼。

李虹说，现在回头分析：一、当时的店址太偏，几乎没有人流；二、西单图书大厦，即现在的北京图书大厦于 1998 年 5 月 18 日开业，店址与他们只相差两站地，且他们的店址位置优越，极吸引人流。

原先的一些美好想法开始遭遇残酷的现实，眼看着 30 万元的注册资金被一天天消耗，大家开始发愁，所谓危中求变，促销以吸引人流是条件反射性的反应。

邹进于是利用自己在文化界的一些资源，隔三差五地请一些诗人来做个沙龙或论坛，或某个画家来做个展览，如方成、王复羊的漫画就曾在这里做过展览等，主要是想通过这些活动来积聚人气。

但新问题出现了：来过的人都说人天的活动与书店装修很高雅，有品位，但就是没有多少人掏钱买书。

如果处理不好，艺术与商业本身就是一对矛盾。为了生存，大家合计着，读者不走近，自己就设法走近读者，于是上门促销被逼了出来，但去哪促销呢？利用个人关系，第一个点就是李虹父亲所在军队的一个干休所。几个人在那个军队大院内找了个地方，搭上架子，摆上书便形成了一个流动书店。

李虹回忆说，那段时间，每天早上一大早几个人就开着邹进那辆捷达车将书拉过去，然后搭起架，摆上书，因为当时根本不知道他们的定位是什么，也没有定位这种概念，瞎猫碰耗子地卖。当时，一天下来也卖不了几本书，但毕竟比待在店里面大眼瞪小眼好，让人觉得有希望。

中间有人买书时，就一边卖一边手写计账，以便晚上回来做统计。天黑后，几个人又开着车将书运回来，然后做数量统计，看是否有丢书，卖了多少量等。

有时一天下来总共没卖出几百块钱的书，却收回来了假币，有一天收了 4 张 100 元的假币，又气愤又懊恼。

此后，谁能联系上一个地方，就带一个小组杀过去。流动书店的做法无法维持公司的盈亏。3 个月后，公司就赔了 60 万元，是公司注册资金的 2 倍。主要花费来自两块：一是书费；二是房子的租金。当时店面的租金为一年 50 万元，半年一付。

四　媒体报道

拓荒 B2B

上门促销的过程中，除了流动书店模式外，开拓机关团体业务是人天当时的另一种突围方式。

李虹回忆说，当初的想法就是，既然可以走进机关单位建立流动书店零售，同样可以向这些单位推销书。但要向机关单位推销书，书的价格应该挺高，如果推销低价格的书，几十本也赚不了多少钱。于是，在1998年底时，选择了一本叫《医疗护理手册》修订版的厚书作为尝试，因为该书标价高，而且这本书的读者定位明确，就是医疗单位。

慢慢地，人天开始与中国社会科学院、中央文献研究室等机构接触。在这个过程中，也开始接触了一些图书馆领域的前辈或专家，他们中的一些人后来成为人天主攻图书馆配书的思想导师，也促成了1999年1月实现人天经营战略大转移的"遵义会议"。

转战图书馆

转战图书馆后的人天，其唯一的竞争优势就是没有优势。

零售门店经营不善，持续亏损，但在开拓机关团队图书馆业务方面，却慢慢尝到了甜头。于是人天的业务开始有意将重点放在了机关团队业务上，但人天业务全面转向机关团队的图书馆领域却发生在公司内部称作的"遵义会议"之后。

"遵义会议"召开

1999年1月，人天召开了第一次联采统编工作研讨会，当时邀请了在京的十几家图书馆馆长、采编人员，以及图书馆学和自动化专家辛希孟、富平、王怀义，丹诚软件公司的金培华等人参加。会上大家一致认为，联采统编是21世纪图书馆采编工作社会化的方向，但中国图书馆业在此方面却还处于萌芽状态，建议人天扛起这面旗帜。从这天起，人天弃书店经营而转向了全面开拓图书馆市场。

人天进军图书馆领域，"天时"因素不可忽略。

20世纪80年代末，计算机技术开始在图书馆内应用。原来图书馆内的编目数据都是通过手写卡片完成，但计算机的应用催生了编目数据计算机化的需求。为了减少重复建设，各图书馆间就产生了一个由第三方来统一编写编目的需求冲动。于是，一些地方高校联合起来成立了各地的高校图工委，如北京、广州、江苏、上海等地。

这些图工委成立的最初目的是一些高校联合起来成立一个平台，统一编目，数据共享。后来发现：既然编目可以统一操作，为什么采购不能抱团操作呢？因此，各地图工委下的高校成员各自将购书信息汇总至图工委，由其统一与新华书店交涉进书，改变了原来各高校图书馆各自与新华书店打交道的采购模式，增强了自身在进货时的议价能力。

人天总经理施春生向《时代财富》的记者介绍说，20世纪90年代出现的这种联采统编模式，将图书馆的数据编目由原来各自操作的自给自足模式转向了抱团统一操作的模式。图书采购由原来的图书馆各自单独与新华书店交涉到由图工委统一与新华书店合作，提高了社会化大生产的程度，但力度有限，范围只限于各区域图工委体系内，产业发展呼唤更大力度的社会化大生产模式，而且此种模式没有改变从新华书店进货的路径选择，没有缩短图书馆进货路径的长度，这为像人天一样的民营公司提供了发力机会。

进货是拦路虎

前人在联采统编模式上的探讨成果为人天开拓图书馆业务指明了方向：强化联采统编的力度与广度，把它变成一个全国性的经营模式。

开拓图书馆业初始时的人天，其操作模式与其他公司并无两样：从机关团体那边将订单拿到后汇总，然后去新华书店总店进货后再将书交给各客户。

"首先这是当时行内的通行做法；其次当时人天刚进这个行业，还只是个学习者，没有能力创新；第三，当时人天规模尚小，以当时的进货量，上游的出版社根本不会理睬人天，更别说去与出版社谈折扣，"人天集团副总裁李虹接受《时代财富》记者采访时说，但民营公司的最大优势就是市场敏感度与反应能力。

慢慢地，人天就发现这种模式存在弱点，一、由于是从新华书店进货，于是他们身上的国企弱点会毫无保留地传递到人天身上，如采书速度等。在下游客户看来，他们就会认为这是人天的弱点，而不是新华书店的弱点。由于无法控制上游，因此人天无法向客户做出太多的服务承诺，影响了人天的发展；二、由于是从新华书店进货，且因当时人天的进货量不大，无法从他们这里拿到太多的折扣。此外，因为不是直接从出版社进货，中间多了一个发行环节，于是利润空间又被新华书店压缩了一层。这对中间商来说是致命的，因为中间商就是依靠差价生存。

这时候，进货问题困扰着人天。1999年9月，人天实行了"两手抓"策略，一方面继续从新华书店进货，另一方面，尝试直接从出版社进货，以缩短进货路径，提高利润空间。

四 媒体报道

为了直接从出版社进货，人天安排那位曾经做过书店生意的副总分管采购部，由他带着两位员工开始去与出版社谈直接合作事宜。

所谓"自助者他助"，在这期间，一种间接式的直接进货模式诞生了，乍看之下，似乎这种称呼有点矛盾，但却真实发生了，故事得从一次会议说起。

1999年下半年，正值全球互联网热潮之际，科利华软件技术有限公司在北京某个宾馆举行了一次新闻发布会，会上他们宣布将进军图书市场，但他们欲利用互联网技术打造一个B2B图书交易平台，即让图书供需双方在一个平台上相互竞价。李虹当时也碰巧参加了这次发布会。

李虹回忆说，当时自己只是觉得这种B2B的提法有新意，但不具备可操作性，会后就没将此事放在心上。第二天，她自己带着几个客户去外地参加一个书市。在火车上，一位男性走过来找她，交谈后得知，他来自8848公司，前一天也参加了科利华公司的发布会，他问李虹对科利华推出的该种模式的看法，李虹也就一二三地实话告知，后来也没太深谈其他内容。但回到北京后不久，这位8848公司的人就上门找李虹谈合作来了。后来得知情况是这样的：8848公司当时从几个投资者那里得到了大量融资，他们迫切需要短时间内将业务量做出来，以便上市，对利润的追求倒是其次。

8848公司向人天提出，他们也在做图书业务，人天如果从8848公司进书，8848公司可以平进平出给人天，即8848公司多少折从出版社拿书，就多少折给人天，中间一分钱不挣，且人天可以在三个月后跟8848公司结账。

李虹说，首先当时人天因品牌知名度不够，从新华书店或出版社拿书时，以6.8至7.5折的价格拿书，而8848公司因采购量大，可以从出版社以六几折拿到书，且以平价给人天。其次，人天当时买书时都是现金结账，而图书馆从人天购书时，两三个月后才给人天结账。因此，当时人天的资金链正面临断裂风险。

"自己当时对资本运作概念不了解，特不理解8848公司的做法，甚至觉得他们是不是疯了。但自己明白，对人天来说，这是天下掉下来的一个机会，解决了人天当时一直困扰的进货问题。"李虹至今想起来仍觉得这事发生得有点不可思议。

但好景不长，没过半年，8848公司就垮了。这时，另一家公司Book321公司又找上门来了，他们的经营模式、合作条款与8848公司极其类似，人天又获得了一次喘息的机会。尽管Book321公司的风险意识更强，合作条件更严格，但对人天来说，仍然是绝对利好。

纠结图书馆

繁荣的馆配业背后，也存在不少的不和谐之音。

伴随人天书店出版社直接进货渠道的铺开，公司的民营企业优势开始不断发力，业务量也呈爆炸式增长。公司1999～2003年的图书销售码洋分别达到了500万元、1070万元、2180万元、3819万元和8340万元，年均增长率近100%。

正当人天犹如一匹骏马向前狂奔时，2004年高校新评估文件的出台，则为这匹骏马提供了一片更为广阔的原野。

高校新评估吹响"春天的故事"

2004年，中国各级各类高等教育在校生的规模超过了2000万人，而在扩招前的1998年，这个数据是780万，增长了2倍多。虽然高校扩招催生了图书馆图书需求量的增长，但因为图书馆经费的增长速度不及扩招速度，以及图书纸张价格上扬导致的图书价格上涨，大部分高校图书馆的生均图书量不升反降。因此，高校图书馆的图书需求一直被有意或无意地压抑着。

2004年8月12日，教育部出台了新的《普通高等学校本科教学工作水平评估方案（试行）》，该方案中对图书馆的生均图书量及生均年进书量等图书馆指标做出了强制规定，如下表所示，并将这两个指标列入高校基本办学条件范畴。

指标 \ 学校类别	综合、师范、民族院校	工科、农、林院校	语文、财经、政法院校	医学院校	体育院校	艺术院校
生均图书（册）	100	80	100	80	70	80
生均年进书量（册）	4	3	4	3	3	4

当时，教育部规定，凡有一项基本办学条件指标，包括有关图书馆的两个指标在内，低于限制招生规定要求的学校即给予限制招生黄牌的警示，限制招生学校的招生规模不得超过当年毕业生人数。凡有两项或两项以上基本办学条件指标低于限制招生规定要求，或连续3年被确定为黄牌的学校即为暂停招生红牌学校。暂停招生学校当年不得安排普通高等学历教育招生计划。

由于那一时期正属于中国高校大踏步扩招期，因此这项政策的出台对高校的影响是显而易见的，迅速引起了各大高校对图书馆建设的重视。

人天总经理施春生向《时代财富》的记者介绍说，由于当时绝大部分高校图书馆建设达不到这个新评估的要求，之前需求一直被压抑，因此这个评估人为地将高校图书馆的需求突然拉大和释放了，制造了图书馆业的一段政策性蜜月期。

据称，2005年图书馆采购额占整个出版社图书销售的比例最高时达到了60%。

行业陷入价格战泥潭

行业的大膨胀也推动了人天的发展，2004年与2005年，公司的图书销售码洋分别达到2亿元与3.5亿元。但凡事皆有两面，正是在此期间，因为各种因素，行业陷入了价格战的泥潭。

人民邮电出版社发行部总经理李文向《时代财富》的记者说，由于图书馆过去欠债太多，绝大部分高校图书馆离新评估规定的图书馆建设指标相差太多，因此在评估初期的2004年至2006年，高校图书馆基本上处于补缺攻坚期。因为采购量大，但又没有足够的资金，于是大量图书馆产生了采购低价劣质图书以充量的内生需求。

俗话说，一个碗敲不响。此时处于产业链上游的出版社，尤其一些中小出版社，出于资金周转的压力，存在将一些库存书以很低的价格推销出去的冲动。

在图书馆有情，出版社有意之下，媒人出现了。有些人或机构开始去与各地的出版社洽谈，比如某出版社有1000万元的滞销书库存，中间人或机构以一折或二折的低价将其买下来。就这样一家接一家的谈下来后，这个人或机构摇身就变成了中间商。于是，他们或去与终端的图书馆，或与一些馆配商谈合作，将这些书转手以低价卖给图书馆。其间，大量出版社，尤其中小出版社以这种方式处理掉了积压多时的库存。

此外，在利润的诱惑下，当时一些装订厂自己偷偷加印一些书，以低价卖给这些不法中间商，这也是这些中间商获得低价书的一个来源。

除了低价书冲击市场之外，此时新华书店系统与其他一些民营渠道公司，如大量的数字图书公司等皆将目光聚焦至图书馆市场，行业竞争程度也开始加剧。

20世纪90年代中期前，鉴于当时的垄断优势，图书馆市场曾被新华书店一统天下。从20世纪90年代后期开始，一些民营馆配商，如1998年成立的人天、1998年底成立的武汉三新书业有限公司、1996年成立的广东大音文化发展有限公司等，利用自身的民营机制优势，逐渐蚕食并最后统治了图书馆市场。但在2004年前后，基于零售市场增长乏力及图书馆市场的政策性爆发，许多省份的新华书店纷纷成立图书馆事业部或专门的子公司来重新开拓图书馆市场，以寻求新的公司增长点。如2004年12月，浙江省新华书店集团全资成立了浙江省新华书店集团馆藏图书有限公司；同年，江苏省新华发行集团成立了电子商务部和数据编目中心，专门负责图书馆市场的开拓，并决定以数据和技术为突破口经营图书馆市场。

李文介绍说，在竞争中，各新华书店抱着的是志在必得的心态。他们的策略就是不求利润，以零售部门的利润来补填图书馆市场，于是拼命压价，以达到抢占地盘的目标。

一些数字图书公司也加入了图书馆市场的猎食行列。首都师范大学图书馆馆长胡越向《时代财富》的记者说，首都师范大学图书馆的数字图书采购量已达总采购量的50%以上。

竞争的加剧与无序，进一步压缩着中间商的利润空间。比如，2004年馆配商一般以8折向图书馆供书，但到了2005年，就下降至7.5折，甚至7.2折。

招标体系需完善

伴随众多资本方的加入，图书馆市场逐渐由卖方市场转向买方市场，图书馆开始由被动接受产品到主动提出各种要求，但由于产业链各环节本身的不成熟与沟通不畅，馆配市场的转型也伴随着些许的不和谐之音，比如图书馆招标一事就是典型。

施春生介绍说，2005年开始，为了规范图书馆采购行为，一些地方的高校图书馆采购试行招标制度，但因为这是首次在图书馆业推行该做法，因此其招标流程与规范几乎完全照搬一般商品的做法，于是出现了一些冲突。比如，在招标中，虽然并不是说出价最低者就中标，但招标公司仍有意或无意地看重价格，轻视服务。图书是一种特殊商品，在招标中与其他一些商品存在不同的商品特性。如图书馆在采购图书时，不单是在采购一件物品，更多地是在采购一种服务。从采购前数据的提供、采购文献的过程到采购后配套的相关服务，如送货、编目、上架入库等。

以送货为例，记者在采访中获知，由于馆配市场目前在送货方面还没有形成一个被认可的行业规范，一些馆配商只负责将图书送到学校传达室。如果这样，图书馆就会很麻烦。

兼任中国图书馆学会副理事长的胡越也认为，目前图书采购招标时过于看重物品的价格因素，轻视甚至忽视了服务因素，导致一些招投标完成后，馆配商后续的服务跟不上。到那时，图书馆只能哑巴吃黄连了。

但服务需要成本，因此如何保证能以合理价格提供合适服务的馆配商在招标时中标？

就像人天集团总裁邹进向《时代财富》记者所言,在目前的招标体系下,各方竞相恶性压价,待中间商的利润空间被压完了,馆配商只有两条路:一、有良心的馆配商就选择退出这个行业;二、劣币驱逐良币,馆配商被迫以次充好。不管出现哪种选项,都会导致行业陷入恶性循环。

此外,图书馆的需求与普通读者是不一样的。图书馆的采购重点是一些具收藏价值的学术书,合适第一,或者说质量第一,并非价格第一。比如,最新出版的图书,一般折扣就较高,出版年份越长的图书,折扣可能就越低。如果仅以价格来看,图书馆可能就得不到一些最新的图书,但图书馆却存在这种需求。

在图书招标中,保证金是另一个被议论颇多的话题。

目前,在图书招标中,一些招标需要交保证金。如果中标,保证金就自动转化为履约金,此举加重了馆配商的资金压力。因为图书招标只是一种资格招标,或叫资质审核,因此投标方的这笔保证金会较长时间地被积压在招标方处,不利于投标方的资金周转。

更有甚者,一些招标公司将此举作为一种赚钱方式来使用,比如投标时规定投标方需交标的物价值的 10% 作为保证金,然后招标公司利用这些保证金来赚取利息收入,违背了图书招标的初衷。

鉴于招标中出现的这些问题,胡越认为,图书馆需要联合馆配商等产业链各方一道完善目前的招标体系,以便形成真正优胜劣汰的行业良性发展环境,而不是目前的恶性价格竞争。

和谐需双方共同经营

在馆配市场发展中,馆配商对现场采购也颇有微词。

在图书采购中,采到率是困扰包括图书馆、馆配商、出版社等馆配市场产业链各方的一大问题。比如,图书馆发出一万码洋的图书采购单,鉴于各种原因,如数据采访的缺失、信息不对称等,最终采到的图书可能只有 7000 码洋,另外 3000 码洋图书需要两次或更多次的订购,甚至最终采不到某些图书。图书馆为了提高采到率,2004 年在行业掀起了现场采购的浪潮。比如,人天为了满足图书馆的这种需求,相应建立了新书展示厅与新书仓储基地,如 2004 年 4 月,人天在首都师范大学图书馆创建了新书展示厅。

对于图书馆对现场采购日趋一边倒的要求,邹进提出了自己的质疑:一是现场采购增加了馆配商的负担。如一个外地图书馆的采购员来馆配商处看书时,根据目前的行规,中间所有费用由馆配商负责,包括往返的交通费用、吃住费用等,增加了馆配商的负担。对图书馆来说，也不一定利于其效率的提高，因为图书馆本可以将采购外包，而现场采购却又促使图书馆投入力量于此，不是反向操作吗？二是现场采购不符合图书馆建设规律。首先，图书馆采书需要最大的采选空间，但现实中的现场采购空间即使再大，也是有限的，如馆配商拥有30万种图书的仓储基地，已经很大了，但全国一共有100万种图书，还不是缺少70万种图书吗？其次，图书馆的需求与一般读者的需求是不一样的。如图书馆需要的一些专业性图书，只能通过订购，在市场上买不到现货图书，因此现场采购中采购不到这些图书。对于馆配商们来说，一本书只要有了书号、书名、出版时间、大致内容摘要等，它就是一本已经进入流通领域的图书，此时图书馆已可以通过图书纲目向馆配商采购这些图书，但现场采购却体现不出这些图书。最后，一些图书通过书目报订时，一次没采到，可能第二次便可采到。因为第一次订货时，出版社可能断货了；但第二次报订时，可能因出版社出现了退货或者加印而采购到此书，但现场采购体现不出这个特点。

因此，邹进认为，现场采购只是一种采购方式而已，而行内沿用多年的报订方式不能被一下子否定，图书馆采购不应走极端。

近年来，一些图书馆还要求馆配公司由一个产品提供商转化成一个解决方案的提供商，即馆配公司不是只向图书馆提供相应的产品，而是图书馆提出一个要求，馆配公司凭借自己的能力满足其要求。比如纲目选书就是典型，到时图书馆只需配合馆配商填写一个纲目调查表，比如说这个学校有多少个专业，如历史学、社会学、哲学等。接着进一步回答，如哲学书主要给哪些人看？教师、博士生、硕士生，还有其他。采购的图书在时间上的要求如何？比如最新的书，还是5年内，或10年前或什么的。在出版机构方面的要求是怎样的，如只买商务印书馆，或只买外研社出版的书等。价格方面的要求如何等类似问题，然后馆配商根据图书馆的这些要求，利用自己的能力去满足他们。

邹进介绍说，人天在几年前曾做过一次尝试，以响应一些图书馆的此种呼唤。当时，人天在两年左右的时间内，准备了一万多种计算机方面的图书，然后尝试通过纲目来向图书馆提供图书。但后来不太成功，原因主要是两点：一、虽然一些图书馆高喊着纲目采购时代的到来，但馆配商真的这样向他们提供图书时，他们实际上并没有做好迎接纲目采购的思想与机制准备。二、馆配商如欲向图书馆提供纲目选购，就得建立一支专业的图书采购队伍，以便能采购到适合读者需求的图书。但馆配商需要花费不少资金来构建这支专业的采购团队，再加上纲目采购其他方面的服务支出，馆配商的成本更高了，图书馆接受的服务更好了，但图书馆做好了以更高价格接受此服务的准备了吗？也许大量的图书馆只是抱着"要马儿跑得快,但又不愿让马儿吃草"的心态在高喊纲目采购。

在许多事情上,《时代财富》记者在采访中深深感觉到,时下馆配产业链各方仍存在不同,甚至有相互抱怨的地方。因此,如欲建立起和谐的馆配业,各方仍需多点沟通。

布局中盘

人天的下一步,就是由一家馆配商转型为图书业中盘商。

打开人天书店历年的年度工作报告,《时代财富》记者发现,1999～2005 年,人天的主营业务——图书馆图书销售业务以近 100% 的速度发展,但此后,主营业务发展遇到了成长的烦恼,几乎"原地踏步"。

项目＼年份	1999	2000	2001	2002	2003	2004	2005	2006～2008
主营业务营业额	500 万元	1070 万元	2180 万元	3819 万元	8340 万元	1.73 亿元	3.5 亿元	约 3 亿元

寻求突破思维

近几年公司的主营业务为什么止步不前?人天上下进行了反复思索,总结起来,主要缘于以下三个原因。

首先,馆配市场发展趋于平稳,行业规模有限。2004 年的高校新评估后至 2006 年,高校图书馆需求的政策性膨胀推动着馆配市场规模的增长,但 2007 年后,高校图书馆经过近 3 年的恶补后,高校新评估效应减弱,行业发展重回平稳。平稳发展后的馆配市场,行业规模其实并不大。

在接受《时代财富》记者采访时,人天集团总裁邹进估计,目前全国大专院校在校学生约为 2000 万人,生均每年新书为 3 册(原来为 4 册),每册书价以 30 元计算,总共为 18 亿元。公共图书馆每年的规模约 9 亿元,此外,包括专业图书馆,即一些专业院所图书馆、中小学图书馆等在内,馆配市场每年的规模在 40 亿～50 亿元,占中国图书整体市场近 10% 的市场份额。在一定程度上,有限的市场规模束缚了人天的进一步发展。

其次,利润空间下降,经营环境恶化。近几年来图书招投标使馆配企业经营成本加大,比如,投标时馆配企业需交投标保证金,中标时有履约保证金,中间还得付中标服务费（一般为标的物价值的 1% ~ 1.5%）等。这些费用大量占用了像人天等馆配企业的流动资金，使原本融资困难的民营馆配企业更是雪上加霜。在成本增长的同时，因行业恶性价格竞争，竞标折扣却越来越低，比如，现在经常出现中标折扣在 7 折以下的情况。两相挤压之下，馆配企业的利润空间越来越小，经营环境恶化，不利于馆配企业的发展。

最后，人天本身在 2005 年底至 2006 年遭遇了一场"回扣风波"。

在行业与公司本身的发展皆出现"阴线"的情况下，公司主营业务发展遭遇瓶颈就在情理之中了。

在接受《时代财富》记者采访时，人天总经理施春生直言，如果继续现有的发展模式，人天没有明天。现在必须以一种新思路来寻求公司的突破，这个新思路就是打造图书业中盘商。

论道中盘商

什么是中盘商？

正在打造图书中盘的四川新华文轩连锁股份有限公司中盘事业部副总经理王海明向《时代财富》记者介绍说，在一个专业化分工明确的国家书业里，如日本、美国等，出版社一般只做出版，不做发行。如果以 A 代表产业链上游的内容提供商，C 代表终端销售网点，中间的 B 就是中盘商，即具备将上游绝大多数的出版物供应到下游绝大多数的零售商手中，再由 C 负责将图书卖给消费者。

图书中盘商存在的市场依据就是产业链上游的多个内容提供商面对下游的多个销售商，如果各自逐个去合作，其交易成本将非常庞大。比如，中国共有 500 多个出版社及众多民营策划机构，这些内容提供商在 2007 年共出版了图书 24.8 万种。下游的图书终端销售网点数更为庞大，如果由他们各自逐个去完成交易，成本不可估量。于是，市场呼唤中盘商来做中间工作，负责将上游的内容集合起来，然后将图书分配到众多零售商手中，以节省交易成本，从而将行业交易模式由原来的多对多变成后来的多对一，一对多。

在中国，图书行业专业化分工并不明确，上文中的 B 也可能是 A，如大量出版社就有自己的发行部门或发行公司。B 也可能做着 C 的工作，如新华书店系统，他们就拥有自己的终端门店，而且在中国，B 的成分也更为复杂，有国企与民营之分。

产业链分工不明确，中盘商的概念也相应地被"中国特色"化了，如一些拥有终端网点的新华书店也宣布自己是中盘商。这与国外标准的中盘商的概念有了一定的出入，因为国外一些国家标准的中盘商并不经营自己的终端门店。

中盘商一直存在

在中国图书发行业，中盘商一直存在，只是在不同时期，其身上所承载的故事不同而已，如欲讲述其中的故事，就得从中国图书发行业的改革与发展历程讲起。

截止到21世纪初之前，新华书店依然是中国图书发行的主要渠道，但中间进行过3次改革。

一、1979年开始，新华书店系统将下放到各市县新华书店的财权、人权等上收到省市区新华书店，由省市区新华书店对各区县新华书店实行人、财、物三权统一领导；二、1986~1987年时，相当多的省市区新华书店把人、财、物三权又下放给区县新华书店，同时，1987年新华书店总店对各地新华书店的业务指导权被取消，成为纯粹的图书发行企业；三、从20世纪90年代中期开始，各地在组建发行集团的背景下，一些下放人、财、物三权的省市区又开始把三权上收。其间，新华书店的四大发行所，即京所、首所、沪所、渝所等四大发行所就是当时中国书业的中盘商，向上覆盖了全国当时的几百家出版社，向下辐射了全国绝大多数的图书零售商，如西单图书大厦、王府井图书大厦等。

王海明介绍说，鉴于当时图书业是按照"计划经济模式"运行，因此当时的四大发行所属于行政意义上的图书中盘商，而不是由市场自然产生的。

2003年以后，各地新华书店发行集团的事转企改革拉开序幕，加上出版社发行部与民营发行机构的崛起，中国图书发行业开始从计划经济向市场经济运行体系转型，原有的行政意义上的图书中盘商格局轰然倒塌，中盘商格局竞争突然陷入了"战国时代"。

剑指中盘商

中盘商格局未明之际，正是民营渠道商的商机，邹进也将公司战略目标瞄准于此。

翻开人天历年的年度工作报告，《时代财富》记者发现，人天最早在2000年的年度工作报告中，便提出了建立中盘商的构想："人天书店呼唤一个或若干个能够适应市场经济需求的中盘商的出现。人天书店自己也在做这一努力。"

事实上，人天确实一直在努力。概括起来，其努力构建的战略框架就是两条线：数据线或叫信息中盘，另一条就是产品线，也可称作实体中盘。以信息流带动产品流，以产品流促进信息流。

信息流如何带动产品流？故事得上溯至1999年。在讲故事之前，得先介绍一下书业的一种行业运作模式。在图书业，通俗地说，出版社只要有了出一本书的想法，拿到了书号，有了大致的书名、内容简介，即使这本书还处于策划阶段，这本书就可以进入流通阶段销售了，此时这本书的书名、内容简介等相关信息就叫作在版图书信息。

1999年初人天刚进馆配业时，当时行内一直使用的在版图书信息交换平台就是新华书店总店出版的《新华书目报》。各出版社从新闻出版总署得到一本书的书号后，在出版这本书之前，便会在《新华书目报》上刊登这本书的在版图书信息，以便提前与买者进行沟通，实现预订。图书馆也需要提前得到这些在版图书信息，以便根据自己的需要制定采购计划，向馆配商报订，于是整个产业链就这样动起来了。

人天开始时，也通过《新华书目报》向出版社预订图书，但慢慢地，人天发现《新华书目报》的信息不全，已渐渐很难满足市场的需求。

第一，《新华书目报》上的信息基本只包括北京地区出版社的信息，占80%左右。因为当时许多地方的新华书店已建立了自己的书目报，如新华书店上海发行所就有自己的书目报。鉴于竞争的地区分割性，《新华书目报》并没有很好地将各个地方的在版图书信息整合起来，使图书馆很难从该书目报上全面了解到各地出版社的出版信息，但图书馆也需要从北京之外的地方出版社购买大量书籍。

第二，1999年，伴随民营发行渠道与出版社自己的发行渠道的兴起，新华书店在图书发行业的影响力开始下降，许多图书并不一定需要在《新华书目报》登报，然后走新华书店销售这种流通模式，何况《新华书目报》还是收费的，一条信息需一两百元。

鉴于以上两个主要原因，1999年中国图书出版量已达8万种以上，但《新华书目报》的年登记量只有5万种左右，下游的图书馆开始抱怨。为了收集空缺的在版图书信息，图书馆不得不派出大量采编人员参加相关的图书博览会、书市、论坛等，用人工现场收集相关书目信息。

怎么办？为了满足客户的需要，1999年3月，人天投资建立了自己的在版图书信息平台《人天书目报》，当年该报登载的出版信息近72000种，覆盖率达90%。

为了壮大《人天书目报》的信息来源，2001年，人天怀抱着希望与新闻出版总署信息中心主办的《中国图书在版编目快报》进行合作。

"我们当时认为，所有欲出版的图书都要去新闻出版总署登记，而《中国图书在版编目快报》是新闻出版总署自己的在版图书信息平台。因此，我们与《中国图书在版编目快报》达成协议，即人天作为该快报的发行人，负责其宣传和发行工作。借此人天就可获得一块重要的在版图书信息源，当时很高兴，"邹进回忆说。

但后来的事实并非邹进想得这么美好。

在中国，一本书从登记到出版，中间的变化非常大。如原来向新闻出版总署登记时，出版时间是10月，但可能到12月时书也没出，且其间图书的书名、价格、页码等信息都会发生极大的改变，但发生这些改变时，出版社并不向新闻出版总署报告，而新闻出版总署也没有对这个过程实施任何主动的监控。也就是说，在版图书信息是一个动态的信息，但《中国图书在版编目快报》只是出版社向新闻出版总署登记时的静态信息，并不适应市场的需要。

人天花费了巨大力量做《人天书目报》，但这并非人天愿意为之，实为不得已之举。就像邹进所言，在版图书信息应由政府来做，但因政府没做出一个适应市场需求的第三方平台，且这已成为了图书业说不出的痛，该短板影响了包括人天在内的发行商的进一步发展，所以人天扛起了这面大旗，希望借此推动中国图书业在版信息平台的建立，有一个例子以真实显现人天做《人天书目报》不得已的心态。

2002年，人天准备与《新华书目报》合作，由人天向其提供地方版在版图书信息，以补缺《新华书目报》在此方面的缺陷，邹进甚至提出可以向《新华书目报》交纳一定量的管理费或版面费，以共同推动建立起一个业内权威的在版图书信息平台。当时的《新华书目报》总编辑杨文胜对此方案表示认可，但《新华书目报》开会讨论后认为，《新华书目报》怎么能够与一个民营公司合作呢，该合作遂不了了之。

邹进在接受《时代财富》记者采访时认为，当时之所以欲与《新华书目报》合作，因为人天本不想做这件事，也不应该由人天来做这件事，只是没办法而为之。于是欲与《新华书目报》这个平台合作，共同引领行业环境优化，当然在版图书信息平台的建立也有利于人天的发展。

如果说，在版图书信息平台的建立是人天不得已而为之的举动，打造中国可供书目平台则是人天建立信息中盘战略部署中有意布下的重要一棋。

邹进认为，中国要出哪些书，这些书目前处于什么样的出版状态，这些在版图书信息应该由政府统一提供。但出版后这些图书目前处于什么状态，如在库内还是停留在哪个流通阶段，这属于市场信息，应由市场来操作。可供图书的依据是在版图书，先得了解有没有这本书。2004年时，世界上七八十个国家或地区已有了自己的可供书目平台，但中国还没有一个业内认可的可供书目平台。人天则亮出了这面大旗：打造中国可供书目。

由《人天书目报》与中国可供书目搭建而成的信息平台有力地支持着人天产品线的发展，而产品线也促进着信息线的壮大，如不管人天在版图书信息还是可供图书信息的收集，各方之所以会与人天在此方面进行配合，其吸引力或法宝就是人天足够强大的终端渠道销售能力。

人天的尴尬

中盘商的战略是美好的，但实施过程中，人天遇到了许多民营公司发展过程中共有的一些尴尬。论及图书中盘商，有必要提一下日本图书业的中盘商格局。在日本图书业，专业分工极为明确。日本的东贩、日贩两大全国性图书中盘商，控制着日本近70%的图书销售，中国的发行业是否也可能形成中国版的东贩、日贩呢？

难出现中国版"日贩"

在《时代财富》记者的采访中，几乎被采访者都认为中国图书发行业很难形成类似日贩、东贩的全国性中盘商，主要原因是基于中国图书业地区分割的特性。

由于计划经济体系的影响，中国图书业的运行存在严重的地区分割性，如图书业最大块的中小学教材市场，几乎都由当地新华书店控制。目前，国家虽然也鼓励在此领域实行招标，以打破现有体系，但真正实现起来有一定难度。

时下不管是出版业还是国有发行业，原有的运行体系都在悄悄地发生着变化，时间可拉回至2006年。这年3月，全国文化体制改革工作会议召开，标志着中国文化体制改革进入全面、深入推进的新阶段。7月，国家新闻出版总署在《关于深化出版发行体制改革工作实施方案》中明确提出要积极推动有条件的出版、发行集团上市融资。于是，中国文化业一场事转企，企业改造成股份制企业，然后上市融资、做大做强文化产业的战略思路步入实施阶段。

人民邮电出版社发行部总经理李文向《时代财富》记者介绍说，2008年政府提出，除人民出版社作为公益性出版单位不转企，作为国家宣传口外，其他的出版、国有发行机构3年内实现转制，一是事转企，即事业单位转制成企业，二是建立起现代企业制度。资本的进入，成为产业发展的新驱动力，这恰恰是这个行业最缺少的东西。事转企完成后，至于后面的股份制改造、行业重组、实现上市等工作，市场自然会起配置作用。

事实上也如此，2006年10月，股份制改造后的上海新华传媒（由原上海新华书店转制而成）借壳"华联超市"成功上市，成为中国发行业上市的第一股。2007年12月21日，辽宁出版传媒在上海证券交易所挂牌上市，出版业上市打破僵局。

此后，安徽出版集团、江苏凤凰出版传媒、四川新华文轩连锁股份有限公司等机构通过直接或借壳上市，而四川出版集团、广东省出版集团、江西出版集团、湖南出版集团、外研社、重庆市的《电脑报》、江西新华发行集团、安徽新华发行集团等皆在积极筹备IPO。

资本的介入，为行业重组与打破条块分割注入了活力，如江苏凤凰发行集团兼并海南新华书店，四川新华文轩连锁股份有限公司与贵州新华书店实现了跨地区合作，江西21世纪出版社将隶属于宋庆龄基金会的中国和平出版社收购等都表明，中国出版与发行业的条块分割正在破冰，这种现象将对中国图书业，甚至文化业带来深远的影响。

出版环节的整合，必然会要求跨区域的发行领域的整合配合。一个全国性出版集团，其市场也会相应地指向全国，就需要相应全国性的发行公司与此配合。比如，辽宁出版传媒上市后，在其原有的核心业务教材外，一定会向大众图书、专业图书进军。在教材领域，公司可将市场定位于辽宁省，但大众图书与专业图书，其市场就不可能仅限于辽宁市场，需向全国进军，这样，类似辽宁出版传媒的内容制造商就产生了对全国性中盘商的需求，否则就会阻碍其业务的全国性开拓。发行领域的资本化运作，也为相应公司的全国性布局准备好了资本与机制等"枪支弹药"。

但就像四川新华文轩连锁股份有限公司中盘事业部副总经理王海明向《时代财富》记者所言，条块分割的行业格局是有惯性的，在条块分割严重的中国图书发行领域，全国性中盘商的形成，需要时间沉淀，再加上中国地域广阔，各地发展严重不平衡，因此，一段时间内，区域性中盘商与专业性中盘商可能才是行业的现实选择。

人天怎么走

如果打造专业性中盘商，以人天近3.5亿的营业规模，在馆配业已算是一个中盘商；但人天的尴尬是，在规模只有40亿～50亿的馆配业，其继续发展的边际成本越来越大，必须以新思维来实现公司的第二次创业。从人天的战略布局来看，其新思路就是深挖馆配业，同时向书业的其他领域进军，实现以书为核心的同心多元化，做大规模，最终打造图书业中盘商。

深挖馆配业，即将高校图书馆、公共图书馆等中高端图书馆的现有业务线向中小学图书馆、社区图书馆等中低档图书馆延伸，主要经营策略是与当地的中小型馆配公司合作。但这存在两大风险，首先，业务越往地方下沉，腐败、回扣等成本与风险可能越高；其次，在中低端图书馆业，人天的品牌能否延伸下去？

以书目为核心的同心多元化主要包括三个方面：

一是中文期刊。基于相同客户，人天于1999年便顺势开始做图书馆的中文期刊业务，但目前人天能否将期刊发行拓展到普通读者？对人天来说，该业务的最大瓶颈在于终端投递问题。于是人天正在考虑能否与第三方投递商进行合作，如《北京晚报》《北京青年报》《新京报》等，人天给予它们一定的渠道费补助，因为它们已建立起了自己的投递渠道。

二是做强批销。2005年底，人天推出批销业务，强化与中小型渠道商的合作。时下主要是为其他馆配商提供服务，输出人天的品牌与服务。当然批销也可面向其他零售商，但鉴于中国的诚信体系不太好，因此时下他们必须先付款，人天才会发货。未来能否找到合适的保险机构合作，共同开拓这块市场？这是人天正在探索的事情。

三是推出读买网，开拓B2C。2008年9月，人天推出自己的B2C业务网——读买网，开拓网上书店业务。

战略思路是清晰的，但人天等打造图书中盘商的民营公司不得不面临一个现实：在中国近600亿的图书市场中，450亿的中小学教材市场不向民营公司开放。此外，外文书的发行只面向特定的国有企业，如此一来，民营中盘商的活动空间就极为有限了，而规模却是中盘商的根。

除业务范围的限制外，民营渠道商也缺少政策的重视，如在现有的图书中盘商格局规划中，极少有民营公司的影子。

人天打造信息中盘的战略同样尴尬不已。就像李文所言，在版图书信息平台适合公益化运作，但公益与人天的民营性质本身就是相矛盾的，而可供书目平台如果没有强大的实体销售平台支持，本身就是无本之木，但人天实体中盘商的战略在现实中能成功吗？至少目前是未知数。

正是因为有如此种种现实问题，在接受《时代财富》记者采访时，人天集团总裁邹进也承认，民营公司布局中盘商，如果没有政策性的支持（这里的政策性支持主要指市场平等竞争机会）真的很难成功。

人天书店带头成立全国馆配商联盟
业界各方望关注同行利益、改善市场环境

《中国图书商报》记者　夜雨　2012年3月27日

人天书店：联盟要解决中小型馆配商的盈利问题

2月底，人天书店在京召开"2012年度全国馆配商战略合作研讨会"，宣布要带头成立一个全国馆配商虚拟的利益联盟体，希望与联盟商共赢，并计划在5年内，共同实现联盟商的销售转型。人天书店总经理施春生同时表示，人天一直在寻找、帮助、培训、协助培养一些书商来从事馆配业务，使全国馆配市场更加平衡、稳定。

去年中教图退出中文馆配市场对业界众人的震撼犹在，而在当前图书馆招标死拼折扣，图书馆服务要求提高，馆配商利润趋薄乃至亏损竞争的恶性循环中，如何寻找出路显然成为馆配商们，尤其是民营馆配商思考的重大议题。在这样的情况下，人天提出的馆配商联盟，无论对中小型的民营馆配商或是对维护市场秩序来说，显然是在为解决这一市场顽疾试图寻求出路。

人天书店提出，联盟内的馆配商可以享受联盟内的服务、折扣和资源。施春生告诉记者，人天无条件为联盟内的馆配商提供采访数据，同时，为了提高馆配商的管理水平，他们还为联盟成员提供采购、销售人员培训。其中对中小型馆配商最有诱惑的是，联盟以规模化解决从出版社获得的折扣问题，人天书店允诺，他们将以集中采购价为联盟内的馆配商提供图书。

有馆配商算过，图书从出版到图书馆上架，要完全满足图书馆的需求，馆配商需要做26道工序。但一方面是成倍翻高的人力成本和不断上涨的房租，一方面是日渐压低的折扣，现实令他们无法喘息。同时，因地区性差异，不少地区死拼折扣，馆配招标书成为烫手山芋。

"我们的初衷是希望整个行业欣欣向荣，尤其是给中小型馆配商以希望。"施春生说，"我们并不愿意看到有供应商退出市场，虽然暂时坚守者的份额看起来是大了，但市场这

块饼反而小了。"

人天书店的馆配业务近两年以 20% 的速度增长。作为民营馆配商巨头之一，他们是竞争者，更是同行；他们是同行，也是竞争者。"组织这样一个联盟，其实是气量问题。"施春生这样说。他介绍说，人天书店希望联盟能解决中小型馆配商的盈利问题，同时为行业解决问题。对于出版社来说，发货给中小馆配商最担心有两点，第一是结款，既难又长；第二是量少，发货成本高。为此，通常大社或需要馆配商以实物抵押，或不予发货，但这样的结果往往又造成该社图书在图书馆的占有率不够。有人天书店担保的馆配商联盟则为出版社解决了这两大问题，也让中小型民营馆配商获取了较低折扣，压低了成本。

"不过，就这一联盟体来说，目前还是虚拟利益联盟体，内部成员松散又无实质约束，我们未来希望达成实质利益共同体，希望能共同约束。"施春生说。

6 月初将在宁夏回族自治区举办第二十二届全国图书交易博览会，人天书店是馆配分会的承办单位。作为此次全国书市的承办方之一，这也是民营书业第一次以此身份参与。这让人天书店欣喜不已，他们将此举理解为新闻出版总署将对民营图书发行实行更加开放的态度。人天书店作为联盟带头人，施春生说，人天书店邀请全国各地的馆配商带领图书馆组团采购，不仅馆配商进入无门槛，而且凡是带客户来的，人天书店将为这些馆配商提供采购码洋的 2% 作为其参展费用补贴。

联盟重要风向标：馆配商要向数字化和电子化产品转型

阅读习惯的多样化，冲击了一般图书市场的纸书销售，也对主营纸质出版物的馆配商提出了挑战。在新时代要适应新的阅读需求，面对日益加大的图书馆数字阅读市场，馆配商显然要作为。

实际上，这一联盟还有更大的目标，而这也意味着馆配商面对读者阅读变化的转型。"我们所做的一切，都是希望更多的读者能走进图书馆。"施春生说。

人天书店已经在 2012 年的工作计划中，提出要着力发展数字出版业务。为此，人天书店已经并购了一个软件公司，今年 9 月将试水他们的产品。就联盟来说，施春生提到，联盟 5 年销售转型的目标，即从纸书介入数字资源销售，他希望联盟能共同开发和开展数字产品的销售，每年能有不低于 3 种到 5 种的数字产品推出，并希望未来的销售利润数字资源和纸质出版物能持平。10 年后，收入来源则以数字化和电子化产品为主。

业界各方争议：开展战略合作，达到互利共赢

对于人天牵头的馆配商联盟，各方对此首先表示欢迎。显然，竞争有序的市场环境，各自规范的游戏规则，众人期待已久。

对已经加入联盟的馆配商来说，他们认为联盟的构建，在联合采购降低成本并同时在出版社面前提高馆配商的话语权方面，已经颇有成效，不少馆配商也已经对此达成共识。如上海联城董事长杜清江就认为，联合采购有看得到的利润，以及就降低成本和呼吁招投标改价格战为提高服务等方面，大家有一致的目标。

不过也有馆配商表达了自己的担忧，联盟渠道和自营渠道不同，如果过于依赖联盟，一旦联盟内的渠道和价格有变，此时又失去原有渠道的联系，馆配商很难灵活应变。另外，对于破坏联盟规则的馆配商目前尚无制约机制，无法处罚也令他们担忧。还有的馆配商认为，人天公司要建立联盟，首先就要处理好与该公司各地分公司的关系，否则与各地中小型民营馆配商仍是商战中的兵戎相见。还有人担忧合纵连横后的垄断。

对出版社来说，目前出版商对馆配市场的关注度明显提升，投入明显加大，对优质馆配商的合作期待愈加迫切。社会科学文献出版社社长谢寿光表示，学术专业出版商期待按市场经济规则形成规范有序的馆配图书市场，期待通过市场竞争出现2~3家全国性馆配中盘商、十几家区域中盘商和数十家专业馆配商，以及建立标准化的馆配信息服务平台。

北京邮电大学出版社社长兼总编辑代根兴认为，"携手合作，达成共赢"是目前各方应达成的目标。他希望这一联盟能关注同行利益，关注馆配行业整体发展，在特色经营的基础上，开展战略合作，达到互利共赢；并希望馆配商们能培养一支懂经营，同时又了解社、馆情况的馆配队伍。

邹进说：供到率是馆配商的诚信问题

《图书馆报》记者　解慧　2013年9月24日

如何看待图书供应的满足率对馆配商的重要性？据北京人天书店有限公司董事长邹进

介绍，人天书店针对的主要是研究类的图书馆，包括大学和科研院所图书馆。他们的采购是根据研究方向和学科设置决定的，所订购的书需要满足科研与教学要求。所以订购的图书是否能买到，配到率是多少，对这些图书馆而言是至关重要的。这也是评价一个馆配商是否合格，是否优秀的最重要的考量标准。

由于现在出版发行的多元化，再加上目前出版物书号的管理形式，已经使得采购的满足率难以达到一个很高的指标。邹进认为满足率应该分为两个方面：一是人天书店能不能把图书馆需要的图书信息提供给他们；二是当图书馆以订单的形式返回数据后，人天书店的供到率是多少。其实，归根结底还是数据和供到率两个层面，那么要如何解决这两个问题呢？邹进说，关键就是要建立一个数据采集和信息交换平台，建立核心书目体系。在供到率上，就是要建立中国可供书目体系。

在这两点上，人天书店在业界应该说做得还是不错的。在数据上，从1999年开始，《人天书目报》至今已经有500多期了，从月刊到半月刊再到周刊。书目报不仅能够全面及时地采集所有的出版信息，而且还会根据客户的需求，按照定题通报的形式定期发送给客户。但是，由于现在出版品种每年都在持续增长，面对如此多的数据，对客户而言也是个灾难。所以，作为一个课题，人天书店正在研究核心书目，希望把客户真正需要的图书以书目的形式提供给客户。

一个订单的供到率是所有馆配商所面临的难题。人天书店是通过渠道的建立和覆盖，尽可能地把这些书配供到。借助于人天书店现有的规模，以及与出版社、出版公司的诚信合作，在供到率的指标上还是排在全国馆配商的前列的。供到率是一个馆配商对待图书馆客户的诚信问题。由于出版社的供货折扣高，有些馆配商会屏蔽一些出版社的数据。但邹进说，在人天书店不存在这种现象，无论什么折扣，人天书店都会为所有客户提供最全面的数据信息。只要是客户返回的订单，人天书店都会尽力满足客户的需求。

不同的图书馆对馆配商的满足率也有不同的要求。据人天书店说，有些省份在指标上是有着严格的标准的，比如浙江、上海、北京。他们对中标的馆配商的数据有着严格的监控，数据满足率和订单的供到率都直接影响到今后馆配商的中标率。

邹进说，一个完整的图书配供体系的建立，除了以上说到的几个方面，同时还需要一个大的图书馆中盘。人天书店一直致力于打造一个全国性的馆配中盘，当然，馆配中盘还是要依靠数据和供到率两方面的支撑。其实，核心书目和可供书目，这两个具有长远意义的宏大项目课题，本应该是由国家来支持完成，但是现在，就由人天书店越俎代庖，努力地去尝试一下。

馆配商联盟能否再造市场新秩序

《中华读书报》记者 陈香 2014年2月26日

去年的杭州会议上,北京人天书店抛出的重磅构想——全国馆配商联盟,具体而言,是以民营书商为主的馆配商联盟,今年已经步入正轨。

事实上,馆配商联盟的出现,是市场的迫切需求所致。

进入新世纪以来,馆配市场需求增长,馆配图书业务成为出版发行业新的增长点。未来几年,政策性的拉动还将为馆配市场提供较大增量空间,带来馆配市场的新一轮增长。然而,部分采购方忽视图书品质,单一追求低折扣,使得部分馆配商恶意低价竞标,严重影响了图书质量和馆配服务的质量。此外,每年馆配会数量众多,同质化现象严重,出版社、图书馆、馆配商疲于奔命,市场营销成本透支严重。据人天书店总经理施春生统计,2013年,大中型馆配会有46个,也就是说,几乎每周社、馆、商都要奔波在去馆配会的路上。

同时,大多数图书馆经过各种考核和评估后,图书采购已经进入常态,采购工作的重心已经由冲量转移至馆藏目标体系的建立,如质量目标、特色化目标等。这也向馆配商的能力提出了更高的要求,一是品种整合能力,包括品种数量、到货时间及专业专门图书的收集能力;二是后续服务的能力,如图书品种的查重能力、对图书馆需求调整的反应能力、查漏补缺的能力、各类数据的提供能力、电子资源文献的服务能力等。

显然,只有聚合业界各方力量,组建全国性的行业平台联盟组织,通过建立统一的行业标准,提高产业链的专业化程度,维护馆配市场秩序,规范馆配交易行为,降低交易成本,才能有效解决市场不规范问题,为市场各方利益的合理诉求构建保障、约束和平衡机制。

据了解,前几年,新华系曾有过组建馆配联盟的动议,终因地域限制和种种原因告罢。联盟是在出现了某种市场垄断力量的前提下,相关各方有共同的利益追求,并愿意遵循相关约束机制时的产物。显然,彼时时机未到。

2012年，人天书店销售码洋9个亿，并向年销售码洋10亿的销售目标迈进。全国馆配市场份额50个亿，人天书店约占20%。2013年，人天书店举起了筹建全国馆配商联盟的大旗。

然而，伴随着首个馆配商联盟落地的，还有种种疑虑。如：联盟将使所有成员单位一起壮大，还是人天书店一家独大？联盟在与出版社和图书馆博弈的过程中会代表所有馆配商的利益吗？联盟会不会"挟天子以令诸侯"，向出版上游压价，向图书馆客户施压？还包括：馆配市场究竟前景如何？

正是在此背景下，全国馆配商联盟主办，人天书店集团及时代出版传媒承办的"第四届全国馆配商战略合作研讨会"吸引了多方关注。江苏华茂、上海联诚、杭州大涵、河南天富、郑州日成、厦门外图、鞍山市新华书店、甘肃省新华书店等约80家省市级新华书店、民营书商、知名网店、零售书店赴会合肥，探讨馆配商联盟之合作大计。

人天释疑

人天的雄心壮志能否再造馆配市场新秩序？这首先需要牵头者人天书店给出馆配商联盟的新秩序。对此，人天书店董事长、全国馆配商联盟理事长邹进表达了足够的诚意。

"馆配商联盟中，成员不管大小，都具有平等的地位，获得应有的利益。联盟重视现有的市场规则，有义务、有责任把成员的诉求向上游、下游和管理部门反映，以期得到认可和理解，在此基础上建立新的战略合作关系，包括适应市场的价格体系和符合图书馆文献资源建设的招投标规则。在这个过程中，联盟将越来越具备市场主体的身份，在涉及馆配业务、发展规划、规则规范等方面有当然的发言权和投票权。"

联合起来发出共同的声音，是联盟深层次的含义。据施春生介绍，第一，联盟将采取统一采购模式，降低采购成本，提高采购速度，提升配到率。第二，联盟将采用统一数据平台，减少采访工作的成本，有效提高竞争力。第三，联盟将致力于搭建交流平台，让从业者从单打独斗到抱团取暖。

全国馆配商联盟依托两个平台和一个出版部运作。第一个平台是全国馆配商联合编目中心，这是一个基于Z39.50协议的数据交换与共享平台，每一家加盟馆配商都可以上传或下载MARC数据。有能力编目的馆配商可以通过上传数据赚钱，没有能力编目的馆配商可以支付很低的费用下载数据。人天书店的远景蓝图是，把全国馆配商联合编目中心建成与中国高等教育文献保障系统（CALIS）和国家图书馆的全国图书馆联合编目中心并列的第三大图书馆数据平台。

而且，与全国图书馆联合编目中心和CALIS只提供书目数据的交换与共享服务不同，全国馆配商联合编目中心旨在打造"中国可供书目"，并以此为支撑，开展更加专业化的纲目订书（专业征订）业务，使馆配市场迈上新的台阶。

全国馆配商联盟要建设的第二个平台是库存图书交易共享平台，也是书业关注的热点。全国馆配商联盟还组建了出版部，定位于为馆配行业定制图书，以文史哲图书出版和古籍文献整理出版为主。具体运作方式是联盟成员单位共同出资，合作运作项目，然后运用联盟具有的馆配商渠道实现销售。

此外，全国馆配商联盟还将每年举办两次全国性的大型馆配会。去年，馆配商联盟总的发货码洋接近3个亿，今年的目标是超过4个亿。

其间，作为牵头人和组织者，人天书店将为馆配商联盟做好平台服务。"平台指的是两个方面，一是数据平台，二是物流平台。通俗来说，就是数据要看得见，图书要摸得着。"邹进说。

去年，人天书店在数据平台的支持下，改造了订单流程。经过半年的运行，订单的采到率大幅提高，由之前的88%~89%上升到91%~92%，一举突破了90%的瓶颈。今年，人天书店会把订单采购服务提供给馆配商联盟的成员。中国可供书目项目完成后，人天书店的订单采到率和采到速度还会提高。去年，人天书店出资100万元，与东北师范大学计算机科学与信息技术学院成立了图书物联网研究所，专题研究图书从信息产生到实物管理的全部过程，并建立核心书目体系。其指向，是希望解决图书馆采购中所面临的所有问题。

近年来，人天不断加强在订单系统改造和流程优化方面的力度，在可供书目上，已经逐步完成了与各出版社之间EDI平台的搭建工作，实现了数据及时对接。如此一来，不仅突破了联盟用户现货图书采购上的局限性，全面提供订单配供服务，更是避免了采书过程的盲目性，极大提高了配书效率。库房的品种配比因此快速提高，产品结构日趋完善，联盟用户可以在不增加成本的基础上更好地满足图书馆的专业化服务需求。人天的努力，也逐渐打消了各方面的疑虑，得到了越来越多的大型出版社与专业出版社的支持。

其实，人天集团在建立初期一直处于封闭状态，但随着市场的逐步打开，人天也相应改变了惯有的思维模式。联盟的发起更多地是为了搭建一个平台，加深联盟成员彼此之间的沟通和交流，探讨联盟未来发展方向，促进业态健康发展。竞争更可以是合作。"打破地域的桎梏，馆配商在接触的过程中，思路变得更加开阔，很多合作得以达成，这在过去都是无法想象的。"邹进说。

馆配市场前景如何

目前，"全国馆配商联盟"已有成员单位72家，包括部分省市级新华书店、民营书商、知名网店和零售书店。联盟是如何壮大发展的？经多方采访，本报描绘出了一张联盟的演进图。

2013年3月的杭州会议上，140人讨论了联盟的建立，确定了机构的设置和联盟的发展计划。2013年，联盟出书15种，选题策划101种，包销图书439种，包括上海三联、商务、译林等社的图书。下一步，联盟将共同尝试包销和出版大码洋图书，如"图书馆学文库"等。8月，联盟在北京举办业务培训，包括业务人员的基本商务礼仪，图书的基本规则，如何制作标书和投标等。9月，在青岛举行秋季图书订货会，25家联盟商参加，实现了预期销售目标。

2014年3月，联盟将在北京召开春季图书订货会，并准备5月在贵阳举办全国馆配商联盟夏季订货会。暑期联盟在北京举行国图数据编目培训，以帮助成员单位考取编目资格证书，再举办开放式数据的联合培训和图书发行中级资格的培训，并帮助成员单位考取相关证书。9月，联盟将在合肥举办秋季图书订货会。"希望将馆配商联盟的馆配会做成馆配业界中响亮的招牌。"施春生说。

如何看待馆配市场的未来呢？在施春生看来，目前实体书店遇到的困境，一是人员成本、房租大幅上升；二是电子书的出现，网络书店的出现，分流了读者；三是出版图书质量的整体下降，"这是很重要的因素"。招投标导致图书价格越来越低，而服务要求越来越高；同时，图书定价高的错误观念四处流播，误导消费者。"一本书打个折基本30块钱能买到，在任何一家饭店吃个饭，没有1000元就下不来。到底有多少人一年花了1000元买书呢？"他呼吁，希望有关部门能够继续加大对实体书店的税收优惠政策。广东中山的品质书店万有引力因房租上涨，将于4月歇业，这个消息引起了施春生深深的共鸣："是否应该做出一些规定，如，商业中心的规划如果没有书店，就不能开业？"

但最重要的是要"对这个行业有信心"。"很多老总虽然业绩每年都在上升,但对图书未来没有信心。虽然可能纸质图书的采访经费未来会下降,但是图书馆一定会越来越多,经费会越来越多,在座的都是围绕图书馆在做中心业务,未来还是美好的。"施春生说。

河南得云文化传播有限公司是其省图书馆的下属公司,比较了解图书馆的想法。"馆长的真实想法是,你们的价格可以上去,但服务一定要上去。图书馆花的是国家的钱,需要的是高质量的服务,我们拼命在价格上厮杀,其实没有太大的意义。"得云总经理杨明阁说。

他的建议是,人天在制定联盟行业标准的时候,着力点应该放在制定行业服务标准上,让外界的资本大鳄无法恃低价侵蚀行业,"这是我们行业要重点考虑的问题"。

此外,虽然"图书馆的经费在增加,但主要是电子文献、数字资源采购经费的增长,纸质图书的发展潜力不像想象中的那么大"。杨明阁认为,纸质图书的采购做好了,才有资金实力做电子资源,"希望联盟带领我们,不拼价格拼服务"。

联盟理事会达成的共识是,第一,纸质图书依然是主营业务,馆配商联盟和提供平台服务的人天书店有责任拿出能够满足会员的解决方案;第二,图书馆文献资源类型正在改变,这一改变与馆配商的生存息息相关。联盟责成人天书店迅速加快数字资源和电子图书的开发,尽快形成产品,尽快写进馆配商联盟的产品名录之中。同时,各馆配商手里自有的数字资源,也可以放在联盟的产品目录中来。

"希望联盟做的这个事情,3年以后还能够让我们很好地生存,5年以后让我们活得更好。我们需要投入更多的时间和精力做这样的产品。"施春生举例,第一,销售收取年费的数字产品;第二,图书馆管理软件等。

"多做些展望未来,为未来打基础的事情,这是我们共同的出路。"

出路在何方

江西弘苑文化传播有限公司总经理戴晓华今年尝试了四五家大社名社的数字产品,但感觉没有推开,达成的一些小小销售,更多地是靠人脉。事实上,很多出版社都在做自己的数字出版产品;但在经销商看来,要作为产品落地,实现大规模销售和利润,远还未及。其中原因究竟为何?

在笔者看来,作为产品,应该满足三个要求,第一,有相应的目标人群;第二,有一定的应用或者功能;第三,满足了一定的需求。如果出版社推出的数字产品,只是简单地

解读人天档案

把图书做成电子版，这不是数字化产品。作为数字化图书产品，优势在于整合内容资源以满足读者需求。馆配商联盟可以整合开发一些数字阅读产品，比如，将所有关于大数据原理、应用及商业案例的图书，经重新编排，打包成为大数据阅读产品；比如，普法阅读产品；比如，针对IT行业的大客户销售的阅读产品、针对快消品行业渠道销售的阅读产品等。总而言之，把数字图书变成针对某一阅读人群的知识产品和学习产品，数字阅读产品就可以落地，同时可以成为一种延续的阅读服务。

本报的观点引起了与会人士的强烈共鸣。五六年来，泉州风雅颂文化传播有限公司总经理连真在尝试售卖出版社的数字图书产品，但"都是靠人脉在推，没有一个产品有足够的吸引力来吸引图书馆"。销售数据库的现实是，订单的周期很长，甚至需要一年到两年的周期才能做成一份订单。前面要做工作让图书馆试用，然后还要看点击量，现在有些数据商买学生去造假做点击量，"毫无意义"。

她的建议是做一些专业性的数据库。"比如，有客户说，你帮我们做一个反腐倡廉的数据库，他们很需要。人天牵头，联盟可以把每一个出版社很单薄的数字产品汇总起来，我们做一个菜单式的数字阅读产品，做一个平台。"在她看来，卖数字阅读产品不是卖电子书，而是卖核心价值。

为更好地活下去，馆配商要往何处去

从第四届全国馆配商联盟战略合作研讨会看今年馆配市场走向

《中国出版传媒商报》记者　任志茜　2014年2月26日

趋势1　馆配商联盟要为大小馆配商发声

全国馆配商联盟自成立以来，在得到业界高度关注，中小型馆配商纷纷支持的同时，也引发了各方疑虑。很多人更戏称这是一个跟出版社要折扣的联合体，该联盟理事长、人天书店集团董事长邹进反驳了这种说法。他强调，馆配商联盟是由市场需求自发自愿产生的，符合业界的需求，并尊重现有的市场规则。联盟要向各方反映成员诉求，维护馆配商的利益，为此，大家联合起来，发出共同的声音。联盟内的每一个成员不论大小，都有平等的市场地位和利益。联盟在此基础上建立了新的战略合作关系，包括适应市场的价格体系和符合图书馆文献资源建设的招投标规则。邹进强调，联盟会把事情做好，消除出版社特别是大社的顾虑。

作为联盟理事长单位，邹进说，中国的馆配市场需要一个馆配中盘，人天书店长远的目标就是做中国的馆配中盘。要做好中盘，就要做好平台，一是数据平台，二是物流平台。近期，该公司不断加强在订单系统改造和流程优化方面的力度，在可供书目上，已逐步完成了与各出版社之间的平台搭建工作，以达成数据及时对接。如此，这不仅突破了联盟用户现货图书采购上的局限性，全面提供订单配供服务，更避免了采书过程的盲目性，极大提高了配书效率，库房的品种配比因此快速提高，产品结构亦日趋完善。人天的采编数据也向合作的馆配商开放，以便让联盟用户在不增加成本的基础上更好地满足图书馆的专业化服务需求。邹进希望他们的努力能逐渐打消各方面的猜测和疑虑，而数据平台的建设与共享等举措也得到了不少出版社的支持。

安徽时代出版发行有限公司副总经理孙继东评价说，目前全国馆配商联盟适应市场需求的作用愈发突出，该联盟自有的"盈利模式"体系不仅为不少企业提供了继续做下去的理由，联盟成员大联合的采购趋势也将进一步使上游为馆配供应商市场做出更多的、可承受的利润牺牲，同时也对出版环节的成本起到了一定的反向控制和压缩作用。此外，联盟与成员之间的联合关系将更加牢固。"联盟"将完善和公开推广使用统一的"采访数据"平台，这不仅是其成员的需求，更是出版方、馆配方、招标采购机构等相关环节的需求。

还有人表示，目前的馆配市场竞争中有合作，合作中有竞争，若行业中处于领先地位的公司有大局观念，建立平等的馆商关系，即图书馆和馆配商不是简单的甲方乙方关系，而是联合体，一起为读者服务，这样才会赢得尊重。

趋势2　既要扩大规模，更要提高利润率

据悉，这一馆配商联盟2013年的全年销售码洋达3亿，今年的目标是4亿。在规模

扩大的同时，众人也寄希望于采取多种措施以提高利润率。

从 2013 年 3 月起，全国馆配商联盟正式引进了联合出版业务，尝试策划和共同包销大码洋图书。该联盟副理事长、甘肃纸中城邦书业有限公司董事长文群认为，从目前超过 90% 的业务完成量来看，此举已实现利润，他希望能在策划和出版业务上形成足够的规模，保持持续性获益。从 2014 年该联盟的工作重点来看，除了联合采购、引入电子图书销售和引进台版图书加入联盟销售网络外，该联盟还将利用分销渠道，继续与出版社合作，策划出版一批有高质量选题的图书，同时举办多种培训，如国图数据编目培训、图书发行员中级资格培训等一系列培训项目，以提高馆配商人员的服务水平。

此外，馆配商联盟理事会还达成了三点共识。他们认为，纸质图书仍是馆配商的主营业务，馆配商联盟和提供平台服务的人天书店，要拿出能满足各成员的解决方案；图书馆文献资源类型的改变与馆配商们的生存息息相关，要加快数字资源和电子图书的开发，要尽快形成产品，注入联盟的产品目录中；由于今年的全国书博会改到 8 月份举办，为避免空档期，今年上半年要组织一次由全国馆配商联盟主办、人天书店承办的图书订货会。邹进还强调，馆配商联盟以诚信为基础，以共同发展为目标，要将感情联盟变成战略联盟。

趋势3　纷纷探寻数字资源发展之道

此次在合肥举办的馆配商联盟会议，是要解决在当前的微利时代，馆配商要往何处去的问题。拒绝折扣战，抓住盈利点，要活得更好更有尊严。为此，馆配商们希望以聚合扩大力量，探寻发展之路。

当前图书馆文献建设资源类型已经出现变化，在电子资源销量不断增加的同时，纸质图书经费和人均藏书量都在逐步减少。从联盟成立伊始，众人就意识到馆配商服务转型和盈利转型的问题，虽然一致认为电子资源服务很可能会成为馆配商生存的长久之道，但对这条数字资源发展之路的探讨，至今仍在探索。

江苏华茂博文书业有限公司董事长朱建峰评价说，一个系列的电子资源系统，才能对图书馆产生足够的吸引力。福建风雅颂文化传播有限公司总经理连真认为，馆配商要想成为大的数据集成商，不能简单地靠人脉拉关系，否则永远会处于被动，而要从图书馆的需求上做文章。馆配商不能仅是简单地售卖单一产品，而应该把资源整合成一个菜单式的产品，搭建平台，卖平台的核心价值。台湾桢德图书股份有限公司董事长罗赖堂则表示，目前大陆馆配市场拼折扣的做法类似于 5 年前我国台湾的馆配市场。他建议大陆的馆配商既要将传统服务进行转型，提供数字资源服务，还需要寻找馆配市场之外的更多商机。

《出版商务周报》就馆配市场现状采访人天书店集团董事长邹进

2014 年 4 月 1 日

出版商务周报：您认为今年的馆配市场会呈现出哪些特点和趋势？

邹进：从人天书店的监测数据看，图书馆的购书热情还是很高的，一个月之内仅馆配中心就已接待了现采客户 637 人。从采购金额而言也有明显的增长，第一季度馆配中心业务同比增长 16%。起码我们已经感觉到，数字资源还有一条漫长的路要走，大家还不要过早地放弃纸质图书这一块市场，包括对市场的分析、服务的提升、产品的供给，数字资源由趋势转为常态不是近期能够完成的。

出版商务周报：今年，馆配商联盟有何规划，如何在馆配市场中更好地发挥作用？

邹进：在今年 2 月的馆配商联盟战略合作研讨会上我们已经公布了今年的规划，对此，我们会严格按照程序去做。

1. 在平台的建设上涉及联合采购和联合编目，这方面工作我们会继续向前推进。
2. 优化我们在馆配商服务方面的工作流程，使平台的使用更加简便、可信赖，让馆配商能够借助这个平台挣到钱。
3. 按照图书馆的发展趋势，我们会继续加快数字资源产品的开发，为联盟内部注入更多的产品。我们的随书光盘数据库和专业类数据库，以及读报机已经启动了推广与销售，我相信在馆配商联盟内部很快就能形成可观的销售。

出版商务周报：三、四月份，全国各地的馆配会遍地开花，很多出版社、书店及图书馆工作人员疲于参会，造成了一定程度上的资源浪费，对此您有何建议？

邹进：馆配会其实是各地馆配商应自己客户的需求而举办的，纯粹是一个市场行为，不用特别强调"疲于奔命"，这属于图书馆的正常工作范畴，是一种业已确定的基本采购方式。

对于出版社而言，看上去确实是有些疲于奔命，但其实也不然。出版社也会进行市场分析，也会考虑哪一个订货会更有效果，从而选择参与哪场。据我所知，出版社是非常乐意参与我们的馆配会的，这次参展的新书品种超过5万，几乎囊括了专业图书的全品种。许多大型专业性出版社都参加了我们的会议，很多出版社还在现场参与了导购。这其中包括人民大学出版社、北京大学出版社、清华大学出版社、机械工业出版社、人民邮电出版社、中国海关出版社、北京语言大学出版社、中国铁道出版社、中国水利水电出版社等。如果你来到现场，会发现其实是非常繁荣的景象，所以对此没有必要过于严肃与紧张。

出版商务周报：您认为，一个优质的馆配会应该具备哪些要素？

邹进：一是品种，特别是新书，品种要齐全。出版社参与度要高，不仅送书还要参与推广，因为他们对自己的图书最为了解。二是选址要在一个合适的区域，这样成本不会太高，比如华中地带。三是能够吸引图书馆来，让出版社能够有收益，这样才能形成一个良性循环。

出版商务周报：有人问，举办馆配会忙前忙后收益少，为什么还要办？对此您怎么看？举办馆配会意义究竟有多大？

邹进：从图书馆评估开始，现场采购常态化已经接近有10年时间。这是图书馆的一种需求，是买方市场决定的。我们作为馆配商只是做出响应，如果不举办馆配会就会影响当年的业绩。

就展会的正面意义而言，在一个相对短的时间内相对集中的采购，对订单的集中还是有帮助的，大家从中都会有收益。这有正面的积极作用。从反面讲，我们认为图书馆采购不能仅仅依赖于某一种方式，书的品种再全也是相对的。同时，图书出版是一个进行时，并非静止不动。所以，我们还是要建立好书目的采访体系，特别是通过数据库、信息技术来让我们的订货会永远不闭幕，可以在网上做常态化的采购。虽然图书馆对现采十分依赖，但是作为一个优秀的馆配商，还是不能忽视书目体系和数据平台的建设。从长远来看，这也是一个优秀馆配商的核心竞争力所在。

出版商务周报：目前，馆配市场存在哪些突出问题？

邹进：有识之士已经意识到，通过政府招标暴露出的一些问题，包括价格战、采访资源的分散、优秀馆配商的缺失等。中国人民大学图书馆就这些方面已经主动跟大的馆配商进行了战略对话。既然馆配市场是一个独立的业态，就需要大家统一思想。图书馆到底需要什么，是资源建设的质量还是便宜价格。如果把馆配商引导到无利可图的田地，结果可想而知。

因此，馆、社、商三方，加上媒体、舆论监督，一定要把各自的利益界定在一个合理的范围之内，不要暴利也不能无利可图。从馆、社、商这三方来说，我们认为图书馆的话语权还是非常重的，有明显的导向性，因为现在是买方市场。图书馆想要什么，一定会把馆配商和出版社引导到它的方向上去。如果大家都有这个共识，在对大家都有利的情况下，一定要让图书馆的资源建设质量要能够保得住。以图书馆为主，联合各方建立一个评价体系，包括采购体系。所以，我们强调图书馆一定要参与，至少关注出版发行的环节，了解各方的运营规则。

《法制日报》采访人天书店集团总经理施春生

2014 年 4 月 15 日

法制日报：作为馆配商，相比一般的书商而言有着怎样的特殊性？

施春生：这两者的区别是非常大的。"馆配"这个名词是 1999 年之后，伴随着独立业态的逐步形成而被确定下来的。相较过去，馆配商只是纸质书刊的配供商，而如今，仅仅满足这一块需求是无法在市场中立足的。

当今的馆配商，准确地说更像是一个图书馆专业服务商。不仅要能提供纸质书刊，更需要有能够和图书馆对接上的服务。譬如，你需要有组织书目的能力，特别是针对高校图书馆的文献类、学术研究类图书。你还需要有足够的采购能力，针对目前国内市场每年 40 多万的新书品种。如何在有限的时间范围内从不同的地方及时采集到，保证很高的采到率，这对于馆配商而言也是很大的考验。你必须具备强大的数字化加工能力，图书馆都采用计算机管理模式，需要提供机读目录格式的数据。此外，馆配商还需要一支合格的加工人员队伍，以便图书进馆之后能够直接上架借阅，等等。这些都是图书馆选择你的理由。

所以，这么一看，图书馆不是那么好进的，馆配市场对馆配商的要求越来越高，门槛也越来越高。

法制日报：在市场竞争压力越来越大的现实条件下，为了表示服务的优势性，馆配商所承担的责任也越来越多。对于产业线上的其他两者，下游图书馆与上游出版社他们相应承担的责任又有哪些呢？

施春生：目前，图书馆的重要作用体现在图书信息的搜集和资源的采购上。除此之外，还有一个重要的功能，是研究资源的推荐工作。在美国，负责图书推荐参考的图书馆员都是终身制教授级别，且级别是高过馆长的，因为这对学识能力的要求非常高。总体而言，图书馆的责任是很重大的。

就出版社而言，最重大的职能就是把书要出好，把选题做好。相对于国外出版社的单一职能外，国内出版社还有一项发行的任务。在美国，出版社是不承担发行工作的，但是他们会在出版信息的发布、推广、宣传上花更多的心力。

法制日报：目前，国内出版市场的出书质量参差不齐，选题鱼龙混杂。作为中间商，如何能避免这些劣质的图书信息混入当前的市场？

施春生：这就涉及目前人天书店正在进行的一个重点项目课题，是我们联合东北师范大学物联网研究所共同开展的，叫作"核心书目"。我们提出一个概念，叫作"好书因子"。根据好书因子，有出版社评价得分，有作者、责任编辑评价得分，有版次、舆情等其他方面的评价得分。通过这五个维度，设计权重比例，建立对图书多个维度的评价体系，建构多条件的语义分析模型。根据以上五大项评价标准，我们可以为一本新书评判一个分数，以决定其是否可以进入核心书目。同样，我们也可以为所有出版社的所有图书评分，从而建立起一个完整的核心书目，给图书馆采访人员提供采购指导。当我们的核心书目建立起来以后，只需要采访人员按照条件筛选即可，完全可以避免图书市场鱼龙混杂的现状对采访人员的影响，有效阻挡劣质图书进入图书馆。

法制日报：受到数字资源的冲击影响，对馆配商而言，纸质书刊配供市场会受到什么样的限制？

施春生：首先，我们认同数字化的发展趋势，虽然我们不能肯定具体的时间，但纸质图书的销售下滑也是不可避免的。然而就目前的馆配市场行情而言，纸质图书仍然还处在一个上升的阶段。对于馆配商而言，其实我们只是作为一个销售平台而存在，为的是满足图书馆不同方面的需求。数字资源的冲击，对我们会存在一定影响，但影响不会很大。只要图书馆的采购需求存在，无论是纸质还是电子图书，最终靠的还是服务的手段、能力，而公司的战略，是跟上需求的变化。

根据我们目前了解的情况，电子书所占的图书馆采购比例非常少，可能不会高于10%。电子资源这一块，大馆的占比会在50%~60%，小馆只会占据10%~20%，甚至更少。其次，无论电子书或数字资源，在图书馆的使用情况都非常不容乐观，甚至可以说是一种极端的浪费。倘若要仔细估量投入产出比的话，会发现这两者之间是极其不对等的，借阅率为0的情况也比比皆是。

对于大型的，或者是重要的研究型图书馆而言，数字资源的引进，包括国外数据库的引进确实有其必要性。然而对于中小型的图书馆，它的作用更多地体现在借阅上，而非典藏，所以跟风购买数据资源，更多的是一种装点。加之图书馆评估系统并不完善，无法从借阅率、读者人数、停留时间等测评指数上对图书馆进行后期考量，同样也无法对购买数据库这一行为进行必要的后期测评。

最后，就当下的情况看，截至目前，电子书并没有给读者带来特别好的阅读体验。除了个别的畅销书在零售网站上的销售量会相对高一些，大部分电子书并没有达到令人满意的程度。当然，我们也可以更加乐观一些地看待这件事情，毕竟这是一个处于发展中的事业，国外的图书馆也曾经有所经历。

倡议搭建不设门槛、不问订单去向的馆配共享大平台

《中国出版传媒商报》记者　张倩　2014年6月11日

作为首次独立于全国图书交易博览会之外的馆配会，2014全国图书交易博览会馆配分会暨图书馆资源建设交流会日前在贵州省贵阳市国际会展中心召开，403家出版商和发行公司，1362名图书馆采访人员参会，展示新书达10.34万种。此次展会由贵州省新闻出版广电局与全国馆配商联盟联合主办，贵州人民出版社和人天书店集团共同承办。

力求搭建无门槛的公共性馆配会平台

"馆配在图书发行界,早已是一个独立业态。但一直以来,有订货功能的馆配会仍然是全国图书交易博览会中一个边缘化的项目。今天,一个独立的、综合的、全国性的馆配会的愿望终于在这里实现了。"这是人天书店集团董事长邹进在5月中旬于贵州省贵阳市举办的2014全国图书交易博览会馆配分会开幕式上的开场白。人天书店集团既是全国性馆配商中的翘楚,又是已有72家成员单位的全国馆配商联盟的"带头大哥",其董事长邹进近几年来一直念念于建立一个共建共享的馆配公共平台。"现在各种馆配会多如牛毛,光2013年一年就举办了46场全国及地方性馆配会,这使得馆配行业中的各方都觉得有些不堪重负。如此密集的馆配会,一方面使市场供需似乎达到了饱和的边缘,另一方面却又无法完全建立起对等的信息平台。如果我们联合起来,打开壁垒,就可以建立一个共享的大平台,这个平台不设任何门槛、不问订单去向、用脚投票。这一愿望,今天在这里也实现了。"

人天书店集团力求搭建一个无门槛的公共性馆配会平台,以期为全行业服务。作为首次独立于全国图书交易博览会之外的馆配会,据统计,展馆面积逾4000平方米的会场吸引了总计403家出版和发行机构参会。不仅包括科学出版社、机械工业出版社、人民邮电出版社等京版馆配大社,还包括青岛出版社、湖南科技出版社、贵州人民出版社等馆配实力不容小看的地方社。此外,包括博集天卷、时代华语等在内的数十家民营出版和发行机构也布展参会。此次参会的出版商带来的图书以2014年的新书为主,展示新书品种共10.34万种。另外,馆配会还专门设有台版图书展台,华艺台版图书发行集团的图书出现在馆配会上。据悉,这一发行集团每年向人天书店集团提供约全品种三分之二的台湾图书样书。

在参会人员方面,除人天书店集团直接终端客户521家图书馆共856名采访人员参会外,全国馆配商联盟另有45家馆配商,采访人员506人参会。虽然此次馆配会的销售码洋还在进一步统计中,但人天书店集团总经理施春生表示,此次馆配会的销售码洋有望超越去年的青岛全国图书交易博览会馆配会。

另外,此次馆配会还为适应当前的图书馆数字转型进行了一次积极尝试。诸多图书馆设备厂商、图书馆软件开发商、数字资源出版商、多媒体厂商参会,集中展示了国内关于图书馆的信息技术和数字资源产品,试图提供更加全面与专业的一条龙服务。

图书馆资源建设论坛演讲精彩纷呈

馆配会上有关图书馆资源建设的学术论坛，常常是出版界和图书馆界思想与经验交流的头脑风暴场，此次馆配会也不例外。中国国家图书馆研究馆员富平和东北师范大学教授、图书物联网研究所所长李雁翎等人分别带来"数字资源评价体系""论如何从采访数据中提取核心书目"的主题发言等。

数字资源建设作为图书馆资源建设的重要组成部分，越来越受到各大图书馆的重视。图书馆收藏和购买数字资源不断增加，数字资源评价的必要性也日益凸显。中国国家图书馆研究馆员富平分享了自己多年来研究"数字资源评价体系"的心得和思考。富平指出，目前评价数字资源的主要指标包括：数字馆藏数量、数字馆藏质量、数字馆藏效益、数字馆藏结构、资源类型评价。她进一步强调，用户的感受是最重要的。界面设计人性化、检索简便、一目了然、一次性输入，资源权威并多样化，资源定时更新等这些用户体验对数字资源的评价非常关键。

每次图采会，图书馆的采访人员都要面对几百家出版社和馆配商，几十万种图书，如何挑选出批量"好书"成为采访人员的共同难题。对此，李雁翎提出了"基于大数据的核心书目提取策略与方法"。她认为，可以通过五维图书评价体系（即馆藏、作者、出版社、舆情、引文与获奖等指标）建立一份核心书目，帮助采访人员采访到价值较高的图书。具体做法是，首先利用大数据收集大量结构化和非结构化数据，然后对其进行快速度、多维度的分析处理，挖掘数据中蕴含的价值，以此为基础建立核心书目。根据她的预测，通过核心书目采集到的图书资源，图书利用率能够大大提高。

按需出版是根据用户对印刷品的数量和内容需求进行印刷和出版的方式。科学出版社馆配经理杨依杨在以"按需出版印刷，您准备好了吗？"为题的演讲中认为，图书馆是按需印刷最大、最直接的受益者。按需出版可以让采访人员更灵活地掌握采访原则，根据图书使用情况，分批次订购，无须一次购全品种；也改变了图书馆的服务模式，只要读者的需求合理，图书馆都可以"私人定制"，满足个性化阅读。从文献建设层面看，按需出版既有利于完善优势馆藏，也可以回溯补充过往经典文献，还能结合学科发展、科研教学需求，满足缺藏品种，提高学科馆藏质量。此外，有助于图书馆纸质图书和电子资源整合，解决"藏"和"用"的问题；并借助互联网和按需印刷，有望形成开放式的馆藏文献建设模式。他呼吁图书馆应积极参与到按需出版中来。

人天书店的"袖珍"帝国梦

《中华读书报》记者　陈香　2014年8月22日

1998年，一家不起眼的小书店在西四的一个胡同里开业了。历经市场浮沉，两次"灭顶之灾"，这家小书店已经拥有了年14亿码洋的销售额，成为馆配市场的领军企业和"带头"大哥，见证和引领了中国馆配市场的发展。

这是怎样的一个商业故事？

书生下海

吉林大学毕业后，人天书店的董事长、诗人邹进被分配到保险公司，之后又到北京语言学院教了两年书，再后来到中国作家协会，编辑《中国》杂志。那时候的《中国》杂志有一个搞发行的，是第一批文化个体户，没文化，但很能赚钱，做了一本《英语八百句》，一下就挣了4万块。有文化的编辑们一个月的工资才100块钱，知识分子在他面前都抬不起头来。当时的邹进就有个想法，一旦有了机会，第一目标就是要超过他，要压过他一头。

时间来到20世纪90年代初。在《人民文学》当诗歌编辑的邹进做出了他人生的重要决定，他决定"下海"。虽然是下海，但他作为文化人和读书人，出来以后做生意，肯定是想做跟文化相关的东西，而在当时，做书店是一种时尚。

当时的北京，已经有了三家书店，邹进都一一考察过。作为文化人的理想生意，邹进希望做一个"前店后厂"的书店，"在后面弄个小院可以喝喝茶、看看书，前面有人帮我经营"。

然而现实教育了这个书生，生意不是如此惬意的。那时候的邹进觉得办一个书店就一定有人来买书，然而，就是天天戴着大红缎子招揽人，人也不来。"开一个星期，我就觉得不行了。"

现在回想起来，邹进觉得有几点肯定是错的。第一，选址是错的。西四这个地方其实还可以，西四新华书店就做得不错，但它在街上，人天书店是在胡同里面的，没有人光顾。第二，当时人天书店的面积不是很大，不到1000平方米，但想做大而全，什么书都往里面引，显然这个决策是不对的。"如果踏踏实实的做成一个学术书店或者特色店，可能还有一定的生存空间。"当时请的职业经理人也不太到位，他用新华书店的模式来套民营的书店，肯定是不对的。因为没有教材、没有教辅，完全靠零售、靠普通读者，没有特色的话，书店做不起来。

尽管用了很多的办法，但邹进不能不承认，书店快不行了。怎么办？不能坐以待毙，邹进决定组建书店的销售队伍，就是往外走，搞团购，没有教材的利润，"想做一个坐商肯定是不行的"。这时候的邹进，碰到了他最重要的合作伙伴，当年才20多岁的施春生。

当年的安徽有一家大规模的家电集团，叫扬子集团，后来被西门子并购了。施春生不满足于在小地方滁州发展，离开扬子集团来到北京，碰到了邹进和李虹，"这是一种缘分"。施春生来了后就组建了一个队伍做对外销售，"成长非常快。"邹进说。现在的施春生，是人天书店的总经理，三位股东中的一位。

书要卖给谁呢？邹进首先想到的是图书馆。那时候，图书馆采购业务刚刚起步，北京有一个非常著名的图书馆供应商，叫图联，由高校图工委主办。其总经理是韩俊，他之前是北京师范大学大图书馆的副馆长。图联提出了一个非常好的概念，就是联合采购，统一编目。

高校图书馆现有两千多家，那时候可能是一千多家，每一本书都要进行编目，没有机读目录格式之前，都用手工编目，一本书到一个图书馆就编一遍，是极大的浪费；而且，你编你的，我编我的，你的数据我用不上，我的数据你也用不上，没有办法共享。由此，统一编目被提到日程上来。那时候，图书馆必须从新华书店购书，一个客户量小，几十家高校在一起，量就大了，有一定的议价能力，于是大家决定联合采购。如果由中间机构、图书馆服务公司来为图书馆服务，买书也不用看新华书店的眼色了。于是，图联的业务很快在全国发展起来了。

那时候的图联，一年就能做到600万码洋。在当时的人天书店看来，那简直就是天文数字。现在，人天最小的办事处每年都达到千万了。

回忆起来，邹进把韩俊称为他的贵人："我要做馆配，其实和他是竞争关系，但韩老师真的非常好，把怎么做都告诉我们，一点没有隐藏。"邹进说这是人天书店的第一个关键转折点，如果不转型，如果没有找到馆配、团购这一条路的话，人天书店早就不存在了。

刚刚起步的人天，没有品牌，没有人脉，想做大的高校的图书馆业务确实很难。突破口在哪呢？邹进把目光放在中直国家机关图书馆上。"当时我们在西四，中央文献研究室、中央编译局、人大常委会、财政部等机关，因为离得很近，我们决定从它们这里做起。"

当时，人天定的标准很简单，10万块钱就是基本户，基本户就是人天的大户。那时候没有招投标，完全靠人去议价，或者看跟你的关系怎么样，愿不愿意在这里采书。邹进说他碰到了很多贵人。首都图书馆现任馆长倪晓建，时任北师大信息学院的副院长，认识邹进后一见如故，"指导我们做，非常无私的。"；中国科学院的辛希孟是专家，从技术角度告诉邹进他们怎么做；包括现在南开大学信息管理系的书记柯平，当时在郑州大学，是第一个图书馆学的博士，也来给邹进出点子；中央编译局副局长魏海生，当年是编译局图书馆馆长，他把中直国家机关的联采统编的一个小集体发动起来，跟人天进行座谈。

"现在想，他凭什么帮我啊，没有利益，我连咨询费也不可能给他，那时候我没有钱。"现在回想起来，邹进感觉，可能读书人都有文化情节，做书店的人大家都不烦，而邹进本人也比较诚恳。他还记得人天书店开业的那个小胡同叫羊肉胡同，很多想法都是吃涮羊肉时涮出来的。"可能文化人喜欢扎堆，到书店来就是公共活动空间，坐一坐，侃一侃，吃一顿饭，然后有很多点子。"

半年后，人天书店从羊肉胡同转到紫竹院办公，手上已经有了20个图书馆的客户。

人天"基本法"

紫竹院时期的人天书店，已经完全放弃了店面，专攻馆配或叫团购业务。在邹进的印象中，紫竹院办公地点就是一间小小的陋室，然而，人天书店的纲领和章程在此间奠定。

"那时候，我们做出了联采统编的章程，到现在还是万变不离其宗，还是基于那一种思路和理念来做馆配，是相当于文化和纲领的东西。"邹进把那样一本小册子称为"人天基本法"。

也是在紫竹院时期，虽然人天书店不到 20 个人，但采购、编目、业务、财务等基本部门已经全部建立起来了，做法也清楚了。

编目要找专业人才，而专业的人才不愿意到这么一个小公司来。于是，邹进想出来了一个折中的办法：采购书后，他每次都把书送到北师大，请北师大图书馆的专家沈晓娟帮忙做编目，"编目渠道建立起来了"。

然后就是解决采购渠道。现在，人天完全是直接从出版社采书，最多从新华书店做一点品种补充；但那时候，绝大部分出版社，人天是采不到书的，要采购就要现款，而且折扣也很高。怎么办呢？新华书店总店对人天的帮助很大，给人天书店开户了。

"不给你开户，是没法采书的。那时候要用《新华书目报》预定图书；预定图书你要报给它，如果不开户，报给它也不接收你的订单。"邹进说他又遇到了贵人，那就是京所的胡金安。

采购渠道、编目渠道都有了，就要靠业务发展客户了。迁到紫竹院，人天书店组织了业务部，由施春生负责。

当然，后来慢慢做大了以后，人天觉得在总店 7.2 折拿货太贵了，因为教材还是 7.5 折，利润空间太小了，就慢慢转移到出版社开户去了。

到 2003 年，人天书店实现了亿元码洋的销售目标。也就是说，连续 5 年呈现 100%，甚至 200% 的增长。但邹进说，运营没有秘密，只是人天开始的基数太低了，很容易增长。

初期，为了能尽快成长，邹进选了一个"假想敌"。

当时，全国只有 4 家上亿元码洋的单店，西单图书大厦、上海书城、广州购书中心和深圳书城。同在 1998 年开业的西单图书大厦离人天那么近，这个近在咫尺的庞然大物，对当年弱小的人天来说，是巨大的压力，更是无形的动力。

1999 年是人天做馆配的第一年，邹进估计做了 400 万~500 万，而西单图书大厦是 1.6 亿，是人天的 40 倍；2000 年，西单图书大厦 2.2 个亿，人天达到 1000 万，是人天的 22 倍，距离一下缩短了；2001 年，西单图书大厦 2.6 亿，人天两千万，是人天的 13 倍，距离又小了。那时候的人天，虽然业务主要还在北京，但已经开始往外走，服务可以打到外地，特别是大的省会城市去了。2001 年，人天从紫竹院离开，迁到国家图书馆宿舍区办公的时候，大概有 30 多个人。

到 2002 年，西单图书大厦达到 3 个多亿了；人天书店发展也很快，喊出了 3800 万的口号。那年，人天书店第一次拉出去，在蟹岛开总结会，大家都非常的激动。因为业务主要压在施春生身上，邹进还记得，施春生掉着眼泪说，希望后台给他支持。大家都觉得 3800 万已经到头了，但是那一年，人天做了 4500 万码洋的规模。

"肯定也是有一点精神的，因为想要把事情做好。开始是被逼迫，做不好就死掉了；后来就是要把事情做漂亮一点，做好看一点。"当然，人天的核心竞争力此时已初显雏形。

1999 年，人天发现了一个很有意思的现象。那时候，每年出的新书大概在 9 万种到 10 万种之间，但是《新华书目报》能报出来的信息只有 5 万种这是为什么？"第一，有版面限制。每期就是这么多版，多了也不能上，要等下一期。书都出来了，预定就没有意义了。第二，它收费，京版要收 100 块钱，地方版要收 150 块钱，才给登一条信息。有的出版社觉得京所发行功能没有那么强了，特别有的时候包销书的信息不用发了，所以就收不全。"

人天当时就觉得这是一个很重要的商机，人天可以做一个自己的书目报，覆盖全部信息，而且不要出版社的钱，然后，把信息变成 MARC 数据来吸引图书馆客户。"新华书目报只是给你一张报纸，最多给一个 Excel 的表格，我们直接把它变成 MARC，可以直接导入图书馆系统。"就凭这一点，就把全国的高校图书馆吸引过来了。

邹进把馆配市场分成了几个阶段。2003 年以前，是图书馆找馆配商，但没有好的馆配商。人天书店做了采访数据后，很多大学图书馆主动找到人天。2004～2005 年（图书馆大评估）之前这一段时间，是均衡态势，人天发展客户，也有客户找人天，那时候馆配商之间已经有竞争了。2005 年图书馆全面评估以后就变了，完全成为买方市场了，所有的要求都要响应图书馆。从 2005 年、2006 年馆配招投标以后，一直到最近这几年，馆配市场是非常混乱的市场，价格战硝烟四起。"当然，像北京的部分高校，上海、杭州、深圳好一些，闽南地区也好一些。"现在，慢慢有图书馆意识到，再打价格战，资源建设要出问题，质量肯定是要下降的。所以，现在有图书馆主动把折扣提上来了，但要求服务好，把书供好。

邹进不否认，初进市场的时候，人天在价格上是有优势的。那时候的馆配市场基本是 9～9.3 折供货，人天给出的是 8.5 折，但邹进不承认自己是价格战。"我不是倾销，是基于自己的成本考虑的，因为我的运营成本低，定价可以低一点。我们虽然是 6.8 和 7 折采书,但和8.5折之间的进销差毕竟还有将近20个点,我是可以支撑的。现在新书都打到六几折,才是乱套了。"

最后,当然是人天提供的服务了,不要说比新华书店,甚至比图联还好。人天提供的服务包括各个方面,数据服务、采购服务、售后服务,还有售前服务——提供书目信息。人天还带着图书馆客户去采书,带着他们参加订货会。"做得好,客户自然就过来了。"

回头看看,邹进说他要感谢员工。那时候国家已经规定实行5天工作制了,但人天书店仍旧执行6天工作制。邹进说:"人天书店是员工的汗水养大的。"同时,人天把能计件的工作都施行计件取酬,这极大提升了员工的积极性。"图书馆老师编数据,一天一个人编10、20条,我们的编目员一天编30条、40条。"

人天事件

2003年,人天的第一个目标——亿元店实现了。那时候,人天已经有了将近百家图书馆客户。2004年,人天启动了第二个五年计划,希望再用5年时间做到5个亿,但没有实现。

从2004年开始,人天开始筹建中国可供书目和新书展示厅,而且还开始在全国建立办事处和工作站,这些贴近客户需求的创新之举持续托升了人天的发展。2004年,人天销售额突破了两个亿;2005年,3.5个亿;但就在2005年10月,人天出事了。

要谈人天事件,就必须先厘清一个问题,即卖书怎么卖?结算怎么结算?先说批销,一级批发商批给二级批发商,都是按实洋开发票,按打完折的价开;零售店一般不打折,如果打折,打多少折就开多少钱的票,网店更是这样,唯独图书馆例外。

"图书馆要创收,从20世纪80年代开始就延续了一个潜规则,不管是多少折扣,都按码洋开票。九五折的时候,图书馆按全价把钱给馆配商,然后馆配商把那五个点的现金返给图书馆;个别的可以给支票。做到七五折的时候,你要把二十五个点的现金返给他。"邹进说,对于馆配商来说,并不愿意如此结算。首先,馆配商要拿出大量的现金。"那时候我们做得小,银行每天只给两三千块钱的现金额度;现在一天也只能给五万块钱。"2005年的时候,人天已经做到3.5个亿了,绝大部分是码洋开票,只有个别是实洋开票。那时候的平均折扣在两折和两折以上,按8折算,3.5个亿的规模,意味着要把7000万现金拿出来,是巨大的工作量。

其次，馆配商要多交太多税。"但这就是门槛，你不做也得做，不做就意味着你要出局。"很多图书馆在合同里就这么直接约定返还现金；有的图书馆比较有法律意识，它不写在合同里，而是口头约定。

邹进说，当时没有意识到有问题，因为这就是一个行业的潜规则。"我们把优惠款给图书馆，应该叫销售折让。"检察院要邹进承认是回扣，但邹进不承认。"这是明扣，是销售折让，写到协议里，双方约定的。我没暗底下给你，怎么叫回扣呢？"

邹进的朋友们猜测，人天树大招风，肯定招惹谁不痛快了。回忆往事，邹进苦笑："当时是要反商业贿赂，各地要找典型，这块砖掉下来正好砸在我头上。"

事情的源起就是账本事件。一笔笔的返还，人天都记着账，一抄就抄出来了。"所以有图书馆恨我们，说你给我的钱为什么要记账，你不是把我们卖了吗。这又证明了我这不是回扣。如果是回扣，我不会记账；我和你私下交易，为什么要记账。我记账的原因就是因为这是正常的，是折让，是我经营的成本。我没有主动、主观故意去行贿。"同时，邹进也希望图书馆客户谅解，如果7000万不做账，或者做假账，被发现，则邹进有可能是死刑。

"但我们肯定是犯错误了。法律有条款规定，你不能去帮助客户洗钱；他一定这样要求，你宁愿不做。但是，如果不做，就没有人天书店了。"

现在的人天书店跟业务员说得非常清楚，以前公司必须响应客户的这种要求，现在则完全不响应，哪怕是最规矩的要求——图书馆要求码洋开票，比如7.5折，25个点从账上给我打过来，我再给你开正式的收据，盖着章，或者说开加工费——这种要求都是一概不响应的。

"我说你必须给我按照7.5折结算，我只要你7.5折的钱，其他坚决不要。你要真是加工，我们要真给你们加工，你把25个点给我，我再和你签另一个协议。生意的机会失掉就失掉了，安全，最重要。"邹进说。

无论如何，人天事件让人天急速的掉了下来。2006年，一下就掉到2.5个亿。后来一点点恢复，到2008年的时候，还没恢复到5个亿。到第三个五年的时候，人天才重新进入增长的通道。

书业"袖珍"帝国

回顾人天书店16年的经营历程，邹进说人天遭遇过两次"灭顶之灾"。第一次，就是从零售转型到馆配,"家里面的钱全都填进来了,如果没有转型,当时就死掉了";第二次,就是上述的"人天事件"。

度过危机后,人天仍在持续增长,现在已经坐上行业老大的位置。在人天书店15周年店庆之际,邹进感慨地说,人天书店在此前风起云涌、现在寥若晨星中的馆配商当中活下来,不是一个概率事件。"为什么说不是概率事件呢?我总觉得还是要把事情的规律找到。馆配的规律,我们基本上可以说是找到了。"

在邹进看来,图书馆的需要应该说非常简单,那就是把它要的东西给它买到,它需要但暂时没有想到的需求,人天需要创造出来。人天做采访数据,就是响应图书馆的需求。人天现在在做的数字资源是创造需求,一些增值服务也是创造需求。

"在任何一个行业,要有竞争优势,必须有核心竞争力。我们为什么能够做好,因为我们一直在把握我们的核心竞争力。比如前期我们的《人天书目报》和采访数据,是人天的核心竞争力;现在的平台建设,是人天的核心竞争力;接下来,可能数字资源和管理系统是人天的核心竞争力。所谓的核心竞争力,一定就是我有而别人没有,或者我比别人更好。"

在邹进看来,企业做大了以后,一定是平台跟平台在竞争。在人天发展的初期,是以业务员做主导的;一个地区做不起来,换一个人就能做起来。但是,现在的人天更强调平台化管理,业务员的能力非常重要,但已经不是决定性的因素;决定因素在人天的平台上,从采访到物流、结算、服务等,甚至增值服务,人天到底能提供什么。当然,发展的另一个轮子是营销,而营销的根基是把渠道做好,渠道一定要畅通。所以,人天根据图书馆客户的分布情况,下大手笔建分支机构。"我们现在国内有43个分支,可能会达到50个,能贴近客户,了解他们的需求。"

信息平台、物流平台、资金平台、人力资源平台,综合起来形成大平台,不能允许一块短板出现。"数据做得再好,但采购不到书,或者物流不行,都不行。能采到书,但付款付不了,出版社不给你发货,动不动给你停货,也不行。"人天所搭建的这个供应链协同平台,"在国内同行业中,一定是最高、最广阔的一个平台"。

从邹进本人来说,他关注的有三点:一是公司整体战略做什么;二是谁来做,这就涉及人;三是这些人是什么人。

"纸本书肯定是下降的趋势,以后到某一时间出现拐点,绝对采购经费下降,公司的出路在什么地方?执行渠道建设、平台搭建的是人。真正要做业务,一定层次越高,做得越长久。"

邹进希望员工认同企业。"你在这里挣钱没有问题，你更要把个人的实现放在这个地方。如果有使命感，每一步的成功都会给你带来愉悦。人有了使命感，他的能力是倍增的。包括我自己也是这样，我一想我有目标，我就觉得有意思。"

当然，激励和考核机制对留住优秀员工也很重要。在邹进看来，公司全部是量化的，是人天最重要的一个标志。除了办公室和财务工作无法量化，把事情做完就行了，其他所有部门都是计件的。"业务部门可以用码洋计件，加工可以按册数计件，发书可以按包计件，订单汇总可以按条计件。所有的东西我们都要拆分成量。"

由此，在同行业中，人天书店员工的收入"绝对不能比同行业低，这是肯定的，这是硬条件"。

一个员工，一定是愿意跟着一个有想法的人走，跟一个想干事的人走。从邹进来说，他尽量把事情做得大一些，品牌更响亮一些，业务范围更广一些，使大家都能找到自己的位置。邹进、李虹、施春生这三位股东，每年只是象征性的分一点红，证明自己是股东而已。人天的资产在不停的积累，办公大楼、四合院、库房、招待所，"民营企业必须选择重资产化，因为稳定，可以保证不会出现问题，哪怕慢一点。我就是想建一个在书业里的袖珍帝国，很小，但什么都有，全部都能满足我自己。"

"数字馆配"来了

《出版人》杂志记者　高笛　2014年第10期

建一座没有大厦的图书大厦，让订货会永远不落幕

在日前举办的第二届全国出版物馆配馆建交易会上，人天书店集团董事长邹进发出如此宏愿，并称已开发出获取可供书目的便捷数字渠道，未来将汇通全国图书信息，提高图书采买馆配效率。此言一出，掌声如潮。作为民营馆配商的领军者，同时也是本届馆配馆

建交易会的主要执行单位,人天此举既点出了本届大会的题中之义,亦昭示着行业未来发展的趋势——从编排到发行,从书商到中盘,数字化悄然渗透到出版产业链条的每个环节,再也没有视而不见的可能。

"接地气"的馆配会

要谈中盘商数字化转型的始末,还须从本届全国馆配会说起。

根据中国社会科学院的统计数据,2014年全国共将举办大大小小的官方馆配会27场,相较往年动辄40多场的冗余之态有所好转,但仍有大幅缩减开支的空间。馆配会议过多过乱、资源零散的现状,使中国出版协会意识到构建权威平台的重要性,决心走下庙堂,到地方出版界"接地气",开启与民营企业的合作之门。事实上,一方面,馆配会作为一个纯粹的商业活动,在中国往往以政府行为的方式呈现,商业因素的缺乏会导致有效客户流失,进而使馆配会逐渐失去生机;另一方面,纯粹的商业行为又缺乏必要的社会公信力,因此选择有影响力的合作伙伴,就成为本届馆配会举办的关键。

"我们要站在出版界的立场上,支持最好的馆配商。"中国出版协会副秘书长刘丽霞说,"通过搭建规范化的大平台,打造一个拥有统一标准体系的、公益、公平、公开的全国馆配交易会品牌,从而实现对市场资源和秩序自然而然的集中、规范。"

以此理念为指导,9月19日,这一场由中国出版协会、安徽省新闻出版广电局主办,全国馆配商联盟、时代出版传媒股份有限公司承办,人天书店集团、安徽时代出版发行有限公司、安徽万品图书经营有限公司任执行单位的重量级馆配会在万众瞩目中隆重开场。主办方实力雄厚,这令此次馆配会声势夺人,4000平方米的会场内设置了出版物展位800余个,参展出版社700余家,参展图书品种达到10万种以上,超过800家图书馆受邀参会,总计参会人员2000多人。至21日活动结束时,整个交易会的销售规模已超过1.3亿码洋。

众望所期的大平台初次亮相,没有令人失望。许多参展人员纷纷表示,本届展会规格之高,展品设置之丰富令人印象深刻。不少人或落座报告厅聆听学术研讨,或在数字产品展台前长时间驻足,真实感受着出版数字化给予未来工作的种种可能。一场交易会过后,馆配市场数字化成为每个与会者脑海中不停回旋的话题。

数字化转型势在必行

本届全国馆配会以打造"全国馆配交易平台"为目标，希冀联合多方力量以应对国内馆配市场的乱局，提升馆配服务的质量和水平。然而，要达成这一目的，仅凭一场优质的馆配会是不足的，在实际采买、订购、联合编目，以及可供书目的行业共享上实现突破，甚至完成全国统一标准下的数据交换，混乱无序的市场秩序和恶性竞争才能得到遏制，馆配市场才能获得长足的发展。美国联机计算机图书馆中心 OCLC 数据在世界范围内被广泛使用，以己之所能济天下，在大数据时代把稳信息之舵，已然为中国出版界做出了示范，馆配业实现数字化转型势在必行。

"无论是从规模、品种、人数，还是行业专业度，本次馆配会已经趋于极致了。"邹进如此评价到，"今后馆配行业要发展，服务质量要提高，必须借助数字技术。人天拥有自己的数字产品开发团队，我们研发的'中国可供书目数据交换平台'以及'数字图书馆'产品都是迎合了当前的发展趋势，以便未来更好地为出版商和图书馆服务。"

的确，一次传统型图书订货会仅能搭建一座临时的地面图书交易平台，参与交易的图书品种最大量级在 10 万种左右，采购人员需通过现场看样、扫码、查重、后台数据传送等一系列工作完成现采流程。这种方式不仅使看样选书范围相对局限，而且人力及时间成本较高，如真能"建一座没有大厦的图书大厦，让订货会永远不落幕"，这对整个馆配行业的革命性意义不言自明。

在本届全国馆配会上，人天集团隆重推出"中国可供书目数据交换平台"和"畅想之星电子书平台"，董事长邹进和总经理施春生亲自上阵介绍，足见其对数字产品的重视程度。可供书目是图书出版发行链条中极其重要的一环，没有可供书目，就没有一个完整的发行体系。中国可供书目作为图书交易、数据交换的线上平台，与地面平台并行不悖，通过与出版社的数据库建立平台联系，使读者在订购图书时能够方便地查询到供应商的库存情况，并予以锁定，不仅可选范围更广，还可以最大限度地缩减采购成本。现在平台所载的图书信息已高达 110 万种，几乎覆盖了目前馆配市场的所有在销品种。

除了便捷的实体书采购系统，电子书的发展也是图书馆界关注的焦点。可以说，数字图书馆建设已经成为 21 世纪图书馆应对信息化浪潮的重要战略，虽然传统图书馆和自动化图书馆暂不会消失，但随着电子出版物的盛行，图书馆的资源结构已经发生了根本性变革。应此趋势，人天集团研发了畅想之星电子书平台系统，通过建立 B2B 电子商务平台，提供平台系统、技术服务、数据加工以及销售渠道，帮助馆配市场逐步形成数字资源的良性生态系统。

未来迎接知识服务

参展商们主打电子产品，几位特邀嘉宾的学术发言也纷纷围绕数字产品和电子书展开，数字化转型成为本届馆配会上绕不开的话题。在本届交易会安排的主题报告研讨会上，全国高校图工委秘书长、CALIS 管理中心副主任、北京大学图书馆副馆长陈凌发表了题为"高校图书馆与信息产业开放协同发展体系"的演讲，就当前学术出版者和图书馆员面临的挑战、未来图书馆的转型方向，以及整个出版界的协同发展娓娓而谈，引起了听众强烈共鸣。

"信息环境的彻底改变，使得馆藏的数量变得无关紧要，Google、Amazon、Wikipedia、HathiTrust 等图书馆的替代者快速增长，使读者对传统图书馆的需求下降。与此同时，电子书的使用也已到达爆发的临界点。"陈凌引用美国大学图书馆对当前发展趋势的结论点题，"MOOC 等大规模在线课程的流行促使我们必须改革，在信息化时代寻求图书馆的新定位。"

在陈凌看来，图书馆未来发展必须依托新的技术环境进行服务创新，云计算技术支撑的云服务将成为图书馆未来服务的基础。大数据背景下的嵌入教学和科研环节中的知识服务将成为未来图书馆的主要服务功能，而要迎接这一未来，仅凭当前的技术手段单兵作战是不行的，需通过建立各类联盟，形成以图书馆、图书馆联盟为中心的协作发展联合体，探索并构建全新的信息服务网，分工协作，共同解决新服务、新发展的持续性问题。

陈凌的观点得到了大多数与会人员的认同，报告厅内手机拍照的快门声频频。上海市图书馆学会高级专家咨询委员会委员、中国索引学会常务理事、副秘书长刘青芬表示，本届全国馆配会新增的学术报告研讨会，使得馆配会的内容更丰富，具有更大的参与价值。"陈凌等人的报告紧跟现实，切入主题的角度非常好，有深入探讨的价值和学习的必要，在这一点上，我认为本届馆配会的创新十分成功。"

从小的研讨会议室到大的馆配会现场，"数字化"一题伴随本届全国馆配会始终，给每一个参展者留下了深刻印象。"数字出版"业已成为从业者耳熟能详的热词,现在"数字馆配"也来了。面对迅猛发展的数字寒潮,本届馆配会那一颗火热的数字心究竟能否帮助中国馆配实现平稳过渡,就得看每个从业者的表现了。

观 察

由北京人天书店集团在2013年倡导发起成立的"全国馆配商联盟"现已有成员单位72家,2013年全年销售码洋达3亿,已经成为馆配市场的一支重要力量。2月下旬,由全国馆配商联盟主办,人天书店集团及安徽时代出版传媒集团承办的"第四届全国馆配商战略合作研讨会"在安徽合肥举行。来自江苏华茂、上海联诚、杭州大涵、河南天富、郑州日成、厦门外图、鞍山市新华书店、甘肃省新华书店等全国约80家省市级的新华书店、民营书商、知名网店、零售书店负责人参会,共商馆配行业发展大计。有人笑称,行业竞争这种商战就像香港枪战片,有血有肉、有情有义,若只是"打打杀杀"会让人瞧不起,如果"老大"做得好,这个行业就稳定了。

从竞争对手到合作伙伴:联盟时代已经到来

——访人天书店集团董事长邹进

《图书馆报》记者　李晓　2014年12月26日

邹进,诗人,北京人天书店有限公司董事长。他1958年4月1日出生于北京,在南京读中学,后到内蒙古插队,1977年入吉林大学中文系学习,毕业后获得文学学士学位。他兼任中国书刊发行业协会馆配工作委员会副主任、中国期刊协会民营营销分会副主任、东北师范大学计算机科学与信息技术学院兼职教授、全国馆配商联盟理事长。

成立于1998年3月15日的人天书店,至2010年,销售码洋超过5亿元;2013年,销售码洋11亿元;2014年12月,销售码洋突破14亿元人民币大关。近日,记者就当前馆配市场存在的问题、解决对策以及人天发挥的作用等方面,采访了北京人天书店有限公司董事长邹进。

现采模式使得产业链成本居高不下

众所周知,自1998年起,民营书店大张旗鼓地领跑了图书馆配行业的10余年时间。由于政策的拉动和图书馆的联合,市场逐步由卖方市场转变为买方市场,图书馆的采购方式也逐渐由订单采选转变为以现货采购为主的模式。

"这其实是馆配商所不希望看到的。"邹进对记者表示,因为现货采购相较订单采选而言成本极高。对于图书发行这样的低利润率行业而言,无疑会使其利润空间被进一步压缩,产业链成本居高不下。但作为图书馆的专业服务商,一切工作都需围绕客户需求展开,虽然这必须以高昂的成本为代价。然而,现采的直观性与配货周期的大大缩减,对用户而言还是具备足够的吸引力。

但是,倘若对品种覆盖率有很高的要求,抑或有特殊的需求,现采的劣势就会被暴露出来。库房现有品种数以及当年馆配新书覆盖率等,这些都是图书采访中被密切关注的问题。现采考验的不仅是馆配商的采购、仓储能力以及服务水平,对采访人员自身的体力而言也是一种莫大的考验。据人天书店集团数据平台显示,2014年1月至10月期间,现货采购(不包含馆配会)占全部订单码洋的14.5%,现采码洋同比下降16.7%,而总采购码洋同比增长了近31%。这已经能够显示出馆配市场正在由现货采购逐步向订单采购回归的趋势。

邹进说,很明显,倘若馆配市场一味地依赖现采来避免订单采选过程中出现的订购周期、采到率等问题,则会使得图书馆的资源建设和发展陷入僵局,也使产业链成本居高不下,行业利润越来越低,市场门槛不断提高,加之服务成本、仓储成本、人员使用成本等的逐年攀升等问题愈加突出,行业市场的生态环境将进一步恶化。

对此,人天书店集团提出了自己的方案。《人天书目报》是由人天集团独立完成采集的,除去教材教辅以外的全品种书目。自1999年创始至今,按照每周一期的频率,已发布了656期,是一项业已发展得相当成熟的业务。仅2014年1~11月,《人天书目报》所收录的馆配新书品种就达到163802条。根据历年同国家图书馆数据进行的比对来看,人天书目数据的新书覆盖率都高达95%以上。人天集团数据中心的专业化运作模式也使得其时效性能够有很大的保障。人天集团的书目数据对客户开放后台,不仅可以提供全品种书目,还可以根据各图书馆的不同需求制作"定题通报"。

如果说《人天书目报》解决的是"市面上有什么书"的问题,那么"中国可供书目"解决的则是"书在什么地方"的问题。2014年,人天书店集团重启"中国可供书目"项目,旨在建立一个权威的现货数据交换平台,一个完备的图书物联网体系。

目前,人天的"中国可供书目"已收集到了1124877个可供品种。倘若最终能够在技术上顺利解决与所有出版社通过FTP技术进行EDI(电子数据交换技术)接口对接的问题,并持续化地运作下去,以往订单采购中遇到的采到率与采到速度的问题将会大大改善,现货采购的优势也将被进一步削弱。这样将把以现货采购为常态的馆配市场重新扭转到以订单采购为常态的正轨上来,为产业链成本的常年居高不下提供最终的解决方案。

馆配市场电子出版物锋芒乍现

当前,人们的阅读习惯与阅读介质发生了巨大的变化,出版商的出版模式以及采购方的采购方向都随之进行了调整。数据显示,我国纸质图书出版品种年均增长不到3%,而数字出版近年来的增长达到30%以上。然而对比欧美发达国家的电子书市场销售占比,中国大陆地区5%的电子图书销售份额显得微不足道。起步晚、盘子小是其根本原因之一。

邹进认为,电子图书已是显性市场,但尚处于建设阶段。从整个市场环境来看,目前,"中国移动手机阅读基地平台"和"Kindle"分别占据"大众阅读"与"正规出版物"的两极。虽然说经过一些年的探索,电子阅读的产品形式与内容都在不断升级,数字出版进一步地展现出全媒体化的态势,并配合新媒体传播,不再拘泥于正规传统的出版模式,而开始进入自主研发的阶段。然而,在盈利模式上,无论是对于新媒体还是对于传统出版单位而言,还仍然处在投入大于产出的阶段。相较于出版方盈利难的问题,在馆配领域内,却出现了采购方数字经费连年攀升的局面。在近期出炉的《2013年高校图书馆基本数据排行榜——2013年高校图书馆购电子资源经费排行榜》中显示,复旦大学图书馆以2150万元、清华大学图书馆以2101万元位居前两名,分别占据了其文献资源购置费用的40%、60%。这一数据显示,在一流高等学府中,电子资源与纸质图书的采购经费已实现了逆转。这不仅是由于场地限制、阅读模式的转变、单册图书定价升高,也取决于以品种定胜负的高校图书馆评估体系。

似乎与纸质出版发行领域类似,在电子出版发行领域,馆社之间仍然存在供求对接不够的局面。那么，作为中间商，搭建电子出版物平台便显得顺理成章。

电子出版物平台其实并非是一个异军突起的新鲜事物，对于发行商而言，其与纸质出版物的中盘商本质上大同小异。目前，电子出版物发行市场对于大众阅读零售市场渠道的依赖性较强，而对于图书馆渠道的介入程度明显不足。然而，我们应该清醒地认识到，图书馆渠道才是一个采购经费增长平稳的重要渠道，这一渠道的强化发展将会涌现出电子出版物发行的第三极力量。

邹进很有信心地说，人天堪当这样的重任。2014年，他们无论是在技术层面还是在资源购入上都不遗余力，明年还将继续加大投入。在第二届全国出版物馆配馆建交易会上，人天成功地与22家大型出版集团及出版社签署了电子书销售协议，未来这个数字还将继续增长。"我们目前正处于电子书平台的推广过程，目前看来，出版社在心存疑虑的同时，却又都表现出了对电子资源转化为销售额的高度关注，他们也都在寻找合适的渠道，并希望这个渠道能够遵循出版规则，保证出版社与作者的利益。"人天正是以此为出发点，因此，它才能够获得出版社的高度关注与青睐，源源不断地获取到足够的资源。

同时，邹进也表示，目前看来，电子出版物平台的建设速度还是慢了些。需求的急速增长是一个方面，代码的编制上也要颇费时日。比如说，电子书到底要不要复本这一个需求，人天就征询了上百家图书馆和出版社的意见，最后商定出一个相对折中的方案。相应地，代码也就如此这般反反复复的修改。

馆配商联盟悄然改变市场游戏规则

人天发起的全国馆配商联盟成立至今已有3年，目前约有70%以上的民营馆配商与部分省市的新华书店都在联盟队伍之列，成员数还在不断攀升中。该联盟从成立之初就获得了业界的极大关注，一直以来，认同之声与疑虑之声并存。但无论如何，从某种程度上来说，该联盟改变了现有的馆配市场玩法，还打破了馆配生态与竞争格局，未来其影响更加深远。

虽然产业链各方对馆配商联盟颇有"挟天子以令诸侯""上下施压最终目的是一家独大"等看法，但对产业链发展而言，联合招标、降低成本只是该联盟的一项考量。

邹进坦言，成立联盟的出发点就是要代表馆配商成员的利益，获得更多的话语权；建立进货与出货标准，梳理全国价格体系，维护馆配市场秩序，规范馆配交易行为；引导建立新的符合图书馆文献资源建设的招投标规则，避免恶意竞争；在联盟内采用统一的数据交换与共享平台,减少采访工作成本,提高行业竞争力,并旨在打造"中国可供书目",建立现货数据交换平台,将出版社、批销中心、策划公司的数据放在一个统一的平台上,实现图书发行行业内的物联网布局。

在馆配商联盟看来,联盟的成立属顺势而为,上中下游作为同一价值链上的利益三方,需要协调好立场,互相帮衬,应互相补台而不是拆台。联盟作为行业内重要的一支力量,要促进馆配市场持续、稳定与健康地发展,需要变竞争为合作,这在联盟内部已经得到实现。这也证明,竞争关系有可能在条件成熟的情况下变为长远的合作伙伴关系。联盟时代已经到来,这不但再造了馆配市场的新秩序,更为"大中盘格局"的实现奠定了基石。

关于馆配商联盟的作用,邹进认为,"正是联盟的发展,让馆配市场大中盘格局得以显山露水"。一直以来,中国都缺少一个馆配"大中盘";不过,"大中盘"的格局已经随着馆配商联盟的落地、成熟而浮出水面。所谓"大中盘商",首先是能够突破地域的限制,产生在某种意义上的具有垄断地位的影响力,如市场占有率与规模。这样的中盘商具备足够的整合能力,上至对各出版社品种数量、图书数据的收集能力,图书目录的编辑和加工能力;中至对全国各区域性馆配商的凝聚能力;下至对图书馆的服务能力、供货能力,包括物流的仓储和配送能力、图书品种的查重能力、对图书馆需求调整的反应能力、查漏补缺的能力、各类数据的提供能力、电子资源文献的服务能力等,以及足够的销售能力。具备将整个馆配上中下游环节疏通的能力,这样的馆配商才能称为大中盘。

全国性的大中盘商是针对辐射全国范围的服务需求,最终实现联合采购的一个格局。相对于过去所指的联采中盘,这里所指的大中盘更偏重"信息大中盘"的概念,即一个由信息系统带动物流系统,从而进一步带动商流的中盘,人天集团便志在于此。

社会科学文献出版社建社 30 周年致敬学术推广人——邹进
2015 年 1 月

【致敬辞】

也曾遭遇从零售向馆配转型的生存危机,也曾在馆配市场中几经浮沉,但凭借坚韧的精神、敏锐的眼光和精准的判断,从一家小书店发展成为全行业的领军企业。他以文人的风范为行业发展深谋远虑,倡导成立全国馆配商联盟,为大小馆配商发声,打造一流的数据平台和物流平台,把做好中国馆配中盘视为长远的发展目标;他以书生的热情为学术出版搭建渠道,协助学术出版社扩大市场份额,提高利润率,寻找可能的商机;他以诗人的情怀投身公益事业,集团旗下的蔚蓝基金会目前已在全国捐建了近1000家"蔚蓝图书馆",他竭尽所能调动的资源回馈社会,履行责任。我们期待他的书业帝国创造更多的奇迹。

促进资本融合,打造多主题馆配生态圈

——第五届中国馆配高层论坛在桂林召开

《出版商务周报》 2015年3月10日

2015年3月10日,第五届中国馆配高层论坛暨2015年度全国馆配商联盟年会在桂林召开。来自全国馆配商联盟108家单位的166名成员及6家业内媒体出席了当天会议。本次论坛首次邀请了出版社和图书馆代表参加,意在紧密联结供应链各个环节,强调共同利益,突出"生态馆配"的论坛主旨。

此次会议一改以往的议事会形式,而成为真正意义上的行业高层论坛。除了对联盟2014年的工作进行总结与发展策略的阐述之外,还汇集了出版发行领域的图书馆学专家、实务专家和行业专家的10场演讲报告,搭建一个开放的学习与交流平台。其中包括针对图书馆典藏书籍发行、政府文化产业扶持资金申请、数据资源采购现状与发展趋势,以及联盟如何抓住新的机运赢得自身发展等各个层面的深入讨论。

全国馆配论坛,不仅是馆配商的论坛,也是行业论坛。所以,为了真正达成行业内的信息互通,除了邀请全国馆配商联盟理事,还邀请了图书馆的代表、媒体代表,特别是邀请了北京部分出版社和广西地区出版社的代表,他们对全国馆配商联盟的发展尤为关注。

在2014年和2015年,全国馆配商联盟一直是中国出版发行行业的一个热词。作为行业平台,联盟建立在了平等的基础上,实现了多主题共建的资源共享,并且能够实现共赢的、开放的商业生态系统。平台模式的精髓,在于打造一个多主题、共赢互利的生态圈,协调发展。

第一,在此基础上,联盟搭建了统一标准下的数据交换平台。这其中包括采访数据、

编目数据，以及作为全国现货数据交换平台的"中国可供书目"。以这样的方式在联盟内部进行优势互补与优先合作，联盟成员可以免费使用这些数据，降低业务门槛，缩减业务成本，优化馆配服务。

第二，联盟平台整合了传统纸本图书、纸本期刊、电子书、图书馆使用工具、图书馆管理系统等一系列资源，使得不同产品通过同样的渠道输出出去。这及时配合了图书馆资源类型的转型，建立了同步的反应机制以及多方面预案，以便整个产品端不断推陈出新，馆、社、商三方面信息始终通过我们的平台进行对等链接传送。

第三，联盟搭建了行业馆配会公共平台，以公益、平等、开放的精神为全国馆配商服务，在已举办过的全国性大型馆配会上均取得骄人的成绩。2013年9月于青岛，它承办了全国馆配商联盟秋季订货会；2014年5月于贵阳，它独立举办了全国图书交易博览会馆配会；2014年9月于合肥，它主办了第二届出版物馆配馆建交易会暨全国馆配商联盟秋季图书订货会。未来，联盟还将承办2015年全国馆配商联盟桂林春季图书订货会，以及2015、2016两届全国出版物馆配馆建交易会。

正如人天书店集团在年初的承诺，2015年，集团将在全国馆配商联盟内实现ERP管理，提供馆配行业的企业管理解决方案。其中包含订单管理系统、分拣管理系统、业务考核系统。目前，此项目已进入需求提取阶段，并在近期召集部分联盟成员，收集典型性需求，确立实施方案。人天书店集团的定位是完善供应链的管理，成为整个行业价值的创造者，不再仅仅停留在降低供货折扣的初期合作模式上。在供应产品之外，人天更应该成为行业服务的提供方，帮助整个行业实现营利性的运营。

全国馆配商联盟作为一个资本融合平台，在出版社为规避风险，提高开户门槛、减少开户数量、抵押发货，对馆配商压缩账期等不利环境下，不但可以协助联盟成员解决临时资金问题，而且可以适时建立联盟风险基金，从而解决联盟成员房产抵押、贷款、图书馆回款周期长等资金成本压力。

除上述所言，联盟还是一个学习交流平台。联盟在2014年年中，连续举办了中国机读目录格式编目员培训，以及全国图书馆联合编目中心编目员培训，也包括这次即将举办的第五届中国馆配高层论坛。

此外，联盟还将提供全国图书馆招投标信息与采购量分析，以及联盟成员采购销售分析，以成为行业内的信息整合发布与数据分析平台，未来还将提供全产业链数据分析。

馆配商联盟作为全国范围内的馆配行业平台，秉承互联网精神，始终体现着开放、共享、透明与平等。联盟成员进退自由,对新华书店、国有书店、民营书店等各级各类书商实现全面开放。成员不论类型、大小、地域及对联盟贡献多少,一律平等,共享现有产品、程序、数据、渠道、采购体系与交易会平台等现有成果。

联盟成员在谋求发展的格局中,达成了一些共识;在不同层面的业务开展中,也促成了一些具体的合作。对图书馆,联盟通过密集的网状渠道分布,以及联合采购所达成的产品优势,让各地市级中小型图书馆和职业院校都可以采购到大社、好社、品牌社的图书。在此基础上,2015年的全国馆配商联盟将会成为全国馆配商学习、交流与合作共赢的平台。2015年也将是联盟深入发展和影响力广布的一年。通过深化合作,探索发展道路,建设行业规范,联盟将会有更准确的定位,建立更牢固的基础。

通过这次会议,馆配商联盟成员、非成员的全国馆配商、出版社、图书馆将会达成更深层次的了解与信任。在新的一年里,联盟将一如既往地为所有成员单位创造更加便利的条件,通过改进服务质量,提升服务能力,降低服务成本,规范竞争格局,建立馆配生态,共图行业发展。

短兵相接开启馆配电子书元年

《中国出版传媒商报》记者　夜雨　2015年3月17日

在馆配领域,还没有一款真正面对图书馆的文献馆藏类数字资源平台,这一平台资源要以新书为主,与新书同步发行。因此,当全国两大主要民营馆配商——北京人天和湖北三新几乎同时上马并发布自家电子书平台和开展数字资源建设时,2015年似乎成了馆配电子书元年。这是馆配商转型之路,是应对数字化未来的必然之举,也是试图解决馆配商的生存与发展,争夺未来市场份额的一次短兵相接。

图书馆资源建设变化促馆配商转型

"2015年是馆配电子书元年。"这是全国馆配商联盟理事长、北京人天书店集团董事长邹进,在第五届中国馆配高层论坛暨2015年度全国馆配商联盟年会致辞的开场白。该论坛于3月10日在广西桂林举办,由北京人天书店集团、广西师范大学出版社共同承办,吸引了全国馆配商联盟成员、新华书店、民营书店、图书馆和出版社代表近200人参会。

在"互联网环境下馆配商的发展问题"论坛主题下,人天旗下的北京畅想之星信息技术有限公司总经理贺照纯,介绍了畅想之星电子书平台建设情况。预计该平台将在2015年4月正式上线销售,可销售的、经过正版授权的电子图书超过了5万种。据悉,人天书店集团将以"畅想之星"这一B2B的电子商务平台为突破,希望在3~5年内成为国内数字文献资源主要的馆配商和中盘商。邹进强调,电子书要把图书馆作为主渠道,"畅想之星"虽不完备,但这是走出的第一步,他希望更多的出版社能参与到电子书平台中来。

同一天,湖北三新文化传媒有限公司董事长宋旅黄携团队北上,在化学工业出版社举办了在京主要出版社的电子书交流会,以化学工业出版社、人民邮电出版社、北京大学出版社、中国铁道出版社、外语教学与研究出版社及科学出版社为代表的30余家出版社负责人出席了会议。宋旅黄对三新电子书平台的起源、设计方案、运营模式等做了说明,同时,该公司旗下子公司三岱软件公司总经理王政对电子书平台做了详细介绍。

读者需求是图书馆服务的出发点,由于移动互联网时代用户对数字资源的偏好,大多数图书馆正在进行文献资源结构调整,各种数据显示,图书馆已进入全面转型的时代。不少图书馆尤其是高校图书馆在有计划地加大数字资源占采购经费的比例,甚至一些本科院校图书馆采购电子文献(尤其是数据库和电子期刊)的经费要远超纸质文献的经费。当图书馆资源建设发生变化,馆配商转型已成必然。

目前,数字出版产品的主要形态有数据库、在线教育、电子书、有声读物、APP、POD、MPR等。综观国内当下的数字出版发行渠道格局,在大众移动阅读应用客户端市场中,三大运营商的阅读基地收入占到整体市场的6成以上。然而在馆配领域,还没有出现一家像海外第三方电子书平台OverDrive这样的成功案例,这家被称为是图书馆界的"亚马逊"、全球最大的图书馆电子书服务商。因此,这里既有希望,也孕育着机会,并暗藏着馆配商无障碍接通出版社和图书馆数据信息流的雄心。

以同质化的竞争推动中国电子书市场发展

记者获悉，这两家馆配商都在积极推进其电子书战略。目前，畅想之星电子书平台已与包括北京大学出版社、中国人民大学出版社、电子工业出版社、时代出版集团、青岛出版集团、重庆出版集团等在内的120多家出版商签订了授权协议。他们提供平台、技术服务和销售渠道开发，出版社提供内容，满足了图书馆对正版电子书的需求。据贺照纯介绍，在保障出版社权益方面，电子书定价、上下架、并发数控制均由出版社完成，平台上所有销售数据全部公开、透明、真实，可实时查询。在保障图书馆权益方面，图书馆无须承担版权风险，可以与图书馆馆藏系统关联。

在三新的电子书交流会上，不少出版社就电子书平台的多赢和可持续发展达成了共识，同时就三新电子书平台的版权控制、定价策略、销售策略和定价机制等方面进行了探讨。本报记者想进一步对此进行了解，宋旅黄以商业保密为由婉拒了采访，不过，他透露说，他们与人天的模式类似，目前对平台推进速度满意。

可以说，中国两个最大的民营馆配商，在保证印本文献资源配供平稳增长的前提下，都确立了新的发展战略，即从电子书做起，告别以往撮堆打包、地摊式的销售模式，以新书为主，并与纸本图书同步发行，建立面向图书馆的电子书销售平台。只不过，人天志在做大中盘商，三新则希望在未来能转型成为新兴的互联网公司。

在图书馆电子书服务商方面，海外有OverDrive的成功案例在前，美国和加拿大90%以上的公共图书馆都在使用OverDrive的平台和服务。但不同于OverDrive的大获成功，哪怕是OverDrive的中国复制版，这在中国的推进都并不轻松，因为不同的环境下要涉及版权问题、赢利模式、市场需求，以及纸本书与电子书的利益冲突等问题，要说服出版社拿出核心资源合作，并非一蹴而就。但要推动中国电子书市场，就必须"馆、社、店"多方协作，共同推进产业链的整合，由各方建立起长期广泛的合作关系，不断共同壮大。

宋旅黄颇有感慨地说，出版社对于电子书的理解尚有差距，无论是出版界还是图书馆界，都面临着从管理图书到管理知识的转型，这是脱胎换骨式的转型。它要改变的不只是一些管理规则或服务形式，而是涉及整个管理理念和服务体系。如果有创新的想法，比如出版社协同编辑的管理系统，免费为作者和编辑提供这么一个高效、便捷、低成本的软件，而且被广泛接受使用，那么，从源头上解决电子书转换的艰难困局的日子还会很远吗？

不过，这两家平台作为同质化的竞争平台，要搏出位，活长久，区别就在于谁先谁后，谁的规划更大更长远，谁签约的上游出版资源更多，谁发展的下游客户更多，谁的投入和市场占有率更高……但这有关未来，他们又不得不全力以赴。

畅想之星能否成为电子书馆配的新机遇

《出版商务周报》记者　张君成　2015年7月5日

电子书馆配业务：时机已成熟

2015年4月，由人天书店开发的畅想之星电子书平台正式上线。畅想之星平台的目标是搭建一个全国性、全开放的电子书馆配市场的B2B电子商务平台，并成为一个集版权管理、新书发布、销售、电子书采购和借阅服务为一体的综合服务平台，以期为图书馆的读者提供海量的电子书资源。据人天书店董事长邹进介绍，畅想之星平台上电子书的文件为文本格式，阅读体验好。所有电子书的点击阅读量、下载数据量全部对图书馆和出版社公开，交易流程透明，交易数据真实，图书馆和出版社都可以实时查询到交易数据。

虽然目前已有155家出版社和48家出版公司与畅想之星平台签订了入网协议，但是还是有很多出版社抱有疑惑："人天书店纸本图书馆配业务进展顺利，为何要蹚电子书这个'浑水'？"不过在邹进看来，人天书店开展电子书馆配业务是顺势而动。这家成立于1998年，目前已经成为中国最大的图书馆配发行商的公司，敏锐地意识到，它的主要用户——高校图书馆的需求正悄悄地发生变化。

"首先是我们的客户对电子书有需求，现在移动终端已经在高校普及，越来越多的学生习惯于阅读电子书籍。"邹进还指出，当前高校图书馆对纸本书籍的利用率并不高，借阅率在逐年下降。"目前好一点的图书馆纸书借阅率也就维持在60%，有40%的书从来没有被借阅过。因此现在很多高校电子书采购的经费已经超过纸本图书,占到总经费的一半以上。"同时,邹进认为这种变化对出版社来说也是一种冲击。"现在很多图书馆的物理空间已经饱和,图书馆采购复本减少与书籍出版种类逐年递增矛盾凸显,间接对出版社造成影响。"

因此,邹进认为电子书是继数据库、电子期刊之后馆配领域的第三次浪潮,而且这一领域还处于起步阶段,未来有很大的发展空间。"我们以图书馆的需求为出发点。而且现在电子书馆配市场刚刚起步,要尽快行动。之前万方做电子期刊,很多人都在看热闹;结果现在人家做起来了,你再想分一杯羹,就很难了。"

之前就有公司涉足过电子书馆配领域,但结果并不理想。"造成其失败的原因有很多,有产品本身的问题,如种类不全,版权不明;还有环境的原因,当时的大环境并没有为电子书的发展提供合适的空间。"

不过现在,邹进认为,电子书馆配业务发展的时机已经成熟。同时,他表示2015年是电子书馆配业务的元年。"这个元年意味着人们对于电子书观念的转变,所有购买和使用电子书的相关利益方也需要开辟一条新路。"

畅想之星平台:优势明显　仍需努力

对此,人天书店选择畅想之星平台作为这条路上的排头兵。畅想之星的名字来源于《红星照耀中国》一书书名。邹进期待它能如启明星一般指引电子书馆配业务未来前行的方向。畅想之星信息技术有限公司总经理贺照纯对此充满信心,他认为畅想之星平台对图书馆用户来说有以下几个优势,第一是更新速度快,图书品种新。第二是专业图书多。"高校图书馆对馆配图书要求很高,采购品种的80%左右都是学术类书籍。而当前电子书提供商所能提供的电子书大多是快餐类读物。而畅想之星平台的专业图书种类十分丰富。"第三是购买方式灵活。图书馆可以批量购买,或者按需要单本购买,且一次购买,可终生保留。"我们还对用户提供前40页免费试读,用户觉得好可以通过客户端反馈给管理员,提醒其购买。"第四就是电子书阅读体验好。"畅想之星平台不仅有PC客户端,还支持主流移动客户端,读者选书和阅读都非常方便。我们还有专门的团队负责后期加工,电子书支持全文检索,还可无限放大。"

截至目前,畅想之星平台已经在全国500个高校图书馆开通试用,这一数量每个月都在增加，且反馈良好。"据中国石油大学图书馆统计，畅想之星利用率在全部试用的数字平台中最高。"

除了满足客户需求，畅想之星平台也在保护其内容合作方——出版社的利益上下了一番功夫。首先在版权上，畅想之星平台所售电子图书需得到出版社的授权认可。"之前的电子书盗版乱象已经让很多出版社心有余悸，因此我们要在这方面打消出版社的疑虑。"

其次在定价上，畅想之星平台允许出版社自由定价。"之前很多电子书平台提供商对电子书打包销售，单本书价格很低，在2元左右。这体现不了图书的价值，也侵害了出版社的利益。所以我们让出版社自由定价，让图书价值得以体现。目前畅想之星平台电子书平均定价在16元左右。虽然我们的建议是电子书定价低于纸本书定价，但如是新书上市，持平或者高于其纸书定价其实都是可以接受的。"此外，畅想之星平台还设定了阅读并发数量，规定同时在线阅读的人数不能超过5人，进一步保障了出版社的利益。

不过，目前畅想之星平台还是存在一些问题。首先在品种数量上，目前畅想之星平台电子书的种类不超过10万种，这对于图书馆的需求来说有些捉襟见肘。对此，邹进倒是很坦然，他认为这就像是盖房子，需要一砖一瓦慢慢构建："我们不是'拿来主义'，而是对电子书文本文件做深加工处理，这需要时间。而且畅想之星平台从准备到现在，不到一年的时间资源数量就已接近10万种。有的公司做了十几年，电子书种类才不过60万种。"

其次是盈利问题，畅想之星的利润来源于电子书售卖后与出版社的分成，但其能否支撑起畅想之星平台前期的高额投入以及后期的维护费用，还有未来发展，这还是一个未知数。"虽然我们是亏损的状态，前期投入巨大，但这是一个整体工作的成本摊销，只有电子书卖到一定数量以上，才会达到平衡，我相信后期取得盈利是必然。"

未来发展：良好生态系统是保障

对于电子书馆配业务的未来，邹进认为，要想获得长足发展，必须从建立之初就构建一个良好的生态系统。他认为目前的纸本书馆配存在诸多问题，无论从定价体系上还是采购模式上都有很多可改进的地方。所以，他希望电子书馆配业务从建立之初就要避免走纸本书馆配业务的弯路，建立更符合市场规律，符合三方利益的销售模式。不过，这需要中间商、出版社、图书馆三方面的共同协作。"作为中间商，所提供的内容首先要符合资源建设的规律，选择合适的电子书馆配资源。不能如同农家书屋一样，任何图书都可以进来。我们要保证所提供电子书的版权正当性，有效地保障出版社和作者的利益，间接地维护客户的利益。而对于电子书的销售，也一定不要回到纸本图书馆配低价中标的恶性循环中。"

对于图书馆而言，邹进建议要对电子书的推广与采购给予充分的经费支持。"各地院校，尤其是985、211院校对于电子书的投入比重在逐年增加，但大部分钱都投到了数据库或者国外的数字期刊，对电子书的投入还是很少的。现在学生对于电子书的需求很旺盛，图书馆应当充分满足。最好做到与纸本书并行发展。图书馆方面还应当对中间商提出指导性意见，对电子书的招标做出流程化规定。"

最后，邹进也呼吁广大出版社消除顾虑，加入到电子书馆配建设的行列中。"很多出版社担心电子书会影响纸本图书的销售，但实际情况恰恰相反，图书馆在购买电子书的同时还会购买纸本书。出版社在数字出版这块想要获得收益，电子书是不二选择。并且电子书可以省去很多环节，盈利也更为直接，并不是每家出版社都有社会科学文献出版社那样的实力去做数据库。有些出版社认为电子书是纸本书的副产品，对此满不在乎。我们要逐渐改变出版社的这种观点，让电子书转型成正产品。我觉得浙江大学出版社在这方面做得非常好，意识超前，允许我们纸电同步，有时甚至可以让电子书先行出版。"

对于畅想之星平台未来的发展规划，邹进认为会在渠道建设上多下功夫。"目前畅想之星平台依赖的还是人天书店的纸本书馆配渠道，未来我们会逐步开放渠道，吸引更多社会资源，扩大销售范围。"

"互联网+"馆配到"风口"了吗？

《中华读书报》记者　陈香　2015年7月8日

一份来自图书馆界的数据显示，2006～2013年，高校图书馆馆均纸质文献资源购置费由288万元下降至243万元；与之同时，高校图书馆馆均电子资源购置费却不断攀升，2006年这个平均数是78万，而2013年是188万。以北京地区高校文献资源购置为例，2013年，北京58所高校文献资源购置经费为3.8亿，其中纸质资源1.81亿，仅占47%；电子资源1.99个亿，占53%。

馆配业已经来到了重大变革的关口。自1998年创立人天书店，并一手把它做到中国馆配商第一的位置，人天书店董事长邹进向以敏锐把握馆配界风向著称。在他的感受中，继以清华同方、万方数据为代表的电子期刊潮后，另一股变革的潜流正在馆配界涌动，一个新的馆配时代或许正在开启。

由此，在4月的中国首届馆配电子书发展论坛上，人天"畅想之星馆配中文电子书平台"正式发布，并迅速吸引了155家出版社、48家出版公司签订入网协议，更有500家高校图书馆安装了畅想之星试用版。人天的承诺是，这个数字会迅速增长到1000家以上。

从去年开始，人天书店决意扛起数字资源平台建设的大旗。经一年多的埋头建设，集版权管理、新书发布、销售、电子书采购和借阅服务为一体，全国性的馆配电子书交易平台——畅想之星已然现身。该平台上，电子书定价、上下架、并发数控制均由出版社完成，平台上所有销售数据全部公开、透明、真实，可实时查询。借由这一B2B电子商务平台为突破，人天有希望在3~5年内建设成为国内数字文献资源主要的馆配商和中盘商，为高校提供数字资源服务。

中国首个文献馆藏类数字资源平台已成形，中国的OverDrive已呼之欲出。海外第三方电子书平台OverDrive为全球最大的图书馆电子书服务商，被誉为图书馆界的"亚马逊"。然而，不能不看到的是，曾有公司涉足过电子书馆配领域，结局并不理想。版权问题、品种问题、定价模式、利益分配模式，行业整体对电子书收益的认可与否，都会成为悬在电子书馆配平台上的达摩克利斯之剑。

脱胎于《红星照耀中国》一书书名的"畅想之星"能否照耀馆配电子书业的前程？能否托举人天书店的图书馆界亚马逊梦想？"互联网+"馆配真的到"风口"了吗？

电子书市场瓶颈

在邹进的观察中，"移动终端已在高校普及，越来越多的学生习惯于阅读电子书籍"。一个不容忽视的变化是，当前高校图书馆对纸本书籍的利用率并不高，借阅率逐年下降。

就目前来看，好一点的图书馆纸书借阅率维持在60%，有40%的书从来没有被借阅过。很多高校电子书采购的经费已经超过纸本图书，占到总经费的一半以上。很多图书馆的物理空间已经饱和，图书馆采购复本正在逐日减少。面对这一严峻事实，出版社也未能置身事外。

事实上，电子书借阅服务日益成为图书馆的重要服务之一。调查显示，95%的美国大学图书馆提供电子书服务，76.3%的美国公共图书馆提供电子书服务。

尤其是在馆配界，图书馆与出版社的沟通似乎一直处于断档中。"我们并不知道出版社在做什么，我们一直认为出版社对电子书的重视不够。其实图书馆非常需要正规的电子图书。"中国人民大学图书馆副馆长刘春鸿说。电子书既有面对图书馆的模式，也有面对个人的模式。对于图书馆来说，两者模式都能接受。馆配电子书业的关键还是在内容、版权、定价等问题的解决；当然，技术也是支撑定价、版权、模式的重要方面。"但在我们看来，那是供应商需要解决的问题。"

"隔膜"同样也是出版社的苦恼。在浙江大学出版社副社长金更达的感受中，3153家高校图书馆，出版社并不清楚每家图书馆的馆藏取向、馆藏分类、馆藏计划，包括采购原则；不清楚图书馆采购了哪些图书，更勿论知晓图书馆报订的图书是否都已满足，馆配商报采的图书是否是图书馆报订的全部。由此，馆配产业亟需产业链融合的平台，实现纸电采配供的一体化。

"建立信息生态圈，对出版社而言，可快速发布产品，了解图书馆需求，直达图书馆营销，节省投入；对图书馆而言，获取的产品信息可更丰富，获取产品更及时，可提升馆藏质量，节省投入。"金更达说。

由于不"联"不"通"，使图书馆采购成本、出版社出版成本奇高。譬如，985和211高校都采购的图书产品，本科院校原则上均可采购，省去采购选择奔波之烦难。如果排名前30位的高职高专都采购的产品，其他高职高专院校原则上也均可采购。

如果一个产品被985、211高校所采购，这说明这个产品的质量不错。出版商或馆配商可以向同类高校推荐补采，由此可消化库存优质图书；如果一个产品被大多数图书馆采购，但同类产品并不多（即同质化程度不高），或同一方向产品不同（即系列性程度不高），出版商可将其作为选题开发的方向。

事实上，不仅在馆配业界要开启整体出版市场的电子书市场，而且几大瓶颈就横亘眼前。

其一，多平台问题。现在看来，已然建成的电子书平台，多以企业平台为主，而就整体市场的启动而言，电子书公共销售平台最为急需。"没有解决信息流、实物流和商务流一体化；没有形成一个平台、一套标准、一套交换协议、一套智能应用工具"，这是金更达眼中破解电子书平台问题的关键。

其二，版权问题。在传统出版物中，具有完整信息网络传播权的图书占比较小（平均仅20%），出版机构在数字出版方面的投入仍有待加强。一个不容忽视的事实是，互联网驱动下，出版产业链正在逐步缩短，出版单位获取数字版权的优势正在逐步消失。"原有的价值传导被打破，利益驱使下游内容运营商直连上游作者资源，绕开了出版社。"显然，这对帮助作者打磨内容的出版社不公平，也会存在监管缺失等问题。

由此，他的提醒是，传统出版单位一定要关注内容相关权益的价值。"没有信息网络传播权，无法开展电子图书业务；没有转授权，无法通过运营商分销电子图书。"

其三，阅读体验问题。移动互联已成为电子书阅读的行业趋势，那么，出版社或供应商所提供的电子书格式是否适应了随时随地的多屏阅读？用户阅读是否可突破校园场域的限制？

回到馆配电子书业来，行业的升级变革，肯定不仅仅是出版商提供内容，也不仅仅是馆配商销售内容，关键在于一个"活"的平台的建立，让出版商与图书馆"交互"，构筑信息桥梁，做好产品营销，以增值服务，提升平台竞争力，以增值服务提升产业链各方参与度。

图书馆界"亚马逊"

显然，电子图书的即时发行需要打通电子图书产业链出版、版权保护、发布发行、网络销售、电子图书信息服务等各环节，实现快速、顺畅的电子图书即时发行流程。人天畅想之星平台的发布，正是对图书馆界、出版界需求的及时回应。在人天的规划中，"畅想之星"，将是全国性、全开放的电子书馆配市场的B2B电子商务平台，是集版权管理、新书发布、销售、电子书采购和借阅服务为一体的综合服务平台，以期为图书馆的读者提供海量的电子书资源。同时，"畅想之星"完全透明公开，所有点击阅读量、下载数据量全部对图书馆和出版社公开，交易流程透明，图书馆和出版社都可实时查询交易数据。

当下，诸多电子书提供商提供的电子书大多是流行类、快餐类读物，而畅想之星平台专为图书馆需求适配，约80%的品种为学术图书、专业图书。在大家普遍关心的版权问题上，邹进承诺，畅想之星平台所售电子图书全部得到出版社的授权认可。

在畅想之星平台上，电子书的购买方式灵活。图书馆可以批量购买，或者按需要单本购买，且一次购买可终生保留。畅想之星平台不仅有 PC 客户端，还支持主流移动客户端，读者选书和阅读都非常方便。畅想之星还对用户提供前 40 页免费试读，用户觉得好可以通过客户端反馈给管理员，提醒其购买。

根据中华读书报的了解，外文电子书库的购买方式更为多样，如按电子书集成库模式销售，包括单学科电子图书集成库、多学科电子图书集成库，或出版商汇集的电子图书集成库等三种模式；按本购买；逐年订购；一次性购买；基于用户数量的定价，即根据机构的潜在用户数量和并发用户数来确定定价；还有基础费＋电子访问费定价模式，内容费＋电子访问费＋可能发生的印本订购费定价模式等。当然，上述种种定价模式需等国内电子书市场蓬勃发展后，才方便使用。

对于业界最为关注的电子书定价问题，邹进的承诺是："之前很多电子书平台提供商对电子书打包销售，单本书价格很低，在 2 元左右，这体现不了图书的价值，也侵害了出版社的利益。所以我们让出版社自由定价，让图书价值得以体现。目前畅想之星平台电子书平均定价为 16 元左右。虽然我们的建议是电子书定价低于纸本书定价，但如新书上市，持平或者高于其纸书定价其实都是可以接受的。"

事实上，图书馆的电子书采购经历了几个阶段，在非常缺经费的时候，可能会出现便宜就买的情况；特殊阶段，比如本科教学评估时期，纸质书不够的时候，会用电子书来充数；但稳定发展时期，"我们考量电子书的因素会更全面、科学、合理，关键在于是否有效支撑学校的教学科研"，刘春鸿说。

对于图书馆较为关注的品种问题，目前畅想之星平台上，电子书的种类不超过 10 万种。对此，邹进表示："我们需要时间对电子书源文件做深加工处理。而且从准备到现在，不到一年的时间，畅想之星平台资源数量就已接近 10 万种。有的公司做了十几年，电子书种类才不过 60 万种。"作为电子书平台，在未来，畅想之星将逐步开放渠道，吸引更多社会资源入驻。

全球最大图书馆电子书服务商 OverDrive，已经开始布局中国市场，时间留给本土馆配商的似已不多。人天书店们，你们做好了扛起中国数字文献资源平台建设大旗的准备了吗？

解读人天档案

邹进：馆配"大鳄"的进击之道

《出版商务周报》记者　张君成　2015年9月18日

编者按：邹进有一首诗叫《想到三十年后》，诗中写道："如今三十年过去，灵魂还扎根在肉体上。"从某种意义上说，今年是邹进进入出版业的第30个年头，虽然他身上的标签早已不是30年前所期待的模样，可他对出版的执着却始终不变。这份执着植根在其心上，也在潜移默化中指引着人天书店前行的方向。

在图书馆配行业里，人天书店绝对算得上是一艘巨型航母。这个年营业额突破14亿元，全国有近50个办事处的书店，早已实现了自己当初的口号："有图书馆的地方，就有人天书店。"作为人天书店创始人的邹进恐怕也想不到，自己当初简单"喝喝茶，卖卖书"的梦想，会造就今天这样一个大型的图书商业王国。

活力四射是很多人见到邹进的第一印象，出生于1958年的他穿起美国潮牌Abercrombie&Fitch的T恤时丝毫没有突兀之感。活力四射的不只外表，还有思想。同邹进对话往往快乐又新奇，你的问题还没有问完，他的答案已脱口而出。时而开怀大笑，时而又像极了一个大男孩，充满了人格魅力。现在，成功商人已经是他身上最鲜明的符号，然而他却表示，自己最想成为的是一名编辑。

角色转换：从诗人到商人

邹进是一个很有主见的人。早年，邹进认为自己更需要到偏远的内蒙古去锻炼，就主动放弃了就近下乡的机会，而他的母亲是在邹进背起行囊的那一刻，才知道了这个令人震惊的消息。1977年填报高考志愿，他颇为任性地平行填报了复旦、清华、北大等名校，最终被第六志愿吉林大学录取。通常这种有主见的人，既自信又有些自我。对此，邹进则认为自己为自己做主是一件很正常的事情。"每个人都应该有点自我，当然这种自我的前提是不伤害别人。"

邹进的大学生活开始时，正是诗歌的黄金期。各高校的诗社如雨后春笋一样地层出不穷。邹进进了当年全国高校四大诗社之一——赤子心，且成为该诗社的主力干将。在这里，邹进度过了最为难忘的时光，诗歌创作也成为他一生的爱好。通过诗歌创造所获得的领悟，也在潜移默化地影响着邹进的世界观与人生观。"诗人感受事物的方式与别人不同，他们是用修辞来激活另一种人生。"诗歌同样也赋予了邹进文人般的情怀与理想，还有些许浪漫气质，这点在很多20世纪80年代大学生身上都有所体现。他们一方面发泄着对现实生活的不满，另一方面又对生活有着更理想化的期待。然而，当社会的现实与重压袭向他们的时候，他们又变得迷惘而无所适从，极端的如海子。然而邹进不同，他有着文人的情怀，更有着许多文人不具备的果敢与决断。

当他因为在大学里有些激进的表现，获取进京名额受到影响时，他就天天泡在辅导员的家里，弄得辅导员不胜其烦。在很多人眼中，一个会写诗的人是不应该做这种事情的。说到这里，邹进也有些不好意思："那时候年龄小，也不在意这么多。"最后，辅导员对邹进的印象渐渐地发生了改观："小孩子人还好，思想很单纯，没有什么坏心眼。"有了这样的评语，再加上邹进平时优异的成绩，让他成功获得了进京指标，被分配到了中国人民保险公司。

对于这份工作，邹进并不是很上心。两年后，他又谋得一份教师的工作，任职于北京语言学院。然而，梦想就像一颗种子，在邹进的心里扎根、发芽，直到枝繁叶茂。他的梦想是从事与文学创作相关的职业，比如编辑。

1986年，期盼许久的机会终于到来，他进入了由丁玲任主编的《中国》杂志社，成为一名诗歌编辑。在这里，邹进度过了一段既充实又满足的时光。如果按照这个路线发展下去，邹进也许会成为一名优秀的诗歌编辑。然而好景不长，丁玲去世了，这个带有先锋色彩且只发行了18期的杂志被中国作家协会解散了。随后，邹进拒绝了作协的分配，开始独自闯荡。

在那段岁月里，邹进的文人属性与务实属性并没有被很好地调和在一起，有时他的务实属性占了上风，如他随后来到深圳，策划了不少商业活动，干得风生水起；有时则是文人属性占了上风，如他毅然决然地抛下深圳的一切，回到北京，在《人民文学》杂志社再一次成为一名诗歌编辑。邹进将那一次的决定归根于他的编辑情结："我非常喜欢编辑，只要拿到手里的稿子就想修改，对出版我是有情结的。"然而不久，邹进的文人属性又将这一切结束：因不满意当时领导对其他人的人事变动，邹进主动辞职。"现在想想其实没必要,支持朋友可以通过别的方式也不一定要辞职。"此时,邹进发现自己已不适合呆板的体制,他开始萌发了自己创业的念头。

尽管身边的人对此并不看好,邹进却对自己很有信心。当年在深圳,尽管初涉商海,邹进依旧可以凭借一个项目赚取一万多元,这在当时,绝对算得上是一笔巨款。"毕竟有着深圳那段经历做基础,那个时候我突然发现,我的人生可以有另一种活法,不用依靠别人,自己就可以保障自己。"

关于创业的方向,邹进很自然地选择了与文化出版相关的项目。"毕竟自己在这个行业这么久,也算得上是业内人士。"不过邹进的创业之路没有想象中好走:创办经济类刊物《金三角》,因销量不足而停刊;创办出版公司,即人天文化艺术有限公司,也面临管理、经营等诸多方面的困境。1998年,人天文化艺术有限公司分化成两家公司,主攻不同业务,其中的一家由邹进统领,这就是现在的人天书店。

创业历程:苦乐参半的书业人生

最开始,邹进开设书店还是为了自己文人式的小理想。"别人替你卖卖书,自己在后院喝喝茶。"这种浪漫的理想,最后在西四羊肉胡同里的中国地质博物馆租借场地得以实现。结果天不遂人愿,开业后不久,邹进发现自己可能要搞砸了。书店营业额最好的一天是开业的当天,进账5000元,之后便直线下滑,最差的一天收入仅有80元。为此,邹进也想了很多办法,比如进校园,北京的高校一有活动,邹进便拉着书去卖,效果却依旧不理想。邹进并没有慌,他深入分析,总结出了当时书店失利的原因:"书店没有特色,店面还设在人流稀少之处,旁边就是北京图书大厦,发展不行是肯定的事了。"

眼看着书店就要倒闭了,邹进决定主动出击,坐在店里搞零售不行,就走出去,搞团购。"在没有教材利润的情况之下,这是最好的选择。"那时邹进的想法是将图书卖给高校图书馆。不过那时高校图书馆的馆配业务主要由高校图工委的"图联"公司所掌控,这个以"联合采购,统一编目"为口号,意在提高高校图书馆议价能力的图书馆供应商,当时一年的码洋能够达到600万元,这让当年的邹进羡慕不已。"假如人天书店的营业额一天能够上一万元就好了。"当时图联的总经理是韩俊,虽然人天书店与其是竞争对手关系,但邹进找他请教时,韩俊还是倾囊相授,这让邹进至今还感动不已。

像韩俊这样的"贵人"还有不少,他们对人天书店初期的发展起到至关重要的作用。

如时任北师大信息学院副院长、现任首都图书馆馆长的倪晓建，他非常细心地对邹进进行了指导。对此，邹进认为还是文人的情怀起了作用："大家都是读书人，都没有太多的私心。"

不过当时的人天书店两手空空，更别谈什么资源和人脉，想撬动图联公司的图书馆业务是不可能的。于是邹进就先从政府的机关单位入手，如中央编译局、农业部、财政部等。倚仗这些客户稳定、有限的图书室经费，人天书店逐步恢复了元气。同时，邹进也关闭了零售店，租借了一个办公楼，专注于图书团购业务。

现在邹进想起当初还是会唏嘘不已："要是那时候不转型，人天书店早就不存在了。"当时，人天书店在紫竹院一个老旧的办公楼里办公，规模虽小，但五脏俱全，采购、编目、业务、财务等核心部门一应俱全，转型之后的人天书店，经营思路也愈发明确。

邹进认为自己做事的一个重要特点就是会找规律，善于总结。他一直告诉底下员工做事要"事半功倍"，不要"事倍功半"。"其实这个问题的关键核心点就是你能不能透过现象抓住本质。"

当时的馆配市场可以说是卖方市场，图书馆对于图书信息十分渴求，他们希望能够寻到好的供应商来满足他们的需求。邹进当时也意识到了这一点："馆配业务并不是简单倒买倒卖，图书售卖只是最表层的认识，其本质还是要归结到图书情报中。作为馆配商，要让信息做先导，让信息流带动你的商流、物流。"

当年，全国新书的出版品种为 10 万种左右，而《新华书目报》当时能够刊发出来的只有 5 万种，同时还会向出版社收取一定的费用。这份报纸提供给图书馆的文件往往就是一份 Excel 表格，无法导入到图书馆的信息系统中去，应用起来颇为不便。邹进觉得这是一个机遇，于是着手创办了《人天书目报》，这份资料出版周期短，能够覆盖 90% 以上的新书出版信息，而且不对出版社收取任何费用。人天书店进一步将《人天书目报》制作成 MARC 数据（MARC 是 Machine Readable Catalog 的缩写，意即"机器可读目录"，是实现书目标准化、规范化的前提），深受图书馆欢迎，吸引了不少客户。

"其实这可以归结于自身的核心竞争力的打造，一个企业最重要的是要有自身的核心竞争力。"当时人天书店的核心竞争力不仅仅体现在对信息的整合上，还体现在价格与服务上。当时，人天书店给予图书馆的折让是 8.5 折，低于同行业 9 折的标准。"这是我们优化流程，控制成本的结果。"在对图书馆的服务上，人天书店更是远远超过了竞争对手。人天书店提供的服务包含各个方面：数据服务、采购服务、售后服务，还有售前服务——提供书目信息。人天还带着图书馆客户去采书，带着他们参加订货会。"做得比别人好，客户自然就被你吸引过来了。"

拥有了自身的核心竞争力，人天书店发展态势迅猛。1998~2003年是人天书店的第一个五年计划，期间，人天书店以100%以上的年均增长率飞速发展，于2003年实现了"亿元店"的既定目标。2005年，其营业额突破3.5亿元，2010年突破10亿元，2014年突破14亿元。人天书店从一开始只有南京一个办事处，飞速发展后成为在全国20多个省市设立工作站的大书店，其稳定客户已达到900家以上。当年"一天营业额一万元"的梦想早已经实现，现在人天最小的办事处一年的码洋也有上千万元。

人天未来　寻求新的竞争力

当然，人天书店的发展也并非一帆风顺，2005年发生了著名的"人天事件"。谈及此事，邹进的态度很淡然。"发展过程中遇到挫折很自然，关键是你的心态如何。"在那段全公司都人心惶惶的日子里，邹进并没有像人们想象中那样，愁苦到焦头烂额的地步。他还抽出时间陆续出版了5本诗集，正如他的一首诗《今夜倚马而来》中所写的那样，"身下的马为何如此滞重，想象中的马为何轻灵"，邹进不仅没有颓废，反而比以往更加坚定。

现在人天书店的实力愈发强大，但邹进却不敢有丝毫的松懈。这个裹着浪漫色彩、骑着马的果敢"大男孩"，愈发成熟理智，"无论企业还是个人，都应该随机应变，时刻调整方向，抓住机遇。"今夜倚马而来，且行且歌。

邹进认为现在的竞争，归根结底就是平台间的竞争，所以搭建好的平台至关重要。这个平台包括了外部平台和内部平台。对于外部平台的搭建，邹进认为一定要有大格局，要站在大角度上。"做事一定要放眼整个行业，只有一个行业发展起来，自己的公司才能发展得更好。"所以他愿意分享人天的资源，来帮助整个行业进步。"人天开发出来的工具和资源大家都可以来使用，开放会创造引流，制造新的机会。"他非常欣赏互联网的免费思维。"虽然看起来是免费，但这会带动总量的发展，终究会得利。"对于内部的平台建设，他认为就是要让员工有归属感，愿意做事。人天书店内最为人称道的，就是其公平的考核体系，按劳分配，多劳多得。大家齐心协力的结果就是——人天书店员工的整体收入高于整个行业的平均标准。

关于未来，邹进态度依旧乐观。"人天现在只做到了14亿，未来还有很大的上升空间。"邹进说，重要的还是要找到自身的核心竞争力。他认为现在馆配市场和之前相比，变化巨大。"现在是买方市场，图书馆选择馆配商，你做得不好就会被淘汰。"激烈的竞争市场也让人天书店不断寻求新的增长点，增强自身竞争力。"现在 MARC 谁都会做，大家也都在拼服务，这时你就应当发现一些不同的地方。"现在邹进将目光放在了电子书馆配业务上，他预测这将会是馆配业务市场新的蓝海。"我们创建了畅想之星电子书馆配业务平台，抓住先机。"

不过，邹进坦言现在人天书店的发展遇到了天花板。"首先是支撑性业务难以实现突破；再有现有管理人员知识结构难以适应未来发展需求。"所以，当前邹进希冀通过电子书馆配，实现业务增长，同时吸引更年轻的人才加入，调整员工的年龄比例结构，以期突破这个瓶颈。

不久前，邹进在人天书店成立出版部，在他心中始终有一种出版情结挥之不去："我最想从事的职业还是编辑，现在文章一到我手里面，我就想着该怎么改。"这个骑着马的浪漫"大男孩"在马上圈出了他的帝国，抬头望望月亮，还没有忘记自己曾经的梦想。不过，他还是没有后悔走上从商之路。"毕竟人只有先生存，才能够发展。"

2006~2015 中国馆配行业"最具影响力人物"授奖词

授奖单位：《图书馆报》   2016年

17 年前，邹进在北京的一个地下室里说："有图书馆的地方，就有人天书店。"这无异于痴人说梦。而 17 年后，人天书店已成为中国最大的馆配商，占有最大的图书馆市场份额。做到这些的原因，是他看到了图书馆事业的发展前景，掌握了专业服务的核心竞争力，并使每一个经理都负有使命感。他的企业永远围绕两个中心，一个是图书馆，另一个是文献资源。作为一个馆配商，他努力去掌握文献资源建设的规律，使其成长始终沿着一条优良的路径。

人天书店出资成立的北京蔚蓝公益基金会，为全行业的怜心善行搭建起一个捐助平台。仅仅 4 年时间里，蔚蓝基金会已经在边远贫困地区捐赠了 1500 多所"蔚蓝图书馆"，知识之光，正在照亮那里每一个孩子的前程。

2015年，人天书店推出了"畅想之星电子书平台"，以全新的方式诠释电子书营销模式，为图书馆用户和广大读者带来值得期待的希望。

馆配商：是联合起来的时候了

——北京人天书店有限公司总经理施春生专访

《出版人》杂志记者　冯威　2016年03期

对人天书店总经理施春生来说，即将于2013年3月1日在杭州举行的"2013年度全国馆配商战略合作研讨会"是那么的值得期待和激动人心。

作为馆配行业的领军者，这是人天书店第三次召集全国主流馆配商共议馆配行业的发展大计。不过，与前两次就发展现状和方向泛泛讨论不同的是，在此次论坛上，人天书店将向业者抛出一个酝酿有年的计划——组建全国馆配商联盟。"我们想要做这个事情已经很久了，2013年终于可以把它提到实质性议程上了。"施春生说。

在杭州会议举办前夕，施春生向《出版人》杂志独家详解了成立全国馆配商联盟的产业意义和操作方案。如果这一旨在应对日益剧烈的馆配市场竞争，实现多方共赢的计划实施顺利，中国的馆配行业有望走进一个精细化运作的新时代。

联盟重振行业景气

《出版人》：近两年来，大量馆配商经营困难，有的甚至在亏损经营。由于市场竞争惨烈，最终选择退出市场的馆配商也有很多，最明显的一个例子就是2011年中国教育图书进出口公司中文图书联采部退出市场。据我们所知，此前此后，北京、上海、四川、沈阳、福建、湖南等地的部分馆配商也退市或被它家兼并。您认为，馆配市场环境越来越恶化的原因何在？

施春生：我们注意到近年来发生在馆配行业的这一趋势。我们认为，以下几点原因造成了行业的不景气和低迷。

第一，招投标制度有待完善。现行的馆配行业招投标制度使原本丰富的评估体系简化为唯一的评价因素——价格,从而引发了持久的折扣战。其实,如果让图书馆自主决定,也不会引发折扣战,因为,它们会根据馆配商提供的服务质量和图书内容质量进行选择。但是,有些负责招投标的专家委员会对这个行业不是太了解,甚至把纪检、财务乃至保安也都纳入进来,造成了招投标工作与图书采购的脱节。

第二,图书馆对馆配商提出的额外服务增多。从最初只要求提供采购的图书,到提供编目数据,再到提供贴磁条、盖章、贴条码等加工服务,甚至还要求提供图书上架服务。按道理讲,这些要求早已超过书商的职责范围,并增加了馆配商的运营成本。在其他任何行业,恐怕都不会出现这种问题。

第三,馆配商之间的恶性竞争加剧。在图书馆具有议价权的买方市场,一些馆配商为了拿到订单,不惜代价地满足所有条件,有的把折扣一降再降,恶性竞争导致了利润的缩水。

第四,馆配商行业准入门槛太低,甚至可以说几乎就没门槛。对于注册资金,有的地方在招投标工作中并没有要求,有的地方即使有要求,其在评估体系中也只占很小权重。在目前的馆配行业,没有严格的准入制度,任何一家书店或文化公司都可以进入,市场失序。

第五,人员、房租、物流成本近年来上升较快。在销售额没有增加,发行折扣没有改变的条件下,人员成本近年成倍增加,现在一名普通工人的工资也要3000元。近年房价上升导致了房租增长较快。以北京为例,房租成本近两三年是翻倍增长的。在物流成本中,油费增加不是很大,但是,对超载的限制和客户要求送货上楼服务等因素使物流成本大幅增加。

第六,图书馆采访和管理人员的职业操守和职业能力有待提高。以前,一位采访人员在这个行业一干就是十几甚至几十年,对这个行业很了解。现在,一位采访人员可能一聘两三年,最多五年又换一岗,这就造成采访人员职业能力不高,也因此使采访人员职业操守不高。所谓的职业操守,是指一位采访人员把采购工作当作一辈子的职业好好做下去,对所购进的每一本书负责任。现在,一般的采访人员心中好像没有这个概念,只要把钱花出去就行了。

第七,具有权威性和全国性的馆配商评定体系还没有完全形成。尽管一些行业媒体也在评定,但是,这些评定结果业内是不是认可;业内认可之后是不是作为重要参照指标,还是一个问题,至少很多地方在招投标时没把这些评定结果纳入考核指标。

《出版人》:面对这样的产业危情时刻,人天书店的判断和选择是?

施春生：在以上原因的合力作用之下，众多馆配商选择退市。如果任由这一趋势发展下去，从长远看，最终将导致整个行业的下滑。我们认为，一个行业的生态有赖于更多不同类型的公司共同维系。如果在一个行业中，只一两家过得好，那么，这个行业肯定不会有大发展。市场竞争的结果不是使市场蛋糕"我多分点，你就少分一点"，而是把它越做越大，从而让每个人分的也越来越大。如果市场竞争乏力，那么，尽管我的份额可能很大，但是服务肯定会下降，市场蛋糕也会越来越小。就像餐饮一条街的运营模式，只有参与的商家多了，才能吸引更多顾客消费，市场蛋糕也随之越做越大。

为此，我们希望组建全国馆配商联盟，以此重振行业景气。我们希望把全国有志于在馆配行业长期运作的馆配商团结在一起，建立全国馆配联盟图书编目中心、中文图书可供书目信息发布平台和人文社科联合出版发行中心，从而为中国馆配行业建立行业操作规范标准，推动行业向健康有序的方向发展。

《出版人》：全国馆配商联盟吸纳成员的标准是什么，或者说欲建立何种门槛？

施春生：首先，我们要强调，加入全国馆配商联盟的馆配商的条件是：有志于好好在馆配行业认真发展，致力于长期而不是短期运作。最主要的是，加盟馆配商要按照馆配行业的运行规律经营，而不是通过低价或其他非正规手段运作。我们认为，这样的馆配商才是一家合格的馆配商。无论大小，如果它愿意加入，全国馆配商联盟都表示欢迎。

在这一宗旨之下，全国馆配商联盟将选择第一批会员或一级会员。等达到一定规模，权利义务机制稳定运行后，再通过一级会员发展二级会员。此次由人天书店主办的"2013年度全国馆配商战略合作研讨会"邀请了60多家馆配商共议大事。他们都是"地域性馆配商"，在所在的地方具有非常大的影响力。应该说，这一体系的构建有待于大家的具体协商沟通。总体来说，全国馆配商联盟主要还是协助没有全国影响力的地域性馆配商的发展。

记者：全国馆配商联盟也会向新华书店开放吗？

嘉宾：这个联盟不分姓"国"还是姓"民"，有利于行业发展的馆配商都可以加盟。当然，此次参会的60多家馆配商还是民营为主，但是，对于新华系，我们也不排斥，也请邀请了云南省新华书店、广东省新华书店、安徽时代等有关机构与会。对于新华书店来说，它们是否加入联盟，最终可能取决于其运行体制是否与联盟体制接轨。比如，新华系现有的付款、报批机制，可能会阻碍它们进入联盟效率更高的体系。

集约化带来正能量

《出版人》：全国馆配商联盟将为整个馆配行业带来何种积极力量？

施春生：全国馆配商联盟目前还只是一个虚拟性机构。不过，它最重要的一个特点是"利益结合体"，将实质性地为成员机构带来利益，将以集约化经营切实降低馆配行业链的运作成本，提升竞争力。

对于出版社而言，第一，有利于降低发货成本。单体中小型馆配商单批次发货量较少，有的时候甚至不够件（一件货至少要1000元码洋）。对此，以往出版社基于成本考虑可能更多地选择不发货。如果将中小型馆配商的采购需求集中起来，通过全国馆配商联盟集中采购，那么，出版社发货成本将大大降低，运营积极性也随之提升。第二，有利于缓急账期压力。近年来，收款是出版社的一个老大难问题。应该说，面对的馆配商越多，收款压力越大。如果通过全国馆配商联盟这样一个中盘商来运营，收款问题将得到有效解决。当然，对于出版商来说，可能因为集中采购而减少一两个点的收入，但是，这样做将有利于出版社有效发货量的增长。特别是对于中小型出版社来说，以前鉴于成本原因对馆配市场期待不高，全国馆配商联盟将激活中小社图书资源，协助它们开拓新市场。

对图书馆而言，第一，享受更加全面、及时和准确的信息服务。以往单个供货商，特别是中小型馆配商，不可能提供专门的信息服务。特别需要指出的是，联盟将通过共用的数据平台提供信息服务，使图书馆的编目数据更加规范和标准。第二，加快到货速度，提升采到率。以往，单体中小型馆配商因为要货分散、量少，出版社在发货周期上难以保障。通过全国馆配商联盟运作，图书到馆速度将加快，缩短新书与读者的见面周期。第三，选择馆配商空间更大。全国馆配商联盟成员将以统一服务面对所有图书馆，图书馆随便选择哪一家馆配商都可以享受整个联盟的服务，使其选择馆配商更有目的性和方向性。

对于馆配商而言，第一，联盟采取统一采购模式，最大程度降低采购成本，提高采购速度，提升配到率。第二，联盟采取统一数据平台，减少采访工作人员成本，有效提高竞争力。第三，联盟致力搭建交流平台，让业者从单打独斗到抱团取暖。

对于馆配行业来说，全国馆配商联盟将有利于规范行业操作行为，建立统一标准，比如，什么级别的图书馆需要什么级别的服务和价格等，有利于向有关组织或政府部门集中发出行业声音和诉求；有利于把整个行业做得更大更稳，各方增加投入，扩大规模，使市场蛋糕做得更大。

《出版人》：全国馆配商联盟如何运作，将为成员机构提供哪些服务？

施春生：在我们的构想中，全国馆配商联盟将依托两个平台和一个出版部运作。目前，我们已做了一些基础性工作。

第一，全国馆配商联盟将建立一个数据共享平台。这一基于 Z39.50 共享标准的数据交换平台，将供每一家加盟馆配商上传或下载马克（MARC）数据。有能力编目的馆配商可以通过上传数据赚钱，没有能力编目的馆配商可以支付很低的费用下载数据。

这一平台有两个看点。这一系统是基于人天书店积累的近 15 年的编目数据建立起来的。以前，这个信息系统是封闭的，也是人天书店的商业机密；现在，我们把它向所有馆配商开放，形成一个交互系统，这一系统将为馆配商行业建立准入门槛。数据平台是图书馆行业的基础工程。如果不能提供数据服务，一家馆配商肯定不能为图书馆提供高质量服务。但是，我们也看到，目前的馆配招投标工作大多没有把这一要件纳入评估体系，我们将借此助推。

我们立志于把这个数据交换平台建成与全国高校图书馆使用的中国高等教育文献保障系统（CALIS）和国家图书馆的数据系统并列的第三大图书馆数据平台。客观地讲，从欧洲和美国的经验来看，图书馆数据平台都是由民间自发组织构建的。所以，我个人认为，我们想要打造的这个数据交换平台发展得可能更长久。

第二，全国馆配商联盟将构建库存图书交易共享平台。据我们调查，目前，馆配商包销图书已构成一个庞大的库盘资源，亟待盘活。基于上面说到的数据共享平台，全国馆配商联盟将组建库存图书交易共享平台。说白了就是你上传数据让别家知道你有什么图书可以供货，别家需要的时候可以通过调剂实现销售。以前，这些数据都是分散和独立的，现在，通过数据中心，它们将最大程度的通过市场手段实现自身价值。

第三，全国馆配商联盟组建"出版部"，定位为馆配行业定制图书。人天书店在 2012 年成立了"出版部"，综合利用了公司近 20 个部门的资源，以强大的资金支持为后盾，同时综合北京人天书店的发行资源，构建了强大的图书编辑与发行体系。在此基础之上，我们计划把它扩展为整个联盟的出版部，主要出版以文史哲为主的社科图书和以古籍文献整理为主的古籍文献。运作方式是：大家共同出资，以资本合作运作项目；然后，利用联盟具有的馆配商渠道实现销售。馆配商最了解图书馆用书需求，与出版机构合作定制图书，有利于馆配商提高利润。

此外，全国馆配商联盟还将举办两次全国性的大型书市。我们计划把人天书店既有的3月春季书市和9月秋季书市扩展为整个联盟的书市，由大家共同举办。从某种意义上来说，此举是把人天书店的渠道资源向联盟成员开放，希望形成全国性的馆配市场。全国馆配商联盟还将定期为成员举办培训活动。如果进展顺利，我们将在今年7月底或者8月初举办馆配商业务人员培训会。以后，我们还可以为成员定期举办采购、编目人员乃至管理层培训等一系列专业性、针对性的业务交流活动。

应该说，全国馆配商联盟是在人天书店的资源基础之上构建而成的。其实，这么做对于人天书店来说，完全是"引狼入室"，但是，我们成立联盟的初衷就是为使整个行业发展得更好，同时，也说明我们对自身很有信心。应该说，我们是实实在在地想为整个馆配行业做一些事情，也希望大家能够认可。

竞争倒逼运营升级

《出版人》：在大多数行业，任何一家企业都在谋求垄断地位。而作为中国馆配行业发展的重要参与者和见证者，人天书店却通过组建联盟救市。做出这种战略选择的产业逻辑是什么？

施春生：牵头组建全国馆配业联盟是人天书店对馆配行业发展趋势研判的战略选择。在2003年以前，图书馆市场非常小，市场主体只有新华书店。2003年，教育部在《2003~2007年教育振兴行动计划》中明确提出实行"五年一轮"的普通高等学校教学工作水平评估制度，并在评估指标体系中对图书馆生均图书和生均年进书量（册）做出了硬性要求，加之1998年开始的高校扩招风潮，馆配市场开始爆发，呈现井喷式发展。在这一黄金发展期，馆配市场高速增长，发货折扣也大多维持在8.5到9折之间，让商家看到了馆配行业的可发展性。应该说，民营分销商成为最早的一批淘金者。馆配市场吸引了大量民营资本进入，在激烈的市场竞争中，大家都想来分一杯羹。在市场高速增长阶段，几乎所有的市场主体都能获得或多或少的红利，这一上扬趋势一直维持到了2007年。

随着首轮普通高等学校教学工作水平评估制度的结束，2007年，馆配市场发展进入了一个拐点：市场规模增长结束井喷期而进入稳定期，行业进入盘整期。市场总盘虽然还在，但是增速放缓，竞争趋于惨烈，很多经营能力较低或者本来就想赚快钱的民营公司逐渐退出行业。

与此同时，新华系在零售市场被网络书店挤压和教材发行招投标被挤压利润的内外压力下，重新抢滩馆配市场。而且，这些国营资本是不计盈亏的运营，让抵抗市场风险能力较弱的民营馆配商生存更加艰难，形成了"国进民退"的现象。应该说，馆配行业因民营公司的进入而兴起和繁荣，但是，这种主导地位近年来正在受到来自新华系的强有力的挑战。

不过，透过这些"国""民"之间的竞争，我们更看到，馆配行业如果不进行有效整合的话，不但竞争力较弱的民营馆配商将一家家倒下，而且国营馆配商也将越来越赔本赚吆喝，造成"唇亡齿寒"的行业危机。我们观察到，就是新华系本身也在分化和整合中。特别是近两年来，有的将业务范围从全国收缩至本省，有的在经营模式上采取馆配和批发混营，有的干脆就退出了市场。

我们发起成立全国馆配商联盟的主要目的是让馆配市场的生态系统更加丰富，其中，既有民营也有国营，既有大型也有中小型。这一生态系统越丰富，对整个行业越有利。我们不希望它最后变成一个寡头时代。假如民营馆配商中只剩人天书店一家，或只剩下新华书店，我们认为，这样的结果对整个行业都极为不利。

《出版人》：您认为，馆配行业在经历2007年拐点之后，进入了一个什么样的发展阶段？

施春生：我们应该看到一个新趋势——馆配行业正在进入精细化运营时代。据我们的调查显示，只要独立核算，如果只计入直接运营成本，新华系进军馆配市场差不多都是亏损运营。

我们之所以强调行业生态的重要性，是因为如果进入企业都是亏损经营，那么，这个行业是长久不了的，最终是会烂掉的。没有任何一家民营企业在亏损运营，因为一亏它就不做了。我们成立全国馆配商联盟，就是利用民营馆配商作为市场试金石的经营特点，在细节上一点点地"抠"，尽可能地在各个环节实现集约化经营，把成本控制下来。在节流的同时，联盟再做一些开源性的工作，与出版机构合作出版发行一些图书，就有更多利润可赚，这些也都是为了实现精细化操作。

从某种意义上来说，随着国家招投标制度的完备，新的市场竞争主体的不断加入，以2007年为标志，此前馆配商采取的粗放型经营模式正被逐渐淘汰，严酷的竞争形势将逼迫业者以升级管理模式来赚取更多利润。像人天书店这样的大企业已经意识到这个问题，本身正在向精细化方向提升。对于还处于粗放型经营的中小型馆配商来说，我们将通过联盟来帮助它们实现精细化经营和管理，进而实现整个馆配市场发展方式的转型。

《出版人》：在一个精细化运营的时代，馆配商淘金法则的关键词是什么？

施春生：总体来看，馆配行业的发展大势是稳中有增。随着国家对文化事业投入的不断增加，包括地方直属院校图书馆和公共图书馆在内的具有采购能力的图书馆数量也在增加。高校图书馆特别是中大型图书馆，虽然已经完成首轮评估采购，但是，在馆藏面积有限，经费还在增长的情况下，势必将采购范围集中于更加具有馆藏价值的大书上，并且这一需求也将长期存在。因此，馆配市场蛋糕不但存在，而且还在增长，只不过不是爆发式的。

一个好消息是，从2012年开始，我们观察到，馆配商对于行业的热情正在上升，信心也在增加。这一趋势显示出，2007年以后，馆配市场竞争经过空前激烈的竞争后已达成某种新的平衡。在这一关键时刻，我们发起成立全国馆配商联盟，从短期看，在客观上会削弱人天书店的寡头地位；但是，从长远看，协助业者一起成长将使人天书店在这个行业中的发展得会更加稳定，无论是对公司还是对行业发展来说都是利好的。

我们要让业者慢慢意识到加入联盟的必要性：除非你有足够的资金投入，否则大家都要进入一个合作或联合的时代。在这个新时代，单体生存的难度将越来越大。企业要生存和发展，就要加入一个组织或联盟中。在馆配行业，粗放经营时代的单体企业还是有可能生存的，有的活得还不错。但是，随着竞争压力的加大，单体企业生存将越来越困难。单体竞争往往形成野蛮竞争即不规范竞争，以损害整个行业的长远发展为代价。令人欣慰的是，近年来，馆配行业已经逐渐意识到这一点。我们发起成立全国馆配商联盟就是要找寻一个公共平台，让业者共同制定规则，让行业在规则中通过竞争发展壮大。

五　馆配文汇

馆配市场十年回顾

《图书馆报》记者 姜火明 2009年6月11日

前 言

2008年,随着高校第一轮评估的结束,馆配市场进入平缓的发展阶段。由此回溯到1998年,正好是10年,这10年正好是馆配市场发展的黄金10年。10年来,馆配市场从启动,到真正形成,再到急剧拉升,可谓是风起云涌、变化莫测,让人目不暇接、眼花缭乱。仅仅10年,馆配市场总额攀升到50亿元,占整个书业份额的10%,成就了中国书业最大的传奇。

有必要对馆配市场的10年进行总结,歌颂成绩当然是少不了的,但主要是为了去找出问题。因为成绩有目共睹,都是官话和套话,而问题则常常被放小,甚至被视而不见。

从某种意义上说,馆配市场的黄金时期已经过去。经过2008年的平稳过渡,2009年,馆配市场进入重新洗牌的阶段,一方面,馆配市场的泡沫将大量挤压,中小馆配商面临突围的尴尬,想全身而退几乎不可能;另一方面,有实力的馆配商,如新华书店系统,则以此为契机,不惜以牺牲一时利润等手段,迅速扩大市场份额,在馆配市场的洗牌大战中抢占市场先机和话语权。

2009年的馆配市场,注定是残酷和不平凡的。馆配市场最终的市场格局是国有新华书店从民营书店手中全面接盘,重回北京发行所一统天下的时代吗?这对图书馆来说无疑是最佳模式。图书馆一直希望一家馆配商、一份可供书目解决图书采访问题,但肯定是不可能的,因为新华书店已经分化,新华书店系统内部的发展与竞争日趋激烈。尽管如此,相对于民营书店来说,在未来的馆配市场格局中,新华书店系统占据主导地位似乎是板上钉钉,没有多少悬念的。在这个大结论下,剩下的最大的问题在于,曾经开创和引导馆配市场、为馆配市场的繁荣做出过巨大贡献的民营馆配商将何去何从。

也许讨论这个问题，现在还为时过早，因为诸多民营馆配商仍然活跃在馆配市场第一线。新华书店系统就一定能够成为最大的赢家吗？按道理应该是这样，但变数也不是没有，比如以当当、卓越为代表的网络书店，会不会横空杀出，成为左右馆配市场的第三方力量呢？

10年来，馆配市场的众生相非常有意思。

最得意者，是民营书店。一大批民营馆配商脱颖而出，成为市场的佼佼者，领跑馆配市场，引导了馆配市场的潮流。

最失意者，是新华书店。丢了馆配市场，馆配市场做大；丢了大中专教材，大中专教材市场做大；当作救命稻草，舍不得丢的中小学教材教辅，国家出台循环使用制度，一下子变成夕阳产业。好在新华书店知耻而后勇，纷纷杀出回马枪，后来居上并非没有可能。

最郁闷者，莫过于图书馆。馆配市场的发轫源于信息技术在图书馆的应用，高速发展源于图书馆评估，这两大因素本来应该促进图书馆的文献资源建设，但结果却适得其反，馆配市场倒是红火起来了，图书馆却越来越买不到自己称心如意的图书。

最彷徨者，是出版社。因为有了所谓的馆配商，出版社被边缘化，沦为图书产品的提供者，打一个不恰当的比喻，馆配商是皇帝，出版社则无一例外都是嫔妃，管生不管养，完全丧失了话语权，而听任馆配商摆布。

但这一切都在发生变化。失意的不可能永远失意，得意的也不可能永远得意。郁闷的正在追本溯源，寻找问题的症结。彷徨的也开始迈出了艰难的步伐。用一句俗不可耐的话说，市场就像是一双无形的手，在牵引或是推搡着馆配市场产业链上的众生，无论你愿意还是不愿意，适应不适应，变化永恒，发展不可抗拒。

强者去改变，弱者去适应，这正是我们今天回顾馆配市场10年的最大意义和收获。

馆配市场10年回顾·发端篇

馆配市场的发端始于信息技术在图书馆界的广泛应用。这在图书馆界早已有定论，但是出版发行界，特别是出版界却不甚了了。

1998年之前，图书馆采购主要是通过本报所属的科技新书目、社科新书目和标准新书目（俗称"三目"）预定来完成的，在确认订数后向有关书商发出订单，然后再做手工预定目录，以便查重、减少漏订与重订。当时，新华书店总店北京发行所是全国最大的中盘。

20世纪90年代以后，计算机技术开始在图书馆界应用，图书馆过渡到自动化和网络化时代，计算机编目逐步取代手工编目。在传统的编目中，许多图书馆的编目人员对同一种书从事着相同的、重复的劳动，浪费人力、物力，而且由于水平不齐，书目数据不规范、不统一。计算机编目要求每条书目信息都要按照可以用于交换的统一的MARC格式的标准和要求组织起来，由于使用统一的MARC格式，集中编目、联合编目和联机编目成为发展的趋势。在这种大背景下，1990年前后，我国相继成立了若干个区域图书文献联合采编中心。

在北京，由北大、清华、人民大学、北师大等高校图书馆参加，在人民大学图书馆成立了北京图联公司。在上海，上海交大图书馆成立了申联公司，同济、复旦和华东师大等高校图书馆成立了翔华图书公司。江苏在省高校图工委统一部署下，南大图书馆、南京图书馆、金陵图书馆、东南大学图书馆等在南京师大图书馆成立了江苏华茂图书公司；河海大学图书馆、南京理工大学图书馆等在南航图书馆成立了江苏知识书店。在广东，由39所高校图书馆参加，在华南师大图书馆成立了广东省高校文献信息中心。辽宁70多家图书馆在沈阳图书馆成立了北方图书公司，等等，不一而足。

这些公司都是某一地区的若干图书馆自愿参加、互相协作而从事文献联合采访、集中或联机编目的公益性联合编目中心。区域联合采编中心的组建模式各不相同，但从组建过程来看，为地区图书馆整体化建设服务是成立中心的初衷。它一般是由成员馆经过民主协商，有一定影响的图书馆牵头承办。

不难看出，编目是其主要或者核心业务，书目数据的共建共享是其主要目的。由于这些编目中心赖以生存发展的书目数据的建设、先进的技术装备和业务过硬的人才，都需要有足够的经费来维持，因此，这些编目中心在编目的同时，也开展了协同采购，走上了"联合采购、统一编目"之路，逐渐演变成国内最早的专门以图书馆客户服务为主的商业机构，也就是我们所熟知的馆配商。时至今日，这些馆配商很多仍然战斗在馆配市场，当然，也有一批已经不从事馆配业务，退回到编目的老本行。

由于第一批馆配公司均来自图书馆联盟，民营不是民营，国有也不是国有，地位比较模糊，属于以采养编的公益性质。很多专家都指出，追求经济效益不是他们的唯一目标，这是与一般企业不同的。公司追求经济效益，只是实现文献资源共享的一种手段，为开展业务建设提供经济保障。

正因为此，一大批民营公司从中嗅到了市场商机。1998年后，成都世云、安徽儒林和北京人天、中教图等一批以图书馆为客户服务对象，从事专业化馆配经营业务的馆配商相继产生，其中北京人天公司改变了京所层层报订的模式，变期货为可供，压缩了中间环节，创新了馆配市场的新模式。成都世云则创新了加工服务模式，将图书馆服务外包的概念引入了馆配市场，这些都是馆配市场形成的标志。

馆配市场10年回顾·过程篇

从1998～2007年，馆配市场大致可以划分为三个发展阶段。1998～2003年为第一个发展阶段，由于招投标竞争模式尚未引入，馆配商供货折扣比较高，市场竞争不甚激烈，馆配商提供图书商品的增值服务需求仅在随书配备编目数据方面，普遍还没有加工外包服务要求。

馆配市场中，高等院校图书馆的市场份额几乎占80%以上。2003年，随着高校的扩招，以及教育部启动高校教学评估，馆配市场急剧拉升。

在教育部关于《普通高等学校基本办学条件指标（试行）》文件中严格规定了高校办学的基本条件和指标，其中图书馆藏书量和年新书采购是指导图书馆采购图书的两项重要指标；评估文件明确要求高校年图书文献资料购置经费须占到全校教育事业费拨款的5%以上，综合、文史类高校生均图书100册，理工类高校生均图书80册；年生均采购新书册数3～5册。这种刚性馆藏图书量指标要求使当时有相当多的高校存在不小的图书缺口，为了达到评估标准，各院校纷纷追加经费，图书馆文献采购量剧增，呈现"井喷"现象。

2004～2005年，是馆配市场发展的第二阶段。面对急速膨胀的馆配市场，一时间民营馆配商如雨后春笋般冒出来，汇入馆配业务的滚滚洪流之中。各省新华书店也纷纷成立图书馆馆配业务机构，在全国零售市场出现销售"滞胀"的状况下，出版社也开始调整出版策略，把关注点聚集到馆配商和终端图书馆的采购需求方面，有书业界人士把这两年定为书业的"图书馆年"。在国内重大的书业活动中，馆配业务成了不折不扣的"主角"。2004年桂林和2005年天津的全国书市馆配业务销售均获得巨大成功，其中桂林书市零售和团购销售总额实现1321万元，天津书市零售和团购的销售总额达到了3200多万元。桂林和天津全国书市馆配活动的意外成功深远地影响了2006～2008年新疆、重庆、郑州的全国书市。

另外，2003年国家《中华人民共和国政府采购法》正式颁布实施，图书馆采购引入了招投标机制，馆配业务逐步开始实行政府采购的公开招投标竞争模式。据有关方面的调研数据统计，现在高校图书馆图书采购采取招投标的已达90%。公共图书馆采购图书纳入政府采购体系下操作的也已超过7成。馆配商在招投标竞争"游戏规则"下不断压低供货折扣，国营、民营图书发行商纷纷进入馆配市场，市场竞争趋于白热化。由于采购量激增，大批面临教学评估的高校图书馆无法承受一年十几万册的图书到馆采编组织工作，于是将图书的编目加工、实物加工乃至典藏上架等外包给馆配商，馆配商提供从供货到加工的所谓"一站式"服务，馆配市场业务图书采购加外包服务的业务特点形成。

2006~2007年，也就是馆配市场发展的第三个阶段，馆配市场到了10年发展的顶峰。据2006年对300余所高校图书馆的抽样调查显示，文献资源购置费总和为10.93亿元，最高的是复旦大学图书馆，达2929万元，最低的为广西工业职业技术学院图书馆的2000元，馆均约为388万元。其中，购买纸质文献采购的总经费约为8.62亿元，馆均约为288万元，最高的是复旦大学图书馆，约为2480万元。2007年，521所高校图书馆文献资源购置费总计约为17亿元，馆均约为327万元，略低于2006年的均值388万元。最高的仍是复旦大学图书馆，约为3165万元；最低的是福州英华职业学院图书馆，为4200元。其中，购买纸质文献采购的总经费约为13.5亿元，馆均约为257万元，略低于2006年的均值288万元。最高的是复旦大学图书馆，约为2565万元，其次是北京大学图书馆约为2226万元。这些数据表明，国家2007年对高校图书馆的投入，基本和2006年持平，略低于2006年，各个馆平均用于采购电子资源的经费约是采购纸质资源经费的1/3。从对500所高校图书馆的电子资源采购经费的统计来看，2007年的采购总额约为3.9亿元，馆均约为82万元。最高的是北京大学图书馆，约为835万元；其次是上海交通大学图书馆，约为829万元。

2008年，高校第一轮教学评估结束，馆配业务至此进入平稳发展阶段，或者说进入市场整合的转折时期。

馆配市场10年回顾·问题篇

信息技术在图书馆界的广泛应用是馆配市场形成的内因，高校扩招和评估则是外因。对于图书馆来说，建立区域联合采编中心，原本是为了解决图书馆文献资源共建共享的需要，谁知道却催生了一个庞大的馆配市场，这让图书馆始料未及，无所适从。从这个意义上说，馆配市场的发展偏离了图书馆自身文献资源建设的正确轨道，是畸形的、不健全的。然而这种理性的声音在急剧拉升的馆配市场面前，在每年近50亿元的销售码洋面前显得微不足道，被迅速淹没。

但是问题不会消失，该来的终究会来。2005～2006年，国内最大的民营馆配商人天书店涉嫌商业贿赂被调查，一册回扣现金账本，是人天书店行贿的关键物证，也由此引出了一系列高校图书采购贿赂案件。北京市海淀区检察院提供的资料显示，在这册现金账本里，详细记录了2004年以前的每一笔回扣款，包括具体金额、领取时间、业务员以及收受单位，总共金额500万余元，其中多数涉及高校。人天书店负责人表示，当时该书店每笔业务都是给了回扣的。

"人天事件"暴露了馆配市场，甚至是整个书业市场的潜规则，引起了各方高度关注。

潜规则不是人天公司首创的，但为什么被人天公司捅了出来呢？是偶然，也是必然。

应该说，人天公司的账本暴露是一个偶然事件。说必然在于，新华书店也有回扣，不过都是明扣，没有暗扣。之所以在馆配市场出现暗扣，主要还是因为，馆配市场膨胀得太快了，面对这块诱人的蛋糕，管理不规范的民营公司为了应对新华书店的竞争，不惜铤而走险，主动或是被动给了暗扣。

"人天事件"的影响是巨大而深远的，是馆配市场10年问题的大爆发。对于人天而言，业务急转直下，不得不全线收缩。

对于图书馆而言，刑事拘留甚至判刑的图书馆馆长或者采访人员无法统计，但2005～2007年，整整3年，馆配市场笼罩在反商业贿赂的阴云中，很多高校图书馆的采访人员惶惶不可终日，唯恐牵连自己。据说，当时国家相关部门为了稳定人心，规定只要没有把回扣装入自己腰包，就不算违法，不用坐牢，风波这才渐渐平息。

从客观上说，"人天事件"也为新华书店系统重拾馆配市场制造了难得的机遇。

馆配市场另一个突出问题表现在招投标上。由于操作不规范和有法不依，招投标遭多方诟病，已成为众矢之的。如果说招投标是枷锁的话，这个枷锁却是图书馆自己套进去的，图书馆对招投标的理解从本质上可能就是错的。

为什么这么说呢？图书馆采购属于政府采购，但政府采购并不等同于招投标。图书馆界犯的错误在于将政府采购等同于招投标。即便这是主管部门强加给图书馆的认识，图书馆也是可以据理力争的。

恰恰是政府采购设计了图书馆图书采购非招投标的条件。政府采购的方式包括：公开招标；邀请招标、竞争性谈判、单一来源采购、询价，国务院政府采购监督管理部门认定的其他采购方式。这也就是说，政府采购的方式，包括非招投标方式。

从目前政府采购的实际情况来看，具体货品的采购都不实行招投标了，而采用的是协议供货。图书馆一般数据库的采购都是单一来源采购，本身就不是招投标。

现在的投标方式，很多地方有问题。比如自己提出不招了，要续标；而且，现在有些图书馆招标，馆配商去投标，又让你二次报价，这是典型的竞争性谈判方式。也就是说，现在的招投标其实只是形式，用招投标之名，行竞争性谈判之实，"挂羊头卖狗肉"而已。

低价中标是招投标的法定规则，但竞争性谈判就不是这样，政府明确规定不以价格选择供货商。竞争性谈判，决定谈判结果的是专家委员会，政府采购必须遵循国家政策的要求，如节约支出、购买国货、保护中小企业、环境保护等，采购结果不以寻求单个采购人的最大受益为目的，是各国政府经常使用的一种宏观经济调控手段。

政府采购还分集中采购和分散采购两种情况。图书馆不适用集中采购，因为每一家图书馆文献资源建设的指导方针都不一样，应该由图书馆自行分散进行，维持政府采购的本质内容不变，但形式上要自行采购。

如果说分散采购有腐败，集中采购同样避免不了腐败问题，在招投标上，暗箱操作比比皆是。馆配市场的这种不规范的招投标方式快要走进死胡同了。

馆配市场的繁荣出乎图书馆的意外，这种繁荣或者表面的热闹，也背离了图书馆文献资源建设初衷，图书馆越来越采不到高质量的、自己所需要的图书。问题出现在哪里呢？在传统的书目报订时代，新华书目报新书覆盖率非常全，承担了中国可供书目的功能；而现在，在馆配市场的产业链上，馆配商占据主导地位，馆配商的书目是图书馆最主要的使用书目，这些书目除了具有一定的可供优势之外，既不权威，覆盖面又非常狭窄，于是乎，图书馆不得不同时选择若干家馆配商，即便是这样，漏采还是非常严重。无疑，这个问题是制约馆配市场发展的瓶颈，如果这个问题得不到有效解决，馆配市场的繁荣将是虚假的表象，亦将难以为继。

"图采会"遍地开花，是馆配市场另一个矛盾突出的问题。"图采会"模式最早是由新华书店总店创办的，也是总店大中盘情节的延续，在当时极具创新之举。

"图采会"模式创立于图书馆采购需求快速增长时期,是顺应馆配市场需要,为图书馆采访工作提供服务的"时代产物"。由于它依然建立在传统图书订货会的运作方式下,其营销理念并没有得到创新。另外,随着2008年以后第一轮高校评估的结束,"井喷式"的图书馆采购量逐步回落,馆配市场进入平稳发展,图书馆开始看重有质量的书目订购模式,所以"图采会"的促销活动自然会显示出它的历史局限性。如参加"图采会"的多是些近年新发展的高校图书馆,起点比较低,对现采需求很大,但一些像"211""985"的高校图书馆对现采却并不十分热衷,反而青睐于书目订购。近三四年来因各种类型订货会书店的订货功能都在下降,订货会主办者纷纷押宝"图采会",甚至连一些城市的文博会也拿"图采会"来做文章,导致"图采会"遍地开花,从年初办到年尾,几近呈泛滥之势,图书馆的采购老师们疲于奔命,也逐渐丧失了对"图采会"的热情。在这种形势下,如果"图采会"不能够推陈出新,切实从研究图书馆的真正采购需求下功夫来不断丰富"图采会"的内容,"图采会"也会像图书订货会的结局那样,将很难保持旺盛的生命力。因此,馆配市场究竟如何让"图采会"模式持久、长新是一个亟待思考的问题。相对来说,对于有特色经营和区域重点客户的"图采会",如专业图书订货会及区域性业务订货活动等,可能会收到更好的效果。

在馆配市场规范化程度越来越高的同时,馆配商、出版社及图书馆还存在一些内在的矛盾,不利于产业链的平衡发展。馆配市场仍是以折扣战占主导地位的竞争方式,做新书、正价书的利润空间已经非常小,缺乏应有的利润空间等。

当然,最关键的问题还是出路,下一个10年,馆配市场将何去何从呢?

核心书目的由来

本来我没有资格为这部专著作序,我是地道的业外人士。去年大概这个时候,人天书店在苏州召开江苏、上海、浙江三地高校图书馆馆长资源建设研讨会,请吴志荣老师做主题演讲。私下,吴老师跟我说到这本书的内容,正好我们正在搭建人天数据平台,很多想法有相通之处。由于意气相投,我就跟吴老师说,书写好了我给你出吧。

我的数据平台原理，是要把采访、编目、联合编目、联合目录都放在一个数据库里；而现在的情况不是，采访是采访，编目是编目，编目还要分为国图和CALIS两个标准，实际又变成了两个库，联合目录已经没人做了，个别专业图书馆做一下自己专业的联合目录，编制不方便，使用更不方便。新书出版了，编目就要重做一遍，并不在采访的基础上做，编目员嫌麻烦。使用采访数据时，并不知道哪些书已经出版了，本来可以使用更准确的信息。每个库都是独立不相通的，是一个个信息孤岛，耗费大量的人工，还会出现大量的冗余数据。我的数据平台把这些问题都解决了，采和编都在一个平台实现，从在版编目（CIP）到采访，到编目，到联合目录，一条数据像在一条流水线一样生产。好处还在于，一种书或一种书的信息在任何状态下，都可以放到这个制作流程中完成，比如某一种书没有任何信息，就直接编制它的编目数据，同时也就复制了它的采访数据，没有一个浪费的动作。

但是，数据平台做到这里，只是解决了馆配商采和编的问题，并没有解决图书馆采选的问题，就如同中图法和机读目录只解决了图书馆的问题，并没有解决读者的问题一样。读者要用最便捷的方式找到自己想看的书，他们会觉得百度、淘宝、当当、亚马逊更方便。图书馆是想最方便、最准确地找到符合自己馆藏要求的书，现在看没有任何手段可以达到这个目的。

这是一个服务的概念，馆配商可以不做，人天书店也可以不做，但如果做了，就会变得优秀。吴老师和他的团队所做的工作给了我一些启发。他们所做的工作，是把以往某个时段的书目集中起来，再把某一类学术图书分离出来，对这部书用引文分析和二八定律遴选，再经相关专家审定，形成核心书目，这个书目可以作为馆藏质量测评的工具。在这之前，吴老师曾对某段时间的计算机类图书和哲社类图书做过类似的分析测评，由此产生了对所有图书进行评价的欲望。不管图书馆认可与否，是否会用这个工具测评本馆的馆藏图书质量，吴老师他们的工作都是有意义的。

对人天书店来说，这样的成果来得有点晚了。我是想让图书馆的采访人员在没有看到书的情况下，面对采访数据，就能大致判断出哪些是好书，哪些图书符合自己的馆藏要求，不至于在若干年后，等吴老师的核心书目出来，与自己的馆藏一对比，覆盖率达不到50%，甚至达不到30%。（吴老师用计算机类核心书目比对一些大学图书馆的馆藏时，就发生了这样的情况）

我们相信图书馆采访人员大都是敬业的，但不能要求他们是全才。特别是他们要面对每年25万种新书的时候，如果加上再版和重印的数量，那就是45万种了。所以，要有一个推选的工具，把好书、符合馆藏要求的书自动推送到采访人员眼前。我希望在人天书店的数据平台上实现这一要求。如果能把吴老师的一些研究方式，用到对采访数据的评价上，是否能达到这个目的呢？这还不得而知。这个工作肯定比评价已经出版的书有更大的难度，但不是不能做，不是无迹可寻。我提出"好书因子"的概念，吴老师同意我的说法。道理是相同的，方法是相通的，已经出版的书可以用引文分析的方法，被看得多、被引得多的大致会是好书，但也不尽然，有些书涉及热点问题或热点作者，被看被引自然多，但未必是好书，这里有个二次定量的问题。没有出版的书自然用不上引文分析，但一条采访数据里面也会包含很多信息，从这些信息里可以提取出可用于评价的因子，再对其进行量化，殊途同归吧。我希望吴老师的书尽快出版，让我从中找到答案，同时也希望吴老师和他的团队，能加入人天书店这项宏大工程中来。

将可供书目进行到底

一　中国可供书目不仅仅是商业之所需

2003年，我国纸质图书出版品种，如果包含重印、再版，已经超过18万种，其中，新书品种约11万种。这个数字不论是放在世界范围内，还是放在我国出版发展史上，都是空前的规模。但是，这18万种图书我们都能买到吗？我们到哪里去买这些图书？现在的书店越开越大，品种也越来越多，它能满足我们特别是图书馆的需求吗？回答是不能。因为图书馆需要书，但更需要与书相关的服务，比如预订服务、定制服务、在线报订、查询服务等，以及采访数据、编目数据、加工服务、售后服务和价格折让等。这就出现了一个矛盾的现象，我们需要的书没处买，我们看到的书又不能买。

图书出版过程和它的物理状态决定了我们的订购方式。图书进入出版过程即形成在版编目，根据在版编目产生预订书目，如《新华书目报》和《上海新书报》等，图书出版后形成可供书目。可供书目是图书出版发行链条中极其重要的一环，没有可供书目，就没有一个完整的发行体系。

一个出版社出版发行多少种、多少码洋的图书是规模的显示和业绩的体现，而对订购需求的满足率才是其出书质量和发行能力的标志。上升到一个国家，每年的出书品种和销售码洋固然能够体现该国出版事业的成就，但18万种图书我们能买到多少，有多少品种处在可供状态，这才是真正体现这个国家的出版水平和供应能力。

二 谁来建设中国可供书目

由此可见，中国可供书目的建立，不仅仅是商业之所需，它应该是一个国家出版发行管理制度的结果，体现一个国家的行为能力。因此，它的建立应该是政府的行为，或通过行政的手段，或通过商业的模式来实现。

但是，到目前为止，我们还没有编制出中国的"可供书目"。

在计划经济体制下，我国出版业实行的是以销定产的新书预订发行方式，作者出书难，出版社卖书难，读者买书难。改革开放以来，特别是中国加入世贸组织以后，发行体制发生了根本的改变，发行渠道的多样化使书目报道方式可以根据商业运作模式自行制定，《人天书目报》正是在这个大背景下产生的。可是，由于出版体制还没有完全市场化，作为产品和产品信息第一提供者的出版单位，没有产生内在的需求。大多数出版社把编制可供书目或提供可供书目信息当作额外的负担。这一点，从出版社网站上信息更新情况即可印证。我们可以出很多书，但我们却很难发很多书。政府在越来越重视知识的同时，未能充分重视知识的来源，在越来越重视出版物品种和质量的同时，尚未像建立版本图书馆那样，建立可供书目制度。在德国和日本，很少有我们国内这样规模的书店，但它们在提供有限现货的同时，却能提供几万种甚至几十万种可供图书，它们既是实体的书店，又是虚拟的书店，它能够把有限的店铺扩展到无限的空间，之所以能够如此，就是因为有可供书目的支持。

作为一个商业机构，多年以来，人天书店一直期待着"中国可供书目"的出现。作为一个有理想的公司，内心始终存在一种冲动，即在实现其商业目标的同时，承担某些社会责任。2003年，人天书店成立了信息网络部，开始建设全国图书出版信息网，当年即有40家出版社响应。非典期间，我们举办了第一届网上图书订货会，尽管报订不多，但积累了很多经验。2004年人天书店和首师大图书馆合作，建立新书展示厅，并对全国图书出版信息网进行配套，截至6月10日，已有全国203家出版社入网，放大效应已经显现。在中国可供书目尚未有期的情况下，人天书店决心通过商业化的模式完成这一凤愿。全国图书出版信息网目标汇集全国500多家出版社和几倍于这个数目的出版机构每年数十万种图书的可供信息，并提供读者检索和报订。它是全国出版单位图书信息的网络集成，它将成为图书供需双方无形的交易市场和不会休会的图书订货会。

三 中国可供书目建立的条件

可供书目的建立需要三个基本条件：第一是出版社的积极参与，第二是信息交换平台的搭建，第三是市场的响应。

近年来，虽有一些发行单位致力于编制可供书目，但因为没有和出版社的管理和利益联系起来，图书的"可供"没有保证，存在大量有目无书的现象，有的"可供书目"的满足率甚至不到50%，引起用户的强烈不满，结果无功而返。要改变这种局面，仅仅靠书目编制机构是无能为力的，必须有出版单位积极参与，主动提供书目信息，承担"可供"的责任。并且，这种责任不仅仅是道义上的，应当用合同的形式加以保证。出版社最终要认识到，出版和可供是两个不同的概念，对出版社是同样重要的。我们不仅要告之读者一本书是否出版，是否重印，是否再版，我们还要告诉读者这本书是否可供，由谁提供，何时供到。

考虑到这一点，人天书店在设计出版信息网时，给予了出版社最大的权限，我们给每个出版社一个管理页面，出版社可以对本社图书信息进行添加和修改，可以上传也可以卸载，从而保证了数据的实时性和准确性。同时，我们已经把出版商和供应商加以区别。在目前的书号管理制度下，表面上看，所有图书都是由出版社出版的，但实际上一本书的出版者未必是它的供应者，这已是不言自明的事实。所以，只有掌握这本书的真实出版者和供应者，才能保证这本书的可供。

我们深深知道，一个事物的存在，必须有它的合理性，可供书目的功败垂成，取决于市场的认可。为什么《新华书目报》历久不衰，就在于有市场的需求，并且培养出了用户的习惯。可供书目的诞生和成长，也必须有市场的响应。令人欣喜的是，新书展示厅建设5个月，已有203家出版社参展，参展图书品种已经超过41000种，全年能够达到

80000 种的预定目标，以后每年都将保持入展新书 8 万～10 万种。自 2004 年 4 月份试用以来，已经有全国近 20 家图书馆现场报订，报订图书码洋 400 多万元，最高纪录为西南财大图书馆，一次性报订 14000 余种，60 多万码洋，显示出良好的推广前景。

四 将可供书目进行到底

要想把我们的事业推向理想的顶点，需要我们有更加坚定的信念和更宽广的胸怀。

第一，中国可供书目需要一个适合它的载体，这个载体就是信息交换的网络平台。尽管可供书目不是数字时代的产物，但数字时代才会使它彰显自身价值。为了使可供书目得以运载，人天书店网站即将全面升级，升级后的网站将提供专家推荐、订购参考、查重、采访数据下载、在线报订、订单查询、送书统计等一系列服务功能，在订购软件的支持下，使可供书目成为图书馆的又一个主要订购书目。

第二，可供书目最终要与出版社的库存相链接，当读者在订购一本图书时，能够查询到供应商的库存情况，并予以锁定。从技术上说，需要在我们的数据平台和出版社的数据库之间做一个转换接口；从认识上说，需要每一个出版社都与我们有同样的认识和共同的需求。

第三，可供书目的建立将本着共建共享的原则，出版社之所以支持人天书店创建中国可供书目，也是因为人天书店站在事业的高点从事这项工作，不是自给自足、锦衣夜行。因此，我们还将寻求更高、更宽广的信息平台，让信息向更深、更远处传播。

在我结束发言的时候，感觉到一项使命交到我们手中。今天，我们在这里一起踏上了中国可供书目建设的道路，我们决心，将可供书目进行到底。

利润 = 市场价 – 成本

施春生

第一点我们来讲利润。很多人都在讲利润，利润到底是什么呢？有人说"企业就是追求利润最大化"，"老板就是唯利是图"，到底我们对利润如何看待？我想利润是必须去追求的。没有利润，就没有办法进行扩大生产，就没有办法投入资金研发新产品，就没有办法谈提高员工的待遇，也就没有办法改善员工的工作环境，企业就会越做越小，越做越困难，然后只好减少员工待遇，降低员工收入，最后不得不进行裁员，倒闭关门了事。总之一点，企业是必须追求利润的，这也是企业所有员工必须时刻清醒认识的一点。

第二点来讲市场价。一般情况下，我们的公式是利润＝销售价－成本，为什么我会提出一个市场价呢？也许有人会说，傻瓜都知道我们不会10元买进，9元卖出，我说这是肯定。为什么在实际的操作过程中，我们会出现这个问题，就是因为我们没有去算好账，也不知道如何去算账？为什么公司在2006年亏损了1000多万元呢？这不就是最好的证明吗？我们如果控制不好，就会出现10元买进，9元卖出的现象，甚至比这更加严重。

首先我们来说一说，过去比较有名的企业，像秦池酒厂、扬子冰箱厂，为什么开始时那样红火，最后会倒闭？估计是很多人没有想到，包括我本人也没有想到，不然的话我不会去那里工作。那到底什么原因呢？就是由于市场在发生天翻地覆的变化，自己还在按照原来的操作要求在制定价格，质量又不比别人好，而价格又比别人高，能卖得出去吗？不可能。最后只有一条路可以走，就是大家各自作鸟兽散，各走各的阳关道，各奔各的前程了。

有一些成功的例子，像海尔电器、联想电脑，价格每年都在大幅地下降，为什么他们活得那么好呢？这个问题我们下面来分析。

我们来说一说图书馆配供行业吧，一开始在图书馆配供的单位，如北京图联、上海申联、上海翔华、南京南航书店、山西临海书店等，都是在当地高校图书馆的基础上建立起来的，带了半官方的性质。由于它们提供了编目数据而得到大家的拥护，因此符合了当时市场发展的需要，但后来由于体制的原因，没有按照市场的要求提供服务和市场的价格，目前大都面临存亡或在存亡线上挣扎。

后来一批民营的图书公司的崛起，以北京人天书店、成都世云、安徽儒林、广东大音、广东学苑、北京畅想源、福建邦德、郑州天富、沈阳东宇为代表的一批书店先后兴起，在图书馆配供领域掀起了一轮新的竞争。在这轮竞争中，民营书店明显比国有的新华书店占有优势，而且是以压倒性的优势脱颖而出，它们主要是依靠提供采访数据、编目数据、加工服务、相对低廉的价格而取得胜利。当然，人天书店在这一轮的竞赛中一直跑在前端，引领着服务、折扣等各项指标，人天书店也因此使自己壮大起来了，积累了广泛的人脉关系、网络渠道、固定资产、人才队伍等。很多公司没有及时改进服务、降低成本，没有跟进客户的需求，转圜于世事变化，它们慢慢地消失在茫茫的人群中，也许永远也见不到它们了。

目前，图书馆配业进入了第三个阶段，以中国教育图书进出口公司、武汉三新、世纪精典（原机械工业出版社）、朗润书店、中国国际图书进出口公司、江苏省新华书店、浙江省新华书店、辽宁北配、上海丹诚公司为代表的一批图书公司的兴起为代表。他们显然实力更强，又有足够的经济实力作为基础，有良好的人员素质；他们对图书市场更加了解和精通，他们的管理水平、管理意识明显比第一批、第二批更强；他们是一批市场服务意识、成本概念更强的专业人才，目前对人天书店产生了强烈的冲击。我们将如何应对呢？

同时，由于发生"人天事件"以来，客户对人天进入了一个重新考验、重新定位的时期。几年前，由于人天各项服务都不比别人差，甚至比别人好的地方很多，现在我们很多服务跟别人差不多，甚至很多地方都不如别人。我把其中一位大区经理2007年上半年的工作总结中提到的公司在服务上亟待解决的8个问题呈现给大家。具体如下。

1. 现货的品种少。7月3日统计的2007年图书只有12240种，6月6日的统计为9418种。

2. 样本库配到率低。以其中一个单位为例，订单码洋为291122.06其中有174482.9未配到，未配到率约为60%。

3. 重庆书市订单配书周期长。办事处提出意见后迟迟没有改进的措施。

4. 限制性政策不利于提高业务量。比如，公司限制客户在其他批销中心现采，这样等于把一部分的市场拱手让给了其他客户；特价书定位在高质高价的，对低质低价这块市场也就放弃了，是不是可以尝试着把这块市场也做起来。

5. 到书率、到书速度与前两年相比没有提高。对于在开发市场的初期，取得一定进展的时候，公司的服务问题就会暴露出来，使得合作很难进行下去。

6. 加工质量仍旧问题不断。这也是长期影响业务发展的一个问题，对客户的影响是最直接的。在市场上多数公司都能不断提升自己的服务质量的同时，显而易见，是我们退步了。

7. 公司高层对业务直接接触太少，目前公司的主营业务还是图书馆配供，是公司发展的基石。领导集团应像前几年一样多参与到市场中来。

8. 在人力资源的建设上要加大投入，给市场输送有用人才；而现在的情况是，公司无人可派，业务人员全依仗区域经理来招聘、培训。

以上说明了什么？说明了我们的服务确实还有很大的上升空间。人天的市场价比中教图至少低3%～5%，比世纪精典、国图公司也低1%～3%，这就是市场对我们的定位。就像你去买海尔冰箱、海尔洗衣机，就觉得应该比美菱冰箱、美菱洗衣机的价格贵几百元，买松下、索尼的彩电就觉得应该比长虹贵，是一样的道理。我们千万别再沾沾自喜，我们已经远远落在别人的后面了。

我最近去哈尔滨工程大学招标，中教图公司是78%中标，而我们报价74%都没有中啊。我去重庆大学图书馆招标，公司为了表示重视，特意派公司总经理去投标，希望得到学校的一点同情分，而中教图公司根本就没有派人去参加招标，省下了很多成本。最后的结果他们中了，我们还是没有中。这是什么原因呢？是市场不认可人天，不认可人天的服务，觉得人天不是两年前的人天，或者今天的人天比别人的服务上升速度慢。就像两个人跑步一样，事实上你也在跑，但你的速度是100米要跑20秒，人家已经跑在13秒以内。我们是在跑步前进，但市场是不是等你，这才是关键所在。

还有，我这次去贵州财经学院图书馆登门道歉，专门为了我们的一些失误而去道歉。客户今年6月份到公司来采书，之前与另外一家公司合作，由于那家公司配了很多特价书给他们，所以这图书馆决定由书记带队，直接到公司大库采购现书。结果在大库里面选10本，有8本是2007年以前的书，客户怀疑人天到底是怎么啦！采了一会就不想采了，回到休息室。由于客户身体不舒服，就准备吃药，刚把三粒药放到嘴里，去饮水机里要水时，又没有杯子，饮水机里也没有水，客户极其生气。范中雨到处找水，半个小时以后才找来两瓶矿泉水，药已经在人家嘴里苦了半个小时。今天大家试一试，把药放在嘴里不能下咽半个小时是什么样的滋味。一件小事就能让客户改变对人天的评价，这一点是在座的每一位都值得去深思的问题。

以上谈的就是市场价，不是由业务员可以决定的事情，而是一个系统工程，是维系企业发展的命脉。

第三点谈成本。很多人会认为只要业务部把订单多拿回来，然后发完书之后把款收回来，公司一定会运作良好，只要把这两个环节做好，一切就OK了。这一点我也同意，很多年前我就在公司说过。永远的矛盾要么是没有订单，要么是没有回款，没有第三种特别难以解决的问题。

也许有人会认为关于成本的问题跟我无关，这是老板需要关心的问题，是总经理需要关心的问题。我认为这是全体员工都必须关心的问题，特别是部门经理需要关心的问题。只有你们才真正知道什么地方可以节约成本，什么地方流程需要改造，什么地方人员分工不合理，什么地方漏洞最多。

大家可能比较清楚，目前市场给人天的市场价就7折，短期内是不可能改变的，这就是市场给你的标签。个人或政策是没有办法去干预的，这就是市场经济的力量，也是市场经济最可怕的地方。那我们怎么办呢？大家都清楚，公司现在要求业务员在发书之后60天，北京是45天，必须回款，否则按天扣罚利息。发票开出去45天，北京是15天，必须回款，否则按天扣罚利息。对业务员的处罚和要求不能不说是苛刻和无情，公司这样要求是不得已而为之，公司的能力体现在保护资金链的安全上。但我们有没有想过，是否可以在公司收到订单之后，要求京版图书45天、外版图书60天全部送到图书馆呢？进到大库的图书，能否在6个月内全部销售完毕或退给出版社呢？

我现在来假设一下是否可以：订单1天处理完毕；大库配书到出库2天处理完毕；收到订单，京版图书最长15天采到公司，外版图书最长30天采到公司；到公司的图书2天由分拣处理完毕；加工图书3天处理完毕；周转架上的书最长不超过15天。以上规定每超过一天按照码洋或订单码洋的万分之一对各部门进行处罚。我们的图书不是说只有离开公司才开始计算利息，而在公司的其他环节就不存在利息？难道停留在公司的时间，出版社就不计算人天的成本了吗？我们在发书的过程中，一般情况下3天到客户处，由于各种原因造成6天到货。我们从来不去追问储运部，这3天的延误时间全部要由业务部来承担。如果由于发票开错，又重新开一遍导致的回款延迟，又有谁来承担责任，还是业务部来承担，从来没有为此处罚过财务部门。市场是不讲人情的，公司的其他部门是否可以优化流程、提高效率？是否可以更多地承担责任？是否可以增加信任，共同把人天的服务提升上去呢？最后我想重述一下我的设想，或者说是我的一个梦吧！

这些看起来的小事，如果可以做到，我们的竞争力无疑会大大加强，我们的成本会大幅度降低，和出版社的关系会更加融洽。

联想电脑为什么可以收购美国IBM的PC业务，最主要的是联想从接到订单到出货就是3天的时间，戴尔公司也没有成品库，因此才发展到今天的世界第一。例如，日本丰田公司的凌志汽车，与德国的奔驰汽车一样的性能，但比奔驰便宜10万元人民币，为什么呢？就是凌志汽车公司接到订单后7日内就出货，其中包括所有的原材料进货和加工，所以他们成为世界第一。

  这其中我只是讲了其中的一点，如何加快中间的流程以提高效率，还有如何减少差错、改造流程等。

  我们现在建立了大库，已经开展了批销的业务，未来还要开展网上书店，批销业务也想延伸到零售市场。这是好事，也是好的想法。但是，目前出现一个怪现象，前几天于灵芝找我，告诉我一个好消息，现在首图书店的销售额还不错，有比较好的进展，但谈到进货，她说，目前她的很多货都从其他渠道采购，当时我就感觉到非常奇怪和纳闷。我们现在要求图书馆客户只能从公司进货，取消沪批、苏批、辽批等采购渠道，要统一采购渠道，以增加和出版社之间的合作关系。为什么我们自己一个小小的零售店都不能满足？于灵芝告诉我有两个原因：其一，是折扣太高；其二，主要原因是她所需要的书我们书店要么没有，要么进得太慢，不能满足零售市场快速反应的需求。所以，我听了这两个理由之后，心中实在是很长一阵子没有反应过来。人天的问题到底出在哪里呢？是成本意识，是管理理论，还是由于人天已经是一只大象，不能跳舞了呢？我在思考？还没有找到答案。

  最后来总结一下，利润不是销售价减去成本，而是市场价减去成本。这个理论的基础就是，产品的价格永远会降低，就看你的成本降低速度有没有超过市场价降低的速度。如果没有，总有一天你会倒闭关门，想要生存，我们降低成本的速度就要比市场价下降的速度还快。

  下面我用两个图来说明它们之间的关系。

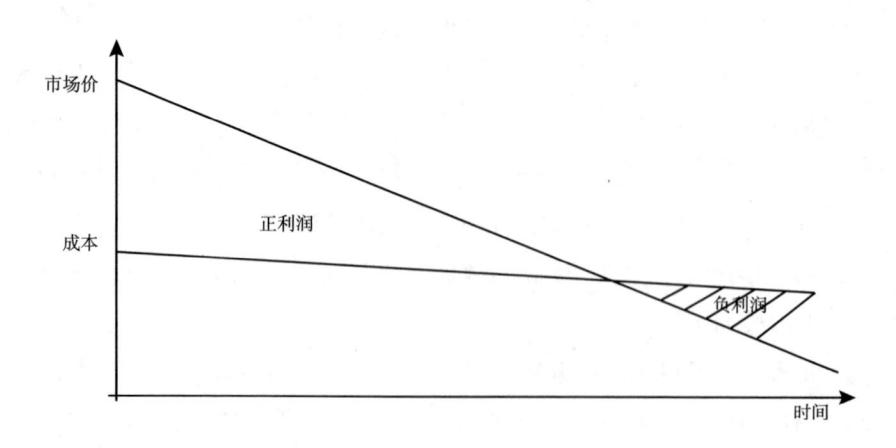

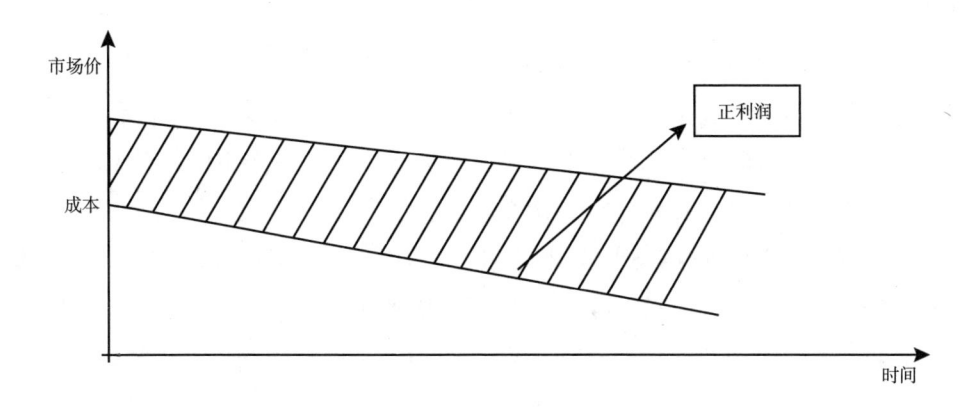

图 5–1　市场价与成本的关系

论核心书目

　　大家可能对馆藏文献资源评价体系比较熟悉。目前，各大高校图书馆拥有大量的图书资源，加上近几年高校图书馆评估工作的开展，高校原有的馆藏建设体系被破坏，特色馆藏被稀释，所以在高校评估浪潮过后，很多高校图书馆都在针对馆藏进行研究，建立起适合自己馆藏特点的文献评价体系。虽然图书馆文献资源建设经费较以前有了一定幅度的增长，但是面对每年出版物的激增、馆藏图书数量的增加，如何运用好这笔可观却又捉襟见肘的资金更为重要。再者，近几年各地高校兴起一股"合并浪潮"，据有效数据统计，从1992~2002年，700多所院校合并至300多所。高校合并使原来的单一型、专业型的院校组合成多学科的综合性大学，那么，对图书馆的馆藏需求及图书采访员的专业要求都随着合并而大大地提高了。

　　阮冈纳赞在著名的《图书馆学五定律》中说："满屋子的书也许不过是一堆废物，而仅仅一架书却可以构成一个图书馆。"这句话在现实中也得到了印证，很多图书馆对图书借阅率的统计结果表明，很多书自从进了图书馆，就放在书架上，从未被借阅过。

从统计学的角度来分析，图书的借阅率同样遵循二八定律，80%的经费可能被浪费掉，对于国内众多的高校来说，这笔经费不是一个小数目。而且，这还不仅仅是金钱的价值问题，很多该买的图书资源，由于购买了这80%的书，又在无形中损失了很多潜在的价值。这些是谁的过错？很多人会讲是图书采访员的过错。其实不是。现在国内即使是一个有3万~4万名学生的综合类大学，图书采访员也不过3~4人而已，读者和采访员的比例为10000∶1，我们的图书采访员每年从众多出版物中精挑细选出的图书，辛辛苦苦的劳动成果，却没有得到认可。试问哪个采访员能上知天文，下知地理，中图法22大类的图书，样样精通？

同样是采访员，中文期刊不过1万种而已，期刊采访员却有《中文核心期刊要目总览》提供采购参考；而图书采访员却要面对超过40万种图书的海洋，在没有指南针的情况下摸黑前行，而且是每年40万种。

所以，通过对以上情况的总结，我们得出了必须要建立图书馆的图书核心书目的结论。我们要用这个核心书目来辅助图书采访员更有效、更准确地判断图书的质量和价值。核心书目的体系主要分两个部分：一个是书目的来源，另一个是书的评价体系。

既然要利用核心书目指导采购，这个书目的建立一定要快，要在采购之前，那么这个书目的来源就是把出版社最新的新书目录收集、整理起来。

有了书目信息之后，就可以分析此书是否属于核心图书了。这个时候就需要有一个图书的评价体系。这一点跟期刊不一样，期刊基本上每年都是固定的，在年底之前就定期刊下一年的品种和内容，基本上是属于静态的；而图书一年到头在不停地出版，新书层出不穷，是动态的。

当一本新书的书目信息出来之后，我们按照以下几个方面给其评分，决定其是否能够进入核心书目。

一　出版社的评价得分

即通过对出版社的评价，来给新书一定的评分。把出版社分为综合类、社科类、科技类等若干类别，评价得分主要根据以下几个方面。

1. 出版社的市场占有率
2. 图书市场品种占有率
3. 出版社资信度
4. 出版社作者群，反映出版社获取图书选题的深度和广度
5. 出版社年出书数

比如，清华大学出版社的主要出版方向为计算机、经管、外语、医学和工程，我们就根据清华大学出版社在这几个大类的市场占有率来对其进行评分。

例如：清华大学出版社某个月份、某个季度或者某个年份共计出了多少种 TP31 类的图书（这个类别可大可小，也可以进一步细分，也可以往上粗分，根据此类别图书的数量大小来定），这些图书共计卖到了多少个图书馆？每个图书馆都买了几种？总销量是多少？我们可以搞抽样调查，来评判其市场占有率。

如果清华大学出版社在计算机类图书中市场占有率为第一名，那么以后清华大学出版社的每一种计算机类新书在核心书目的评价体系中，它都是最高的。如果清华大学出版社在经管类的图书市场占有率为第二名，那么其经管类图书的出版社得分就是第二名。

以此类推，可以计算清华大学出版社每一类图书的出版社得分（按照中图法 22 个大类来进行评定），进而计算出 583 家出版社每一类图书的出版社评分。

二 作者的评价得分

作者的评价得分主要根据以下几个方面。

1. 以往著作的获奖情况
2. 作者的专业水平（学历、职称与本书的内容、专业方向要一致）
3. 作者所在的研究机构的专业性（机构研究方向与本书的专业方向要一致，此项才有意义）
4. 以往著作的销量情况
5. 以往著作在图书馆的借阅率
6. 以往著作被引用情况的统计
7. 以往著作的同行专家的评价得分
8. 以往著作是否被教务处列为教学参考书
9. 以往著作的读者评价

三 责任编辑的评价得分

责任编辑的评价得分主要根据以下几个方面。

1. 以往编辑的著作的获奖情况
2. 责任编辑的专业水平（学历、职称与本书的内容、专业方向要一致）
3. 所在出版社的主要出版社方向与本书的专业性是否一致
4. 以往编辑的著作的销量情况
5. 以往编辑的著作在图书馆的借阅率
6. 以往编辑的著作的被引用情况的统计
7. 以往编辑的著作的同行专家的评价得分
8. 以往编辑的著作是否被教务处列为教学参考书
9. 以往编辑的著作的读者评价

四 版次和印次得分

1版1次为得分基数，增加的版次和印次为加分因素。

五 图书其他方面的评价得分

图书本身也有一些方面可以作为评分标准，主要有以下几点。

1. 图书是否被列为国家重点出版项目
2. 图书是否被列为出版集团、出版社重点出版项目
3. 此类图书以往国内的出版情况（如果是首次出版，则分数可以增加）
4. 图书馆的采购情况
5. 图书如果是引进的版权，则其他国家的销量可以作为评分标准之一
6. 图书的各种书评、各种媒体推荐
7. 图书的装帧（关系到书的品相）

评价标准出来了，如何确定各评价因子在整个评价体系中的权重值？目前，国内外关于评

价指标权系数的确定方法有数十种之多，根据计算权系数时原始数据的来源以及计算过程的不同，我们采用一种将层次分析法（AHP）法和德尔菲法（DelPhi）相结合以确定权重的方法。

各评价因子的权重系数如表 5-1 所示。

表 5-1 图书评价因子权重系数表

项目		单项权重系数	整体项目权重系数
核心出版社	出版社的市场占有率	6 分	20 分
	图书市场品种占有率	5 分	
	出版社资信度	5 分	
	出版社作者群	2 分	
	出版社年出书数	2 分	
核心作者	以往著作的获奖情况	4 分	30 分
	作者的专业水平（学历、职称与本书的内容、专业方向要一致）	4 分	
	作者所在的研究机构的专业性（机构研究方向与本书的专业方向要一致）	3.3 分	
	以往著作的销量情况	3 分	
	以往著作在图书馆的借阅率	2.8 分	
	以往著作的被引用情况的统计	4 分	
	以往著作的同行专家的评价得分	3 分	
	以往著作是否被教务处列为教学参考书	3.2 分	
	以往著作的读者评价	2.7 分	
核心责任编辑	以往编辑的著作的获奖情况	1.5 分	10 分
	责任编辑的专业水平（学历、职称与本书的内容、专业方向要一致）	1.5 分	
	所在出版社的主要出版社方向与本书的专业性是否一致	1.3 分	
	以往编辑的著作在图书馆的借阅率	1 分	
	以往编辑的著作的被引用情况的统计	1.7 分	
	以往编辑的著作的同行专家的评价得分	1 分	
	以往编辑的著作是否被教务处列为教学参考书	1 分	
	以往编辑的著作的读者评价	1 分	
版次和印次	图书是否为再版或是第 N 版	15 分	15 分
图书其他方面	图书是否被列为国家重点出版项目、计划	5 分	25 分
	图书是否被列为出版集团、出版社重点出版项目、计划	4 分	
	此类图书以往国内的出版情况，是否为此类图书首次出版	4 分	
	其他图书馆的采购情况	4 分	
	图书如果为引进的版权，则其他国家的销量如何	4 分	
	图书的各种书评、各种媒体推荐	4 分	

对书目评价的目的和评价指标确定好了，但靠人工的方法来对如此庞大的数据量进行评价，无疑是不现实的。在互联网和大数据时代，我们在数据仓库、数据挖掘技术的支持下，建立了对图书多个维度进行评价的工具模型。

建构多条件的语义分析模型，是指基于不同的维度，根据不同的因子，采用不同的方法进行图书的评价。

根据以上的五大项评价标准，我们可以为一本新书评判一个分数，以决定其是否可以进入核心书目。同样，我们也可以为所有出版社的所有图书评分，从而建立起一个完整的核心书目，给图书馆采访人员提供采购指导。以上指标评估的难度在于评价指标的确定和各种指标数据的获取，还有些定性指标需要进行抽样问卷调查再实行定量化计算。

当我们的核心书目建立起来以后，如果图书馆想采购某方面的图书，完全可以不用专业的院系老师来判断某本书是否适合图书馆采购，只需要采访人员按照条件筛选即可。这样的话，采访人员可以用有限的专业知识，精准地挑选各种专业书籍。

满足率是图书配供的核心

图书供应的满足率越来越成为图书馆考核供应商的指标，对于供应商来说，就越来越成为我们工作的核心。由于图书出版寻租现象的普遍化和发行渠道的多元化，图书供应面临的问题是，不能得到全面、准确、及时的图书出版信息，不能保证已出版的图书得到配供或者是及时配供。在这里，我们要讨论并且要达到的目的是，建立在中国可供书目基础上的完整的图书配供体系。

一　图书供应满足率的三个要求

第一，要求图书出版信息有较高的满足率。2003年，全国出版图书近19万种，其中新书约11万种，现在没有任何一种书目报能够涵盖或大部分涵盖这些新书信息，图书馆的采选空间是非常狭小的。图书供应的满足率首先要求出版信息有较高的满足率，零售商可以只卖他们有的那些书，而团供商必须卖所有出版社出版的书。

第二，要求报订的图书有较高的满足率。图书馆向供应商报订图书后，按照订单，即合同的惯例，图书馆采访人员就认为交易已经基本完成，只等着来书结算了，他们希望所订图书都能到货，因为他们是根据供应商提供的目录勾选的。事实上，这些书能到货80%就不错了。因为对供应商来说，他们不知道订购目录中这些图书的状态，采购就像打鱼一样，一网撒下去，捞到多少算多少。图书馆对这种供应方式已经越来越不满了，有的图书馆在招标文件上写明要达到95%以上的满足率，并且加上严厉的罚则，这下供应商可就难做了。

第三，仅仅满足率还不够，还需要达到较高的及时满足率。一种计算机图书今年订明年到行不行？2004年考研辅导教材2005年到书行不行？当然不行。但我们现在的书目报道方式和配供体系，就很可能出现这种情况，书是到了，但是没有用了。好说话的老师不为难你，把书收下了；不讲情面的，对不起，退回去，甚至下次不用你们公司的书目了。

二 图书供应满足率的三个条件

第一是完备的书目信息。

预订书目是书目报道最基本的形式，相当于商品交易中的期货。历史最悠久，甚至可以说是唯一的预订书目是《新华书目报》，可惜的是，它们的期货功能越来越小了，大多数供应商和图书馆都把它们当作了参考书目。由于在这些预订书目后面，没有一种能适应图书馆需求的新的配供体系，图书馆转而寻找适合自己的供应商，而供应商因为价格和服务等原因，逐渐离开了新华书店报订系统，自己又因为规模小，远没有与出版商建立起订货及交割的机制。因此，我们需要重新建立预订书目的制度。

现货书目是对预订书目的补充。由于满足率不高，导致用户趋向现货采购，但现货书目一般是以一个书店的现货为主编制的，有很大局限性，由于销售对象不同，在品种、复本和补充采购方面，它都不能满足图书馆采购的要求，图书馆变预订为现采是舍本逐末，不得已而为之。

要建立完整的发行体系和文献保障系统，必须建立中国可供书目。可供书目是包含预订书目、现货书目和出版社库存信息的书目体系，它是由数据交换平台支持的、实时更新的、汇集全国560多家出版社和几倍于这个数目的出版公司每年数十万种，累积数十万种图书的可供信息，提供用户检索和报订。人天书店创建的中国可供书目，正是朝着这个方向推进。

最后还有一个参考书目，如中国国家书目、全国总书目、CIP 在版编目快报、全国新书目等。它们虽不是实时可供的，但对采访人员了解出版情况和考核采访人员的采购质量，都是一个重要的工具。

第二是建立信息交换平台和健全数据交换机制。

中国可供书目需要社会的合作，比如需要网络平台的提供商、需要书目数据的供应商。高校文献资源保障系统（CALIS）给了出版发行界一个很好的范例，网络平台和数据中盘不是需要谁都来建，而是大家在一个共同的平台上搜索使用。物流平台需要很多，数据平台只需要一个。

第三是需要商业化动作模式。

实际就是谁来建的问题。可供书目在美国和英国都是民营书商编制的。在中国，不管是新华书店编制也好，人天书店编制也好，但必须是商业化的，因为商业的本质是基于成本之上的利益交换关系。出版者有商品和商品信息，它要发布，发布需要成本；图书馆需要商品信息从而获得商品，它要搜寻，搜寻也需要成本；而书商和信息商正好把两者联系起来，在这个过程中通过获得商品的差价从而获得利润。彻底的商业化是买卖双方的博弈，避免了寻租，降低了各方的交易成本。出版社节省了发行成本，图书馆节省了搜寻成本，书商降低了采购成本。通过商业模式，只有在相互依赖的利益关系上，才能保证其稳定和持久。

三 图书供应满足率的三个保证

出版商、发行商和图书馆是这条价值链上的三个利益主体。

书目信息的编制者，即信息商，不论它是出版商还是发行商，都必须保证书目信息的准确可供。如果发布的可供书目实际不可供，就是对用户的欺骗。如果有一天出版商和发行商因为图书不可供而承担对用户的赔偿责任，图书供应的满足率就有了保证。

用户根据可供书目订购，将订单交给发行商或出版商，发行商根据订单进行配供，保证按质、按量、按期、供到；如果未能按要求供到，则要承担赔偿责任。这给图书供应的满足率又提供了一道保证。

那么，图书馆需要承担什么责任呢？

在出版资源被垄断的年代，出版社是上帝；由于出版社的改制，由事业单位转制为企业，很多出版社已经放下了身段。在发行门槛很高的年代，新华书店是上帝；由于出版物发行全面开放，新华书店也放下了身段。如今，图书馆经费增加，且发行商竞争激烈，图书馆成了上帝。用户是上帝，这是商业的一条永恒的真理。以前是店大欺客，现在是翻身道情，有了客大欺店的情况，用户提出一些发行商难以承受的要求，如高折扣、免费加工、无条件退书等，发行商都接受了，不接受就拿不到订单，但会产生一些后果，有些后果已经出现，比如服务承诺难以兑现等。

通常说，订单即合同，中止合同后在一定期限内图书馆有接收所报订图书的义务，按一定比例退换图书，按照终端用户定价等，还是要遵循的。

一个充满善意的商业环境，既没有"店大欺客"，也没有"客大欺店"。发行商虽不是制造商，但也需要再生产。要有利润去建设它的硬件环境、软件条件，要培训队伍、创建品牌，因为这些都是它保证用户利益的必要条件和手段。

以上三点正好构成了反馈机制的三个方面，即要求、需求反馈和需求满足，从而形成一个良好的商业机制，图书馆对图书供应满足率的合理要求由此得到保障。

商业化运作中国可供书目

今天，我想借这个讲台，再次和大家一起构建一座虚拟的"没有大厦的图书大厦"——中国可供书目。

3年前，人天书店首先提出了数字书店的概念，意在用现代网络技术和数据技术将在版编目、在版书目、在线报订、采购、编目、分拣、加工、仓储、物流和售后服务连为一体。数字书店的提出是对数字图书馆的积极响应。

在我们看来，出版社是一个个单体的信息源，对出版信息的集合应该是图书馆还是书店？从 1996 年开始，国家对数字图书馆的发展倾注了大量的财力、物力，使我们看到这样一种景象，就像大炼钢铁一样，一夜间竖起了无数个烟筒，大大小小的图书馆都变成了数据加工厂和扫描车间，造成了大量的重复劳动和有限资源的浪费。图书馆是发行的终端，是图书的消费者，从来就不应该充当生产者的角色。它应当也必然是通过某种渠道获得数字资源并通过系统对其进行管理和使用。数字书店恰恰是这样一个信息交换平台，并且具有健全的数据交换机制，用户可根据授权进行目录检索和情报检索，从而得到需求满足。另外，数字书店参与出版物标准化建设，使出版物的各种信息从开始就以标准化的格式输出，比如自动编目、电子图书、数字资源的管理等。这样，数字书店最高效、最直接地连接了供应的一方和使用的一方，生产的一方和消费的一方。由于数字图书馆是政府行为，而数字书店是商业行为，所以数字图书馆的建设不得已走在了数字书店的前面，甚至还试图替代数字书店的功能。现在，这种盲动似乎停了下来，但停止不等于停滞。停下来是为了看清方向，方向比速度更重要。

2005 年，人天书店将踏上大书店的台阶，当这一目标实现之后，人天书店的下一个目标，我们就将向省级新华书店集团的规模前进。一些专业报刊、专家和同行都在关注人天书店的发展。在座各位老师也一定在关注我们的动向，了解我们的朋友知道，人天书店的发展始终被理想主义所引领，它在自己的商业活动之上加上了个人主义的色彩和对社会的责任。人天书店在不知不觉中扮演了这个行业领导者的角色。人天书店做了下面几个第一：在《新华书目报》之外，创办了第一份完备的书目报——《人天书目报》；在图书馆配供上第一次与全国出版社建立起全面的合作伙伴关系；在可供书目偃旗息鼓的时候，重拾"中国可供书目"的旗帜，并使其初具规模；参与复合出版系统的开发和推广；作为唯一一家民营书店，被总署信息中心列入二维条码的试点单位，并出版了中国第一本印制二维条码的图书；2004 年，人天书店加入全国出版物发行标准化技术委员会，成为其通信会员。在发展的道路上，我们也要停下来想一想，下一步该怎么走。结论是，我们永远不做中国的沃尔玛，而是要做中国的 OCLC，我们要建立从目录检索到信息检索的完整体系，以此支持我们的渠道建设。我们的口号是："在有图书馆的地方就有人天书店。"我们将坚定地推行我们的销售模式：信息发布—需求反馈—需求满足。

我在苏州中国图书馆年会上有一个主题发言，题目是《满足率是图书馆配供的核心》，登载在 7 月 15 日的《新华书目报》上。我提出了满足率的三个要求、三个要素和三个保证。

1. 满足率的三个要求：出版信息的满足率、报订图书的满足率和报订图书的及时满足率。

2. 满足率的三个要素：完备的书目信息，包括在版编目、可供书目、参考书目和电子资源；建立信息交换平台和健全数据交换机制；商业化的运作模式。

3. 满足率的三个保证，即出版商、发行商和图书馆构成这条价值链上的三个利益主体。在这条价值链上，出版商降低了发行成本，发行商降低了采购成本，图书馆降低了搜集成本。这样，大家都降低了人力成本，提高了解决问题的效率和质量。

以上是我这篇文章的主要观点，即要提高图书配供的满足率，必须建立中国可供书目。但是，谁会来建设中国的可供书目？是政府行为还是商业行为？我从苏州参会回来，一直在思考这个问题，以前我认为可供书目应该是政府行为，是因为政府不作为而由书商来承担。人天书店似乎替政府办了一件事，天降大任于人天，忽悠悠，飘飘然，其实并非如此。我和《新华书目报》总编辑杨文胜、《在版编目快报》执行主编阚元汉、图书馆自动化专家陈源蒸老师反复讨论过这个问题。在人天书店之前，先有科文公司、联想集团，后有中国出版集团都曾尝试中国可供书目，都想将可供书目产品化甚至产业化，但现实情况是，可供书目形不成产业。

因为当没有规模需求的时候就形不成产业，所以可供书目都无疾而终，此其一。其二，在版编目应该是政府行为，政府应该知道自己的国家将要出什么书，出了哪些书，哪些书在版，这是一个国家的行政能力，如国家版本图书馆和国家图书馆。至于哪些书可供，由谁提供，何时供到，体现一个国家的供给能力，但图书恰恰不是战略物资，如石油、电力、通信等，图书不是国家垄断经营的商品，所以可供书目自然是一种商业行为，应该是发行商的事情。事实上，美国、英国、德国的可供书目都是大书商编制的。最终我们得出了结论，中国可供书目的建设应该走一条自己的道路，即从企业自用到行业共享，前提是编制可供书目的企业自身应有对可供书目的需求，这也正是上述公司最终放弃的原因，同时也恰恰是人天书店能够成功的原因。

下面，我向大家汇报一下 2005 年可供书目的安排。

1. 继续吸纳出版社入网，目标仍然是 400 家出版社。我们对出版社的选择是按照图书馆馆藏建设的需要确定的，力争入展新书 80000 种，可供书目最终达到 30 万种的规模。

2. 扩大展示场地，进行分时、分类、专题展示，完善在线报订技术，改善报订环境，提高现场报订服务。

3. 随着可供书目建设的进展，对可供书目进行用户推广，使其成为图书馆的主要采访工具；同时，坚持资源共享的原则，在行业内推广。目前，人天书店已有十多家数据用户。

4. 采取单独采购的方式，对可供书目订单采取单独汇总、单独采购，希望出版社予以配合。

5. 对按要求提供样书的出版社，负责提供所供图书的采访数据和编目数据。

6. 积极筹划，准备正式出版《中国可供书目》。

图书馆配供的三个时期

一 图联时期（20世纪80年代中期至1999年）

当时由北京师范大学图书馆的韩俊老师和人大图书馆的几位老师创新的一个概念"联合采购，联合编目"，也说是我们说的联采统编。这一概念的提出是基于想改变多年高校图书馆采购、编目各自为战的局面，以避免分散编目的统一性差、资源浪费和重复劳动，同时发挥联合采购可以提高对出版社的话语权，以量的优势让出版社降低折扣的特点。首先在北京成立了北京高校图书联合采购中心，这就是馆配市场的初起。经过近15年的发展，现在馆配市场已经成为一个独立存在的业态，也得到了全国出版社和图书馆的认可。当时在全国这样的机构有：北京图联、上海申联、上海翔华公司、南京知识书店、江苏华茂、哈尔滨的蓝贝公司。

特点：由各地图工委发起，形成学校三产，高校认知度高，反映积极。

衰落原因：一是联采中心的区域性质，只服务于本省市高校图书馆，不易扩大规模；二是学校三产形式，产权不明晰，难以调动积极性（后大都改制）；三是由于全国性馆配商的出现。

当时，联采统编机构出现的意义在于：资源共享在采编领域的体现，使图书馆作为一个利益整体，与供应商主要是新华书店的博弈有了可能。

二 人天—中教图时期（1999年1月至2011年）

1999年是馆配元年。

1999年1月，由人天书店和丹诚软件公司召开第一次馆社商研讨会开始。这一年下半年，中教图中文联采部成立，年底武汉三新公司（后改名湖北三新）成立。这一时期以人天、中教图为主线，伴随着图书馆事的发展。2005年高校评估开始后，出现了政府招标的形式，在这期间，一大批书商加入了馆配商队伍。

这一时期代表的书商有：四川世云、安徽儒林、湖北三新、福建邦德、广东学苑、沈阳华储、东宇、湖南弘苑、杭州求是、成都国际文化、成都竹成文、桂林人天尔雅、北京朗润。其中，人天书店开创了由书商编制全国性书目的先河，并向图书馆提供机读目录格式的采访数据，影响至今；世云书店首先开创了在馆配服务中提供加工服务的先河，应该说毁誉参半，好的一方面是图书馆将劳动密集型工作转移给了书商，另一方面，这种加工服务基本都包含在书价中，减少了书的毛利，许多书商甚至一些大的馆配商都因此退出了馆配，世云自己也退出了。

在这一阶段后期，新华书店和国有书店进入馆配领域，如国图公司的国际书店、辽宁北配、四川文轩、江苏凤凰、浙江新华、北京新华、北京图书大厦、百万庄图书大厦、新华书店总店馆配部。

特点1：以民营书店为主渠道的全国性馆配商的出现，特别是从2006年人天书店建立仓储基地开始，改变了民营书店只能做无仓储配供的状况，与新华书店展开了阵地战，和出版社的合作也涉及了从代销、经销、包销、主发、订制、出版等几乎所有模式。

特点2：图书馆采购由卖方市场向买方市场转换，一是购书经费增加；二是图书馆也联合起来了，有的省份高校图书馆已实行联合招标，如浙江、吉林、黑龙江，人为因素更少。所以，采购方式也由买方说了算，从以前的"书目—订单—采购—配供"方式转变为了以现采为主的方式。

意义：馆配作为图书发行的一个独立业态被确定下来，有了自己的准行业标准，如采访、编目、附加加工服务、增值服务等，并且对馆配商的能力有了具体的要求。我总结馆配商需要具备四种能力，即目录能力、展示能力、配供能力和加工能力。这些图书发行企业也有了自己的名义，由联采统编变为了馆配。从全国市场的占有率和服务创新角度来讲，这一期人天和中教图贡献最大，规模也最大，各自领跑了几年，所以叫人天—中教图时期。

分化原因：人天、中教图、三新、浙江新华、北京新华以其强大的实力和规范服务，保持高速增长，而大多数馆配商，包括一些省市新华书店在内，都面临转型、停业、维持现状。原因：一是招投标造成的价格战，有些学校图书馆没有统一的采购标准和对书商的评价标准，折扣迅速下降；二是招投标成本加大，如购标书费、标书制作费、投标保证金、履约保证金、中标服务费、送货上门、送书进屋、拆仓、上架、无条件退书等，这造成许多馆配商无利可图。

三 馆配联盟时期（从2012年开始）

虽然我在这里提到馆配联盟时期是从去年开始，但其实到现在为止，真正稳定的馆配联盟还没有形成。馆配商之所以能够达成初步共识，就是因为中教图退出馆配市场这一不可思议的事情。中教图是在用户一片赞扬声中退出的，为什么？是因为它的服务成本居高不下，没有遵从商业市场规律、价值规律，这么多年来中文书馆配业务一直亏损，所以不得不退出。人天一贯推崇优质服务，但是服务一定与价格有关。这一定论不是人天总结的，是北京大学信息管理系的刘兹恒教授说的，本来也是经济学的通识。他以前给图书馆老师讲课时，总是强调图书馆一定要强调书商的服务；但有一次我们在一起探讨，他才知道，要求提供服务没有错，但服务是要有成本的，越好的服务成本越高，在折扣低的情况下，供应商是很难提供优质的服务的，因为他们也要生存。一些中小书商退出馆配市场，固然有多种原因，但最主要的原因是招标折扣太低，服务成本太高，没有利润。在馆配市场竞争愈发激烈的情况下，馆配商要求成立联盟的呼声也越来越高，并且希望人天书店来挑这个头。去年，中教图新来的领导曾经想挑这个头，约了几个比较大的馆配商议此事，我也受到邀请，但还没有什么行动，中教图就宣布退出中文馆配市场了。人天书店本不想伸这头，想韬光养晦，把自己的事做好；但唇亡齿寒，我们也意识到如果再不行动，下一个退出的可能就是人天。因为我们有一个判断，由于现在馆配门槛越来越高（比如仅我们一家公司常年压在保证金上的现金就有1000多元），中教图退出后，未来10年，不大可能再出现全国性的具有规模的馆配商，所以人天事实上具有了较有影响力的市场地位，可以不仅为自己，也为同行争取一些条件，共享一些资源。当然，我在这里说建立馆配商联盟的目的是基于以下两点：一是馆配联盟是为了大家捆绑起来一起可以在出版社得到更多的优惠条件，以适应馆配市场的价格现状和解决一部分流动资金的周转问题。二是馆配联盟还可能解决一些中小型馆配商从采访、编目、可供书目、核心书目、图书的品种、折扣、售后服务等问题，不仅要让中小馆配商能够服务好客户，还要让大家产生一定的利润，这样才能实现良性生存与可持续发展。我们的采访数据、编目数据、加工服务和采购优势，小书商都可以共享。今年1月18日，人天书店组织召开了第一届全国馆配商座谈会，响应者芸芸。

图书馆为什么要选择人天书店

施春生

最近有人跟我说，个别图书馆领导，甚至学校领导提出疑义，为什么非选择人天不可？这使得图书馆工作人员，面对上级领导提出的这种质疑，一时很难回答。言下之意，全国有这么多的国有书店、新华书店，各地也有馆配商，为什么非人天不可呢？为什么舍近求远呢？下面我想来回答这个问题。

人天书店在9年的发展过程中，到底为图书馆的发展做了些什么？在图书馆事业中又充当了一个什么样的角色呢？我想从以下几点来说明。

第一，人天书店在1999年就制作了《人天书目报》，每周一期，全年发布新书出版信息达到10万种。在20世纪末，图书馆采访老师需要到处去收集出版信息，基本上图书馆唯一可以依靠的新书出版信息，就是三大书目（包括新华书目报、沪版新书目、全国地方版科技新书目），但三大书目的信息量非常有限，全年的信息总量不超过6万条，约占全部出版物的50%左右。所以，在各种图书订货会上，就会看到图书馆采访人员到处去收集出版社的书目，就像现在很多订货会上收废纸的工人一样，左手七八袋书目，右手七八袋书目，看起来都有点滑稽。

另外，《人天书目报》还负责提供电子版格式的采访数据，使采访人员免去了重复录入的工作。在几年前，这简直不可以想象，一个图书馆一年要采购3万种图书，而只有一两个采访人员。大家可以计算一下，每年图书馆的实际工作日不超过 180 个，假设有 2 个采访人员的话，每天预订采购图书要录入的采访数据条数为：30000÷180÷2＝83 条/天，也就是说一个每月工资在 5000 元左右的大学本科生，甚至研究生毕业之后，只是干一个简单的录入工作，而不是他应该做的采和访。这就是为什么现在图书馆采购的品种在不断增加，而采访人员在不断减少的主要原因，人天的创举是一个关键的因素。每年减少重复录入，这不知道节省了多少人力、物力。

第二，图书馆馆配行业第一个开始直接从出版社采购的就是人天。以前大家都是拿到订单之后，一般交给当地新华书店或其他机构进行代征订，采购速度非常之慢。"三书目报"中，涉及地方版的图书非常少，图书馆想要采购地方版的图书，是一件非常困难的事情。各地方出版社想要把自己的图书，销往各地图书馆也面临同样的问题，而我们很简单地把这两个问题解决了，使图书馆的选择更加丰富，同时使馆藏结构更加完善，更加合理。

第三，人天在从事中文期刊的征订工作。2000 年，人天还是个小公司，为什么就开始从事中文期刊的征订工作呢？当时，北京很多图书馆对人天非常信任，提出来跟邮局合作不太愉快。书馆老师看别人的白眼已经到了难以忍受的程度，有很多客户就与我们协商能否帮他们代订。我们也没有太多地思考，也不知道有多难，既然有客户这么信任我们，那就做吧！

在期刊征订的这几年中，我们跟邮局一直在斗争、较量，其实我们更愿意合作，市场这么大，本来可以在合作中一起成长。邮局对我们围追堵截，自认为期刊是邮局的法定业务，联合工商、税务、文化稽查甚至公安，定性我们是非法交易。北京市邮局做出决定，不允许任何分支给我们供刊。大家知道，人天刚开始做期刊，量还很小，不可能从 9000 多家杂志社直接进货，特别是订数很小的期刊，需要从邮局订购。可以说，人天是被邮局逼着做大的。

为什么图书馆要与人天合作，不惜得罪当地邮局，甚至得罪学校的领导。一是他们终于可以与邮局进行平等对话。作为一个图书馆馆长，终于可以和邮局的一个投递员平等说说话，他们再也不愿意回到从前。二是人天可以提供给他们很多超值的服务，如期刊征订系统、提供编目数据、提供采访数据、征订邮局系统以外的非邮发期刊；客户如缺刊、少刊的情况，人天可以帮助他们去补刊，年终帮助客户提供期刊的装订等后续服务。

第四，图书馆以前参加全国书市，是一件比较麻烦的事情，特别是民营书店要参加书市就更加困难。

第十四届全国书市于 2004 年 5 月份在广西桂林举行。我们的团队将近 200 人，组委会给予了我们非常大的支持，给予了人天两个月的账期，同时价格也相对合理，这是以前书市不可想象的事情。当时，书市的负责人也非常担心，万一人天付不了款怎么办？所以，据他们说，当时只和人天书店一家进行了尝试性的赊销合作，这也开创了全国书市和民营企业诚信合作的先河，使民营书业在全国书市团购活动中的地位一步一步地上升。本次书市，我们的采购码洋达到了 400 多万元，占了整个团购的 1/3，人天也从此出了名。当时，公司购买了一辆大型货车，来往桂林 3 次才全部拉完。对于组委会和人天来说，这取得了双赢。

第十五届全国书市于 2005 年 5 月份在天津市举行，我们组织了 200 多人参加，规模又是最大，采购码洋又创了纪录。由于有了在桂林书市的良好合作，天津书市组委会先后 3 次到人天书店登门拜访，交流经验，我们坐在一起共同商量书市团购的一些细节，大家就如何合作进行了探讨。从本届书市开始，民营企业和全国书市团购组委会应该说是真正地走到了一起。在这里，我由衷地感慨：发展是硬道理，码洋是硬道理。我们要感谢市场经济，给了民营企业一席之地，民营书业也要感谢人天书店，为他们在全国书市争得了一席之地！

第五，人天的企业文化里面就谈到，人天不仅仅在做企业，最重要的是，人天把商业当作事业来做。我们是把图书馆事业当作我们自己的事业来做，所以，我在任何场合都申明我们是图书馆界的人，所以我们出版了很多有学术价值的专业图书，下面我想来简单说一说。

例如"21 世纪图书馆学丛书"，由吴慰慈教授作总序，丘东江主编，华艺出版社出版的一套丛书，其中包括《知识管理的理论与实践》《国际图联与中国图书馆事业》《元数据导论》《未来网络的基磐技术——XML 的理论与应用》《I39.50 的与原理、应用与技术》《OCLC：全球在线计算机图书馆中心》《虚拟图书馆的昨天、今天和明天》《国际标准书目著录（ISBD）》和《国外图书馆与重要著作选择》。按吴慰慈教授的说法，它顺应了时代潮流，把握了知识经济和网络时代图书馆学、情报学发展的脉络，强调了精品意识和求实创新的学术风格，全力推出理论与实践相结合的最新研究著述。

由陈源蒸老师主编，分别由刘兹恒、顾犇、富平、李德越分主编，由北京图书馆出版社出版的《图书馆文献采访工作手册》，其中包括《中文图书采访工作手册》《外文文献采访工作手册》《中文连续出版物采访工作手册》和《非书资料采访工作手册》，全面系统地介绍了各种文献的采访工作方法、理论、实践,具有很强的实用性和指导作用。

由胡越馆长主编的"数字时代的图书馆"丛书,其中包括《数字时代的图书馆信息资源组织》《数字时代的图书馆管理》《数字时代的图书馆与图书馆员》《数字时代的图书馆网络信息系统》《数字时代的图书馆资源建设》和《数字时代的图书馆信息服务》。该书充分体现如下特点。

1. 鲜明的时代特征,强调数字技术对图书馆的影响。
2. 突出实践性,力求解决图书馆当前面临的主要问题。
3. 观点和材料的新颖性,力求反映最新的研究成果。

由吴慰慈、陈源蒸总编,由北京图书馆出版社出版的"当代中国图书馆学研究文库"(第一辑)是国家"十一五"重点图书出版规划项目,其中包括《期刊信息资源建设研究》(叶继元著)、《知识交流与交流的科学》(黄纯元著)、《高校图书馆现代化建设之探索》(朱强著)、《公共图书馆发展战略思考》(吴建中著)、《图书馆学研究的本土化思考》(刘兹恒著)、《从传统图书馆到数字图书馆》(富平著)、《图书馆学理论变革:观念与思潮》(范并思著)、《图书馆精神》(程焕文著)、《信息资源公共获取与知识产权保护》(陈传夫著)和《数字图书馆理论、方法与技术》(张晓林著),这组文稿基本可以反映出新时期图书馆学的最新成果,具有很高的学术价值,也是图书馆学发展新时期的历史记录。这是"当代中国图书馆学研究文库"的第一辑,我们还在准备出版第二辑、第三辑,等等。

另外,我们还编辑、出版了《中国机读中国机读目录格式使用手册(修订版)》《中文连续出版物机读目录著录细则》《机读目录文献著录图解》《MARC21 规范数据格式使用手册》《MARC21 书目数据格式使用手册》《最新详解英美编目规则》(第二版,2002年修订本)《新形势下的图书馆采访工作》《中文图书 ECIP 与自动编目手册》和《高校图书馆评估与管理》等学术专著。

人天于 2005 年和中国图书馆学会高校分会,在沈阳召开了"图书馆馆藏建设报告会",征集了 60 多篇文章,并结集出版发行。

2007 年重庆书市期间,再次和中国图书馆学会高校分会合作,在重庆举办了"图书文献资源采访模式及招标工作研讨会",并取得良好效果。

2007 年赞助了第五次全国图书馆学基础理论研讨会,并为本次会议结集出版了《构建面向图书馆职业理论体系》(由北京图书馆出版社出版)。

第六，人天的口号是"有图书馆的地方，就有图书馆"。我们的概念是有图书馆的地方，就是我们服务的地方，就是需要努力的地方。所以，我们为青海大学图书馆、贵州大学图书馆都捐献了价值不等的图书文献资料，这是我们给偏远地区的大学和大学生带去的问候。

2006年我们响应联合国开发计划署"丝绸之路"的活动，为山东省日照市秦楼第一中学、陕西省宝鸡市陈仓区胡店镇第二初级中学、青海省西宁市回族中学、湟源县大华镇初级中学、湟中县上五庄镇普崖小学、甘肃榆中县第二中学、榆中县三角城中学、榆中县夏官营小学、新疆维吾尔自治区乌鲁木齐县永丰乡中心学校、乌鲁木齐县安宁渠镇中心学校、达坂城区高崖子牧场学校、达坂城区阿克苏中学等10多所中小学捐献了40万元图书。2007年"嫦娥一号"发射前夕，向西昌卫星发射中心基地官兵赠送了10万元图书，这是人天公益活动的开始。

第七，人天书店积极响应国家有关政策、法规，首先提出并坚持执行"推行实洋，拒绝码洋"的结算，为规范图书馆市场交易起到了带头作用。

人天书店还分别与上海师范大学等图书馆签署廉政协议，并要求与所有的出版社达成廉政承诺，得到了上至出版商，下至图书馆用户的一致好评。

第八，人天书店为员工创建了一个和谐的企业氛围。在2007年6月份，人天成立了党支部，让全公司有北京户口和外地户口的党员，在集团内部拥有了自己的党组织。

2007年12月份，在区工会的指导下，成立了人天集团工会组织，职工的合法权益得到了更加有效的保障。

2008年8月份，与北京金融学院、北京市委党校合作，在人天书店内部开办了"出版发行管理学本科班"，培训方向为出版发行管理，人天将成为图书馆馆配行业的"黄埔军校"。

第九，面对图书馆馆配市场比较混乱的局面，不断地有公司退出馆配市场，大家有些恐慌，业内有这样的话："人天是大家的楷模，是大家的目标，只要看到人天还在，大家心里就有底，大家就有了信心，就有了方向感。"这个行业得到国家、政府、组织的支持太少，甚至于有些苛刻，大家能够生存下来都非常的艰难。同行对我们都有这么大的期望，我们没有理由停下自己的脚步。

同时，从今年开始，我们会主动和一些馆配商合作，希望充分利用各自的优势，资源互补，抱团取暖。

最后，我要感谢那些有想法、有事业心的图书馆同行们，是你们充分体现了"图书馆精神"，坚定不移地支持人天，默默地关心人天。

我还要感谢出版社、新华书店等各界人士对人天的帮助和信任，有了你们的支持，人天才会在 2007 年使书、刊销售合计达到 3 亿元码洋。同时，我们也坚信 2008 年 3.5 亿元的目标一定可以实现。

也许我的理由还不够充分来说明为什么要选择人天，但中国书刊发行业协会非国有工作委员会和出版商务周报在 2008 年年初把馆配行业颁发的唯一奖项"2007 年度最佳馆配商"授予了人天书店。

五维图书评价体系探索及分析模型的建构

李雁翎　陈　敏　孙晓慧[*]

摘要：大数据时代信息化进程的不断加速，改变了方方面面的面貌，"信息爆炸"已成为现代阅读的困扰。选择科学的图书评价系统，指导和推荐社会选择优质的图书，成为当前图书出版、销售及图书馆等部门的重要工作内容。本文概述了已有的图书评价方法的发展，研究分析了相关评价模型的特点及利弊，并在此基础上，对作者、出版社、图书馆、销售和网络舆情五个方面的图书信息进行全面综合的评价，提出了五维图书评价体系及分析模型。

关键词：图书、评价体系、舆情分析、星形模型、五度空间

引　言

图书作为人类成就的记录，知识文化传播的载体，其使用价值是"传播科学文化知识、积累文化、丰富人们的精神生活"。[1] 图书质量的好坏直接影响到文化传播的效果和人们精神生活的质量。如何保证图书质量已经成为包括出版业、图书馆和读者在内的社会相关方面关心的重要问题。在此背景下，建立全面而完善的图书评价体系，针对图书的学术质量、

---

[*] 李雁翎，东北师范大学教授，博士生导师。陈敏，北京人天图书有限公司数据中心主任。孙晓慧，东北师范大学，硕士研究生。

使用情况等进行科学客观的评价,对我国图书整体质量的决策支持具有很重要的意义。

本文从图书评价的定义出发,通过研究现有的图书评价方法和模型,分析其共性和各自的特征,探索五度空间的图书评价体系,提出了基于数据仓库、数据挖掘技术支持的五维图书评价分析模型。

一 图书评价的研究与发展

图书评价常用的两种定义,一是"图书评价是图书情报工作人员根据一定的标准和目的评判文献价值的工作"。[2]二是"图书评价是根据一定的标准,采用一定的方法,对图书文献的内在质量、使用规律、发展特点等方面进行分析、评价,目的是为了揭示图书文献整体或某一具有特征部分的内在客观规律,以更好地实现其科学价值和社会功用"。[3]

我国的图书评价始于1985年。首次全国图书评论工作座谈会召开后,全国各地开始建立书评协会,《中国图书评论》等图书评论刊物相继创设。随着图书评价规模的扩大,图书评价形式也呈现多样化趋势。如图书馆通过借阅的相关数据进行图书评价,出版社通过发行量等数据进行图书评价,网上书店(如当当网)设立在线图书评论模块,门户网站(如豆瓣网)设立读书频道模块,用户可自由对图书进行评价等。

1. 基于出版社出版活动的图书评价

出版社作为图书出版活动的组织者和管理者,是图书进入市场的源头,其图书评价活动直接影响图书质量。在出版社生产和管理工作中,图书评价有如下方法。

①基于PDCA循环的图书质量控制

20世纪50年代,美国质量管理专家戴明博士,提出了PDCA循环(又名"戴明环"),即"计划(Plan)—执行(Do)—检查(Cheek)—总结(Action)"工作循环,其核心内容是"图书质量可以按图书出版过程划分为选题、内容、编辑加工、校对、装帧设计、印刷装订等项,分别对其达到的质量水平进行评价,然后综合出一种书的总体质量"。[4]它将过去事后检验把关为主的质量管理转变为以预防为主和改进为主的质量管理;把过去分散管理方式,转变为系统、全面的综合治理方式;把过去注重结果的管理,转变为注重因素的管理。

②编辑评价图书的八大值素

编辑对图书进行收集、整理、纂修、审定各项工作均涉及图书质量问题。"作者声誉、插图画家、翻译者的声誉、内容质量、装帧、编辑声誉、出版商在出版这类图书方面的声誉、传媒兴趣、图书宣传与广告"[5]成为编辑评价图书的八大要素。

③发行量法

"发行量法主要是统计各种图书的发行数据，通过客观真实地反映各类图书的用户需求状况、市场认可程度来对图书进行评价，以帮助出版业界人士了解当前出版发展状况及趋势，帮助读者选取阅读资源，主要表现形式为各类图书排行榜。"[6]目前，依据图书排行榜统计数据的来源进行分类，可分为实体书店图书排行榜、网络书店图书排行榜和综合性来源图书排行榜三类。

2. 基于图书馆的图书评价

图书馆是图书的"集中地"，也是读者使用和阅读图书最好的场所，据此评价图书有如下方法。

①RFM 图书馆图书评价

RFM 图书馆图书评价模型的主要数据来源为读者借阅记录。RFM 评价模型"以图书最近被借阅时间（R）、被借阅次数（F）、被借阅总时间（M）为图书评价因子，构建图书评价指标系统，图书评价指标的分数越高代表某书越受读者欢迎"。[7]

②高校图书馆图书采访决策

高校图书馆图书采访决策模型是将图书馆优选的图书按其重要程度划分为三个等级，在考虑了图书价值和读者需求的基础上，确定了 6 个图书评价决策要素，要素确定后，采用层次分析法，确定 6 个要素的权值，"用加权和法来最终计算待选图书的评价分值，图书馆采访人员可依据图书评价分值来做出最终的选书决策"。[8]如图 5-2 所示。

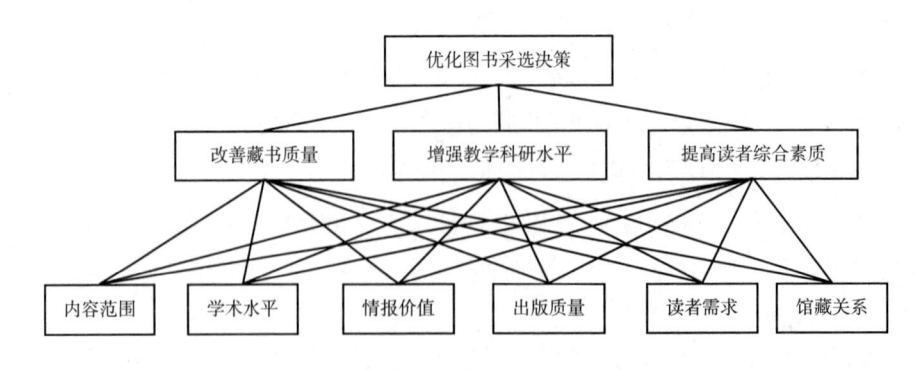

图 5-2　图书馆图书采访决策模型

③基于效用管理的图书使用因子评价

基于效用管理的图书使用因子评价是从图书的实际使用价值观点出发，将贝尔曼方程应用到效用管理中，以建立图书使用效果的数学模型，并从数学模型中提取出图书使用因子作为图书评价的模型，对数据进行分析。根据"图书的使用因子进行同类不同种图书之间的评价"[9]：图书使用因子 = $\dfrac{某种图书出借次数}{\Sigma 同类图书出借次数}$

④基于 Vague 集的多属性、多专家购书决策

根据教师对图书的评价信息，利用 Vague 集的运算法则和得分函数，在专家权重给定的情况下，建立起基于 Vague 集加权算术平均法的图书优劣排序模型，为新书采购提供有效的参考信息。

"将专家给出的方案属性评估值用 Vague 值表达"，按照 Vague 值加权算数平均算子计算出每种图书的评价值，继而得到综合群体综合评估值，利用得分函数计算函数值，"函数值越大，对应方案越优。若得分函数值相等，以价格低者为优。这样就得到所有图书的优劣顺序"[10]。

⑤基于论文引文统计的图书评价

馆藏图书的流通统计对馆藏图书利用规律的研究有一定作用，论文的引文统计是最好的参考。论文的引文是研究者在研究过程中利用文献的体现，"以引文作为研究样本，只要具备一定的数量，仍然具有现实意义：其一，可以研究馆藏图书的保障率；其二，可以进一步研究引文利用与流通利用的区别"[11]。

⑥基于文献计量方法的图书评价

基于文献计量方法的图书评价可借助"国家图书馆联机公共书目查询系统""中国知网引文数据库"，对我国出版的信息检索进行统计分析，包括"图书的年代分布及数量变化，学科分类、出版社、图书被引情况等"[12]。

3. 基于销售和读者反馈意见的图书评价

①基于图书排行榜的图书评价

提供图书市场实际监控数据的"中国出版物流通监测系统"和"开卷全国图书零售市场观测系统"是图书销售监控系统，覆盖面较为广泛，较全面地反映了目前图书的销售情况。

②基于文本倾向性分类技术的图书评价

网络舆情的图书评价数据主要为读者的商品评价和榜单评价。读者商品评价信息又分

为时间、评价者、评价内容、星级。另外，网络舆情还可以从"网络点击量、下载量"等方面进行图书评价。

③基于读者反馈意见的图书评价

基于读者反馈意见的图书评价实现了四个部分测评："一是用户登录网站，在搜索系统中找到自己要评价的书目，提交评价留言进行评价。二是图书评价体系关键词的权重为内容全面（5分）、知识性强（6分）、实用性（4分）、针对性（5分）、指导性（8分）、有创意（10分）。三是所有用户对图书的评价，必须通过管理员的审核才能在页面上显示，没有审核的不会显示评分。四是图书评价系统给予图书的分数最高分为100分，大于等于100分都只显示100分。"[13]

④基于中文分词和词频统计的图书评价

利用自然语言处理的工具，对图书评论的文本内容进行处理，基于词频统计结果，提取文本关键词，从而发现读者阅读特征、评论关键要素等有价值的信息，"以评论标题，评论正文内容、图书种类、所有评论和有用评论三个维度对文本进行了比较分析"。[15]

4. 多指标综合图书评价

①基于模糊数学理论的图书评价

北京大学图书馆主持的"中文图书评价研究"项目，借鉴了期刊评价研究的经验，选取了被引量、借阅量、被摘量、获奖、核心作者著作及出版次数6个具有较好的核心效应的统计源指标作为评价指标，并根据模糊数学理论，建立综合评价数学模式。其方法是"首先构成图书原始统计数据矩阵，再将统计数据转换成对核心图书的隶属度，换算得到评价矩阵，征求专家意见，确定各学科各指标权重，构成权重量的向量，对评价矩阵作加权平均，得到各学科综合图书评价隶属度表，最后将各学科图书按隶属度降序排列，得到各学科定量综合评价图书排序表。在此基础上，经由学科专家网络评审调整定量结果偏差，汇总出最后的核心图书表"。[16]

②基于模式识别的图书评价

模式识别就是"识别给定的事物与哪个样品（模式）相同或相似"。[17]运用模糊模式识别评价图书质量的方法为：首先"设一本被评价图书的各项指标即元素分别为 X_1 = 图书适用性；X_2 = 国标应用；X_3 = 错别字；X_4 = 层次格式；X_5 = 印刷质量；X_6 = 图、表质量；X_7 = 内容的思想性；X_8 = 语言文字通顺程度"。以上指标构成评价指标集为 $X = \{X_1, X_2, X_3, X_4, X_5, X_6, X_7, X_8\}$，图书质量类型分为5个等级，用模糊语气词表示为"很重要、重要、较重要、一般、不重要",并根据1到9的比度标注法给出相应标度,对图书质量进行模糊化处理,应用择近原则进行模糊计算和分类,根据模糊集与图书质量等级的计算结果判定图书质量。[18]

二 提出五维图书评价体系

通过以上对各个领域图书评价模型的研究可以看出,这些图书评价的方法往往局限于某一领域,因此只采用某一方法或某一模型对图书进行评价,其结果往往会出现一些偏颇。

其一,对于出版社中的评价方法,要么有学术价值,要么有发行量,二者有一,自然就是好书。这一单一化的标准,会制约图书选题的制定与开发。

其二,依托图书排行榜进行图书评价,根据图书销售量、好评率等因素发布图书畅销榜以及五星图书榜等。由于排行榜参照标准不一,缺乏规范,故其可靠性也有一定的误差。

其三,将网络书评数据作为图书评价的唯一依据也势必会不公正,因为监管力度不够,读书频道的书托、恶意刷评等问题的存在,使网络书评客观公正也会打折。

其四,对某些具有较高学术价值的书籍,由排行榜、再版次数来评价也有失公平。

通过对以上各个领域图书评价模型的研究,若引入综合评价数据势必更加客观公正。

本文探索从图书馆、出版社、销售、网络舆情以及图书作者情况等多方面来评价图书,选取五度空间中具有较好评价效应的统计指标作为评价因子,建构多维度的综合图书评价体系。

1. 图书馆维度

国内图书馆图书评价已有的早期评价活动主要采用的是馆藏数量统计、用户评议、馆藏结构分析等方式,缺少对馆藏图书质量的评价。随着图书馆自动化系统的逐渐普及以及文献计量评价研究的发展,评价内容开始转向重视馆藏质量,并以图书阅读量作为图书评价的重要指标之一。再有,通过Vague集的多属性多专家购书决策可以反映馆藏图书的质量,但是由于受客观环境、决策者的知识结构、专业水平以及时间等诸多因素的影响,教师对图书的评价存在很大的难度。通过对已有的评价方法的分析,我们确认的"基于图书馆维度"的图书评价因子有读者借阅数据、同类图书出借次数的比值、图书最近借阅时间、图书采访决策、专家购书决策、论文引文统计、文献计量等。

2. 出版社维度

在围绕出版社生产和管理活动中图书评价方法的综述中得知,出版社对"图书作者、内容，以及图书质量控制，发行数量"的衡量是主要图书评价内容。综合取舍，本文提出的"基于出版社维度"的图书评价因子有图书选题先进性、内容质量、出版商在出版这类图书方面的声誉、图书发行量、同类图书的发行量、出版商主营方向、再版次数等。

3. 网络舆情维度

网络书评是人们通过互联网对图书所产生的认知、态度、情感和行为的倾向性信息。作为出版社、图书馆等以上四种传统图书评价之外的新维度，日趋重要。该类书评主要存在于图书销售网站、读者博客、BBS论坛中，其数据可反映"评价时间、评价者、评价内容、星级，评价信息"。其中图书评价内容是网络书评的重要一项，也是我们认为最具价值的、最客观的数据，利用文本分析工具，对文本语义倾向进行分析，可判断读者对图书的认同度，是肯定、否定还是折中等。本文提出的"网络舆情维度"图书评价因子有评论数、图书认同倾向、图书质量褒贬词概率、图书的时效性、星级标定、网络点击量和下载量等。

4. 图书销售信息维度

图书受欢迎程度直接影响图书销售情况，前面所列的基于实体书店和网络销售信息汇总分析得到的排行榜，以及图书销售行为和过程信息监测都是必不可少的评价指标。本文提出的"图书销售信息维度"图书评价因子有码洋、册数、品种、动态销售率、销售渠道、买家评论等。

5. 作者自然信息维度

根据前面介绍的图书评价方法，关于"作者知名度、美誉度、诚信度"的因子分析，本文提出的"作者自然信息维度"图书评价因子有自然情况、受教育程度、学术水平、社会影响、从业领域等。

综上所述，本文根据对已有的图书评价模型和方法的分析，提出了基于出版社、图书馆、销售、作者自然信息和网络舆情五个维度图书评价体系，并给出了五度空间图书评价因子。

三 建构五维图书评价分析模型

在五维图书评价体系下，我们提供了两种分析方法和决策依据。

1. 建构多维"星形模型"分析模型

数据仓库的主要功能是为 OLAP 提供支持。OLAP（On-Line Analytical Processing），即联机分析处理，是以海量数据为基础的复杂分析技术，它允许以一种称为多维数据集的多维结构访问来自数据源的经过聚合和组织整理的数据。它主要支持对共享的多维信息进行快速分析，它的主要分析对象和结构是多维方阵。根据上面提出的五维图书评价体系和每个维度的影响因子，我们设计了多维数据分析模型，如图 5-3 所示。

作者维度
自然情况
受教育程度
学术水平
社会影响
从业领域

出版社维度
选题先进性
内容质量
同类声誉
发行量
主营方向
再版次数

图书馆维度
借阅数
同类借阅数
借阅时间
采访决策
专家购书决策
读者发文引文数
文献计量

五维图书评价体系

网络舆情维度
评论数
认同倾向
褒贬词概率
时效性
星级
点击量
下载量

销售维度
码洋
册数
品种
动销率
销售渠道
评论

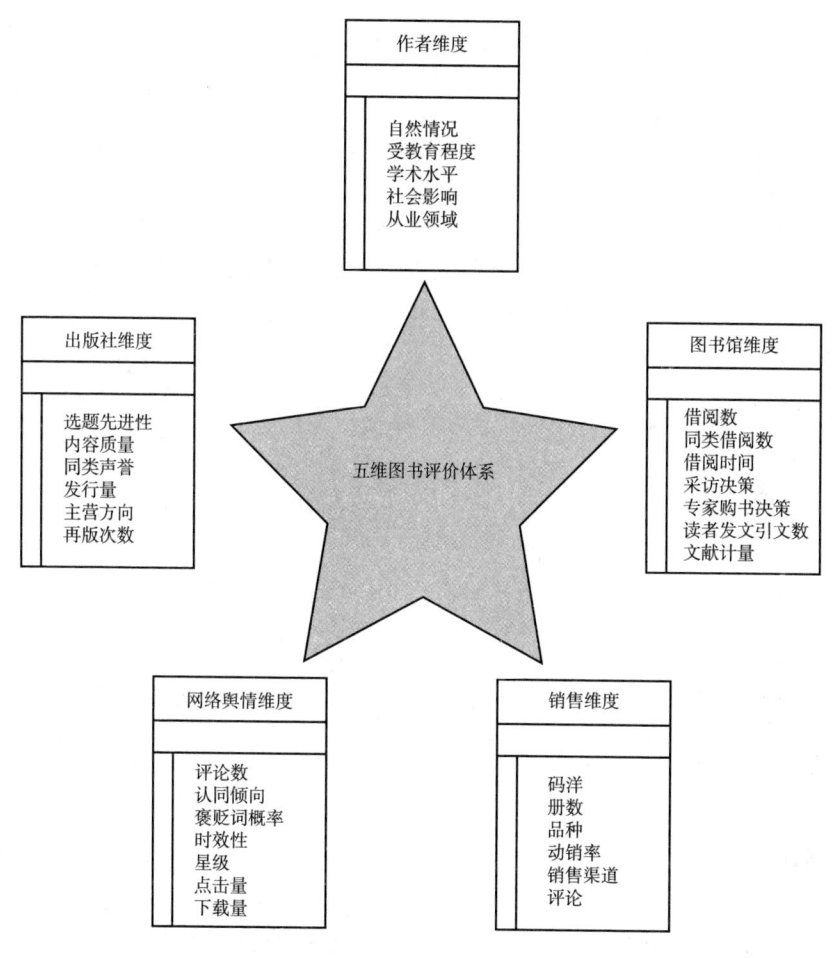

图 5-3 "星形"分析模型

利用常用的 OLAP 多维分析钻取操作：可变换分析的粒度；切片、切块操作：可改变维的层次，在一部分维上选定值后，关心度量数据在剩余维上的分布；旋转操作：可变换维的方向等。这一全方位的图书评价模型，可获得多维度统计分析结果。

2. 建构"五度空间"语义分析模型

"五度空间"语义图书评价的分析方法是基于五个不同的维度，根据不同的因子，采用不同的方法进行图书的评价。其中五个维度评价因子如表 5–2 所示。

表 5–2 "五度空间"语义图书评价维度和评价因子

维度名	评价因子
图书馆	读者借阅数据、同类图书出借次数的比值、图书最近借阅时间、图书采访决策、专家购书决策、读者发文引文统计、文献计量
出版社	图书选题先进性、内容质量、出版商在出版这类图书方面的声誉、图书发行量、同类图书的发行量、出版商主营方向、再版次数
网络舆情	评论数、图书认同倾向、图书质量褒贬词概率、图书的时效性、星级标定、网络点击量和下载量
图书销售	码洋、册数、品种、动销率、销售渠道、买家评论
作者自然信息	自然情况、受教育程度、学术水平、社会影响、研究领域

具体方法：首先确定选用的维度，然后选择评价因子，使用不同的策略进行分析获得决策依据。

具体策略：

（1）根据具体的问题需求，将五个维度按需排列顺序，采用"自上而下"或"自下而上"的做法逐步对图书进行分析。

（2）根据具体的问题需求，将五个维度按需排列重视度，采用"由内向外"的做法逐步扩张以对图书进行分析。

（3）根据具体的问题需求，将以上 2 种方法同时应用在图书分析中，采用自上而下和由内向外相结合的"混合"做法对图书进行分析。

四 总结

本文所提出的多维度图书评价模型，是以多维数据进行的综合图书评价，具有一定的创新性，对于图书评价体系研究具有一定的意义。"五维图书评价分析"模型，是对图书的文化内容与精神内涵、学术价值与学科发展、社会文化语境等方面评测的一个新视角，希望它能成为图书评价的一个新方法。

参考文献：

[1] 刘立柱编著《概率与模糊信息论及其应用》，国防工业出版社，2004年7月。

[2] 孙树松、林人等：《中国现代编辑学辞典》，黑龙江人民出版社，1991年9月。

[3] 王绍平、陈兆山、陈钟鸣等：《图书情报词典》，汉语大词典出版社，1990年6月。

[4] 丁登花：《基于Vague集的多属性多专家决策购书模型》，《农业图书情报学刊》2012年第8期。

[5] 何峻：《我国图书评价现状分析》，《大学图书馆学报》2012年3月。

[6] 李璐：《基于网络计量学的专家影响力评价研究》，硕士学位论文，华中师范大学，2012年。

[7] 梁铖华：《基于读者反馈意见的图书评价系统的设计与实现》，《科技情报开发与经济》2010年第15期。

[8] 孙丽娟、川蓉：《用文献计量方法研究图书出版现象——以文献信息类图书为例》，《现代情报》2011年第7期。

[9] 田建平：《编辑评价图书的八大值素》，《编辑之友》2003年5月。

[10] 汪跃春、胡敏：《基于读者发文引文统计的馆藏图书评价与分析——以金陵科技学院图书馆为例》，《图书馆建设》2010年第5期。

[11] 王国权、黄海洋、张剑：《基于模糊模式的图书质量识别方法仿真研究》，《计算机仿真》2011年4月。

[12] 吴小琴：《基于效用管理的图书使用因子评价模型的研究》，硕士学位论文，南京邮电大学，2012年2月。

[13] 张海营：《基于RFM模型的图书馆图书评价系统研究》，《图书馆》2012年3月。

[14] 张丽、张蕾、张阳、戢妍：《基于中文分词和词频统计的图书在线评论文本分析》，《信息系统工程》2011年第7期。

[15] 资芸、钟叔玉、董毅明：《高校图书馆图书采访决策模型研究》，《情报杂志》2007第6期。

[16] W. Edwards Deming：《Out of the Crisis》，MIT Press，2000.

再议中国可供书目

主办方给我出的题目是"出版社改制后社店合作的现状和前景"。人天书店是一家专业的图书馆配供商，拥有全国1500家大专院校和公共图书馆用户。其实，在出版社改制之前，人天书店和出版社的合作已经非常好了，尤其是在人天的规模持续扩大之后。这一两年，一些大的馆配商成建制地退出馆配市场，撤销了馆配业务部门。人天书店馆配业务的规模按流行语言叫"被扩大"，出版社对我们的支持程度也不断地提高，因为人天书店还在坚守这块阵地。

我在去年提出一个观点，我们在10年前经常提到的"买书难、卖书难，好书找不到读者，读者找不到好书"的现象，随着网络和网上书店的出现已经不成问题。但对于像我们这样的大型馆配商，这个问题反而变得更加突出了。原因有几个：其一，网上虽有大量的现货品种，但发行商和馆配商不可能到网上去买书；其二，网上书店都是零售店，不可能提供专业化的服务，而且也无须提供此类服务；其三，随着出版体制的改革，出版的主体在急剧地增加，书源越来越分散，可供性也越来越低，这就使得图书馆对现货的依赖性越来越大，对期货和书目的依赖性反而降低了。这种采选方式是完全不符合文献资源建设的一般规律的，这个问题不展开谈。

早在2004年，我在苏州的中国图书馆年会上提出过一个观点并写了一篇文章，这篇文章的题目是《满足率是图书馆配供的核心》，登载在当年7月15日的《新华书目报》上。我提出了满足率的三个要求、三个要素和三个保证。三个要求是出版信息的满足率、报订图书的满足率和报订图书的及时满足率；三个要素是完备的书目信息，包括在版编目、可供书目、联合目录和数字资源，建立信息的交换平台和健全数据交换机制，以及商业化的运作模式；三个保证是出版商、发行商和图书馆的积极参与，这三者构成了这个价值链上的利益主体。作为出版社和发行商要积极参与图书馆的文献建设；而作为响应，图书馆用户也要参与到出版和发行的标准化建设中来，最终，出版商降低了发行成本，发行商降低了采购成本，图书馆降低了采访成本。

要提高图书配供的满足率，我的观点是必须建设可供书目。

自1874年英国Witaker（维特克）公司推出世界上第一个可供书目《近期文献参考书目》至今已经有138个年头了，但在中国，可供书目仍然是个新鲜事物，其功能与意义还没有广被书业人所认同。尽管各地新华书店，各大馆配商，各大网络书店也能提供所谓的可供书目，但最多也只是这家书店或公司的可供书目，要在可供书目前冠以中国两字，目前谁也没有这个资格。

中国可供书目不仅仅是一个书目，不是给中国的书业人一个面子，或者说填补一个什么空白，好像外国有的东西中国就必须有，而是它具有现实的、迫切的应用前景，可以彻底地、一劳永逸地解决渠道不畅问题，所以说它对于出版行业有着划时代的意义。由于出版信息不通畅，图书到馆率不高，馆配商被吐槽最多的就是配到率达不到图书馆的要求。目前，从馆配商的统计来看，通过订单提交进行配供的方式，85%的配到率已经是一个顶点了。如果全国图书馆的配书量是100个亿的话，有15亿是配不到的。以人天书店为例，今年我们的规模约为6亿码洋，如果订单的配到率提高1%就是增加600万，提高5%就意味着凭空创建了一个大中型的书城。

建立全国可供书目数据平台最终是出版社、发行商、图书馆和读者共同受益。通过提供所有在版图书的供货渠道，借助其检索和订货管理功能，出版社、书店、图书馆，以至于一般读者都可以全面、准确、迅捷地了解国内图书信息、市场行情，并可直接订货，通过联机编目和联机检索，即使一个偏远地区的小书店、小图书馆也能接受读者的查询和预定，使任何角落的任何人都能看到买到所需要的图书，减少行业的机会损失。

下面的问题是谁来建设中国的可供书目，以前认为可供书目应该是政府行为，是因为政府不作为才转而由书商承担。人天书店在2003年创建了自己的"中国可供书目"，在这之前和之后，先有科文公司和联想集团，后有中国出版集团，都曾尝试中国可供书目，都想将可供书目产品化甚至产业化，但现实情况是可供书目形不成产业，因为当没有规模需求的时候，就没有形成产业的现实基础。为什么没有规模需求，是因为馆配商为图书馆提供了各种免费服务，而中国限制出版社总量的增长，尽管我们一年要出版15万种以上的新书，但名义上也只能出自580多家出版社，此其一。其二，中国在版编目和在版书目应该是政府行为，政府应该知道自己的国家将要出什么书，出了哪些书，这是一个国家的行政功能，如国家版本图书馆和国家图书馆的功能，至于哪些书在版，哪些书可供，由谁提供，何时供到，则体现了一个国家的供给能力。但图书恰恰不是国家战略物资，如石油、电力、通信等；图书不是国家垄断经营产品，作为可供书目自然应该是一种商业行为，是发行商的事情，事实上，美国、德国、英国的可供书目也都是大书商编制，这是我以前的观点。但这几年，我通过观察发现，中国不具有事实上的大的垄断型书业企业，各发行集团都在打造双百亿的规模，他们通过并购整合，上市，改制退税，地区垄断，已经过得很舒服了，而像一些具有理想主义和个人主义色彩的民营书业企业没有政策上的支持，有心而无力。所以，我觉得这条路，纯粹商业化的路又走不通。

那么，出版社改制了，是不是可以建立自己的书目体系，建立一个本版图书的可供书目体系，并对其图书的出版和绝版做出统计及公示呢？对一些大的出版社来说，有这种需求和认识，信息化程度也比较高，绝大多数出书品种较少的出版社，没有建立起严格的出版库存管理制度，主要依靠直销或者系统内部销售，花大力气做可供书目的动力是不足的。在信息格式标准化方面，中国可供书目要求所提供的数据是 MARC 数据，这就要求所有加盟的出版社必须有相应的支持 MARC 数据的技术平台，或者能实现数据向 MARC 数据转换，并且有相关的较高水平的业务人员。一些大的出版社近几年建立了自己内部的数据信息系统，但要让许多中小出版社都达到这样的标准，显然是不现实的。人天书店若干年前就参与了信息中心二维条码的试点，但最后也不了了之，这说明了出版社的现状。而且这种分散的建设，不可能达到标准化的水平，实现不了互联互通，所以也是低效率的，难以做到行业共享。

毕竟，由于出版社转企改制，今后还可能被参股甚至被控股，真正成为市场主体，再不是在政府的庇护下生存，这就为我们与出版社长久和深入的合作提供了条件，出版社对市场的需求也会更加积极地响应。在欧美国家一般都有本国的可供书目，并已成为西方图书贸易不可或缺的信息中介，是出版社、书店和图书馆最重要的采访工具，我们的出版社迫切需要认识到这一点。对于中国可供书目，最重要的参与者还是出版社。出版社不参与，可供书目是无源之水，有水也是不流动的一潭死水。但我们已经发现一个积极的因素，在我们做可供书目的市场调查时，抽取了 30 多个出版社的数据，这些出版社都很快把他们的出版信息和库存数据发了过来，说明出版社也在期盼这样一个书目的诞生。

所以，我在想，有没有第三条道路，兼具事业建设和商业运作，即搭建一个第三方平台，采取行政和商业结合的方式。最近，人天书店和国家版本图书馆正在探讨一个事项，就中国可供书目的建设方式进行了深入讨论，并且由我们编写了一个中国可供书目的计划书，据说已经报到了署里。我们设计了一个实现中国可供书目的路线图。中国的书目体系有在版编目（CIP）、可供书目（CBIP）和书目数据这三个方面，它们相互之间是有关联的，但目前却处在分离的状态。所以，从长远来看，出版单位、发行单位和图书馆应该联合起来，积极探索各个环节上的数据整合。

中国可供书目的四个步骤是：在版编目、书目数据、可供书目和数字资源。这四个方面的内容应该是在一个平台上进行运行，但在不同的节点上，合作的各方发挥的作用不同。

第一阶段是在版编目，在这个阶段主要是利用现有的 CIP 数据，这时候，版本图书馆发挥主要作用，但现在的问题是，书名实名制以后，CIP 数据基本上准确了，需要解决的是在版编目在出版过程中信息变更和重新发布问题。

第二阶段是书目数据，这个阶段版本图书馆和人天书店共同起作用。根据规定，出版社要向版本馆呈缴样书，根据样书编制书目数据，这一阶段理论上达到了可供书目的阶段，其实离可供书目还差得很远。当年，科文公司就是用国家图书馆的 50 年书目数据选一选，把近几年的书目编在一起，就当作中国可供书目了。

第三阶段才是可供书目的编制阶段。这个阶段主要是人天书店和出版社发挥作用，参照联合编目的方式将全国的出版社、文化公司、大的发行公司的库存数据主动或被动的提交到这个平台上来。管理部门在这个阶段要起到督促和管理作用，实际操作采用公司方式，并且根据数据库的要求对图书的库存信息进行适时的变更，对在版、绝版和库存数量进行实时的变更，这里存在一个巨大的工作量，需要出版社完全的配合，如果出版社不配合就需要行政干预了。

这个阶段的重要性，我想用人天书店中文期刊目录的编制情况加以说明。人天书店提供的期刊目录 12000 余种，品种上包括了期刊、年鉴和合订本，发行方式包括了邮发和非邮发，我们可以知道任何一种期刊的出版情况，正常出版还是延期出版，合期情况和停休刊情况。我们到邮局能查询到这么准确的信息吗？不能。为什么人天书店能做到？就是我们不能仅仅依赖一个数据平台，还需要有一个建立在流程上的组织机构。人天书店期刊目录可以说就是一个可供目录，但它需要 20 多个人常年进行维护。

第四个阶段数字资源阶段，因为可供，其对应的就是不可供，不可供并不等于没有市场需求，没有社会价值，但出版社不会为个别的需求重新加印，所以数字资源的价值就在此凸显出来了。因此，我们建议在前面三个阶段都实现的情况下，要求出版社对图书的电子版本也要进行呈缴，这样一来，第一，我们国家图书的数字资源库就建立起来了；第二，还可以根据出版社的授权进行按需印制。

　　138年前没有电脑，更没有网络，因为需求诞生了可供书目。今天，互联网的应用与发展对建设可供书目数据库提供了充足的条件，现在需要的只是改变我们的观念。因为通过互联网，我们已经能够将信息及时发布到全中国以至于全世界，同时也可以通过互联网找到我们所需的信息，这就是互联网带给我们最方便、实用的功能。互联网为信息的传播提供了一个方便、实用、经济和广阔的平台，同时随着互联网的普及，各种信息也越来越社会化，一般数据已经不可能成为企业的垄断资源，这就为我们建立面向全国出版发行业和全国图书馆用户的中国可供书目提供了机会。

以馆配中盘为中心的图书馆供应链

一　中盘的概念

　　中盘商，是指那些在市场上从事买卖双方介绍交易并以此获取佣金的中间人。馆配中盘明显不符合这个概念，这是掮客的概念，因为它并不撮合馆配商和图书馆的交易，那是他们自主的行为，中盘商也不从中获取佣金，它获取的还是差价。

　　中盘商的第二层含义是，它处于独立的中间地位，利用自己的资源整合能力、广泛的社会联系、独有的供销渠道，让交易双方进入平台，迅速完成交易。在市场活动中，它信息灵通、办事快捷、服务周全，对交易的完成起了很大的促进作用。人天的馆配中盘显然符合这一层含义。首先，它通过直营的馆配业务，建立了独有的供货渠道，通过全国馆配商联盟建立了广泛的社会联系，引导交易双方进入平台后，各取所需，迅速完成交易，同时配套各种延伸服务。

　　有的行业，为了切断中盘商的支出，建立了"制作（出版）—销售"的垂直运作，即跳过中盘直接供货给销售商。在馆配领域就是直接供货给图书馆（证明是行不通的），或直接供货给区域馆配商，但由于馆配商的特殊性，证明这一模式也难以持续。

中盘一词用于中国书业，始见于1996年上海世纪出版集团总裁陈昕所撰的《图书市场呼吁中盘雄起》。那时正值中国图书市场进入新的发展周期，主要标志就是大书城、超级书店的兴起，陈昕认为，很难想象，在没有强大中盘的支持下，一家书店能单独长期维持10万种以上的图书，从成本效益角度分析，面对所有出版社独立进货也是很不经济的。

出版界的中盘要有覆盖全国的网络，上游是出版社，下游是二级批发商和馆配商，有独立的物流配送体系，经营图书的品种要十分大，像以前的新华书店总店一样。新华书店总店曾经也尝试过做馆配的中盘。总店停止以后，出版界的中盘呈现多元化格局，浙江新华、凤凰、文轩、北配、台湖都显露出中盘的端倪，但馆配中盘非人天莫属。

1991年，国家教委发布了"关于开展普通高校图书馆评估工作的意见"的文件。文中指出，"高等学校图书馆的水平是衡量高等学校办学水平的重要标志之一，它的工作质量直接影响到高等学校教学和科研的质量"。"为适应高等学校教育的发展，不断改善办馆条件和提高办馆水平，因此，需要在高等学校图书馆开展评估。"

2004年，教育部要求高校根据学生人数配备馆藏图书，人均不足50册的禁止招生，不足80册的限制招生，人均100册是各高校接受评估的硬指标。

近5年的年购新书量是研究生5册，本科生4册，专科生3册。

大规模的评估从2005年开始。馆配作为图书发行的一个独立业态，由此产生。由于经费增加，需求产生，图书馆采购由卖方市场转化为买方市场，同时涌现出一大批全国性和区域性的馆配商。

在大规模评估浪潮过去之后，突然发现馆配其实处在一个非常尴尬的位置上，犹如鸡肋，弃之可惜，食之无味。

二 馆配运营成本趋高

为什么会出现这种情况呢？

因为馆配有其特殊性，表现在以下几个方面。

1. 它是大批量采购，但不同于批发，复本小，采购批次频繁，与教材完全不同，馆配商几乎要面对所有的出版社。

2. 它面对终端消费者，但不同于零售，单次和全年采购金额高，同时需要有针对性、一对一的客户服务，像非公募基金，针对特定对象，需要建立全国办事机构以提供服务。

3. 由于图书馆采购是目录采购（现采也要查重，与馆藏比对），所以需要有书目作为引导，还需要进行分类管理，后续还要进行编目，需要馆配商有自己的采编队伍。

4. 如果说采访和编目的边际成本趋于零的话，加工服务所占的成本则是固定的。由于图书馆是买方市场，把自身的加工工作转移到馆配商这里时，把加工成本也转嫁给了馆配商。

5. 此外，由于现采方式被认为是有效的采选方式，馆配商每年还要组织客户参加展会，所有费用都是由馆配商支付。

以上5点相加，对一个中小规模的馆配商来说，情何以堪！

更严重的问题是，在提供了以上各项服务之后，还必须响应图书馆的价格要求，在各地招投标的结果看，绝大多数地区和用户都是要求低价甚至是最低折扣中标。

在，出版人杂志公布的各地政府采购的平均中标折扣上，可以看到超过7折的地区已经不多，如表5-3所示。

表5-3 各省、市、自治区中标折扣汇总

序号	省份	折扣	序号	省份	折扣
1	湖北	0.64	17	云南	0.71
2	陕西	0.66	18	江苏	0.71
3	黑龙江	0.68	19	湖南	0.72
4	江西	0.69	20	广东	0.72
5	内蒙古	0.69	21	广西	0.72
6	四川	0.69	22	上海	0.73
7	重庆	0.69	23	新疆	0.73
8	河南	0.69	24	河北	0.73
9	福建	0.69	25	吉林	0.73
10	贵州	0.70	26	浙江	0.73
11	安徽	0.70	27	宁夏	0.74
12	甘肃	0.70	28	山西	0.75
13	辽宁	0.71	29	北京	0.76
14	山东	0.71	30	海南	0.77
15	江苏	0.71		总平均折扣	0.71
16	天津	0.71			

这种现状造成的后果是显而易见的。

一是劣币驱逐良币，图书馆入藏的文献中，污染情况已经十分严重。

二是大批馆配商退出馆配领域，如声噪一时的中教图、北京国际书店、北京朗润、北京蓝色畅想、四川世云、安徽儒林，还有各省的如福建邦德、上海翔华、广东学苑，沈阳的华储和东宇，杭州求是、济南华夏、山东金华、广西南国书店和广西听涛文化发展公司，桂林人天尔雅、成都竹成文和成都国际文化等，一些新华书店也相继退出了馆配市场，如昆明新华、文轩、凤凰，又回到了团购时代。

三　馆配中盘和馆配商联盟应时应运而生

2011年，人天书店成立馆配中盘事业部，在业内发起成立馆配商联盟。

馆配中盘是人天内部的一个销售部门，它的销售对象是各地的馆配商，曾经叫批销部，改为馆配中盘后，服务内容更加清晰，就是为各地馆配商提供符合馆配需求的流程化服务。

成立全国馆配商联盟又用意何在呢？

我们基于两点考虑：第一，在政府招标的大背景下，从招标要求和客户心理方面来说，希望多家馆配商有序竞争，比出优劣，这符合客户的利益；第二，在馆配市场的现状上，做馆配不会盈利，甚至需要用其他业务补贴，新华书店更是如此。

如果我们以馆配商联盟来构建一个馆配生态链又会如何呢？情况马上就发生了变化，这就是毛泽东说的，有利的情况和主动地恢复，产生于再坚持一下的努力之中。比如，对中小馆配商几乎不可能做到的《人天书目报》编制，全品种编目，《中国可供书目》建立，其边际成本是趋于零的，凡加入联盟都可免费使用。同样不可能做到的全品种服务，在联盟内部都可以满足。加入联盟后，馆配商不用再自办订货会，像我们这样的订货会，没有任何门槛，人天也追踪订单去向，甚至还给馆配商补贴，鼓励他们带领自己的用户参会。

最重要，由于人天采购规模本身就大，再加上统一采购，与供货商的议价能力进一步提高，馆配商在出版社拿不到的折扣，在人天能够拿到，还附加了诸多免费和补贴的服务，他们的利润出现了。

令人欣喜的情况是，从2011年人天倡导成立馆配商至今的5年中，没有馆配商退出馆配的消息，一个新的馆配生态出现了。

四 新华系进入馆配商联盟的好处

馆配商联盟 5 年来运行良好,目前已有成员单位 87 家,其中理事长单位 9 家,理事单位 27 家,成员单位 51 家。2016 年预计统一采购码洋 5 亿元以上,同时还进行中文期刊的联采。这个数字很快就会达到 10 亿元码洋,只是时间问题。

今天参加报告会的有很多省新华的老总和业务经理,非常希望你们都加入联盟中来,目前已有 30 多家省、市、自治区新华书店的馆配部成为联盟成员。新华书店加入联盟有以下几个好处。

1. 业务部门设置稳定。与民营馆配商不同,业务部门一旦设置,没有大的变故会一直做下去。既然馆配已经跟批发、教材、零售、网店一样,成为一个新的发行业态,新华书店没有理由不做,无论做大做小,都是要做的。事实上也是这样,一些新华书店找到我们要求合作,也是说上级要求他们必须做馆配。

2. 中标率高。新华书店在当地有较深厚的人脉,特别是在公共馆系统更有影响力。他们不愿意做馆配,一是因为麻烦,二是不盈利,这两个问题解决了,他们的热情就有了,所以经常听他们说,只要我们去投标,必中无疑。

3. 有能力规范市场。新华书店参与馆配,有利于遏止招标折扣逐年下降的趋势,从各地中标情况看,新华书店一般中标率高于其他书商,同时中标折扣也高于平均水平(如表 5-4 所示),你们的报价更容易被用户认可和接受。总体折扣逐步上升,有利于馆配市场的良性发展,给馆配商留下利润的同时,更重要的是,图书馆文献资源的质量得到了保证。

表 5-4 各省、市、自治区新华书店系统折扣汇总

序号	省份	折扣	序号	省份	折扣
1	湖北	0.69	7	江苏	0.71
2	山东	0.69	8	贵州	0.72
3	河北	0.70	9	江西	0.72
4	福建	0.71	10	上海	0.72
5	甘肃	0.71	11	重庆	0.72
6	黑龙江	0.71	12	安徽	0.73

续表

序号	省份	折扣	序号	省份	折扣
13	广东	0.73	19	四川	0.75
14	湖南	0.73	20	广西	0.76
15	辽宁	0.73	21	海南	0.77
16	天津	0.74	22	云南	0.8
17	浙江	0.74		总平均折扣	0.73
18	北京	0.75			

4. 承接图书馆外包服务。以皖新传媒为例，安徽省的一些公共图书馆，如宿州市、六安市，把图书馆整体外包给皖新传媒，一是该馆的采购都会交给承接者，二是可以把书店开到图书馆去，甚至不用付租金，与图书馆分账就可以。一旦把书店开到图书馆，还可以得到政府的资金扶持。

最后总结一下，一个省的馆配市场总量是不够大的，如果要独立实现从采访、采购、编目、加工、展会所有服务，并且还要实现盈利，几乎是不可能的。因此，以馆配中盘为后台，以馆配商联盟为纽带，实现协作分工，才能合作共赢，从而通过一条条这样的图书馆供应链，构建起一个馆配生态圈。

图书馆现状与馆配市场分析

施春生

随着馆配行业的不断发展，很多企业的综合竞争力增强，逐步由专业化进入了产品多元化的时代，人天集团也不例外，但我们必须清醒地意识到，书、刊仍是行业命脉，主营业务的强劲发展是多元化战略实施的前提。人天集团今天的一点点小成绩，正是多年来脚踏实地的结果。如果说，我们在探索中积累了一点小经验，那么我们愿意拿出来，与业内的朋友们共同分享。

一　图书馆的含义

图书馆是储存人类记忆的社会装置，是将人类的记忆移植到现在人们意识之中的一种社会机构。有人说，战争可以毁灭一座城市，但只要有图书馆存在，城市的记忆就在，城市就可以很快恢复。

图书馆是通向知识之门，它通过系统地收集、保存与组织文献信息，实现传播知识，传承文明的社会功能。现代图书馆秉承对全社会开放的理念，承担实现和保障公民文化权利、缩小社会信息鸿沟的使命。

业内的各位专家对图书馆的含义及其功能都有着不同的诠释。北大图书馆馆长朱强对图书馆定义是搜集、整理、收藏图书资料以供人阅览、参考的机构；其职能为保存人类文化遗产、开发信息资源、传播知识、参与社会教育等；其本质为保障公民平等、自由地获取知识信息。

印度图书馆学家阮冈纳赞提出了"图书馆五法则"：一是书是为用的；二是每个读者有其书；三是每本书有其读者；四是节省读者的时间；五是图书馆是一个不断生长的有机体。

美国图书馆专家克劳福与高曼提出了"新图书馆五法则"：一是图书馆服务全人类；二是图书馆尊重各类传播的知识；三是图书馆善用科技以加强服务；四是图书馆维护自由利用信息的权益；五是图书馆尊重过去，服务未来。

二　公共图书馆

1. 国内相关政策。

2014年底，我国有县以上独立建制的公共图书馆3117个。2000年，文化部在《2000年的中国文化》发展战略中提出了每20万人拥有一个图书馆的目标。

住房和城乡建设部、国土资源部、文化部批准发布的《公共图书馆建设用地指标》规定：

A. 大型图书馆以读者乘公交或骑车60分钟（含等候与换乘时间）可以到达为宜，其服务半径为9公里。

B. 中型图书馆以 30 分钟到达为宜（含等候与换乘时间），其服务半径为 6.5 公里。

C. 小型图书馆以 20 分钟到达为宜，其服务半径为 2.5 公里。

近年来，公共图书馆、美术馆、博物馆的所有费用被全部免除，地方财政的补贴全部由中央财政直接拨付，这是图书馆和馆配市场的福音。

文化部也规定了公共图书馆的年均购书费用。

《国家公共文化服务体系示范区（项目）创建标准》（东部）表述：

坚持公益性、基本性、均等性、便利性，深化改革，加强城乡统筹，突出软件建设，率先建成符合当地实际情况、比较完整、覆盖城乡、可持续的基本公共文化服务体系，推动公共文化服务持续发展的长效机制基本形成，广大群众特别是农民群众基本文化权益得到有效保障，对公共文化服务的满意度明显提高，进一步推动公共文化服务向广覆盖、高效能转变。

公共文化设施网络建设方面：

A. 图书馆、博物馆、文化馆（站）、影剧院等公共文化设施完善，布局合理，方便群众参加活动。实现市有图书馆、博物馆、文化馆等公共文化设施，县有图书馆、文化馆，乡镇（街道）有综合文化站，行政村（社区）建有文体活动室（文化广场）。

B. 图书馆建设。市、县两级图书馆达到部颁二级以上标准；公共图书馆人均占有藏书 1 册以上；市、县两级图书馆平均每册藏书年流通率 1 次以上；人均年增新书在 0.04 册次以上；人均到馆次数 0.5 次以上。

C. 群众艺术馆、文化馆建设。市辖两级群众艺术馆、文化馆达到部颁二级以上标准，县文化馆达到部颁二级以上标准。

D. 乡镇（街道）综合文化站建设。100% 的乡镇（街道）建有单独设置的综合文化站，其设备配置、活动开展、人员配备、综合管理等达到发展改革委、文化部制定的《乡镇（街道）文化站建设标准》。

2. 目前国内的图书馆现状（以广州为例）。

以广州为例，存在中心城区人口多，图书馆面积缺口大，各区图书馆面积和藏书比不均的问题。

2014 年 6 月提交广州市人大审议的《广州市公共图书馆条例（草案）》规定：各级公

共图书馆应依据常住人口数量确定建筑面积和藏书量。其中，区级公共图书馆的每千人建筑面积合计应当达到 37.5 平方米以上，基本馆藏文献信息资源拥有量合计应当达到人均 2 册（件）以上。目前，广州 12 区市公共图书馆的总缺口数约为 26.4 万平方米，若以新广州图书馆的 1.77 万平方米来计算，相当于需要再建近 15 个新广州图书馆。

据此，新快报记者通过梳理各区数据发现，除了天河区和越秀区拥有省市级图书馆、标准可以放宽之外，其余区（市）能均未达标，且总体趋势是，常住人口越多，缺口则越来越大。统计数据显示，首先是常住人口最多的白云区缺口最大，图书馆建筑面积缺口约 7.4 万平方米，藏书量缺口则高达 414.5 万册（件）；其次是常住人口数排第二的番禺区，建筑面积缺口约 6.2 万平方米，藏书量缺口为 299.8 万册（件）；最后，像南沙、增城等人口较少的区域，建筑面积缺口则有几千平方米。

各区图书馆面积和藏书比不均。

除缺口不一，各区（市）现有图书馆资源也不均衡，人口、建筑面积和藏书量三者之间不完全匹配，出现人口多，建筑面积少，或藏书量较少，建筑面积较多的情况。如增城图书馆的建筑面积遥遥领先于其他 11 区（市），达 3.3 万平方米，藏书量 32 万册（件）；对比之下，番禺区图书馆藏书量 53.2 万册（件），建筑面积却只有 4200 平方米，比例严重失衡。此外，黄埔区常住人口较少，为 45 万人，但图书馆建筑面积有 1.2 万平方米；对比之下，白云区常住人口为 222.3 万，是黄埔区的近 5 倍，但是建筑面积却不足 1 万平方米。

3. 国外的图书馆现状。

美国：2010 年共有 17078 所公共图书馆，平均每 17000 人拥有一所图书馆。

英国：1997 年 7 月有 4759 所公共图书馆，平均每 12269 人拥有一所图书馆。

日本：2013 年有 3149 所公共图书馆，平均每 40485 人有一所图书馆。

国际图书馆协会联合会颁布的《公共图书馆标准》（1973 年/1977 年）要求每 5 万人应有一所公共图书馆，而我国目前离这个标准相差甚远。

三 公共图书馆之外的图书馆

1. 高校图书馆。

我国目前有民办高校 734 所，内地与港澳台合作办学 2 所，中外合作办学 5 所，公办高校1854所，总计2595所。

其中，拥有高校数量排名前三位的分别是江苏省166所，广东省147所，山东省144所；而排名后三位分别是海南省和宁夏回族自治区18所，青海省12所，西藏自治区6所。

普通本科院校数量排行中，江苏省位居首位，有77所；湖北省一本科院校68所；山东省有本科院校67所。专科院校数量排名前三位的分别是江苏省89所，广东省85所，山东省77所。

2. 中小学图书馆。

2013年我国有普通小学213529所，在校学生9360万人；普通初中学校152764所，在校学生4440万人；普通高中学校13352所，在校学生2435万人；特殊教育学校1933所；学前教育学校198553所。按照中小学规定的标准，全国中小学图书馆应该在38万所左右。

国家出台了相应的《中小学图书馆（室）规程（修订）》《关于加强新时期中小学图书馆建设与应用工作的意见》《教育部2015年工作要点》《国务院办公厅关于全国少年儿童图书馆工作座谈会通知》《关于新形势下加强基础教育装备工作的意见》《国家公共文化服务体系示范项目创建标准》和《公共文化服务体系示范区创建标准》（东部）。

3. 少儿图书馆。

2013年，据统计，我国有独立建制的少儿图书馆105家，国家级少儿图书馆1家。

2013年，整个少儿图书馆从业人员只有2170人，少儿图书总馆藏量为3165万册；而同期美国的少儿图书总馆藏量是81248万册，约是我国的26倍。

通过以上分析，我们看出，我们国家的图书馆事业还是处在一个长期发展的过程之中，还远远不能满足社会的需求，从横向来比，与发达国家还有很大差距。那么，对于馆配商来说，这也正是他们的机会所在。在互联网时代，图书馆会有新的定义，也会增加新的功能，但图书馆作为人类记忆的社会装置这个功能，还不会被替代。所以，我们人天书店及全国馆配商联盟的各地的馆配商，都应该制订10年以上的发展规划，加大投入而不是妄谈转型，转不好就是死，我们一定会伴随着图书馆事业的发展而摘取到我们的商业成果。

如何开展馆配纸质期刊工作[*]

施春生

一 2016年度人天集团期刊数据分析

表5-5 2010~2016年期刊总码洋及每年增长比率

年度	期刊总码洋(元)	码洋增长(元)	期刊码洋增长率(%)
2010	87389146.71		
2011	97374023.93	9984877.22	10.25
2012	110260649.11	12886625.18	13.23
2013	127063136.74	16802487.63	15.24
2014	158758166.17	31695029.43	24.94
2015	187996696.65	29238530.48	18.42
2016	204953632.52	16956935.87	9.02

表5-6 2010~2016年期刊总册数及每年增长比率

年度	期刊总册数(册)	册数增长(册)	期刊册数增长率(%)
2010	7053792		
2011	7699302	645510	8.38
2012	7994587	295285	3.84
2013	8826236	831649	10.40
2014	10440732	1614496	18.29
2015	11769138	1328406	12.72
2016	12300610	531472	4.52

---

[*] 此文为2016年9月24日在第四届中国(武汉)期刊交易博览会期刊民营发行创新论坛的发言。

表 5-7 2010~2016 年客户数量及每年增长比率

年度	客户数量(家)	客户增长(家)	客户数量增长率(%)
2010	2074		
2011	2336	262	11.22
2012	2484	148	6.34
2013	2819	335	13.49
2014	3168	349	12.38
2015	3844	676	21.34
2016	4162	318	8.27

表 5-8 2016 年各省、市、自治区期刊销售码洋情况

排序	省份	销售总码洋(元)	客户数量(家)	排序	省份	销售总码洋(元)	客户数量(家)
1	北京	31900982.41	688	17	云南	4835182.75	68
2	广东	16879875.72	295	18	山西	4791368.07	66
3	山东	14139860.87	328	19	陕西	4634357.18	66
4	浙江	12200627.85	262	20	天津	4459166.34	72
5	上海	10831150.46	325	21	广西	3745512.57	78
6	江苏	10821301.39	179	22	安徽	3328623.06	62
7	河北	8396331.07	205	23	内蒙古	3068318.57	63
8	四川	7976161.44	137	24	海南	3052779.35	79
9	湖南	7783573.81	171	25	新疆	2089993.12	37
10	河南	7610412.11	108	26	贵州	2017537.04	31
11	吉林	7050018.25	125	27	甘肃	1836968.81	20
12	辽宁	6726783.73	203	28	宁夏	1386046.98	27
13	湖北	6226849.05	121	29	黑龙江	978115.55	26
14	福建	5633409.32	101	30	青海	232299.28	14
15	江西	5326613.53	94	31	西藏	123466.32	1
16	重庆	4871946.52	110		合计	204953632.5	4162

表 5-9 2016年各省、市、自治区期刊单个客户采购量情况

排序	省份	单个客户平均采购量(元)	客户数量(家)	销售总码洋(元)
1	西藏	123466.32	1	123466.32
2	甘肃	81848.44	20	1836968.81
3	山西	72596.49	66	4791368.07
4	云南	71105.63	68	4835182.75
5	河南	70466.78	108	7610412.11
6	陕西	70217.53	66	4634357.18
7	贵州	65081.84	31	2017537.04
8	天津	61932.87	72	4459166.34
9	江苏	60454.20	179	10821301.39
10	四川	58220.16	137	7976161.44
11	广东	57219.92	295	16879875.72
12	江西	56666.10	94	5326613.53
13	新疆	56486.30	37	2089993.12
14	吉林	56400.15	125	7050018.25
15	福建	55776.33	101	5633409.32
16	安徽	53687.47	62	3328623.06
17	湖北	51461.56	121	6226849.05
18	宁夏	51335.07	27	1386046.98
19	内蒙古	48671.72	63	3066318.57
20	广西	48019.39	78	3745512.57
21	浙江	46567.28	262	12200627.85
22	北京	46367.71	688	31900982.41
23	湖南	45517.98	171	7783573.81
24	重庆	44290.42	110	4871946.52
25	山东	43109.33	328	14139860.87
26	河北	40957.71	205	8396331.07
27	海南	38642.78	79	3052779.35
28	黑龙江	37619.83	26	978115.55
29	上海	33326.62	325	10831150.46
30	辽宁	33136.87	203	6726783.73
31	青海	16592.81	14	232299.28
	合计	55072.35	4162	204953632.52

表 5-10 2016 年按销售码洋排名前 50 的期刊

序号	刊名	年销售码洋(元)	序号	刊名	年销售码洋(元)
1	三联生活周刊	1289505	26	中国环境科学	336420
2	读者	1081914	27	中国科学:技术科学	320760
3	中国社会科学(中文版)	890900	28	电子学报	318720
4	凤凰周刊	843015	29	大学生	306658
5	图书情报工作	781658	30	生态学报(中国科学院)	306090
6	科学通报	769080	31	求是(汉文版)	305527
7	瞭望	623274	32	看天下	300770
8	新华文摘	515099	33	中国电机工程学报	299460
9	物理学报	498240	34	计算机学报(中国科学院)	294350
10	有机化学	480000	35	瞭望东方周刊	293830
11	中国国家地理	456620	36	中国科学:物理学力学天文学	290520
12	中国书法	447150	37	现代图书情报技术	289840
13	美术	442738	38	大众电视	289220
14	中国科学:数学	416160	39	图书馆论坛	289152
15	中国新闻周刊	413020	40	中国书画	288912
16	中国科学:化学	388080	41	诗探索	286860
17	经济研究	384525	42	中国摄影	286650
18	中国高等教育	380580	43	软件学报(中国科学院)	284130
19	中国科学:生命科学	373680	44	中国青年	283440
20	南风窗	357452	45	世界知识	280830
21	环境科学(中国科学院)	357120	46	南方人物周刊	279610
22	环球	350980	47	计算机辅助设计与图形学学报	277680
23	管理世界	348975	48	微型计算机	277362
24	世界博览	347610	49	环球人物	274950
25	大众电影	337525	50	摄影世界	273442

表 5-11 2016 年按销售册数排名前 50 的期刊

序号	刊名	单期订数	序号	刊名	单期订数
1	读者	7513	26	特别关注	1154
2	杂文选刊(上半月版)	2711	27	人民文学	1142
3	求是(汉文版)	2183	28	大众电影	1130
4	中国国家地理	1894	29	电脑爱好者	1122
5	青年文摘	1789	30	英语学习(中英文版)	1118
6	半月谈	1687	31	小说月报	1116
7	新华文摘	1656	32	译林	1115
8	三联生活周刊	1650	33	名人传记(上半月)	1072
9	读书	1519	34	心理与健康	1065
10	故事会	1500	35	瞭望	1055
11	中国青年	1478	36	南风窗	1051
12	世界博览	1450	37	文史知识	1048
13	环球	1351	38	人物	1036
14	演讲与口才·成人版	1346	39	青年博览	1029
15	当代	1337	40	炎黄春秋	1025
16	中国高等教育	1324	41	诗探索	1025
17	十月	1318	42	世界知识画报·中文版	1024
18	百科知识	1318	43	大众心理学	1020
19	环球军事	1242	44	体育博览	1018
20	收获	1238	45	大众健康	1008
21	英语世界(中英文版)	1175	46	啄木鸟(上半月刊)	990
22	世界知识	1171	47	法律与生活	990
23	博览群书	1165	48	小说选刊	985
24	大学生	1160	49	中外文摘	984
25	海外文摘·上旬	1157	50	美术	968

表 5-12　2016 年按"刊期"统计分别占总种数、总码洋比率

序号	刊期	种数(种)	码洋(元)	占总种数比(%)	占总码洋比(%)
1	周刊	99	7757756.48	0.82	3.79
2	旬刊	114	4621257.98	0.95	2.25
3	半月刊	543	31369796.93	4.52	15.31
4	月刊	5154	121068773.26	42.91	59.07
5	双月刊	3153	30326080.90	26.25	14.80
6	季刊	1096	4092020.20	9.12	2.00
7	半年刊	109	82921.60	0.91	0.04
8	年刊	1648	1364491.70	13.72	0.67
9	不定期	96	4270533.47	0.80	2.08
总计		12012	204953632.52		

表 5-13　2016 年各省、市、自治区合作客户数量、采购码洋、平均采购码洋等

序号	省份	合作客户数量(家)	采购码洋(元)	客户平均采购码洋(元)	占总采购码洋比(%)
1	北京	1626	142225149.44	87469.34	69.39
2	上海	266	10015624.68	37652.72	4.89
3	广东	159	5273996.14	33169.79	2.57
4	湖北	179	4380836.98	24473.96	2.14
5	天津	132	4267817.84	32331.85	2.08
6	吉林	98	3828942.60	39070.84	1.87
7	江苏	222	3565007.32	16058.59	1.74
8	辽宁	139	3373959.20	24273.09	1.65
9	陕西	152	3084435.50	20292.34	1.50
10	重庆	73	2497418.90	34211.22	1.22
11	黑龙江	99	2482653.00	25077.30	1.21
12	四川	152	2292733.40	15083.77	1.12
13	河南	117	2151864.80	18392.01	1.05
14	湖南	123	2128394.00	17304.02	1.04
15	浙江	109	2051653.40	18822.51	1.00
16	河北	105	1913995.10	18228.52	0.93
17	山东	118	1706336.90	14460.48	0.83
18	山西	93	1531990.70	16473.02	0.75

续表

序号	省份	合作客户数量(家)	采购码洋(元)	客户平均采购码洋(元)	占总采购码洋比(%)
19	安徽	73	992641.30	13597.83	0.48
20	福建	88	926589.92	10529.43	0.45
21	江西	62	912490.20	14717.58	0.45
22	广西	87	827318.60	9509.41	0.40
23	云南	47	825164.90	17556.70	0.40
24	甘肃	49	692765.60	14138.07	0.34
25	贵州	34	506525.90	14897.82	0.25
26	宁夏	13	202313.00	15562.54	0.10
27	内蒙古	19	121448.20	6392.01	0.06
28	海南	9	100456.00	11161.78	0.05
29	新疆	15	55013.00	3667.53	0.03
30	青海	10	14652.00	1465.20	0.01
31	西藏	1	3444.00	3444.00	0.002
总计		4469	204953632.52	45861.18	

二 馆配期刊配供工作的有利因素

1. 整体的市场量非常大，尽管每年高校和研究类图书馆的订购量有所下滑，但基础客户量巨大。

2. 在服务有保障的情况下，客户非常稳定，一般情况下，市场工作一直在做加法。

3. 期刊工作都是先款后刊，资金回笼非常快。

4. 征订工作一年一次，基本上集中在每年10～12月份，工作相对比较简单。

5. 目前竞争对手非常少，只有邮政系统。

三 馆配期刊配供工作的不利因素

1. 期刊品种有10000多种，涉及的杂志社有6000多家，信息收集、采购的工作量非常大。

2. 期刊有周刊、旬刊、半月刊、月刊等，要求到刊速度比较快，至少要保证每周一次，或每周两次送刊，送刊工作频繁。

3. 期刊为连续出版物，有些图书馆还会装订成合订本进行收藏，要求中间不能缺刊，保证到刊率为100%。

4. 部分图书馆要求提供期刊加工服务，如盖章、贴磁条、条码等一系列服务工作。

5. 期刊在借阅过程当中，经常会丢失或损毁，补刊、破订等后续服务较多。

四 如何开展馆配期刊配供工作

1. 了解本区域的客户情况：有哪些图书馆？哪些资料室？负责人是谁？联系方式？每年期刊采购的经费情况？

2. 了解图书馆现有的采购渠道和采购方式：采购公开招标？竞争性谈判？询价？单一来源和续标？……

3. 了解目前图书馆的合作伙伴和合作情况。

4. 寻找专业的期刊供应商。根据期刊配供的特点，最好寻找一家专业的期刊供应商合作，例如人天书店，作为供货商，可以提供以下服务。

（1）提供全品种期刊采访信息，及期刊订购系统，便于图书馆查询信息及订购。

（2）采访和编目，均提供标准的 MARC 数据，便于图书馆管理系统的管理。

（3）提供10000多种期刊的全品种采购、撤订、补订。

（4）按照客户分类进行打包、配送。

（5）可以根据各馆实际情况，提供粗加工服务，如盖章、贴磁条、贴条码的工作。

（6）也可以提供快递服务进行门到门的工作。

（7）开通客户网上期刊管理系统，客户可以查询每一种刊的订购、到货、发货情况，可以进行网上的登到、统计、撤订、补订等全部工作。

（8）区域馆配商如果选择人天，只需要进行客户开发、接收订单、收款三项工作就可以了。

5. 专人负责业务拓展，积极培养好专业人员，业务人员必须了解、熟悉期刊配供工作的特点。

6. 良好的客情关系维护，可以定期召开客户联谊会、研讨会，维护好客情关系，最重要的是了解客户的需求、服务的不足之处，便于根据客户的实际情况提升自己的服务和管理工作。

7. 积极参加当地市场的期刊招投标工作，中小型图书馆一般只采用询价，多沟通、勤联系。

胜利的法宝，就是坚持！图书馆业务工作，一般情况是加法工作，坚持几年一定会有好的结果！

六　人天驿站

六　人天驿站

《坠落在四月的黄昏》背后的故事

《图书馆报》记者　李晓

有人说，在出版界和图书馆界，不知道人天书店的人不多，不知道邹进其人的人更是没有几个。很多人都知道他是一个游走于出版社和图书馆之间的地地道道的商人；但在记者眼里，他不仅是一个成功的商人，更是一个文人，一个从骨子里透着那份对诗歌的挚爱的人。

前不久，邹进的诗集《坠落在四月的黄昏》由光明日报出版社出版。带着这本印装精美，泛着淡淡绿光的小册子，记者走进了坐落在北京卢沟桥畔的人天大楼（邹进创办的人天书店的总部所在地）。

扛着董事长头衔的邹进，首先是一个诗人。自恢复高考后进入吉林大学中文系（1977级）之日起，他便与诗结缘。创办"赤子心诗社"，油印《赤子心》刊物，7个意气风发而又热爱诗歌的文学青年走到了一起。虽然后来在创业的过程中，邹进较少写诗，"但邹进作为诗人却是永远的"（诗人兰亚明语）。大约是在2005年的春节期间，他没有出行，在家把大学时所有的诗歌手稿都翻了出来，粗略一算，大学4年写了足足有十几万行，平均每天100行！"净写诗了，根本没好好读书。"邹进笑道。其实他也明白，自己好像一直在以诗人的思维和行为在经商，这也经常会让他的同事感到不可理喻。"成也萧何，败也萧何。人天书店做到如此规模是这个原因，如果哪一天人天书店做不下去，或者没有做好，恐怕也是这个原因吧。"

因为所处行业的关系，与邹进打交道的图书馆人很多，在很多图书馆工作人员的眼里，"人天书店的老板是一个诗人"。每当听到这些，邹进的心里虽说也是乐呵呵的，但总感觉少了点什么。后来有一天他突然意识到，是时候出一套"邹进诗集"了，毕竟写了不少，但是读到过他的诗的人不多，于是就有了《坠落在四月的黄昏》这本诗集。至于为何选择这样一个书名，邹进淡淡地表示这是一组诗的标题，拿过来作为书名，也是很多诗集惯用的方法，并没有过多地进行阐述。记者倒是从诗人霍用灵那里找到了一些答案。"四月属于诗人。那时节春暖花开，万物生长，一切都充满生机，满眼都是希望。但在古人那里，四月，已经芳菲落尽，敏感的诗人已经开始感伤了。写四月的诗人多吗？似乎不如写初春、写二月、三月的多。四月与诗人的联系，来自英国诗人艾略特，因此，四月成为诗人的标志，属于现代性的范畴。"当然，邹进关注4月，反反复复回到4月寻找自己的感觉，可能一个重要的原因，那就是他出生在4月。再看《坠落在四月的黄昏》这本诗集的封面，淡淡的绿色，这是标准的4月的颜色。自古以来，又有多少文人雅士倾倒于这万条垂下的绿丝柳条之中，沉醉于碧草连天的长亭之外。

有人说在当下，写诗的人比读诗的人多，诗歌作为一种文学载体，已经被边缘化，几近没落，或者说得更加直白一些——诗歌已死。邹进却不这么认为，诗歌本身就是很自由、很个人化的一个存在。写诗，完全可以当作一个个人喜好，作为陶冶性灵、情感寄托的一个出口。作为人本身，在工作生活之余，心灵上也需要有一个自己的精神家园。这就好比一个人业余练习书法、绘画，创作出几件作品，喜欢就好，没必要非得让全世界所有人都知道不可。携几首小诗，觅三五个诗友，几盏香茗，现场朗诵……对一个诗人来讲，那是一个多么惬意而美好的场景。现在的邹进在工作之余就经常组织这样的聚会，忙里偷闲倒也乐此不疲。

邹进说，诗本身就在活着，而且活得很好。难道让全民写诗、全民读诗才能证明？

诗人是天生的，但天生的诗人不一定是永远的。因为后天的世界太复杂了，商品经济把人性中最丑陋的一部分召唤出来了，纠集于原始积累的角斗场，让世人的灵魂在炼狱中经受着前所未有的考验。好在，在这考验中，邹进既未沉沦，也未曾被世风吹落，而是依然充满幻想与激情，依然孤独地思考着，继续追寻着让整个灵魂都为之震颤的崇高。

何必着急创业

感谢东北师范大学计算机科学和信息技术学院聘任我担任学院的兼职教授。今天我在这里，首先要接受学院领导和教授对我的考核，我把这场演讲作为一次答辩。如果不合格，你们还来得及收回成命，不至于辱没这一神圣的称谓，也不至于让一个不合格的人忝

六　人天驿站

列在我们优秀的教师队伍当中。

东北师大图书馆是人天书店最忠实的客户，你们的王院长在图书馆当馆长的时候，不止一次去过人天书店，对人天书店，对我个人都很了解，所以我才有机会站在这个讲台上，有幸成为你们中间的一员。

学院领导想让我跟同学们讲一讲创业，因为现在就业的压力越来越大，这是我们最不愿意看到的情况。我们自命不凡，以为自己是人才，可是，社会并不把我们当人才使用，这跟我毕业时的情形完全不同。

读书和创业有没有关系，不用说，大家都知道，所以不用讲，而创业，又不好讲。成功了，这个过程才叫创业；失败了，就不叫创业了。常说"成者王侯败者贼"，历史是成功的人写的。失败的过程中，往往有很多创业的因素，只是人们不再关注它。成功有很多偶然因素，不是在所有人身上都会发生的。这些偶然经常被人们夸大，好像成功者先天就有神明。用偶然的成功，当作教科书指导学生，可能会误人子弟。我尽量把必然性的东西提取出来，这些东西对你们可能会有点用处；那些偶然嘛，就当作佐料，活跃一下课堂气氛。比如勤奋、坚持、清教徒一样的精神，在任何一个企业家身上都能看到。我总结成功，只有两个过程，一个是决策，只有一个字：干；另一个是行动，也只有三个字：干下去。但仅有这些还是不够，要成功，必须找到事物的规律。从哲学角度看人生，也只有两件事，一是干什么，二是怎么干。怎么干就是找方法，有方法就不难；用什么去找就是我们今天的题目。"书中自有黄金屋，书中自有颜如玉"，可是，现在的人们是怎么对待书的呢？

我先讲一个关于读书的小故事。我上大学的时候，要去农村支农劳动，一次要去一个星期，干一个星期的农活。逢到下雨天可以不出工，大家都躺在地铺上读书，一天下来，除了吃饭外，一点声音也没有。我们班有个同学不爱读书，看大家都看书，怕同学看不起他，所以也装作看书的样子，抱着一本书假装在看。班里另一个同学就想揭穿他，搞了一出恶作剧。这个同学我一说，你们就知道是谁了，他就是刘晓波。那个假装看书的同学出去上厕所，把书扣在铺上，踏着鞋刚出门，刘晓波蹿起来，跨到那个同学的铺位上，把那本书迅速往后翻了几十页，还扣在原来的地方，又跳回到自己铺位上，然后跟大家说，他回来保准接着看。一会儿，那个同学回来，靠在被子上，把书拿起来接着就往下看，满屋同学顿时哄笑，他还莫名其妙。我讲这个故事是想说，我们上学的那个年代，读书是受人尊敬的，你装都要装作爱读书的样子，否则你都进不了同学的圈子。

吉林作家张笑天写过一个短篇小说，讲一个年轻人爱上一个姑娘，可怎么才能获得她的芳心呢？姑娘在一个工厂工作，每天下班后都要去图书馆看书，后来知道她是要考大学。摸清了她的规律后，他每天都提早到图书馆，也借一本书，坐在离姑娘不远的地方看，慢慢引起了姑娘的注意。有一天，姑娘终于跟他说话了，问小伙子，你看的是什么书？小伙子激动地把书递给姑娘，姑娘一惊，说你看的是英文书啊，怎么反着看呢？被揭穿了。不过，他的真心还是打动了姑娘。

人民文学杂志副主编冯夏熊跟我说过，莫斯科地铁站最经典的两个情景，一个年轻小伙子拿着一朵玫瑰，耐心地等候他的女友；另一个就是在运行的车厢里，拿着书看的年轻人。

作家梁晓声说，人最美的两幅图画，一幅是年轻母亲和孩子一起看童书，另一幅是一个女学生在夕阳下读书的剪影。前者现在还能看到，后者已经很难见到了。

拿美国学生和中国学生对比，发现美国学生大多拿着的是书，而中国学生几乎都拿着手机。我女儿在美国读书，比在国内安心多了，经常找不到她，因为很少用手机；回到国内，不拿手机就像失了魂一样。

读书也需要一个良好的环境。学校、图书馆恰恰可以创造这样一个氛围。现在每年都有读书节，因为人们不怎么读书了，阅读率逐年下降，政府很着急，学校也着急，长此以往，民族的素质必然下降。辽宁有个东北虎养殖基地，由于资金短缺，舍不得给老虎吃牛肉，改吃鸡肉，结果没有几年，这些老虎体质迅速下降，成批死亡。如果都不读书了，以后我们都会变成东北虎。于是搞个读书节，催着大家去读书，叫阅读推广。阅读需要推广吗？就像是吃饭，吃饭还要推广吗？在20世纪80年代，是不需要办读书节的，大家都在读书，读书受人尊敬，在公共汽车上都会给你让座。

我跟同学们讲，要创业首先要有专业，现在已经不是草莽时代，不是弯腰拣黄金的时代。现在就业的压力越来越大，我们以为是人才，可是，社会并不把我们当人才使用。我们越来越是生活在制度之中，每一个领域都已被人占领，你要在某个领域里有所成就，就一定要比现在的人做得更优秀。我再给同学们举个卖书的例子。1985～1986年，我在《中国》文学杂志社任诗歌编辑，编辑部有一个发行员，他是靠发书起家的。那时候他们怎么卖书啊，在出版社现金包销一批书，用卡车拉到河北某个小城市，车还没到，当地的书商早已在那里等候。书从车上卸下来，书商一拥而上，每人包一堆，谁抢得多算谁的，经常发生肢体冲突。那是一个市场经济刚刚萌芽的时代，还是一个短缺的时代，实行的是双轨制,谁能占有资源,谁能寻租,谁就能发财。现在,要卖出一本书有多困难。零售书店因为高房租、高人力资源成本,在一线城市几乎无法生存。抗战时期有一句话,说偌大华北,已经放不下一张书桌。现在是偌大一个北京,留不下几家书店。最著名的几家书店,如席殊书屋、风入松、国林风、第三极、光合作用、广告人书店相继倒闭。硕果仅存的万圣书苑,因为房租上涨,不得已搬迁,据说租金还是俞敏洪襄助的。同学们会说,可以网上卖书啊。网店没有房租成本,因为门槛低,书店多如牛毛,光天猫上就有几万家书城,还不算淘宝上的店铺。大家条件都差不多,读者千挑万选,你要说多少好话,叫多少个"亲",才能让他把钱划到你的支付宝里。人天书店是做图书馆配供的,这与从前新华书店的团供已不能同日而语。我们要从在版编目做起,从采访、编目、政府招标、集中采购,到后期的物理加工、数据加工,直至排架。我们建立了全国馆配商联合编目中心,搭建了数据平台,正在建设中国可供书目数据库,在东北师大成立图书物联网研究所,建立核心书目课题研究,这都是为销售服务的。

现在做馆配业务,资金门槛和技术门槛已经非常高了,其他行业莫不如此。所以,我劝同学们不要急着想着创业,不要浮躁,要把专业搞专,我们不是知识分子吗?不要止步于知道和常识,要在自己的领域成为专家,才会有人用你,才有公司高薪聘你,自己创业也有底气。

现在说创业,都很笼统,就业是不是创业?工作是不是创业?都不是。创业也是一种劳动方式,是一种智慧的劳动,不是人人都会创业的。创业是一种需要创业者策划、组织、运营,运用服务、技术、器物作业所进行的思考、推理和判断的行为。还有一种比较简单的说法,创业是一种思考、推理、结合运气的行为方式,就是说要用思考、推理和决断把握机会。

机会是给有准备的人预留的座位。

大家知道了,创业跟思考相关,没有思想如何思考呢?历代农民起义其兴也勃,最后江山还是落在知识分子手里。我带领公司业务经理去井冈山、去延安,也算是上励志课。蒋介石掌权伊始,就开始剿共,其实他心里清楚,共产党是一个从开始就有纲领、有组织、有行动的现代政党组织,从来不是梁山草寇。各地军阀可以收买、拉拢、合纵连横、分化瓦解;唯独对共产党,只能剿灭,别无他法,但又谈何容易!上井冈山之前,毛泽东对秋收起义失败的队伍进行了改编,就是著名的三湾改编,把一支农民起义军变成了一支有思想的军队,只有思想是打不败的。共产党用它的理想集合了一群优秀的知识分子，比如建党时期的陈独秀、李大钊、毛泽东，留法的周恩来、邓小平、朱德、从苏联回国的二十八个半，当时中国最优秀的知识分子，一半在国民党，一半在共产党。我总结井冈山斗争的经历，一是组织，二是根据地，三是人才，这是我读毛泽东选集学到的。把这样的思想运用到企业，我们制订了长期发展规划，我们有了纲领，即"有图书馆的地方，就有人天书店"。我们在全国设立了42个办事处，建立了全国馆配商联盟，这是我们的组织。同时，公司实行重资产化，我们的办公大楼、宾馆、酒店都是买下来的，新建库房也想采用购置方式，这样可以最大限度地化解市场波动带来的风险，这是我们的根据地。公司有了理想，员工也好做自己的职业规划，所以人天书店集合了图书行业最优秀的销售人员，组成了一支队伍。通过这支队伍，占据了全国的市场。

在商业领域，创业者要致力于理解创造新事物的机会，这是我从熊彼得的书中懂得的。如果你认为自己在创业，你就不可能懈怠，不可能遵循常规，你必然要把自己定义为另一类人。所谓新事物，包括新产品、新市场、新的生产过程、组织现有技术的新方法，需要通过特定个体发现它们，从而产生更大的经济和社会价值。所以，创业是以利润为导向的，有目的性的企业行为。

熊彼得最著名的经济学主张是他提出的景气循环理论，也称商业周期。当景气循环到谷底的时候，某些企业家不得不考虑退出市场，或是另一些企业家必然要"创新"以求生存。创新是将生产要素重新排列组合为新的生产方式，以求提高效率，降低成本。能够成功"创新"的人，便能摆脱利润递减的困境而生存下来，反之，另一部分人会最先被市场淘汰。能够持续保持创新活力的企业，不仅能生存，还能获得发展。所以，创业永远跟创新连在一起，是一对孪生兄弟。因为，当某一产业重新有利可图的时候，又会吸引新的竞争者投入，然后又是一次利润递减的过程。

当然，很多人创业，开始并没有明确的目标，可能因为兴趣，因为一个冲动，或是碰到一个机会。其中有些人逐渐形成了目标，目标本身给他们带来创新动力，我就是其中的一个。

创业最基本的条件是知识的储备，没有知识如何帮助你思考、推理，最后形成一个正确的决定。创业是要有冒险精神的，但如果是一个错误的决定，胆子越大，失败越快，赔得越多。如果我们有点知识，结果完全不一样。

麦当劳、肯德基开店，它们都有固定的测试手段，监测某个地段一小时之内有多少人走过，这其中又有百分之多少的人可能光顾，形成消费，每天产生多少流水，毛利有多少，减去租金、水电、工资、税费、管理费用，最后纯利与投资的比例，资金收益率，最后决策者判断可干还是不可干，这都是书上写的。我们不看书，想起来就干，成功概率自然低，市场处处隐藏着风险。我们天天看到倒闭、转让的餐馆，城头变幻大王旗，可我们很少看到麦当劳、肯德基倒闭的。人天书店和人天码头餐厅，就是发生在我身上的例子，没有经过上面说的论证，心血来潮上马，其兴也勃焉，其亡也忽焉，一个只干了半年，一个干了一年，各赔了100万元，那是我们的草创时期。15年前的两个100万元，不仅把家底赔进去了，借的钱也赔进去了。

　　创业是一个人成熟的表现，它是在一个学习阶段上，通过实践验证，对人生的一个方向性选择。

　　没有知识，你注定走不远，也飞不高。20世纪八九十年代的草莽企业家，剩下的已是凤毛麟角。千万不要受一些励志书的误导，说谁没上过学，通过个人奋斗，最终成功了，比尔·盖茨辍学了，成就了微软，等等。列宁说过一句话，鹰有时不如鸟飞得高，但鸟永远飞不到鹰的高度。书，给我们插上鹰的翅膀。有了专业知识的人，你们现在是只小鹰，还需要经验。孔子说，学而时习之，说的就是学习飞翔，终有一日一飞冲天；没知识的大鸟，最后一定会在你们的身下。

　　下面我根据德鲁克的理论，谈一下创业的条件。创业至少要考虑三个因素。

　　第一个因素是你所在行业的背景。市场规模有多大，有没有政策扶持或政策限制的情况。人天书店是图书发行公司，它所销售的图书都是出版社出版的图书。在我们国家，图书出版业是不开放的，全国585家出版社代行审查之责。全年出版规模按定价码洋，大概在1000亿元左右，其中一半是教材教辅。中国人的阅读率是很低的。我们能做多大，是被这个行业的规模规定了的。全国图书销售额，甚至不如一个万科房地产公司，不如一个格力电器。有时我也会想，如果15年前，我选择的不是图书发行业，而是大一点的行业，甚至就是房地产业，凭我的智慧，敬业精神和持久不衰的创新冲动，必是另一番天地。我可以是业内名人，但不会成为社会名人，因为这个行业社会关注度很小；但我仍然很愉快，读书、买书、写书、出书本来就是我的宿命。现在还能卖书卖得这么好，挣了好多银子，创造了1000个就业岗位。你们择业时需要考虑，如果想做大老板，当大企业家，就不能选择图书业，要选一个更大的行业去做。

　　第二个因素是核心竞争力。如果你想让你的企业长盛不衰，你想在竞争中处于优势地位,那你必须要有过人之处。用企业的话说,就是核心竞争力。核心竞争力,就是我有,别人没有,或者说是客户非常需要,我能满足,别人不能满足。人天书店之所以能做到在馆配领域一枝独秀,跟第二名都保持着一倍以上的距离,就在于我和我的管理团队认识到核心竞争力对我们不可或缺,我们在技术上要与其他公司保持一代以上的距离。当他们赶到我们现在的位置时,我们又跑出好远了。现在大家应该明白我们为什么要跟咱们学校共建这个研究所了。马上,我要说的这个题目,就是我们核心竞争力的一部分,也是新成立的研究所的首要课题。现在,我们还不具备这个竞争力,等核心书目体系建立了,我们就具备了这个能力。

  人才也是重要的核心竞争力,我们委托东北师大计算机科学与信息技术学院为我们培养专业研究生。人天书店已有一大批中、高级图书发行员,数十人通过了国家图书馆、CALIS 联合编目资质。两三年后,再出现一批图情方向和计算机方向的工程硕士,人天书店的综合实力将会升级到一个更高的档次。

  第三个因素是使命感。当我们了解了行业的背景,并具备了核心竞争力,下面就需要一群人去做了。做得好坏不仅取决于这群人的能力,更取决于这群人有没有理想,有理想的人身上附着着使命。使命,就是奉命出使的人,但有使命,万死不辞。附有使命的人,必然不是一般的人,具备不是常人的力量。使命可以使平凡的人做出不平凡的事。如何让一群普通人具有使命感,这是另一个话题,又是一堂励志课的题目,以后有机会再说。

  德鲁克还有一个观点,他认为管理中百分之九十的问题是相通的,不管你在哪个行业,遇到的问题基本一样;只有百分之十因行业而不同,需要继续学习。就是说搞工厂管理的,他若搞得好,同样他可以去管理一个证券公司。如果我早一点读他的书,知道这个理论,我非常可能不会选择图书行业入门,而去选择一个房地产公司,一个金融公司,那现在站在你们面前的,可能就是一个身价百亿,雇员上万的大老板了。你们看,读书重要不重要呢?

  还是德鲁克的一句话,时间是不能储存的,今天时间富裕,能攒到明天用吗?你不用,这时间也过去。孔子早就说,"逝者如斯夫,不舍昼夜"。历史不会让你重新选择一次的,我只能心无旁骛,好好经营我这个袖珍帝国;而你们,莫不如创业之前就做好准备。常识告诉我们,两点之间,直线距离最近。

六 人天驿站

记忆中的那些蝌蚪

——为一本散文集写的序

  凡人过一个 10 年总是有所感悟,能像庙里的高僧说"吃完饭了?洗钵去吧!"一样淡泊于人间世事,大概一般人做不到,恐怕圣人也做不到,孔子还有"吾十有五而志于学,三十而立,四十而不惑"云云。我在这人世也蹚了 5 个 10 年了,每一个 10 年好像都有一两件事值得回忆,20 岁在恢复高考的当年上了大学,30 岁去了深圳,从此下了海,40 岁创办了人天书店,终于 50 岁了,应该还有一件大事要做。在 50 岁的前一天晚上,我坐在车里,看时光一分一秒地流逝,感觉那时针、分针和秒针,争先恐后地向 12 那个数字上靠拢,在巨大的穹幕上画出一道道弧线。我久久不愿离去,不由得回想这 50 年的过程。我本来很少去想以前的事情,以前的事情大都只有一个影像,也很少能记住背后的那些东西。同学在一起说判断人是不是老了,有三个标准:想干事,不怀旧,对爱情话题感兴趣。对照一下自己,感到确实没有老,这才放心地回屋睡觉。

  到了 50 岁还是想干事,干起事来都还比较认真,所以说我从来就不是顽童,更不是个顽主,就连玩都是很认真的。本来经商就很偶然,就是 30 岁那年被同学鼓动去了深圳,被那里的磁场吸引,以后思想就老是在这方面转。本来玩玩就算了,用不着认真,结果还真的认真起来,玩到公司有七八百人,销售额也七八个亿。可是当我一个人坐在车里,仰望星空的时候,总要问意义在哪里,一个活着的人和一个人活着有什么差别。在我的胸腔里,是装着一颗心,还是装满了稻草,所以常常被一种巨大的空虚所笼罩。第一次有这种空虚的感觉,是在我很小的时候。我躺在床上,感到周围所有的物件,我所看到的东西、屋顶、窗户、门,包括我躺在上面的这张床,都在急速地向远处退却,在我身体的四周,留下了巨大的空虚,而且深不可测。就像站在井台上往下看,那一汪水遥不可及,而我四周遍布这样的深井。我在内心发出吼叫。我认识的一个人,叫徐刚,上大学的时候,写了一首长诗《鲁迅》出了名,后来到了《诗刊》社。1986 年,我也调入作家协会,在《中国》文学月刊,开诗会的时候常能碰到他。那时他披着长发,夸夸其谈,很像个诗人,周围总围着一群青年诗歌作者。可是我对他写的诗真的不以为然，他居然还在指导别人写诗，所以我就老为那些青年作者担心。1989年，他也卷入那场风潮，漂流到海外。过了几年，实在是忍不住对妻儿、对故土的思念，表了态回来了。从此不再写诗，全身心投入环境保护的调查和写作中，现在是著名的环保作家。我在凤凰卫视的节目中看到他好几次，还是披头散发，夸夸其谈，但是我感觉他灵魂已归体，已经是另一个人了，一个被赋予使命的人，一个有意义的人。

我也在生活中找意义。我们天天都事务缠身，就像塞在胸腔中的一团团稻草。我们每天都在认真地做着事情，可是又觉得这些事情对我们的心智毫无意义，我们每天都生活在荒诞之中，不知道别人是否也有和我一样的感受。年轻一点的人无所谓，一切都可以放在过程之中，而我已到了知天命的年头，如果不能在平常之中找到不平常，不能在日常琐事中找到更高的理性，不能在商品的价值中发现生命的价值，心中难免要产生惶恐和不安。我常常想，我所做的这些事，到底是利益驱动，还是被一种使命所驱使；是一个偶然，还是冥冥之中的安排？如果是利益追求，为什么我们从不纵情享乐，却墨守成规；如果是被赋予了使命，为什么我们又会锱铢必较，甚至干出常人的傻事？一个人开车的时候，或者一个人散步的时候，就会想这些事。其实，很多问题是无解的，本来就没有答案，硬是要去求解，人就要崩溃，顾城也会杀人，海子就会去卧轨。我至今还保存着海子的一封投稿信，很简单的几句话。那一摞诗稿被我退掉了，现在说起来有点遗憾，不过当时肯定是觉得不行。我们上中学的时候，还用手摇留声机听唱片。那时我就听到了马斯涅的《沉思》，是一首小提琴曲，乐曲是4/4拍子，行板，好像是叙述。在清澈的分散和弦的伴奏下，主奏小提琴奏出了著名的抒情性主题，这一主题在曲子中反复出现，结尾以泛音的微弱音响逐渐减弱，慢慢消失。全曲始终流露着一种虔诚的宗教情绪，感觉到有一个人的本位的存在，他仰望星空，超离世俗。多少年来，这段旋律一直伴随着我，梳理、剪裁我的思绪，让我的心变得沉静。

说了这么多，才说到这本散文集。人天书店开办了10年，在生存之外，许多人也是希望在这里找到他们生活的意义。本来出这本集子的目的，就是想在店庆10周年的时候留个纪念。可是当我一篇篇审读这些稿子的时候，感到人之为人，是多么相同，每个人都有自己的那一隅情感世界，每个人也都有自己的终极问题。当大家都在说的时候，听他们说完了，你就发现所有人说的差不多都是一回事。当然，每个人的角度不同，手法不同，文采各异，所以读起来才有意思，有味道。集子分为三个部分。第一部分"幻想之美"收录了一些纯散文，从我一个专业的文学编辑角度看，质量也是蛮高的。第二部分"激荡十年"，收录的稿子大都跟公司的发展有关，编选的时候手就松了一些，但也还不错；确实够不上发表水平的，还是拿掉了，毕竟是正式出版物，不可误人子弟。第三部分"三个女性的新丝绸之路"，相当于一篇游记。2006年，李虹、王艳敏和我爱人诸菁代表公司参加了联合国开发计划署新丝绸之路明珠城市评选活动的路演，3个女性行走了一回丝绸之路，从日照到阿拉山口，全程6000多公里，开车半个月，所见所闻，颇多新奇。

　　稿子编完了，也排好了，就等付印了，这就是一个经历了10年留下的东西。南方的4月份已经春暖花开了，那一天中午我放了学就急不可待地跟同学到护城河里捞蝌蚪。蝌蚪有两种，最终要变成蛤蟆的那种，个头比较大，体色发黄，表面粗糙；变青蛙的那种是比较小，黑黑的，我们就捞这种。那蝌蚪一团团簇拥在水边，我们就用手把它们捧起来，然后装进瓶子。瓶子装得差不多了，才想起回家吃饭。这时心里有点发慌，害怕回家我妈又要说我。我忐忑不安地敲开门，吓了我一跳，我妈给了我那么灿烂的一个微笑，在我妈身后，是她学校的几个老师，我都认识。正疑惑间，我妈说了，今天是你10周岁的生日，妈妈请几个老师来给你过生日，快过来吧，都准备好了。我的妈，一桌好菜！我如释重负。那一年是1968年4月1日，南京，尚书巷，一瓶子蝌蚪。今年人天书店有一个自己的10年了，眼前这一片文字，好像也变成了一团团游动的蝌蚪……说不怀旧还是怀了个旧，还是老了！

建议信

尊敬的施春生总经理：

　　您好！

　　我是江西赣南师范学院图书馆的办公室主任，今年6月初有幸在北京和您有一面之缘，不胜荣幸。我在图书馆工作了三十几年，在此之前也只是听说过人天书店，但并没有过多的了解。在今年6月底，由人天书店南昌办事处的熊树文老师介绍，我儿卢舜卿有幸加盟人天书店南昌办事处，在此之后我才认真地关注人天书店。在人天书店南昌办事处刘林根经理和熊树文老师的教育和培养下，我儿由一个懵懂青年逐渐成长起来，由一个不喜欢这份工作的人逐渐适应过来，今后不管他在人天书店能待多久，我都会一如既往地关注和支持人天书店事业的建设和发展，因为在人天书店工作过是我儿人生中的一件大事，是他人生中的一个转折点。

现在，我就凭在人天书店网站上对公司的介绍和本人对人天书店的直觉，特对人天书店的建设和发展提出如下建议，如有不对和不妥之处敬请谅解。

一　公司构架

根据书店建设和适应形势发展的需要成立书店集团公司，下设若干个子公司，比如把纸质图书和纸质期刊的发行成立一个子公司，电子数据库资源销售成立一个子公司，图书馆各种设备销售成立一个子公司，网络销售成立一个子公司，等等，原因有如下几个方面。

1. 把相近和相关产品放在一起成立一个子公司，使子公司更专业，有利于总公司进一步的发展壮大。

2. 专业的子公司会更加集中精力开发和销售自己的产品，势必会形成更加专业的研发和销售团队，有利于公司新产品的研发和销售。

3. 专业的子公司不会让人感觉人天书店除了馆配图书是公司的拳头产品，其余都是附属产品，这样会让客户认为在其他产品销售上人天书店只不过是个二道贩子，在价格上并没有优势，质量上没有保障。成立了相应的专业子公司就可以避免这些问题。

4. 成立了专业的子公司，就可以更好地以不同的身份参加各种投标和竞争，不会以同一个面孔出现在不同产品投标竞争场所，让人产生不必要的怀疑，规避了其他人怀有的戒心和熟人的尴尬场面，可以让人天书店已经建立起来的良好的人际关系得到进一步的发扬光大，使公司各种产品能在短时间内切入市场。

5. 成立了专业的子公司就形成了专业的销售团队，不会像现在这样把其他产品都当成附带销售产品看待，虽然有销售任务也不可能会放很多精力去做，这样势必会影响其他产品销售的同步发展，影响公司进一步的发展壮大。

6. 新成立的子公司可以实行大区域管理模式，为了节省费用可以和现在的办事处合署办公，人员和经费分别管理。

二　营销策略

1. 随着信息技术的迅猛发展，电子产品和电子资源也随之快速发展，读者的阅读和使用习惯也在逐渐改变。据调查统计，全国高校图书馆传统的纸质图书和期刊的使用率也逐年下降，到图书馆借阅和使用纸质图书、期刊的读者寥寥无几，现在更多的读者只是把图书馆当成自习室，这是当前图书馆界存在的一个困境。读者阅读需求的改变势必会影响图书馆对资源采购的转变，会逐步减少对纸质资源的购买，会把大量的资金投入采购电子资源当中去。人天书店现在销售的拳头产品就是馆配纸质图书和期刊，如果不尽快转型和调整销售策略，一定会影响公司的生存和发展。

2. 公司现在销售的电子产品主要是纸质图书随书光盘数据库，随着时代的发展，纸质图书都在逐步减少购买，随书光盘数据库自然就不会有多大的生存和发展空间。

3. 改变现在随书光盘数据库的营销方式。现在的营销方式是首次购买 2 万元，把图书馆历年购买了的随书光盘数据一次性打包卖出，然后每年续买新书光盘数据的费用是 8 千元。我认为可以采取更加灵活的营销方式，需要购买历年随书光盘数据的图书馆可以按照上述方式，不需要的也可以按当年需求购买，也可以按册购买，灵活的销售方式可以赢得更多的客户。因为业内人士都知道附光盘的图书很多都是计算机类的，这类图书内容更新很快，一两年内书都基本没有用了，随书光盘又有何用，买来还浪费存储空间。

4. 组织专业人员调研国内外现有电子数据库的研发和使用现状。因为只有充分了解电子数据库的研发和使用现状，才能有针对性地开发、代理和销售自己的产品。

5. 在研发自己的电子资源产品时，一定要具有前沿性、专业性和学术性，这样的产品才能在未来的激烈竞争中居于不败地位。（银符考试平台数据库因为不具有专业性和学术性，在其公司内部人员出现矛盾时，就因为一封寄给全国各高校图书馆的信，使公司丢失大部分客户，可以说基本没有复出的可能了）

6. 在未研发出自己的电子产品前，可以考虑代理一两个国内或者国外专业性和学术性较强的电子产品。这样公司可以在短时间内有产品切入电子资源市场的竞争，在电子资源市场先占有一席之地，为以后销售自己研发的电子产品奠定基础。

7. 根据现在电子产品销售的惯例，相同的电子产品在不同的省份所定的销售价格都不一样，富裕的省份价格会高一点，一般的省份价格会低一点，本科院校和高职院校的销售价格也不一样。切入电子资源市场的竞争时，拟低价入市，在基本占领了一个省的本科院校图书馆市场之后，可以逐年提高销售价格。（中国知网 CNKI 学术期刊数据库在切入市场时本科院校售价才几万元，在基本占领市场后逐年提高销售价格，由几万元、十几万元、到二十几万元，致使很多用户意见很大，但其公司照样提价。较强的专业性和学术性为其奠定了霸主地位,没有一个本科院校图书馆会放弃购置,用户纵然有一肚子意见也无可奈何。由此可见销售策略和产品质量是公司立于不败之地的最重要的保障)

三 其他方面

对公司网页进行升级改版,网页内容和信息要时常更新。网页是公司对外介绍和宣传自己的一个重要窗口,是公司形象的一面镜子,能反映出公司工作的严谨度。

祝您身体健康,工作顺利!

卢小林

2013 年 11 月 26 日

又到一年送礼时

——春节前写给部门经理的一封信

春节又要到了,今年,送礼的事比往年来得要早,我正准备在中层干部会上再提不送礼,话音未发,节礼已经进了后备厢。说真的,现在谁来要我的车钥匙,我都会紧张,我本来面子薄,人当着面要了,又不好当面就说不给,挺尴尬。要不是家离公司太远,真打算这期间把车封存在地库了,也少往这雾霾里排放尾气。

小时候,当父母同事要给我一块巧克力或一个罐头,虽然想要,但总要回头看看我妈,看她让不让我接受,直到我妈说,这次收下吧,下次不行,我才说谢谢叔叔,兴高采烈地将其拿下。久而久之,养成习惯,没有我妈同意,断不可收受别人的礼物。直到现在,50 多岁了,只要收受礼物,都还感到我妈在我身后站着。

一位办事处经理,去年业绩很是不错,给我送了份厚礼,反倒搞得我心神不宁,不知该用什么形式返还。我只好给他发短信,这样说的:先谢了,但以后不要送如此厚礼,挣了钱,想着好好改善自己的生活,然后维护一下客户。我可以保证,我,还有公司其他几位经理,都不需要维护。你给公司挣了钱,就是给我挣了钱,按理说,我应该给你送礼才是。这位经理马上又短信回来解释了一通,结果搞得他又心神不宁了。

去年这个时候,一个晚上,我拿了两瓶好酒去我岳父家里吃饭,岳父问酒是哪里来的,我说同事送的,但是谁送的,到了也没想起来,我岳父哈哈大笑,说这礼是白送了,我们也白喝了。我倒觉得十分对不住送礼的人。

常说礼轻情意重,礼重了情谊自然就轻薄。"淡以亲,甘以绝",收礼的觉得受之有愧,世风还算正常,若都心安理得,人际关系已然崩坏。"千里送鹅毛,所重以其人",物贱人贵,我们还是坚信的。前时,收到员工婚礼请柬,上面写"请你喝喜酒,不用带酒钱哈!"还租了大车接送参加婚礼的人,我觉得不错,无非请大家去给捧个人场,并不以收钱为目的。前几年,一办事处经理动手术,仅馆配中心便捐助了好几万元,这个时候多多益善,礼重情意也重。

送礼总是要人记住,不是像雷锋做好事不留姓名,如果不被人记住,送礼就没有必要了。现今送礼之事日盛,社会风气如同雾霾,堵塞呼吸。到了谁送了礼记不住,谁没送反而记得清楚,吏治已然腐败,不是监督、惩处所能挽救。人天虽不是政府机关,公司大了,职能部门相应增多,有的掌着权,有的拿着钱,内部也像一个小政府。常说"治大国如烹小鲜",而烹小鲜也如治大国,没什么大不同的,也会出现官僚,也会出现权钱交易,也会出现资产流失,也会造成效率低下。所以,我们才一再强调需要创造一个健康的工作环境。"君子之交淡如水",虽说经商做不到一杯清茶两袖清风,但我们也决心不让官场上的积习串通进来。当下,我们就从一件小事做起,相互之间不要送重礼(自家腌的酸菜、卤水豆腐就不错),特别是不要给你的上级送礼。做到这一点,就是一个大进步,就是人天精神的一个体现。

开店苦乐

2003年8月15日,是人天书店喜庆的日子,这一天,我们在中国科学院图书馆的报告厅举行了人天书店5周年店庆。人天书店全体员工、嘉宾及家属代表200多人参加了这一庆典。在文艺会演之前，首先由李虹总经理作 2003 年中期工作报告。因为是 5 周年店庆，加之大部分员工都是这两年加入人天的，李总在报告之先，自然要回顾一下人天书店 5 年来的发展历程。

办一家书店，是许多文化人的梦想。书店是读书人的向往之地，居留之所。在没有自己的书店之前，我们经常徜徉于国林风、风入松、万圣书园、韬奋中心之间。1998 年 9 月，我们有了自己的书店，那是一间 700 平方米，拥有 10 万册图书的书店。商业运作是有它自身规律的，俗话说一步三市，我们的书店选址在中国地质博物馆，从羊肉胡同进来，进地博大院，"夹岸数百步"，进了大楼，才"豁然开朗"。结果可想而知，半年之后，背着 60 万元债务，我们从那里撤离了，尽管很痛心，但没有灰心。

1998 年 10 月间，在地质部食堂有一次很重要的聚会，李总称这次聚会是人天书店的"遵义会议"。参加这次聚会的有两位很重要的朋友，一位是现任首都图书馆的馆长倪晓建，一位是中央编译局图书馆的馆长魏海生。"执戟独彷徨"的时候，是他们给我们指点了迷津。人天书店可以把自己的生存寄托在图书馆数字化、网络化和社会化进程之上。人天书店应该断臂求生，放弃零售，全面转向图书馆的专业化服务。那次会议之后，人天书店建立起了业务部，施春生、邓建成、张立新成为业务部的第一批业务员，他们现在的职位分别是人天书店的副总经理、区域经理和储运部经理。现在他们工资都比较高了，可那时，他们只有 200 元的底薪，有销售才有提成。人天书店在当时是一个不为人知的、在生死场上挣扎的小书店。它没有任何品牌效应，完全靠业务员的执着感动用户。在无数次被拒绝之后，他们又无数次踏进图书馆的大门。终于，我们迎来了第一个团体用户——华北矿业高等专科学校，也就是现在的华北科技学院图书馆。

说到这里，李虹再也忍不住眼中的热泪，在讲台上抽泣起来。施总赶快上台递上纸巾，会场上响起了热烈的掌声，那情景真是十分感人。在这里偷偷说一句，李总负责公司整个流程，实在太忙了，报告稿其实是我写的。我怕她感情用事，故意省却了这段回忆。可她在准备时把这段又加上了，结果是享受了一次疼痛。

精诚所至，金石为开。从地质博物馆撤离时，人天书店已经有了 40 多个图书馆用户。1999 年 3 月，我们迁入紫竹院公园内，搬进了一间新中国成立初期就有的破旧的小礼堂。在这里，我们得到了喘息；在这里，我们学会了采访、编目；也是在这里，我们创办了《人天书目报》。那个时候，书店的每个员工，一人多工种，人人多面手，哪个不会分拣、打包，哪个不搬书、上架。不是我们不懂得分工，是因为人天书店还很弱小，没有人计较分工。在这个不到 200 平方米的空间里，我们度过了两年艰苦的岁月，同样我们也度过了两年幸福的时光。

人天书店发展了，小阁楼装不下了。于是，2001 年 6 月，人天书店再次搬迁，在国家图书馆副馆长孙培欣的介绍下，我们搬进了国家图书馆社区。地方是大了，不过是地下室，我们戏称自己是"地下工作者"。这次搬迁，不是失败大逃亡，而是发展大转移。

那时候，我们想象不出 1000 万元是个什么概念，我们想啊，什么时候人天书店才能成为一个"风入松"呢。5 年后的今天，我们手里握着 1 亿元码洋的订单。我们已经隐隐地看到前面的一片风景，那不是海市蜃楼，这是一片真实的风景。就是说，我们在 2001 年制定的在 5 年内达到亿元店的目标，有可能提前两年实现。2003 年，中国又将诞生一个亿元店。

在最困难的时候，我们好像没有什么不快乐，我们相信面包会有的，面条也会有的；在大家都说我们成功的时候，我们好像也没怎么快乐，我们知道更大的挑战就在眼前。今年 5 月，中国书刊零售业务已经开放，明年 12 月，批发业务也将开放。我们面对的已经不是那些熟悉的老对手，而是那些带着资金、带着技术、带着经验的新对手。合纵还是连横，颇费思量。在店庆大会上，我接着作了人天书店发展报告，报告了第二个五年计划的基本内容。有一点，我提醒大家，我们还是一个小公司；到了明年，我们将踏上中型企业的台阶，在中型企业里，我们仍是最小的；即使我们如期完成了第二个五年计划的各项指标，在大型企业里，我们还是最小的。为了成功，可以痛饮，可以高歌，可以长梦，但不可以傲慢，不可以松懈，不可以大意。我用一句话鞭策自己也激励大家："因为不是第一，所以更加努力。"

致国图社区住户

亲爱的国图社区住户：

今天，人天书店全体员工向你们道别。

2001 年 6 月，人天书店进驻国图社区，与你们朝夕相处。3 年零两个月过去了，借着

解读人天档案

这块风水宝地，人天书店迅速地成长起来，你们见证了人天书店从一个不为人知的小公司变成一个业内知名企业的过程。在我们共同生活的这段日子里，你们给予了我们最大的忍耐和宽容，我们深感打扰你们太多了，仅仅一个谢字不足以表达我们的感激。

离开你们以后，我们会时常忆起社区里的一砖一石、一草一木，这里宁静致远、安然祥和，每一个人都充满了善意，每一句话都让人感到亲切，我们真的不愿意离开。

欢迎你们到人天书店总部大楼去参观、去购书、去做客。我们的新地址是：丰台区晓月中路 15 号人天书店大楼，电话总机：51438155。

送一本书留作纪念，也是我们对你们的真心祝愿，让我们一起踏上这趟健康快车。

再见！

邹进董事长、李虹总经理、施春生副总经理

携人天书店全体员工

2004 年 7 月 27 日

谈人的心态

李现臣

今天，回到了北京公司总部参加会议，我感觉我这趟来得并不容易。国民党主席连战在北京会见胡锦涛总书记时就曾说，虽然台北与北京、台北与南京距离不远，但是他这趟来得很不容易，为什么不容易？是因为那段心酸的历史。郑州与北京比台北与北京还要近，坐火车也才 7 个小时，为什么我说来得不容易？也是因为心酸的历史，或者说是心酸的市场困境。

人很多时候会很无奈，天不遂人愿，今天现实与理想的差距使我感觉到好像从天上掉到了地上。一件件令我头疼的事情是一个接着一个，不断地冲击着我那根脆弱的神经，我真不知道这种日子何时才能有个尽头。当年，南唐后主李煜说他的忧愁"恰似一江春水向东流"；而这对于我来说，好像还不够，我感觉我的忧愁就像东南亚的海啸，

六 人天驿站

一下子把我给淹没了。

我的心情低落到了极点,经常一个人落寞地走在大街上,感到身心俱疲。任何一个褒义形容词用在我的市场上都不合适,把所有的贬义词都用上,好像都还意犹未尽。我想尽各种办法解决这些问题,但是我好像陷入了泥潭,是越陷越深,难以自拔。我失望、自卑、心力交瘁,我想逃避,我不想再面对这所有的一切。

不过,我后来又冷静地判断了一下自己目前的情况,觉得我目前的思维还是相当的混乱,这时所做的事很可能都是错误的,我不能太冲动了。在做事之前先要找对方向,有一句广告词说女人更年要静心,我想男人失败也需要静心。于是我多听音乐,自己也经常在家开个演唱会,过两天就到学校去跑跑步、打打球,放松一下心情。

我回忆了一下自己这几年所走过的路,我是2002年毕业的,刚毕业没多久,2003年年初的时候来到了人天书店,并深得领导的信任,简单培训以后就让我去负责一个省的市场,做一名业务员;2004年当业务经理;2005年当区域经理。可以说公司领导给予了我充分的信任、足够的培养、广阔的发展空间。虽然这一路并不平坦,却也一路顺风。到了今天,市场遇到了困境,我就想逃跑,这是不是也很不合适呀?顺利的时候,感觉有好处,就一块干;逆境之时,拍拍屁股走人;只能同甘,不能共苦,这样做人没有责任心,是非常不好的。我想即使我要走了,也应该把历史遗留问题都解决了再走,否则就像日本对待二战所造成的后果一样,虽然经济发展了,但是在政治上一直被人所唾弃。再说,即使我离开人天书店,难道我到其他地方就能一辈子顺利吗?再遇到失败怎么办?再逃跑吗?我会不会经常需要逃跑呢?难道我一辈子都要做个胆小鬼吗?

我认真地想了一下,目前的这个局面是由于市场环境以及我个人的能力不足共同造成的。以前我也不是没犯过错误,由于自己的年轻与无知,也曾造成很多不良的后果,现在我经历了这些错误以后,吸取了其中的经验教训,不断成长,也已经对如何避免这些错误驾轻就熟了。亲民党主席宋楚瑜在清华演讲时说,历史应该是一面镜子,而不是一根绳子,绳子只会纠缠不清。所以我要吸取经验教训,等市场情况转好时,重整旗鼓,而不能在这里纠缠不止,这让我想起了刘欢唱的那首《从头再来》。

熟悉我的人可能会纳闷我的头发剪得很短,为什么呢?既然从头再来,就要拿出实际行动,所以先去把头发剪了,重新开始另一个自我。从头再来首先需要面对失败,把眼前的烂摊子收好,结束过去,然后才能重新开始。

人的一生难免会遇到失败,而要走出失败,走向成功,就需要先面对失败,分析失败的原因，然后才能解决面临的难题。如果一味地伤心落泪，逃避事实，只能坠入谷底。要想直面失败并不是一件很容易的事情，为什么呢？因为这需要很大的勇气。《真实的谎言》里施瓦辛格的朋友就说过这样一句话，他说："没有人会相信自己的老婆红杏出墙，然而事实往往就是如此。"为什么呢？因为每个人都希望自己在别人的心目中是个成功者，受到赞扬，受到尊敬。然而有人成功，就有人失败，但是人都不希望自己被当作失败者来被耻笑、被鄙视。所以失败后，就尽量掩饰失败之处，过多地宣扬成功之处，找客观原因来搪塞别人的追问，这是人的脆弱之处。

失败就像人的伤疤一样，在伤口没有完全愈合之前，揭开就会痛，只有等你的成功很伟大了，伤疤与其相比太渺小了，即使去揭你也才不会感到痛。所以，我们看一下古今中外，能勇于承认自己失败，并向众人公开的，只是一小部分成功人士。他们在讲述自己失败的时候，别人是用非常敬仰、佩服的眼神来看待他的，啊！太伟大了！经历这样的失败，还能重新站起来并取得今天这样的成就，真是了不起！对于我们大多数普通人来说，没有这样成功的资本。

那么有人会说，既然你没有这个资本来面对失败，那你还为什么在这里发表什么豪言壮语，说什么勇气呢？我想失败的事实是不以我的意志为转移的，如果我想文过饰非，那无异于掩耳盗铃，失败的结果不会发生一丁点的改变。失败一般来说都是由于个人的缺点所造成的，如果你不敢把你的缺点暴露出来，或者说不自我批评，那你永远不能得到提高。所以，虽然我不是成功人士，但是一个不失败的人士我还是想做的，所以我不能逃避，我要面对失败。

我曾经在一次出差的途中看过一个影碟，片名以及主演的名字我都已经忘了，主要就是讲一个人打黑市拳击比赛的事情。片子很烂，但是有一点深深地印在我的脑海里。那就是男主角恳求他的女朋友让他再与另一个拳手打一次，她女朋友的姐姐以前曾经是这位拳手的女友，但是由于这位拳手太过于专注比赛，所以分手了，因此他女朋友死活不答应他再去比赛，否则就与他分手。但是他还是决定要比，之前他们已经比过一次，他输了，于是他逃避拳击，他想忘掉拳击，不敢回想他自己，逃避自己，表面活得很好，其实经常做噩梦。因为在他的内心深处从他出生时就埋藏着一个冠军梦，他内心很痛苦，他做的不是他自己，他在欺骗自己，伪装自己。

他这次又要与那个拳手比赛的理由并不是他觉得他有能力打败对手，其实他根本就不是人家的对手。那他为什么宁愿付出与心爱的女人分手的代价，并冒着生命的危险去拼搏一场他输定了的比赛呢？答案就是他希望给他自己一次面对失败的机会，他想面对自己真实的人生，不再逃避人生，不再欺骗自己。在这个世界上，欺骗我们次数最多的人，不是骗术非常高明的骗子，而是我们自己。所以，我们要时刻警惕这种思想，当失败时，不要欺骗自己，不要安慰自己，一定要勇敢面对，用实际行动，重新站起来！这也就是人们常说的最大敌人是自己！

失败有时还是我们前进的动力，失败可以时刻激励我们，所以我们不要刻意回避它。越王勾践为什么能凭三千越甲吞吴，靠的是什么？靠的就是他每天都在卧薪尝胆，不断地激励自己，知耻而后勇。曹禺是我国著名的戏剧作家，他把画家黄永玉写给他的一封信裱在装帧讲究的册子里。这是一封措辞严厉而且不讲情面的信，信中这样写道："我不喜欢你解放后的戏，一个也不喜欢。你的心不在戏剧里，你失去伟大的灵通宝玉，你为势位所误！命题不巩固、不缜密、演绎分析也不够透彻，过去数不尽的精妙休止符、节拍、冷热快慢的安排，那一箩一筐的隽语都消失了……"

曹禺先生这样做很令人费解，别人批评他的信，他不但不把它给撕了，反而恭恭敬敬地放在那里，有时还拿出来给别人看。我想这就是其过人之处，面对失败，激励自己。

有人可能会说，既然从头再来，你为什么不剪光头呢？我想我以后还会再遇到失败，这次剪完了，下次没法剪了，我还要为以后的失败做准备。这就表明我自己有决心应对以后的任何困难与失败！

孔子曾说过"学而不思则罔"，失败以后，如果仅仅只是正确地面对还不够，我们需要的方法是如何走出失败，这就需要我们反思一下自己，到底是什么原因导致了失败，以后怎样避免重蹈覆辙。

我总结了一下，我失败的主要原因有两个：一个是营销模式不符合当地的市场；另外一个是风险没有控制住。

我以前做的可能基本上是推销，按照公司的运作模式向顾客推销。总体上来讲，公司的模式是符合大的、经费固定、经费很充裕的学校。这类学校的核心需求是高的采到率，要求公司的综合实力雄厚。当地的市场不是这样的，他们买书只是为了完成任务，迎接上级检查，临时抱佛脚，他们的核心需求是短期内供应大量的图书并加工好上架。公司注重图书的质量，而市场更注重数量以及到货速度。

要想做一名成功的销售人员，就要有营销的思想。在很多公司里都是由策划部门负责制定市场策略，制定策略首先要换位思考，需要根据市场的情况来制定策略。

前一段时间，我去听了安利的讲课，其中有一人讲得很好，他的目的是向我们推销安利，想让我们下面的一群人加入安利。他大概讲了 2 个小时，按照正常思维，他应该说安利如何好才对，但是此人把三分之二的时间都用来讲他自己是如何三次拒绝安利的，讲述自己是如何的讨厌安利，不想搭理安利，打死也不做安利。他这样的演讲就是站在我们的角度来看待问题，慢慢地打开听者的心扉，找到共鸣点，拉近距离，取得我们的信任。而且此人在演讲过程中有时还抒发一下自己对一些社会上的不良现象的反感，利用普通人对社会、人生的不满，使其远离他目前的环境，颠倒逻辑，使其不知不觉地投入安利的怀抱，这时他才开始说安利是如何的好。

如果他上来一开始就讲安利非常好，别人肯定是不会相信的，因为安利本身就是一个反传统的事业，很容易引起别人的逆反心理，从内心深处拒绝它，即使他讲得天花乱坠都没有用，因为你根本就没听进去，不知道他在讲什么。

所以，以后我要根据实际情况，采用换位思维，不断反省自己不成功的原因，改变操作模式，采用"尽快开始采购，尽快停止采购"的市场策略，以避免出现去年到最后发书太多而付不了款的局面。这样才能加强风险控制，控制现金流，才能屹立不倒。

在反思自己方面，可能还会有一个误区，就是认为失败了才需要反思，成功了就没有必要反省了。现在我们讲东西方的文化差异时，有一个明显的差异点被大家所认知：东方的文化是"耻感文化"，强调外在的约束力，罪错暴露，才会受到他人的谴责与惩罚，假如罪错不为人知，那么也就不会有社会群体的压力；西方文化是"罪感文化"，我们都知道《圣经》分为《旧约》与《新约》，"约"是什么呢？"约"就是神与人签订的合约，神的责任与义务是照顾他的子民，而人的义务就是必须恪守神的戒律。神一直恪守条约，但是人有七情六欲，经常违约，所以要经常向上帝忏悔，直接体验自己的良心感受，道德约束是内在的。

试想一下，我们反省自己时是不是也是按照东方人的思维来做的呢？是不是只要结果正确，过程中即使有错，也不会去考虑它，而只向自己或上司反思错误很明显的事件。

我们反思一下成功的业务对于我们来说至少有两个好处，一是使我们下一次能做得更好；二是从另一个侧面了解我们是如何失败的，达到举一反三的境界。

比如说，你在某一图书馆取得了极大的成功，通过各种手段，搞好上下所有的关系，把竞争对手压制住或者挤出去。这时候我们就应该想一下，我在另外一个图书馆的业务为什么做得不好？或者一直没有发生业务来往，为什么？是不是别人也在用同样或相似的方法来对付我？

如果对问题的处理仅仅停留在思考阶段，那对事物的发展则是一丁点影响也没有，只有采取一定的措施，才会有所变化。好的想法只有在付诸实践并取得好的成就后，才能真正地称之为好。所以执行对于我们来说无处不在，我们每天的工作都是在执行我们的想法。

执行的关键在于走出第一步，要勇敢一点。对于绝大多数人来说，想主意时，是好主意不断，但是到了执行时，可就没有几个能勇往直前的了，或者说觉得计划不够完美担心失败而迟迟不去执行。

我觉得我们要向《鹿鼎记》里的韦小宝学习，韦小宝可以说是执行界的第一人。当然，韦小宝和金庸小说里面的其他大英雄比，他只是个小瘪三，那我们向他学习什么呢？因为其他小说里的主人公大都是完美的大英雄，上刀山、下火海，眉头决不皱一下。但是他们不应该是我们学习的对象，一来他们武艺高强，所以艺高人胆大，我们的能力可能还差了那么一点，所以我们的底气不会很足；二来他们太虚假，没有一丁点的退缩思想，不真实，我们和他们比太渺小了。

韦小宝就不一样了，仅仅是一个小孩子，武艺又不高，而且贪生怕死。我们和他一比，心里可能还有点自豪感。可是就这样一个小人物，当小康熙命他去五台山保护老皇上时，他为了执行小康熙的命令，虽然心里很害怕，很不想去，但是最终他还是自己一个人去了五台山；当他与师父、阿珂、郑克爽被西藏喇嘛围困时，他勇敢并立即执行了自己的想法：骗喇嘛说他的头不怕刀砍，最后杀死了对手。试想一下，韦小宝凭什么从一个小太监做到一等鹿鼎公的爵位？除了机智、有毅力外，很重要的一点就是能勇敢并迅速执行自己或别人的想法。

反思一下我们自己，我们在与客户打交道中有多少想法被立即执行过？又有多少想法因为担心失败而没有勇气去执行？如果说去年下半年我立即迅速地执行李总提出的"到馆加工、提高速度"的方案，可能目前的这些书款早就付清了，根本不存在这些问题了。由于没有及时尽早地执行比较好的想法，导致今天的困境，不仅对我们造成危害，还影响了图书馆的采购进度，这是个双输的结局。真是应了"一棋失着，满盘皆输"的那句老话。

执行力的另一支撑点是信念和毅力。我们讲水滴石穿并不是说水滴比石头还坚硬，只是说千千万万个水滴不断地努力的结果。如果说我们现在回过头来看红军的二万五千里长征，我们可能都会说，这是非常正确的，一定要坚持到底，要实现最后的胜利。但是当时的人是不知道以后的结果的，未来对于他们来说是未知的，没有人能够看到明天所发生的事情。我想当时肯定会有人有这样非常现实的想法：我为什么要去陕北？这一路上的飞机、大炮和几十万大军的围追堵截，我能活着到陕北吗？这雪山、草地我过得去吗？去陕北就能生存下来并实现革命的胜利吗？

有了这种想法以后难免会犹豫不决，会有退缩的思想，但是我们千千万万的红军战士战胜了这所有的困难，改写了历史，为什么？因为他们对革命的胜利有着必胜的坚定信念，这个信念时刻在召唤着他们不断前进、勇往直前。所以，在下半年的期刊业务开发的过程中，我们一定要有坚定的信念，坚信自己所做的一切，坚信自己一定能够成功，勇往直前，直到成功！

执行不仅能提高我们的业绩，也是人成长必不可少的过程。在电影《无间道》中，"陈道明"在"梁朝伟"的墓前曾说过这样一句话："在这个世界上，往往是事情改变人。"他的原意我们不必深究，我在这里所要说的意思是：对于我们来说，只要你不断地做事，就会在实践中不断地得到锻炼，加强你的优势，改正你的缺点，每一件事都是打磨你成为完美的工具，不断地改变你，因此我们要不断地执行，在过程中完善自我。陈道明的话还有后半句，他说："但是他们却改变了事情。"我们在一开始的成长阶段，应该多让事情来改变我们，但是这种状况不能一直持续下去，如果一直由事情改变我们，那说明我们是失败者。我们应该试图改变事情，这才是我们的目标，我们要改变事情发展的趋势，使其朝有利于我们的方向发展。

人对于工作首先要有热情，没有热情，再好的工作技能也发挥不出来，所以我们要不断地学习奋斗的精神，保证自己随时都有饱满的工作热情。《最伟大的推销员》一书中的羊皮卷其实并没有告诉我们什么销售技巧，它只是给予了我们精神的力量，但是它所受到的销售人员的欢迎程度比任何一本销售秘籍都要高。

鲁迅先生在讲民族脊梁的时候，就说中国自古以来，有埋头苦干的人，有为民请命的人，有不怕流血牺牲的人，这些人就是中国的脊梁。所以，无论你做什么事，都需要一种精神，如果我们希望成为人天书店的脊梁，就需要有执着奋斗的精神。我们的工作需要尽可能地发挥我们的主观能动性去完成；我们的销售技巧需要满腔热情来发挥；我们的工作动力来自我们良好的奋斗精神；总之，奋斗的精神无处不在。

为什么台湾地区来大陆访问的3个政党都选择拜谒中山陵？目的只有一个，重温孙中山先生振兴中华的伟大精神，以鼓舞党员的士气。连战发表谒陵感言时，曾经表达这样一个意思,当我们回想到中山先生在逆流之中,仍然号召大家为国为民而奋斗的精神时,我们就应该努力奋斗。我们今天来到这里开会应该学习什么精神呢?我至今仍清晰地记得李总含着眼泪在店庆 5 周年的大会上说过的话,李总说:"在公司成立之初,在公司最艰苦的时候,施总他们每天抱着一本本书向人推销,每天都不知道被拒绝过多少次,但是最终他们都坚持了下来。"正是由于他们当年的奋斗,我们人天书店到今天依然欣欣向荣、事业兴旺。所以,我们今天应该时刻牢记创业者的奋斗精神,学习他们的奋斗精神。

新党主席郁慕明来大陆之前曾有很多人问他:"你们这次去大陆去准备带回什么回来?"郁主席说:"我们要把我们的民族精神带回来。"今天,我们不但要在这里向创业者学习奋斗精神,更要把这种精神带回去,不断学习!

生命不息,奋斗不已,我们要时时刻刻激励自己奋斗。奋斗就要有梦想,当遇到挫折时,可以先做一个白日梦,想象自己成功的过程和时刻,用这种方式来振奋自己的精神,增加自信。我们在大学英语中曾学过一篇课文,是说白日梦的积极作用的,文中说到某一个跳高运动员的事迹,这位运动员说:"我在比赛前曾梦想我轻轻地跃过了那个高度,甚至连我落到地上闻到了那清新的草皮气味的细节都梦想到了,结果比赛时我就真的跳了过去了。"为什么呢?因为人是有幻觉的,在梦中不断感受成功的感觉,会在现实中再现,这样就会增加人的自信,促使人成功。

我是一个很害怕在公共场合讲话的人,今天是我第二次做演讲,第一次是在大学时,面对同班二十几个同学批斗"法轮功",讲了 5 分钟,非常紧张。第二次就是这次,那我为什么有这么大的勇气与自信,站在这里滔滔不绝?那就是因为我曾经不止一次地梦想着我站在这个讲台上,面对在座的各位,做了人天书店历史上最为成功的一次演讲,我有时甚至梦想到我听到了那雷鸣般的掌声!

我的人天书店之旅

李现臣

书店中拥挤的书架,狭窄的通道,或站、或坐,偶尔有半躺在地上的购书者,怎么能去书店旅行呢？况且北京人天书店可能还只是北京的一个小书店而已，远不如闹市中的新华书店那么高大雄伟！

在北京图书馆（现改称国家图书馆）家属小区院落深处，几棵松树依稀掩映着一副对联：屋藏风雅颂，书写天地人。横批：人天书店。第一次见到人天书店，确实是朴实无华，既没有宽敞的店面，也没有高大的建筑，而是在一个半地下室中！

初极狭，才通人。复行数十步，豁然开朗。走下一个小楼梯之后，进入地下一层：业务部、会议室、经理室、采购部、编目部、网络部、财务部等一应俱全。走入地下二层还有书库，真是别有天地！由于初来乍到，也不太了解人天书店到底有多大？与其他公司相比如何？但是当时的业务部的人数是不多的，通信录上，墙上贴的业绩排名表上的人数都很少。

总体上来说，条件还是相当艰苦，同事们的午饭都没地方吃。虽然北京图书馆有食堂，但是它的义务可能只是提供借阅图书，不负责提供午餐，所以我们不能进去吃午饭。就连去洗手间，也得找北京图书馆，好在他们还是挺具有人道主义精神，这个服务他们还是提供的。小区里面的健身器材，也是不允许我们公司的同事们使用的，据说产生的噪音会影响别人的休息。这些事情给我的感觉是：北京人的地盘意识很浓，离开我们人天书店的那一亩三分地儿，就得事事听别人的了……

好在我的工作地并不是一直在这里，很快我从北京来到了河南郑州，建立了人天书店河南工作站（后来公司统一名称，改为郑州办事处）。站长和员工都由我兼任，一切从零开始，在领导的朋友的帮助下，在花园路上的一个城中村——东关虎屯村安顿了下来。这里民房林立，五层、六层的小楼摩肩接踵，仿佛不是一栋一栋盖起来的，而是一个村子盖了一整栋大楼，然后用菜刀切出来一小栋一小栋楼似的。

傍晚，这里是打工者的天堂，狭窄的街道上挤满了人，或吃饭，或购物，街道两旁的商贩的叫卖声此起彼伏，更有许许多多男女老少在自家门前唱自己喜爱的豫剧。每天晚上，我都是在这美妙的交响乐中度过的，很难想象在60多年以前，滔滔的黄河大水就是从花园口决堤，顺着花园路南下冲走了这里的一切。

2003年，这一年的暑假漫长而又紧张，因为春季暴发了非典，全国都处于十分紧张而又割据的状态。所以，我最大的活动范围也就是出东关虎屯村，每周去一次郑州工业高等专科学校，送书目、核对账目等，他们学校因为评估不放假，暑假一直在加班。就是这么一个村子，也是一个"诸侯国"，村口就是国境线，村委会给每一个居住人员办理了出

六 人天驿站

入证明，凭证出入。学校也是一个"诸侯国"，我到了学校大门口，得馆长亲自出来接我，我才能进入，采编部的老师"取笑"我，说我的级别基本上和校长差不多。鉴于这种情况，暑假也没有回老家，一直待在郑州。

北京是非典的"根据地"，全国最危险的地方，就更不能去了，只能在公司的官网上，或者跟同事打电话，才能知道公司的消息。不过，这一年我们人天书店的网上购书却是狠狠地火了一把，订单一下子增加了很多，公司的办事处也开到了很多省份，业务大发展，等到了年底在廊坊开年终总结大会时，感觉业务人员好像增加了一倍多。

不过，人天书店变化比较大的年份应该是2004年，因为这一年下半年，公司在晓月苑购置了8000平方米的办公大楼，公司整体搬迁了过去。我们人天人终于不再是"地下工作者"了，人天书店这条巨龙终于把北京图书馆家属区的那片小池子给"搅浑"了，冲出来了！

精致典雅的装修，宽敞明亮的办公区，4楼的桌椅整齐，人员紧张忙碌，好一番欣欣向荣之景象！3楼是图书分拣区，上千家图书馆的架位彰显了我们人天书店庞大的客户群。2楼是图书加工区，贴磁条、贴条码、贴书标等工序，都在加工流水线上有条不紊地进行，体现了我们人天书店专业而又强大的加工能力。一楼整整2000平方米的面积，全部用来展示新书，展示了各大出版社当年的最新图书，新书品种远远超出了图书馆所需的图书品种，达到每年10万种左右。我们公司自己的展厅，各种硬件设施条件，比首都师范大学北区图书馆那里的条件是好太多了。地下一层是书库，还有期刊分拣部，虽然期刊业务在全国范围内刚开始开展，但是第一年就做到了全国范围内除中国邮政总局之外的全国第二了，这速度没法形容。

前来人天书店考察或者采书的老师们，无一不为人天书店的强大实力所震撼！带领客户来公司参观时，再也不用担心公司的形象不好了。招标前的考察，成了人天书店的加分项目。

人天书店还建设了《中国可供书目》，开启了网络上永不落幕的全国书市，图书馆可以天天参加书市了。借此平台，人天书店已经把库房扩大到了各大出版社的库房，图书馆老师也用不着专门跑到出版社去选购图书了。

而且没过多久，人天驿站，也在历史文化名城宛平城重新开业了，紧邻宛平县衙，绝对的黄金地段，6套独立四合院，尊贵享受。虽然名字取为驿站，但却并不是县衙的官差们吃饭休息的地方，就连县太爷也是不能随便能进去消费的，这里是人天书店员工们休息的驿站,是人天书店的图书馆客户休息的驿站。

宁静祥和的四合院带着老北京特有的韵味,静静地迎接着来自祖国四面八方的客人。金秋十月,除了可以仰望四角的蔚蓝的天空,还有美丽的石榴树带着丰硕的果实陪伴。在此可以坐读天下好书,卧品天下好酒。出游则远有北京八景之一的卢沟晓月,可在月光之下细数卢沟桥上的狮子;近有中国人民抗日战争纪念馆、中国人民抗日战争纪念雕塑园,可缅怀过去,开创未来!人天驿站让每一个来人天书店的图书馆老师流连忘返,人天驿站成为图书馆老师们的度假胜地!

星星之火,可以燎原。人天书店的办事处开到了除了港澳台和西藏自治区之外的每一个省份,业务几乎做到了每个图书馆,来公司的老师可以说是纷至沓来、络绎不绝,甚至用一拥而上来形容都不为过!

随着公司业务规模的不断扩大,人天书店又在辛庄建设了2万平方米的库房,作为仓储物流基地。6个巨龙一般的库房,笔直地立在辛庄的大地上,高大的货架上堆满了各个出版社的新书。无论是图书的存放,还是图书分拣、加工,都不再因为场地太小而拥挤不堪了。在进入人天大库之前,只知道看书都是俯视、平视,来到人天大库才知道,原来书也可以仰视!这场景用书的海洋来形容好像不够形象,用书楼林立又好像太生硬;如果用汗牛充栋中的充栋来形容还勉强可以,汗牛好像就差多了。可惜柳宗元老先生早已驾鹤西归,否则他可能会造出一个比较合适的词来形容!

当然,随着公司业务规模的不断壮大,后来人天大库的空间也不够用了,公司又在大库附近,也是辛庄,建立了小库,不过这是多年以后的事情了。

以前带图书馆老师来北京采书,一般都是去京所,虽然我们是京所的客户,但是我们却始终没有享受过客户的待遇,每次都得听他们的训话,完全按照他们的要求办事,硬件设施也不齐全。那时还没有采集器,都是用笔记本查重,电源插座如果离得太远的话,电池用不了多久,所以查重也成为一大难题。首所就更差了,不仅谈不上服务,就连卫生也没有人打扫。有一次我带客户过去采书,乱书堆满过道,都没法走过去,是我们自己一路不辞辛苦,开拓过去的。

人天大库为我们开拓业务提供了一个强有力的支持,再也不用忍受京所和首所的"虐待"了。在《人天书目报》的基础上,有了新书展厅,又有了人天大库,开展业务简直如虎添翼!

如果说《中国可供书目》只是一个虚拟的全国书市的话,那么人天大库则已经具备

六 人天驿站

了开全国书市的实体条件；如果说《中国可供书目》只是虚拟了出版社的库房作为人天书店的库房的话，那么人天大库就是人天书店实实在在的库房。从此以后，人天书店每年春秋两季的书市已经成为馆配行业的知名品牌书市了，无论是在图书馆界，还是在出版界，都是行业的一大盛事！

人天书店从北京图书馆搬至晓月苑，建立了自己的新书展厅，到人天驿站的再次开业，再到人天大库的建立，人天书店建立了图书馆图书业务采购的产业链，从接送到采书，从餐饮到住宿，一条龙的流水线服务，为图书馆采购提供了顶级服务。

自此以后，人天书店的目标也定为"有图书馆的地方，就有人天书店"，在业务规模的发展上，也实现了爆炸式的增长，人天人真是敢教日月换新天。

古老的中原大地，从古至今都是战略要地，公路铁路四通八达，京珠高速和京广铁路纵贯南北，连霍高速和陇海铁路横穿东西，这两个大十字架几乎把河南的所有城市都串联在了一起，所以出差十分方便。除了洛阳、安阳、开封、郑州等古都之外，各个地方城市也都有高等专科学校或者学院，这些图书馆也都成了我曾经工作过的地方。

买标书、投标；要订单、发货；全加工、对账；开发票、回款。暑假去寒假来，又是一年年终开会时，4年的时间很快过去了……

由于我一直在河南工作，以至于公司绝大部分的同事都以为我是河南人，几乎没人知道其实我是安徽人。后来，我离开了河南，来到了山西太原。山西虽然是我们老祖宗曾经生活过的风水宝地，后来才移民安徽，但是现在的山西显然并不是很宜居，水资源十分匮乏。铁路两旁的山坡上没有树木，也没有植被，只有灰尘，就连太原市内的环境也不是很好，地上、树上的煤灰，也是特别多。很多服装店里的新衣服，袖子上基本都已经脏了，迫不得已，我只好买了一件灰色的班尼路棉袄。

内蒙古的空气则相对好很多，可能灰尘都被吹到山西去了，这里的树因为风大，几乎没有横生的枝干，只有稀疏的几个树枝包裹着主干。人的生活条件则相对好很多，可以躲在屋子里面喝酒，所以这里的人酒量都比较大！

太原的凳子还没有被屁股捂热，又紧急回京，速去东北！在一个鹅毛大雪、漫天飞舞的夜晚，我踏上了去东北的列车，一觉醒来，直达列车也被大雪逼停了。

金色的阳光穿过松树林，透过车窗，照在挂满冰凌的车厢内侧；车厢外，一望无垠的洁白无瑕的大地，反射着耀眼的光芒，仿佛这个世界只有雪！真是千山鸟飞绝，万径人踪灭！

东三省的黑土地，是南方人所没有见过的，尤其是浸过水的土地，黑的犹如炭泥一样。这里虽然和山西、内蒙古同属于北方，但是风景却截然不同，尤其是长春去吉林的公路两旁，树木成荫，山清水秀。如果秋天从哈尔滨去佳木斯，一路上的红叶树林蜿蜒在深山的铁路两旁，也令人过目不忘！最令人跌破眼镜的应该就是大庆了，如果你把这个盛产石油的城市与中东的沙漠联系在一起的话，那你就大错特错了，大庆不仅号称百湖之城，更有浩浩荡荡的龙凤湿地，水波荡漾，各种水鸟游弋在芦苇草丛之间，简直是野生物的天堂！除了一条笔直的铁路横穿其中之外，没有其他的人类活动迹象，可能这就是原始的北大荒吧！

这里的凉爽也是南方人不曾感受过的，尤其是黑龙江的哈尔滨，即使是暑假时，在篮球场上打篮球也有丝丝的寒意！冬天的寒冷就更不用说了，春节回老家我倒温差倒了好几天，老家的温度比这里高20多度，虽然南方没有暖气的时候特别冷，但是我还是一直觉得热。就算哈尔滨是5月天，下起小雪花也是非常正常的，天边飘过来一片云就能带来一阵雪！就像南方的阵雨天气，雨滴在太阳的照耀下，闪着光芒落下来；这里的雪花在阳光的照射下，带着刺眼的光芒就飘下来了。

为了有图书馆的地方就能有人天书店的理想，我去过最远的地方是黑河市，估计黑河学院图书馆能排上祖国的最北端的大学图书馆了吧？缓缓的黑龙江仿佛静止了一般，把中俄两国分开，站在江边，放眼望去，能看清俄罗斯洋楼的窗户。佳木斯大学图书馆应该也能排上祖国最东端的大学图书馆了！这里的时差和北京应该有一个小时吧！秋天的7点钟，早已日上三竿。来到这两个地方之后，才真正体会到祖国之大，自己见识之短浅，在临近边陲之地，土地居然还这么广袤无垠！

在浪费了一些墨水之后，文章终于开始进入主题，写到这里，也许有人想起来了开文的第一段话，关于在狭小的书店如何旅行的事情。

根据我以上的介绍，我们已经可以得出这样一个结论：人天书店不是传统意义上的一个卖书的店铺，实际上它是一个全国性的组织。除了庞大的总部之外，它的办事处机构遍布全国，它的宏大足以让你在太空中才能观其全貌；它的书、刊存在于几乎任何一个图书馆，就算你三月不知肉味，预支了子子孙孙的时间，也看不完它的书、刊；它的文化存在于北京总部，存在于全国各地的办事处。如果你不踏破铁鞋走遍这所有的分支机构，了解每一个人，你体会不到它的文化底蕴的博大精深！

在人天书店不仅可以旅行，而且可以花很长时间去旅行，甚至可以用一辈子的时间去旅行。我目前至少已经旅行了11年，这个年限足以让任何一个外单位的人惊讶，其实只是

六　人天驿站

因为他们不知道我的起点就是人天书店，所以时间总长超出一般人的想象！

自然界中，日月交替，斗转星移。伴随着人天书店的是图书从出版社采购来，销售到图书馆中去，竞争对手也从世云、儒林、中教图，最后转换成三新，时间前进的速度依然不减，指针很快就指向了2008年。

2008年奥运会，北京欢迎你，在北京人民的热烈掌声中，我来到了北京，回到人天书店总部，工作岗位换到了采购中心样书部，从乙方升任甲方。全新的工作岗位，全新的工作内容，一切又从零开始了，这已经是第三次了！

"横看成岭侧成峰"，以前只知道人天书店在图书馆界影响力很大，但是不知道在出版界影响力更大，无论你走进哪个出版社，老师们都说我们是大公司，高看一眼，很希望与我们扩大合作！

出版社在我的概念中，以前并不是这样的，以前只知道如果哪种书图书馆订购的少，出版社可能不愿意发货，或者要求现金结账，或者高折扣结算，等等，总之给我们业务人员的感觉就是出版社的服务不好。

不过时间总是能改变一切，虽然他们现在还是计划经济，还是事业单位，销售员的名称还是发行员，但是销售额还是发挥了一些作用，毕竟我们现在是大客户了，是金牌渠道商了，是VIP客户了，再加上出版社已经开始转企改制，服务态度有了很大的转变，不再对我们不理不睬了。

每种书的复本量虽然少到只有2~3本，出版社的库房也愿意配书发货了；虽然我们还是民营企业，不像新华书店那样具有国有企业的背景，出版社也愿意给账期了；甚至还有的出版社设立专门的图书馆营销部，负责联系图书馆，提供采访数据、编目数据，配合我们的工作。

随着人天书店的一天天发展壮大，它的影响力也在与日俱增。2004年参加桂林全国书市时，人天书店并不是重要的角色，那时就连入场证人天书店都很少，我们唯恐进不了会场，组委会甚至还要求高折扣或者现金才能发货，彼时人天书店还不被别人看在眼里。而到了2009年，人天书店已经在银川成功承办了宁夏文博会的图书博览会，守展会大门的人，已经变成了人天人！施总对此深有体会，以前参加书市都是乙方，现在突然变成了甲方，参会的感觉简直是天壤之别！人天书店已经是一个"振臂一呼，应者云集"的领导者了，无论是出版社，还是图书馆，只要是人天书店举办的活动，都是大事，得参加！

从此以后，人天书店每年秋季都会选择一个城市，举办全国性的书市，这种全国性的书市除了国家新闻出版总署以外，全国范围内好像还没有其他机构能组织这么大的活动，更别提民营书商了，这是历史性的突破，人天书店的实力由此可见一斑。

虽然公司总部的地方不太大，但是部门很多，功能很多，相对来说比办事处更复杂，后来我们部门又整体迁到数据中心。公司总部的各个部门需要去了解的内容也非常多，如果想要全部走一遍，了解清楚的话，可能需要10年的时间。

在此期间，公司又改造了办公大楼，增加了5层，安装了中央空调，立刻从普通的办公场所变成了别具一格的写字楼，人天书店的5层红色大楼成为晓月苑的地标性建筑。在5楼，设立了干净舒适的食堂，同事们吃饭再也不用到游泳馆边上的那个小地方了。5楼还设立了员工活动室，并且内部健身器材非常齐全，三个羽毛球场地更是深受大家的喜爱，很多图书馆的老师在听说我们是下班后不限时、免费使用场地打球以后，都是羡慕嫉妒恨啊！

如果时间的单位尺度为万年的话，那么就是沧海桑田的变化；如果时间的单位尺度为年的话，那么就是"三十年河东，三十年河西"的变化。两年后，我又从甲方降为乙方了，又来到了馆配中心，码洋、折扣、实洋又成为主旋律。

此时的人天书店已经是"百尺竿头，更进一步"，销售额已经达到中等省级新华书店的规模了，曾经令邹总望尘莫及的西单图书大厦早已被人天书店从身旁轻轻甩过，邹总只有回头望月才能发现对方。在整个图书的馆配行业，人天书店早已经是行业第一品牌；在民营馆配书店之中，人天书店更早已是一骑绝尘！

批发业务、图书馆设备产品业务、网上零售业务、数字化产品业务、出版业务等已经逐步进入人天书店图书馆超市之中。只要图书馆的老师来了，各种产品应有尽有，随意挑选，价廉物美！

旅行的目的在于看不同的风景，于是我又旅行到了数字化业务部，数字化业务是并购的畅想之星的业务，畅想之星的总部在徐州。于是，我来到了这个曾经发生过决定国共两党命运的淮海战役的战略要地。虽然高铁已经开通，不过2个多小时的车程，但是来回终究还是不便，只能常驻，如果说河南是我的第二故乡的话，那么徐州能算到第几故乡呢？

好在此处离老家很近，无论是自然气候，还是风俗习惯，都很接近，也不存在语言不通之障碍，如果周末偶尔回老家的话，也很方便。

当2012年底的世界末日论并没有实现时，我又回到了北京。如今的晓月苑已经被人天书店彻底改变了原貌，荒芜不在，马路也已不再空阔。这个时候，人天书店又添加了一个住宿之处——且停宾馆。而且人天驿站的新装修风格也有了不同的城市、不同的国家的风格，并且已经更名为宛平九号。

六　人天驿站

人天书店在做一些商业活动的同时，并没有忘记自己的社会责任感。人天书店与中国红十字会联合成立蔚蓝基金会，在全国各个贫困中小学、区县图书馆设立蔚蓝图书馆。为渴望知识的中小学生雪中送炭，为贫困地区的经济发展提供知识的源泉。可以预见，在不久的将来，蔚蓝基金发起的蔚蓝图书馆将在全国各地不断生根发芽、开花结果，在每一个需要它的地方，为更多的读者带去珍贵的精神食粮！

历经中国地质博物馆、紫竹院公园、北京图书馆、晓月苑，人天书店已经走过了16个年头，但这还远远不够，人天书店的目标是建立一个百年老店！如今，中国地质博物馆和紫竹院公园可能早已不复当年的人天书店之旧景，而现在的国家图书馆家属小区却还风景依旧，虽然人天书店走了，但是国图书店却入驻了人天书店的原址。

当我再次走进这个地下室时，眼前的一切依然如故，耳边仿佛仍能响起书包顺着铁皮滑道一冲而下的声音……

从当年的地下室发展到全国，这已经是一个奇迹，而奇迹仍然在不断地创造之中……，现在的人天书店的办事处开到"美帝国主义"那里去了。全国性书市，除了人天大库的春秋两季书市之外，上下半年还各选一个城市举办全国性书市。全国馆配商联盟更是把全国各地的馆配商们联合起来，大家唯人天书店为尊，把人天书店图书馆超市开进千万家图书馆，共同做大做强，20亿码洋的目标指日可待！

短短的16年，人天书店从一个无人知晓的小书店，成长为图书行业的巨无霸，它的体量已经巨大到无法用尺寸来衡量，你说这么大的书店，难道还不能旅行吗？

谨以此文献给北京人天书店16周年店庆！

为图书奔走的书生们

——访北京人天书店

陈　安[*]

笔者也算是个书生吧。是书生就要写书，写了书就想出版。旅居海外多年，不谙国内

---

[*] 陈安，1942年生于中国，1980年移居美国，哥伦比亚大学图书馆学硕士。现为香港《大公报》、纽约《侨报》专栏作家，香港《凤凰周刊》特约撰稿人。有多部作品出版。

出版行情，就会遇到些为之哭笑不得的事情。

有一年回北京，经友人介绍，持一部英汉词典的书稿去见某"国际"出版社的社长。他拿起书稿翻了翻，一两分钟之后便表态说，现在纸张供应紧张，不能写那么多，要大删。我不得不即刻告别了这位社长大人。

又有一年，又经友人联系，请某省一家教育出版社的驻京出版中心出一本散文集，当然是自费，其中包括不菲的"书号费"。书出来后，南京大学图书馆一名编目员通过北京某图书贸易公司的朋友转告我说，那书号已用于该出版中心的另一本书，给我的是"假书号"。几经周折，该出版中心终于改了书号，也因此而有点儿恼羞成怒，竟把我的书压在仓库里，多年不予推销。我于是不得不求助于那位图书贸易公司的朋友，她说，北京的人天书店可代我把这些书捐给红十字会，捐赠总比积压强。一联系，人天书店很快行动，我的那些多年不见天日的书终于能与众多读者见面了。

这次回京，打电话给该书店总经理施春生表示感谢，他则邀请我去书店做客。我想，这家书店一定是个小书店，这个老板，听其嗓音，好像是个半老之人。店呢，开在丰台区卢沟桥附近，卢沟桥地处偏远，去一趟颇费时间，我就先忙于其他事情而未及时前去拜访。可后来，等我一去，才知道自己孤陋寡闻，那人天书店原来是个大集团，大书店。施春生则是个身材壮实、文质彬彬的中年人。他热情地带我参观他们宏伟的办公大楼。那一层层宽敞的办公室、书库，那顶楼供职工们运动的球场和健身房，完全驱除了我原先想象中的那个"小书店"。

人天书店创办于1998年，如今已是中国大陆最大的民营馆配图书（即为图书馆系统配备图书）发行公司和出版信息提供商，已是中国图书经销行业内的知名品牌。它的长期稳定的客户群体有1000多家，其中包括以国家图书馆、省市级图书馆为代表的公共图书馆，以浙江大学、上海交通大学、武汉大学、四川大学、中山大学图书馆为代表的高校图书馆。北大、复旦、暨南、南大、清华、天津、同济等60余家大学出版社均认可人天书店为优秀经销商，发予该书店经销其出版物的授权书。

我是在纽约哥伦比亚大学进修的图书馆学，在该校东亚图书馆工作了20个年头，使我对图书有着特殊的兴趣，对出版社、书店和图书贸易公司，对从事图书出版和销售的人，都有一份特殊的感情。我在纽约从未下海，而若真要经商，我必选择开书店，而不开"德利"熟食、"约翰逊"电器之类的商店。我觉得，书店虽也是商店，却富有文化内容；图书虽也是商品，却饱含文明质素。书店，承载弘扬文化、传播文明的重任，是物质沙漠

六 人天驿站

中的一片绿洲，是日常生活家园中的一盆鲜花。这种看法也许是一个书生的偏见，但事实又未尝不是如此。我从未采写过任何一个企业、一家公司，人天书店却引发了我的采写欲。

有个问题在我脑子里油然而生：人天书店，这一大型民营文化企业，究竟是怎样创办起来的？它经历了怎样的一个成长过程？这便有了我的第二次采访。

在书店创始人李虹女士的陪同下，我参观了该店设于长辛店的仓储中心。该中心有6个大书库，每个书库之大都令我想起天堂，因为阿根廷诗人、小说家豪尔赫·路易斯·博尔赫斯说过，天堂应当是一座图书馆的模样，而这6大书库就是一座座大图书馆。很多职工正在工作，在使用工具捆扎、包装各类即将寄送出去的图书和期刊。我注意到，他们中不少人是农民工，因而觉得该书店在解决农民工就业方面一定起了重要作用。书店现有550余名职工，除普通工人外，还有采购、编目、出版、销售等人员，他们的待遇都优于一般国有企业的职工，公司也从未拖欠过他们的工资。

接着，我们回到卢沟桥办公楼做了一次长谈。李虹这位执行总裁也是中年人，北京航空学院外语系毕业生，当过英语翻译，业余喜爱歌舞。总经理施春生在大学攻读的是机械，平时却每天都要读点文史书籍，不读就觉得这日子少了点什么。我未能见面的老总邹进则是个诗人，毕业于吉林大学中文系，曾先后当过《中国文学》和《人民文学》等杂志的编辑。他们仨是创办人天书店的主要人物。显然，他们原先都是书生。这一组合令我不由得想起美国星巴克的3个创始人，3名书生：一个是杂志撰稿人，一个是英语教员，另一个是历史教员。

星巴克1971年在西雅图开业时只是一家小店，由于他们自己烘焙咖啡豆得法，咖啡质量高，加上经营有方，在短短几年内便发展成为拥有许多分店的大型咖啡连锁企业，如今其连锁店已遍布世界各地。其公司名用的是赫尔曼·麦尔维尔长篇小说《白鲸》中一名大副的名字——斯达巴克，也即星巴克，这名大副敬畏上帝，特爱喝咖啡。

人天书店之名显然源自"天人合一"这一中国古人的哲学思想，"天人一致，天人相应，顺乎自然，人天和谐"，等等，都包含在这一概念之中。书店创办者就是希望靠微薄的一点资本，靠天时、地利、人和把书店办起来。他们开始毕竟是缺少商业头脑的书生，哪能一下子就地也利，人也和。比如，开店最重要的就是要选好地点。人天一开始选的地点听起来似乎煞有介事：中国地质博物馆、紫竹院、国家图书馆，可事实证明，那狭窄的胡同，那逼仄的店面，那蜗居的地下室，对他们都不利，都不能引来很多购书者。至于人和，那就更叫人沮丧。你去出版社采购，谁敢把大批新书赊给你这个默默无闻的小书店？你去图书馆兜生意，谁相信你这个名不见经传的小书店能有充分的书源？

那真是个艰难的创业阶段。跑断了腿，说破了嘴，可结果呢？3个月内亏损了60万元。要是笔者真在纽约开书店，遇到这种境况，一定会灰心丧气，会朝着哈德逊河长吁短叹，并发誓从此洗手不干。可人天书店的创始者比我坚强，比我从容，他们更有毅力，更有意志，不怕失败，不轻易放弃，总是怀着希望，总觉得有个奔头儿。他们不仅为自己的生存和发展，还为理想中的文化事业，继续为图书而东奔西走，为图书而吃苦受累。他们跑出版社，跑图书馆，跑机关大院，去提书，去摆书摊，去送书上门，给学校送教材，给医院送医书，还上报做广告。就这样，他们集腋成裘，聚沙成塔，最后终于集成了人天集团，聚成了卢沟桥办公大楼、长辛店仓储中心。

当然，光靠跑腿、磨嘴皮，还是不能成裘、成塔的。人天人毕竟不是木讷书生，而是头脑灵活、与时俱进的知识分子。他们很早就把主要服务对象确定为公共图书馆和高校图书馆，并努力为它们提供专业化服务。《人天书目报》的及早创办，尤其是几年前电子版形式的出现，为图书打开了更宽阔的销路。人天网站的设立，其网络终端服务大大方便了客户的查询和订购。编目队伍的建设，其提供的标准编目数据，深受各图书馆欢迎。他们还专为各图书馆策划出版了多种有关图书馆学、图书馆采访工作、数字时代图书馆和外文编目的丛书。另外，图书的配送，在北京有车队，对外埠，有铁路和汽车联运，对所有客户都可以送货到门。书店的办事处目前已遍布全国各地。

2006年，就在书店欣欣向荣，年度营利高达数亿之际，一桩"大案"如晴天霹雳般发生了。笔者原先对此毫无所知，李虹主动而坦率地给我讲述了这件曾震撼北京图书界的大事，邹进为此曾被"批捕"3个月之久，她自己被"拘留"10余天。我这个人缺乏基本的商业知识，一开始听不懂她讲的话，问后有所明白，事后上网补课，这才知道这是怎么回事。

中国的图书贸易有个"行规"，或称"潜规则"，即购书的图书馆可从书商手里得到"回扣"，比如一本书标价为30元，书商只收25元，账面上却仍是30元，那未付的5元便作为回扣进入图书馆的小金库。据网络说，全国各地，几乎所有的图书买卖都实行此"行规"，图书馆因此有利可图，书商也能薄利多销。人天书店也不例外，并且还专有一本账册记录回扣数额。不料，终于有地区检察院找到他们头上，想通过"批捕"和"拘留"来揭出行贿和受贿"大案"，所引起的震动之大可想而知。幸好结果是大案化小了，被批捕者和被拘留者无罪释放。

笔者之所以写上这一笔，是因为人天书店在这件事上自始至终没有隐瞒或欺骗，而且从中吸取了教训，决心从此之后一定以诚信为本，合法经营，不做任何违法之事。此外，我也因此感受到，国内民营企业在创业道路上会遇到加倍的困难，一旦成了大树，又往往会招来大风大雨，需要加倍的谨慎。网上有信息说，有人匿名举报人天书店，其动机不得而知，但显然并非出于好意。令邹进、李虹感到欣慰的是，当他们从刑事机构返回公司，他们发现没有一个职工因这个令人惊恐的"大案"而离去。

我注意到人天书店在"企业文化"方面有这样的理念："将个人的追求融入到人天的长远发展之中，将人天的发展融入员工的不断成长之中。"公司努力为员工所创造的工作和生活环境是："一个自由温馨、保护个人利益和尊重人的个性的环境；一个鼓励学习、鼓励个人发展和独立创新的环境；一个有激励机制、奖惩制度并提供社会保障的环境。"我想，这就是在公司最艰难时刻无人出走的重要原因。

人天人也没有忘记自己肩头的社会责任，这些年来曾向宁夏、内蒙古、江西等省区许多乡镇、中小学校捐赠了大批图书。笔者那本被纠正了假书号的散文集有幸也属于人天的捐赠图书，我很欣喜，并写下这篇采访记。

我眼中的全民阅读

对于我个人而言，阅读大体分为两类：一是需求性阅读，二是目的性阅读。所谓需求性阅读，就类似于吃饭睡觉一般，由我的个人需求、关注点带动，形成日常生活中一般的阅读行为，泛泛而读。譬如，我的个人专业方向和爱好都是诗歌、文艺批评的范畴，我会不自觉地关注这一类读物。《新京报》每周六的《书评周刊》是我必读的，这可以使我集中获取一些推荐与梗概，如果正巧处在我的兴趣点上，我便会按图索骥地找来做进一步阅读。

所谓目的性阅读，是为了符合我的创作需要，是一种资料性的阅读法。通过一段集中时间的同类型阅读，可以使得收获最大化。比如，为了写作一篇论文进行的阅读，将同类的书和文章收集起来，在对各种观点进行比较时出现自己的观点，再通过写作将之串联起来。这种由研究方向、兴趣而形成的阅读方式，我以"轻学术"方式加以组合，从而成为创作与知识的源泉。

阅读对我而言如同原始需求，并自然地成为改变命运的通路。从不阅读到阅读，从功利性阅读转为需求性阅读，这是我们面临的问题。30年前那种对知识、对阅读的渴求欲望，在今日对物质狂热追求的冲击中，已经烟消云散。阅读已经从我们的民族性中游离开了，且不说融入骨血的民族特质，哪怕是一种习惯或氛围也不再存在。

这是由于30多年来经济的迅猛发展，对速度的强烈偏好，使得人的价值观处于分裂与迷茫之中，人们无法接受缓慢地自然生长带来的益处，无法体验安静的力量。再者，信息裂变也导致了资讯爆炸，在巨大的信息流面前，每个人都显得消化无力。但不断奋力获取，生怕错失，对被淘汰的惶恐，也使得选择变得极为困难，大家无一例外地遭受着大数据的碾压，以至于人们对读书采取一种犬儒式的态度，我不读书又怎样？

将"阅读"与"终身学习"嵌入国民的骨髓之中，恐怕不是一两天可以完成的。这是一个复杂的、综合性的考量，是一种渐进式的设计，甚至包含了价值观的重塑。在我看来，只有人不再存在普遍性焦虑，不再想要通过其他方式逃避现实问题，大家的焦点从"如何生存"转向"自身的精神需求"上，"全民阅读"就像全民都要吃饭一样不再是问题。现在的确很糟糕，读书只是校园内的事，学生要考试，不得已而读书，研究人员要吃教学科研这碗饭，所以他们才读书。其他人呢，那些读书人、知识分子，离开学校就把书本丢掉了，今后的成功靠的是资本和社会关系，书中不再有什么黄金屋了，现在还有多少人能把一本书不间断地读完。

有句话很俗，但却是亘古不变的真理，那就是"读书破万卷，下笔如有神"。读和写是一件事物的两面，你还没有"破万卷"，笔下已然风生水起。我就是因为阅读而对文字产生了迷恋，由此开始了我的创作生涯。我的写作主要是指诗歌创作、评论以及后来的关于蒙古族历史的一些创作尝试。应该说，不是哪一本书让我迷恋上了文字，走上了创作之路，而是因为阅读习惯，把我领进了生活以外的另一片天地，那是世俗之外的另外一种生活。

一个经常喜欢阅读的人，一定是能沉下心来做自己事情的人，因为无论是写作还是阅读，都是一件需要耐着性子和忍受得住寂寞的事情。对于我个人而言，世界上最痛苦的事情莫过于无书可读。年轻时我读的书比较芜杂，政治、经济、艺术都有涉猎，最爱读的当然还是诗歌与历史类的图书。许多书都是可以再读的，每读一次，都会给我不同的感悟和乐趣。正如王小波所说，一个人只有此生此世是不够的，他还应该拥有更加诗意的世界。所以，我读别人的诗集，感受着那些诗人的世界，我自己写诗，表达我个人的内心情感，这也算是我工作之余投入精力最多的一件事情。为什么不说是生活之余？因为，阅读和写作已经成为我的生活密不可分的一部分。

要做就做优秀

——为人天书店开业五周年而作

今天，是什么日子，我们聚集在图书馆的门口
现在，是什么时辰，激情燃烧在我们的喉头

是什么，使飞驰的车轮，这一刻停滞不前
为什么，我们放慢了脚步，在这里停留

不到黄昏，鸟儿为什么急急切切飞回窝巢
不是节日，人们为什么情不自禁放开歌喉

滔滔黄河涌进你的胸中
滚滚长江握在我的双手

小伙子，一个个西服革履，年方弱冠
姑娘们，一个个节日盛装，豆蔻梢头

滕王阁的落霞，外滩的风情
旅顺口的波涛，西湖的锦绣

解读人天档案

岳麓书院的朗朗书声啊
石头城下的滚滚车流

今天,科学院图书馆张开宽阔的臂膀
中关村南大街的彩旗向我们招手

因为今天,是人天书店五周年的生日
今天,我们要举起欢庆的美酒

五周年,不过是旅途上一个小站
五周年,却也是人生中一个路口

此时,我真心感激患难与共我的同事
此刻,我多么想念那些离开人天的我的朋友

不能忘,人天书店开业的喜庆,搬迁的烦忧
怎能忘,地质博物馆的大厅,紫竹院公园的阁楼

不能忘,我们高速发展的2001,2002
更不能忘,我们举步维艰的1998,1999

曾经我们,为了生存四处奔走
却是有缘,我们在北京不期邂逅

萍水相逢,原是他乡之客
相聚人天,今天都是朋友

昨天,你还书生意气,一脸稚幼

六　人天驿站

今天，工作中已经是一把好手

昨天，恋恋不舍脱下军装
今天，打包机前已经挽起衣袖

昨天，锣鼓声中你光荣退休
今天，又涌入书业竞争的急流

成功，需要你们勤劳的双手
没有深耕细耨，哪有秋天的丰收

胜利，需要你们思考的大脑
没有智慧机谋，怎能赢得眼下的战斗

日日夜夜，每个梦里都在搭建明天的架构
时时刻刻，每一件小事都为了人天的长久

李总经理，我要向你汇报首都图书馆的工作
陈敏同志，不要骄傲，采访工作要更上层楼

毛毛，今天我们讨论CALIS数据的问题
宋姐，关于分拣，我想提一个具体要求

张立新，尽管你很辛苦，但每天必须保证40万码洋
王妙丽，期刊报订即将开始，现在到了最后关头

辛苦啊，汗水无数次浸湿衣衫
疲劳啊，多么想把早晨这一觉睡够

上班路上，寒风刺透几层棉絮
下班归途，抬眼望已是满天星斗

家中，亲人苦等，孩子已经睡熟
灯下，仔细端详，是否又见消瘦

多么忠诚的老同志啊
意气风发的新战友

这就是人天的性格，要干就拔头筹
这就是人天的精神，要做就做优秀

可是总经理，不见你熟悉的微笑，脸上常挂忧愁
董事长，你也不如从前随和，动辄肝火上头

古人云，没有远虑，必有近忧
成语说，螳螂捕蝉，黄雀在后

2003，中国书刊业的大门已经打开
2004年的要塞，我们会不会失守

不是我们杞人忧天啊
但我们必须未雨绸缪

我们紧紧盯着中图公司、新华书店
殊不知日本贩卖、贝塔斯曼跟随其后

虽说眼前晴空万里
不定顷刻风暴雨骤

六　人天驿站

多年以前，我们站在海边，畅想远游
今天我们谋划，建造现代企业之舟

什么时候，人天大厦矗立在十字街头
什么时候，人天车队在大江南北穿流

什么时候，人天出版有了自己的公司
什么时候，人天驿站从北京一直开到海口

一条柏油高速公路，伸向京哈、京兰、京沪、京九
一条信息高速公路，跨越福州、杭州、郑州、广州

一边是滚滚向前的钢铁车轮
一边是点击启航的数字方舟

我们共同签下 Z39.50 协议
全世界图书馆联合起来，手拉起手

遥远的地平线，已经升起中国可供书目的桅杆
全国的图书馆，都要揭开人天网上书店的盖头

工作站的经理们，我们又要依依惜别
目送你们奔赴五羊城下，橘子洲头

物流部的司机们，你们即将点火启程
一路顺风！同志们在家把你们等候

采编部、回溯部的姑娘们，在字里行间寻觅
采购部、送刊组的小伙子，在大街小巷奔走

分拣部的年轻人，你们又要披星戴月
经理室的灯光，陪伴你们到一天最后

2008，北京奥运会火炬点燃一刻
人天书店也将展现第二个五年计划的画轴

2010，上海世博会大幕拉开的时候
人天书店基业初定，长卷书写春秋

现在就加入吧，朋友，我们一起向前走
让我们畅想吧，五年之后，十年后

那一天，偃旗息鼓，船靠人天码头
那一刻，载歌载舞，美景眼底尽收

那时候，大家再举庆功的美酒
千里搭长棚，我们要——一醉方休

郑立民给施春生的回信

施总：

您好！

非常高兴能接到你的电话，也为老领导的关怀表示感谢。

离开人天正好一年了，说心里话，真的没有忘记人天，虽然没有能够时刻关心人天，但人天给我快乐而美好的回忆却让我铭记。那么多的朋友，那么忙碌的时光和工作激情都历历在目。每每和以前的老朋友沟通依然觉得是那么的近，还像是在人天一样。

六　人天驿站

我这里很忙，忙得连上网的时间都没有，也没能打打招呼，甚至去趟厕所都匆匆忙忙。因为企业太小，没有资源，节约得都舍不得找人来帮自己一下。不仅要做常务副总的全盘工作，要做新产品研发、质量管理，还要做业务员、接客户、谈判等一应大小事事必躬亲。签约完了还要做培训老师，一年365天，大小做了近100场的培训课，累死了。好在开发了那么多的客户，还有飞增的业绩多少安慰了自己。哎，痛并快乐着吧！

突然听闻了你的建议，让我实在是没有想到。这两天安静下来才有时间梳理一下关于人天的记忆，在此发表一下我个人的想法和建议。因为是朋友，才说些真话；因为离开了，就放肆些吧，不当之处，还请见谅。

人天的确是个大公司，但仅限图书行业啊，呵呵。之所以这么说，只要我们环顾一下周围就知道，3个多亿的实洋，在中国企业界，实在是不怎么起眼。之所以去人天，也是希望如你和我说的那句话：在这里做大可以有很大的成就感。是啊，人一辈子，再多的财富最后都只是过眼云烟。作为职业经理人，不做出一番成就，呵呵，实在是对不住这个称号啊！在人天的那几年，从区域经理，大区经理，实实在在地熟悉了一下行业，也带出了几个多少有点成绩的兵，也算是有些成就吧。可我依旧没有忘记，人天是需要做大的。经过在总部的两年，感受到了各位领导实实在在的工作作风，认认真真的工作态度，让我受益匪浅。有这样的领导，相信人天一定会有更好的将来。

作为馆配主业务的图书和期刊，公司做得实在不错，根据现在的情形来看，应该还会有不小的增长。因为有市场迹象，我们部分竞争对手的思路和操作弱化了一些，空出了一些市场出来。高手过招，只要一点不慎，就会被对手抢占了先手。所以，如果能适时抓住机会，应该还会有不少的空间。只是作为人天战略上的多元化产品就没有这么顺利了，感觉是磕磕碰碰，尚无较大的发展。人天单凭馆配图书和期刊，公司发展要有10亿以上数量级的增长，是几无可能的。只有靠人天的运营平台和多元化产品作为突破口，才有这个可能。这点本人是非常认可公司战略思想的，对公司领导的眼光也非常钦佩。但如何让多元化项目能够健康发展，我认为公司还需要有更加深入的探讨和研究。在此，我有不同的见解和建议。

1. 战略决策的市场调查很重要。公司在确立某个多元化产品的时候，是应该需要有很好的市场调研的，要有可行性研究报告支持的，绝对不能凭感觉来操作。现在的企业管理已经到了理性管理阶段了，尤其是大公司的大项目引进，一定不能靠拍脑袋来决定，否则会造成不小的损失，甚至会拖垮主业。项目也许虽好，但是不是符合本企业的实际情况，公司有无资源来运转都是需要慎重考虑的，往往大公司做某些项目，的确不是某些小企业的对手。很多企业多元化项目的失败，都是这个原因，以为自己实力雄厚，有一些特别的资源，很多事情都可以做好，但往往忽略了多元化项目的重要市场特性，恰恰是这些特性使一些大企业往往做不到的。这就是为什么全球企业95%都是中小企业的主要原因。

2. 战略正确，战术值得商榷。战术经营，首先是思路。有了好的战略，没有好的思路是不能健康起步的主要原因。我们的某些多元化项目，也许靠的就是企业的平台资源，但我们是否可以用好平台资源，确是公司没有真正考虑好的。没有正确利用平台资源的市场管理策略和方法，我认为是当下多元化项目磕磕碰碰现象的主要原因。这一点我们只要正确了解一下平台的反应或者现象就可以看得出来，细节不便多言。

3. 大的突破，需要大的变革思路。多元化项目的重视不仅仅停留在说的层面或附属层面，没有大的运作思路改变来支持是国内很多多元化项目失败的又一个重要原因。较多的企业希望利用现有的资源来做，等发展起来以后再做调整或独立运作，因为独立操作会浪费某些资源。当然，这个思路是一种稳健的办法。于是，就尽可能在原有的平台资源下最大限度的发挥。殊不知，这个平台是否有足够的能力来支撑这个新的项目呢？如果一些平台本身就没有足够的人力资源或资金资源来支撑，再分心操作将势必透支平台的资源，甚至可能会殃及池鱼（主业）。于是，平台为自保，是否会有效参与和支持，就需要考虑了。因此，利用平台资源需要有的放矢，分析平台的有效性。没有实力支撑的平台是不能一视同仁对待的，就需要额外的资源来进行补充和加强。国内成功公司的多元化项目，较多采用的方法就是首先加大平台建设的思路，将多元化项目的运作中心从总部移到平台，总部设置项目经理，负责后台支持，将办事处升级为分公司或经营中心，在分公司总经理的领导下，下设主业项目经理和多元化项目经理，充分利用总经理的个人管理资源来同步支持各个项目，奖励和考核也一并执行。这样的话，不仅执行的平台实力增强了，平台经理也会有热情来发展多元化项目，因为，这时的多元化项目已经与他荣辱与共了。只有利益和责任共担，才会有较好的积极性。

企业的体制是人才的摇篮，好的制度可以发挥人的创造性，坏的制度一样可以扼杀人的积极性。靠行政命令只能取得表面的臣服，而表面上的顺从和背后的敷衍确是高层们往往看不出来的。

4. 优秀领导人是涌现出来的，不是培训锻炼出来的。培训是企业发展提升员工素质的重要方法，是公司一定要做好的工作，但领导人却是涌现出来的。如果没有一定的潜质，再多的培训和锻炼也只能做到良好，而做不到优秀。我们往往不重视人才的选拔和招聘，总是在一棵歪脖子树上吊死，眼看着不行却仍然苦等盼望，舍弃不下。殊不知，这棵树是长不成参天大树的，这就是为什么那么几个人总是做不起来的主要原因。如果想通过分开操作管理，让一部分不可能成为领导人的人独立运作来加强锻炼，希望他能够成长，窃以为实在是大错特错了。因此，一定要根据个人的实际情况，具备条件了才可以操作，没有必要全面推广这种方法，否则会误了大事，有时 1+1 是小于 2 的。

所以，对于不能胜任的管理者，是需要我们坚决下决心进行调整的，当然，也是需要过渡的，但决心是关键。不断的淘汰和引进人才是公司发展的核心基础啊，只有不断地进行人才的累积，只有人才条件具备了，企业才可能做大。

5. 对待运营官的重视程度。决策和运作是企业最重要的发展保证，这是毋庸置疑的。优秀的项目执行官是项目执行的核心人物，是企业或项目发展的重要保障，是企业的宝贵财富。这一点，我们可以从国内国际上很多企业的兴衰案例中便可一窥而知。往往是一个点子，或者是一个正确的思路便能让一个企业强盛；一个坏的策划也会让一个项目或一个公司由盛而衰。这就是为什么很多优秀公司非常重视运营管理者的主要原因，其重视程度可见一斑，摆在我们眼前的苹果的乔布斯和微软的唐骏就是最鲜明的例子。

企业需要盈利和发展，员工也需要发展。公司需要通过多元化项目增加公司的盈利，而我们的员工也需要多元化项目增加收益，这利益本来是一致的。如果我们的战略思想上认为，员工只要固定的收益就满足了，就可以了，不能再多了，封顶了，那就与人性背道而驰了。试想，看不到能够有发展的利益，有人会为发展付出吗？尤其是新项目还有风险的情况存在。这也许就是我们有些领导人困惑的：为啥有些办事处停滞不前了呢？

唐骏去盛大，4 年 4 个亿，去新华都，签约就是 10 个亿。你的老板觉得"值"吗？有人这样问唐骏。唐骏说："我给陈天桥赚了 40 个亿，给新华都赚了 100 个亿，我只拿了 10%，你认为老板觉得值不值。"

与其因为没有成功而造成损失，反而不如多付出一点去寻求成功而盈利。孰轻孰重？我觉得这是思路问题。如果按照基层员工的待遇去使用运营官可以成功的话，那让基层员工去做运营官也一定是可以的了。

6. 对职业经理人的看法。也许有人看见，某些职业经理人的确搞垮了企业，就认为职业经理人不可相信，其实这点是有失偏颇的。老板做经营，难道老板就不是职业经理人吗？理论上说，所有的企业经理级人员在他的岗位上，你能说哪一位不是职业经理人呢。

搞垮企业不完全是某个人的错，只能说企业的决策和监控是有问题的，而不能仅仅说是一个人的问题。如果真的是一个人搞砸了整个企业，只能说明企业的管理机制出现了问题。如果职业经理人真的没有价值，那猎头公司就真的该倒闭了，其实人家生意可好着呢。

只要思路对了，还担心没有人才吗？中国之大，人才其实是不成问题的，可以去找猎头公司嘛！

说了这么多，其实都是废话。你们当领导的，水平都很高，就算是聊天瞎说吧！如果能够给人天带来一些帮助的话，权当是对老朋友的回赠吧！再次谢谢领导的关爱！

老郑

2011年3月26日

祝寿词

——为张工七十寿辰而作

灵椿龟鹤，
寿星香烛，
人生如梦，
七十华章。
大寿必祝，
难于造句，
殚精竭虑，
遍索枯肠。

尽言富贵，

则显尘俗，
尽言功名，
则显愚莽。
如兄如长，
只问康健，
亦师亦友，
共诉衷肠。

身在帷幄，
制胜千里，

六　人天驿站

高屋建瓴，
一览无疆。
山不厌高，
水不厌深，
张工吐哺，
天下归降。

眼观六路，
耳听八方，
胆大心细，
遇事不慌。
逢凶化吉，
遇难呈祥，
人天书业，
既恒且昌。

虽是古稀，
自当而立，
老骥伏枥，
志在八方。
身体灵便，
便是神仙，
思维敏捷，
行知无障。

耳无俗声，
眼无俗物，
囊有余钱，
釜有余粮。
胸无俗事，
口无俗话，
身有余力，
瓮有余酿。

老友老伴，
老屋老钱，
除却巫山，
曾经沧浪。
醉翁之意，
在乎山水，
闲云野鹤，
寄情翱翔。

潜龙在渊，
全清一色，
杠上开花，
官封麻将。
金角银边，
高者在腹，
忘忧清乐，
在家棋王。

江河湖海，
身心宽畅，
一心悦读，
山水文章。

日月韶华，
天长地久，
百岁不老，
千岁敢当。

棠棣之华，
莫如兄弟，

云山邈邈，
山高水长。
八十聚首，
照样铿锵，
舞榭歌台，
众妙齐唱。

冠军之心

——写给施春生

只要踏上它
就是一条冠军路
此行我为胜利而来

从来没有离胜利如此之近
只需扣动扳机
胜利如同猎物

跟韩非子调侃一下守株待兔
君君臣臣，都在等待
享受一个人的劳动成果
而胜利转瞬即逝
如同灾星陨落

胜利是我一生宿命

将星云集
我并不出众
但我苦苦寻觅取胜之道
肃肃宵征，夙夜在公

胜利是一种习惯
只藏在我的内心
每一次夺冠积蓄的能量
高高悬于头顶
把所有对手打回原形
只有我人神兼具

六　人天驿站

没有一片树叶相同
胜利一样不可复制
把每一个灵感
都锻炼成利剑
惋惜别人的牺牲
欣赏自己的伤口

绝不把自己当作祭品
牺牲只是一种偶然
胜利是我快乐的使命

胜利不是我的墓志铭

我渴望胜利
如同渴望美酒和女人
胜利者眼中，每一面旗帜，每一扇窗
都会创造不同

拥有一颗冠军之心
我将有如神助
我的胜利不在眼前
而是永无休止

七　商业计划书

关于成立北京人天书店有限公司的可行性报告

1998 年

一 基本概况

（一）企业情况

企业名称：北京人天书店有限公司

企业地址：西城区西四羊肉胡同 15 号

法定代表：邹进

注册资本：30 万元

营业面积：660 平方米

经营宗旨：利用公司的人才优势、经营优势、地理优势，走社店合作之路，逐步形成具有文化特色的综合性出版发行公司。

（二）经营范围与规模

1. 经营范围：公开发行的国内书刊
2. 经营规模：年销售收入 1000 万元

二 北京图书市场概况

随着市场经济的发展，国家政策给予图书发行体制改革以有力的支持，图书市场日益活跃。在图书零售市场，民营书店正在崛起，大有与国营新华书店并驾齐驱之势。预计再过 3~5 年，当民营书店完成原始积累，凭着它先进的企业体制、灵活的经营方式、独特的营销策略、优质的服务水平，低成本、低负担、低消耗，在与国营书店的竞争中，将逐渐占据优势地位，甚至还会出现民营书店兼并国营书店的一幕。可以说，民营书店的发展大有可为，是今后图书市场发展的方向。

但是，由于图书零售业经营利润偏低，致使图书发行网点不足，既限制了图书市场的发展，又对读者购书造成了客观阻碍，影响了出版物全面进入市场。北京人天书店有限公司正是看准了图书市场供给与需求的状况，在图书市场尚未饱和的时机，下定决心进入图书市场，并想通过此举，一举确立在北京图书市场中的地位。

三　可行性分析

（一）人天书店自身的优势

1. 人才优势：北京人天书店有限公司的股东，全部具有大专以上学历，66%以上具有大学本科学历，并具有较强的社会责任感及市场预测能力、营销策划能力和较丰富的管理经验。该书店的负责人之一具有20多年的图书发行经验。如书店正式营业，将会充分发挥他们的管理才能，创造出良好的社会效益和经济效益。

2. 地理优势：北京人天书店有限公司西四分店位于西四繁华地区，毗邻西四新华书店，借助西四新华书店多年形成的读者群，利用人天书店人才、地理、规模和经营的优势，能够迅速建立自己的读者网络，并且，可以与西四新华书店共同发展，在西四形成一个新的图书市场。

3. 规模优势：一个新的图书市场的形成，除了占据一个地区的中心位置外，还须具备一定的规模。西四新华书店虽然占据了中心位置，但它不到300平方米的营业面积，限制了它的发展。人天书店近700平方米的营业面积，恰恰弥补了西四新华书店的不足，它能够增加更多的图书品种和分类，最大限度地满足读者的需要。并且，人天书店与中国地质博物馆合作，如有需要还可获得新的发展空间。

4. 经营优势：图书销售的难点，在于让个性和生活经历不同的读者，分别购买作者和编辑的精神产品——有个性的、多样化的出版物。这一商品特性要求书店的经营者必须坚持"信息反馈快、进货决策快、上柜推销快、脱销补货快"的经营方针，而北京人天书店有限公司的经济性质和人才特征正适应了这一要求。人天书店将以"创优质服务，逐步实现特色经营"为宗旨，在经营过程中，注重自身形象的塑造与个性的形成，采取适当的竞争手段，扩大市场占有率，从不同的侧面，扩大书店的知名度，并可望在1~2年中收回全部投资。

（二）与北京多家民营书店、合资书店以及西四书店的对比优势

经过我们深入细致的调查，了解到下述几家书店的基本情况：

1. 风入松书店（北大店）：经营面积约 800 平方米，年销售额逾 1000 万元。在经营成功后，又在王府井大街开设了一间分店。

2. 三联韬奋图书中心：经营面积（三层）共 2000 平方米，年租金 365 万元，年销售额逾 5000 万元。

3. 现代书店：经营面积近 300 平方米，1997 年年中开业，年销售额预计 200 万元。

4. 国林风书店：经营面积 1700 平方米，年销售额逾 1500 万元。

5. 三味书屋：经营面积约 200 平方米，是北京开设最早的一家民营书店，以文化人为销售对象。自有房产，年销售额 100 万元。

6. 席殊书屋：以读者俱乐部的形式区别于其他民营书店，在全国开设多家分店，在北京开设了 3 家分店，每家分店营业面积不大，以会员销售为主。

7. 万圣书园：在北京大学南门和首都音乐厅开设 2 家分店，营业面积均不大，以文化人和音乐爱好者为销售对象。

8. 西四新华书店：营业面积 280 平方米，其中包括音像部、机关团体服务部。自有房产，年销售额 2300 余万元。

与上述诸家国营、民营、合资书店相比，人天书店地处西四繁华闹市，近 700 平方米经营面积，每平方米每天 2.7 元相对较低的租金，使其占有了地理优势、规模优势和租金优势。

即使与西四新华书店相比，虽然人天书店不具备租金优势，但规模是它的一倍有余，经营优势更是国营书店无法比拟的。

四　前景分析

全年费用测算：租金 65 万元，设备折旧每年 4 万元，汽车折旧 2 万元，开张 2 万元，宣传费 3 万元，工资 30 万元，办公费 6 万元，空调机 3 万元，水电费、电话费约 2 万元，汽车费用约 3 万元，改建门脸、装修 5 万元，合计 125 万元。

按进销差价 30% 计，全年销售收入 400 万元为保本点，预计 400 万销售收入的目标当年即可实现。人天书店的当年销售目标是保四（400 万）争六（600 万），第二年销售目标为 800 万元，第三年销售目标为 1000 万元。

五　贷款规模

实际所需：租金 65 万元，进书 80 万元，设备 20 万元（含书架、电脑、收款机、监视器等），空调机 3 万元，装修、改建门脸 5 万元，开张费 2 万元，宣传费 3 万元，面包车（用于运输）10 万元，流动资金 12 万元，合计 200 万元。

另：为减少风险，发挥书店自身在选题策划、编辑制作、出版发行等方面的优势，在开设书店的同时或提前建立书店的图书制作部。制作部的办公室租金、设备、人员工资共约 20 万元。

共计 220 万元。扣除下半年租金 30 万元，争取 3/4 图书赊销 60 万元，自有资金 30 万元，资金缺口 100 万元。

六　风险预测及应对措施

近年来，几家大型国营书店和批销中心（西单图书大厦、金台路批发市场、新华书店北京发行所批销中心等）相继成立，同时几家大、中型民营、合资书店开张，每年春秋两季的降价书市频繁举办，北京的图书市场空前活跃。此外，各书店的销售手段更加务实和灵活，竞争日益激烈。这都将给人天书店的经营带来负面影响。

人天书店经营的最大风险，即唯一的风险，就在于能不能如期完成当年销售 400 万元的保本目标。我们已对如何减少和化解风险，做出如下方案：

1. 加强与新闻媒体的联系，投入适当的宣传费用，使读者尽快地了解人天书店及其特点。尽快形成以人天书店和西四新华书店为中心的西四图书中心，并不断扩大此中心的销售半径，以吸引更多的读者。

2. 开展多种销售形式，以零售为主体，同时设立机关团体服务部。

3. 建立人天读者俱乐部，以折扣销售和邮购的方式吸纳会员，并对俱乐部的会员进行网络化管理。

4. 成立人天书店图书制作部。因为人天书店的经营者对图书的策划、编辑、出版、发行驾轻就熟，预计在经营书店的同时，每年可制作出 20 种以上的图书。保守的预测，按每种图书纯利 2 万元计，全年 20 种即可获纯利 40 万元。一旦书店发生亏损，即可用制作部的利润弥补。

总之，北京人天书店有限公司已经具备开办大、中型书店的人才优势、地理优势、规模优势和经营优势，占有了天时、地利、人和之宜，我们相信有金融部门的大力支持，有书店全体职工的共同努力，书店定会有更好的发展前景，充分具备还本付息的能力。

"北京人天书店图书文献机构综合服务网"章程
1999 年

一 宗旨

当今世界，知识经济时代已经来临。社会信息需求呈现多样化，以计算机为代表的高新技术得到广泛应用，资源、资讯、市场全球化趋势日益明显，人们越来越需要加强协作以解决共同问题。综观我国图书流通与管理现状，存在规模小、市场集约化程度低、运作方式简单粗放的缺点，不利于提高资金、资源和社会信息使用效率，面临改革的严峻挑战。

北京人天书店有限公司是由一群青年学人创办的民营企业，有书店、媒体、图书制作等各成体系的下属部门，追求"人人读书，天天进步"的理念，崇尚积极进取和道德承担。人天书店地处中国地质博物馆一层，位于西四繁华闹市，有营业、库房面积近千平方米，是北京市区内最大的民营书店。现由全国近 300 家出版社供货，上架书籍 15000 余种。在目前低迷的图书市场上，我们发出了不同的声音。

为了应对上述状况，促进图书流通与管理的良性互动，引导图书市场走向规模有序，我们拟从提高图书供应服务质量入手，延伸服务概念，扩大服务范围，优化服务手段，以"培育市场，共享资源"为原则，本着"传播知识，弘扬文化，推进学术，繁荣市场"的宗旨，向图书出版、流通、管理业界同人发出倡议，成立"北京人天书店图书文献机构综合服务网"。

二 任务

北京人天书店图书文献机构综合服务网将承担以下任务：

1. 受用户委托进行《社科新书目》《科技新书目》《标准新书目》的收订、汇总、采购，及时到馆。

2. 定期发送新华书店总店北京发行所现货书目。

3. 定期发送未在征订书目上登录的和自办发行的图书新书目。

4. 受用户委托，根据各馆馆藏特点编制专题书目。

5. 提供图书馆专业服务，推动各会员单位合作编目，共享编目数据库。

6. 共同推动电子商务在图书流通与管理中的应用，最终实现收订采购、数据交换和信息传递等方面的局域互联在线。

7. 举办人文和科技各种专题与时事热点问题的学术报告会，举办图书出版、发行和管理者之间的学术联谊活动。

三　建立步骤

由于各单位所属系统不同，书刊采购供应也有历史形成渠道，所以一开始就期望建成一个大范围的综合服务网显然是不现实的。我们拟定以北京地区的图书馆为基础，逐步扩展到全国各地的公共图书馆、专业图书馆、大专院校图书馆、科研情报机构的资料室，做到以书刊采购供应为利益分配纽带，务虚与务实相结合，由小到大，不断探索，稳步发展。

第一步，以北京人天书店联合首批参与的核心馆为发起人，组成综合服务网筹备会，试行小范围的自我服务。

第二步，通过行业协调，举办规模逐步扩大的图书管理与流通专题研讨活动，以及发起单位自我服务示范，影响、启发、吸收各界、各业、各级相关部门共建综合服务网。

第三步，建立入网会员单位局域互联在线，统一规划各会员单位的发展和综合服务网的良性扩展。

四　优惠办法

由北京人天书店牵头，会同其他发起人协商、宣传"培育市场，共享资源"互利共荣的好处，打破部门、行业、所有制界限，共同展望未来的机遇与挑战，争取得到广泛的响应和支持。

在协商的基础上，达成共识，自愿报名入网，并签订有关合作协定，扩大社会影响。

1. 凡会员单位购书，需要随书配送编目数据者，按码洋返还 8 个百分点，作为第一次分配。年终统算单位图书采购总额，按码洋返还 2 个百分点，作为第二次分配。

2. 凡会员单位购书，不需随书配送编目数据者，按码洋返还 10 个百分点，作为第一次分配。年终统算各单位图书采购总额，按码洋返还 2 个百分点，作为第二次分配。

3. 凡年购图书在 5 万元以上者，可参加第三次分配。以 0.5 个百分点为基准，达到每增加 5 万元，增加 0.5 个百分点折扣返还。累增累加，到 3 个百分点封顶。

4. 会员单位的工作人员自动转为"人天书店书友会"的个人会员，享受书友会的全部会员服务。

优惠办法以上述四点为原则，也可视各会员单位的不同情况灵活处理。

五 采购程序

由人天书店服务网定期汇总各会员单位送达的《社科新书目》《科技新书目》《标准新书目》，交由北京发行所集中采购，及时到馆。

同时，由人天书店服务网定期向会员单位提供北京 300 家出版社的新书目，自办发行图书新书目，并根据图书馆、资料室的不同需求，提供专题书目，会员单位填写后寄回人天书店服务网分类汇总，集中采购。人天书店服务网承诺在接到书目后立即给予回执，现货 7 天内发书。

向外埠会员单位发运图书，凡铁路慢件，只收取码洋 2% 的托运费，铁路快件只收取码洋 4% 的托运费，邮局寄送则需加收码洋 10% 的邮寄费。

图书缺页、错装、非使用破损由人天书店服务网负责向出版社调换。

人天书店服务网为每个会员单位建立会员账户，会员单位可根据单次或全年采购量向该账户注入一定量书款，按双方约定时限办理结算，多退少补。

六 理事会

北京人天书店与在京部分中央和国务院直属机构的出版社、图书馆就服务网的建立、组织、运行和利益分配经过了多次讨论和细致核算，认为启动本网已具备现实可能性，决定成立综合服务网理事会，作为综合服务网的议事和协调机构。

联合倡议单位名单如下：

北京人天书店有限公司

人民出版社

中共中央党校出版社

中共中央党校图书馆

中央编译局图书馆

中国大百科出版社图书馆

农业部图书馆

中国民族图书馆

中央文献研究室图书馆

北京航空航天大学图书馆

北京商学院图书馆

中国农业展览馆图书馆

国务院机关服务管理局图书馆

《解放军报》资料室

中国科学院图书馆图书情报资料室

统战部研究室资料处

国家信息中心资料室

七　建议

1. 对于我们发出的倡议，请贵馆（室）尽早予以回复，不妥之处给予指正，以期达成共识，广泛宣传，并形成自我服务，启动本网运行。

2. 贯彻平等互利原则，早出力，早受益，多出力，多受益。

3. 力争得到有关权力部门支持，为这种新型有益的尝试提供政策环境支持和宣传号召方面的帮助。

回信请寄：北京西四羊肉胡同 15 号北京人天书店

邮　编：100034

电　话：66126082　66165566 – 8743
传　真：66126082

北京人天书店全国图书馆图书及数据配送加盟连锁店（草案）

2001 年 1 月

北京人天书店有限公司是一家专门从事图书馆图书供应、数据加工及网络服务的专业图书公司。

人天书店实行无店铺、无仓储的经营方式。2001 年，人天书店销售码洋将达到 3000 万元，直接用户超过 300 家，是国内除新华书店外的最大的图书公司。

一　团体供应市场的现状

以往图书馆订购图书一般是使用《新华书目报》向当地新华书店报订。随着新华书店的垄断地位被打破，兴起了一批高校图书公司和民营书店，他们比新华书店有更灵活的机制、更周全的服务。随着计算机时代的来临，机读目录取代卡片目录在图书馆迅速推行，一种叫作"统一采购，联合编目"的新型作业方式悄然兴起，它把以往图书馆独立的重复性劳动变成了社会化的生产。人天书店正是在这次浪潮中成长起来的一家大型图书公司。

由于新华书店和以往的一些团体供应商不能适应这一要求，尤其在大城市，新华书店的团体业务量已经急遽萎缩，取而代之的是人天书店和与人天书店有相同操作方式的书店。随着网络化社会的来临，图书馆的采访工作已经实现了计算机管理，并且支持网上订购，地域的阻隔已不复存在，没有一个城市或一个企业可以割地自据。人天书店在几个偏远的中等城市的业务开展已经说明了这个问题。

全国书店有数万家，但能够从事联采统编的书店不足 10 家。因为，联采统编对设备和技术力量有较高的要求，以人天书店为例，从事计算机编目和网络服务的人员近 40 人，几乎占到人天书店总员工数的一半。按社会化生产的要求，生产的每一个环节被要求单一和集中，以最节省的时间和资金，获得最高的效率和最大化的利润。

由此看出，联合起来能够发挥我们各自的长处，我们都不要做我们不擅长的事情。

二　人天书店的优势

1. 首先，人天书店与新华书店总店、新闻出版署信息中心和全国 560 家出版社合作，可得到一手的图书出版信息，经人天书店加工、整理、编制成国内最全的图书出版目录。《人天书目报》每月两期，每期提供 3600 条图书出版信息，全年超过 85000 条，几乎是《新华书目报》的一倍。《人天书目报》还被英国剑桥大学图书馆、美国哈佛大学燕京学院图书馆和日本国会图书馆评价为中国大陆最全面、最具权威性的中文图书出版信息源。

2. 人天书店建立了自己的网站，用户可以上网下载采访数据和编目数据。凡人天书店用户均可通过互联网或校园网进行图书订购。

3. 人天书店采取直接采购的方式，与全国 500 多家出版社建立了良好的信用关系。比之大多数书店包括省级以下新华书店的间接或委托采购方式，采购速度更快，图书采到率更高。

4. 人天书店对所有图书进行书目数据加工。在图书馆缩减编制的背景下，能否提供书目数据已经是能否开展图书馆业务的关键。人天书店 2001 年全年编制中文图书书目数据超过 7 万条，能够满足所有图书馆的需要。

三　人天书店为什么要建立各地加盟连锁店

人天书店已经在全国 15 个省份的 20 多个城市开展业务，随着业务的发展，已经在 14 个省会城市和 4 个省辖市建立了工作站，但人天书店也清醒地认识到了本地化服务的重要性。社会化分工是工业社会特别是信息社会最为重要的特征，人天书店应该做好信息服务，物流服务和数据服务，不应该也没有必要到各地跟同行们去抢市场。通过人天书店工作站在各地的工作，我们看到了图书馆的要求和他们面临的困难，能够有效地解决他们的难题是我们共同的商业契机。

凡加盟人天书店连锁店的书店和图书公司应具备下列条件：

1. 对当地图书馆有一定的影响力和号召力，以往从事图书批销业务和团体供应业务的企业最为合适。比如，与人天书店合作的宜昌市夷陵区新华书店和南充市新华书店就做得很好。

2. 有一定的资金实力，除场地和设备外，流动资金不能低于 10 万元。根据人天书店的经验，10 万元流动资金，全年可以实现 50 万元码洋的销售；20 万元流动资金，全年可以实现 100 万元码洋的销售，以此类推。如果图书馆购书款回笼及时，流动资金可以大大减少。

3. 至少需要一台计算机和一名计算机操作人员。随着业务量的增加，设备人员相应增加。

四　如何加盟人天书店连锁店

第一步，与人天书店签订合作协议，明确双方的责任。

第二步，预计全年报订码洋在 100 万元以内，预交 3 万元购书款，获得 7.2 折的供货折扣；预计全年报订码洋在 100 万元至 200 万元，预交 6 万元购书款，获得 7.1 折的供货折扣；预计全年报订码洋在 200 万元至 300 万元，预交 9 万元购书款，获得 7 折的供货折扣；以此类推至 6.8 折为止。

第三步，到北京参加 3 天市场开发和技术培训。如需要人天书店派人到当地现场培训，派出人员的差旅费（火车）和住宿费由对方承担。

五　连锁店的成本核算和预期利润

如果你的书店与人天书店一样，只涉及图书馆业务，那么就不需要门市房，租金可以大大降低。按一年 100 万元销售码洋计算，办公及库房面积只需要 50 平方米，每平方米年租金 400 元，共计 2 万元。

100 万元码洋的工作量只需要一名经理和一名店员。经理负责对外业务开展和结算，店员负责订单处理、图书分检出库。视地区不同，全年工资不超过 3 万元。

如果你是一般纳税人，抵扣后你的实交税不到 2%，100 万元销售码洋需要交纳税金

2万元；但如果你是小规模纳税人，税率就会上升到 4%，全年税金约 4 万元。

你的计算机和书店设备折旧和全年办公费估计 1 万元。

上述四项合计，你的书店全年税费为 8 万 ~ 10 万元。

你从人天书店得到的起始供货折扣为 7.2 折（不含教材），每达到一个百万元，即降低一个折扣，到 6.8 折止。那么 100 万元的折扣为 7.1 折。你与用户的结算折扣根据市场环境不同，报订码洋多少不同，一般在 8.5 折至 9 折之间，如果按 8.5 折计算，100 万元的进销差是 14 万元，你的书店全年的利润为 4 万 ~ 6 万元。

这是一本很合算的经营账，在零风险的前提下，即使你投入 20 万元，投资回报率也高达 20% ~ 30%。如果你能加速资金流转，减少现金的投入，投资回报率就更大了。

我们认为，100 万元码洋是一个连锁店规模的下限，经过一段时间的努力，大家都能达到这一基本目标。

人天书店商业计划书

2003 年

前 言

本商业计划书由北京人天书店有限公司（以下简称"人天书店"）制作、提供，并保证其内容的真实性，目的在于使有兴趣的投资者能对投资于人天书店并持有其股份等事项进行初步评估。本计划书不是招股说明书，也不是出售或部分出售人天书店的计划。

本计划书表明，在充分考虑了对人天书店的投资将面临的各种风险因素的前提下，投资回报（包括但不仅限于经济回报）仍将是持续、稳定和可观的。

本计划书内容属于商业机密，并仅限于真正对此投资感兴趣的投资者使用。未经人天书店的书面同意，阅读者不应将本计划书的部分内容或全部内容以任何方式传递给他人或予以公知。如果阅读者不希望涉足本计划书所述项目，敬请按下述地址退回本文件。

  联系人：北京人天书店有限公司 邹进
  电 话：010 – 88413385
  地 址：北京市白石桥国家图书馆宿舍区

一 摘要

中国的图书消费市场年销售额已经近 1000 亿元。随着社会总体经济水平和对外经济文化交往水平的迅速提高，这一市场仍在大幅发展中。

图书发行的主渠道正在深刻地发生着历史性变化：截至 2002 年，原有主要渠道——新华书店系统的市场份额悄然降低到 63%，其余 37% 的份额已经被各类发行公司所取代，同时，这一被取代的份额比例仍在不断提高。

对于集团消费者，例如各类公共图书馆和专业图书馆，以及其他中间商（甚至包括新华书店系统）而言，权威性和专业性的图书及资料信息供应公司正在成为迫切需求。其中，新书信息的采编和提供能力是该类供应公司赢得用户的重要因素。

近十几年来，在中国图书发行和供应领域，还未出现大型民营图书公司，而伴随着中国加入 WTO，以及经济体制和政策的深入变革，除迫切和现实的市场需求之外，培育和发展大型民营图书公司的政策土壤已经出现。

作为专业性的图书经销公司和图书出版信息提供商，在成立 3 年之后的今天，北京人天书店有限公司已经成为中国大陆著名的和最大的民营图书发行公司之一。

2002 年度，人天书店全年发出图书收入（码洋）为 3819 万元，加上期刊，仍保持了连续 3 年 100% 以上的稳定的年均增长率。目前，国家图书馆和首都图书馆等公共图书馆，北京大学图书馆等高校图书馆，中国科学院和社会科学院等科研机构图书馆，以及日本、美国等国家的公共图书馆等 300 多家图书馆已经成为人天书店的固定客户，公司编制和发行的半月刊——《人天书目报》已经成为中国最为全面的和信息量最大的图书出版信息索引。

面对广阔的市场需求和积极的政策环境，人天书店有意采用增资扩股方式，引入更多的运营资金，在今后一个较长的时期内，通过不断改进和保持业已形成的成熟技术、经营手段和领先的竞争优势，将公司对于中国未来图书需求市场的清晰设想与业务发展手段结合起来，持续维护公司动态和全面的发展，使人天书店尽早成为中国最为著名的主要从事图书及相关产品的发行和经销事业的股份公司，借以实现公司、股东、员工、客户和社会效益的共同增值。根据初步测算，增资后，项目全投资动态回收期为2.3年，内部收益率可达98%，并将在两年内营业收入超过亿元，成为远胜于第二名的中国最大的图书发行公司。

图书及图书信息的提供的确是公司过去以及最近得到迅速发展的主要业务载体，但人天书店长期以来一直清醒地保持着对合作出版和其他传媒事业的密切关注和研究。人天书店希望在既有业务继续获得迅速发展和加强的同时，利用已经形成的团队经验和营销渠道，适时拓展合作出版、音像制品、传播、广告等相关领域的工作，为专业化经营核心建立一个相关而适度的多元化的运行结构。

二　项目概述

（一）项目名称

北京人天书店有限公司增资扩股项目

（二）待增资公司现有基本状况

1. 公司名称：北京人天书店有限公司
2. 注册地址：＿＿＿＿＿＿＿＿
3. 法定代表人：邹进先生
4. 成立时间及经营许可：公司于1999年＿＿月＿＿日成立（营业执照编号：＿＿＿＿＿＿），并于＿＿＿＿年＿＿月＿＿日获得核发的＿＿＿＿＿＿＿＿经营许可。
5. 近三年经营业绩：

	2000年	2001年	2002年
报订码洋(万元)	1336	2293	4079
较上年增长率(%)		68	78
发出码洋(万元)	1069	2180	3819
较上年增长率(%)		104	75
期刊报订码洋(万元)	74	220	630

续表

	2000 年	2001 年	2002 年
较上年增长率(%)		197	186
图书馆客户数量(个)	170	269	341
较上年增长率(%)		58	27
期刊客户数量(个)	37	95	180
较上年增长率(%)		157	90

6. 公司员工人数：100 人，其中具有大专以上教育学历的比例为 33%。

7. 公司目前在同业中列处水平：以 2002 年度发出码洋总额（营业收入总额）为标准，公司在全国除新华书店系统以外的民营图书供应公司中位列第二。

（三） 增资计划

1. 拟以扩股方式，引入计人民币 2000 万元以上的投资，全部用于人天书店的经营和发展，具体用途详见第五章。

2. 投资人可以是来自中国或境外的法人组织。

3. 注资后，投资人获得人天书店的股权，并享受相应的股东权益和分红收益。当公司发展为上市公司后，投资人可以在资本市场上通过出售股份获得资本。此前，投资人可以根据公司章程转让股权获得投资增值。

4. 公司全投资收益状况预计：动态投资回收期 2.3 年，内部收益率（IRR）98%，运营期净现值（NPV）16221 万元人民币。

5. 风险评价：详见第六章。

6. 投资吸引力要素：强劲需求的市场、满意的投资回报、低风险结论的风险评估、既有的优势地位、已经确立的针对同业竞争的屏障、成熟的经过市场验证的策略和团队、长达三年的高速增长的经营证据、广阔的上下游产品、横向相关产品衍生空间。

三　目标市场与企业市场竞争力分析

（一）目标市场介绍

本项目的目标市场主要包括图书发行市场、出版业和横向产品市场三类，以下分别简介。

1. 图书发行市场。

伴随中国经济发展水平日益提高，文化事业获得了持续、稳定、迅速的发展，其中，图书出版和发行业尤为显著。据统计，目前我国图书年出版量达 15 万种，年销售额达 1000 亿元（其中面向社会团体的销售额占市场总额 50% 左右）。截至 2002 年底，全国共有出版社 560 家，每家出版社年均出版码洋 1.65 亿元，其中年出版码洋过亿元的出版社共 42 家。

市场的最终需求和能够满足需求的高质量供给的共同增长，促进了作为必不可少的中间环节的发行和经销行业的持续繁荣。同时，基于市场经济的发展和深化，原由新华书店系统一统天下的图书发行和销售渠道发生了悄然和显著的变化：多渠道的经营和发展格局已经形成，截止到 2002 年底，经由非新华书店系统发行和销售的图书已占 1000 亿元总市场额的 37%，达到 368 亿元，而且这一份额仍在迅速扩大。

在上述经济与市场发展进程中，作为社会科技和文化水平代表之一的各类公共图书馆和机构图书馆获得了先导性发展：一方面反映馆藏图书的种类、数量和更新率迅速提高，对图书供给的持续需求大幅增加；另一方面，伴随中国"211 工程"的实施，各类图书馆普遍实现了电子化管理和与互联网的联结，进行网上信息检索和采集，并已开始进行书目信息和书目数据的数字化管理，从而使得网上订购和网上供阅成为现实的可能。例如，中国文化部列入国家"十五"规划中的两个项目之一即为总投资达 10 亿元的中国数字图书馆工程。

2. 出版业发展空间。

以上描述了图书需求及其带来的发行经销行业的市场空间，而在另一方面，阅读需求的增加和多样化还直接引发了对出版业发展的强劲需求，这正是发行行业的直接上游产业。对出版业界而言，一个不容忽略的因素即是在中国加入 WTO 后，原有出版业管理政策将发生一定的松动，虽然政府对出版社的宏观控制短期内仍不会大步开放，但已经或即将实施的一系列管理条例却表明，政府将不再限制制作公司与出版社的合作出版业务，无疑，这将迅速催生一类名正言顺的民间出版公司（通过与出版社合作开展出版业务）。显然，这一机遇在过去几十年中是未曾出现过的。

3. 横向产品市场。

作为信息传播的手段，图书、期刊等纸媒介载体无疑是传统的和重要的，但另一方面，无须赘言，音像制品、数据制品和广播电视节目等传播产品已经成为信息传播的主渠道之一。相应地，其伴生的广告、公益活动等业务也迅速构成了可观的市场空间。的确，很多经营机构都进入了这一领域，但遗憾的是，其中不乏进展缓慢甚至失败的案例。究其原因，其中之一可能是针对一个传媒产品而单独开发一个内容的运作方式不可避免地导致了成本和风险的增加。如果某个机构在做好图书和出版的同时，利用其成熟的团队和经验、切合市场的选题思想，以及事实上已经成功的内容，投入制作传媒产品，无疑将大大减少投入和风险而赢得产品的成功和高额利润。这正是人天书店在发展主业的同时适时切入传媒领域的构想的出发点。

（二）企业市场竞争力分析

人天书店的现有状况请参见本文第四章。根据人天书店现状并结合上述目标市场介绍，可归纳出人天书店的市场竞争能力要素情况。

1. 政策条件。

目前，在图书经销领域，资本类别的政策限制已经消失；在出版领域，合作出版也将不存在法律障碍；至于横向传媒产品的经营，除内容制作外亦无法律限制。因此，就本项目的实施而言，政策上的约束已基本不再，而且，在允许的范围内，相关政策体现了对这一行业发展的支持。因此，项目实施后的经营成败将主要依赖于企业的商业运行。

2. 行业准入优势。

针对各类图书馆等集团用户而言，长期关系和愉快合作的履历、全面科学的出版信息的及时提供、供应商具有的通用计算机编目能力，以及针对潜在需求的主动性建议无疑是必要的；对合作出版而言，公司及公司管理人员与出版社、主管部门的良好关系以及对出版流程及相关规范的熟知无疑也是必要的。以上两项条件意味着目标市场的准入门槛较高，而对于已在业内并发展态势良好的人天书店而言，这两项条件正成为其在行业准入方面已经具有的优势。

3. 规模优势。

显然，目标市场的开发必须具有规模前提，人天书店之全国排名第二的发行规模以及这一情形下的高效益，已经体现了这一优势，而且，通过引入新的资金尽快发展乃至奠定绝对的规模优势，正是本项目实施要旨之一。

4. 客户集中度。

根据人天书店的现状，其发行业务的客户主要集中在300多家图书馆，对单一客户的依赖性不大，风险较小；而每家客户的采购量却相对集中，利于公司使用较小的关注成本办理相对集中的业务量。因此，人天书店的客户集中模式比较理想。至于拟开展的出版业务，客户对象将主要针对选题时协议确定的发行公司。

5. 替代产品的威胁。

项目的主要产品为发行和经销服务。这一服务是图书馆客户所必须和依赖的，替代威胁很小，对人天书店而言恰是竞争优势的体现。

另外，作为赢得图书馆等集团客户的重要手段之一，人天书店编辑出版的半月刊《人天书目报》，已成为国内图书出版信息的第一大报，覆盖了全国85%以上的新书出版信息。同时，人天书店已能采用联采统编将出版信息以机读格式通过互联网分类提供给客户检索查询。而且，人天书店利用其在计算机软件应用系统方面的技术优势，已经赢得了首都图书馆的回溯建库合同，从而为提升业务技术层次和参与中国数字图书馆工程建设打下良好的应用基础。应该说，以上三种服务手段均是通过投入大量人力物力长期积累形成的，被其他机构短期内替代的可能性不大。

6. 服务渠道的建设。

在图书经销服务的客户对象方面，经过长期渠道建设，人天书店已经形成了以公共图书馆（以国家图书馆和首都图书馆为代表）、高校图书馆（以北京大学图书馆为代表）、科研机构图书馆（以中国科学院和中国社会科学院为代表）、政府机关图书馆和国外图书馆为主的稳定客户群体，并依靠长期合作形成了稳定的销售渠道和销售模式。在对应的图书采购方面，由于稳定增长的销售态势和卓越的支付信誉，人天书店已经与近百家图书期刊出版机构建立了长期互信的供货渠道，在采购成本和头寸融通方面均获得了很大的支持和信用帮助。

为进一步拓展发行和经销业务市场空间并向外省市客户提供更为及时的优质服务，人天书店已经相继在南京、哈尔滨、长春、兰州、西安、南昌、上海、广州、沈阳、天津、武汉、济南和郑州等省会城市和直辖市建立了工作站。随着项目发展计划的实施，这些工作站的职责和能力都将得到进一步加强。

对于拟发展的合作出版领域，鉴于人天书店与出版机构形成的长期合作关系，以及人天书店管理团队自身具备的对出版行业的熟知和对出版物市场的敏锐判断能力，应该说，人天书店对进入这一领域已然做好了充分的准备和前期实践。事实上，有关出版机构已经对人天书店的这一发展计划表达了强烈的合作愿望。

7. 行业内部的竞争优势。

应该说，相比图书终端消费市场的巨大容量而言，发行和经销市场远未饱和。即便如此，人天书店在同行面前，仍然具备以下既成优势：（1）人天书店的经营规模已位列第二，在这一领域中，规模往往意味着客户和出版社更高的信任度和更便宜的采购成本，从而易于通过放大效应迅速形成更大的业务规模；（2）人天书店是国内唯一专事于向图书馆客户提供服务的图书发行公司，专业化的经营手段所形成的门槛效应使得同业竞争难以轻易形成。

8. 现有经营模式的其他优势。

对人天书店经营方式进行分析，可以总结出五个显著的优势特点：（1）高级的技术应用水平。人天书店已有20多位员工专门在使用计算机网络对出版信息进行采编和发布，客户需求等各类数据也主要通过互联网在公司网站上进行交互式传递和自动加工，公司的主要业务流程已经被公司移植和个性化开发的"网上书店系统"应用软件所指导和覆盖；（2）柔性生产系统。人天书店已经形成了以信息（包括需求信息）加工和汇集为纲，采购和配送为实施手段的中心辐射式生产体系，用户群体的需求变动很容易通过信息中心获得反映，采购和配送等实施手段即可相应地迅速获得调整，内部沟通和协作的传导速度很快。（3）零库存。公司执行"信息提供——需求反馈——需求满足"的客户服务规程，采购实施是以订单确认为前提，图书一经购得，即予配送，没有任何压库图书，实现了无店铺、无仓储经营。（4）零风险。由于客户主要为图书馆，其支付信誉很好，从经营历史来看，还未出现采购产品未获回款的情况。（5）现实的电子商务应用前景。由于公司与客户的信息互传已经通过互联网实现，而且，各类图书馆客户的计算机和网络应用水平较高，公司容易通过与图书馆合作，以图书馆为次级信息、支付和配送节点，可将服务对象延伸到图书馆的服务对象中去。例如，比较容易通过高校图书馆对高校在校学生开展图书类电子商务经营活动。

四　人天书店基本情况

（一）经营范围

以经营出版物为主，目前主要以图书和期刊供应为主，拟逐步扩展到软件和音像制品。同时，公司亦自主发行《人天书目报》和授权发行《中国图书在版编目快报》，为客户和有关部门提供中国最全面和最权威的图书期刊出版信息。此外，公司还承担图书馆数字化工程中的回溯建库系统，并向国内外客户提供 CNMARC 和 USMARC 数据服务。

（二）机构设置和人员配置

人天书店共有员工 100 人，主要设置如下机构：

1. 采访部：共 4 人，负责出版信息收集和采访数据制作。

2. 编目部：共 8 人，负责图书编目回溯建库。

3. 业务部：共 42 人，负责北京及各地工作站展业。

4. 客服部：共 6 人，负责客户服务并负责外地工作站的统一管理。

5. 采购部：共 8 人，负责图书、期刊采购。

6. 分拣部：共 12 人，负责图书、期刊分拣，打包，成品管理。

7. 储运部：共 9 人，负责北京图书、期刊提货、送货和外埠发运。

8. 财务部：共 3 人，负责公司的计划、会计和财务管理。

9. 办公室：共 5 人，负责公司的人事、行政和内部协调。

10. 经理室：共 3 人，分管以上职能部门。

（三）主要业务及规模（截至2002年）

1. 联采统编业务。

编目是一个专业性课题，任何图书馆或大型图书供应公司采购图书前后，均需按照科学的编目方法和既定格式（包括机读格式），对图书进行分类和整理。常用格式有 CNMARC（中国大陆）、CMARC（中国台湾）和 USMARC（海外）。

随着中国数字化图书馆建设和机读编目格式的推广，"资源共享、联合采购、统一编目"的概念已渐为业界广泛接受：联采，将因更大的折扣而节约更多的采购成本；统编，则因避免一本书为多家机构重复编目而节约大量的无谓投入和时间。据统计，每年仅中国大陆需要编目的书籍即达 10 余万种，这显然提供了一个可观的市场。人天书店自成立之始即将自身定位于专业化图书公司，通过数字化手段，把图书采选、数据加工和图书采购融为一体，坚持采用和推广联采统编的服务方式。事实证明，这一方式不仅为公司带来了大量的集团客户，也为公司发展出版信息提供、回溯建库等业务打下了良好的基础。

目前，人天书店是中国国家图书馆联合编目成员单位之一，并正积极开展与 CALIS（中国高等教育文献保证系统）的合作。

2. 及时提供全面权威的图书出版信息。

1999 年 3 月，人天书店正式编辑出版了以全面性、及时性和唯一性为原则的《人天书目报》，通过将采编获得的新书信息按照通用编目格式的 ISO2709 标准转换为标准机读格式，再按照预定出版日期编制为各月书目，在互联网上或网下为客户提供新书图书出版资讯。2001 年，《人天书目报》由季刊改为半月刊，大大增强了时效性。当年，《人天书目报》共发布全国 560 家出版社的新书信息逾 86000 条，占中国图书出版量的 85% 以上，无论从信息容量、权威性或时效性而言，均已成为中国图书出版信息的第一大报。

2001 年，国家出版总署信息中心将其主办的《中国图书在版编目快报》正式交由人天书店发行，以期利用公司的图书配送和数据加工系统，将其办成可报订的提供 MARC 数据服务的书目刊。这一与主管部门的合作，不仅拓宽了人天书店的业务范围，更使人天书店在第一时间得到了国内出版信息及更多的专业客户资源，并使公司在业内的权威地位得到进一步增强。

3. 图书期刊提供业务。

目前，人天书店在全国共有固定客户 300 多家，典型客户如下五类：（1）以国家图书馆、首都图书馆、北京市少年儿童图书馆为代表的公共图书馆；（2）以北京大学、南京大学、四川大学为代表的高校图书馆；（3）以全国人大常委会、人民日报等两报一刊为代表的政府机关图书馆；（4）以中国科学院、中国社会科学院和中国农业科学院为代表的科研院所图书馆；（5）以日本国会图书馆、新加坡国立图书馆为代表的海外图书馆。以上客户中，多数客户已经确定人天书店为其藏书采购的主渠道。

截至 2002 年底，人天书店全年应采图书码洋 4079 万元（订货），发出图书码洋 3819 万元（订货实现），分别比 2001 年增长 78% 和 75%。

在致力于图书发行和提供的同时，2002 年度人天书店的期刊用户由 95 家增至 180 家，增长率为 90%，全年期刊报订码洋为 630 万元，比上年增长 186%，期刊用户已扩展至湖北、上海、天津和河南等省市。

4. 合作出版业务。

作为迎接中国加入 WTO 后出版业适度开放的准备，人天书店于 2001 年与有关部门和出版机构开始合作出版业务，全年共出版图书 12 种，包括"21 世纪图书馆学丛书"9 种。通过这一业务，人天书店不仅全面建立了合作出版业务的规范化流程，而且取得了良好的经济效益与社会影响。

5. 近年业务发展举例。

为使阅读者对人天书店近几年来的业务发展形成连续性印象，以下列举公司若干主要业务发展实例：

(1) 1999年11月，人天书店与首都图书馆签订了联采统编合作协议，以首都图书馆本馆图书采购为基础，联合区县图书馆建立联采统编联合体。

(2) 2000年3月，人天书店与北京市少年儿童图书馆签订了联采统编合作协议，以北京少儿图书馆图书采购为基础，以全国80家独立的少儿图书馆业务为拓展空间，建立人天——少儿图书系统联采统编中心。

(3) 2000年3月，人天书店与北京大学图书馆签订中文图书采购和数据加工协议。

(4) 2000年5月，人天书店与黑龙江省高校图工委下属公司签订联采统编合作协议，共同建立黑龙江省高校联采统编联合体。

(5) 2000年5月，人天书店与天津图书馆签订联采统编合作协议，建立人天——天图联采统编中心。

(6) 2000年9月，中国国家图书馆确定人天书店为主要供货渠道。

(7) 2001年3月，广东省中山图书馆统购部所属数十家图书馆整体进入人天书店联采统编序列。

(8) 2001年8月，人天书店与首都图书馆签订回溯建库协议，一期工程将完成馆藏33万种图书的数据加工。

(9) 2001年，新闻出版总署信息中心正式授权人天书店发行《中国图书在版编目快报》。

(10) 2002年，人天书店客户管理系统开发完成。

(11) 2002年，人天书店网站建成，上线使用。

（四）人天书店财务状况（以2002财政年度为例）

1. 公司总资产：**** 万元。

2. 公司总营业额：**** 万元，比上年增长 ** %。

3. 公司净利润：**** 万元，比上年增长 ** %。

4. 总资产利润率：** %。

5. 净资产利润率：** %。

（五）人天书店管理团队

作为致力于中国图书发行，乃至出版领域专业化工作的人天书店，在其长期的业务实践中形成了一支专业化、规范化和国际化的经验丰富的管理团队。值得指出的是，这一团队不仅谙熟中国图书出版、发行、采购及供货等业务环节的专业知识，深刻体察计算机及网络技术在相关领域的实际应用水平，掌控现代企业科学的经营管理方法，具备前瞻性的国际合作的意识和交流手段，与政府主管部门、出版机构和广大集团用户保持着密切良好的工作关系；而且，他们始终保持着勤奋、谦虚、正直、责任心、荣誉感和团队精神等优秀的个人操守。人天书店的成功历程不仅证明这一团队对公司的发展弥足珍贵，而且，人天书店的全体员工坚信，这一团队能够将公司引领至一个更高的发展境界。

五　项目规划与投资退出机制

（一）项目规划

本项目拟融资 400 万美元左右（约折合人民币 3400 万元），主要用于以下四个业务发展方向：

1. 完善信息处理、数据加工、信息传递和电子商务平台软硬件条件，以期全面达到：

（1）建立电子化国家书目数据中心。

（2）完善公司内部的数据采集、加工、统编、物流配送和结算管理等业务规程的计算机应用和数据沟通条件。

（3）在公司现有网站和数据处理能力的基础上，建立公司与客户间信息无缝交互以及基于互联网的数据发布、传输和交易平台。这实际上是一个面向集团用户的真正意义上的"网上书店"，由于时效性增强、交易成本下降及交易面扩展，其赢利能力将远远超越公司目前的图书发行和供应业务的赢利水平。

本项投资预计为 600 万元，主要用于计算机及网络硬件配置、网站建设和维护，网站通信费用、数据库及软件复用技术开发、认证及加密技术应用等方面。完成期约 10 个月，共分 3 个具体实施阶段。

2. 发展向各类图书馆等集团用户的图书发行和采购供应业务，使公司在 3 年内成为远远领先于第二名的中国大陆最大的民营图书公司。

正如前文多处提及，首先就图书销售额指标而言，人天书店已位列国内第二大图书供应商，距第一位的差距仅在 1000 万元以内；其次，人天书店是国内唯一以图书馆为主要服务对象的图书供应商，仅这方面的市场潜力还远未发掘，尤其是北京以外地区的图书馆客户还多为空白；再次，人天书店在业务历史中已经形成了完善的、成熟有效的针对图书馆客户的专业服务程序，未来在这一领域内的展业成本将会非常经济；最后，人天书店目前营业额增长所遇到的约束并不是客户需求不足，而是因为自身流动资金总量受限而导致的无法满足客户现实需求的困难。因此，如果能够获得充分的流动资金补充，基于以往流动资金对销售额的1∶8的放大效应的经验统计，人天书店完全可以在3年内将图书发行营业额增加到1.5亿~2亿元，从而在成为国内唯一的针对图书馆客户的图书中盘商的同时，成为中国大陆最大的民营图书公司。当然，在这一过程中，人天书店也完全可以视情将省市级新华书店等机构作为自己的新的集团客户，在坚持专业化服务的同时拓展新的客户领域。

本项投资预计为2200万元，除其中300万元用于全国省会城市工作站的完善工作以外，其余1900万元主要用于补充上述业务增额所需的流动资金，并保持良好的资产流动性。

3. 上游产品——合作出版业务。

人天书店拟专门成立出版部，聘请10至20名出版界知名人士（全职或兼职）组成出版选题组，通过与若干出版机构签订固定和长期合作协议，每年合作出版50~100种受市场欢迎的热点图书。在此项业务开展过程中，除选题人员本身良好的市场判断力外，人天书店与出版机构的良好合作关系，以及公司在新书出版信息统计发布工作中形成的对市场多样化需求的及时了解和把握，这都将成为业务成功的重要基础性因素。

本项投资预计为人民币400万元，主要用于市场调研支出、人员费用以及预付版税等出版前期投入。

4. 横向产品——传媒产品的生产与销售。

人天书店希望在图书主业得到发展的同时，涉足和发展相关传媒产品的制作和销售，理由基于：

（1）图书期刊提供给受众的是信息，而同一信息不仅可以以传统的纸媒介书刊发布，也可以以音像制品、广播电视节目等视听手段进行发布。

（2）音像制品（包括软件产品）在销售渠道和销售方式上，与图书期刊产品的销售具有惊人的类同性，对图书销售商而言，这种类同性意味着重复投入成本的免除。

（3）在新书出版信息统计发布和图书发行过程中，在过程前端，市场热点可以通过统计及时获得；在过程后端，受众对于话题的讨论又可以形成新的市场需求。因此，假定制作一类传媒节目，一方面，对市场热点图书及其主要内容进行预发布；另一方面，对于已出版图书的内容展开深入讨论。如此的话，这类节目不仅有助于公司合作出版和发行图书的主业，广泛提高市场对人天书店的认知度；而且，很可能在某一较高需求的受众群体中形成稳定的节目市场，连同广告效应一起，使传媒节目本身成为稳定和回报丰厚的业务形式。

本项投资预计 200 万元，其中 100 万元用于音像制品的批发销售（对象将有别于公司目前的图书馆客户，主要以音像制品批发商为主），100 万元主要用于影视传媒行业的节目前期策划（为减少风险，这一业务主要采取与其他机构合作制作栏目的形式，后续资金由自身滚动发展获得）。

（二）退出机制

1. 上市计划。

人天书店自 1999 年成立以来已形成 3 年高速成长并同步赢利的经营历史和一定水平的销售规模，希望通过本项目的实施，在 3 年内成为中国最大的民营图书公司，并在境内或境外适合的资本市场上市。为达成此计划，人天书店希望拟投资的合作伙伴在资本市场上具有足够的推介和销售经验，其现阶段投资将通过届时股份出让与公众方的安排实现退出和赢利。人天书店确信，如果未来的发展诚为预期，投资方获得的资本利得将蔚为可观。

2. 其他退出机制。

正如本文所述，本项目的实施将形成以国家图书出版信息为核心，下述几个子系统并存的格局：

（1）《人天书目报》和《中国图书在版编目快报》发行业务。

（2）店内数据加工处理系统和"网上书店"交易平台。

（3）图书发行和供应业务。

（4）合作出版业务。

（5）传媒产品制作业务。

在项目实施过程中，人天书店将努力保持以上子系统各自运行的相对独立性，以保证在公司整体上市之前，根据资本市场的投资偏好，实现将一个或多个子系统单独拆分上市的可操作性。

当然，在公司整体或部分上市之前，投资方可以根据共同达成的公司章程，将持有股份转售与其他机构投资人，实现退出。

六 财务评价和风险分析

(一)简要的项目投资财务评价

1. 前提说明:

(1)本项目为增资项目,拟新增投资 3400 万元,其对应的红利份额将有赖于投资人与原股东方达成的股份出让协议中所确定的比例;而且,对投资人而言,其投资回报的主要实现方式将为退出机制所体现。

(2)为简单起见,以下将尝试评价整个项目的全投资财务状况,投入将包含公司现有净资产和拟新增投资,人天书店的商誉市值和原股东的股份溢价或风险补偿均不予考虑,以期就项目本身的赢利能力及未来在资本市场的表现做粗略预测。

2. 总投入:3900 万元(3400 万元 + 原净资产 500 万元)。

3. 建设期:忽略,由毛利收入年度递增状况体现。

4. 折现率:10%;计算期:11 年。

5. 年运营成本:第 0～1 年:200 万元;第 2 年后:400 万元。

6. 年营业收入:

年毛利收入合计(扣除采购费用或制作费用等直接成本,未扣除运营成本)

单位:万元

序号	业务类别	第 0 年	第 1 年	第 2 年	第 3 年及此后
①	数据加工业务年营业额	80	100	150	200
	书刊供应年销售额	6000	12000	16000	18000
	书刊供应业务毛利率(%)	18	17	16	15
②	书刊供应业务年毛利	1080	2040	2560	2700
	合作出版出书种数(种)	50	60	80	100
	单种合作出版书籍预计平均毛利额	3	3	4	5
③	合作出版业务年毛利额	150	180	320	500
④	传媒制品业务年毛利额	50	160	200	300
	合计(①+②+③+④)	1360	2480	3230	3700

7. 现金流量分析见表。

现金流量表

单位：万元

项目	第0年	第1年	第2年	第3年	第4年	第5年
现金流出	4100	200	400	400	400	400
现金流入	1360	2480	3230	3700	3700	3700
净现金流入	-2740	2280	2830	3300	3300	3300
累计净现金流入	-2740	-460	2370	5670	8970	12270
净现金流入现值	-2740	2073	2339	2479	2254	2049
累计净现金流入现值（NPV）	-2740	-667	1672	4151	6405	8454
项目	第6年	第7年	第8年	第9年	第10年	
现金流出	400	400	400	400	400	
现金流入	3700	3700	3700	3700	3700	
净现金流入	3300	3300	3300	3300	3300	
累计净现金流入	15570	18870	22170	25470	28770	
净现金流入现值	1863	1693	1539	1400	1272	
累计净现金流入现值（NPV）	10317	12010	13549	14949	16221	

8. 投资评价指标：

（1）平稳经营期静态年度投资回报率：84.61%。

（2）累计净现值（NPV）：16221万元。

（3）动态投资回收期：2.3年。

（4）内部收益率（IRR）：98%（使用插值法近似值）。

从上述指标可以看出：本项目的投资回报处于令人满意的水平，从财务角度而言，不失为一个理想的投资个案。

二　风险评估

本项目面临的风险因素主要包括：

1. 政策风险

2. 市场风险

3. 竞争风险

4. 经营风险

5. 技术风险

下面以表格形式描述每种风险的内容、发生的可能性和风险规避措施。

风险评价表

风险类别	风险描述	可能性	风险规避措施
政策风险	表现为：由于政策的变化导致预定的业务难以持续经营和发展。鉴于中国已经加入WTO，政策环境只会愈发宽松，产生这一风险的可能性不大。反之，公司应充分利用政策的开放，尽可能地在规则范围内将业务做大、做强。	极低	加强对政策和法律法规的了解和运用；形成对相关政策及时定期研讨的内部运作规程；努力预测政策走势，以便提前做好应对预案。
市场风险	表现为：客户数量减少、客户订货量减少、客户需求不成长期和发展期的市场、客户需求不成长期和发展期的市场、客户需求成身减少的可能性较小，关键是通过满足客户需求赢得客户和巩固客户，以不断发展的市场上取得份额和风固份额。	低	保持提供权威出版信息，网络处理平台，回溯建库能力等核心竞争力；通过扩大业务规模和应用信息技术降低成本；保持对客户需求的高度敏感和快速响应；加强合作出版和市办事处建设；充分发挥管理者的客户资源能力。
竞争风险	表现为：因公司竞争力下降导致客户流失，或因竞争程度加剧导致利润率大幅下降。由于本项目进入门槛较高和公司已经具备的优势地位，其他竞争者开展有效竞争比较困难。当然，公司既有优势地位的保持有赖于业务稳定健康发展。	低	加速项目实施，占领市场和先机，尽快扩大规模和提高应用技术水平；提高竞争门槛；关注国内外同行运行情况，增长木短；增强与相关单位合作关系，并开发展合作关系，拓展新的增长点。
经营风险	表现为：因经营者判断市场失准或经营战略失误，导致公司经营状况恶化。人天书店的经营历史已经验证了团队的合格和合理性。当然，团队成员应当抱有持续改进的自我要求。	低	持续提高管理团队自身业务水平和知识水平；根据业务发展引入新的管理人员；完善内部决策的科学程序；关注公司方针对市场反馈的及时调整；加强员工培训和企业文化建设；适时引入新的激励机制。
技术风险	表现为：在利用计算机和网络技术方面遇到难以克服的困难，使得公司电子化基础手段遭遇局限。人天书店已经使用个性化的网上书店电子商务解决方案，伴随全社会信息技术的整体发展，这方面的风险不大。	低	细化和优化系统分析模型和设计文档；加速内部管信息系统的完善；增强公司内部技术人员的专业能力；加强与适合的软件企业战略合作，选择适用的电子商务解决方案；保持公司电子化能力的动态发展。

人天书店项目建议书

2003 年

一 建议的主要内容

本报告是建议在国内寻找一家具有发展潜力的图书公司进行投资,并在其原经营规模的基础上有计划地对业务进行扩充,最后使之成为最具规模和最具专业性的图书及资料信息供应公司。

二 提出的背景

近年来,我国图书出版业得到了飞速的发展。据统计,目前我国每年图书的出版量达 15 万种,年销售额近千亿元。其中向社会团体销售占比近 50%,约 500 亿元。全国共有出版社 560 多家,每家出版社每年平均出版码洋为 1.65 亿元,其中年出版码洋过亿元的出版社有 42 家。出版业的发展给图书发行业带来了巨大的商机。同时,随着市场开放和经济的发展,图书发行和销售已冲破了新华书店一统天下的局面,出现了多渠道经营和发展的格局。

许多大型的网上书店(如当当网上书店、8848 网上书店)、连锁书店(如席殊连锁店、贝塔斯曼连锁店)和专业服务型的书店(如人天书店)在今天的发行和销售领域中,更扮演了重要的角色。2002 年,经由非新华书店系统发行图书的销售额已占全行业的 37%,达到 368 亿元。

一方面,专营出版的企业和发行商们纷纷投入大量资金提高企业的管理水平和服务质素,目的是加强自身的竞争能力。大中型的出版单位纷纷在互联网上建立了自己的网站,通过文字、图表、广告、图像及动画来介绍自己的出版社以及自己的产品——图书和期刊，展示自己的实力和企业形象。

另一方面，国家"211工程"的实施，使全国的院校图书馆和各级大中型公共图书馆普遍实现了电子化管理和与Internet的连接，进行网上信息检索和采集，并开始进行书目信息和书目数据的数字化管理。数字化图书馆已成为21世纪图书馆事业的必然趋势。

但是，我国的出版界和图书馆都还没有做到，利用已经建成的企业网站（Internet）来实现出企业自身业务的集成，同时平滑地过渡到互联网（Internet），实现企业网向互联网的同步发送，并逐步与外部网（Extranet）互联，让分布于各企业网的信息得到最大限度的利用，实现电子社区的理想，更有效、更方便地促成业务的成交。

其实，上述的现象正好为有潜质、有市场基础的，专营图书和图书资料的公司提供了发展空间和商机。因为，只要有一家有经验，而又掌握到市场脉搏和有固定客户的图书公司，根据各图书馆和各专业团体的需要，运用计算机和互联网的技术，巧妙地整合出版界已有的电子数据，然后将数据通过有采选功能的软件，传送给各潜在客户，必然大大促成业务的成交。这需要一定的资金资源和人力资源的投资。

三　人天书店是一间可造就的图书公司

人天书店是专业经营图书和资料信息的图书公司，有一定的经验、经营能力和市场基础。如果有足够的资金，就可以进一步提高和应用计算机设备和技术，巧妙应用互联网提供的方便，为各图书馆和专业团体提供更专业的服务。到时候，就完全有条件为全国的团体客户提供一个购书服务的新环境，在同行中独占鳌头。

（一）人天书店简介和基本情况

1. 经营范围。

以经营出版物为主，现在仍然是以供应图书和期刊为主，正逐步扩展到VCD、CD-ROM、音像制品和软件。目前，也有涉足图书、数据库光盘的出版。首先从图书馆专业图书做起，待图书馆用户扩大后（1000户以上），全面涉足图书出版业。

2. 人天书店积极倡导联合采购，统一编目的服务。

编目是一个专业的课题，任何图书馆采购图书后，均有需要采用编目的方法和既定的格式对图书进行分类、整理。日常工作中，最常接触到的编目格式有在中国国内普遍使用的中文图书机读编目格式（CNMARC），台湾地区普遍使用的中文图书机读编目格式

（CMARC）和海外各专业图书馆普遍使用的美国国会图书馆图书机读编目格式（USMARC）。

随着图书馆电子化的普及和中文图书机读编目格式的推广，"资源同享，联采统编"的概念为图书馆界广泛接受。同时，随着出版量的增加和图书采购量的扩大，技术难度高、工作量大的编目工作使图书馆不堪重负，因此应运而生的联采统编受到图书馆界的普遍欢迎。联采统编因为采购量大可以从供货商处争取到较低的书价，又可以避免一本同样的书被多家图书馆重复进行编目，既为图书馆节约了人力物力，也加快了图书到馆的后处理，加快了图书的流通。

国内每年图书出版量是15万种左右，其中约40%是再版重印书，也就是说国内每年有9万种需要编目的书籍，加上港台地区的书籍，每年需要编目的书籍有10万余种。国家图书馆联合编目中心为会员单位提供的CNMARC编目数据的价格是0.30元/每条，向海外提供数据的价格是5~8元/每条。USMARC数据的价格是8~10元/每条，因此，加上回溯资料，每年图书编目数据的销售额在100万元以上。

人天书店非常有远见，在成立之初就将自己定位为一家专业的、专门为图书馆和专业团体提供专业服务的专业图书公司。多年来，人天书店着眼于今后图书情报和图书馆采编工作的发展，使用数字化的手段，把图书采选、数据加工和图书采购融为一体；更一直坚持推广"联合采购、统一编目"的服务方式，为国内多家图书馆提供服务。人天书店提供的这种服务，大大减省了图书馆需要为编目而提供的重复劳动和成本开支。经过多年的实践，作为一种经济、安全、便捷的采编方式，为越来越多的图书馆所接受。

3. 人天书店具有进一步占有市场的基础。

人天书店实行无店铺、无仓储经营。这样，就大大地降低了投资风险和经营成本。为了配合业务的发展，公司的结构框架与图书馆业务相适应，分别建立了采访部、网络部、业务部、汇总室、采购部、分拣室、编目部、运输部、财务室及回溯建库部等。

作为专业化服务的标志，1999年3月，人天书店正式编辑出版了《人天书目报》。《人天书目报》坚持全面性、及时性和唯一性的原则，并将书目进行专业的分类和整理，深受各类图书馆采访人员的欢迎。1999年，它发布图书出版信息72000余条，2000年75000余条，2001年超过85000条，2002年之后都超过100000条，占到全国全年中文图书出版量的85%以上，成为国内图书出版信息的第一大报。人天书店定期和及时出版的《人天书目报》，在很大程度上方便了各图书馆和专业团体对参考书和藏书的拣选。当然，这也相应地促进了人天书店业务的成交。

人天采访书目总库全年可采集全国560多家出版社的新书信息约85000条，覆盖了全国全年出版物的85%以上，超过任何一种全国性、地方性或专业性书目报发布的新书信息。人天书店将各种形式的采访资料按照通用编目格式规定的ISO2709标准转换成机读格式，再按照预定出版日期编制成各月的书目；编排方式按中图法分为22大类，各图书馆可根据其馆藏特点寻找各自所需的图书类别。根据客户要求，人天书目将编制成社科类、科技类、非三目类和少儿类，还可通过检索形成各种定题通报。

由于具备了从信息采集加工、书目编制发布、订单汇总采购、书目资料制作、免费送货到馆等完整的业务流程，沿着这一全新的经营方向，人天书店进入了快速扩张的阶段。1999年，人天书店年销售码洋不足500万元，2000年突破1000万元，2001年突破2000万元，2002年达到4500万元。截至2002年底，人天书店基本用户有341家，用户遍及20个省、市、自治区，预计2003年销售码洋将达到8000万元以上。

（二）"人天书店"用户由五部分组成

1. 以国家图书馆、首都图书馆、北京市少年儿童图书馆为代表的公共图书馆。

2. 以北京大学、南京大学、四川大学为代表的高校图书馆。

3. 以全国人大常委会、两报一刊（《人民日报》《解放军报》《求是》杂志）为代表的政府机关图书馆。

4. 以中国科学院、中国社会科学院、中国农业科学院为代表的科研院所图书馆。

5. 以日本国会图书馆、新加坡国立图书馆为代表的海外图书馆。

上述大多数用户已经把人天书店作为进货的主渠道了。

（三）"人天书店"的业务进展情况

1. 1999年11月，人天书店与首都图书馆签订了联采统编合作协议，即以首都图书馆本馆图书采购为基础，联合区县图书馆建立联采统编联合体。

2. 2000年3月，"人天书店"与北京市少年儿童图书馆签订了联采统编合作协议，即以北京少儿馆图书采购为基础，以全国80家独立的少儿图书馆业务为拓展空间，建立人天——少儿图书系统联采统编中心。

3. 2000年3月的同期，人天书店与北京大学图书馆签订中文图书采购及数据加工协议。

4. 2000年5月，人天书店与黑龙江省高校图工委下属公司签订联采统编协议，共同建立黑龙江省高校联采统编联合体。

5. 2000年5月的同期，人天书店与天津图书馆签订联采统编协议，建立人天——天图联采统编中心。

6. 2000年9月，国家图书馆确定人天书店为主要供货渠道。

7. 2001年3月，广东省中山图书馆图书统购部所属数十家图书馆整体进入了人天书店联采统编序列。

8. 2001年8月，人天书店与首都图书馆签订回溯建库协议，第一期工程将用一年时间完成馆藏的33万种图书的数据加工。

9. 2001年，国家出版总署信息中心主办的《中国图书在版编目快报》以下简称《快报》交由人天书店发行，目的是利用人天书店的图书配送和数据加工系统，将《快报》办成同《新华书目报》一样的可报订的有MARC数据服务的书目刊。

人天书店这一行为的目的，就是推动国家图书出版预报系统的建立。我们知道，在《新华书目报》的后面，有新华书店的物流系统；我们希望，在人天信息流后面，建立人天书店的强大物流系统。

人天书店与国家出版总署的相关合作，不仅扩宽了人天书店的业务范围，更为人天书店可以在同行中脱颖而出提供了条件。由于《中国图书在版编目快报》已正式由人天书店发行，而且《中国图书在版编目快报》的图书资料是使用MARC格式编排的，也即是说人天书店不仅在第一时间掌握了国内的出版信息，同时，人天书店还节省了很多编制图书信息时所需的加工成本。再者，人天书店会因为发行《中国图书在版编目快报》而在原有业务的基础上，掌握另一批专业用户（即潜在客源）的资料，为拓展其专业服务奠定了基础。同时，人天书店是国家图书馆联合编目成员单位之一，并积极地开展与CALIS（中国高等教育文献保障系统）的合作。

四 人天书店有继续扩展的条件，如果注入资金，必有助于加速实现其远景目标

人天书店已初步具备了向各图书馆和各专业团体提供专业服务，与竞争者争夺市场空间的前提条件。根据人天书店的发展方向，向人天书店注入资金，相信3年内人天书店不仅可以完成各个争夺市场的基础条件，人天书店更有可能在3年时间内使公

司的销售码洋达到每年1亿元以上的规模，使人天书店由一个小型公司踏上中型企业的台阶。

（一）建立全面、准确、及时的图书出版预报系统

为了实现图书出版预报系统这一既定目标更有效地为各地的图书馆提供服务，2000年，人天书店在南京、哈尔滨、长春、兰州、西安和南昌建立了工作站；2001年之后，上海、广州、沈阳、天津、武汉、济南、郑州的工作站也相继建立。

人天书店在北京的公司，将会是人天书店的总部和管理中心。随着各地工作站的建立和业务量的扩大，总部设定了各工作站的职责——收集出版信息，总部交办的查询和催缺；发展当地图书馆用户；进行本省版图书的采购和公关工作；取送货、退换书。管理中心统一管理出版信息、各地业务、采购、数据加工、配送、结算等一应事宜。

人天书店在确立自己专业化图书公司的目标之初，就意识到图书出版信息的先导作用。由于图书出版和发行的多级化，传统的商业性的书目报的导读导购作用被削弱。所以，面对竞争和为了更大地满足各图书馆的所需，人天书店有必要投入更多的资金用于图书出版信息的收集与整理，以MARC格式对图书信息进行加工和分类。

（二）建立或合作建立图书发行中盘

目前，国内仍未有一家规模比较完善的图书中盘商为各图书馆供应各类图书。所以，如果能成为一家规模和服务均比较完善、专为图书馆供书的中盘商，其前景是非常乐观的。

其实，只要人天书店按计划实现其设定的基本目标，人天书店就有机会成为一个初具规模的中盘商。这不仅可以更有效和更快捷地为自己的终端用户服务，同时也可以为其他图书专供商提供服务。

人天书店必须有计划地部署，通过为其既有客户定期供应图书的规律，与全国各出版社建立良好的信用关系，并有意利用这种图书进出的规律，去实践其图书中盘商的计划。这个构想是很实在、很关键和重要的。因为只有这样，才有可能进一步与出版社建立更佳的供需关系，使出版社的发行部愿意配合人天书店对图书种类需求的规律。最后，出版社根据图书出版的情况，主动、及时地向人天书店配送图书。当人天书店成为小中盘商的时候，必然会出现良性的循环，即是说，人天书店的中盘效应会愈来愈大，出版社的发行业务也愈做愈畅顺，产成双赢的局面。

（三）建立国家书目数据中心

人天书店以合作的方式，与国家图书馆建立了良好的合作关系，并以联盟的方式，与北京、上海、江苏、广东、四川、黑龙江等地的联采统编图书机构建立了图书采购和数据交换合作关系。

由于国家图书馆有全面收藏的条件，有毋庸置疑的加工能力，有对编目数据实行国家标准的把握，理所应当地成为国家书目数据中心。所以，虽然人天书店有自己的编目部和专业人员，但我们认为，书目数据的产生，也应该走社会化大生产的道路。所以，人天书店需要进一步部署，在发展业务的过程中，对其处理业务的方式和流程，进行适当的调整。例如，应该更节省资源，集中力量发挥自己采访的全面性、采购的及时性为国家图书馆和各个图书馆提供购书服务。同时，加强与国家书目数据中心的合作，反过来由国家书目数据中心更全面地为人天书店供应各类标准而权威的图书数据和资料，这样，人天书店就有可能在更短的时间内以更专业的水平向各图书馆和专业团体供应图书和数据信息。当然，这必然会从正面促进人天书店业务的发展。

（四）联采统编业务的发展，为人天书店提供了开拓相关业务的市场空间

人天书店面对信息社会的挑战，为进一步适应图书馆对采选的需求，加快通过互联网进行图书采选和数据传送的进程。联采统编已经成为 21 世纪图书馆工作社会化的方向和建立数字图书馆的基础。在此基础上，这增加了人天书店为各图书馆提供各种相关服务的可能。各图书馆在接受人天书店提供的各类图书信息和联采统编服务的同时，也就等于为人天书店继续向图书馆推荐更细致的图书信息服务准备了条件——如人天书店可以继续向各图书馆推介：图书目次、图书内容、图书封面、详细的作者简介……以上提到的资料，是图书馆实现数字化图书馆的必备资料，市场对此的需求相当大，这就大大扩宽了人天书店经营的相关业务的空间。

（五）建立人天数字书店

电子商务引发的"虚拟市场"通过互联网架起了出版社和读者之间联系的桥梁，将书店这一实体的购物空间转换为"虚拟"的信息购物空间，降低了交易成本和费用。这种新型的数字书店开辟了一个以信息为纽带的市场空间，信息网络成为最大的中间商，改变了传统的出版经营方式，加快了交易的节奏。随着网络技术的普及，数字图书馆的建设也已是大势所趋，但是也需要数字书店的支持。

近几年，随着图书馆软件的专业化和 MARC 格式在图书、出版行业的广泛应用，其为

数字书店的建立创造了条件。图书馆和大型的机构客户都希望，图书出版发行商能够提供与其系统相适应的电子化出版信息，并实现图书选、订、采和数据交换的电子化配套服务。

人天书店决定通过互联网为客户提供服务。人天书店从去年开始在10个省份采取了网上数据传送和网上订购的方式，也在工作中培训了一批具有专业知识的技术人员。因此，人天已具备了利用目前成熟的网络技术，建立出版信息、书目数据和电子图书交易平台，采用网上数据传输和网上交易的方式，为用户提供方便快捷的电子化服务的良好条件，同时也对从事图书行业的从业人员提出了更高的要求。

随着市场经济的发展、图书出版和发行的多级化，传统的、商业性的书目报的导读导购作用被削弱，因此，与之相适应的出版资料发布平台应运而生，但目前国内已有的出版信息发布平台都是行业或系统内部的信息发布平台，因此所公布的信息具有较大的局限性。市场在期待着信息准确、全面、及时的出版资料发布平台的出现，出版机构也希望有更有效率的信息发布平台和销售方式来拓展发行空间，这样就有需要借助数字书店的配合。

数字书店所依存的网络系统必须有良好的应用软件和运行环境，要能为所有用户提供"上网解决方案"，建立他们自己的网站，并与网上书店融为一体。系统平台要能支持遍布全国的用户随机访问，并和用户单位的系统做到无缝连接。这一切无疑都对人天书店的工作提出了更高的要求，但这些要求，就等于为有远见和有活力的人天书店提供了占有市场的突破口。如果人天书店能及时抓住这一机遇，认真分析市场趋向，建立自己独特的服务系统和网络平台，必能迅速占领市场，成为整个行业的龙头。

可以说，只有由传统的图书供应公司发展起来的数字书店才会更具意义和更具经营能力，因为他们长期周旋于出版商和用户之间，深明"上下游"的所需，可以解决实际的问题，而且，他们有一定的市场基础，他们所欠缺的，就是足够的资金和人力资源。

（六）数字书店的实现，完全可以将人天书店的业务推前一步

人天书店在迈向数字书店的同时，也就是将电子期刊推向海外市场的时候。国内的期刊在海外有很大的需求，由于期刊的时效性较强，所以，读者们都渴望能够尽早阅读到所需的期刊。由于涉及物流的配送，期刊从出版到海外读者手里，所需时间相当长。所以，电子期刊在海外的市场是相当大的。只要人天书店在实现数字书店的同时，增加一个配送电子期刊的平台，然后向海外各图书馆和读者推介，市场是相当广阔的。

上述基础条件具备的时候，我们就有理由说，人天书店需要图书馆，图书馆更需要人天书店。人天书店将同国内出版社和图书馆一起，共同探索和尝试在市场机制下，图书馆

采访及数据加工的经济、快捷、科学的运作模式，在实现其商业目标的同时，也担负起社会的责任。

五 项目的风险性分析

（一）技术风险分析

1. 从技术本身角度上讲，本项目开发需要使用下列技术。

①软件技术，如数据库技术、构件构架和软件复用技术等。

②网络技术，如网络开发技术、CGI、Java、JavaScript、Web 等。

③安全技术以及相应标准，如加密技术、认证技术，电子商务标准 SSL、SET 等。

这些技术都是成熟技术，已经过多年的实践检验，且国际上已经有了成熟的电子商务产品。目前，国内也有了类似的产品，只是还需要在运行中使之逐步成熟完善，例如北京丹诚软件公司开发的"网上书店系统"、普天公司的"电子商务解决方案"等。

2. 从技术操作的角度来讲：①本报告作者有多年网上书店的管理经验，熟悉该行业的交易规则、业务流程和业务需求。

②项目的参与者有多年图书馆工作经验和 MARC 格式编目资料制作经验，熟悉图书馆软件及书目信息平台系统。

③本项目的作者和参与者，掌握着大量的国内团体客户资源和国内专业供货渠道。因此，从项目操作的角度来讲，其胜算是很高的。可以说，港、澳、台地区也是人天书店的市场。

3. 从项目实施的角度来讲。人天书店目前已建立了信息采编加工、书目编制、订单汇总、图书采购、书目资料制作、物流配送和结算等完整的业务流程；在全国 20 个省会城市及直辖市建立了工作站；出版了全国规模最大的图书出版信息期刊。

综上所述，我们认为，该项目具体实施的风险比较小。

（二）项目的风险性及不确定性分析

时间的风险：新的运作模式首先是观念、方法的创新，这种观念和方法一经问世，很快会被共享，若不尽快发展用户，抢占市场，就会被别人抢先一步，到时我们就会失去这个市场。

空间的风险：这部分风险表现在信息平台运行的稳定性上，信息的规范性和被市场的接纳程度以及市场规模之大小，而所有这些都与投入力度密切相关。

（三）平抑风险的对策

1. 提高企业素质，转变经营模式。上述风险之关键是必须尽快实现企业从传统书店经营方式向电子化、网络化的高科技经营模式的转变。实行无店铺、无仓储经营，最大限度地降低经营成本，将资金尽可能多地用于图书出版信息的采编、书目数据的加工及自动化服务上。

2. 不断了解国内外同行的运作模式，跟踪、了解、熟悉市场现状和未来，为自己不断占领制高点打下基础。提高企业的专业化服务能力，让企业走在市场竞争的前列。

3. 造就专业人才，形成好的企业文化。根据市场需求，加强员工培训，提高企业人员的专业素质，利用各种有效的宣传和良好的服务手段树立企业形象。实行股份制经营，增加企业凝聚力。

六 项目实施计划

根据人天书店目前的经营情况，项目的实施分为三个阶段：

第一阶段：在两个月时间内完成。根据目前的经营状况和未来的发展目标，建立系统分析模型，进行需求分析，提出"信息及交易平台"的技术设计文档。进行市场调查，了解市场现有系统的性能状况及供货商。确定信息平台的建设方案，办理有关行政手续。

第二阶段：在三个月时间内完成。进行网站的建设和系统调试，并逐步进行修改和完善，实现与重点客户的网络连接。同时加大市场宣传力度，为信息平台向所有用户开放创造条件。

第三阶段：在五个月时间内完成。信息平台进入正式运行阶段，以书店前期的经营为基础，利用信息平台的高科技手段为用户提供便捷、高效和专业化的服务，并利用数字化书店的独特优势，在现有的基础上使市场得到迅速扩大。

七 经济效益分析

1. 投资规模：2000万元。

2. 本项目投资规模2000万元，其中：固定资产投资（包括硬件设备、经营场所、系统软件、资料采编）投资400万元，流动资金1600万元。

3. 年生产成本。

①办公用品和低值易耗品：10 万元

②网络建设和维护：20 万元

③通信费用（含 Internet 费用）：10 万元

④工资及管理费用：300 万元

⑤折旧：20 万元

⑥经营场所租金：50 万元

⑦其他：10 万元

年生产成本合计：420 万元

4. 年销售额估算：10000 万元。

5. 经济效益分析：

年销售收入：10000 万元 × 15% = 1500 万元

营业税：10000 万元 × 4% = 400 万元

生产成本：420 万元

年利润：680 万元

投资收益率：680 万 × _____% （所占股份比例）÷ 2000 万元 = _____%

"中国可供书目网站"运行方案

2003 年 8 月

一　认识

中国没有"可供书目"（Books in Print 简称 BIP，又译"在版书目""现货目录"）的问题，入市后已引起各方面的关注，有关部门已在研究，并着手编制。我在"编制'在版书目'"一文中已说明，编制"可供书目"，不是简单地提供一种目录，而是要改变传统的经营观念，树立认真负责的态度，体现"读者至上"的精神，做到"有目即有书"。这是一个很严峻的挑战。

长期以来，我国实行的是以"新书预报"为主，所有的"征订目录"都是"期货预订"，图书出版以后，只有介绍性的书目，如《全国新书目》。想要了解正在销售的图书信息，非常困难。也有一些出版社或书商编制一些"现货目录"，特别在网上书店风行之时，往往公布数十万种现货书目，但求购之下，满足率不到30%，人们失望之后，现货目录也声誉扫地。

虽然人们对于这种状况极为不满，但并没有一个用户对出版单位、书商或网上书店提出质询，为何"有目无书"，追究其法律责任。因为这实在是一种虚假广告行为，刊登了并不能出售的商品的广告。公布这些书目信息的单位或个人，绝没有意识到这一点，没有想到所造成的后果，对读者带来的损失。

因此，出版业需要改变原先对书目报道的认识，在法制日益完善的社会，对于每一商品广告，都应有负责的态度，不能宣传不能保证供货的图书目录。编制"可供书目"就要有严肃认真的态度，真正做到"有目有书"。为此，编制"可供书目"的部门与出版单位必须签订具有法律效率的协议，才能保证"可供书目"的权威性。

编制"可供书目"还体现了"读者至上"精神，这是"三个代表"思想在出版业的具体体现，就是读者的利益高于一切，要千方百计满足读者的需求。这就要对许多规章制度进行改革，对于利润不高的零星购书需求，包括书商的零散进货，要保证供应。也只有这样，才能把市场做活。一些书店曾经有过"缺书登记"服务，但因出版单位对零散进货冷淡而作罢，这种状况应当得到改变，否则无"可供"可言。

但要做到"书目相符"，关键在于出版单位的家底要清，这在管理工作上还有很多事情要做，包括库房管理制度、合作出书的存书规定、"绝版"与"停售"的及时报告等。只有出版单位做到"可供"保证，"可供书目"才能获得用户的信任。

编制"可供书目"，必将推动我国出版业的改革向纵深发展，不断提高服务质量与管理水平，迎接国际社会的挑战。

二 目标

建立反映我国所有出版物"可供情况"的"可供书目网络"，从图书起步，逐步推广至期刊、报纸、音像制品、电子出版物。

在3年时间内要建成反映我国中文图书可供情况90%的书目数据库。

在出版业与发行商中树立凡《可供书目》中的图书，"保证可供"的经营思想，做到有目必有书，杜绝虚假书目宣传现象。

凡使用计算机管理的书店与图书馆，绝大多数能成为网站的用户，广大读者也能成为网站的积极用户。

支持网上书店有效地运营。

在国际上树立中国可供书目的良好形象，要使外国人在网上能看懂中文图书书目，可方便地购买中文图书。

三　经营形式

（一）以网络形式经营为主

建立"可供书目网站"，以网络形式免费为出版、发行单位公布出版物可供情况，所有可供信息，在出版单位未宣布"停售"或"绝版"以前，将长期公布。

可为开展邮购业务的书店公布其图书信息，但某种图书脱销时，需及时通知网站更新，否则将承担赔偿责任。

凡"可供书目网站"公布的图书信息，在未声明"停售"或"绝版"前，保证供应；如不能供应，网站将承担对用户的赔偿责任。

任何用户均可免费查询、浏览、提出购买要求。

用户的购买需求，依其提出的服务方式（自取、邮寄、快递、直送等），由网站联系的供应点供应，由供应单位按销售码洋向网站支付信息费用，用户不另付费。

书目数据为有偿使用：每条5分；每年交500元，可下载10000条（超过10000条每增加1000条加30元）；交3000元可任意下载（并赠送光盘）。下载的数据不得以任何方式（含无偿赠送）提供他人使用。

网络将发布各种广告。出版单位介绍，每天20元，一周起价，半年2000元，全年3000元。图书介绍，每种每天10元，一周起，一月200元。成套书介绍，每天20元，一周起价，一月400元，

（二）光盘形式

每年发行 24 张（每半月 1 张），内容与网站一致。

包含：该期预报书目信息，该期可供新书信息，累积可供书目，"绝版"与"停售"信息，全年订费 3000 元。

（三）印刷版形式

与某一书目刊物合作或另自编刊物，半月一期，内容只有该期预报书目信息与该期可供新书信息。

四　信息获得方式

由网站与出版单位签订协议的方式获取"可供书目"信息来源。与出版社需签订包含如下内容的协议：

（一）出版社的责任

1. 所送书目记录为"可供图书"。

2. 如该书"绝版"或"停售"，应通知网站向书商和读者公布（事先应有书商退货约定）。

3. 凡确认为"可供"的图书，出版社在任何情况下均保证供货，否则承担赔偿责任：

①对国内读者邮购不另收邮费。

②对书商零星代售，照付发行费用。

③对国外读者邮购按图书出口规定处理。

4. "可供"图书的书目记录，一方面要增加英译内容，另一方面随附该书印前电子文本的扉页、版本记录页、目次页、内容简介和封面等，以提高书目的质量，并要求出版社能把即将出版的新书信息也能及时向网站提供。

（二）网站的责任

1. 出版单位送来的"可供"图书书目记录，实时在网上发布。

2. 未有"绝版""停售"通知的图书，均永远保留，并在随后年度连续收录，累积发布。

3. 收到出版社对某一图书"绝版"或"停售"通知，即在网上公布，并从网上删除该书书目记录，在光盘版中亦不收录。

4. 网站负责传递用户向出版单位提出的订购信息。

5. 网站将采取多种形式的网上促销活动。

五　书目质量要求

为保证书目数据能产生经济效益，可供书目一定要达到全面、及时、准确的要求。

1. 全面　可供书目的覆盖率一定要达到 90% 以上，包括当年出版的新书与已经出版但仍在销售的图书。

2. 及时　一定要在图书在书店上架之前，在网站上公布书目信息；发行部门能据此建立管理信息数据库；图书馆在收到图书的同时即可有书目数据。

3. 准确　书目内容一定要符合标准化的要求。严格执行国家下列标准：图书在版编目数据、中文普通图书著录规则、中文图书机读目录格式、文献主题标引规则等。

六　经济效益预测

1. 宏观上将为出版、发行部门带来巨大效益。按国外有关资料推算，可在现有营业额的基础上提高 5%~10%。出版、发行部门提高效益后，将对网站有一定的反馈。仅从出版单位每年减少的书目编制费用中提取 50% 计算，即可有 300 万元（以每社 5000 元计算）。

2. 网站主要从书目数据的销售上获得直接效益，销售对象为发行商与图书馆。目前，国内有条件使用机读数据的发行商有 3000 多户，图书馆有 5000 多家。如其中的 50% 使用网站的书目数据，每家以 1000 元计算，为 400 万元。

3. 网站将大力开辟国外市场。

4. 网站的广告收入每年可有 100 万元。

七　实施步骤

（一）进度安排

第一年试点（以北京地区为主），第二年全面推广，第三年达到当年出版物的 90%。对历年库存的出版物，逐步补充，亦在 3 年时间内达到总量的 90%。

前两年出版单位可能有三种情况：该出版单位的全部可供书目均在网站上公布，该单位自己可不再做书目宣传工作；该出版单位的大部分在版图书在网站上公布；该单位只有少量图书在网站上公布。

（二）措施

要有切实可行的操作方法，使出版单位易于执行，不增加工作负担并能提高其工作效率，包括提供必要的操作软件。

分期分批对出版单位有关人员进行可供书目制度的培训，编写简明扼要的培训教材，从各方面说明实施可供书目制度的重要性与具体做法，使经办人员能尽快掌握。培训一批，实施一批，不排除对某些出版单位需进行二次培训。

在报刊上宣传实施"可供书目"制度的优越性，使社会各界了解"可供书目"，支持"可供书目"。

要努力为出版单位和用户带来实际效益。

八 投入需求

1. 网站建设，可由小到大，但初始投入至少 300 万元，以后随着书目数据量的增加与用户扩大，再逐步增加投入。

2. 如果对出版单位进行免费培训，培训费用需 120 万元（以每社 2000 元计算），包括教材准备与外地出差等。

3. 支撑软件如由网站向出版单位免费提供，也需 150 万～200 万元（以每社 3000～4000 元计算）。

4. 网站维持费用，每年需数十万元。

九 可行性分析

1. 社会迫切需要是"可供书目"生存的基础。

2. 我国出版单位执行 CIP 标准已有 10 年历史，培养了一批懂得书目标准化的人才。

3. 已有可支持本项目的软件技术。

4. 集团具有承担风险的能力。

十　风险预测

1. "可供书目"制度的实行，涉及出版单位的方方面面，改革难度很大。

2. "可供书目"必须有很大的覆盖率才能产生效益，而效益不大又会使出版单位对此兴趣不大，形式恶性循环。

3. "可供书目网站"必须有经济效益方能生存，但既不能向出版单位收取费用，又不能向上网的用户收费，只能以经营书目数据产生经济效益，而这方面的竞争很激烈。

中国可供书目商业计划

2011 年

保密承诺

本商业计划书内容涉及本公司商业秘密，仅对有投资意向者公开。本公司要求投资公司负责人收到本商业计划书时做出如下承诺：

妥善保管本商业计划书，未经本公司同意，不得向第三方公开本商业计划书涉及的本公司的商业秘密。

项目经理签字：

接收日期：

方案摘要

中国可供书目是供图书采购单位和个人查询、订购图书的产品信息工具平台，包括纸载体、网络载体、光盘载体等形式。随着社会的发展，网络载体越来越发挥着关键的作用,本项目将以可供书目数据库为核心进行建设。

可供书目的要求是:全面、及时、准确、便捷、标准、动态。但最为重要的是全面,既要包括中国各地出版单位出版的、发行单位可以供应的图书,还要包括世界各地中文出版单位的中文图书信息,最终成为中文可供书目。另外,关键的是动态更新,必须将新出版图书及时更新,将不可供的信息及时更新,让订购者能够知道到哪里去采购,还能否采购到。

中国可供书目项目的建设包括三个方面的工作:

一是中国可供书目平台的建设。

二是对出版社的营销工作,与图书生产发行单位达成对中国可供书目发展的共识,并且让出版单位认识到可供书目的价值;在此基础上,能够发展完善自己的信息系统,安全地与数据库进行接口,从而动态地进行信息的更新。

三是对下游使用者的市场开发工作,让书店、图书馆、企事业单位资料室、大中专院校,甚至个人读者能够了解和应用中国可供书目。

这三项工作的完成,都需要一个较长的历史过程。在自身的产品系列建设上,要能够短期见到成果,尽快形成对行业的服务,虽然初期不完善,但是树立在实践中逐步完善的观念。

中国可供书目平台,包括两种信息、三个工具。两种信息:书目信息、商机信息。两种信息共同作用,发挥可供书目的功能。三个工具是数据库平台、光盘载体、纸载体。三个工具,既可以各自自成系统,也可以互动形成统一的平台。

数据库平台,将采用国内外多种主流标准,互相兼容。将要采用的标准包括ONIX标准、CNMARC标准、图书流通行业数据交换格式标准,并且系统设计能够让客户自定义自己需要的数据格式标准,以适应目前行业内混乱的数据格式标准。

数据库平台,将采用面向未来的电子商务技术,跟随微软公司的.NET技术发展,就是跨越单独系统的操作系统、数据库,都能够依托XML交换格式标准,采用Web服务的技术,将各个独立的系统互联起来,协同工作。这种技术的思想,符合电子商务的发展目标,符合中国出版发行行业发展的未来需求。

光盘工具,发挥的作用比较广泛,使用比较灵活,缺陷是出版发行后不能动态更新,但是,相对于纸载体,成本低廉,携带方便,对于传统书业而言,有着较为广泛的应用。一方面,配合纸载体图书进行捆绑发行;另一方面,开展对出版社的外包服务。

纸载体是目前书目传播与使用的最广泛的一种形式,发达国家同业也仍然在使用。作为我们国家，目前还没有能够代表行业水平的纸载体书目。纸载体同时还具有宣传品的作用，影响比较大。在中国可供书目开始的阶段，使用纸载体，能够得到一举两得的作用。但是，纸载体的成本比较高，应当本着收费的原则、精品的原则，在项目运行过程中，争取不亏损，甚至有所盈利。纸载体将出版定期刊物和专题性刊物。定期刊物，是每月一期到两期的定期出版物，按照时间的特点，追踪报道一段时间内的新版图书信息；专题性刊物，则是指针对某一特定的人群的书目信息报道，如针对大中专院校、少年儿童、中小学助学、农村的读物，在某一个比较适合的季节出版。

按照发达国家同类公司的业务范围，除了中国可供书目项目外，人天书店还将逐步建设一些关联项目。

一是行业交易平台。虽然做这个项目的公司比较多，行业目前应用的需要也不强，但是这个交易平台在未来还是存在一定的生存可能性。由于行业应用环境的影响，目前只介入订单系统，围绕订单的产生与回复，完成一个相对闭合的交易系统。

二是市场信息反馈系统。这是目前出版社呼吁比较强烈的一个项目，北京开卷公司已经在这个领域做了很多工作，但相对于市场比较复杂的需求，一家公司尚不能完全满足各种需要。所以，其他资本力量仍然有机会进入这一市场。

北京人天书店有限公司将在充分的论证之后，抓住时机进入这一市场，关键的基础在于开发比较好的商业智能系统，运用这一系统对客户形成良好的服务状态，从而吸引客户。

三是行业门户网站。在中国可供书目数据库、行业交易平台、市场信息反馈系统做出来之后，中国出版发行行业门户网站就具备了重要的基础。在此基础上，再吸收门户网站的其他技术优势，建设一个有能力吸引行业眼球的门户网站就大有希望，并且依赖这个门户网站获取更多的收益。

总之，中国可供书目项目是为适应行业的发展而开发的，项目将在实践中不断地提升。北京人天书店有限公司工作首要，是将可供书目平台的组合及早建设完成，并积极对上下游市场推进宣传沟通，努力取得市场的认同，使其能够尽快在市场上立足。

目　录

方案摘要

1. 中国可供书目市场背景分析

 1.1　中国可供书目的概念

1.2 中国可供书目的意义

1.3 中国可供书目现状

1.4 可供书目发展历史

1.5 中国可供书目市场需求

2. 中国可供书目产品及服务

2.1 中国可供书目体系

2.2 可供书目的书目问题的解决

2.3 可供书目的可供问题的解决

3. 中国可供书目商业化实施可行性

3.1 市场需求正在日益扩大

3.2 发达国家成熟体系的示范性带动

3.3 信息化发展为可供书目的发展提供了条件

3.4 国家推动图书行业建立数据标准化

4. 中国可供书目的商业化运作及盈利模式

4.1 中国可供书目的商业化运作

4.2 中国可供书目的盈利模式

4.3 中国可供书目商业化的可持续发展

5. 中国可供书目项目实施及预算

5.1 中国可供项目具实施方案

5.2 资金预算

6. 承建单位公司概况

6.1 经营状况

6.2 发展轨迹及荣誉

6.3 运营管理

6.4 员工队伍

6.5 多元化发展

6.6 竞争优势

  6.6.1 诚信

  6.6.2 实力

  6.6.3 规范

  6.6.4 服务

7. 计划总结

1 中国可供书目市场背景分析

1.1 中国可供书目的概念

  可供书目（Books in Print，简称 BIP），供书店、图书馆以及社会读者查询、订购图书用的工具平台，早期主要采用纸载体，随着计算机技术的应用，"可供书目"又发行光盘版（1986 年）与网络版（1999 年）。尤其是网络版，可随时更新变化了的情况，更加方便了用户。也有学者将 Books in Print 译为"在版书目"，与"绝版书目"（Out of print）对应，类似于工业制造业的"在产"概念。

  中国可供书目，主要提供国内可向书店、图书馆、其他团体和个人提供在中国范围内的出版社等图书供货商可以供应的图书的书目及图书信息，并将逐步扩大到"中文可供书目"，供世界各地采购中文图书的机构和读者使用。

  中国可供书目的特点是：①快速：通过各种关系建立以最快的速度收录与发布的新出版的图书信息；②准确：书目中书号、书价等相关图书信息以标准化流程操作，保证准确性；③及时：动态更新，将绝版书、售缺书撤销，成为名副其实的现货可供目录。

  中国可供书目不只是反映出版社或书商有现货可供应的图书，更重要的是说明图书的"在版"或"绝版"状态及图书标准信息，不是简单地宣传图书出版情况，不是一般地提供图书目录，而是保证读者可获得从"可供书目"所选择的任一种图书。

  以鲍克公司 1997/1998 年可供书目（Books in Print 1997/98，PUblished by Bowker）为例，一套 9 卷，24000 页，包含 200 万种图书的书目记录，其中有 1.74 万种新书；有 5 万家出版公司的索引，其中 3000 家是新出版社，每个出版社与鲍克公司都签有协议。该书提供最完整的和最新的书目及订购信息，包括书名、著者、篇幅、定价、出版社名称、出版日期、装订形式、国际标准书号，都是由出版社自己更新的。有些主要出版社将本社计算机中的书目信息映射到鲍克公司的可供书目信息库中，从而保证该书目的高质量。

1.2 中国可供书目的意义

随着中国每年新出版的图书种类不断增加，中国已经名副其实地成为世界出版大国。据统计，现在我国每年新出图书品种超过30万种，出版品种和总印数均居世界第一位。5年累计发行2000万册以上的10种图书中，我国就占3种；我国电子出版物总量居世界第二位，印刷业年产值居世界第三位。

虽然图书的出版量在不断增加，但是同时出版社的库存也在不断增加，主要原因是我们的国内市场交易环境不利于图书的销售。现在新出版图书上架最多给一个月的时间，如果销售不好，立即下架，退给出版社（因为图书的品种在不断增加，但是书店的销售书架却没有增加，所以书店必须增加图书的更新频率，不然没有地方摆放新书）。在这种情况下，如果不是摆放在书店的显眼位置，很可能就所有的图书就原封不动地退回出版社了，而且这不是理论推演，实际上情况就是这样。

其实，图书是一种特殊的商品，它的价值不在于纸张，而在于其文字的内涵对人们的精神引导作用，所以，它不是时令蔬菜、新鲜水果，过了季节就没用了，就可以打折或者抛弃了。只要具有良好的社会效益，就永远可以销售，就永远具有销售价值，从理论上说是这样。

目前之所以出现了这种违背图书销售规律的状况，其中最主要的问题就是中国可供书目的缺失。这造成图书的销售渠道太单一，对卖场或者库存的依赖性太强，发行单位只能卖他们现有的书，也就是现货；对于有市场的，别的库房有但是他们没有的，都不能卖。简单说来就是信息不对称，读者或者图书馆只能购买一些他们所能见到的图书，没有见到的无法购买，其实很多他们没有见到的图书，也很可能是他们很需要的图书。相反，对于出版社或者书商来说，有很多书想卖，却苦于没有发布信息的平台，所以导致了目前中国书业堆积如山的库存（当然图书内容不好也是一方面，不过部分常销书确实是没有再上架销售）。

《书目情报需求与服务研究》这一调查资料发现，国家书目信息、专题性文献及出版物推荐目录信息、地方文献及出版物目录信息三者的被利用率分别占调查样本数的51.7%、48.53%与33.1%，由此可见，书目信息资源在人们工作和生活中所起的重要作用。

这就需要中国可供书目来解决这个问题,所以,中国可供书目不仅仅只是一个书目,不是说给书业人一个面子,而且可以自豪地说,外国有的书目,我们中国现在也有了。中国可供书目的意义是解决中国图书销售渠道不通畅的问题;解决图书发行单位卖书难的问题;解决读者购书难的问题。所以,这是一个大问题,对整个出版、发行行业具有重大的划时代意义。

1.3 中国可供书目现状

书目在中国的发展有其特殊的历史特点。在计划经济条件下,国家对出版社和书店的建立,都有着比较严格的计划性,从而决定了书目的"计划经济"特点。

我国出版社一是按照部委(军队)的分类设置的出版单位体系,以为各行业服务为主;二是按照地方区域的特点建立各个地区性出版社,为地方服务;三是设置大学出版社,为教学与学术推广服务,基本上就是这么三个体系。也有一些其他体系,并不代表主流,大学体系基本上又遵从地方体系的运作特点。所以,书目体系也是按照这个格局建设的,并持续了40多年。中央有新华书店总店的《新华书目报》,报道设在北京地区出版社的新书信息;各地方有省店自己的书目报,报道本地方各家出版社的新书出版信息。比较有名的书目报,除了《新华书目报》外,还有《上海新书目》《全国地方版科技图书联合目录》等。但是这些书目,都只能被称为预告性书目,具备一定的可供书目特征,并不是完全的"可供书目",更不要说是"中国"的了。

如果跨地区去报道其他地方的新书信息,在计划经济时代都是大家很忌讳的事。所以,大家都按照计划分工,报道计划分内的信息,对其余较少问津,这种思想直到最近几年才有所改变。所以,在中国长期没有全国统一的商业可供书目报道系统,就是指图书付印了,马上将出版的消息统一传播出去。这其实是一个行业机制,我们的这个机制比英国等发达国家晚了100余年。

国家新闻出版总署信息中心有一本杂志是《全国新书目》,但收录信息太少,根本称不上"全国";1997年,总署信息中心又创办了《中国图书在版编目快报》,但是由于没有商业特征,与发行脱节,一直没有做起来,发行量不到2000份。该中心编制的《全国总书目》,虽然覆盖面较全,但时差太长,且只报道当年的出版物,并不说明可供情况,也不具备发行功能。

全国图书馆联合编目中心编制的中文图书机读目录,虽然比较及时、全面,且有历年的累积书目记录，但因没有"可供"情况，也只能作为读者选购图书的参考。

目前，新华书店总店编印的《社科新书目》和《科技新书目》覆盖面只有全国出版物的一半；各省新华书店、发行所和一些专业团体编印的征订目录也都是预报性的。各出版社或自编，或合编，还有一些书商、网站也编制了许多"现货目录"，但只是列出各社近几年出版的图书目录，不能保证一定供货（这与出版社的服务方针有关），并不具备"可供书目"性质，且系非正式出版物，无权威性。

可供书目虽然已有100多年的发展史，并且已成为出版行业信息化建设的重点之一，但是在中国，可供书目仍然是新鲜事物，其功能与意义还没有广被书业人士及广大读者所认同。由于可供书目发展缓慢，国内的图书信息大多局限于网上书店、新华书店书目查询以及各出版社自身书目的查询，这些往往造成许多读者找书难，买书更难的局面。

目前，国内的可供书目还没有哪一家能完全覆盖中国所有的出版物，以前在计划经济时期，《新华书目报》可以基本做到这一点，但是这个时代已经不可能了。无论是全国各地的新华书店，各大馆配商，抑或是网络书店，所提供的可供书目信息只是中国所有图书品种的冰山一角，最多是某某书店可供书目、某某文化公司可供书目。要在可供书目前面冠以"中国"两字，要么具有官方机构的行政指令，要么具有巨大的商业运作能力。

1.4 可供书目发展历史

自1874年英国Witaker（惠特克）公司推出世界上第一种可供书目《近期文献参考书目》至今，其已走过了131个春秋。英国Witaker公司和美国Bowker公司及德国K. G. Saur公司目前是世界上最大的3家可供书目出版商。在欧美发达国家，一般都有本国的可供书目，并已成为西方图书贸易不可或缺的信息中介，是出版社、书店和图书馆最重要的工具书。但在中国，至今还缺少能够总揽全国图书的可供书目，这种缺憾让中国成为图书信息查询上的"矮子"。

现代意义的可供书目的出版标志是1948年美国鲍克出版公司创办编印的《可供书目》问世，它专门报道美国市场上现售的图书。1965年，英国惠特克公司的《英国可供书目》出版。20世纪70年代，联邦德国、法国、日本等相继出版可供书目。20世纪80年代，全世界有90多个国家与地区的图书公司和出版社编印了在版书目。

美国可供书目的管理比较规范，当一本书的销售已下降到最低点而不再有利可图的时候，出版社便宣布这本书"绝版"（Out of Print），把它从可供书目中去掉，并在《出版商周刊》上宣布此书"绝版"的信息，通知全国书店将未卖出去的书退回。同时，美国出版界保持一种好传统，无论是多么遥远的一个偏僻角落，如有顾客要买任何一本书，当地书店如果没有货，出版社和书店有义务帮读者寻找，并且是千方百计而不考虑经济上是否合算。（魏龙泉，2002）

由于有了这样规模的"可供书目"和出版界良好的服务传统，这为发行商的运营提供了极其优越的条件。以举世闻名的亚马逊网上书店为例，该书店1995年成立伊始，所列出的图书目录就有110万种，完全是利用"可供书目"的信息资源。亚马逊网上书店采取"先卖后买"的零库存经营方式，在33平方米的小车库里销售了1580万美元的图书。中国办的一些网上书店，没有亚马逊网上书店的环境条件，当然也很难做出亚马逊网上书店那样的业绩。

1.5 中国可供书目市场需求

近年来，数据信息服务的压力已经逐步从发行企业向出版单位转移，能否及时加工，及时、有效传播标准化的书目信息以及有关的动态信息，已经成为出版单位发行工作的重要一环，成为出版单位竞争力的一部分。这样，上下游两个方面都有要求去解决数据服务的瓶颈，要求提供数据服务新的解决方案。

首先，各出版社自己加强信息服务的成本高昂。目前的图书市场上，同样的书目信息被重复加工的情况非常普遍，我们可以简单地算一笔账：保守计算，全国有3000家大小不一的发行单位应用了计算机管理，每家平均2名数据人员，每年每名数据人员的人工费用1.5万元，全国出版发行行业一年的数据加工成本就是9000万元，若计算场地、办公、计算机维护等费用在内，相关成本将是一个非常巨大的数字。

其次，各出版发行单位自己加强信息服务，不利于行业的有序发展。由于没有统一的标准，数据不完全，不及时，重复量大，不利于出版社、发行单位准确、及时、全面地掌握市场信息，制订符合市场实际需求的出版和发行计划。

最后，互联网的应用与发展对建设可供书目数据库提供了条件。通过互联网，我们能够将信息及时发布给全世界，同时也可以通过互联网找到我们所需的信息，这就是互联网带给我们最方便、实用的功能，互联网为信息的传播提供了一个方便、实用、经济、广阔的平台。同时，随着互联网的普及，各种信息也越来越社会化，一般数据已经不能成为企业的垄断资源，这就为我们成立面向全国出版发行业的专业图书信息服务公司提供了机会。

因此，成立一家介于出版商与发行商之间的第三方图书信息加工与服务企业，显得十分必要。这不仅能够降低信息加工成本，而且可以改变数据加工模式，从一家一户的小作坊式的数据生产加工向行业统一集中的数据服务转移，成为行业社会化大生产的一部分。

根据国外出版强国的发展经验，一个权威的、统一的、准确的可供书目，对于出版和发行单位减少库存，加快周转，调剂余缺，提高工作效率和经济效益，降低企业经营成本，能够起到很好的作用，同时也为需要订购图书的单位和广大读者提供了一个准确的信息。因此，中国可供书目数据库的建设，必将对我国出版业的发展起到积极的促进作用，给出版和发行企业带来良好的社会效益和经济效益。

在出版和发行行业的信息化方面，一些大的出版社近几年已经建立了自己内部的管理信息系统，开始考虑 MARC 数据的问题，并建设了自己的网站，但是，许多中小型出版社却没有人力和财力来从事这项工作。如果要求这样的出版社提供可供书目的信息，一定是十分困难或者效率很低的。从发行商来说，应该建立自己的信息平台，充分利用可供书目的信息，为用户提供良好的服务。如果发行商做不到这一点，出版社看不到可供书目对自己的潜在利益，就更不会积极配合工作。

在信息格式的标准化方面，中国可供书目所提供的数据主要是 MARC 数据，这就要求所有加盟的出版社也应该有相应的支持 MARC 数据的技术平台，或者能实现数据向 MARC 格式的转换，并且有相关的高水平的业务人员。如果能有统一的信息上传平台，让所有出版社用同一个软件提供数据，就更能保证信息格式的标准化。

现在，中国的书目体系中有在版编目（CIP）、可供书目（CBIP）和图书馆编目数据这三个方面。它们互相之间是有关系的，也存在重复建设资源的问题。所以，从长远来看，出版管理单位、出版发行单位和图书馆应该联合起来，积极探索各个环节书目数据的整合，避免重复建设，方便图书馆和读者的使用，实现书目信息资源的共建和共享。

订货会上，每家出版社都会提供本社的书目，那些提着重重的纸袋，挥汗如雨地穿梭于各出版社收集书目的采购员构成了订货会上最常见的风景。对于中盘商、图书馆以及团购者来说，订货会上想要尽可能地汇总全国各出版社的书目是项艰巨的工作。书目信息的梗阻一方面令购买者买不到所需要的图书；另一方面，使出版社为大量的库存头痛不已。建立覆盖中国的可供书目，保证出版社、发行商、购买者之间信息的顺畅流动，是出版行业急需的动力装置。

建立全国性可供书目必须要有出版社的数据支持，需要出版社建立内部的信息管理系统，并对出版的图书进行在版与绝版的统计及公布。然而，对于它的功能与意义，出版社却没有普遍的共识。高等教育出版社、人民教育出版社、外语教学与研究出版社、清华大学社、中国人民大学出版社、机械工业出版社、科学出版社、电子工业出版社等都是业内公认的信息化程度较高、配合度较好的出版社，但绝大多数出书品种较少的中小型出版社，没有建立起严格的库存管理制度，主要依靠直销或者系统内部销售，花大力气做可供书目的动力不足。很多出版社并未意识到可供书目数据库能够带来的潜在利益，甚至连可供书目的含义都不甚了解，更不要说提供相应的信息支持了。

由于产业链信息不畅通，图书馆图书购到率不高，抱怨声不断。全国各类图书馆一年购书款额约为 100 亿元，全年向供应商提交订单的总量只有约 65% 的满足率。如果通过建立中国可供书目数据平台，提升图书馆 10% 的满足率，就能在购买总量不变的情况下，提高出版行业 10 亿元的销售量，这是一个惊人的数字。

北京开卷图书市场研究所总经理孙庆国认为，建立全国性的可供书目数据库平台，加强出版上下游信息的流动，最终的受益者是出版社，而出版社的症结主要是思想观念方面的误区。通过建立全国性的可供书目数据库，提供所有在版图书的供货渠道，借助其检索和订货管理的功能，出版社、书店、图书馆甚至一般读者都可以全面、准确、迅捷地了解国内可供图书的最新信息、市场行情，并可直接订货。杨文胜也认为，建立全国性的可供书目数据库的最大贡献是通过联机编目和联机检索，即使一个偏远城市的小书店也能够接受读者的预订，使任何角落的人都能够买到需要的书，减少行业的机会损失。

2 中国可供书目产品及服务

2.1 中国可供书目体系

中国可供书目是一个书目体系，包括纸载体、光盘载体、网络载体。每一种载体都能自成体系，同时三种载体之间又能够形成互动，满足不同客户的多样化需求。所以，整个项目不仅仅是建设一个书目数据库，而是通过建设一个为整个行业服务的书目体系，通过市场推广工作，最终能够对中国图书供应体系的优化建设做出贡献，并在这一过程中确定自己的市场地位。近期具体目标是，在我国出版发行行业市场化的大背景下，结合当前电子商务飞速发展的形势，积极建立中国可供书目体系，包括网络、光盘、纸版三种载体，经过 3 年左右时间的努力，培育市场、发展业务，将各项业务推入正轨，使之成为出版发行单位的必备工作环节，实现项目与公司的盈利。

在充分获取国内中文图书信息的同时，积极拓展世界其他地区华文书目信息的收集与发布工作，将中国可供书目的概念扩展到华文可供书目的高度，为各个国家和地区的华文图书市场服务。

中国可供书目建设项目（以下简称项目），将充分利用互联网这个文化信息传播和交流的重要平台，遵循互联网信息交换和共享的国际标准，通过界面友好的、高效的、开放的计算机信息系统实现规范的出版发行数据的分布式制作和集中管理，建设一个国内出版发行界数据量最大、时效性最强、数据最规范的出版发行数据中心，实现连接出版商、发行商和最终用户的信息纽带作用。通过信息的一次制作、多方（或多应用）共享来降低出版发行业总体信息制作成本，最大范围地实现出版物信息的采集和发布。

2.2 可供书目的书目问题的解决

可供书目的建设首先需要解决书目的问题，目前国内最为权威、数量最全的是在版编目 CIP 数据，这个数据的准确性其实还没有达到可供书目的标准。首先是它的准确性，虽然现在书号是实名制，用书稿去申请，但是最终的图书出来后，编目数据的各个字段未必会没有变化。

要想得到准确的书目信息，最好的办法莫过于按照样书来做数据，有了样书做数据除了保证准确性之外，还需要样书的及时性，这一点主要是保证新书出来以后能及时发布，可以及时购买。有了这两点，还远远不够，还需要保证样书的品种全，既然是中国可供书目，那就必须是全中国的出版物都涵盖了才能叫中国可供书目。

前一段时间，新闻出版署刚刚下发通知，要求各个出版单位及时、足额地缴纳新书样书。如果这个规定能够得到认真执行，那么书目的准确性、及时性、全面性就都可以得到保证了。除了通过行政命令保证出版单位送缴样书的积极性之外，也可以通过一些增值服务来吸引出版社及时提供样书，比如，及时安排编目加工人员，为新来样书做编目数据，然后及时把数据返回给出版社。这样，出版社就能拿着这些数据给需要的馆配商或者新华书店，这对他们来说也节省了一部分人力、物力，而且宣传效果好。

对于一些实在不愿意缴纳样书的出版单位，或者漏缴、迟缴的样书，对于这部分书目的缺失，可以通过与各大批销中心，各地馆配书商，各地图书馆建立联合编目系统，利用他们新进的图书对版本图书馆的书目信息进行有效补充。

同时利用各个发行单位的书目信息与可供书目查重，也可以发现哪些出版单位没有及时缴纳样书，这也是一种手段。另外，最后的、最有效的强制手段，就是在审批书号时，根据出版单位的缴纳样书清单与上一时间段的申请书号进行对比，就可以准确知道哪些样书没有被及时缴纳。

2.3 可供书目的可供问题的解决

书目的问题解决以后，还有另外一个重要的问题，那就是可供性的问题。由于图书的可供性是属于一个动态的状况，可能今天有，明天没有；或者是今天没有，明天有，那么怎么解决这个实时可供的问题呢，那就需要建立一个大型的数据库，实现书目信息与实物动态实时匹配。

要实现这样一个数据库的准确性，单靠一两家出版社、书店、批销中心是远远不够的，因为现在中国出版与发行业的状况是：整个图书的分布是分散在全国各地的出版社的库房、书店库房、文化公司库房，十分零散。所以，这个可供书目的数据库必须是网络共享式的——全国联网，联网的图书发行单位都可以随时增加新发行的图书信息，也可以随时删除已经绝版的图书信息。如果再扩大可供书目的概念范围，按照淘宝网的思路，甚至个人也可以联网，也可以提供可供书目，这样就更加完善了可供书目的内涵和意义。

3 中国可供书目商业化实施可行性

3.1 市场需求正在日益扩大

市场上对可供书目的呼声主要来自图书馆，原因是随着教育的发展和社会的进步，图书品种迅速增加，但图书馆却拿不全当年全国出版图书的书目；另外，即使拿到了很多书目，订单也提交了，但是能够按要求到货的数量不足 60%；还有，当图书到货时，要求一并提供的 MARC 数据，其质量难以得到保证，到北京大学图书馆等处购买负担较重。所以，图书馆界对此的呼声强烈。

中国出版界对此并不很重视，出版社不愿意为此多费金钱和精力。另外，由于中国书业信用体系的缺失，形成了我能向谁订货，则只能要谁的目录，否则供不上货，书目是没有用的。这样，由于没有一家书店有能力同所有的出版社建立经销关系，并让出版社把全部书目都及时给它，所以统一的书目一直难产，这种状况直到现在也没有根本的好转。

另外，由于对重点渠道争夺的白热化，不会"自己说话"的目录，自然很难与推销员竞争，出版社更加重视推销员制、订货会、主发等发行方式，对于目录订货的市场效果没有信心，缺乏耐心去支持一个统一的书目报道系统的建设。

市场情况近一两年对此有了松动。由于图书馆购书金额年年上升，尤其是大学图书馆的采购上涨非常快。每年，全国各级各类图书馆采购总金额在 40 亿元。这个市场需求催生了一批图书馆服务商出现。经过3年多的竞争，部分民营的大型图书馆服务商成长起来了，为了给客户以充分的图书信息，他们花费了较大的精力编制自己的书目报。例如北京人天书店，自编书目超过10万种，已经接近新华书店总店的年新书发布数量。

还有，由于书店规模近几年越来越大，对品种的要求增多，也开始需要一站式的服务以解决全国统一书目的问题。市场对品种需求增加后，采到率（即供货满足率）成了另一个焦点。数据很多，但却采购不到图书，于是数据是否能与供货配套成为新的焦点。因此，是否可供成为数据价值判断的关键点之一。所以，从图书馆的需求角度出发，逼迫有关图书馆服务商、供应商，开始建立全国统一的书目信息。书商强大后，又迫使出版社注意这个问题，这样，整个市场目前初步形成了有关对中国可供书目的需求。

3.2 发达国家成熟体系的示范性带动

在美、英、德等出版强国，可供书目是出版界成熟的信息发布机制，几乎所有的图书都能在第一时间由专业的机构通过专业媒体发布，在其行业内形成了良性的循环，对整个图书市场的供应形成了有力的支撑。比如，美国在良好的可供书目体系的支持下，大型批发商能够在3天内满足全美国任何一个角落的需求，效率很高。

相比之下，我国可供书目建设的落后，导致整个行业供应体系弱化，供应满足率过低，为市场提供的服务难以达到较高的水平。在发达国家成熟的可供书目体系的对照下，让中国出版发行从业者逐步地认识到了自身的问题，对可供书目的建设开始投入了较多的注意力。观念的变革，这是可供书目环境改善的重要方面。

3.3 信息化发展为可供书目的发展提供了条件

当前，出版发行行业基本上普及了业务上使用的计算机系统，电子商务的理念也得到了广泛的吸收，互联互通的思想得到普遍认同。然而，信息孤岛的情形比较严重，在这种情况下，对基于统一数据格式的数据交换的呼声开始强烈。从书店、图书馆的角度来说，这需要全面的标准化的数据；从出版社的角度来说，这需要书店的销售数据反馈。从目前的发展情况看，这两种需求越来越强烈，而要建设的统一的全面数据库恰好是实现这一需求的重要工具平台。

由于目前各地新华书店纷纷在进行集团化改造，有一些省份走在了前面，已经完成了转换工作。所以，它们与出版社的讨价还价的能力增强。目前，一些省级书店已经开始要求出版社按照自己的数据格式提供电子数据。出版社慑于销售压力，开始不得不承担这份工作；而且目前大多数出版社也具备了这个能力。这是从基层和用户向供应方发展的需求拉动力量，是行业信息化发展的结果。

3.4 国家推动图书行业建立数据标准化

新闻出版总署日前批准发布了一项对于全行业工作具有重要意义的标准——《图书流通信息交换规则》。这一标准的实施将结束我国图书发行行业数据文件格式不统一、相互不兼容的历史，有效解决图书流通领域商品信息和市场信息的对称流动，加快图书发行行业标准化信息化建设，从而提升全行业的技术水平，促进全行业的经济增长。

新闻出版总署有关领导柳斌杰、邬书林等对标准的制订十分重视，曾多次指示，要求将此项标准的制订作为行业技术进步的一件大事来抓。为了制订这一标准，总署科技发展司协调出版物发行管理司、全国出版物发行标准化技术委员会、浙江省新华书店集团公司等多家单位成立了标准起草小组，开展了为期8年的基础工作。

标准以图书流通过程为核心，明确了数据交换的内容。根据交易业务的"发布、采购、发货、退货、对账、结算、统计"7个环节，定义了"出版物商品信息、供货目录信息、库存商品信息、采购单据信息、发货单据信息、退货单据信息、通知退货信息、对账单据信息、结算单据信息、统计单据信息"10种信息类型，支持"发布信息、商品征订、库存沟通、商品采购、采购确认、发货、收货、退货、退货确认、通知退货、对账、对账确认、结算、分销统计、零售统计"15种业务处理。

标准通过完整定义图书商品信息及其在流通各环节中的信息交换内容和规则，规范图书出版发行供应链中各企业信息系统的数据接口，使企业间数据库能以标准格式相互兼容，轻易实现信息共享，每个数据库拥有者只需将自己数据库的内部格式和标准格式进行转化，就可达到供应链中各企业信息的互联，促进图书出版发行供应链之间的信息交换。标准实施以后，出版业发行供应链、信息链的数据传输大为简化。

该标准还根据行业现行状况和网络技术发展趋势，采用文本文件和XML（置标语言）作为计算机软件系统之间信息交换的格式，其中文本文件引用GB/T 2901 – 1992《书目信息交换用磁带格式》（即国际标准ISO2709），并通过标识符的定义，建立了文本文件和XML两种文件类型数据内容的对应关系，以使两种数据格式的信息交换规则在逻辑上保持一致。

据悉，为了确保标准的技术先进性和可行性，总署科技发展司召开了大量会议，开展了多次问卷调查、重点走访并认真研究了国内外出版物发行行业的现状，信息技术的变化、发展趋势和行业现有标准。在确定本标准项目的命名、工作内容、涉及范围及技术应用等内容时，标准起草小组还广泛征求了200多家出版社、30余家批发商、67家零售书店、2家网上书店、4家行业软件商，以及国家图书馆、中国图书进出口公司、新闻出版总署信息中心等单位的意见。

4 中国可供书目的盈利模式与发展

4.1 中国可供书目的商业化运作

9年前，人天书店就首先提出了数字书店的概念，意在用现代网络技术和数据技术将在版编目、在版书目、在线报订、采购、编目、分拣、加工、仓储、物流和售后服务连为一体。

2005年，人天书店踏上大书店的台阶，当这一目标实现之后，人天书店的下一个目标，就将向省级新华书店集团的规模前进。一些专业报刊、专家和同行都在关注人天书店的发展。了解人天的业内人知道，人天书店的发展始终被理想主义所引领，它在自己的商业活动之上加上了个人主义的色彩和对社会的责任。人天书店在不知不觉中扮演了这个行业领导者的角色。人天书店做了下面几个第一：在《新华书目报》之外，创办了第一份完备的书目报——《人天书目报》；在图书馆配供上第一次与全国出版社建立起全面的合作伙伴关系；在可供书目偃旗息鼓的时候，重拾"中国可供书目"的旗帜，并使其初具规模；参与复合出版系统的开发和推广；作为唯一一家民营书店，被总署信息中心列入二维条码的试点单位，并出版了中国第一本印制二维条码的图书；2004年，人天书店加入全国出版物发行标准化技术委员会，成为其通信会员。在发展的道路上，我们也要站下来想一想，下一步该怎么走。结论是，我们永远不做中国的沃尔玛，而是要做中国的OCLC，我们要建立从目录检索到信息检索的完整体系，以此支持我们的渠道建设。我们的口号是：在有图书馆的地方就有人天书店。我们将坚定地推行我们的销售模式：信息发布——需求反馈——需求满足。

人天集团总裁邹进在苏州中国图书馆年会上有一个主题发言，题目是《满足率是图书馆配供的核心》，登载在7月15日的《新华书目报》上。邹进总裁提出了满足率的三个要求、三个要素和三个保证：

（1）三个要求：出版信息的满足率、报订图书的满足率和报订图书的及时满足率。

（2）满足率的三个要素：完备的书目信息，包括在版编目、可供书目、参考书目和电子资源；建立信息交换平台和健全数据交换机制；商业化的运作模式。

(3) 满足率的三个保证，即出版商、发行商和图书馆构成了这条价值链上的三个利益主体。在这条价值链上，出版商降低了发行成本，发行商降低了采购成本，图书馆降低了搜集成本。大家都降低了人力成本，提高了解决问题的效率和质量。

以上是那篇文章的主要观点，即要想提高图书配供的满足率，必须建立中国可供书目。

但是，谁来建设中国的可供书目？是政府行为还是商业行为？邹进总裁从苏州会回来，一直在思考这个问题，以前认为可供书目应该是政府行为，人天书店似乎替政府办了一件事，天降大任于人天，忽悠悠，飘飘然，其实并非如此。邹总和《新华书目报》总编辑杨文胜、《在版编目快报》执行主编阚元汉、图书馆自动化专家陈源蒸老师等反复讨论过这个问题。在人天书店之前，先有科文公司、联想集团，后有中国出版集团都曾尝试中国可供书目，都想将可供书目产品化甚至产业化，但现实情况是，可供书目形不成产业。因为当没有规模需求的时候就形不成产业，所以对可供书目的尝试都无疾而终，此其一。其二，作为在版编目和在版书目应该是政府行为，政府应该知道自己的国家将要出什么书，出了哪些书，哪些书在版，这是一个国家的行政能力，如国家版本图书馆和国家图书馆。至于哪些书可供，由谁提供，何时送到，体现的是一个国家的供给能力。图书恰恰不是战略物资，如石油、电力、通信等，图书不是国家垄断经营的商品，所以可供书目自然是一种商业行为，应该是发行商的事情。事实上，美国、英国、德国的可供书目都是大书商编制的。最终我们得出了结论，中国可供书目的建设应该走一条自己的道路，即从企业自用到行业共享，前提是编制可供书目的企业自身应有对可供书目的需求，这也正是上述公司最终放弃的原因，同时也恰恰是人天书店能够成功的原因。

4.2 中国可供书目的盈利模式

(1) 中国可供书目数据库销售。按年制作成光盘，有偿给国外的各大图馆使用。

(2) 目标客户：各大图书批销中心、国内图书馆、国外图书馆。可供书目对于图书馆或者书店的采购人员来说，提供了比较详细、准确的信息来源，所以他们是书目最主要的消费者。

(3) 出版社、文化公司。可供书目对于出版社的选题策划有重要的指导意义，所以也可以以一定的商业价值卖给出版社、文化公司。

(4) 中国可供书目有偿提供给国家主管部门，作为制定国家宏观调控或者相关制度的参考数据。

（5）如果有读者在中国可供书目上查询到某种图书以后，经出版社或者著作权人授权后，按需印刷盈利。

（6）按目标客户不同制订不同的定题书目。比如，中小学生必读书目、大学图书馆馆藏必备书目等。

4.3 中国可供书目商业化的可持续发展

毫无疑问，建设这样一个全国性的可供图书数据库可谓筚路蓝缕，困难重重。做好扎实、繁重、细致的数据收集和整理工作需要艰辛的努力，而且还要持续保证巨大的人力、财力投入。以英国为例，尼尔森数据公司是英国可供书目的核心单位，该公司的盈利模式一是从出版商那里搜寻出版信息，向书店销售，同时向出版商收费；二是从书店方免费搜集销售信息（英国已有93%的书店向该公司提供数据）经过整理、分析后向出版商有偿提供。中国可供书目可借鉴国外数据公司经营管理的有益经验，同时，积极探索适合中国国情的经营战略，在书目信息相对健全和有一定联网供应单位的条件下，利用互联网积极开展网上交易活动，推动行业交易成本的降低和交易效率的提高，推进无纸贸易的发展。

5 中国可供书目项目实施及预算

5.1 中国可供项目具实施方案

（1）组建图书编目工作组。通过以上的分析，我们制订了建立中国可供书目的方案，组建图书编目工作组专门负责做编目数据，在最短的时间做好最新图书的书目信息、MARC数据。

（2）成立可供信息核对组。主要是联系各个出版社、文化公司、发行公司和书店的书目信息、可供的复本量等信息。

（3）建立大型书目数据库信息平台，把前两步收集的信息整合到一个数据库中。这需要建立联合目录，或者说书目共享数据库平台。目的一是解决图书信息的及时性、全面性；二是实现全国范围内的可供图书的动态变化，实现可供性。这个数据平台最好能支持各种数据格式，以及字段数量不同的各种数据。这样的目的是适应各个发行单位的数据录入格式、字段的不同。

（4）开发中国可供书目网站，对外发布数据库中的这些书目信息。普通读者通过它互联网检索书目信息，集团客户可以通过它导出数据，批量下载书目数据。

(5) 建立数字资源库。其目的是实现纸质图书的电子化，适应未来时代的变化，为年轻人提供更多可读图书。

5.2 中国可供项目资金预算

(1) 数据编目人员：

书目数据著录：15 人

书目数据标引：20 人

总校对：3 人

总负责人：1 人

总人数 39 人，按每人每月平均工资 4000 元（工资和社保）计算，全年共需要 156000 元。

(2) 场地：

编目加工 30 万册的图书除需要安置办公设备外，还需要一定的场地用于图书周转，因此加工场地面积不应低于 300 平方米，同时需要一间周转库房。

(3) 设备：

普通电脑桌：40 张

普通办公桌：2 张

办公椅子：40 把

编目车（V 型车）：60 辆

电脑：40 台

服务器：1 台

(4) 数据源收集人员

按照目前的 580 家出版社计算，再加上其他的文化公司、批销中心，这样的话需要核对的数量将超过 600 个单位，如果每周更新一次数据，将需要 8 个工作人员专职负责核对此信息，预算费用为：按每人每月平均工资 6000（工资和社保），全年共需要约 57 万。

(5) 硬件投入以最适合为原则，尽可能降低投入，总投入在 60 万元左右。

(6) 大型书目数据库信息平台初步预算的费用为 50 万 ~60 万元。

(7) 开发中国可供书目网站的预算费用为 30 万元（此为一次性费用）。

预计总预算费用在 390 万 ~450 万元。

6 承建单位公司概况

6.1 经营状况

10余年来，北京人天书店有限公司一直处于良性发展状态。在第一个五年计划中，良好的采购和销售渠道奠定了坚实的市场基础，专业化的管理和服务团队使公司在馆配行业中脱颖而出，公司销售码洋持续保持了100%的年增长速度，成功于2003年实现了亿元店的既定目标。

第二个五年计划期间，公司开始完善基础设施，改善内部环境。两万平方米的仓储基地气派宽敞，5层的新址办公楼时尚舒适。客户满意度的提高、业界影响力的提升、团队凝聚力的增强，使公司发展步伐更加稳健，人天高姿态进入了自己第二个10年的发展征途。

第三个五年计划伊始，公司着力开辟多元化发展道路，在馆配中盘、电子商务、出版等领域均有建树，整体业务进入稳步发展阶段，在基数不断加大的情况下仍保持年均增长20%到25%的速度。

6.2 发展轨迹及荣誉

◆1998年9月10日，人天书店在中国地质博物馆开业，成为人天书店集团的创业之始。

◆1999年1月，人天召开第一次图书馆联采统编会议，正式转型，开展图书馆配供业务。

◆1999年3月，创办《人天书目报》，至今，人天已经成为国内最具权威的出版信息提供商。

◆2000年，开展中文期刊配供业务，发展至今，已经成为公司的主营业务。

◆2003年，跨入亿元店行列。

◆2004年，创建中国可供书目，建立出版信息交换平台，开始参与图书馆文献资源建设和发行标准化建设。

◆2006年，成立批销部，现为馆配中盘，开始实施同心多元化发展战略。

◆2006年3月，仓储基地建成投入使用，跻身图书中盘商行列。

◆2007年1月，被中发协非工委、出版商务周报共同授予人天书店"2006年度最佳馆配商"称号。

◆2008年10月，中国红十字基金会设立"人天图书馆基金"。

◆2009年1月，在新华书目报组织评选的"2008年度全国优秀馆配商"评选中，公司荣膺"实力奖"，同时赢得"服务奖"。

◆2009年3月，通过ISO9001质量管理体系认证。

◆2009年9月，在由文化部等主办的"中国宁夏国际文化艺术旅游博览会"上，荣获"优秀组织奖"、"优秀展览展示将"和"最佳创意设计奖"。

◆2009年10月，并购蔚蓝书网。

◆2010年，成立出版部和总发部，进军图书出版业上游。

◆2010年1月，中发协非工委、出版商务周报再次授予人天书店最佳馆配商称号，即"2009年度最佳馆配商"。

◆2010年1月，在《新华书目报》《图书馆报》举办的"全国优秀馆配商评选"活动中，荣膺2009年度"服务创新奖"。

◆2010年1月，人天书店在中版协、中发协共同举办的第二届"诚信经营、优质服务"社店互评活动中，被评为"诚信经营、优质服务"发行单位前30强。

◆2010年4月，人天被评为"北京市丰台区和谐劳动关系先进单位"。

◆2010年11月，公司成立图书馆设备经营部，开始开展图书馆设备经营业务。

◆2010年12月，在新华书目报、图书馆报举办的"全国优秀馆配商评选"活动中，成为获得"综合实力奖"的唯一一家民营书店。

◆2011年，由人天书店注资的非公募基金"北京蔚蓝公益基金会"成立。

6.3 运营管理

科学、规范的管理是企业发展的基石。2008年人天书店完成了ISO9000认证，各项业务都在按照制度标准进行。

为推进和完善内部管理，人天书店于2006年自主研发了OA系统，完成了规范管理、成本控制、任务细分、绩效考核。为提升服务质量和深化资源共享，公司从2007年起不断完善ERP企业管理系统，目前已经在馆配、馆配中盘等业务领域实现了物资资源管理、人力资源管理、财务资源管理、信息资源管理集成一体化的企业管理格局。

6.4 员工队伍

（1）员工素质：目前，公司本科及以上学历员工占员工整体数量的22.8%，专科以上学历员工占41.6%。其中，中层及以上的管理岗位和技术岗位人员全部执有相应资格证书。

（2）评优奖励机制：一年一度公司评优，树立学习榜样，形成人人争先的良好企业氛围。

（3）人才梯队建设：关键岗位竞聘、后备人才甄选。

（4）人力资源部合作模式：建立人才培养基地，进行专业对口人才的补充。

6.5 多元化发展：公司目前已形成了 4 大中心、20 余个直属部门的组织构架，业务种类涉及馆配、馆配中盘、网络书店、图书出版、图书出口、回溯建库、可供书目、零售、批发、自助图书馆系统和图书馆设备等 10 余个领域。

6.6 竞争优势

（1）诚信

人天书店自创建以来，一直秉承诚信为本的经营理念，取信于用户，取信于员工，取信于合作伙伴。高标准的服务获得了广大图书馆用户的支持，一路攀升的订单量和良好的回款赢得了广大出版社朋友的信赖。

人天人深知，信誉是企业的生命，所以人天始终凭借着高质量的图书、高质量的管理、高质量的服务在激烈的市场竞争中发展壮大。

（2）实力

采购渠道：与全国 580 家出版社、300 余家文化公司和各图书批销中心建立了良好的购销关系，储备现货以每年 10 万个品种的速度递增。

销售渠道：1500 多家稳定的图书馆客户，遍布大陆的所有省份，海外市场拓展也初见成效。

专业服务：为客户提供数据、加工、物流等环节的高品质、本地化和一站式服务。

销售业绩：在民营馆配领域名列前茅，已具有省级新华书店的规模。

（3）规范

◆技术规范

◆数据规范

◆服务规范

（4）服务

◆95% 以上的图书采访数据覆盖率

◆95%以上的图书到书率

◆100%的期刊采访数据

◆99.9%以上的期刊到刊率

◆高标准的数据制作质量

◆全面细致的加工服务

◆高效准确的门到门物流服务

7 计划总结

通过以上的分析，我们计划与版本图书馆及第三方以入股的方式合资成立公司以商业化运作中国可供书目，注册资金在1000万～2000万元，版本图书馆和人天书店干股各占＿%，投资方以现金1000万～2000万元入股的方式占＿%，各方均不控股。

八　蔚蓝图书馆

蔚蓝公益基金会的理念和未来

北京蔚蓝公益基金会是由北京人天书店有限公司出资 200 万元，于 2011 年 3 月 8 日注册成立的，上级主管单位是北京市民政局。它是一家信仰"知识改变命运、读书创造未来"，并致力于图书馆捐建的公益基金会。

基金会的宗旨是弘扬博爱、扶贫济困、普及知识、促进发展。

一 慈善事业的发达程度是一个社会文明进步的标志

人类社会有文明以来，就有了互助共济、扶危救困的传统，慈善行为也从大众化的日常习惯发展为道德伦常的一种规范。随着时代进步和经济发展，今天的慈善，其内涵和外延已经有了很大的不同。

慈善"charity"一词来自拉丁文的转译，意思是"对他人需求的行善和施舍"。近几十年，在发达国家，当人们提及慈善时，会更多地使用希腊文"philanthropy"，即"公益，对人的爱"来进行表述，为其赋予了哲学的爱，广义的大家庭之爱。在公益理念的发展下，为了让他人更好地生活必须使我们大家所在的社会环境变得更好——这一融合个人意愿的社会愿望，成为狭义慈善走向广义公益的动力源泉。

今天，不管是慈善，还是公益，已不局限于简单的施舍，而是赋予了其更为广泛的内涵。与此相对应，2014 年，我国开始修改《慈善法》，相比第一稿而言，第二稿已经增加了"公益"一词的提法和内容，表明我国的慈善事业在法律上、规范上，已经从扶危济困扩展到了包括扶贫、济困、教育、宗教、健康、社区、艺术文化、体育、人权、环境、动物、武装部队等 13 个方面的内容。

由此可以看出，现代的公益事业已经从简单的、给予性的、悲悯性的扶危济困转向了对公共利益行业的扶持和发展。中国的慈善、公益事业经过了几十年的人为停滞后，正在快速跟上世界公益发展的步伐。

二 人天集团投资创办公益基金会的机缘和理念

人天集团从 1998 年初创，经过不断发展，到今天已经成为图书馆馆配行业中规模最大的企业。我们致力于公益事业，投资创办基金会是出于某些机缘和理念的。

（一）扶危济困是人的本能，但需要激发

2006 年，公司领导参加联合国组织的一个丝绸之路千里驾行的活动，沿途为 10 余家中小学校捐赠了总计 40 万元的图书。甘肃、青海等省边远山区的学校，条件之差是我们久居城市的人无法想象的。贫困让我们震惊，学生们对书的渴望又让我们感到欣慰。

能够帮助别人，真的是一种本能，我们一行几十人都被感动着，被震撼着。这一幕幕场景，促成了公司领导层对长期开展公益事业的高度一致。

帮助别人，是人的本能，但通常是在被激发后出现和扩大。

（二）回馈社会，是每一个企业的责任

每一个生存于社会之中的企业，与这个社会的法制、环境和文明的发展水平及健全与否息息相关，企业得益于此也受制于此。因此，企业发展了，就应该回馈社会，承担相应的社会责任，这既是一个企业的良心，也是企业的自我救赎。

《孟子》有云："穷则独善其身，达则兼济天下。"人天从零开始，经过十几年的发展，成长为一个拥有近千人的公司，受益于国家的发展和社会的进步。企业发展了，在确保企业再生产发展能力不被削弱的情况下，致力于公益事业，推进社会进步和发展，反过来亦受益于此，形成良好的互相促进状态，这也是一个社会良性发展的标志。

（三）建设公益平台，联合更多力量共同推进公益事业

从丝绸之路开始，人天一直在以一己之力践行着自己的公益理念，为贫困地区的孩子们送上一本本图书。一个企业的力量是非常有限的，而我们面对的是广泛区域的、巨大数量的需求，我们深知我们所能贡献的非常有限，我们也深知有很多合作伙伴也有公益的愿望和参与的力量。因此，我们萌生了建设一个公益平台，让更多的企业参与我们的公益事业的念头，让更多的企业和企业家们聚合在一起，让公益事业与企业效益互相影响和互相促进。这既体现了现代公益的特点，也是在推进公益事业不

断壮大。

我们共同的努力得到了回报，今天，在蔚蓝公益基金会这个平台上，已经聚集了100多家企业和个人，获得的捐赠物资已经超过了1亿元。

（四）知识改变命运，基金会致力于知识的传播

在农业经济时代，最大的财富是土地；工业经济时代，最大的财富是资源；而在今天的知识经济时代，最大的财富就是知识。

李嘉诚先生首次提出"知识改变命运"，他说："21世纪是知识和知识经济的世纪，知识将最大程度地决定经济发展、民族进步、国家富强以及人类文化的提升。知识是推动发展的最重要工具，改变命运的机会就掌握在我们自己手中！"相信这是他对自己的成功经验的最精辟的总结。

蔚蓝公益基金会将致力于图书馆的捐建，计划让蔚蓝图书馆遍布全国的每一个城市，每一个乡村，通过我们的力量让知识去改变渴望走出大山的孩子们的命运，让他们有能力改变自己的命运，造福自己的家乡。

（五）借助人天书店集团的图书馆业务资源

蔚蓝公益基金会的投资人人天书店集团是图书馆馆配行业的龙头企业，在行业中具有一定的知名度和号召力，在热衷于公益事业的同时，将号召同业共同参与公益捐赠。

在人天书店集团的客户名单上，多是我国各大出版社和出版公司，他们是我们捐建图书馆的强大后盾。近几年来，已经有近百家出版社向我们捐赠了1.5亿码洋的图书，正是这些图书支撑了我们的图书馆公益捐赠事业。也可以说，蔚蓝公益基金会正是由于有了人天书店集团的行业优势和专业力量，才选择了图书馆捐建这样一个公益领域。

三 蔚蓝公益基金会要成为一个什么样的公益组织

古人云："授人以鱼，不如授之以渔。"我们相信任何慈善捐助都是有益的，但我们想做授人以渔的事，我们要让中国的每一个孩子都能享受到社会发展所带来的益处。

（一）我们致力于"蔚蓝图书馆"的捐建

北京蔚蓝公益基金会自申请创办初期给自己的定位就是捐建"图书馆"，要用5年的时间，集中力量在全国范围内捐建"千家蔚蓝图书馆"。

截至 2014 年底，蔚蓝公益基金会用了不到 4 年的时间，在全国 26 个省份建设了 1000 家"蔚蓝图书馆"，每个图书馆的捐赠金额平均在 10 万元左右；2015 年，捐建的"蔚蓝图书馆"达到 1425 家，捐赠能力不断提升。

（二）我们努力于"蔚蓝图书馆"的发展壮大

我国地域幅员辽阔，教育发展不均衡，面对图书馆建设和图书需求的巨大缺口，1500 家蔚蓝图书馆和 1.5 亿元图书显然是不足的。因此，我们蔚蓝公益基金会将联合更多的出版社，充分发挥基金会平台的力量，让蔚蓝公益基金会能够募集更多的公益资源，捐建更多的蔚蓝图书馆。

我们相信，随着蔚蓝公益基金会捐建的图书馆的数量越来越多，我们可以充分发挥平台的号召效应，带动更多的出版社和个人来参与公益事业，让更多的、有需求的人们得到更多的帮助。

（三）蔚蓝公益基金会的管理要做到透明公开

公益事业在我国虽然已经取得了长足的发展，但相关法律制度并不健全，在这种情况下，蔚蓝公益基金会要加强自身的管理，确保所有捐赠物资、资金能够用于公益事业，所有的物资和资金要做到有账可查、账目清晰透明。因为，公益是一项高尚的事业，我们要让高尚的事业成为阳光下盛开的花儿。

（四）蔚蓝公益事业的愿景是让知识改变命运

在此，我们借用人天书店集团在基金会成立仪式上的一句话：有钱的图书馆我们把书卖给他，没有钱的图书馆我们把书送给他。

我们成立蔚蓝公益基金会的宗旨就是：我们要让那些想读书，但没有钱买书的人们有书读，有好书读；我们要让那些想走出大山，想到外面世界闯一闯的人们、孩子们，有能力走出来；我们要让他们有能力带动他们家乡的发展。我们认为，只有我们的农村、我们的边远贫穷地区也能够发展起来，共同享受中国发展带来的利益，那时，我们的国家才能说是真正跻入发达国家的行列。

当然，只有公益是不够的，但公益可以让我们联合起来，促进社会的进步、文明的发展，以及人类的平等。

让我们共同努力。

公益，任重而道远

——访北京蔚蓝公益基金会理事长诸菁

《图书馆报》记者 解慧

北京蔚蓝公益基金会（简称蔚蓝基金会）由北京人天书店有限公司出资200万元，于2011年3月8日在北京市民政局注册成立，是一家从事各类出版物捐赠、图书馆室捐建，以及助学扶贫的非公募公益基金会。截至2014年7月，基金会募集5990万码洋图书，参与捐赠的出版社有87家，捐建"蔚蓝图书馆"365家，捐赠图书共计3856万码洋。

作为蔚蓝基金会的理事长，诸菁对公益有着自己独特的理解。对于其他人而言，公益也许只是善举；而对诸菁而言，则是人性的成长。也正因此，她的身份从职场人士到公益人，转换得如此自然。如果说，诸菁的第一份职业是出于本能，那么第二份职业就是出于热爱。

打开心房让公益住进来

蔚蓝基金会的创立，与人天书店有着莫大的关系。人天书店是一家图书公司，最大的资源就是书，而人天书店的董事长邹进又是诸菁的先生，诸菁的生活自然与书是分不开的。身边始终围绕着书的芬芳，自然让诸菁对书有一种特殊的感情，除了喜欢书，她更喜欢的则是书可以被需要的人获得。

与此同时，先生邹进的经历也深深影响着诸菁。邹进在学生时代插过队，让他对贫困和物资匮乏有着深刻的体验和认知，进入图书行业后，看到成千上万的书常年沉淀在库房里，最后不得不化为纸浆，那种可惜在不断地催促着邹进和诸菁该干点什么。

最初的想法是建立一个平台，将出版社冗余的图书资源汇集起来，通过捐建图书馆，将图书捐赠到真正需要的地方去。他们曾尝试在红十字基金会通过建立专项基金的方式组织募捐和捐赠，但由于体制和认识上的种种原因不能达到要求，所以，才下决心注册成立了蔚蓝基金会，将这项捐赠工作有规范、规模化地进行下去。

蔚蓝基金会的创建理念是：企业发展得益于社会的发展（包括法制、经济发展等）和支持（包括政策、公平等），企业发展了，就应该承担社会责任，回馈社会。这是企业的良心和本能。

这种良心和本能需要激发。2006年，人天书店接受联合国丝绸之路明珠城市评比活动的邀请，参加了丝绸之路沿线城市的路演和评比。人天书店随车携带了40多万元的图书，沿途向15所中小学校进行捐赠，也目睹了很多学校图书和设备极度匮乏的现状。有的学校，全校只有一本课外书——《安徒生童话》，还是一个记者访问后留下的。很多同学都能够背诵出里面的每一篇童话，可见，他们对书的喜爱和需要是多么迫切。当听说有人要捐书，学生们更是早早排队等在村口，迎接这群捐赠人，时至今日，诸菁都不能忘却那些孩子们脸上激动的神情。

可以说，2006年的那次经历，让诸菁走上了公益之路。当然这种激发，还源自诸菁个人内心的成长。多年来，诸菁都是从事金融工作的，因工作关系去过数十个国家，去过很多发达国家，也多次去过伊朗、阿尔巴尼亚、马其顿等很多欠发达国家，无意间了解了一些国家，尤其是美国的公益事业发展，让诸菁观察到公益背后的事情。

一直以来，诸菁都在思考一个问题，当自己的一段职业生涯结束后，能否进入一个全新的、不同以往的领域中去。一方面是想将自己在社会中的存在价值做一个有效的延伸，另一方面也希望检验一下自己，能否能在一个全新的领域中做好。从事公益事业，既包含对这项事业的热爱，也包含了对自己实现价值延伸的满足感。

诸菁对公益事业的理解又是独特的：做公益，是一种偶然中的必然。至少她是这样的。诸菁说："当一个社会还不富裕的时候，没有人想去做公益，因为大家都没有这个能力，当很多人达到中等富裕程度的时候，大家的公益之心就会自然萌发，这是很多国家公益发展历史中都能够看到的，因此，我想做公益应该是人的一种本能吧，也是对一种生活方式的自然选择。"

宣传公益先传播理念

蔚蓝基金会的定位就是捐建"图书馆"，主要公益项目有两个，一个是"蔚蓝图书馆"项目，另一个是"红十字书库"项目（"红十字书库"项目是红十字基金会人天专项基金项目，人天书店此前捐赠的100万元现金尚未定向捐赠完，所以该项目还在继续）。

目前，蔚蓝基金会重点推进的是千家"蔚蓝图书馆项目"，计划用 5 年时间在全国范围内建设 1000 家蔚蓝图书馆。最重要的是，这些蔚蓝图书馆不是捐建一次就完成的，图书馆需要不断补新才能成为活的可用的图书馆。因此，这 1000 家馆不仅要建设，还要维护。如吉林省孤儿学校，蔚蓝基金会已经连续 3 年捐赠了 3 批图书，共计 50 万元。在对千家蔚蓝图书馆捐建和维护的基础上，蔚蓝基金会将会根据募集的规模，开始捐建第二个、第三个"千家蔚蓝图书馆"。

在人天书店、蔚蓝基金会献出自己力量的同时，一些同样热衷于公益事业的出版社给予了蔚蓝基金会支持，其中社会科学文献出版社连续 3 年进行了捐赠，总额达 2028 万码洋；作家出版社连续两年捐赠，2013 年捐赠了 900 多万码洋，今年又捐赠了 200 万码洋。

正是有了这样的支持，蔚蓝基金会捐赠的地区已经达到 22 个省、自治区了，捐建图书馆达到 365 个，绝大部分的蔚蓝图书馆都建在非常偏远的地方。蔚蓝基金会在寻求合作的时候，诸菁一直在推广公益理念，她希望人们不要将一次捐赠当作是一次善良的举动，而是当作毕生的事业，让更多有能力的人参与进来。虽然"郭美美事件"后，很多人对于公益基金会的不信任感剧增，打击了很多人的公益热情，但诸菁始终相信，随着大家对公益理念的回归，社会道德的提升，我们的公益环境会越来越好。

为此，蔚蓝基金会安排出版社到贫困地区考察，让出版社人员直接感受公益的作用和意义，提升他们对参与公益的热情。去年，蔚蓝基金会邀请了作家出版社、社会科学文献出版社、西安交大出版社、南京大学出版社、中国青年出版社、郑州大学出版社等一同前往内蒙古旗级以下的地区进行考察，举办了 15 家县级公共馆和中小学校的捐赠活动，捐赠的场景让同行的人感动不已。

如今，蔚蓝基金会已创建了 3 年，从去年开始，他们也尝试与一些社会组织、政府部门进行合作捐赠，效果很好，一方面能够整合捐赠资源，另一方面也能有效整合公益需求的资源。如蔚蓝基金会已经开始和中国期刊协会联合进行捐赠，也即将开始与安徽出版集团的联合捐赠。

虽然，蔚蓝基金会目前的定位是捐建蔚蓝图书馆和红十字书库，但以后随着基金会发展规模的壮大、资金的增加，还会设立其他的捐资助学、扶危济困等项目。不过，眼前蔚蓝基金会正在集中力量做一件事，就是希望蔚蓝图书馆能够遍布全国的每一个省、市、自治区。捐赠的原则也能很简单，"只要你需要，只要你没钱，只要你能管理好，我们就把书捐赠给你"。

这也体现了中国的一个古老文化之道："天之道，损有余而奉不足。"其实这也正是公益的精神和理念。

公益不能只靠一腔热血

2014年5月，蔚蓝基金会向甘肃省庆阳市华池县进行捐赠，共捐赠了6家蔚蓝图书馆，其中一家是一所小学——华池县柳湾小学。这所小学依山而建，全校学生不足100名，教室是由红砖砌成的，内部也非常简陋，教学环境非常艰苦。这里的孩子家境一般都不富裕，有的学生午饭只是带个烧饼充饥。书到了之后，每人挑了一本就蹲到墙角，边吃烧饼边读书。

这些难忘的镜头时常闪现在诸菁眼前，然而光有一腔热血是不够的，现实问题就摆在面前而难以逾越。由于蔚蓝基金会是一家非公募基金会，以募集图书为主，极少涉及资金的募集，造成基金会正常运转所需的资金短缺。随着基金会捐赠工作范围的扩大，资金的缺口就越来越大。比如库房管理费、库房租金、人员工资、图书运费等，大约占到了捐赠图书码洋的6%，这些资金一直是由出资方人天书店进行贴补的。

虽然蔚蓝基金会也在跟一些组织、公司进行沟通，希望与之合作，加大资金的募集量，以维持基金会的长远发展，但这确实需要时间。

更为严重的是缺少适合给中小学捐赠的图书品种。从2013年开始，蔚蓝基金会接收到的中小学捐赠申请越来越多，由于所募捐的图书中相关图书较为缺少，无法满足受赠馆的需求。为此，蔚蓝基金会找了多家出版社进行合作，如今，比起之前，已经增加了很多，但还是无法满足中小学馆需求。所以，未来蔚蓝还是优先考虑对公共馆的捐赠。

此外，蔚蓝基金会由于募集的图书品种有限、专业图书多，造成所捐赠的图书与受赠馆的阅读水平存在一定差异，部分图书层次太高，使当地读者无法阅读。为此，基金会积极做出调整，在配书任务清单上采用了中图法的22类图书分类法，基金会的工作人员根据图书馆所针对人群，在22类中选择适合的类别，以确保图书的品种能够满足受赠馆的需求。另外，基金会也在积极开发面向受赠馆的选书程序，让部分受赠馆可以实现根据基金会的库存自主选书，以确保捐赠过去的图书能够真正为受赠馆所用。

虽然人员紧张，但是蔚蓝基金会坚持对所捐赠过的蔚蓝图书馆进行回访、评估，以便监督捐赠图书的使用情况，还可以对图书馆的馆藏进行了解，适时对受赠馆进行补充捐赠，让受赠馆每年都有新书补充。

但是，目前由于基金会人员有限，不能很全面地对受赠馆进行回访，蔚蓝基金会在部分地区建立了巡视员制度，委托一些热心的志愿者，对所捐赠的图书馆进行随机的回访和评估，及时地把信息反馈给基金会，基金会再根据这些信息制订后续的计划。

未来，诸菁希望通过蔚蓝的努力和社会各界的支持，尽快完成首个"千家蔚蓝图书馆"项目，并跟进实现"N"个千家蔚蓝图书馆建设。同时，与更多的政府机构和社会组织、企事业单位开展合作，进行资金补充，实现基金会不依靠出资方完全独立地运行。并希望通过捐赠，使蔚蓝图书馆所在地区的居民、学生永远爱读书，有书读。

公益不只是给予，更是发展促进

诸菁对于公益还有很多期望。她希望蔚蓝的公益事业能够尽快发展，达到一个较高的发展水平，因为公益发展到今天已经不再局限于捐赠和给予，而是更加侧重对受赠者的能力培养、行业的发展等。今天，西方的公益已经发展到行业促进、专业发展等领域。

因此，诸菁也有一个设想，随着基金会的扩大，今后也将开展一些社会实践项目，譬如帮助贫困地区孩子培养技能，提高就业能力；资助一些微利或无利，但是对读者有很大帮助的好书的出版。总之，她感觉有很多可以做的事，也有很多设想，但前提是要积极，要有热情，并首先把蔚蓝图书馆这个基础项目做好，然后才是多元化发展的问题。诸菁也表示，她理想更需要社会上热衷于公益事业的企业家和企业的支持。

诸菁认为，只要有足够的热情和耐心坚持下去，公益会让越来越多的人受益，也会吸引越来越多的人参与到其中。

在云南省公益捐赠座谈会上的发言

在这次捐赠活动之前，我们提前来到云南，在红河学院图书馆的陪同下巡访了蒙自、个旧、建水、元阳、河口等地。三迤大地、人杰地灵，我们陶醉在云南的山水之间，折服于自然的鬼斧神工，更感叹于人类的智慧创造。同时，我们也明显地看到了地区的差异。从北京到云南，到地州，到市县，也像哈尼梯田一样，层级明显，因为经济，因为地域，使我们的一些地区没有分享到社会发展的成果，在我们这样一个知识催生经济，技术推动发展的时期，我们还有千百万学生缺乏知识的哺育，他们被隔绝在现代文化的围墙之外。与我同时代的一位诗人韩东写过一首诗《山民》，其中的诗句是这样写的："小时候，他问父亲/山那边是什么/父亲说是山/那边的那边呢/山，还是山/他不作声了，看着远处/山第一次使他这样疲劳他想，这辈子是走不出这里的群山了/海是有的，但十分遥远/他只能活几十年/所以没等到他走到那里/就已死在半路上/死在山中。"

我们不希望我们的孩子老死在山中，他们和北京、上海、昆明的孩子一样，有接受教育的权利，有读书的权利。不要让他们看到山那边还是山，我们有能力、有办法，让他们看到身边有泮池，远方有学海。只有书，只有读书，是通到山外的唯一的路。使他们有机会走出大山，走到建水，走到昆明，走到北京，享受一个中国人平等的权利。在中国社会发展不均衡的现实下，我们希望通过公益基金来实现这一理想。

天之道，损有余而奉不足。人天书店就是基于这一理想，捐资成立了北京蔚蓝公益基金会。人天书店的口号是：有钱的图书馆，我们把书卖给它；没钱的图书馆，我们把书送给它。我们希望通过蔚蓝基金会，去发现社会的这种需求，然后组织社会资源，把图书像血液一样源源不断地输送到需要它们的地方去。

这次，蔚蓝基金会通过云南省图书馆选择了 20 个图书馆作为捐赠对象，使我们有机会实践这一理想。当得知这些图书进入这些图书馆时，那些捐赠了这些图书的出版社和为捐赠这些图书而付出义工的朋友们，都会感到由衷的高兴。所以，你们也不要客气，只要有需求，有求必有应，因为你们代表云南的未来，也是为了孩子们的未来。

做公益事业，是非盈利的，不论是对基金会，还是对人天书店，对咱们省馆和参加捐赠活动的每一个人，我们都是义工，这需要我们有爱心、有责任，怀着一份纯净，收藏在我们内心。

在此，我也代表人天书店承诺，人在阵地在。只要人天书店在，就会当好蔚蓝基金会的后援。人天书店好好挣钱，让蔚蓝基金会好好花钱，让蔚蓝基金做得有声有色，实现我们这些读书人的理想。

在装甲兵工程学院教练团图书捐赠仪式上的致辞

官兵同志们,大家好!

后天,就是建军节了。在建军88周年的前夕,我们在这里共同举行图书捐赠仪式,是非常有意义的。今天,书和坦克、装甲车联系在一起。现在,我想诠释它的含义。

我是一个有部队情结的人,我的父母都是军人。我母亲参加过解放战争,我父亲参加过解放战争、抗美援朝战争,是我们国家的第一代轰炸机飞行员。因此,我从小的愿望就是成为一名军人,但我在可以当兵的年代,我上山下乡去插队了,错过了成为军人的机会。后来,我上了大学,在我的同学中间出现了两位将军,一位是中国人民解放军副总参谋长侯树声上将,他是我的系友,高我一个年级;另一位是黄国柱少将,他是我的大学同班同学,解放军报社的社长兼总编辑。我为我自己没有成为军人感到遗憾,但是我为我的父母是军人,我的同学是军队的高级将领而骄傲。

我从小就生活在军营里,我的周围都是军官,所以我一直有个愿望,我要当一名军官。可是我没当上军官,而只是在我的企业里当了董事长这样一个官。现在,我们和你们是在两条不同的战线上,你们在国防战线上,我们在经济战线上,但我们是紧密联系的,我们在创造价值,为国家纳税,纳税的一部分成为军费,来培养我们的军队。军队是干什么的?是保卫我们的。有人说,和平时期要军队干什么,我问他们,如果没有军队我们会有和平吗?

今年是一个非常重要的年头,抗日战争胜利70周年。70年前的那场战争,我们虽然胜利了,但说实话,那是一场惨胜,那是一场非常屈辱的战争,为什么?20世纪30年代,跟我们今天很相像,国家统一了,社会在发展,经济非常繁荣,但是周围有人在觊觎我们,因为我们没有强大的国防,没有先进的武器,所以我们遭到了侵略。军队是和平的重要保障,战争时期,枪杆子里面出政权;建设时期,坦克、装甲车保和平。因此,我在这里面向你们表示崇高的敬意。

有个诗人写过一句诗:"我把长城放在北方的山峦。"我们知道,中国第一个皇帝秦始皇把中国的长城连起来，那时，长城是干什么的？是为了抵御外族的侵略，因为长城所在的这一条线，当时就是我们的国境线，定居民族用它来抵御北方的"蛮族"，匈奴、鲜卑、突厥、蒙古、契丹、女真。但能挡得住他们吗？挡不住。蒙古人把中原占领了，建立了元朝；女真人进入中原，建立了清朝，长城根本就挡不住来自北部的铁骑。今天我们说，我们还能把长城建在我们的国境线上吗？就算我们抵挡住了外部的侵略，我们自己的国土也被打烂了，我们的生灵也被涂炭了。我们现在的长城要建在哪里呢？要建在蓝海上，要建在天空里，要建在虚拟的空间里，我们要飞得高、潜得深、看得远、打得准，当敌人来犯的时候，他没有发现我们，我们就已经发现他。他从天上来，我们就打爆他；他从海上来，我们就击沉他；火箭袭来我们就拦截他，网络侵略我们就瘫痪他。我们要建立自己的国防力量，研发自己的五代机、预警机、战略轰炸机、九九式坦克、战略火箭军、网络部队，这样，我们才能在现代战场上打胜仗，御敌于国门之外。虽然我们是正义之师、威武之师，同时我们也要文化建军、科技强军。这不是一句口号，强军靠什么，靠知识，靠文化，靠科技，而知识、文化、科技从哪里来？从书本里来，所以今天我们把书给大家送来了，我们再不能用我们的血肉之躯抵御别人的坚船利炮。

官兵同志们，你们为国家尽了自己的义务之后，你们中的很多人可能要转业、要复员，你们以后也会跟我们一样走到经济战线上来。所以，我希望你们要掌握知识，在训练之余要提高自己的素质，要有文化，要有能力，以后到经济战线上来仍然是一块可锤可炼的好料，也同样能为国家创造财富，为自己创造前程。

谢谢你们！

助学读书，扶贫济困

北京蔚蓝公益基金会向吉林省41所中小学校捐赠图书410万码洋

《中国教育报》

2013年10月底，当我们基金会的一行人来到吉林省九台工农小学的时候，发现全校的师生都已经列队整齐地等在操场上了，虽然还只是初冬时分，南方甚至还穿着衬衣，北方即使披上羽绒服依然束手束脚。我们内心感到非常过意不去，随即联想到新闻上经常出现的领导去地方慰问儿童却下着雨让孩子们淋着，刮着风却不让孩子们先离开的情形。毕竟，我们是来捐建图书馆的，不是做什么面子工程、表面文章。既然是本着回馈社会的心愿，就该真正做到只出不进，又怎能接收这么隆重的礼遇呢？我们不愿意如此，便匆匆结束了捐赠仪式。

这次我们在吉林总共捐赠了41家偏远中小学校，捐赠图书达12万册，折合410余万元。也是为了能够节约社会资源，把每一分钱都用在刀刃上，我们最后只选择了在九台工农小学一所学校举行捐赠活动。

除了九台市工农小学外，我们还同时在吉林省蛟河市天岗镇中心学校、吉林省通榆县蒙古族学校、洮南市第十中学、抚松县兴隆乡松江学校、北镇市中安镇初级中学、黑山县新立屯镇初级中学、凌海市西八千乡初级中学、义县七里河初级中学、锦州市实验学校等中小学校捐建了41家"蔚蓝图书馆"。

此次吉林省受捐助的中小学图书馆共41所，为节约社会资源，本次捐赠活动只选择在九台市举行。由东北师范大学李雁翎教授负责联络，九台市教育局选定急需配备图书的工农小学等10所学校为本市受捐助对象。目前，所赠图书已全部送达受赠学校。

回忆起2006年，我们"北京蔚蓝公益基金"的创始之初，也真的是事出偶然。人天书店集团——也就是我们的出资单位——接受联合国丝绸之路明珠城市评比活动的邀请，参加了丝绸之路沿线城市的走访和评比。一路走来，从山东日照一直到新疆阿拉山口，全程6000公里，驾车经过了陕西、甘肃、青海等多个省市和自治区，我们随车携带了40多万元的图书，沿途向15家中小学校进行了捐赠。

孩子们排着队欢迎我们的到来，看着他们渴望和期盼的神情，以及学校极度匮乏的图书和设备，让我们一行人感到了深深的刺痛。有的学校，全校只有一本课外书——安徒生童话，还是一个记者访问后留下的。很多同学都能够背诵出每一篇童话，甚至版权页。有的学校，图书馆只有几十本图书，大部分还都是网络小说。这一切让我们感到，我们应该为他们做一点什么，不仅是为了他们，也是为了我们自己。这次活动之后，公司总经理室开会表决，大家达成了一致的共识，即今后公司每年都要拿出一定资金或图书用于边远地区或贫困地区中小学校图书馆的图书捐赠，这就是北京蔚蓝公益基金会的前身。

基金会最主要的工作是"千家蔚蓝图书馆"建设项目,计划用5年时间在全国各地,特别是区县以下地区建设1000家蔚蓝图书馆。基金会成立当年我们募集了300万码洋图书。第二年,也就是去年,我们募集了1100万码洋的图书。今年,我们计划募集图书3000万码洋左右。截至目前,基金会已在云南、内蒙古、江西、陕西、宁夏、西藏等21个省份捐建蔚蓝图书馆191家。

我们是一家非公募基金会,所以我们希望能够有更多的老师、学校能够知道我们正在做的工作,无论是大学还是中小学。这样,我们就可以更加准确地知道,有哪些学校,哪些地区急需图书经费的支持。这样我们就可以把图书源源不断地送到真正需要他们的地方,并且只要他们一天没有正常的采购经费,我们就会一直补充捐赠。我们这么做其实只有一个最终目的:不要让我们的孩子们看到山那边还是山,我们想让他们看到身边有泮池,远方有学海。只有书,只有读书,是通到山外的唯一的路,使他们有机会走出大山,走到北京,享受一个中国人平等的权利。我们同样也希望受捐赠的图书馆能够真正服务于学生,管好、用好这些图书,为同学们提供更多、更好、更优的学习资源,发挥图书的最大效益。

我们这次在吉林的捐赠,就是多亏了东北师范大学的老师们的支持。我们很早就知晓,东北师范大学在东三省17个县市创建了82个实验基地。能得到他们的帮助,我们才能实实在在地做事,因为在东三省,基础教育资源配置相对薄弱,一大批偏远地区的中小学校面临着图书资源严重匮乏的局面;还有很多学生缺乏知识的哺育,他们被隔绝在现代文化的围墙之外。

东北师范大学教务处副处长王奇告诉我们,在师大存在一种现象,许多行将毕业而参加实验基地实习的学生,原本并没有打算成为一名教师,然而,当他们亲眼见证了这些贫困地区孩子们的学习环境,目睹了他们一双双充满渴望的眼睛,他们都感到肩膀上的责任重了。孩子们渴望好的老师,也同样渴望知识的滋养,他们理应获得和北京、上海、长春的孩子们一样的平等的权利,接受教育的权利、读书的权利。

在中国社会发展不均衡的现实下,蔚蓝公益基金会真正地希望能够帮助他们提前实现这一理想。我们已经和很多大学及公共图书馆达成了共识,在不久的将来,进一步深度地挖掘偏远地区学校的需求,协作组织社会资源,把图书像血液一样地输送到山区、农村以及孤儿、残疾学校。这是我们所有参与者的共同愿望,也是我们所有读书人实现反哺社会梦想的途径。

50 岁之后，我为"人民"服务

——在北京蔚蓝公益基金会启动仪式上的发言

诸 菁[*]

经过两年不懈的努力，北京蔚蓝公益基金会终于在 2012 年 3 月 8 日完成了全部注册程序。现在，作为基金会理事长，我宣布北京蔚蓝公益基金会正式成立，基金会项下的第一个公益项目"千家蔚蓝图书馆"正式启动。

北京蔚蓝公益基金会是由北京人天书店有限公司捐资成立的。人天书店从 2006 年开始进入慈善捐赠的公益领域，在汶川地震等多次灾害来临之时，捐赠了大笔公益善款，在企业内部逐渐形成了热心公益的人文环境。

从公益事业发达的国家来看，在推动公益慈善发展方面，企业扮演了主体的角色，政府的功能是推进公平、规范行业，而民众的力量是薄弱的、分散的。因此，企业才是承担社会公益责任的主体。企业的公益责任并不在于将企业的利润全部捐赠出去，而是在发展和再生产的基础上建立一个平台，集合多方面的力量推动社会公平、进步和发展。综观西方的工业革命，人类历史上很多重大的技术进步和社会进步，都是由企业推动的，是企业改变了我们的生活方式和生存方式。

举例来说，1921 年，洛克菲勒基金会在中国捐赠建立了协和医院，极大地提高了中国的医疗水平，促进了医学进步。富布赖斯特基金会赞助尤努斯创新并建立了专门服务贫困农民的穷人银行，尤努斯借此获得了 2006 年诺贝尔和平奖。今天，我们首先感谢人天书店的善行善举。他们捐资 200 万元，为基金会的成立奠定了基础。我们由此起步，相信我们也会不断壮大。

公益是社会财富的再分配，是对社会公平的不断趋同，蔚蓝基金会倡导施与受的平等。因此，基金会将在今后的事业中认真做到以下几点：

其一，基金会的运作将坚持公开透明、合法合规，确保每一笔募集和捐赠均可核查。

其二，基金会的运作不与企业利益和企业形象挂钩，不以企业利益确定受赠人和受赠

---

[*] 诸菁，北京蔚蓝会益基金会理事长。

的多寡。

其三，在今后的公益事业中不做高调的宣传，不去放大受赠者的窘境。

其四，基金会的捐赠只面向那些边远贫苦的地区和人群。

其五，基金会成立之后，致力于千家"蔚蓝图书馆"项目。

其六，为捐建更多的"蔚蓝图书馆"，基金会将开展图书和资金的定向募集工作。

今天邀请了这么多朋友和同行来见证我们蔚蓝基金会的成立和项目的启动，也请大家在今后的日子中见证我们的努力和业绩。

今天是 2012 年 4 月 22 日，世界和中国都没有什么大事发生，但今天是地球日。2009 年，第 63 届联合国会议决议将每年的 4 月 22 日定为"世界地球日"。

地球日选择在春分节气这一天，此日，在全世界的任何一个角落昼夜时长均相等，阳光可以同时照耀在南极点和北极点上，这代表了世界的平等，同时也象征着人类要抛开彼此间的争议和不同，和谐共存。我想，我们蔚蓝基金会选择在今天启动千家"蔚蓝图书馆"项目，恰恰吻合了"地球日"所倡导的"平等、和谐共存"概念。

很巧，今天也是我的生日，50 岁的生日。从 24 岁起，我进入央企工作，今天虽然还是有公职在身，但完成第一个职业生涯的日子正在临近。可以说，50 岁之前，我是在为政府服务。50 岁之后，我又增加了一个使命，就是"为人民服务"，为那些还不能跟我们一样享受公平教育和平等生活的人做一些事，跟大家一起，多做一些，再多做一些。虽然基金会与我自己从事的金融工作有很大的差异，但我相信，只要有一颗公益之心，我和我的团队就有能力把基金会做好。

今天，很兴奋，也很高兴，有这么多朋友前来参加我们的活动，我知道，今后基金会的运作离不开你们的支持，在此，我先向大家表示感谢了。

在"勉学书屋"捐赠仪式上的发言

诸 菁

尊敬的各位领导，各位来宾：

今天是北京蔚蓝公益基金会第三次来到湖北，开展公益捐赠活动。要把一件好事做成事业，需要有目标，有组织，有社会监督，还需要有规模，能持续。所以，蔚蓝基金会与中国期刊协会共同设立了"勉学书屋"项目，利用全国期刊博览会这个大平台，决心把图书捐赠活动在湖北全省长期做下去。今年，我们带来60万码洋图书，会同中国期刊协会的20万元期刊和龙源期刊网40万元的数字读物，捐赠给襄阳市、十堰地区5所学校图书馆和4所公共图书馆，希望这些阅读物能够丰富那里的学生和读者的阅读生活。

今年，恰是红军长征胜利80周年。湖北有着光荣的革命传统，从辛亥首义到新中国成立，湖北为中国革命胜利输送了大量人才，英雄辈出，灿若繁星，仅红安县就出现了200多位将军，两位国家主席。我们每次来到这里，都会怀着敬仰之情；所做的一切，都可以说是一种报答。

但我们也知道，在如今这样的一个信息化社会，向前的每一步都需要知识的铺垫，没有知识，我们只能在泥潭中跋涉。图书馆，正是储存知识和人类记忆的社会机构。蔚蓝公益基金会的使命，就是面向目前还缺少购书经费的图书馆，把图书送到他们那里去。

蔚蓝公益基金会成立5年来，已经向全国的1900多所图书馆捐赠了图书，所捐赠的区域大多是中西部偏远地区。我们把这项工作当作一次新的长征，也要像播种机一样，把知识撒播到每个角落，在那里生根，让每一个孩子，每一个读者，都有阅读的权利，都有成长的道路，都有人的尊严。

我们希望，每一个人都融入我们共同的事业中来，为中国的未来做一份义工。

九　专家评述

我与人天书店

陈源蒸[*]

一

1999年8月的一个下午,我正和覃其锦、杜红卫讨论为国家图书馆编制《建国五十年中文图书书目光盘》的一些事情,忽然进来一个中年人找杜红卫说话。覃其锦对我说,这是人天书店的老总邹进,是专为图书馆服务的;又对邹进说,这是出版局的陈源蒸老师,可是真正的图书馆专家。邹进一听,立马和我握手,希望我到人天去看看。我说方便时一定去拜访,邹进说现在就方便呀。覃、杜二位也说,我们也讨论得差不多了,你就去看一下吧,好好为他们出点主意。这样,邹进就将我带到紫竹院内一个院子里的二层小楼,邹进领我简单看了看,一层放书,二楼是办公室,一共也没有几个人。随后,他向我介绍了公司的简况,刚刚开始做,客户还很少,希望我能介绍些图书馆,更主要的是能说明图书馆的需求,服务商怎么做才能获得图书馆的满意,业务才能发展。我当即说了说图书馆中文图书采购的基本情况,国内已有的一些服务商所做的工作,主要存在的问题。我感觉他精明能干,有事业心;他以我能坦诚相告,且有见解。双方一见如故,随后就不断地联系,交换看法。

2000年1月12日,我参加了人天书店第一次客户招待会,就是请已有的客户和潜在的客户在一家酒店用餐,约100多人。邹进简单地介绍了人天书店1999年的工作和2000年的打算。工作刚刚开始,内容非常简单,所以没有书面文字。人天书店的档案中,从2000年起才有书面报告。在这个会上,邹进还正式向用户介绍了中科院图书馆的辛希孟和我是人天书店的顾问,并当场向我们发了聘书。从此,我开始了和人天书店16年来为

---

[*] 陈源蒸,图书馆学家,在文献编目领域有大量专著和论文。

提高服务质量，发展馆配事业，推进技术改造，努力贡献社会的合作。既共同享受了快速发展的欢乐，也一起经历了意外事件的磨炼。在此过程中，我自己也获益多多，在图书馆学研究与文献信息技术探索两方面都取得了一些成果，使我的离休生活内容充实，精神愉快，度过了一个幸福的晚年。

2015年端午节，人天书店邀请一些业内学者和媒体朋友共同为我和我的老伴举行了80生日聚会，还展示了我与人天合作编辑出版的图书馆学著作，更主要的是表达我和人天合作的深厚友情。

2016年1月12日，在北京图书订货会"全国馆社高层论坛"上，邹进和我同时获得由新华书店总店、图书馆报举办的"2006～2015中国馆配行业最具影响力人物"奖，这是业界对我们这10年工作的鼓励。邹进是实至名归，我则受之有愧。

二

人天书店生逢其时。邹进和李虹是在1998年投入图书发行业的，先是开门设店，效果不好；1999年决定放弃门面，专做为图书馆服务的业务，不仅做书，而且做刊。16年来快速发展，年营业额从2000年的1300多万元，到2015年的16亿多元，成就巨大。但若是在20世纪80年代，他们就做不了这件事情。因为只有在市场经济的条件下，他们才能做；在计划经济年代，他们是不能做这些事的。所以，这也是他们的机遇，生逢其时。

1983年，北京图书馆中文图书统一编目中心在发行统编卡片的基础上，根据用户需求，实行随书配片服务，即图书馆可以向统编中心订购图书，统编中心在配送图书的同时，提供这些图书的统编卡片，深受图书馆界欢迎，订购图书的数量迅猛增长。但这却遭到新华书店的强烈反制，新华书店总店通知所有出版社不得向北图统编中心提供书源，否则总店将停止与这些社的业务关系。在此压力下，各出版社纷纷在新华书目报上发表声明，与北图统编中心停止供书关系，随书配片的服务短命而终。

也是在20世纪80年代，中国版本图书馆下属的一个公司，开展对图书馆的期刊征订服务，由于其服务内容与方式比邮局报刊发行部门优越，获得期刊社与图书馆的双方欢迎，征订数字甚大，影响力深远，挤压了不少地方邮政报刊发行部门的订数，但也在邮局主管部门的压力下，无奈地停止了他们的工作，这一非邮局系统的期刊征订服务亦是短命。

直到实行市场经济转轨，上述行业的垄断行为才得以终止，私人企业方可进入这一领域。有了各种民营书店，其中包括了为图书馆服务的馆配商。这从一个侧面反映了我国改革开放的迫切需要与艰难进程，没有市场经济的竞争机制，就没有行业发展的生机，也就没有国民经济的迅猛发展。人天书店获得了改革开放所给予的机遇，他们也为改革开放做出了贡献。

三

服务至上是人天书店的经营理念，也是他们快速发展的根本所在，用户的需求和存在的困难，就是他们的努力方向。

刚刚步入21世纪的中国图书馆界，在中文图书的藏书建设中，面对出版物品种迅速增长的情况，如何能及时了解新书信息，准确选择所需图书是最迫切的需求，但当时没有一个能全面报道新书信息的书目，除新华书店总店编制的《社科新书目》和《科技新书目》以外，各省新华书店也编有本省发行图书的书目，还有许多发行机构编发的书目。图书馆采访人员需要从数十种，乃至上百种书目中挑选图书，苦不堪言。

此外，相当多的图书馆已使用计算机编目，由于国家图书馆的编目数据很不及时，又无联机编目网络支持，因而编目工作成了图书馆工作的很大负担。

全国中文新书信息和随书配发书目数据成为图书馆界的两大需求，也是迫切需要解决的困难，不少馆配商在这两方面进行了有益的探索。人天书店在吸取前人经验的基础上，做了极大的努力：一是从人天书目到可供书目，编制了能基本报道全国中文新书的书目信息，后来发展为可获得的书目信息，使图书馆采访人员只要阅读这一书目就可以了解全面情况，解决了一大困难；二是建立了一支计算机编目队伍，在图书馆编目专家的指导下，编制中文图书机读目录（MARC），为各图书馆所有订购的图书配送机读数据，受到了图书馆界的广泛欢迎。随着图书馆界体制改革，推行业务外包，以提高图书馆的知识服务能力。人天书店就为各馆所购图书编制完整的书目数据（即含有排架号），进而代替图书馆盖馆藏章，打登录号，在图书内插磁条，以至将图书直接送到书库并上架。这样的服务是全方位的，当然受到图书馆界的欢迎，这已成为馆配行业的共同运营模式。

图书馆界订购中文期刊的问题，首先，由于邮局报刊发行部门的门槛很高，邮发期刊的起订点为3000份，不足3000份者以3000份计算。这就使得很多学术性期刊进入不了邮发行列，而这些学术性期刊却是图书馆界所需要订购的。所以，订购非邮发期刊成为图书馆界一大难题。其次，邮局报刊发行部门要求严格，预订下年报刊必须全部预付所有费用，图书馆若因经费一时短缺，就会影响下年报刊的订购。再次，报刊投递若是发生丢失，邮局概不补发，也是用户的烦恼，还要再到邮局去配齐。最后一点是高校图书馆的苦衷，邮局是以一个学校为投递单位，图书馆的信件和报刊统统投送到学校收发室，再由学校收发室分发给图书馆。学校收发室人员很少，图书馆大量报刊常常积压在收发室，于是图书馆就得每天派人到收发室去捡取，很是不便。人天书店的做法：一是所有期刊统一征订（含邮发与非邮发），二是期刊没有征订起点，三是期刊发生遗失无理由补发，四是图书馆若是一时经费短缺，可以延至下年补交，五是对高校图书馆直接送到图书馆。如此运作，当然是彼消此长。

四

馆配商为图书馆提供书目数据是中国出版发行界的一大特色。国际图书馆界，其书目数据一是来自其国家图书馆的统一编目成果，二是联机编目网络的支持。我国图书馆界也为此进行了不懈努力，限于多种原因，这两方面都不能满足图书馆界藏书建设的需求。北京图书馆统一编目中心所做过的随书配片服务，在图书馆界影响很大，人们强烈希望馆配商能在配发图书的同时，提供书目数据。这一终端客户的需求，倒逼馆配商必须为此做出努力。现在不仅馆配商要为其配发的图书提供书目数据，一些直接为图书馆服务的出版社，也要为其发送给图书馆的图书提供书目数据；进而到电子版的图书，电子书供应商也要为图书馆提供书目数据，从而大大加快了图书馆界书目数据库建设的进程。

中国出版发行界的这一做法，已走出了国门。现在国际图书馆界购买大陆出版的中文图书，也要求服务商提供书目数据，还要求将中文 MARC 格式转换为他们国家的格式（如美国图书馆界要求转换为 LC – MARC）。

人天书店在这方面是做得很出色的，无论在书目数据的数量上，还是在质量上，都是首屈一指。而且，在其包含 100 多万条书目记录的数据库中，其书目记录可以兼顾国家图书馆书目中心和中国高等教育文献保障系统（CALIS）两种不同的编目规范。这是由于人天书店的客户，分别使用这两种不同的规范。为提高工作效率，只好在同一书目记录中，包含两种不同规范的内容，按客户类型分别输出其要求的规范格式。因而，这实际上成为全国可以通用的中文图书联机书目数据库。

这一点需要引起图书馆界的思考。目前，我国主要就是国家图书馆编目中心和CALIS这两个书目系统，其实两者都是使用的《中文文献编目规则》与《中文图书机读格式》，大的原则是一致的，只是在一些具体细节上有所不同，并无实质性的差别。因具体规范格式不同，两个联机书目网络不能兼容，影响就大了，这对我国书目网络建设实是不利。若能参照人天书店做法的可取之处，或许能建成覆盖全面的中文图书书目网络。

五

人天书店出版图书馆学专业著作的工作，推进了图书馆学研究的发展。施春生提及人天书店出版图书馆学著作，主要强调人天书店是把自己当作图书馆人。业界人则认为这是人天书店扩大其在图书馆界影响的一个宣传手段，或许是为人天书店进入出版领域进行探索。不管怎么说，人天书店在这方面的工作，对推进我国图书馆学研究的发展起了相当的作用。

我作为人天书店的顾问，在书店提高服务质量、编制《可供书目》与制作书目数据、实施技术改造、推行扶贫计划等方面，只是介绍知识背景，提供咨询意见，帮助解决一些疑难问题，并未参与实际操作。做得比较多的具体事情是在出版图书馆学专业著作方面，做了许多工作。一是出版了我自己编写的《中文连续出版物机读目录著录细则》（2001年）《中文图书ECIP与自动编目手册》（2003年）和《中国图书馆百年纪事（1840～2000）》（2004年），二是参与编辑出版了"图书馆采访工作手册丛书"（2004年）和"数字时代的图书馆丛书"（2006年），而影响最大的是编辑出版"当代中国图书馆学研究文库"与"20世纪中国图书馆学文库"。

关于"当代中国图书馆学研究文库"，2005年4月，南开大学的徐建华、北京大学的刘兹恒和我共同应人天书店之邀，在沈阳和济南两地讲学。在从沈阳至济南的火车上，谈起现在不少中青年学者颇有所成，是我国图书馆学未来的希望。要是能将这些人的一些文章结集出版，加以宣传，很有意义，人天老总邹进也极表支持，当时就酝酿了一个名单，要我推动此事。

回京后，约吴慰慈老师到人天书店一起商量，他积极赞同，并愿意担任主编，但一定要跟我一起担纲，他掌握大政方针，我做具体编务。我又找北京图书馆出版社社长郭又陵商量，他热情支持，并列为该社的"十一五规划项目"上报，得新闻出版总署批准，列入"国家十一五重点图书出版规划项目"，并另外给了书号，计划出 5 辑，收 50 人的著作。

兹事已超出我们原先的构想，于是又约请彭斐章、李致忠、倪波、谭祥金、徐引篪、郭又陵、李万建诸位参加编委，共同谋划此事。2006 年 6 月，我们在广州中山大学召开了编委会，讨论了文库编辑方针、作者入选原则、各辑进度安排、编委分工等问题，通过了第一辑入选人员名单。在北京图书馆出版社成立编辑部，具体负责编辑事宜，并对第 1~3 辑的主题内容与总序撰写做了安排。由于各方认同，作者配合，社店互动，编辑努力，历时 5 载，出版了 3 辑，共 30 人。第四辑因故由国家图书馆出版社自行出版。

第一辑主要为基础理论研究，于 2007 年 7 月出版，由吴慰慈与陈源蒸作总序，收入陈传夫著《信息资源公共获取与知识产权保护》、程焕文著《图书馆精神》、范并思著《图书馆学理论变革：观念与思潮》、富平著《从传统图书馆到数字图书馆》、黄纯元著《知识交流与交流著科学》、刘兹恒著《图书馆研究的本土化思考》、吴建中著《公共图书馆发展战略思考》、叶继元著《期刊信息资源建设研究》、张晓林著《数字图书馆理论、方法与技术》、朱强著《高校图书馆现代化建设之探索》，共 10 人。

第二辑侧重于目录学与文献学方面，于 2008 年 10 月出版，由彭斐章作总序。收入陈力著《文献学与文献服务》、柯平著《从文献目录学到数字目录学》、倪晓建著《目录学与文献利用》、王国强著《古代文献学的文化阐释》、王世伟著《历史文献研究》、王余光著《文献学与文献学家》、王新才著《中国目录学：理论、传统与发展》、徐雁著《藏书与读书》，共 8 人。

第三辑为图书馆技术应用的方方面面，于 2010 年 8 月出版，由倪波作总序，收入曹树金著《情报检索语言与信息组织探微》、顾犇著《信息资源建设的实践和思考》、李广建著《图书馆信息系统：技术、实现与应用》、刘炜著《数字图书馆的语义描述和服务升级》、孟连生著《文献计量学与中国图书馆事业发展》、沈固朝著《信息服务与图书馆学教育》、王松林著《从文献编目到信息资源组织》、吴晞著《天下之公器》、肖希明著《信息资源建设的变革与发展》、徐建华著《传统特色文献整理与收藏研究》、杨沛超著《中国图书情报事业发展研究》、叶鹰著《科学化图书情报学探索》，共 12 人。

需要说明的是，此事之所以难，是因为这是一件赔钱的事。许多人出论文集都是要自己掏钱的，这套文库作者不仅不用自己掏钱，还可获得一些稿费。人天书店每辑要投入

20多万元,所以深受业界人士好评。当然也要感谢所有编委无偿地积极参与,方使此事得以顺利做成。

关于"20世纪中国图书馆学文库",2005年,在编辑"当代中国图书馆学研究文库"时,本有同时编辑"20世纪中国图书馆学文库"的构想。前者为当代研究成果的汇集,后者则是对历史研究成果的整理。

在世纪交替之间,迎新辞旧之际,人们自然地回顾过去,思考未来。图书馆人也进行了相关研究历史的探索,出版了一些"百年纪事"之类的著作,但所论多较浮浅,未能深入展开;有的甚至叙述失真,结论有误,造成此结果的原因殊多,但史料缺失是其中之一。

由于许多图书馆是在20世纪90年代左右新建的,这些馆不仅民国时期的图书馆学著作未有入藏,就是20世纪80年代的著作也收得很少,包括一些老馆,民国以前的著作亦是不多。所以出现了人们比较多的引用谢拉的《图书馆学引论》、阮冈纳赞的《图书馆学五定律》,却很少引用刘国钧的《图书馆学要旨》和杜定友的《图书馆学概论》,这与谢拉、阮冈纳赞的著作在20世纪80年代出版过中译本,而刘杜两先生的旧作未曾重印有一定关系。因此,多年以前就有不少专家建议加强图书馆学的史料建设。

加强图书馆学史料建设需要做的事情很多,首先要摸清家底,都有哪些资料,这就要有图书馆学专题书目与学术论文索引的编制,而且要有长期维护机制。然后按照对史料需要的程度,选择一些常用的图书期刊重印,重要的学术论文则要按专题重新编辑出版。这些都是非常重要而又极其艰难的基础建设工作,做起来非常不易。

就以重印旧作来说,20世纪中国图书馆学著作(不含相关学科目录学、文献学、情报学)总数有2200多种,当然无须全部重印,但从中选择多少、选择哪些,对所选著作如何评介,都具有一定难度。虽然业界学人在2003年就曾在编辑"当代中国图书馆学研究文库"时即提出此事,有关人员也曾多次商量,终因难度较大而未能启动。但是,业界的需求却一直在催促我们将20世纪图书馆学著作的重印工作尽早开展起来。

到2010年,有人提出了分两步走的想法:第一步先选出一部分著作,原样重印,不作评介;第二步争取申请国家立项,组织专家对所选著作深入比较研究,进行学术梳理。目前先走第一步,这样可以起到保存文献的作用,利于推进图书馆事业史与图书馆学史的研究。经与各方商定,以至今见到的国内图书馆学人于20世纪出版第一部著作的时间(1909年)为上限,以1999年为下限,选择100种左右作品,编成"20世纪中国图书馆学文库"予以出版。人天书店与国家图书馆出版社确认了这一原则，聘请陈源蒸、李万建、宋安莉为主编，邀请吴慰慈、程焕文、范并思、侯汉清、胡越、黄宗忠、刘兹恒、倪波、倪晓建、谭祥金、王子舟、肖希明、徐引篪、于良芝、朱强组成专家委员会，共同进行文库编辑工作。

主编首先确定了"文库"的收录范围：以国人在大陆地区出版的图书馆学基本理论、资源建设，分类、编目，读者服务，文献检索，自动化与数字技术应用研究的著作（含教材，不含论文集、工具书、分类表等非专著出版物）为限，相关学科目录学、文献学和情报学的著作一般不收，个别和图书馆学融合一体者酌收。

随后通过各种途径，收集这一期间国内出版的图书馆学著作信息，编成书目，而后根据业界对于这些著作的评价和被引用情况，提出了一份拟选书目清单，提请专家委员会审议，并在网上公布，听取各方意见。在此基础上，2011年10月21日，国家图书馆出版社与人天书店在北京组织召开了关于"21世纪中国图书馆学文库"（以下简称"文库"）入选书目专家审定会议，经过反复进行讨论，确定了文库的入选书目，完成了前期准备。随后，经作者同意后，进行编辑出版。"文库"共收书101种，分装为94册，另有叙录1册，"文库"编选过程中所编书目也同时附印。这为做好图书馆学史料建设做出了重要贡献，受到图书馆界的热烈欢迎。

六

建立数字复合出版发行中盘，是人天书店面对数字技术挑战所采取的重大举措，也将对数字技术在出版业的应用做出积极贡献。我于2001年开始研究ECIP（图书在版编目的数字化处理）在我国是如何实现的。2003年，我进行了自动编目试验，其间还研发了二维码在图书上的应用软件，提出了复合出版概念，并探索其技术实现路径。所有这些，都和邹进有深入的交流，并得到他的大力支持。我的研究对他也有所影响，促使他思考如何面对数字技术在出版业应用方面的挑战。2011年，我们曾在"北京图书订货会馆社合作峰会"上共同探讨了数字复合出版工程的实施对图书出版、发行和图书馆事业产生的影响与应对方法。

邹进很看重方正Apabi，我也曾推动过他们双方进行合作，以实现电子书与纸质书同步发行，未有成果。Apabi退出电子书馆供市场后，人天书店即大力开展电子书与纸质书同步发行的业务。他们认识到"图书馆才是电子图书发行的主渠道"，而图书馆，尤其是高校图书馆对电子图书的需求,"是学术类、专业类、科技类图书和工具书,而这些书恰都是出版社的本版书,这才是馆配电子书的主体"。

面对电子书市场盗版猖獗的情况,业界认识到,"需要重新开辟一条道路,那就是我们都要遵循伯尔尼公约的精神,按照中华人民共和国著作权法从事电子图书的生产和销售。出版方不再漠视对自己知识产权的侵害,图书馆也不再因为自己是非营利组织而任意利用未经授权的产品和服务,作为中间商,更不能因为权利方的放弃与购买者的需求而非法集成和销售"。人天书店建立的畅想之星公司,除了建立服务平台,解决技术问题外,现在是由出版社提供排版文件转换,随后将提供自动排版软件由出版社在排版时实现同步出版。服务工作更是一个一个出版社进行版权授予谈判,宁可慢,一定要做到(作者与出版社)双重授权,使电子书与纸质书同步服务于馆配业务,从一开始就使其走在健康发展的道路上。对出版社,能做到自主版权、自主定价,做到版权付费的个别化,从而让新书同步发布;对图书馆,则可以使电子书与纸质书同步,自主选择,有计划地进行资源建设,可获得有版权保障的电子书。这是数字复合出版产业链科学调节的合理进程,也代表了出版业未来发展的方向,是数字复合出版工程的组成部分,因而受到出版社与图书馆两方面的认同。目前,已有260多家出版社与文化公司入驻平台,同步征订的图书有26万多种,60多个图书馆成为正式订户。随着同步征订的图书总量的增加,订购的图书馆会越来越多。

现在不仅人天书店在做电子书与纸质书同步的馆配,另外几家馆配商也在大力推进这一业务,展开了新一轮的竞争。数字复合出版工程从2007年酝酿到2014年立项研发,有关部门投入了大量资金,对出版业进行技术改造,但电子书与纸质书同步出版发行的问题迄今尚未实现,馆配商的这一倒逼行动也许能促进问题的有效解决,推动出版业技术改造的总体进程。

七

人天书店的快速发展,有哪些值得人们思考的地方?也就是他们的成功之路是什么?

在商业服务行业,都说用户是上帝,但若运行机制缺乏竞争活力,则此话即成空话。以图书馆界迫切需要的随书配片而言,这是北京图书馆统编中心适应用户需求开展的业务，但新华书店却凭借行政干预，迫使统编中心停止了随书配片的图书发行业务。当时协调此事时，总店曾承诺，在其为图书馆提供的服务中，实施随书配片，其后却因涉及方方面面的利益而无法进行，不了了之。用户在别无他店的情况下，只好接受这不满意的服务，新华书店也不怕用户流失。民营书店就不同了，如果不能满足用户的需求，用户就会寻找有此服务的供应商，这就逼得他们要花力气做好这件事，以争取客户。在这激烈的竞争中，用户才真正成为上帝，获得了其所需要的服务。

邮局报刊发行的情况也是如此，唯此一家，一个报刊发行人员能把图书馆馆长训得没有脾气。当有了服务内容提高，服务态度更好的服务商以后，图书馆能不乐意接受吗？

一个企业要做大做强，除了努力做好自身的事情以外，还要为行业、为社会做出贡献，才能获得立身之地，人天书店在这方面也是很注意的。

以编制《可供书目》来说，这是一个很费人力物力的事。《可供书目》必须公之于众，用户使用这一书目，但不一定到人天书店购书，为此进行重大投入，有为他人作嫁衣之累。以前，新华书店总店就因为怕影响自身的销售业绩，不愿意编制报道地方出版社新书的书目。国际上大都是由第三方（即出版、发行之外的企业）从事这一工作，但邹进以为，这应当是由别人做的事，但现在没人做，社会又需要，那我就做，什么时候有人做了，我就让他做；没有人做，我就一直做下去。不仅《可供书目》为业界共享，人天书店的书目数据也可与其他馆配商共享，要价很低，有的甚至不要付费，因而在业界和全社会都受到好评。当成立全国馆配商联盟时，人天书店被推选为理事长单位，这就是很自然的事情了。

这事说来简单，但反映了一个企业人的素质与魄力。因为这样做不仅要有很大投入，而且有一定风险。此前，我曾与一家公司合作运营此事，那位老总把出售图书有利的事自己做，而把编制书目数据赔钱的事让图书馆做，当然就做不好了，这就是"近视"与"远视"的区别。

此外，人天书店于2011年成立了蔚蓝公益基金会，帮助贫困地区建立图书馆。人天书店的口号是"有钱的图书馆，我们卖书给它；没钱的图书馆，我们送书给它"。5年来，它已在贫困地区建立了1500多所蔚蓝图书馆，让社会分享到了企业的红利。

人天书店除了有良好的激励机制以调动职工的积极性外，还十分注意企业内部的文化建设，大力提高员工的工作技能，关心员工的生活福利，从而形成一支有凝聚力的团队，这也是企业获得成功的重要因素。

以上只是我的观察与理解，但更多的内在因素，是不能从表面看得到的。

八

任重道远，来日方长。

商海沉浮，商战无情。一批批企业成功发展，更多的企业如过眼烟云。在激烈的竞争中，企业的兴衰存亡并不在于对手的强大或弱小，而取决于企业本身的运营是否得当。人天书店的成就已是过去，未来的进程是继续保持快速发展的态势，或是停滞不前，甚至下滑，是人天人面临的严峻挑战。

一个企业成功了，并不意味着不存在问题，没有不足的地方，只是在成功的光环的掩盖下，它容易被忽略。何况情况变化了，业务做大了，企业做强了，地位改变了，也会引发一些原先未曾考虑过的事情，加之数字技术的应用带来的许多新的问题，也不是一下子就能适应的，所有这些，都是考验。

能否保持努力进取而不故步自封，能否始终以用户为上帝而不陷入店大欺客的陋习，能否继续听取用户需求改进工作而不是因成功而自满，能否以共同服务社会为目标与同行共进而不致恃强傲慢，……以人天人的智慧，相信你们会洞察利害得失，多谋慎思，择善而从，趋利避害，持续增长。

道路曲折，波涛起伏；前程似锦，危机暗涌。常有"如履薄冰"之心，虽难免意外遭遇，但终可"柳暗花明"。相信人天书店会不断发展，永远前进！

邹进本是文人，但现在已是一个成功的企业人，整日忙于业务操劳，难有诗兴。在他"百日之旅"之时，终于有了文思之便，成"忧伤集"付梓。他赠我诗集时，我曾以打油诗为谢：

少时多佳作，得为编辑郎。忽慕陶朱乐，搁笔下海忙。

若无"百日旅"，那有集"忧伤"。多个贩书客，少一诗中狂。

后来，他虽然陆续出了几本诗集，但终因琐事太多，难以反映他那文学天赋。在图书出版发行事业上，他将做出更大的成就，而且会有新的突破。在文学道路上，也会为人们留下他那永不放弃的身影，并将有佳作面世。

2016 年 4 月 7 日　初稿
2016 年 4 月 16 日　修改
2016 年 4 月 28 日　再改

解读人天档案

一个企业的数字化生存

李雁翎[*]

"北京人天书店集团",一个在当今国内"图书出版界"享有盛名的企业。近年来,由于某种合作机缘,我对它作为一个文化企业的文化含量、图书行业素质等方面的印象,是一步一步地在加深着的。近日,当我用了2天的时间,通读了"人天档案"后,使我更进一步了解了"北京人天书店集团",了解了"人天品牌"的精神内涵,看到了"人天品牌"生命的活力,以及它自我修复、自我完善的前进历程,感受到了企业以"服务为本"的自我控制能力。"人天品牌"就是这样一年一年地以销售数据为基础奠定而成的,人天书店成长岁月中的艰辛和辉煌在他们积累数年的年终总结报告即"人天档案"中一目了然。

"人天书店是为图书馆提供专业化服务的专业化书店,建立以数据技术、网络技术为核心,以检索为引导,以销售为目标,以加工和物流相配套的业务流程。"这是邹进董事长在演讲中为人天书店所做的定位,也是他们顺应时代发展,利用现代信息技术维系用户、服务用户的企业的生命本质。人天在不断地发展,而他们的信息化和数据加工技术的队伍,也在不断地成长壮大,从几个人的技术支持,发展到了现在的研究中心;从有大专学历的专业人员,到了有研究生学历的专业人员,队伍不断扩大,技术不断提升,软件产品不断出新。

一 "人天编目数据平台"是人天书店数字化服务的基础

2010年,一次平常的老友会面,从家长里短谈起工作,让我与人天有了合作的机会,从此开启了与人天的更多接触,从此也将我以往关注的数据库的应用研究领域

---

[*] 李雁翎,东北师范大学软件学院教授,东北师范大学图书物联网研究所所长。

扩展到了"图书"行业。随着大数据的愈加火爆和数据挖掘、机器学习和深度学习的不断升温，我与人天的关系也越来越密切，邹总成为我的朋友、业界领导和合作伙伴。

当时，人天书店编目数据处理状况遇到了"瓶颈"，邹总说道："应该怎样为企业服务他有满脑子的想法，可是由于当时企业的技术团队人力和技术局限，不能够完全理解和解决'老总'的问题。"于是，我们商定了建立科学先进的"人天编目数据平台"的合作方向。

从"编目数据平台"创建初期调研过程中，我就了解到了邹总"服务为先，与时俱进，不断创新"的理念。当时，人天为了更好地服务于用户，其中一项服务是为图书馆提供"图书编目"数据，由于图书馆使用的"图书馆管理信息系统"不同，图书的编目数据有常用的两种，即"CALIS 编目规则"和"中文图书编目规则"。在馆配的业务中，"两码切换"频率十分频繁，费时费力。为满足用户的需求，当时人天不惜成本，一本书加工两条编目数据，邹总看到了提升工作效率和节省人力的空间，提出了"二码合一"问题，在几经交流过程中，我从根本不知道"编目"数据是什么的行业外行，被邹总一点一点带入"其中"，到如今，可以从编目中看到了无限的可能。

经过我们双方的不断沟通，我们团队设计开发了"人天编目数据平台"，实现"两码统一"基本需求，并创建了"人天码"这一人天专用的编目数据库。这个编目数据加工系统，更准确地说，它不仅仅是一个编目数据加工的软件系统，我们更愿意称之为"人天编目数据平台"。它的功能可"无限"的延展，可与外界进行更"多元"的交互，这个理想的状态将随着时间的推移而不断靠近。

我们刚刚接手这个项目时，我还是个"行业"门外汉，在开发和实践过程中，我发现了"编目"数据背后的魅力，看到了小小的一个"编目"数据，它记录的信息可赋予一本图书除内容之外的其他的内涵。现在人天集团已经有编目数据数百万条，利用大数据工具进行数据挖掘，将编目数据与销售，编目数据与作者，编目数据与馆藏等多维数据加以加工，他们将会有更多具有竞争力的决策行为，直至可将服务延伸到具体的客户服务终端。

二 "中国可供书目"是人天书店与用户的纽带

什么是"可供书目"，"老总"诠释得很简单："知道有这本书，还要知道它在哪里。"

我想借题发挥一下："可供书目，是出版信息与销售信息一体的信息源，是图书流通资讯。"人天的可供书目的创建，也经历了时间的磨砺。

从"老总"的演讲录中，我知道，人天书店在1999年就有了《人天书目报》，是人天书店为用户提供的可供书目信息，这比2002年出版总署信息中心提出的可供书目，中国出版集团提出的可供书目，还要早上一两年。2003年，人天书店正式开创了"可供书目"项目，由于当时没有迫切的市场需要，加之技术手段落后，2004年此项目停止。同年，中国出版集团成立了中版通公司，专事中国可供书目，但也因种种原因，无疾而终。邹总凭敏锐的行业洞见力，在2012年编目数据平台上马之时，又一次提出了要在"人天编目数据的平台"基础上建设"中国可供书目"网络平台的意见，经过他们的努力建设，现今平台已经面向用户服务。

中国可供书目是一个现货数据交换平台。市场需求越来越迫切，而技术也越来越成熟，不需要把书都存在自己的库里，通过数据交换格式，把出版社、批销中心、文化公司都连在一起，经销商如有库存，通过商务谈判，就可以成为供货商。

"中国可供书目"在理念和设计上都是无可置疑的，如果该平台实现了"数据量的多少，决定了平台的用户的广泛性，这取决于数据提供商与平台接口方案和技术实现，如果能够实现数据的提供者自动时时提供数据，系统再为客户端提供个性推送的智能服务、增强现货信息及期货信息的加工、配送服务功能"。这个平台将会成为人天集团拳头产品，一个连接"已知"与"未知"的平台会越来越引人注目。在当今的大数据时代，人天又走在了全国业界的前头。

三 核心书目评价体系

高校合并和扩招，使原来的单一型、专业型学校，组合成多学科的综合性大学，这又带来了高校图书馆馆藏需求的多样性，对图书采访员的专业要求也大大提高了。大多数的采访员，面对不过一万种的中文期刊，可依赖《中文核心期刊要目总览》提供采购方案。图书采访员面对每年出版的超过40万种的图书，有时就不知如何"采购"了，如果再加上前一两年的图书，过百万的品种，更是要用上一番功夫了。

人天书店想用户所想，他们从上海师范大学图书馆的一项研究成果中获得了灵感，提出了"图书的核心书目评价体系"，要用"核心书目"来辅助图书采访员，使之更有效、更准确地判断图书的质量和价值，试图通过核心书目，帮助图书馆采购专业图书，可以通过专业院系师生的需求信息，按需筛选可购图书。这样便可以实现具有图书情报专业知识和管理经验的采访人员精准地挑选各种专业书籍。这个想法，也促使我们团队的研究聚焦到了"核心书目"的提取方法上。

上海师范大学图书馆提出："将某个时段的书目集中起来，再把哲社类学术图书分离出来，对这部图书用引文分析和二八定律遴选，最后经相关专家审定，形成哲社类学术图书的核心书目，这个书目可以作为馆藏质量测评的工具。"这个基于"专家主观评价"的成果，以及人天业务专家的学习，对我们后来的研究有很大的启发。2013年8月，我们从数据挖掘应用出发，提出了"五维图书评价体系及分析模型的建构"，有了"图书评价"的初步方法（论文见《情报科学》2013年第3期）。

在2013年10月，在东北师范大学计算机科学和信息技术学院，与人天书店共建的"东北师范大学图书物联网研究所"成立，开启了核心书目项目的进一步研究。

"邹总"提出，依赖书目的来源创建图书的评价体系，让图书馆的采访人员在没有看到书的情况下，面对采访数据，就能大致判断出哪些是好书，哪些图书符合自己的馆藏要求，并在采访数据中产生核心书目。因此，他提出了"根据好书因子对读书进行评价"的理念。

结合这个理念与设计思路，其给出的评价体系如下：

	评价项	小项分值	大项分值
出版社	出版社的市场占有率		20分
	分类图书品种市场占有率		
	出版社资信度		
	出版社作者群		
	出版社年出书数		
作者	以往著作的获奖情况		30分
	作者的专业水平		
	作者所在的研究机构的专业性		
	以往著作的销量情况		
	以往著作在图书馆的借阅率		
	以往著作被引用情况		
	以往著作同行的评价		
	以往著作被教务处列为参考书		
	以往著作读者的评价		

续表

评价项		小项分值	大项分值
责任编辑	编辑的获奖情况		10 分
	编辑的专业水平		
	出版社出版方向与本书的一致性		
	以往编辑的著作在图书馆的借阅率		
	编辑的著作的被引用情况的统计		
	以往编辑的著作同行的评价		
	以往编辑的著作被教务处列为参考书		
	以往编辑的著作的读者评价		
版次	再版或是第 N 版		15
其他方面	是否被列为国家重点出版项目、计划		25 分
	是否被列为出版集团、出版社重点出版项目、计划		
	以往国内的情况、首次出版		
	图书采购情况		
	如果为引用版权,其他中家使用情况		
	各种书评、各种媒体推荐		

到 2015 年,东北师范大学图书物联网研究所,基于大数据通过数据挖掘和机器学等数据分析工具,修正了"五维图书评价模型",并创建了全国 500 多家出版社,22 大门类图书出版质量的动态评估系集集。在此基础上,根据人天依据需求给出的基于统计规则的评价指标,我们开发了"核心书目系统"软件,实现了对于已经出版发行的图书进行"客观的评价"和"专家纠偏"数据计算,对每一本图书进行了 100 分评测,为图书采购人员提供采购参考。

正如自然界的优胜劣汰、适者生存,一个产品或一种服务为万人所用的时代已经渐进消亡,一万个产品或一万种服务为满足一个人需求的时代正在开启。大数据时代昭示着智能生产、智能服务、个性化供给和个性化服务,供需对接会越来越精准。这种思路和行为套用当今的一句流行的话说,就是图书发行行业的"供给侧"改革。在大数据时代,在数据"说话"的今天,面对不确定的未来,我相信,人天一定会走在行业的前列,成为"企业数字化""数字化服务企业"的品牌企业。他们的编目数据、可供书目、核心书目,定会创造无限的"数据价值",人天将会为更多的用户提供更多的服务可能性。

我读"人天档案"

刘兹恒*

人天书店集团就要迎来它的第二十个发展年头,作为中国极具代表性和典型性的馆配商之一,人天书店经历的20年的风风雨雨映射了中国馆配行业的发展轨迹。在这个时间点,《解读"人天档案"》正式出版,帮助我们盘点和思考20年来馆配行业的发展和馆配商与图书馆之间的关系,无疑是很有意义的。

一 馆配商与图书馆文献采访

1. "计划经济时代的市场""垄断"与图书馆书刊采购

20世纪80年代中期以前,在我国书刊发行格局中,新华书店占据了中文图书销售的垄断地位,中国图书进口公司及其外文书店几乎控制了外文书刊的所有国内市场,而邮局则垄断着中文期刊的发行销售。那时候,全国范围内各级各类图书馆都不得不将这三大发行巨头作为文献采购的主要供应商。

面对垄断书刊发行市场的国营新华书店和邮局,图书馆为了能够及时、系统地采购到所需文献,需要积极主动与之建立良好的关系,生怕得罪了它们而影响文献的采购。由于缺少市场竞争,新华书店等不需要通过提高服务质量来争取客户,因此其服务意识和合作意识较为淡薄。在书刊销售市场,新华书店等占据着绝对的支配地位,而图书馆则处于被动依赖的地位,不仅在保证图书采购品种的多和全方面没有话语权,在要求提高书刊供应的服务质量方面更是没有话语权。

2. "采编中心"式的图书公司与图书馆书刊采购

---

* 刘兹恒,管理学博士,北京大学信息管理系教授。研究方向为图书馆学、图书馆信息资源建设、图书馆管理。

20世纪80年代中期以来，随着我国改革开放的持续推进，图书馆编目工作的深入发展和计算机技术在图书馆的应用，图书馆书刊采购进入了新的阶段。一方面，新华书店的服务模式难以继续适应图书馆（尤其是高校图书馆）的发展需求；另一方面，国家政策逐渐放宽了对书刊购销的限制，在改革图书发行体制的同时，也鼓励出版社自办发行、集体和个人开办书店等，以逐步形成以国营书店为骨干，多种流通渠道、多种经济形式、多种购销形式，减少流通环节的图书发行网。

为了改变图书馆采购、编目各自为战的局面，提高工作的标准化，减少资源浪费和重复劳动，同时也为了提高图书馆在书刊销售市场中的话语权，高校图书馆率先联合一些书刊发行商组建了具有书刊联合采编性质的图书"联采统编"中心，北京图联公司、申联公司、翔华图书公司、广东省高校文献信息中心等书刊"采编中心"性质的书商陆续出现。这些书商以服务于地区图书馆整体化建设为初衷，以联合编目为核心，向图书馆提供经过编目的书刊文献。这使得图书馆不仅得到了来自书刊供应商提供的文献采购附加服务，也作为一个利益整体，与书刊供应商有了博弈的可能。可惜的是，这些图书馆联盟性质的"采编中心"只服务于本省市的高校图书馆，不易扩大规模；也没能够清楚地对自我进行"民营"或"国营"，"追求经济效益"或"讲求社会效益"的定位，因此也没有抓住正在萌芽的"馆配市场"的商机。

3. "出版社—书商—图书馆"和"出版社—图书馆"模式的图书馆书刊采购

在馆配市场正式形成，全国性和地区性馆配商诞生之前，面向零售和批发市场分销的书商成为图书馆获取文献的重要来源。这一时期，"出版社—书商—图书馆"模式和"出版社—图书馆"模式共同存在于图书馆的书刊采购过程中。在"出版社—书商—图书馆"模式中，书商成为联结、沟通上游的出版社和下游的图书馆之间的桥梁，图书馆根据所能获得的书目信息挑选所需图书，书商根据图书馆的订单向出版社进行购买，图书馆再对采购来的书刊进行条形码粘贴、盖馆藏章、分类、编目、排架等一系列加工工作。在"出版社—图书馆"模式中，图书馆直接与出版社进行沟通，图书馆根据需要向出版社采选所需图书，然后再对图书进行后续加工工作。这两种采购模式均存在明显的局限，前者容易造成出版社和图书馆供需双方的信息不对称，而且以书商为中介拉长了中间环节，图书从出版发行到图书馆采访编目直至可供读者使用，往往需要相当长的周期[①]，而知识在飞速

---

① 何小玲：《改革开放30年来书商与高校图书馆合作关系的发展研究》，福建师范大学硕士学位论文，2010。

更新，这导致了资源建设与读者需求之间衔接的滞后性；后者由于单个出版社的图书品种、数量有限，因而图书馆须广泛地与多个出版社合作才可能将所需图书采购齐全，采购效率较低，图书馆需要耗费大量的时间成本和人力成本。

4. 馆配商出现以后的图书馆书刊采购

1998 年以来，在书刊销售市场上出现了一大批主要以图书馆为客户服务对象，专门从事图书馆书刊配送业务的馆配商，其中，具有代表性的有北京人天、中国中教图、安徽儒林、成都世云、武汉三新、福建邦德、广东学苑、沈阳华储、湖南弘苑、杭州求是、成都国际文化、北京朗润等。其中，人天书店改变了过去新华书店北京发行所对所需图书层层报订的模式，变期货为可供，压缩了中间环节，创新了馆配市场的新模式①。

作为最早的馆配商，人天书店始终致力于更好地服务于全国范围内不同规模和类型的图书馆，其中尤以高校图书馆为核心目标市场。以人天为代表的馆配商们以不断提供优质服务作为生存发展之道，从最初向图书馆提供书目信息、图书征订、送货上门等服务，到后来主动为图书馆提供所购图书的贴磁条、盖馆藏章、提供编目数据、图书上架、建回溯库等加工服务，一改过去新华书店的官商做派，受到图书馆的普遍欢迎。从 2001 年开始，大规模的图书订货会更是极大地促进了馆配商之间、馆配商与图书馆之间的交流，馆配商的业务范围得以进一步延伸。图书馆可选择的馆配商越来越多，馆配商提供的服务项目也越来越多，且服务质量越来越高，使图书馆书刊采购转变成买方市场。为了在激烈的馆配市场上站稳脚跟，各馆配商不断加强自身建设，提高管理水平，在硬件方面增加投入，以形成图书馆书刊采购的最佳保障。2006 年，人天书店仓储基地建成并投入使用；2007 年，中教图公司"现采中心—现采配送中心—加工中心"建成使用，标志着馆配商的供货能力和服务能力得到了很大提高。

对于人天书店而言，1998～2003 年是其发展历程中的第一个"五年计划"，5 年间人天书店实现了 100% 年均增长率的飞速发展：在销售码洋上，人天书店实现了从 400 万元到 1 亿元码洋的飞跃；在业务范围上，人天书店从零售转型到馆配，从图书配供扩展到集出版发行、书目数据、回溯建库、网上书店等于一身的综合性服务型馆配商。2004 年，人天创建中国可供书目，建立出版信息交换平台，并开始参与图书馆文献资源建设和发行

---

① 姜火明：《馆配市场十年回顾》，《图书馆报》官方微博，http：//blog. sina. com. cn/s/blog_4d5a923b 0100dhfo. html，2009 年 6 月 11 日。

的标准化建设。虽然在2005～2006年，人天由于涉嫌商业贿赂被立案侦查，但也由此拉开了人天书店制度化、规范化建设的序幕并带动了整个馆配行业的标准化、规范化建设。2006年，人天书店成立批销部并开始实施同心多元化发展战略。馆配商深层次、全方位参与到图书馆采购流程的各个环节，在实践中不断加深对图书馆信息资源建设规律的认识，与图书馆形成了良好的合作关系，提高了对图书馆服务的能力。这不仅使图书馆因为有馆配商的存在而保证了其信息资源的科学发展，也使馆配商自身实现了更高的"销售码洋"，促进了馆配企业的可持续发展。

随着数字时代的到来，图书馆的信息资源建设越来越专业化、个性化，这就要求馆配商的服务也要越来越多元化和精准化。馆配商的服务意识和服务水平已经成为图书馆选择信息资源建设合作伙伴的主要标准。显然，在信息资源生命周期中，馆配商作为联结上游的出版社和下游的图书馆的桥梁，既需要与出版社保持良好的沟通，也需要满足图书馆的个性化服务要求。馆配商必须加强与出版社的合作，持续跟进出版社的出版动态，获得最新的书刊出版信息并整合成可供参考的可供书目；在服务图书馆的过程中，馆配商必须坚持诚信服务，要在把握所服务图书馆信息资源建设任务的基础上，保证图书馆所需文献的采准率和采全率。

二 馆配商的书目信息服务

书目信息是图书馆资源采购的导航，对图书馆的重要性不言而喻，图书馆和馆配商在这一问题上有着高度的共识。

在我国图书发行的计划经济时期，由新华书店主办的《科技新书目》、《社科新书目》和《标准新书目》，统称为"三目"，是当时最能够及时、全面地反映我国最新出版图书信息的书目，也是图书馆文献采购中最重要的书目工具。然而，随着我国出版事业的迅速发展，图书、期刊种类和数量的不断增多，原有的"三目"已经远远不能涵盖我国各种类型出版社出版的所有图书。在书刊资源日益丰富的情况下，一方面图书馆拥有了更多选择的余地，另一方面也增加了图书馆挑选书刊资源所需的时间、工作量和难度，图书馆对能够全面、准确、及时反映全国图书出版信息的书目表现出了强烈需求。

实际上，在帮助图书馆获取书目信息、优化文献采访工作方面，馆配商也进行了很多有益的探索和实践。1999年，人天书店开始独立采集、编制除中小学教材、教辅以外的全品种书目——《人天书目报》，并分别于2001年和2003年将其由月刊改为半月刊和周刊，以适应图书出版品种、数量的快速增长和图书馆文献采访工作的需要。根据历年人天书目与国家图书馆书目（国家图书馆具有全品种保存国内出版物的职能）的比对，我们发现，《人天书目报》的新书覆盖率为95%左右，基本满足了各级各类图书馆的文献采购信息需求，成为国内最大的、收录最全的权威性的馆配图书信息源。

《人天书目报》作为新书信息预告，虽然报道的书目信息越来越多，但图书馆的图书采到率并没有因此而提高。因为图书馆不仅需要了解出版社出版了什么书，更需要了解各种图书能不能买到的信息。众所周知，在图书市场上，反映现在哪些书在售、缺售或绝版的相关信息，是由"在版书目（Book in Print）"或者叫"在售书目"来实现的。现在，国外90余个国家都有本国的在版书目，典型的如《美国在版书目》《法国在版书目》《日本书籍总目录》等，而我国作为一个出版大国，一直缺乏一个这样的书目，使得图书馆文献采购特别是对出版多年的图书的采购存在一定的盲目性。为了解决这个问题，2004年，人天书店开始编制出版《中国可供书目》，并历时半年完成了中国可供书目网站的建设。数百家出版社积极向《中国可供书目》提供自己的图书库存信息，共同致力于及时的、动态的、全面的中国可供书目平台建设，为满足图书馆信息资源建设的需要做出了贡献。

可供书目是图书出版发行链条中极其重要的一环，没有可供书目就谈不上科学、完整的发行体系。中国可供书目不仅是馆配行业和图书馆之需，更是我国出版发行能力的体现。在我国可供书目长期缺失的情况下，人天书店敢于承担重任，用商业化的模式填补了中国可供书目的空白，体现了馆配商的社会责任。2014年，人天书店再次推动"中国可供书目"的升级，旨在建立适应新的图书馆资源采访环境下权威的现货数据交换平台和完备的图书物联网体系。新的"中国可供书目"将出版社、中盘批发商、馆配商等的书目数据集成到一个统一的平台之上，以便进行数据交换和共享，以期从在版编目、书目数据、可供书目和数字资源等角度对我国现有的书目信息进行关联整合。这个平台不仅极大地便利了对每一本在售的图书进行精确定位，极大地缩减了图书馆的采购时间，避免了采购的盲目性；也因为这个平台上的书目信息涉及图书从生产到流通的全生命周期，因此还解决了图书馆因多轮采购而可能带来的人员与经费大量消耗的问题。

以人天书店为代表的馆配商不断致力于书目信息服务，在极大地支持了图书馆信息资源建设的同时，也大大加强了图书馆、出版社与馆配商之间的相互依存关系，馆配商更赢得了图书馆的信赖，从而进一步促进了馆配事业的发展。

三 数字时代的馆配商

随着网络与信息技术的持续发展、人们信息获取行为与阅读习惯的改变、图书馆馆藏发展理念的革新、传统出版形态的变革等，图书馆数字信息资源的品种和数量在迅速增加，数字资源的购置费不断攀升。如 2006～2014 年，高校图书馆资源购置经费呈稳定上升趋势，其中馆均数字资源购置费所占比例由 20% 上升到了 50%。

在图书馆数字资源建设初期，数据库和电子期刊的采购是数字资源采购的主要类型，图书馆通常不需要馆配商介入而是直接向数字资源集成商订购。在电子图书越来越多，读者需求越来越大的情况下，对电子书的采购就成为图书馆信息资源建设中必须要面对的一项任务。然而，我国图书馆对中文电子书的采购一直是零星的、不成规模的。在没有馆配商介入的情况下，我国电子书的销售模式主要有出版社直接销售，硬件生产商和技术提供商集成图书内容进行销售，移动电信服务商对外大众阅读的电子图书销售等。出版社自己销售电子书，使得图书馆无力应对这么多的销售主体，选择订购难度很大；图书内容集成商销售电子书，或者缺乏图书馆所需的学术类电子书，或者电子书数据更新缓慢，无法与纸质新书同步，难以保证图书馆数字图书的采购质量；而电信运营商对外零售的电子书，少有学术和科技类图书，图书馆几乎不予关注；再加上不同来源电子书的阅读平台不相兼容，也为图书馆提供电子书服务增加了麻烦。显然，长期以来我国电子书的销售模式难以达到图书馆对电子图书及时性、专业性、高质量的采购要求，使得图书馆中文电子书采购需求虽然迅猛却处境十分尴尬[1]。在这样的背景下，馆配商能否再一次站出来，成为出版社电子图书生产和图书馆数字资源建设的中介，这已然成为考验馆配商智慧和能力的一个新课题。

事实上，国外早就有了面向图书馆的第三方馆配电子书平台，如美国的 OverDrive，北美地区 90% 的公共图书馆都在使用它的平台和服务。在我国，在出版社的数字化转型和图书馆数字资源需求迅速增加的双重压力下，馆配商的业务也面临着转型，出版社和图书馆都需要有一个像 OverDrive 一样的第三方电子书馆配平台，以

---

[1] 刘春鸿、李丽萍：《图书馆中文电子书采购需求迅猛却处境尴尬》，《中国出版传媒商报》2015 年 10 月 20 日，第 9 版。

便使数字馆配和纸质馆配一样成为馆配行业的新业务增长点。2015年，人天书店、湖北三新等一批馆配商率先涉足数字图书的馆配，终于使这一年成为了中国电子书的馆配元年。

以人天书店的畅想之星电子书平台为例，该平台于2015年4月正式上线，目前已有200多家出版社和文化公司签约授权，能够提供电子书10余万种，所有电子书均有出版社和作者的双重授权，所有电子书都经过了加密处理，不能随意复制和传播，不侵害作者或出版社的权益。平台上的点击阅读量、下载数据量均全部对图书馆和出版社公开。图书馆在该平台购买的是电子书的永久使用权，属于一次性买断交易，其销售模式支持单册采购，也支持PDA采购，对图书馆电子书采购而言非常灵活。

湖北三新推出的是类似"淘宝网"的电子书馆配平台，即出版社可以在该平台上开店把电子书直接卖给图书馆。除按单品种提供电子书外，也正在探索将从出版社购买的大量电子书资源按学科分类等进行资源融合、横向组合，使其成为更有价值的数据资源包，向需要的图书馆提供服务。

电子书的馆配市场虽在业内尚未形成成熟的经营模式，但已成为未来馆配商们的必争之地。人天书店和湖北三新针对图书馆需求进行的电子书的平台设计和资源整合，不仅顺应了电子书馆配这股不可逆转的浪潮，也准确地抓住了目前电子书馆配链条上的关键点，成为图书馆值得期待的电子书馆配新动向。

四 全国馆配商联盟

2013年3月，人天书店在杭州举行"2013年度全国馆配商战略合作研讨会"，会上就馆配市场的发展方向、发展现状，及馆配商联盟如何建立等问题展开了交流、讨论，共商馆配行业发展大计。研讨会上，人天书店集团协同全国24个地区的70余家馆配商共同组建了全国馆配商联盟。针对馆配行业存在的不景气和低迷问题，馆配联盟自成立之日起便肩负着解决馆配商之间恶性竞争，馆配行业准入门槛过低，权威性的馆配商评定体系缺失等问题的使命，帮助馆配行业建立行业运行规范标准，推动行业向健康有序的方向发展。馆配商联盟的组建是馆配行业变重复建设、恶意竞争为共建共享、合作共存的一个新起点，是馆配行业由混乱无序走向整合规范的重要里程碑。

在行业资源整合方面，馆配商联盟不仅以集约化经营切实降低了馆配行业链的运作成本，提升了馆配企业的竞争力；同时也致力于构建全国性的书目共享与集中交易平台，为图书馆提供跨地区、跨馆配商的数据交换平台，减少了采访工作成本，提高了行业竞争力。馆配商联盟出现之前，全国大大小小的馆配会数量过多，如2013年、2014年每年的馆配会有将近50场次，馆配会的组织方与参与方均需耗费大量的人力物力，给出版社和图书馆带来了不必要的成本和麻烦。馆配商联盟出现后，全国馆配商联盟春季、秋季图书订货会等大规模、全国性的馆配活动极大地整合了原本分散在各时段、各地方、不同规模的馆配会，为全行业搭建了有序竞争和平等对话的公共平台。

2014年5月，中国书刊发行行业协会图书馆馆配工作委员会成立并发布了全国首个馆配行业公约——《全国出版物发行行业图书馆馆配公约》，号召全行业建立健全自律、互律机制，避免低价恶性竞标等不规范行为，进一步维护健康有序、公平竞争的市场环境，加强诚信建设，共同促进中国图书馆馆配业的健康、可持续发展①。目前，馆配商联盟已经集结了全国绝大部分的馆配商、出版社和图书馆，使馆配真正有可能成为具有全国规模的公共平台，成为一个有序而健康的行业，真正有机会在数据服务、资源整合、渠道推广方面迎接"大中盘"的格局，更好地服务于图书馆。显然，图书馆的信息资源建设也将在馆配商联盟的不断发展中进一步受益。

五 结语

人天档案记载着人天书店的成长轨迹，见证了馆配行业的发展全貌。通过人天档案解读人天书店的发展历程，从人天书店的发展历程解读馆配商和图书馆文献资源建设的关系，我们发现，馆配商的发展离不开图书馆的支持，图书馆的资源建设也离不开馆配商的服务，两者相辅相成。人天书店过去的20年是辉煌的，我们希望未来的20年、30年，人天还能够继续创造自己的辉煌！我们相信，只要图书馆还存在，只要信息资源仍然是图书馆的核心竞争力，图书馆就一直会和馆配商一道，共同承担起为读者提供信息资源服务这一职能。

---

① 毛艳琴：《中国书刊发行行业协会图书馆馆配工作委员会成立》，全国出版物发行信息网，http://www.cpin.com.cn/html/dbt/778970.html，2014年5月26日。

有图书馆的地方就有人天
——人天集团案例研究

莫林虎　黄晓倩[*]

提起人天书店，业内人士都知道这是我国首屈一指的专业服务于图书馆的馆配商，名称中的"书店"两字暗含着人天集团背后的初创故事。1998年，邹进创办人天时，想要做的是一家书店，由于零售门店经营不善，持续亏损，便转向了机关学校图书馆业务。1999年1月，人天召开了被称为公司"遵义会议"的联采统编工作研讨会，从此放弃书店经营，走上了馆配商的道路。

全面经营图书馆市场的人天经历了企业初创时的艰辛、高校本科教学评估带来的机遇，更经历了一场由行业潜规则造成的危机以及制度建设带来的成长。人天一步步由小到大，由野蛮生长走向了规范成熟，其成长轨迹正是我国民营书业的发展轨迹，从中可以体会到我国民营书业在成长过程中的喜怒哀乐，总结出民营书业发展的经验与教训。

目前，数字化大潮来袭，传统书业正经历着一场大变革，以人天为代表的民营馆配商又该何去何从呢。

一　人天集团的前世今生

（一）全国最大的民营馆配商

人天集团自1998年成立以来，连续5年以100%以上的年均增长率飞速发展，于2003年实现了亿元店的目标[①]。2004年，伴随着教育部《普通高等学校本科教学工作水平评估方案（试行）》的出台，图书馆需求空前提高，人天书店馆配业务进一步增长（如

---

[*] 莫林虎，中央财经大学文化与传媒学院副院长、教授；黄晓倩，中央财经大学文化与传媒学院出版经济2015级研究生。

[①] 人天书店官网：http://www.rtbook.com/。

图9-1所示)。时至今日,人天书店已发展为全国最大的民营馆配商和出版信息提供商,2015年其码洋达16.68亿元。

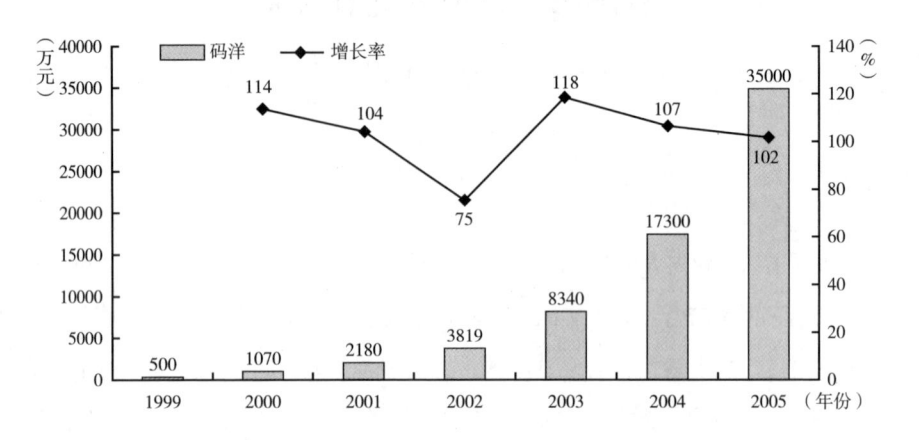

图9-1 1999~2005年人天集团图书码洋增长情况

资料来源:网络公开资料。

目前,我国的馆配市场主要由民营馆配商、国有新华书店和高校采编中心组成。1990年以前,我国的馆配市场由新华书店独家垄断,各地新华书店都成立了"图供部"。20世纪90年代,随着计算机技术在图书馆的推广,集中编目、联合编目和联机编目成为发展的趋势,我国相继成立了若干区域图书文献联合采编中心,例如,在北京,北大、清华、人民大学、北师大等高校成立了北京图联公司。这类企业以编目为核心业务,在发展过程中走上了"联合采购、统一编目"之路,逐渐演变成国内最早的专门以服务图书馆客户为主的商业机构,但其服务范围受区域限制,且仍是从新华书店购书。随着国家对图书定价权的放开,出版社给予了图书供应商更大的让利空间,但新华书店给图书馆的折扣仍只有1%~5%,图书馆渴望改变购书途径,这为民营资本的进入提供了有利的条件。1998年后,以人天集团为代表的一批专门服务图书馆、从事馆配业务的民营馆配商相继成立。

民营馆配商和国有新华书店因血统的不同,各自表现出了不同的特点。新华书店享有税收优惠等政策优势,图书品种覆盖率高,但市场灵活性及客户服务能力不足。例如,20世纪90年代,图书馆在计算机编目过程中,新华书店对图书馆提出的MARC数据和采访数据的制作要求不予理会,只管卖,不管售前和售后服务,使其在与民营馆配商的竞争中逐渐失去市场份额。

以人天集团为代表的民营馆配商，机制灵活、服务意识强、市场适应快，备受图书馆青睐。为满足客户需求，它们不断创新服务，由最初的随书配备编目数据，一步步发展为一条龙的全服务，包括售前的采访数据提供服务，采购中的现场采购服务和送货、编目、上架入库等售后服务。

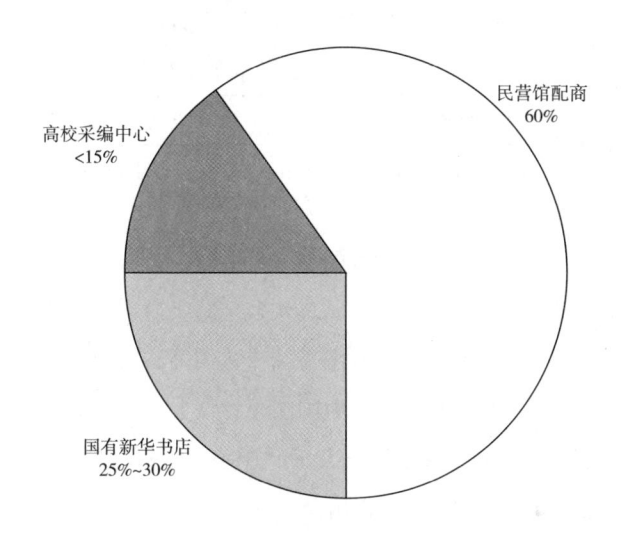

图9-2　中国馆配市场格局

张倩：《馆配市场竞争者分析》，《出版与印刷》2010年第1期，第9~12页。

（二）有情怀的馆配商

人天集团创始人邹进毕业于吉林大学中文系，曾在中国人民保险公司、北京语言大学、中国作家协会等处任职，爱好写诗，出版有诗集《为美丽的风景而忧伤》。他不仅是一位浪漫主义诗人，更是一位务实主义践行者。自创办人天以来，一直履行着"有图书馆的地方就有人天"的承诺，为我国馆配市场的发展做出了巨大贡献。

1. 创建了文献资源建设意义上的第一份"中国可供书目"

20世纪90年代，图书馆采访人员主要依靠三大书目（包括新华书目报、沪版新书目、全国地方版科技新书目）获取图书出版信息，但三大书目涵盖的图书数量为6万种左右，仅占整个市场出版量的50%。

为提高图书馆采到率，人天集团按照图书馆采访工作的需求编制了集在版书目、可供书目和现货书目为一体的采访书目体系,并在业内实现了资源共享。其中,《人天书目报》被誉为目前中国最为完整的图书出版信息源,囊括了全国90%以上的新书出版信息[①]。可供书目的建立既加快了馆配市场信息的流动,也成为人天的特色服务,帮助其获得了更多的客户资源。

表9-1 2007年书商自编新书书目数量一览表

书商名称	全国总书目	新华书目报	北京人天书店
数量(种)	136226	31039	102250

黄金凤:《民营馆配商的发展与馆配服务创新》,《中外企业家》2011年第9期,第38~43页。

2. 把实践经验上升到理论高度,出版图书馆专业图书

作为馆配行业的领头羊,人天集团还将其实践经验上升到了理论高度,积极协助编辑、组稿、出版了很多学术价值非常高的图书馆专业图书。例如由丘东江主编的"二十一世纪图书馆学丛书"、陈源蒸主编的"中国图书馆文献采访手册丛书"、胡越主编的"数字时代的图书馆丛书"等。这些图书跟随时代趋势,紧扣产业链核心环节,对我国图书馆发展及馆配行业的成熟起到了巨大作用。

3. 牵头组建全国馆配商联盟

2013年,人天集团提出组建全国馆配商联盟,时至今日有70%以上的民营馆配商与部分省市的新华书店都在联盟队伍之列[②]。

一方面,在市场协作的大趋势下,联盟对于协调馆配行业上中下游的三方利益起着重要作用。首先,联盟采取统一采购模式,不仅降低了馆配商的采购成本,也提高了图书馆的采购速度与配到率;其次,联盟积极引导建立新的符合图书馆文献资源建设的招投标规则,避免恶意竞争,确保服务质量;最后,联盟采取统一的数据交换与共享平台,将出版社、批销中心、策划公司的数据放在一个统一的平台上,降低了采访成本,加速行业信息流。

另一方面,在出版数字化的大趋势下,新旧发行方式的交替需要快速建立行业规范。

---

① 人天书店官网:http://www.rtbook.com/。
② 邹蓉蓉:《全国馆配商联盟正在改变市场游戏规则》,《中国出版传媒商报》2014年9月16日,第8版。

联盟的成立有利于扩大话语权，推进行业规范。

（三）剑指中国馆配"大中盘"

经过近 20 年的发展，人天集团已具备疏通馆配行业上中下游的能力，无论是对上游出版社图书数据的搜集能力，中游馆配商的凝聚能力还是对下游图书馆的服务、供货能力。人天集团在 2005 年就已具有一般省级新华书店集团的规模，经营网络覆盖了全国 20 多个省、市、自治区。

在图书专业分工明确的日本，东贩、日贩两大全国性图书中盘商，控制着日本近 70% 的图书销售，人天集团是否能成为中国馆配行业的"东贩、日贩"呢。

二 浴火后才能重生

（一）一本账本引发的危机

2005 年，人天集团的一个现金账本，引出了全国范围内的"高校商业贿赂案件"。人天被立案侦查，总裁邹进为此被"批捕"3 个月，总经理李红也被拘留了十多天，这是人天集团自成立以来面临的最大危机。公司用于记录与图书馆资金往来的现金账本，成为"行贿"的关键物证。

（二）"火"从何方起？

人天集团的现金账本将馆配行业多年来的"潜规则"公之于众，人天集团迅速成为社会关注的焦点，公司在 2006 年也经历了巨大的经营困难，而这一切既与馆配市场在经济转型中的波折分不开，也暴露了民营企业经营的不成熟。

1. 馆配市场在经济转型中的波折

（1）政府政策转变模糊。

1987 年，教育部办公厅 002 号文件《关于贯彻〈关于高校出版社发行工作的通知〉的实施意见》明确规定在图书教材采购中，可以从供货商处收受 5%～12% 不等的回扣，作为经营费用和给学生的购书优惠，这一规定在 2006 年 6 月 30 日才被废止。在该规定废止前，国家工商总局颁布了《关于禁止商业贿赂行为的暂行规定》，规定不允许在商业活动中给予回扣，政策的紧急转变让服务于高校的民营馆配商无所适从。

（2）面对新华书店的国企优势民企只能以价格优势切入。

在民营馆配商与国有新华书店的竞争中，民营馆配商不仅要和新华书店拼服务，更要拼价格。民营馆配商入场初期，面对新的竞争者，新华书店也开始提高折扣，价格战拉开了序幕。2005年起，一些高校图书馆开始实行招标制度，由于竞争者提供的图书和服务同质化严重，中标者仍偏向于出价最低者，"回扣"成为行业潜规则。

（3）高校体制不合理逼迫图书馆只能以"回扣"方式创收。

在以往的一段时间里，高校对图书馆的开销并不是全额拨款，部分内部运转开支、非编制人员工资，甚至在编人员的福利都要图书馆自筹，这就导致图书馆人员通过开全额发票，收取现金折扣的方式创收，间接助力了潜规则的滋长。

2. 野蛮生长的馆配商对政策的不熟悉及侥幸心理

"回扣"成为行业潜入场券和行业潜规则，造成了民营企业对政策把控的模糊和法不责众的侥幸心理，最终导致了悲剧的发生。

（三）重生之路

1. 积极配合调查

案件的发生为人天集团带来了灾难，但并未影响人求生和发展的动力。一方面，人天积极配合检方的检查、主动上交物证，并做好自我检讨；另一方面，人天还积极在行业内和社会上发声，寻求舆论帮助。

2. 加强自身制度建设，加强客户风险管理

"人天案件"了结后，人天开始规范自身的制度建设，并积极响应国家有关政策、法规，率先提出并执行"推行实洋，拒绝码洋"的结算方式，为行业规范起到了带头作用。

此外，人天还分别与上海师范大学等图书馆签署"廉政协议书"，并要求与所有的出版社签订廉政承诺书，并与公司内部人员签订了《廉洁自律保证书》。

"人天案件"让人天明白馆配业务除资金风险外还存在客户风险。为此，在2006年，人天加强了客户风险管理，开始严格过滤客户，由此舍弃的业务达5000万元码洋①。

3. 推动全国馆配商联盟的建立，改变市场游戏规则

2013年由人天集团带动成立的全国馆配商联盟，建立了进货与出货标准，梳理了全国价格体系，为维护馆配市场秩序和规范行业操作起到了巨大的作用。

---

① 数据来源于中央财经大学莫林虎教授于2011年7月对人天集团的采访。

三 成功之路

馆配行业并不是一个暴利行业，人天集团总裁邹进在 2005 年时曾表示，公司的毛利率仅在 10% 左右，年营业额在 1.5 亿元以上才有盈利的空间①。随着竞争的加剧，馆配行业利润空间缩窄，贷款、税收和贸易壁垒等问题使得部分民营馆配商逐渐退出市场，像人天这样靠自身打拼至今仍立足于市场的企业并不多。

图书业作为文化的载体，一直深受政府重视。随着我国经济制度的转变，国家越来越鼓励民营资本进入图书行业，并出台了相关政策帮助民营企业发展。财政部、国家税务总局在 2013 年 12 月联合发布了《关于延续宣传文化增值税和营业税优惠政策的通知》，指出："自 2013 年 1 月 1 日起至 2017 年 12 月 31 日，免征图书批发、零售环节增值税。"国家新闻出版广电总局、上海以及一些地方政府也出台了相应的扶持政策。民营企业的发展离不开国家政策的支持，也不能不吸取优秀企业的成功经验，而人天就是值得学习的榜样。

（一）坚持以客户为中心的服务理念

这是人天相较于新华书店所拥有的核心优势。首先，人天不仅能根据订单从出版社配送图书，还为图书馆提供了售前的采访数据查重，随书配送的书目数据，售后的送货、编目、贴书标、增加馆藏信息等技术加工和信息服务，同时还拓展服务范畴，免费提供回溯建库服务，帮助合作馆实现图书管理自动化。其次，为提高图书馆采到率和采购质量，满足图书馆现场采购图书的要求，人天建立了新书展示厅与新书仓储基地。此外，人天的业务遍布全国 20 多个省、直辖市和自治区，全心全意为用户服务。

（二）精细化运作，优化产业链

人天集团总裁邹进认为，企业的利润不仅取决于市场价格，更取决于企业的成本控制，只有成本下降的速度高于市场价格下降的速度，企业才能有利可图。随着馆配行业利润空间的下降，只有加强精细化运作、优化产业链、降低企业成本才能有利可图。

首先，人天通过建设"中国可供书目"和全国馆配商联盟提升行业信息交流效率，

---

① 孙勇杰：《一账本引出百余高校购书回扣案北京十余所涉案》，《新京报》2006 年 7 月 19 日。

加快供需匹配，成为全国最大的馆配信息中盘商。其次，人天加强了市场预测和运营计划，以降低库存，营造盈利空间。最后，人天通过"自建+第三方"物流模式，最大化利用了社会资源，提高了物流效率。

（三）多元化经营，多渠道增收

随着高校图书指标达成，高校图书馆对图书的需求进入了平稳期，馆配市场规模长期内难以扩容，馆配商发展需要新思路。2006年，人天成立了批销部，开始实施"同心多元化"发展战略，即以书刊为中心，除了馆配业务，还积极拓展电子商务网站、批销业务。

该战略主要包括两条线，一条是产品线，包括图书、出版、特价书、期刊、教材、数据服务、图书馆设备、数字产品等；另一条是渠道线，包括馆配、中盘、总发、网店、批发等。1999年起，人天就已开始经营图书馆的中文期刊业务，此后更是不断扩展这方面的业务。2005年底，人天推出批销业务，强化与中小型渠道商进行合作，为其他馆配商提供服务，输出人天的品牌与服务。2008年9月，人天推出了自己的B2C业务网——读卖网，开始开拓网上书店业务。2009年，人天并购蔚蓝网，首次尝试用资本运作方式获得一个业务板块。2011年，人天成立设备分公司，当年签约金额达46万元。2015年5月，人天兀鲁思文化传媒有限公司成立，主营出版业务，与作家出版社、中国和平出版社签订战略合作协议，当年出版图书223种①。

（四）建立法人治理结构，完善现代企业管理制度

随着人天的发展壮大，公司结构走向复杂化，公司业务走向多元化，一个健全的现代企业管理制度不仅有利于公司稳健有序的发展，也有利于公司认清自我、认清市场。

人天自成立以来一直不断加强企业管理，建立规范化、制度化、专业化的公司，正因如此，公司才能在"人天案件"的危机中依然运行有序，没有因突发事件而失去控制。

2007年，在人天集团机构调整会议上，邹进辞去人天书店董事长的职务，由张学琛担任法人代表并出任董事长，此外正式成立了人天集团，由邹进任总裁，李虹任副总裁，集团下设人天书店、天下好图书公司和读买天下信息技术有限公司。

人天集团的建立对人天战略的制订和执行起到了巨大的作用。目前，公司的战略是以

---

① 人天书店官网：http://www.rtbook.com/news/。

纸媒图书的馆配业务为主，发展图书相关产业业务，同时密切关注电子图书的市场和技术发展，适时介入电子图书内容的生产和销售。通过在集团下设立子公司的方式发展各项业务，既能从整体上把控集团战略、协调内部资源，也能通过明晰各子公司和业务部门职责提高企业效率。2008 年，公司完成了 ISO9000 认证，各项业务按照制度标准进行，一个更加成熟专业的人天正在长成。

四　下一步棋该如何走

数据显示，近年来我国纸质图书出版品种年均增长不到 3%，而数字出版增长率却高达 30%。高校经费也在逐渐向电子书倾斜，纸质中文书采访经费占总经费的比例在不断下降，电子书的比例不断上升。早在 2013 年，复旦大学图书馆和清华大学的电子资源购买经费就已分别达到其文献资源购置费用的 40%～60%。纸质书的借阅率也在不断下降，至少有 40% 的纸质书从来没有被借阅过。

图书电子化的趋势已不可逆转，传统馆配商再次面临新的挑战，市场格局或将在此次电子化革命中改变，人天的下一步棋该如何走？

（一）成为数字资源中盘商

馆配行业是为解决图书馆与出版社之间信息不对称而生的，在图书电子化时代，图书馆与出版社之间沟通的断档依然存在。图书馆对电子书需求旺盛，却找不到合适的图书，出版社对图书馆的馆藏取向、馆藏分类、馆藏计划甚至采购原则也知之甚少。

建立信息生态圈，可帮助出版社了解图书馆需求，快速发布产品；而图书馆获取的产品信息将更丰富、更及时，馆藏质量也将得到很大提升，行业在呼唤数字资源中盘商。

基于此，人天经过一年多的努力，于 2014 年 4 月发布了"畅想之星馆配中文电子书平台"，这一集版权管理，新书发布与销售，电子书采购和借阅服务为一体的全国性馆配电子书交易平台一经发布便吸引了 155 家出版社、48 家出版公司签订入网协议，更有 236 家高校图书馆安装了畅想之星的试用版，成为人天布局数字资源中盘商的重要举措①。

该平台仍面临着诸多的挑战，目前的电子书平台仍以企业为主，平台并未统一，仍未

---

① 人天书店官网：http://www.rtbook.com/。

形成统一标准、交换协议和智能应用工具,信息流和产品流难以一体化。此外,随着移动互联网的发展,移动阅读已成为重要趋势,平台电子书能否适应多屏阅读,突破校园场所限制也是电子书平台必须面对的挑战。

(二)与软件科技企业合作,为图书馆提供先进设备

随着图书的数字化,图书馆的文献管理系统也需要更新换代,对一站式搜索、用户参与、个性化搜索等功能的需求越来越强,民营书商若能与软件科技公司合作,共同开发新一代的文献管理系统,必将掌握住电子化的关键点,先发制人。

人天集团已与江苏畅想之星信息技术有限公司合作,推出了光盘存储系统和其他的图书应用系统,并代理了一些具有较高技术含量的新设备,如自动借还机等。在未来,这一领域仍具备较大的市场空间。

浅析人天书店商业模式

吴之洪[*]

商业模式,也叫赢利模式,通常表现为批发、零售、直销、电视促销等,而现代商业模式通常还表现为互联网金融、众筹、网购、股权经营、销售资本等。

作为全国经营规模最大的民营馆配商,人天书店2015年的图书销售码洋做到了16个亿,这一业绩显然不是靠图书的零售方式创造的,因而,人天书店的主流商业模式通常被认为是"批发"。

如果换一个角度看问题,综观人天书店近5年的发展史,饱览人天书店即将推出的《解读人天档案》,我个人认为,人天书店因经营注意力而锁定了批发商的眼球。因此,人天书店最"看家"的商业模式不是做批发,而是经营注意力。

---

[*] 吴之洪,江苏经贸职业技术学院注意力经济研究所所长,江苏省公共关系协会常务副会长兼执行秘书长。

一 占据第一、唯一的市场地位

从经济学的角度看,所谓"注意力",是指人们对某一具有内在经济价值的突出事件的关切程度。"注意力经济",是社会组织和个人利用概念对其注意力资源进行整合配置,从而使自身的市场价值增值的信息社会的主流商业模式。至于"注意力经营",则是指社会组织和个人为寻求自身资本价值的实现和增值,用传播的手段使大众对相关事物的关注程度迅速提高的商务运作过程。

我们都知道,企业自身资本价值的实现和增值有一个途径,就是让我们的上帝——客户,先注意我们,再产生认知,积累好感,萌发购买欲望,最终采取购买行为。因此,企业市场价值的实现,产生于"注意力",没有注意力,就不会有认知、好感、购买欲望和购买行为。

吸引客户注意力的最重要的法则之一是"占据第一、唯一的市场地位"。几年来,甚至十几年来,人天书店始终把"第一、唯一"作为企业市场地位的追求目标。经过18年的发展,人天书店目前已经成为图书馆供应商中规模"最大的"民营企业,甚至他们已经把民营的帽子摘掉了,他们就是全国最大的馆配商,其中,期刊业务已经发展为除全国邮局之外的"最大的"。2015年,人天书店整体业务规模达到了16.2亿元码洋,2016年计划完成业务规模20亿码洋,到2020年,业务规模将达30亿码洋以上。

2013年,人天书店倡导成立了具有全国"唯一性"的馆配商联盟,联盟成员覆盖了全国各省市的馆配商和新华书店达176家。人天书店通过该平台提供免费、共享的图书数据和采购渠道,具有开放、合作、共赢的新型经营理念,以期共同营造馆配行业的良好业态,为图书馆提供优质图书,净化行业环境。

迄今为止,人天书店在全国图书馆配行业中,已经创造了诸多的"第一、唯一"。比如第一个编制企业书目报;第一个推出"中国可供书目",号召成立全国馆配商联盟;第一个召开独立的全国馆配会并成为定式;建立第一个也是唯一的全国少儿图书采配中心;第一也是唯一一个成立公益基金会的民营书企等。就像打靶,人们的目标只会盯住"第一",瞄准"唯一"。让全国的出版商、图书馆"一目了然"地看懂、看清人天书店的服务能力,其结果就是"全国最具规模的馆配商",就是2015年的16亿,2016年计划完成的业务规模20亿,以及2020年的30亿!

二 为客户创造附加值

客户盯住人天书店的"第一、唯一",对自己有什么好处?

这是人天书店经营"注意力"的最大的商业奥秘:为客户创造价值、使用价值,乃至于创造他们可望而不可求的"附加值"。

早在 2014 年的全国馆配商联盟理事会成立大会开幕式上,人天书店董事长邹进先生就发表过这样的开幕词——

人天书店坚持自己的承诺,把馆配商联盟放到更重要的位置上,具体目标是:人天书店将用 3 年的时间,把自营业务规模做到 8 亿码洋以上,同时也要让中盘业务追平人天自营业务,人天书店要使中盘也达到 8 亿码洋的规模。实现这样一个共同愿景,在得到大家的帮助之前,人天书店首先要给大家提供如下帮助和服务:

1. 帮助供货商扩大订单报订业务。人天免费提供"中国可供书目",通过数据交换格式,把出版社、批销中心、文化公司的库存信息披露出来,增加销售。

2. 包销图书。人天图书包销方案的核心是包销 1000 册,解决出版商出版利益平衡点问题。

3. 建立电子书平台,代表联盟商和出版社进行版权谈判,从而打造一个馆配商联盟的核心产品,也可免除"互联网+"带来的纸质书下降的发行忧虑。

在场的所有馆配商联盟成员的眼球,此刻都被邹总"玩转",因为加入并维护馆配商联盟的业务,就意味着自己的核心价值的实现。

邹进先生的承诺不是空穴来风,为了实现人天馆配图书的附加值,人天书店投资与东北师大联合成立了图书物联网研究所,通过大数据分析方法,以及多维海量信息抓取,即将推出"人天核心书目"。该书目将为图书馆客户提供导向性的图书采购信息,便于图书馆实现采购图书的精准化和精品化。这个书目将成为馆配行业新的评价标准。

一流的企业定标准,二流的企业做品牌,三流的企业做资本,四流的企业创利润。人天核心书目的编制是需要花费大力气、大投入的,一旦形成规范,形成权威,形成图书馆的采购习惯,馆藏图书的采购市场,将被其尽揽怀中。因为,每个图书馆采购图书的经费都是有限的,选择优秀图书的经验和精力也是有限的,但读者(包括单位领导)对所采购图书质量的追求是无限的。把有限的经费、经验和精力,通过人天核心书目满足读者对好书的无限需求，这对馆配行业而言是极大的利好。

相信人天书店的这一承诺一定会尽早实现；同时也相信，各图书馆优秀藏书所带来的附加值也能够借此实现。

三 推广"实力+信誉"的公益形象

品牌是客户的口碑，是企业形象的聚焦点，一句话，品牌的实质就是客户的注意力。

经过十几年如一日的经营客户的注意力，人天书店在全国图书采购领域已经成为"实力+信誉"的优质品牌。由于对各出版社和出版公司的采购码洋高、付款及时，人天书店可以享有业内最长的信用期限和最优惠的进货折扣，这使得公司有能力、有潜力迅速扩大馆配业务的市场占有率。

品牌不仅靠自身的努力而形成，也靠客户对同类企业的社会行为进行比较而形成。人天书店的品牌内涵是"公益"而不是"私利"，最典型的表现就是公司的一句信条："有钱的图书馆我们把书卖给它，没有钱的图书馆我们把书送给它。"2011年，人天书店捐资成立了北京蔚蓝公益基金会，在业内募集图书1.6亿码洋，截至2016年6月30日，基金会已经捐建图书馆1900余家，捐赠图书1.5亿码洋。

试想，一个奉行"没有钱的图书馆我们把书送给它"的馆配商，会为了区区几千几万元钱的"暴利"而侵害客户的利益吗？这种因对公益事业的付出而不断积累的客户的注意力，是一种优质且稀缺的资源，在客户转移他们对人天书店注意力的同时，馆配的市场表现就是"回头客"。或许，这就是人天书店保持业务量倍增的秘密所在。

四 坚持创新、创新再创新

常规条件下，一个企业80%的业务来自"回头客"。问题是"人不能两次踏进同一条河流"，客户的需求、眼界、兴趣、感觉每时每刻都在变化，等客户第二次采购时，他已经不等同于上一次采购时的状态了。根据"供给侧改革"的理念，保持客户成为以"回头客"为标志的忠实客户，就要切实做到我们自己已经不是因循守旧的昨天的人天书店了，"保持"的手段就是创新。

曾几何时，《人天书目报》作为业内公认的"中国总书目"受到青睐，是一种创新，因为它改变了客户到图书批销大会上选择图书的传统采购模式。仅凭一个"中国总书目",人天书店的馆配业务就能高枕无忧了吗?显然,人天书店有其更进一步的考虑。他们在想,出版社的"产品"制造者——作者——他们有什么需求?当作者的书可以在某个网站发表的时候,出版社将去往何处?图书馆的"市场"制造者——读者——他们有什么需求?当读者的书可以在某个网站阅读的时候,图书馆将去往何处?当出版社和图书馆都在寻找"创新"的时候,人天在哪里。

2016年7月30日,邹进董事长在人天书店《2016年中期业务报告》中说道:"腾讯基于PC的核心产品是QQ,而到了移动互联网时代它靠的是微信。马化腾说,如果微信不出现在腾讯,对腾讯来说,那将是灭顶之灾。华为在其《基本法》里明确写着,华为永远不进入终端业务。但从去年开始,其智能手机业务突飞猛进,挤掉了三星,从B2B的对运营商为主营的业务,向B2C的对消费者为主营的业务转变。"

邹进说出版去平台化和数字化相结合,是真正"要我老命要你们小命的"情景。出版不需要编辑了,不需要"版"了。在用互联网和数据进行远程制造的3D打印时代,权力在个人手里,不在出版社,也不在平台,每一个图书馆都是一个印刷厂,复印机变成了印刷机,还要出版干吗?还要发行干吗?在读者那里,出版社和图书馆都可以不要了,读者可以直接和作者对接了,我们人天书店在哪里了?"如果我们还要增长,靠的是什么?靠的是创新。"

邹进引用了北京大学图书馆馆长朱强强调的"转型、替换、战略规划"这3个关键词,陈述电子书对未来图书馆的意义。他认为:图书馆是一个器物,它的价值就是被读者使用,图书馆最主要的功能是收藏,而下一代图书馆是用数字资源替换纸本,以电子文档存储替换纸本收藏。这就是馆配商经营模式的创新,对人天书店而言,新的动能就是"畅想之星"电子书。把"畅想之星"电子书和其他数字产品、自动化工具等纳入人天书店的战略规划和每一个人的职业规划之中,这就是2016年人天书店的创新重任。

显然,邹进十分看重隐藏在"电子书"背后的读者的注意力及其转移价值。一旦建立起一座影响力在全国最大的"畅想之星"电子书平台,人天书店就将拥有数以亿计、十亿计的"注意力"。传统的新闻媒体靠倒买倒卖4%的收视率(观众的注意力)挣钱,人天书店一旦拥有数以亿计、十亿计的"注意力",其结果仅仅是30亿的码洋吗。

笔者认为,一位作者对接一位读者,是一个小概率事件;大概率则是读者在一个读书平台上花点小钱或付出注意力看点广告,就可以阅读作者的电子书。于是,作为作者和读者注意力焦点的"平台"——全国最大的读书平台（或电子书交易平台）"畅想之星"，一定会属于富有创新精神和创新方法的人天人！

信不信由你，靠"批发"等传统商业模式实现赢利的机会越来越少了，而靠经营注意力获取市场价值的商业模式，则将越来越时兴。

诺贝尔经济学奖获得者赫伯特·西蒙认为后经济社会的价值不在信息而在注意力，营造注意力将成为流行的商业模式。

人天书店经营注意力的成功商业模式启示我们：出版社和图书馆这两大客户本身的注意力是有价值的，他们对人天书店的关注，又通过委托销售代理和购买图书的行为，而转移成人天书店的品牌价值和经济价值。市场经济条件下，客户是一种稀缺资源，他们可以争取，可能流失，也可以得而复失、失而复得。"客户是上帝"，意味着客户是"馆配"游戏规则的制定者、判断者、实践者、引路人。客户的注意力对我们有"生杀予夺之权"，但客户有选择注意与否的权利，关键看我们能否取信于客户，看我们占用客户有效注意力总量的能力。正因为如此，让客户选择并持久地注意人天书店，才是人天书店实现2020年"30亿码洋"目标的主要商业模式。

《解读人天档案》的解读

徐建华[*]

似乎是转瞬之间，与人天董事长邹进认识已经30年了。那还是1986年的秋天，一个当代中国历史上真正的多事之秋，我在南开大学历史系读研究生，主持了南开有史以来最为规范（也可以说是空前绝后）的"双周讲座"，经社会学系老乡周晓虹介绍，请来了作为诗人、同为老乡的邹进及其同学刘晓波，两场讲座轰动了南开，也创下了南开单场演讲听众的最高纪录。之后，我留校任教，总体平稳，却时有明潮暗涌，然八风不动，我行我素，在外人看来倒也是自在。闲暇时常听到邹进作为诗人和非诗人的不平静的消息。

---

[*] 徐建华，南开大学商学院信息资源管理系教授、博士生导师。

解读人天档案

再一次见面是 18 年之后，因为众所周知的原因，我在学术上绕了一圈，游历了诸如佛教文献学、目录学、藏书史、家谱、方志、编辑出版等领域，留下了一些学术痕迹，又回到了图书馆学，并于 2004 年第一次参加了在苏州召开的中国图书馆学会年会。在一个分会场见到了阔别 18 年的邹进，他正在讲台上不厌其烦地大讲什么要给馆配商合理的利润空间，图书馆不要在折扣上要求过多等，我在下面实在听不下去了，于是，他讲完之后，以一个普通听众的身份，在给他的提问中简单阐述了我的观点：馆配是应该有游戏规则，但这个游戏规则的制定应该以出资方，即图书馆为主，馆配商是受益方，得了便宜还卖乖，不仅想便宜全占，而且还想站在道德的高度上来指责图书馆，这本身就是不道德的，什么事都是玩得起就玩，玩不起就别玩（至今我还是这个观点，但这种现象却愈演愈烈，不仅馆配商是这样，其他与图书馆相关的系统商、资源商、数据库商、设备商多是这个口吻，我最近正准备写一篇文章说说此事）。我的这个观点得到了绝大多数与会者的认同，新华书目报当时就约了这篇文章（这是我至今仅有的两篇在报纸上发表的文章之一，另一篇发在《人民日报》理论版上，图书馆报大概可以为此稍稍得意了）。

会后就餐时，经邹进自我介绍，我知道了他已经离开了文学界，创办了与文化相关的"人天公司"，专做图书馆馆配，当天上午的发言也算是在商言商，能够理解。由于我时常游走在编辑出版与图书馆领域，自然也就对邹进和"人天公司"多加关注了。

"人天公司"严格来说属于广义"书业"的范畴。多年来，我一直关注着"书业"中"民营书业"的发展。作为国家文化繁荣重要组成部分的民营书业，从一开始就不受国营书业的"待见"，长期以来，一直是以其自身的独特方式成长与发展着。

民营书业在民国年间和"文化大革命"之前是常态，"文化大革命"中基本被消失。它们再一次出现大约是在 20 世纪 80 年代中期，主要从两个途径介入书业：一是从销售途径，即开办个体书店，零售为主；二是从内容入手，组织作者编书，然后通过购买书号出版，出版的图书主要在个体书店中销售，这部分被俗称为"书贩子"。

在我的印象中，我读研究生期间，当时在北大和人大之间，活跃着一大批这样的"书贩子"，他们穿梭于研究生宿舍，带着选题，组织研究生用剪刀和浆糊，迅速地形成了一本本厚薄不一的图书。这在当时确实填补了相当部分的文化空白，但也在某种程度上成为一批学人的学术"原罪"，因为他们日后往往用这些"成果"参与评职称、获待遇，渐渐成为某领域的"咖"，可越到后来，就越怕他人提起这一段，以至于在相当部分先生的自我简介中，这一段学术经历基本是开天窗的。前几年，北京某名校历史学院的副院长因职称评定事与本院教师厮闹起来，被揭当年全是凭这样的成果拿到的职称，现在却还来限制别人，主导学术，实在是斯文扫地，丢丑之极。当时，南开可能是因为学风关系，抑或是异地成本高，或南开人太懒，"书贩子"只是偶有光顾，影响不大。

民营书业的这两种形态在20个世纪的走向，都是向出版产业链中的批发环节延伸，这就触犯了国营新华书店的"传统势力范围"和侵蚀了他们的固定利益，自然就受到了强烈狙击，于是，"二渠道"之说不胫而走，双方在中国图书市场缠斗多年，难解难分。

进入21世纪之后，"民营书业"又出现了新的业态，以内容为中心并且活下来的渐渐"从良"，成为与出版社稳定合作的"工作室"，进而发展成文化公司，深刻地影响着中国的出版市场；而以批发、零售为中心的则有一批随着教育部高校本科教学评估中对图书馆纸质图书的强制性入藏数量要求而成为专门供应图书馆的"馆配商"，人天公司就是这其中转型最为成功的代表。

记得在10余年前，我就有了让民营书业的创业者们撰写回忆录和编写自身发展历史的想法，为此也游说了许多业内朋友而终无果，其中一位朋友的话使我感触良深：不能写，因为如果全写真实的，肯定会伤害到有些人；如果不写真实的，那还不如不写。确实，在中国这个市场经济不充分的国度里，做企业的难免会背负"原罪"，这不完全是企业之"罪"，实际上也是社会之过、政府之失，不能写、不宜写自然难免。此次，邹进能够将人天公司的档案以《解读人天档案》之名结集出版，这需要多大的勇气呀！这是对产业的执着，对人生的负责，对事业的责任，对历史的担当，真正值得敬佩！

作为邹进的老朋友，同时是长期关注民营书业的研究者和《解读人天档案》的最早读者，有兴趣，也有责任与义务对《解读人天档案》进行专业性的"解读"，以使我们对人天公司，对以人天公司为代表的民营书业这么多年来的艰辛、努力有比较清楚的了解与认识。

人天书店成立于1998年，经过18年的努力，已经成为国内图书馆馆配市场的"执牛耳"者，业务触角伸到了世界多个地区。根据《解读人天档案》，我归纳出了我所理解的人天公司的"大事记"，以供讨论和解读。

1998.3.15　　人天书店注册成立

1998.9.10　　人天书店开业

1998.10　　　确定向图书馆配供转型

1998.10　　　施春生加盟

1999.1	图书订货会期间召开第一次联采统编工作研讨会
1999.3	编制《人天书目报》
1999.3	关闭零售书店，转型馆配业务
1999.9	开展中文期刊配供业务
2002	与国图出版社合作，成为社外特约编辑室
2003	跨入亿元店行列
2004.8	搬入人天大楼
2004	创建"中国可供书目"
2005.10	"人天事件"发生，波及全国
2007.3	成立人天书店集团
2009.10	并购蔚蓝网
2010	销售码洋过5亿
2012.3	新闻出版总署批准人天书店图书、期刊、报纸总发行权
2012.4	并购江苏畅想之星信息技术有限公司
2013.1	出版"20世纪中国图书馆学文库"
2013.6	发起成立馆配商联盟，召开第一届理事会
2013	销售码洋过10亿
2014.6	"中国可供书目"上线
2014.9	中国版协将全国出版物馆配馆建交易会交由人天书店承办，每年一届
2014.11	在东北师范大学建立"图书物联网研究所"
2015.4	畅想之星电子书平台上线
2015.11	在山东济南建立全国少儿图书采配基地

从上述大事记中我们可以看到，人天公司的发展似乎有比较明显的5年一个台阶的阶段性特征，每一个5年都有大事发生，都有超常规的决策，并且最终被证明都很正确，这是十分不容易的。

第一个5年是开业，转型。定型图书馆馆配，核心层员工的组成，书目数据提供，书刊同发，出版图书馆书籍，进入亿元店行列。这一切构成了人天公司核心竞争力的元素并基本定型，使得人天公司能够迅速迈过制约中小企业发展的3年的生存门槛，进入馆配市场的主流社会，形成了业内南学苑、北人天、西世云、东儒林的稳定格局，其不可替代性和不可复制性的特征明显，这也就是人天公司今后得以发展、腾飞的基础之所在。

第二个5年是搬入人天大楼，有了稳固的根据地。公司的实力和形象通过自身的工作场所得以展示；创建了"中国可供书目"，这大约是人天公司最核心的竞争力之所在，无论怎么评价都不为过，也是人天公司对于馆配市场的最大贡献；历经艰险，成功化解"人天事件"，将危机化为转机，实现了"危机反弹"，其副产品是推广了实洋采购，规范了馆配市场，这也算是"歪打正着"、利国利民了；综合性的人天集团成立，公司以馆配图书为龙头，兼及期刊、书目信息、图书出版、图书馆设备等多个领域，齐头并进。

第三个5年是并购蔚蓝网。在馆配之外涉足图书零售，并借此试水互联网，完成了网络布局；销售码洋连连有大突破，3年之内，实现了由5亿到10亿的跨越，一举奠定其馆配领域的龙头老大地位，不可动摇；发起成立了全国性的馆配商联盟，坐稳了江湖地位，并且，在保持馆配地位的同时，实现了从普通馆配商到馆配中盘商的华丽转身，极大地提升了其在图书市场的话语权。

第四个5年就是当今，在保持传统优势的同时，畅想之星电子书平台正式上线，吹响了人天公司进军电子书市场的冲锋号。

我的这个感觉，在《解读人天档案》中也有类似表述，如书中提及，第一个五年：关键词是生存，从零售到馆配，完成转型，达到1个亿；第二个五年：关键词是发展，高速增长，遇到重大挫折，重新起步；第三个五年：关键词是扩张、起飞、拉升，一发而不可收；第四个五年：关键词是转型。

过去的15年，人天公司虽然经历过很多风雨，包括"命悬一线"的"人天事件"，人天人凭着自己的坚韧、努力，危机意识、拼搏精神、创新能力，朝乾夕惕，克服了无数困难，一步一个脚印地走了过来，取得了超常的成功。那么，现在进行中的5年，以至于今后的3个、5个、10个5年，又将如何，抑或是又能够如何？这不仅仅是3个人天人需要考虑的事情，也是所有关心人天公司发展的朋友应该考虑的。这不仅关系到人天公司今后的发展，更关系到馆配市场的走向，关系到中国图书馆事业的繁荣，关系到中国图书市场的未来，不可不察。

人天公司的前3个5年，基本上可以看作是传统时代——也就是纸质书为主体的时间段，在这个时间段，人天公司获得了巨大的成功；从第3个5年末的2013年开始，大约就进入了一个新时代——纸质书与电子书并存的时间段，这个时间段会存在15年左右，并且，随着时间的推延，电子书的比重会越来越大，这应该是人天公司另一个值得真正重视的转型时间段,并且,越早完成转型,今后发展的主动性就越大;15年以后,大约就进入了电子书为主体的时代,那个时间段的人天公司能否继续叱咤风云的前提是纸质书与电子书并存时间段转型完成的时间及其所积累的优势。

从人天公司这几年的表现来看,似乎不太乐观。虽然在传统的纸质书销售方面仍具有不可撼动的优势,但在转型方面似乎走得并不太顺。这可能与公司大了,内部各种关系的理顺需要的制度性安排不完善有关;也可能与公司内部管理层级过多,管理效率下降有关;还可能与公司所拥有雄厚的可啃多年的老本,致使公司上下不敏感,忽略一些具有指标性的端倪或萌芽有关;更可能与公司扩张了,员工素质或培训跟不上有关。但说到根本,还是有关转型的理念不到位,没能形成全体员工的共识。今仅举几个例子,它们虽然来源于不同方面,但背后都有共同的东西。

其一,《解读人天档案》说2013年人天丢掉了两个大标,作为外人,丢掉的什么样的大标自然无从得知,然而这几年却不停听到人天公司丢标的传言,并且有些是具有指标意义的,如网上投标,人天公司的中标率都不高,不少甚至连网上审核都没通过。一个项目的中标与否具有偶然性,但不断丢标就有必然性了,更何况是代表着未来发展方向的网上投标。面对这一切,是指责员工还是领导,似乎都有点不准确,但肯定与公司内部在这方面,即对网络化环境之下的运作所面临的变化及规律不重视和随意,与员工缺乏相关培训有关。

其二,畅想之星电子书借阅机的销售屡屡与公司现有的营销渠道无法合拍。15年来,人天公司在馆配的主营渠道,即纸质书与期刊在国内外范围内建立了非常完备且极具效率的营销网络,这是人天公司的重要价值之所在。按照一般营销学常理,一个公司成熟的营销渠道是可以用于公司所有产品销售的,除了有冲突的产品或专门性考虑外。但从现实情况来看,畅想之星是资本运营的产物,在资本运营理论中,企业间兼并成功与否最重要的并不完全是资本的力量,而是企业文化,即两个公司企业文化的融合。在我与各类型图书馆的交往过程中发现,人天公司的纸质书与期刊馆配是无法忽略的,但绝大部分图书馆都不知道人天公司居然还生产和销售电子书借阅机产品,并且产品还具有内容特色及价格优势,这不能不令人遗憾。在与人天公司负责畅想之星电子书借阅机销售者的沟通中也感觉到,畅想之星电子书借阅机的销售很难顺利利用公司现有的销售渠道,这是应该值得公司主事者警醒的。此事的解决,从操作的层面,只要理顺了两者之间的利益分配关系,或制定一个合理的协助销售的利益分配比例即可。从理念层面,则又要上升到文化的高度,资本运营是当今企业常用的迅速进入新领域的有效手段,两个公司通过资本运营走到一起,能否迅速融合,发挥1+1>2的作用,企业文化将发挥很大的作用,尤其是两个不同类型的公司的融合更是如此。人天公司是传统的纸质书刊销售的巨擘,属于善打地面战争的;而畅想之星是做电子书的,属于打地空一体化战争的,两者之间的差异是明显的,如何迅速融合,是人天公司主事者应该认真对待的。最后,还得回归到电子书层面,要让全体员工一致认识到,电子书的销售是大势所趋,现在公司借畅想之星电子书借阅机介入电子书销售领域,是一个最佳选择,这应该成为全体员工的共识并力行之。

其三,最重要的是移动互联网时代的数字资源和电子书销售。从《解读人天档案》可以看到,其重要性人天公司已经充分认识到,称之为二次创业,并做了许多努力,包括兼并了畅想之星,推出电子书借阅机,上线电子书平台,在东北师范大学建立研究基地等,不可谓不努力,但严格检视之,似乎还有很多可物议之处,其中一个带有根本性的问题就是主政者邹进的观念。在《解读人天档案》中,邹进提出了一个"电子书1∶99率",即"只有1%的品种可以给出版商带来利润",这是非常错误的,最起码在当今是错误的。因为在传统出版时代,即纸质书出版时代,单本书核算是出版全行业的共识,出版一本书,没有利润,或不带来利润对出版业来说是不可想象的。如果不从这个角度思考问题,那一切都将是南辕北辙、缘木求鱼。邹进在此基础上进一步提出的定价原则自然也就难以正确了,如《解读人天档案》提出的"把电子书的定价定在纸本书的三分之一,每册12元左右",这是馆配的价格?没有并发数,不仅难以操作,也难以服众。对于电子书的销售,我个人认为,在当今所有评价体系都不涉及电子书的前提下,电子书的销售对象应该是高校图书馆,要让馆长去说服校长成系统的购买电子书,大概要提供两个理由:"钱不多""全覆盖",如果违背了这个规律,是绝难成功的。这就是说,电子书的销售,尤其是成体系的新电子书销售,一定是出版社、图书馆、馆配商三方共同得益、共赢,舍此必将一无所成,以人天公司为代表的馆配商宜深思之。

除此之外,人天公司在制度建设、管理实施、人员培训、绩效评价、职业生涯等方面都还有可深雕之处,即使现在看来是正确的也有重新审视之必要,比如馆配商联盟,它确实大大提高了人天公司在馆配市场的话语权,实现了人天公司从馆配商到馆配商兼馆配中盘商的转变,从现在来看是极为成功的,但居安思危还是必要的。从某种意义上看,馆配商联盟是一把三角刮刀,使用得好,三方能够抱团取暖、降低成本、资源共享,提高议价能力,实现合作共赢;但搞不好,三方利益均会受损,并且,抱团越紧可能受伤害越大。

由此，如何激发众多小馆配商的积极性，深耕馆配市场，真正实现三者受益是今后的关键。

对于《解读人天档案》，还是有一些可修正之处的。首先是更正一些明显错误之处，如讲观音菩萨的坐骑是大象，实际上观音菩萨的坐骑应是金毛犼，大象是普贤菩萨的坐骑，并且是六牙白象，表示六波罗蜜——布施、持戒、忍辱、精进、禅定、慧智。其次，作为老朋友提醒，有些内容是否暴露了公司的核心机密。另外，是否在全书的后面加一个公司大事记，每一篇文献是否加上时间等，这些都是可以斟酌的。

从当今的市场业态来看，人天公司的势头是不可遏制的，但还不能一味陶醉，应未雨绸缪。数字出版是不可逆转的趋势，电子书的新书目前虽没有成体系地销售，并不是没有需求、没有市场，而是定价体系出了问题。如果出版业能够意识到问题的症结所在，相信不会用太长时间，电子书的销售就会成为一种新业态，并且，也只有电子书能够做到出版业梦寐以求的"全品种"营销的状态。目前，已有许多公司在积极努力，探索多种可能性。同时；只要这个市场存在和红火，逐利的资本是一定会蜂拥而至的，资本的无情，是不会考虑和关注哪个企业在这个领域中的时间长短的。

为今之计，大概应该从以下角度考虑与入手：当今的纸质书与电子书并存阶段的要点是传统纸质书刊领域深耕，利用好现代公共文化服务体系给纸质书销售所带来的10年黄金期的过渡时间，在保持现有优势的前提下，加大图书馆图书和帮助图书馆工作的图书的编辑与出版，与图书馆保持共生共荣关系；借助外脑，加强合作，可以以项目制的形式寻求多方合作；增加专业性，尤其是专业性服务和增值服务的提供；区别公司内部常规性决策和非常规性决策的区隔；同时，捋顺纸质书刊销售与畅想之星电子书借阅机销售的关系，整合销售渠道，调整企业文化，形成合力；加强员工主人翁意识的培养和移动互联网理念的培训，加强电子书销售的研究，尽可能加快转型的完成，实现纸电同步、纸电联动、以纸促电、纸质书保本、电子书盈利的新格局。

曾经作为一位诗人的邹进，在传统商业时代，能够以一个诗人的浪漫情怀，不计成本，如做可供书目，做期刊时单种期刊订户最少的只有3家，严重地投入产出不协调，但他还是做。这种浪漫情怀在移动互联网时代，在做电子书的方式上，是不是合适，这值得探讨。探讨对于学者来说无伤大雅，只是对与不对，准确率是多少的问题，没有生存之忧；而做企业并不然，一个决策关系到成百上千人的生存与发展，或者说关系到一个行业的存在。在过去的15年中，人天公司的许多决策能够不计较一城一地的得失，使得最初做的期刊馆配，编制、出版可供书目等，最终竟然成了人天公司核心竞争力的主要构成，有点误打误撞的意味，也有点歪打正着的感觉，这里面有人天人的厚道，更有些幸运的成分，其最根本的因素是与人天的掌舵人邹进的诗人气质分不开的。这种在传统时代做传统业务时能够发挥作用的诗人气质在移动互联网时代能否继续发挥作用，我们将拭目以待。因为移动互联网时代的一切都变了，观念、理念、业务内容、手段、方式等，一切都将发生变化，有些甚至是颠覆性的。这一切对于领导人，抑或掌舵人的要求更高了，但我们相信：经历过无数风雨的人天人，是能够抓住机遇，做出最好选择，再创辉煌的！

我们祝愿：人天今后的路会走得更顺！人天的明天会更美好！